Hitler und die Deutschen

VOLKSGEMEINSCHAFT UND VERBRECHEN

Hitler und die Deutschen

VOLKSGEMEINSCHAFT UND VERBRECHEN

Im Auftrag der Stiftung Deutsches Historisches Museum · Berlin
herausgegeben von Hans-Ulrich Thamer und Simone Erpel

Sandstein Verlag · Dresden

IMPRESSUM

Hitler und die Deutschen
Volksgemeinschaft und Verbrechen

Eine Ausstellung der Stiftung Deutsches Historisches Museum, Berlin
15. Oktober 2010 bis 6. Februar 2011

www.dhm.de/ausstellungen/
hitler-und-die-deutschen

Das Projekt ist entstanden
in Zusammenarbeit
mit dem Exzellenzcluster
»Religion und Politik«
der Westfälischen Wilhelms-
Universität Münster

AUSSTELLUNG

Veranstalter
Stiftung Deutsches Historisches Museum
Unter den Linden 2 · 10117 Berlin

Konzeption
Hans-Ulrich Thamer

Kuratoren
Simone Erpel, Klaus-Jürgen Sembach,
Hans-Ulrich Thamer

Wissenschaftlicher Beirat
Burkhard Asmuss, Norbert Frei,
Christian Fuhrmeister, Raphael Gross,
Sir Ian Kershaw, Gottfried Korff,
Hans Mommsen, Reinhard Rürup,
Michael Wildt

Ausstellungsgestaltung
Klaus-Jürgen Sembach
unter Mitarbeit von Ralph Brokmeier,
Bessing + Brokmeier Architekten,
München

Koordination und Bildredaktion
Dorlis Blume

Mitarbeit
Johanna Henrich, Conrad Mücke,
Elisabeth Weber

Recherche
Petra Bopp, Kristiane Janeke,
Fabian Tietke, Jeanette Toussaint

Praktikanten
Claudia Fritzsche, Lina Hartmann,
Jan Hendrik Issinger, Lina Kabowski,
Anja Schnabel, Fabian Schröder,
Martin Schultze, Sara Weydner

Abteilungsleiterin Ausstellungen
Ulrike Kretzschmar

Ausstellungsgrafik und Bildbearbeitung
envision design Chris Dormer

Ausstellungsproduktion
Werkstätten des DHM
Leitung: Nicolas Kaloplastos

Architekturaufbau
Leitung: Holger Lehmann

Konservatorische Betreuung
Restaurierungswerkstätten des DHM
Leitung: Martina Homolka

Leihverkehr und Organisation
Regina Gelbert

Medientechnik
Wolf-Dieter Pelikan, Wolfgang Röhrig

Medienstationen
Stefan Kontra

Hörführung
Friedrun Portele-Anyangbe,
Alexander Tiedge,
Tonstudio K13, Michael Kaczmarek,
Berlin

Museumspädagogik
Brigitte Vogel, Stefan Bresky

Presse- und Öffentlichkeitsarbeit
Rudolf B. Trabold, Nicola Schnell,
Sonja Trautmann

Internetpräsentation
Jan-Dirk Kluge

Plakat und Grafik
Dorén + Köster, Berlin

Übersetzungen
Stephen Locke (Englisch),
Kristiane Janeke (Russisch)

KATALOG

Buchhandelsausgabe
ISBN 978-3-942422-10-9

Museumsausgabe
ISBN 978-3-942422-14-7

© 2010
Stiftung Deutsches Historisches
Museum, Berlin
und Autoren
Sandstein Verlag, Dresden

Herausgeber
Hans-Ulrich Thamer und Simone Erpel
für die Stiftung Deutsches Historisches
Museum

Redaktion
Simone Erpel, Hans-Ulrich Thamer,
Louisa Theobald

Bildredaktion
Regina Gelbert, unterstützt
von Dorlis Blume und Wanda Löwe

Mitarbeit
Dorlis Blume, Conrad Mücke,
Elisabeth Weber

Praktikanten
Claudia Fritzsche, Lina Hartmann,
Johanna Henrich, Sara Weydner

Lektorat und Koordination
Wanda Löwe

Übersetzung Essay Irene Guenther
Stephen Locke

Koordination Herstellung
Gabriele Kronenberg

Verlagslektorat
Dana Hildebrand, Christine Jäger
Sandstein Verlag

Satz und Reprografie
Gudrun Diesel,
Jana Neumann, Christian Werner
Sandstein Verlag

Gestaltung
Michaela Klaus,
Simone Antonia Deutsch
Sandstein Verlag

Druck und Verarbeitung
Offizin Andersen Nexö Leipzig

Die Deutsche Bibliothek verzeichnet diese Publikation in der Deutschen Nationalbibliografie; detaillierte bibliografische Daten sind im Internet unter http://dnb.d-nb.de abrufbar. Dieses Werk einschließlich seiner Teile ist urheberrechtlich geschützt. Jede Verwertung außerhalb der engen Grenzen des Urheberrechtsgesetzes ist ohne ausdrückliche Zustimmung unzulässig und strafbar. Das gilt insbesondere für die Vervielfältigung, Übersetzungen und Mikroverfilmungen und die Einspeicherung und Verarbeitung in elektronischen Systemen.

Abb. Umschlag vorn:
Berlin feiert den 1. Mai 1933 auf dem Tempelhofer Feld – Adolf Hitler verkündet den ersten Jahresplan des deutschen Aufbaus

Abb. S. 2–3:
Heinrich Hoffmann: »Hitler in der Menge«, Kundgebung auf dem Odeonsplatz anlässlich der Mobilmachung am 2. August 1914 in München. Möglicherweise handelt es sich bei diesem Bild um eine Fälschung aus der NS-Zeit.

Abb. S. 12:
Bildcollage: Liselotte Orgel-Köhne: Nürnberger Reichsparteitag 1938; eingefügt Kat.-Nr. 334

Abb. S. 328 und Umschlag hinten:
Nach der Kundgebung zum 1. Mai 1933 auf dem Tempelhofer Feld

Wir danken dem Verlag Wilhelm Fink, Paderborn, dafür, dass er freundlicherweise die Nutzung des Titels »Hitler und die Deutschen« freigibt.

INHALT

10
Leihgeber

11
Dank

13
Hans Ottomeyer
Vorwort

Essays

Einleitung

17
Hans-Ulrich Thamer
**Die Inszenierung von Macht
Hitlers Herrschaft und
ihre Präsentation im Museum**

Zur Person Hitler

24
Brigitte Hamann
**Der junge Hitler bis
zum Putsch**

30
Gerd Krumeich
**Hitler, die Deutschen
und der Erste Weltkrieg**

36
Claudia Schmölders
Hitlers Gesicht

»Führerbewegung«

44
Armin Nolzen
**Der Durchbruch der NSDAP
zur Massenbewegung seit 1929**

50
Othmar Plöckinger
**Hitlers »Mein Kampf«
Von der »Abrechnung« zum
»Buch der Deutschen«**

**Der »Führerstaat«
Herrschaftsstrukturen und
Selbstdarstellungen**

58
Ian Kershaw
»Führerstaat«: Charisma und Gewalt

68
Hans Mommsen
**Zerstörung der Politik
und Amoklauf des NS-Regimes
Politikverständnis und kumulative
Radikalisierung**

74
Winfried Nerdinger
**Hitler als Architekt
Bauten als Mittel zur Stärkung
der »Volksgemeinschaft«**

82
Philipp Stiasny
**Vom Himmel hoch
Adolf Hitler und die »Volksgemein-
schaft« in »Triumph des Willens«**

**Herstellung und Inszenierung
der »Volksgemeinschaft«**

90
Michael Wildt
**»Volksgemeinschaft«
als Selbstermächtigung
Soziale Praxis und Gewalt**

94
Christian Fuhrmeister
Ikonografie der »Volksgemeinschaft«

104
Irene Guenther
**Die Uniformierung der Gesellschaft
im »Dritten Reich«**

112
Peter Steinbach
**Der Nationalsozialismus
als politische Religion
Inszenierung, Instrumentalisierung,
Funktion**

Der nationalsozialistische Krieg und die deutsche Gesellschaft

122
Thomas Sandkühler
Krieg, Kampf um »Lebensraum« und Vernichtung
Der nationalsozialistische Krieg

130
Birthe Kundrus
Der Holocaust
Die »Volksgemeinschaft« als Verbrechensgemeinschaft?

136
Sybille Steinbacher
Frauen in der Kriegsgesellschaft

Hitler und kein Ende

142
Norbert Frei
Führerbilderwechsel
Hitler und die Deutschen nach 1945

148
Peter Reichel
»Bruder Hitler« im deutschen Film

154
Simone Erpel
Hitler entdämonisiert
Die mediale Präsenz des Diktators nach 1945 in Presse und Internet

Katalog

162
Prolog
Hitler und die Deutschen – eine vieldeutige Beziehungsgeschichte

Hitler unter den Deutschen 1919–1933

172
Führermythos und Führerbewegung

181
Hitler und die NSDAP

Hitler und die Deutschen

194
Machtübertragung und nationale Revolution

211
Die deutsche Gesellschaft und Hitler

231
Der »Führerstaat«

243
Führerherrschaft und Vernichtungskrieg

261
Die deutsche Gesellschaft im Krieg

Die Deutschen nach Hitler

280
Hitler und kein Ende

Ausstellung

297
Grundriss der Ausstellung

Anhang

302
Autorenverzeichnis

304
Abkürzungsverzeichnis

305
Literaturverzeichnis

321
Personenregister

326
Abbildungsnachweis

LEIHGEBER

Das Deutsche Historische Museum dankt den leihgebenden Institutionen und den genannten Personen für ihre Unterstützung und ihre Kooperation und Hilfe:

- Alkoven, Dokumentationsstelle Hartheim des Oberösterreichischen Landesarchivs (AT)
- Altenburg, Thüringisches Staatsarchiv
- Amsterdam, NEDERLANDS Instituut voor Oorlogsdocumentatie NIOD (NL)
- Bamberg, Staatsarchiv Bamberg
- Belleville-en-Caux, Privatsammlung Familie Wolfer (FR)
- Berlin, AGO Galerie Berlin
- Berlin, akg-images
- Berlin, bpk – Bildagentur für Kunst, Kultur und Geschichte
- Berlin, Bundesarchiv/Filmarchiv
- Berlin, Deutsches Technikmuseum Berlin
- Berlin, Peter Ebeling
- Berlin, FV Luftwaffenmuseum der Bundeswehr
- Berlin, Lutz Gelbert
- Berlin, Humboldt-Universität zu Berlin, Universitätsbibliothek
- Berlin, Landesarchiv Berlin
- Berlin, Staatliche Museen zu Berlin – Preußischer Kulturbesitz, Kunstbibliothek
- Berlin, Staatsbibliothek zu Berlin – Preußischer Kulturbesitz
- Berlin, Stiftung Neue Synagoge – Centrum Judaicum
- Berlin, Stiftung Stadtmuseum Berlin
- Berlin, ullstein bild
- Berlin, Werkbundarchiv – Museum der Dinge
- Bonn, Stiftung Haus der Geschichte der Bundesrepublik Deutschland
- Bremen, Staatsarchiv Bremen
- Bundesrepublik Deutschland
- Butzbach, Stadtarchiv Butzbach
- Coburg, Staatsarchiv
- Düsseldorf, Stiftung museum kunst palast
- Eisenach, Stadtarchiv
- Erlangen, Universitätsbibliothek Erlangen-Nürnberg
- Fürstenberg, Mahn- und Gedenkstätte Ravensbrück/Stiftung Brandenburgische Gedenkstätten
- Genf, Internationales Komitee vom Roten Kreuz (CH)
- Hamburg, Museum für Kunst und Gewerbe
- Hamburg, Archiv Panoptikum
- Hamburg, Denkmalschutzamt
- Hamburg, Bildarchiv
- Hamburg, Der Spiegel-Verlag
- Hamburg, KZ-Gedenkstätte Neuengamme
- Hannover, Historisches Museum Hannover
- Heilbronn, Stadtarchiv Heilbronn
- Hofgeismar, Stadtmuseum Hofgeismar
- Ingolstadt, Bayerisches Armeemuseum Ingolstadt
- Koblenz, Bundesarchiv
- Krasnogorsk, Russisches Staatliches Archiv für Film- und Fotodokumente (RU)
- Lauf an der Pegnitz, Städtische Sammlungen Lauf an der Pegnitz
- Leipzig, Deutsche Nationalbibliothek
- London, Imperial War Museum (GB)
- Marbach, Deutsches Literaturarchiv Marbach
- Maryland, National Archives at College Park (US)
- Meckenbeuren, Stiftung Liebenau
- Moskau, Russisches Staatliches Militärarchiv (RU)
- Moskau, Zentrales Archiv FSB (RU)
- München, Bayerische Staatsbibliothek München/Hoffmann
- München, Bayerisches Hauptstaatsarchiv
- München, Stefan Hunstein
- München, Institut für Zeitgeschichte
- München, Münchner Stadtmuseum
- München, Stadtarchiv
- München, Karl Stehle
- München, Süddeutsche Zeitung Photo
- Münster, Stadtarchiv Münster, Fotosammlung
- Natters, Rainer Graefe (AT)
- Neustrelitz, Dr. Matthias Heyl
- Neu Wulmstorf, Carl-Werner Schmidt-Luchs
- New York, Archives of the American Jewish Joint Distribution Committee (US)
- Nürnberg, Dokumentationszentrum Reichsparteitagsgelände Nürnberg
- Nürnberg, Germanisches Nationalmuseum
- Nürnberg, Stadtarchiv Nürnberg
- Oldenburg, Inge Harms
- Oldenburg, Hermann Jaspers
- Oranienburg, Gedenkstätte und Museum Sachsenhausen/Stiftung Brandenburgische Gedenkstätten
- Paris, Agence photographique de la Réunion des Musées Nationaux (FR)
- Potsdam, Brandenburgisches Landeshauptarchiv
- Potsdam, Bundesarchiv-Militärarchiv
- Rotenburg an der Fulda, Kreisheimatmuseum Rotenburg an der Fulda
- Schleiden, vogelsang ip gemeinnützige gmbh
- Schleswig, Gemeinschaftsarchiv Schleswig-Flensburg
- Schora, Reinhardt Radke
- Schwerin, Dr. Oliver Kruschke
- St. Petersburg, Kriegsmedizinisches Museum (RU)
- St. Petersburg, Staatliches Museum für Politische Geschichte Russlands (RU)
- Stuttgart, Hauptstaatsarchiv Stuttgart
- Stuttgart, Haus der Geschichte Baden-Württemberg
- Stuttgart, Robert Bosch GmbH
- Terezín, Památník Terezín (CZ)
- Washington, DC, The Army Art Collection, U.S. Army Center of Military History (US)
- Weiler, Rolf Sawinski
- Weimar, Thüringisches Hauptstaatsarchiv Weimar
- Wien, Jüdisches Museum Wien (AT)
- Wien, Österreichische Nationalbibliothek (AT)
- Würzburg, Staatsarchiv Würzburg
- Würzburg, Stadtarchiv Würzburg

sowie privaten Leihgebern, die ungenannt bleiben wollen

DANK

Für Anregungen und Beratung möchten wir danken:

Inka Bertz, Jüdisches Museum Berlin

Mag. Wilma Buchinger, Österreichische Nationalbibliothek, Wien

Dr. Florian Dering, Münchner Stadtmuseum

Dr. Eckart Dietzfelbinger, Dokumentationszentrum Reichsparteitagsgelände Nürnberg

Dr. Jürgen und Karen Erdmenger, Brüssel

Dr. Udo Felbinger, Werkbundarchiv – Museum der Dinge, Berlin

Dr. Wiltrud Fischer-Pache, Stadtarchiv Nürnberg

Sarah G. Forgey, U.S. Army Center of Military History, Washington, DC

Iva Gaudesová, Památník Terezín

Alfred Gottwald, Stiftung Deutsches Technikmuseum Berlin

Dr. Manfred Grieger, Volkswagen Aktiengesellschaft, Historische Kommunikation, Wolfsburg

Franz Albert Heinen, Schleiden

Ina Herbell, Evangelisches Krankenhaus Königin Elisabeth Herzberge, Berlin

Dr. Gerhard Hetzer, Bayerisches Hauptstaatsarchiv, München

Prof. Dr. Joseph Hoppe, Stiftung Deutsches Technikmuseum Berlin

Ulli Jentsch, antifaschistisches pressearchiv und bildungszentrum berlin e.V.

Thomas Kemme, Deutsches Literaturarchiv Marbach

Prof. Dr. Alfons Kenkmann, Universität Leipzig

Hans-Gert Kierdorf, Köln

Prof. Dr. Volkhard Knigge, Stiftung Gedenkstätten Buchenwald und Mittelbau-Dora

Monika Knop, Gedenkstätte und Museum Sachsenhausen/Stiftung Brandenburgische Gedenkstätten, Oranienburg

Ulrich Kubisch, Stiftung Deutsches Technikmuseum Berlin

Dietrich Kuhlgatz, Robert Bosch GmbH, Gerlingen

Dieter Landenberger, Porsche Museum, Historisches Archiv, Stuttgart

Carmen Lange, Gedenkstätte und Museum Sachsenhausen/Stiftung Brandenburgische Gedenkstätten, Oranienburg

Peter Lattermann, Stiftung Deutsches Technikmuseum Berlin

Gertraud Lehmann, Stadtmuseum Erlangen

Prof. Dr. Rolf-Dieter Müller, Militärgeschichtliches Forschungsamt, Potsdam

Dr. Stefan Nöth, Staatsarchiv, Bamberg

Angelika Paraßl, Österreichische Nationalbibliothek, Wien

Klaus-Dieter Pett, Landesarchiv Berlin

Dr. Gorch Pieken, Militärhistorisches Museum der Bundeswehr, Dresden

Dr. Ulrich Pohlmann, Münchner Stadtmuseum

Dr. Bernhard Post, Thüringisches Hauptstaatsarchiv Weimar

Fred W. Rauskolb, New York

Prof. em. Dr. Peter Reichel, Berlin

Angelika Reimer, Stiftung Stadtmuseum Berlin

Dr. Ansgar Reiß, Bayerisches Armeemuseum Ingolstadt

Dr. Klaus Ring, vogelsang ip gemeinnützige gmbh, Schleiden

Matthias Röder, history-vision.de, Berlin

Dietmar Ruppert, Stiftung Deutsches Technikmuseum Berlin

Rolf Sawinski, Weiler

Dr. Laura Scherr, Bayerisches Hauptstaatsarchiv, München

Reiner Schipporeit, Stiftung Deutsches Technikmuseum Berlin

Dr. Hermann Simon, Stiftung Neue Synagoge – Centrum Judaicum, Berlin

Christoph Spieker, Geschichtsort Villa ten Hompel, Münster

Dr. Hans-Christian Täubrich, Dokumentationszentrum Reichsparteitagsgelände Nürnberg

Sabine Timm, Der Spiegel-Verlag, Hamburg

Lieselotte Trieb, Senatsverwaltung für Stadtentwicklung Berlin

Peter Wanner, Stadtarchiv Heilbronn

Dr. Martina Weinland, Stiftung Stadtmuseum Berlin

Kerstin Weirauch, Brandenburgisches Landeshauptarchiv, Potsdam

Katrin Weiß, Thüringisches Hauptstaatsarchiv Weimar

Susanne Wiersch, Stiftung AutoMuseum Volkswagen, Wolfsburg

Eckhard Wolf, Studio Babelsberg AG, Potsdam

Familie Wolfer, Belleville-en-Caux

Ein besonderer Dank für Recherche und Informationen zu den Objekten geht an:

Igor Petrovitsch Kozyrin, Leiter Sammlungen am Kriegsmedizinischen Museum, St. Petersburg

Elena Juriewna Andrianowa, Leiterin der Abteilung Dokumente/Quellen am Staatlichen Museum für Politische Geschichte Russlands, St. Petersburg

Irina Olegowna Selina, Leiterin der Abteilung Sachexponate am Staatlichen Museum für Politische Geschichte Russlands, St. Petersburg

Marina Witaljewna Smirnowa, Konservatorin der Abteilung Dokumente/Quellen am Staatlichen Museum für Politische Geschichte Russlands, St. Petersburg

Außerdem danken wir den Mitarbeitern des Deutschen Historischen Museums, für Unterstützung bei der Ausstellungsgestaltung besonders Werner Schulte, für Hilfe bei Fragen zu Militaria und Uniformen Daniel Hohrath.

VORWORT

■ Ausstellungen in Museen können sehr gegensätzlich geartet sein. Die einen fassen ihr Thema vor allem ästhetisch geordnet und setzen es in Bezug zu einem positiven Wertesystem, andere wieder untersuchen dezidiert die Exponate als nichtverbale Zeugnisse einer politischen Ikonografie oder rekonstruieren verlorene Zustände, wieder andere versuchen durch Bilder und Worte Aussagen *ad oculos* zu demonstrieren. Hier gilt es, zwischen den spezifischen Mitteln und Zielen zu unterscheiden, die jeweils eingesetzt werden.

■ Auch diese Ausstellung hat ihre Geschichte. Ein erster externer Vorschlag, eine Ausstellung zu Person und Wirken Adolf Hitlers im Deutschen Historischen Museum zu zeigen, stieß vor Jahren auf den ungeteilten Widerstand der Sachverständigenkommission. Zu groß schien die Gefahr von Missverständnissen, den Menschen, der das größte Unheil über die Welt gebracht hat, in einer Ausstellung monografisch zu würdigen, personenbezogen darzustellen und damit Gefahr zu laufen, der »Faszination des Bösen« zu erliegen. Ein neuer Ansatz war notwendig.

■ Hans-Ulrich Thamer war bereit, sich des schwierigen Themas anzunehmen und es im verschränkten Diskurs zwischen Diktator, Regime und »Volksgemeinschaft« der Deutschen zu behandeln. Klaus-Jürgen Sembach brachte seine langjährigen Erfahrungen ein, argumentative Konzepte zu gestalten – durchaus im weitesten Sinne des Wortes – denn er ist mehr als ein Ausstellungsarchitekt. Simone Erpel übernahm die Koordination von Ausstellung und Katalog als Ausstellungskuratorin. Ihnen sei für ihre sorgfältige Arbeit gedankt.

■ Das Deutsche Historische Museum verfügt wie kein anderes Museum über die Hinterlassenschaften, die Propagandakunst, Relikte und Zeugnisse aus der Zeit des NS-Regimes. Das Haus ist bestrebt, mit allen zur Verfügung stehenden Mitteln hier, wo die meisten Fragen gestellt werden und die meisten Antworten nötig sind, zu dokumentieren, aufzuweisen und darzustellen. Dies geschieht durch das im DHM erarbeitete große Internet-Geschichtsprogramm LeMO <www.dhm.de/lemo/>, in der täglich geöffneten, groß angelegten Dauerausstellung mit dem 20. Jahrhundert im Erdgeschoss und der im Internet zugänglichen Datenbank »Sonderauftrag Linz« <www.dhm.de/datenbank/linzdb/>.

■ In temporären Ausstellungen und den dokumentierenden Katalogen hat die NS-Zeit im Deutschen Historischen Museum auf vielfältigste Weise Darstellung gefunden, die – einzeln gesehen – dem Ungeheuerlichen sicher nicht gerecht werden können, aber in der Summe doch das sogenannte Dritte Reich und seine Auswüchse umfassend darstellen. Seit 2000 waren dies: *Holocaust – Der Nationalsozialistische Völkermord und die Motive seiner Erinnerung* (2002), *Jüdischer Widerstand* (2002), *Das XX. Jahrhundert – Fotografien zur Deutschen Geschichte 1880 bis 1990* (2004), *Mythen der Nationen. 1945 – Arena der Erinnerungen* (2004), *1945 – Der Krieg und seine Folgen* (2005), *Legalisierter Raub. Der Fiskus und die Ausplünderung der Juden in Hessen und Berlin 1933–1945* (2005), *Kunst und Propaganda – im Streit der Nationen 1930–1945* (2007), *Arthur Szyk – Bilder gegen Nationalsozialismus und Terror* (2008) und *Kassandra – Visionen des Unheils 1914–1945* (2008). Die letzte Ausstellung, die sich auf den Angriffskrieg Hitlerdeutschlands bezog, war: *Deutsche und Polen 1939. Abgründe und Hoffnungen*, kuratiert von Burkhard Asmuss.

■ Es gibt viele Darstellungen, Themenkomplexe und Thesen, die mögliche Erklärungen für die NS-Zeit anbieten, dennoch bleiben offene Fragen, die keine rationalen Antworten erkennen lassen. Wie war es möglich, dass die Herrschaft der Nationalsozialistischen Deutschen Arbeiterpartei mit Hitler an der Spitze nach offensichtlicher Eskalation von Gewalt, Mord, Verbrechen, Krieg und Völkermord bis zum Untergang Deutschlands uneingeschränkt mit einer breiten gesellschaftlichen Akzeptanz der Bevölkerung rechnen konnte? Warum waren so viele Deutsche bereit, die Prinzipien des Rechtsstaats aufzugeben, den Predigten der Gewalt zuzuhören und die Leben Unschuldiger durch ein Gewaltregime brutal vernichten zu lassen? Die Organisation physischer Gewalt durch einen totalitären Staat ist eine der Grundfragen der Ausstellung, jenseits der funesten Persönlichkeit Adolf Hitlers. Für Fragen jenseits der Vernunft gibt es allerdings keine klaren oder etwa vernünftigen Antworten. Die Staatsergebenheit und -gläubigkeit der Deutschen, über ein Jahrhundert anerzogen, war eine »Tugend«, die Hitler in der Rolle des Staatsoberhaupts zu usurpieren vermochte, um den Staatsapparat für sich und seine Zwecke arbeiten zu lassen.

VORWORT

■ Es hat seit 1961/62 etliche »Schlussstrich«-Forderungen gegeben, aber stets in Auseinandersetzung mit lebhaften Diskursen und erneuten Erörterungen der NS-Zeit, die in ihren Argumentationen von solchem Widerspruch geschärft wurde. Das Verlangen nach »Vergangenheitsbewältigung« wird noch auf lange Zeit unerfüllt bleiben, selbst wenn nach über 65 Jahren die letzten Schuldigen nicht mehr persönlich zur Verantwortung zu ziehen sind und die letzten Augenzeugen nicht mehr sprechen können.

■ Es gibt noch Tabus; es ist nicht möglich, in der Ausstellung persönliche Gegenstände oder Relikte aus dem direkten Gebrauch Adolf Hitlers zu präsentieren. Die unmittelbare Aura des Bösen scheint diesen Gegenständen auch als dokumentierten Exponaten oder Relikten weiterhin anzuhaften und unabdingbar die untergegangene Welt des Unheils heraufzubeschwören. So wenig wie es eine Theorie der profanen Reliquie als politischem oder juristischem Zeugnis gibt, so wenig ist Konsens darüber zu erzielen, dass es sinnvoll ist, solche Relikte, die meist in Archiven – nicht in Museumsdepots – liegen, öffentlich in Ausstellungen zu zeigen. Sie führen weiterhin eine Existenz als Indizien in der kriminalistisch wie historisch orientierten Wahrheitsfindung. Das Verhältnis zwischen Trophäe, Relikt, Beweisstück, Indiz, Zeugnis, Authentik bleibt offen und hat noch keine Einordnung erfahren.

■ Insofern ist die Ausstellung keine Fortsetzung der bisherigen Ausstellungskonzepte mit den Parallelwelten der politischen Propaganda im Vergleich oder des streng dokumentarischen Stils, mit dem sich das Deutsche Historische Museum in kritischen Diskursen mit dem Themenkreis von Aufstieg und Fall des NS-Regimes auseinandersetzt. Es ist eine Ausstellung, die Bilder und Gegenbilder sowie Texte und Zitate in einen erhellenden Kontrast zu setzen sucht, um sich der Wirkung der gelenkten Medien durch einen erweiterten Blickwinkel zu entziehen.

■ Die Ausstellung vermeidet die Ästhetisierung der Gewalt und der Erscheinungsformen der Propaganda des Regimes und gebraucht die mediale Brechung und die Konfrontation mit Gegenbildern als Antidotum gegen die Macht der Demagogie der überlieferten Bilder und Relikte. Deutlich wird, dass sich die Massenwirkung des »Trommlers« und Volksverhetzers auf damals brandneue Techniken gründet, die im Verlauf der 1920er Jahre in die Reichweite des Demagogen kommen. Waren mit menschlicher Stimme bis dahin bestenfalls 4 000 Zuhörer erreichbar, waren es durch elektrodynamische Mikrofonverstärker und Lautsprechertechnik jetzt viele 100 000 und durch Rundfunk und Tonfilm Millionen, denen Suggestionen, Angst, Gewaltdrohungen, Rassenwahn und nationaler Überlegenheitswahn indoktriniert wurden. Der massenhafte Offsetdruck machte Bilder und Worte in Propagandaschriften billig verfügbar. Die Formen der Massenhysterie entziehen sich allerdings den Mitteln der Ausstellung.

■ Wir sind glücklich, Autoren für die Essays gewonnen zu haben, die imstande sind, das schwer Erklärbare in Worte zu fassen und Perspektiven der Deutung anzubieten. Bereits im November 2009 stellten die Autoren ihre Essays im Rahmen eines Symposiums zur Diskussion.

■ Zahlreichen öffentlichen und privaten Leihgebern ist zu danken, die mit ihren Leihgaben zum Gelingen der Ausstellung beitragen; insbesondere gilt mein Dank dem Staatlichem Museum für Politische Geschichte Russlands und dem Kriegsmedizinischen Museum, beide St. Petersburg, der Familie Wolfer in Belleville-en Caux, dem Bayerischen Hauptstaatsarchiv, dem Münchner Stadtmuseum, dem Deutschen Technikmuseum Berlin, dem FV Luftwaffenmuseum der Bundeswehr, der Stiftung Haus der Geschichte der Bundesrepublik Deutschland, dem Bayerischen Armeemuseum Ingolstadt, dem Dokumentationszentrum Reichsparteitagsgelände Nürnberg, dem Haus der Geschichte Baden-Württemberg und der Robert Bosch GmbH.

■ Mein besonderer Dank geht an den wissenschaftlichen Beirat der Ausstellung mit seinen Mitgliedern Burkhard Asmuss, Norbert Frei, Christian Fuhrmeister, Raphael Gross, Sir Ian Kershaw, Gottfried Korff, Hans Mommsen, Reinhard Rürup, Michael Wildt und an die Sachverständigenkommission des Deutschen Historischen Museums zur Zeit der GmbH, die das Konzept Hans-Ulrich Thamers nachhaltig unterstützten, nach langen Diskussionen mittrugen und in Aspekten ergänzten.

Prof. Dr. Hans Ottomeyer
Präsident der Stiftung
Deutsches Historisches Museum

Essays

Heinrich Hoffmann: *Adolf Hitler*, 1925. Von der NS-Publizistik nicht veröffentlicht (Kat.-Nr. 20a)

HANS-ULRICH THAMER

Die Inszenierung von Macht

Hitlers Herrschaft und ihre Präsentation im Muscum

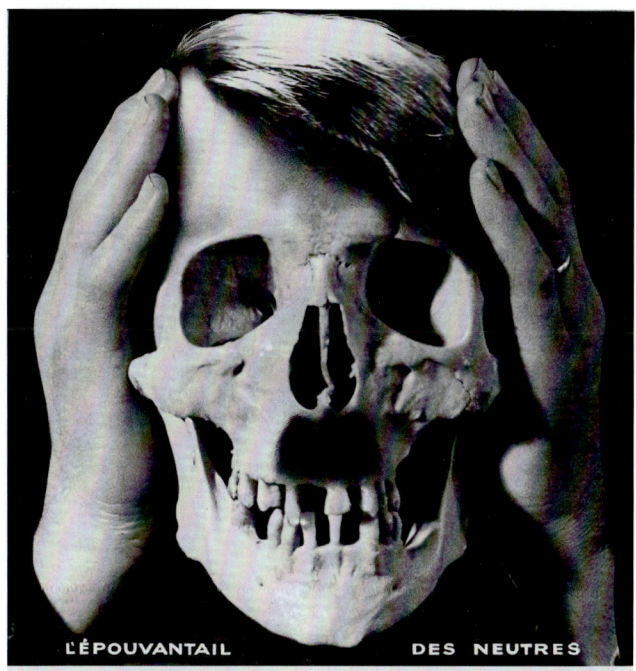

Fotomontage von Marinus Jacob Kjeldgaard: *Hitler als Totenkopf*, 1939/40

Bilder von Hitler finden wir überall. In den nationalsozialistischen Bilderfabriken wie in den Bilderwelten unserer Gegenwart. Fotos, Filmaufnahmen, aber auch Gemälde und Plastiken von Hitler und der NS-Führungsriege sind fast immer gestellt und bestellt. Sie sind fast immer für propagandistische Zwecke inszeniert. Hitler lebte, vermutlich mehr als andere Politiker und Machthaber seiner Zeit, auf einer »visuellen Bühne« (Schmölders). Die Macht der Bilder, die er von sich herstellen ließ und die seine Anhänger von ihm machten, war integraler Teil seiner Herrschaft. Politik und Macht bedürfen grundsätzlich der Sichtbarkeit. Während jedoch demokratische Verfassungsordnungen ihre politischen Entscheidungsprozesse offenlegen und zeigen, verstecken Diktaturen ihre unkontrollierte Macht hinter Bildern von Ordnung und Charisma, von scheinbarer Geschlossenheit und einer Identität von »Führer« und »Volk«. ■ Wer diese Allmacht brechen oder bekämpfen wollte, versuchte dies auch durch Bilder, nämlich durch Karikaturen und durch Film- und Bildsatiren; die Produktion von Gegenbildern reicht von John Heartfield und Charlie Chaplin bis in unsere Gegenwart. Die »Führerbilder«, die nach der Katastrophe entstanden bzw. wahrgenommen wurden, waren vor allem »Bilder des Entsetzens«[1] und der Anklage. Hinter den Bildern vom einstigen Glanz und vom Machtanspruch des »Führers« drängten sich nun die Bilder von Leichenbergen, von ausgemergelten und geschändeten Menschen auf; das waren Zeugnisse von Gewalt und Vernichtung, auf die die nationalsozialistische Führerherrschaft eigentlich ausgerichtet war, die sie jedoch hinter ihren Inszenierungen zu verbergen versucht hatte. Denn keines der überlieferten Hitlerfotos zeigt den Diktator neben einem Toten oder gar in einem KZ, in einer gewaltsam-sadistischen Haltung oder gar mit einem Gewehr. Das ungeheure Ausmaß an Gewalt und Vernichtung, das sich unmittelbar mit Hitlers Herrschaft verbindet, lässt sich aus keinem dieser Fotos ablesen, nur aus anderen Zeugnissen der Vernichtungspolitik und ihrer Opfer. Sie zeigen fast nie den direkten Zusammenhang mit Hitlers Herrschaft und ihrer Inszenierung, sie waren Produkt einer unheimlichen »Arbeitsteilung«. ■ In unserem Bildgedächtnis, in Archiven und Museen dominierten zunächst die Propagandabilder, die sich durch ihre Massenhaftigkeit wie durch ihre Inszenierungskunst in unserem Gedächtnis besonders eingegraben haben. Allmählich kamen die »Bilder des Entsetzens« hinzu. Bilder scheinen Realitäten unmittelbarer und unverfälschter wiederzugeben als Texte. Sie verwandeln wichtige und historisch komplexe Vorgänge in einen einzigen permanenten Ausdruck für die Mit- und auch für die Nachwelt, der geschichtliche Zusammenhänge vermittelt und ihnen einen Sinn verleiht. So können Bilder Vorstellungen von Geschichte langfristig prägen. ■ Doch Bilder können auch lügen. Das gilt zwar grundsätzlich für alle lebensgeschichtlichen Erfahrungen und politischen Kulturen, doch lehren uns ganz besonders die Wirkungen und Erfahrungen der modernen Diktaturen des 20. Jahrhunderts, dass Bilder bewusst zur Inszenierung einer Behauptung, einer Legende oder eines Mythos eingesetzt werden. Nationalsozialistische wie kommunistische Propagandisten haben Bilder ausgewählt, nachgestellt, unterdrückt, retuschiert oder auf andere Weise manipuliert.[2] ■ Bilder, und vor allem die von Diktaturen, sind also niemals Abbild einer Realität, sie illustrieren nicht, sondern sie repräsentieren das, was sie darstellen sollen. Sie werden von den Interessen und Überzeugungen ihrer Produzenten und ihrer Auftraggeber strukturiert. Sie sollen im Falle der nationalsozialistischen Führerherrschaft das Charisma Hitlers, den Konsens der Gefolgschaft, die Macht und den Glanz des »Dritten Reiches«, die Inszenierungen und Verheißungen der »Volksgemeinschaft« ins Bild setzen. Das macht sie für den Historiker und für das Museum nicht wertlos: Die verwendeten Bilder und Bildtraditionen, aber auch die Formen der Distribution

Foto aus dem »Stroop-Bericht«: Niederschlagung des Warschauer Ghetto-Aufstands, 1943

und der Rezeption von Bildern erzählen viel über die politisch-gesellschaftlichen Leitbilder, die sie repräsentieren sollen, über die Kontexte, in denen sie entstanden sind. Sie geben Aufschluss über die Repräsentation und die Wirkung der nationalsozialistischen Diktatur, gelegentlich auch über die damit untrennbar verbundene Gewalt und Vernichtung, ohne dass diese Bilder die Verantwortung Hitlers dafür zeigen. ■ Eine reflektierte Bild-Geschichte von Hitler und dem Nationalsozialismus darf darum nicht die Legenden der NS-Propaganda zum zweiten Male erzählen; sie darf Relikte aus dem Herrschaftsalltag des »Dritten Reiches« und dem persönlichen Gebrauch des Diktators nicht als Devotionalien behandeln oder dazu machen, sondern sie wird diese Zeugnisse wie die anderen Bildzeugnisse auch durch eine Kontextualisierung und kritische Inszenierung in ihrer manipulativen Funktion und Produktion deutlich machen und dadurch die Macht der Bilder relativieren oder brechen. Propagandabilder sollen durch Bilder dementiert werden, das muss auch das Ziel einer historischen Ausstellung zur Geschichte und Wirkungsmacht einer Diktatur sein. ■ Bezugspunkte der Kontextualisierung sind die Entwicklungen und Strukturen der nationalsozialistischen Bewegung und Herrschaft, die vor allem Hitlers Herrschaft war. Sie bilden den Rahmen, in den die Bilder von Hitler und seiner Herrschaft eingeordnet und in dem sie gesehen werden müssen. Die Bedingungen und Formen dieser Herrschaft sind Gegenstand einer intensiven und auch kontroversen historischen Forschung, die auch die Leitlinie für das Konzept dieser Ausstellung bildet. Mit dem Thema der Ausstellung *Hitler und die Deutschen. Volksgemeinschaft und Verbrechen* verbinden sich darum mehrere, immer wieder gestellte Fragen und aktuelle Erklärungsversuche: Wie war Hitler möglich? Wie konnte ein so »gewöhnlicher, den bürgerlichen Bildungs- und Karrierevorstellungen so wenig entsprechender Mann wie Adolf Hitler«[3] die Macht erlangen, wie konnte er diese immer weiter ausdehnen, bis er der unumschränkte »Herr des Dritten Reiches« war, bis Diplomaten und hohe Beamte, Generäle, Unternehmer und andere hochqualifizierte Repräsentanten der gesellschaftlichen Eliten sich bereit fanden, »unkritisch einem Autodidakten zu gehorchen, dessen einzige unumstrittene Begabung darin bestand, die niedrigen Empfindungen der Massen aufzupeitschen«?[4] Wie konnte ein sozialer und politischer Niemand eine solche Wirkung erzielen? ■ Wenn sich Hitlers Macht nicht mit seinen persönlichen Eigenschaften und Qualifikationen erklären lässt, dann muss sie vor allem in den politischen und gesellschaftlichen Bedingungen, in den mentalen und sozialen Befindlichkeiten bzw. Erwartungen und Motivationen der Deutschen und in den Repräsentationen bzw. Inszenierungen dieser Herrschaft zu suchen sein. Sie haben Hitler möglich gemacht und zur Loyalität der Gefolgschaft und großer Teile der deutschen Gesellschaft beigetragen. Sie folgten

Gefangene des frühen Konzentrationslagers in der Berliner Friedrichstraße 234, 1933

ihm loyal, unterstützten bzw. stärkten seine Herrschaft und die seiner Führungsgruppe aus politisch-ideologischer Überzeugung, aus sozialen Ängsten und Hoffnungen, möglicherweise auch nur dadurch, dass sie ihre individuellen Bedürfnisse nach Sicherheit und nach dem kleinen privaten Glück auf die Versprechungen und die Politik des Nationalsozialismus projizierten und Hitler damit »entgegen arbeiteten«.[5] Hitlers Herrschaft einschließlich der damit verbundenen destruktiven Kräfte und ihrer zerstörerischen Dynamik kann nicht ohne die Beziehungen zwischen »Führer« und »Volk«, zwischen »Führer« und »Gefolgschaft« gedacht und erklärt werden. Das meint der Titel der Ausstellung, wenn er von *Hitler und den Deutschen* und von einer Wechselwirkung zwischen einer tatsächlichen oder nur behaupteten Gemeinschaftsbildung im Sinne einer »Volksgemeinschaft« und deren Mitwirkung an einer Politik ausgeht, die von Anfang an auf Zustimmung wie auf Gewalt gestützt war und die von einer Politik der Ausgrenzung der als »Gemeinschaftsfremde« stigmatisierten Gruppen bis hin zu deren Vernichtung führte. ■ Damit wird die Frage nach Hitlers Ermöglichung und Hitlers Macht weniger mit den Verführungskräften und Mobilisierungskünsten des Nationalsozialismus und auch nicht allein mit der Allmacht der totalitären Herrschaftsstrukturen des NS-Regimes erklärt, sondern in erster Linie mit der Mitwirkung, der Selbstgleichschaltung und Selbstverstrickung weiter Teile der Gesellschaft in die Politik des Nationalsozialismus, mit einer partiellen oder auch weitgehenden Übereinstimmung zwischen den Verheißungen des »Führers« und den Erwartungen des »Volkes«. Mit diesem Ansatz wird nicht die Identitätsbehauptung der vielzitierten NS-Propagandaformel »Ein Volk, ein Reich, ein Führer« unkritisch übernommen, die durch die Masseninszenierungen und visuellen Propagandastrategien der Fotografen und Filmemacher der Zeit vordergründig behauptet und tradiert wurde. Es wird vielmehr auf der Grundlage historischer Text- und Bildquellen, die in der Ausstellung vorgestellt werden, eine Sozial- und Herrschaftsbeziehung zwischen Hitler und den Deutschen in ihrer Entstehung, ihrem Aufbau und ihrer Wirkung, aber auch in ihrem Niedergang und Verfall beschrieben; es werden die besonderen historischen Bedingungen der Krisenjahre der deutschen und europäischen Zwischenkriegszeit angesprochen, die die Zerstörung der Demokratie, den Aufstieg und die Herrschaft einer totalitären Diktatur und den Konsens wie die Mitwirkung weiter Teile der Gesellschaft erst möglich gemacht haben. Dabei werden wir nie angeben können, welche zahlenmäßige Dimension die Zustimmung und welchen Grad die Loyalität, die Hitler in den verschiedenen Etappen der nationalsozialistischen Herrschaft entgegengebracht wurden, je besessen haben und wie groß oder klein umgekehrt die Zahl derer war, die sich dem Regime widersetzten, die sich seinen Verlockungen und Zumutungen entzogen und

HANS-ULRICH THAMER

verweigert haben. Ihre Verweigerung, ihr Widerstand gehören selbstverständlich auch in eine Ausstellung über *Hitler und die Deutschen*, wie auch die Haltung derer, die im Laufe des NS-Regimes einen Desillusionierungs- und Lernprozess durchgemacht und allmählich entdeckt haben, welche verbrecherischen und menschenverachtenden Energien vom NS-Regime freigesetzt wurden. Wir können nur mit Wahrscheinlichkeiten arbeiten und in einer Ausstellung jeweils nur exemplarisch und idealtypisch bestimmte Verhaltensformen dokumentieren. ■ Hitlers Herrschaft entsprach wie kaum eine andere den Merkmalen einer charismatischen Herrschaft, wie sie der Soziologe Max Weber viele Jahre vor Hitlers Karriere und Macht definiert hat.[6] Unter Charisma verstehen wir demnach die außerordentlichen, außeralltäglichen Eigenschaften, die die besondere Ausstrahlung einer Person begründen, der Qualitäten als Retter und Führer zugeschrieben werden. Die folgenden Essays und Katalogbeiträge werden die Bedingungen, Formen und Wirkungen charismatischer Herrschaft und ihre Übertragbarkeit auf Hitler ausführlicher beschreiben. Die Bilder von der charismatischen Führerfigur, die wir besitzen und zeigen können, geben nur einen Ausschnitt aus der komplexen Wirklichkeit charismatischer Herrschaft wieder. Sie verbinden die außerordentlichen Qualitäten des Retters und Erlösers unwidersprochen mit der Person Adolf Hitlers, während uns seine Biografie und seine politische Karriere zeigen, dass diese vermeintlichen Eigenschaften vor allem Produkt einer Zuschreibung, einer Legendenbildung und Inszenierung waren. Seine außerordentliche Wirkung und öffentliche Macht gründete sich auf die Zustimmung der Massen, deren Bedürfnis nach Heroismus und Größe, nach Hingabe und Sendungsbewusstsein Hitler als charismatische Führerfigur im Sinne Max Webers erfüllte. Die Bilder der jubelnden Massen zeigen jedoch nur selten die Zweifler und Gegner, die Hitler diese Eigenschaften nicht zuerkennen wollten. Die Bilder vom Charisma zeigen auch nicht, dass er diesen Nimbus des Außerordentlichen durch Erfolge und Rituale ständig erneuern musste, da sich sonst das Charisma aufzulösen drohte. Die Entscheidungen des charismatischen Führers orientierten sich offenbar nicht an bürokratischen Regeln, sondern an »Tat und Beispiel« (Max Weber), während die Wirklichkeit von Hitlers Macht gerade von einer Mischung charismatischer Elemente und Zuschreibung einerseits, von bürokratischen Formen der Macht- und Legitimitätssicherung andererseits bestimmt war. Zwar erlaubte die Berufung auf die außerordentlichen, nicht normativ geregelten Grundlagen seiner charismatischen Herrschaft es dem »Führer«, selbst Recht zu setzen und »Gehorsam gegenüber neuen Geboten« einzufordern. Was die Bilder von Zustimmung und Massenbegeisterung nicht zeigten, war die Revolutionierung bestehender Verhältnisse durch permanente Bewegung, war die Folge charismatischer Herrschaft, dass diese nämlich zunehmend durch eine »relative Strukturlosigkeit«[7], durch ein unkontrolliertes Ämterchaos geprägt war, das zu einem politischen »Amoklauf« (Hans Mommsen) führte. ■ Zur Inszenierung des Charismas gehören Fahnen,

Prospekt zur nationalsozialistischen Propaganda-Ausstellung *Gebt mir vier Jahre Zeit*, 1937 (Kat.-Nr. 233)

Prozessionen, Treueide, »liturgische« Handlungen und Redeformeln. Sie bewirken eine Sakralisierung der Politik und verleihen der charismatischen Bewegung zunehmend Formen einer politischen Religion. Das war politisch gewollt und wurde darum auch immer wieder gezeigt, in Fotos, Masseninszenierungen und in der Trivialkunst. Was die Bilder hingegen verschweigen, sind die Regie der Inszenierungen, die Widersprüche der Alltagswirklichkeit, die Gegenbilder zur und die Leere hinter der Macht. Aber auch das gehört in eine Ausstellung über *Hitler und die Deutschen*. ■ Was die Bilder von Hitlers Charisma allerdings zeigen, liegt die entscheidende Grundlage von Hitlers Wirkung vor allem innerhalb seiner Gefolgschaft. Der soziale und politische Niemand, ohne erkennbare soziale Fähigkeiten und besondere intellektuelle Gaben, besaß mit seinem rhetorischen Talent, das von der Fähigkeit zum Pathos und zur Demagogie wie zum bösartigen Spott bestimmt war, ein Potenzial an Wirkungsmöglichkeiten, das sich entfalten und einsetzen ließ. Alle weiteren Eigenschaften waren Bestandteile einer politischen Legendenbildung bzw. Inszenierung: seine Selbststilisierung zum »Trommler« und schließlich zum »Messias«, der im autobiografischen Rückblick sein Leben als einzige Vorbereitungsphase auf diese Rolle als Prophet und Erlöser, als entschlossener Vorkämpfer gegen das »Judentum« deutete und dessen Gefolgschaft in ihm schließlich den sehnsüchtig erwarteten Erlöser erkannte, dieses mit quasi-religiöser Hingabe propagierte und in ihm nach dem Herbst 1922 bald den deutschen Mussolini meinte erkennen zu können. Die Bilder und Rituale dieser Inszenierungen verstärkten zweifelsohne deren Wirkung, auch wenn zur Kommunikation des Charismas die Nähe, die Präsenz und *Face-to-Face*-Situation gehören, die die seinerzeit verfügbaren Medientechniken nur bedingt vermitteln konnten. ■ Das Konzept charismatischer Herrschaft, dem auch das Konzept der Ausstellung verpflichtet ist, verbindet biografische Ansätze mit strukturgeschichtlichen Fragen. Hitlers Aufstieg und seine Macht werden aus gesellschaftlichen Bedingungen, aus den Erwartungen und Einstellungen von gesellschaftlichen Gruppen, aus der Mitwirkung von Teilen der Gesellschaft erklärt, Hitlers Charisma als Schnittpunkt von Bedürfnissen einer verunsicherten und orientierungslosen Gesellschaft nach Rettung und Erlösung sowie aus der Selbststilisierung Hitlers zum Träger einer solchen ordnungs- und sinnstiftenden Mission. Damit war eine erfolgversprechende politische Mobilisierungsstrategie gefunden. Sie setzte sich nach der Machtübertragung fort, und nun vereinigte sich die Inszenierung des Charismas mit den Herrschaftschancen eines autoritären Staates und der Machtakkumulierung im Zuge der »Gleichschaltung«. Dadurch erhielt es zusätzlich das Charisma des Amtes und der Rollen, die Hitler usurpieren konnte, einschließlich des herausgehobenen Amtes des Reichspräsidenten. Abgesichert wurden die politischen Machteroberungen und Erfolge jeweils durch plebiszitäre Akklamationen, die jedem Coup folgten und die sich wiederum inszenieren und ins Bild setzen ließen. ■ Darum waren die Parteigefolgschaft und die der »Volksgemeinschaft« unverzichtbarer Bestandteil sowohl der charismatischen Führerherrschaft wie der Herrschaftspraxis des Regimes. Der »Führer« bezog seinen Machtanspruch auch aus seinem Identitätsanspruch, dass er nämlich den Willen und das Ganze der »Volksgemeinschaft« repräsentierte und damit politisch als letzte Instanz fungierte. Mit der Propagandaformel und sozialen Verheißung einer zu verwirklichenden »Volksgemeinschaft« verschaffte sich nicht nur das Regime zusätzliche Legitimation, sondern es wurde damit der politische Handlungsrahmen der Gesellschaft abgesteckt und die Chance einer imaginierten oder tatsächlichen Partizipation angedeutet. Dieser Herrschaftsbezug war dann auch Teil der Repräsentationsstrategie und Bildfabrikation des Regimes, weniger freilich deren Kehrseite, nämlich Gewalt und Exklusion. ■ Der Begriff der »Volksgemeinschaft«, der nicht zur Beschreibung einer gesellschaftlichen Wirklichkeit taugt, ist umgekehrt geeignet, die Erfahrungs- und Wirkungsgeschichte der NS-Herrschaft zu erfassen, lassen sich doch die unterschiedlichen Erwartungen und Hoffnungen einer Krisengesellschaft und Umbruchzeit darin bündeln und repräsentieren.⁸ Die Verheißung der »Volks-

Heinrich Hoffmann: Hitler als Redner,
Postkarte aus dem Jahr 1927 (Kat.-Nr. 16 a)

gemeinschaft« war die Formel zur scheinbaren Integration unterschiedlicher sozialer Ängste und Hoffnungen. Verbunden mit der Hoffnung auf Zugehörigkeit und Inklusion war die Suche nach Sündenböcken, die Exklusion aller »gemeinschaftsfeindlichen« Gruppen durch eine scharfe, gewalttätige Rhetorik und Praxis. Damit erhielt die Gewalt, eine Grunderfahrung im Zeitalter der Weltkriege und politischen Extreme, in der nationalsozialistischen Ideologie und Politik einen besonderen Stellenwert: Sie wurde nicht nur Mittel der Politik und der Inszenierungen des Regimes, sondern Gewalt und Vernichtung waren mit der nationalsozialistischen Politik identisch. ■ Zu den angemaßten außerordentlichen Vollmachten, die aus der charismatischen Legitimation des »Führers« und der Mitwirkung der Gesellschaft, dem »gesunden Volkswillen« abgeleitet wurden, gehörten auch die Verfolgungs- und Gewaltmaßnahmen, die den Prozess der Machteroberung begleiteten und ermöglichten. Sie wurden als »Reinigung« und »Befreiung« aus einer »Notlage« gerechtfertigt und immer wieder als Ausdruck

HANS-ULRICH THAMER

Volksempfänger auf der Funkausstellung in Berlin, 1935 (Kat.-Nr. 222)

kommen, dass wir mehrheitlich nur Bilder und andere Artefakte besitzen, die aus der Propagandamaschine und Inszenierungspolitik des NS-Regimes stammen? Wie kann man die Inszenierungen der Führerlegende und der »Volksgemeinschaft«, die es in der sozialen Realität nicht gab, sondern die durch die politisch-soziale Praxis hergestellt werden sollte, als Inszenierungen kenntlich machen und in ihrer Wirkungsweise verdeutlichen? ■ Wechselausstellungen können im Unterschied zu Dauerausstellungen experimentieren. Sie können argumentativ zuspitzen und verdichten, sie können den Versuch unternehmen, Bilder durch Gegenbilder zu dementieren oder zu relativieren, sie können überdies Wege der Ensemblebildung und Inszenierung beschreiten und multimediale Inszenierungen erproben, mit denen sich die Dynamik und die Ambivalenz des historischen Prozesses durch Beschleunigungseffekte und durch Überblendungen, durch Bildcollagen simulieren oder andeuten lässt. ■ Zu den Gegenbildern, die den Propagandabildern und Inszenierungen entgegenwirken und sie in ihrer Wirkung brechen können, gehören Gegenüberstellungen mit alltäglichen Objekten der gesellschaftlichen Wirklichkeit; ferner die wenigen Relikte, die Zeugnis der Verfolgung und Vernichtung, des Leidens und Sterbens der Opfer geben; schließlich Karikaturen, gebrochene und zerstörte Bilder, die für die Ambivalenz und vor allem für die Gewalt sinnbildlich stehen. Dazu gehören auch und vor allem Inszenierungen von Inszenierungen, sowohl durch die Betonung der Bühnenhaftigkeit, Manipulation und Widersprüchlichkeit als auch durch Spiegelungen und Verwischungen, die das andeuten sollen, was sich hinter dem schönen Schein und hinter der Fassade verbirgt; die auch andeuten sollen, wie sich Sozial- und Herrschaftsbeziehungen zwischen »Führer«, »Gefolgschaft« und Gesellschaft aufgebaut und auch wieder aufgelöst haben. Schließlich können Gebrauchsspuren und Spuren der Zerstörung an einem dreidimensionalen Objekt oder einem bildlichen Zeugnis nicht nur eine unmittelbare Beziehung zwischen der Vergangenheit und dem Betrachter der Gegenwart herstellen, sie können auch die Politik der Gewalt und der Vernichtung symbolisieren. Die Ausstellungsgestaltung wird mit diesen Mitteln experimentieren, um die Macht der Propaganda-Inszenierung durch die Inszenierung der Ausstellung zu brechen.

des »Volkswillens« inszeniert bzw. von großen Teilen der Gesellschaft akzeptiert, denn die Führerdiktatur konnte sich in der Begründung ihrer illegalen Maßnahmen auf ein Feld an Überzeugungen und Vorurteilen stützen, die Teile der Gesellschaft ebenfalls hegten. Das Gewalt- und Vernichtungspotenzial, das in den ideologischen Grundpositionen Hitlers und der NSDAP angelegt war, konnte sich auf der Grundlage einer charismatischen Herrschaft immer weiter entfalten und radikalisieren, denn die unangefochtene Kompetenz des charismatischen Führers zur Regelverletzung und willkürlichen Normsetzung kannte keine institutionellen Schranken mehr. Die Verschränkung von Charisma und Gewalt, von Führerherrschaft und »Volk«, bildete darum das Grundmerkmal des nationalsozialistischen Herrschaftssystems, das auf die Zustimmung und Mitwirkung der Gefolgschaft und »Volksgemeinschaft« angewiesen war. ■ Lassen sich historische Prozesse und Strukturen, wie sie mit dem Charismakonzept als Möglichkeit der Einordnung und Erklärung der Objekte nur ganz verkürzt angedeutet wurden, überhaupt ausstellen, ohne dass wir zu langen verbalen Erklärungen und Texttafeln greifen müssen? Wie können wir zudem der Einschränkung ent-

Anmerkungen
1   Schmölders 2000, S. 215 ff.
2   Dazu Thamer 2009.
3   Herbst 2010, S. 12.
4   Kershaw 1998/2000, Bd. 1, S. 9.
5   Kershaw 1998/2000, Bd. 1, S. 663 ff.
6   Weber 1980, S. 122–128, S. 387 ff. Dazu Breuer 1994.
7   Herbst 2010, S. 22; zum Charismakonzept und seiner Anwendung auf die NS-Herrschaft jetzt vor allem Wehler 2009, S. 13–23.
8   Zu den neueren Ansätzen, die Formel der »Volksgemeinschaft« zur Beschreibung der Mitwirkung und »Selbstermächtigung« der Gesellschaft in der NS-Zeit zu nutzen, jetzt Bajohr/Wildt 2009a sowie Wildt 2009. Dazu die scharfe Kritik von Hans Mommsen in *Neue politische Literatur* 2010.

Zur Person Hitler

BRIGITTE HAMANN

Der junge Hitler bis zum Putsch

Das Hauptproblem einer Biografie des jungen Hitler besteht in der desolaten Quellenlage. Dieser Mangel an Quellen geht darauf zurück, dass Hitler alle Spuren seiner Linzer und Wiener Zeit nach Kräften verwischte. Rigoros ließ er die schriftlichen Zeugnisse aus dieser Zeit beschlagnahmen, verbot Veröffentlichungen über seine Jugend und seine Familie. Die einzige Quelle zu seiner Biografie sollte *Mein Kampf* sein, also seine im Nachhinein konstruierte Lebensgeschichte. Viele weit verbreitete Hitler-Anekdoten erweisen sich als Legenden. Die wenigen erhaltenen Augenzeugenberichte sind durchweg problematisch. Erst auf der Basis einer kritischen Abklärung der Quellen ist es überhaupt möglich, sich an eine Biografie des jungen Hitler zu wagen. ■ Adolf Hitler wurde 1889 in Braunau am Inn an der deutsch-österreichischen Grenze geboren, denn sein Vater Alois arbeitete dort als k. k. Zoll-Oberoffizial. In diesen ersten Jahren gewöhnte sich Adolf an den bayerischen Tonfall, den er sein Leben lang behielt. Seine Mutter war Alois' dritte, weit jüngere Ehefrau Klara, geb. Pölzl. Wie ihr Ehemann stammte auch sie aus dem Waldviertel nördlich von Wien, einer äußerst armen Gegend, und war überdies mit ihrem Mann eng verwandt. Adolf war – nach drei früh gestorbenen Geschwistern – das erste Kind dieser Ehe, das erwachsen wurde. Der 1894 geborene Edmund starb mit fünf Jahren. Und das sechste und jüngste Kind war Paula, 1896 nach der Pensionierung des Vaters geboren, als dieser sich in Hafeld bei Lambach auf einem von ihm gekauften großen Grund als Landwirt und Bienenzüchter versuchte – freilich erfolglos. Adolf ging zunächst in die winzige Volksschule von Fischlham und dann in die Klosterschule von Lambach, wo er sich wohl fühlte. ■ Klara Hitler, eine warmherzige, hilfsbereite und allseits beliebte Frau, hatte neben ihrem dominanten Ehemann ein schweres Leben, vor allem, wenn er, wie häufig, betrunken war. Einmal misshandelte er Adolf so brutal, dass die Mutter glaubte, der Junge sei gestorben. Aber er erholte sich wieder und war und blieb Klaras Liebling. Viel später führte der Reichskanzler Hitler zu Klaras Ehren den »Muttertag« ein. Und in jedem seiner zahlreichen Schlafzimmer hing über seinem Bett nur ein einziges gerahmtes Bild: das der Mutter. ■ Nach dem Verkauf des allzu großen Hafelder Gutes zog die Familie 1899 in ein kleines Haus mit großem Garten in Leonding bei Linz. Ab 1900 ging Adolf nun in die Linzer Realschule, blieb aber gleich in der ersten Klasse sitzen (Abb. rechts). Der Vater verprügelte ihn weiter. ■ An einem Sonntagmorgen im Jahr 1903 starb Alois Hitler im Wirtshaus von Leonding plötzlich an einer Lungenblutung. Adolf war 14 Jahre alt. Er hatte weiterhin Schulprobleme. Da der Schulweg nach Linz zu Fuß allzu mühsam war und Adolf in der Stadt wohnen wollte, verkaufte Klara Hitler das Haus in Leonding und übersiedelte mit beiden Kindern nach Linz. 1904, also mit 15, verließ Adolf die Schule für immer mit der Begründung, er sei schwer lungenkrank – was er gar nicht war. Aber der junge Mann gewöhnte sich bereits in seiner Jugend daran, in lauten und langen Monologen zu reden und wurde sehr böse, wenn sich jemand erkühnte, seinen Redefluss zu unterbrechen. ■ Nach dem Schulabbruch unternahm Adolf keinerlei Versuch, zu arbeiten. Er ließ sich von der Mutter verwöhnen, besuchte regelmäßig das Linzer Landestheater und begeisterte sich für die dort häufig gespielten Wagner-Opern. Den größten Eindruck machte auf ihn Wagners pompöses Werk *Rienzi, der letzte der Tribunen*, vor allem wegen der zahlreichen brausenden »Heil«-Rufe, der packenden Massenszenen und des lauten Orchesters mit reichlich Blech und Schlagwerk. Wagner hatte dieses Werk abwertend seinen »Schreihals« genannt. Für Hitler aber war der Eindruck dieser ja keineswegs gut ausgehenden Oper so bedeutend, dass später die Nürnberger Parteitage mit der Rienzi-Ouvertüre als heimlicher Hymne des »Dritten Reiches« eröffnet wurden. ■ Im Mai 1906 reiste der 17-jährige Hitler, der Maler werden wollte, zum ersten Mal nach Wien, um die Gemäldegalerie des Hofmuseums zu besichtigen. Das Haupterlebnis in Wien aber wurde für ihn die Ringstraßenarchitektur: Nun wollte er Architekt werden (Abb. S. 27). Er besuchte auch die prachtvolle k. k. Hofoper und erlebte dort *Tristan und Isolde*, dirigiert von Gustav Mahler und hochmodern inszeniert von Alfred Roller, den Hitler hoch verehrte. Als eine nette Linzer Nachbarin ihm einen Empfehlungsbrief an Roller mit nach Wien gab, traute sich der schüchterne Adolf nicht, den verehrten Meister aufzusuchen und zerriss den Brief. ■ Im Januar 1907 hatte Klara Hitler große Schmerzen und suchte den in Linz sehr beliebten jüdischen Arzt Dr. Eduard Bloch auf. Dieser stellte einen Tumor in der Brust fest und riet zur sofortigen Operation, die vier Tage später erfolgte. Nach 20-tägigem Spitalaufenthalt kam Klara Hitler wieder nach Hause, und Adolf wich nicht von ihrer Seite. Im Mai 1907 übersiedelte die Familie – die kranke Mutter, deren helfende unverheiratete Schwester, Adolf und Paula – in eine sehr schöne und teure Wohnung nach Urfahr am anderen Donau-Ufer. ■ Als es der Mutter besser ging, fuhr der 18-jährige Adolf nach Wien, um an der Akademie der Bildenden Künste die Aufnahmeprüfung zu machen. Aber – wie die Mehrzahl der vielen Kandidaten – fiel er bei der Prüfung durch, verschwieg dies jedoch gegenüber der Mutter und den Verwandten. Er durfte ja im Folgejahr erneut sein Glück versuchen und fuhr zurück nach Linz. ■ Dr. Bloch, der Hausarzt der Familie Hitler – und überdies Armenarzt – konnte nichts Schlechtes über seinen jungen Patienten sagen, im Gegenteil: Er beobachtete mit Wohlgefallen die innige Liebe zwischen Mutter und Sohn und schrieb noch sehr viel später im amerikanischen Exil, er habe »niemals eine innigere Zunei-

Klassenfoto, Adolf Hitler in der oberen Reihe, Mitte, Leonding/Linz 1899 (Kat.-Nr. 10)

gung gesehen« als die zwischen Mutter und Sohn Hitler. ■ Klara Hitlers Zustand verschlechterte sich rasch. Dr. Bloch erklärte der Familie sehr vorsichtig, dass die Lage hoffnungslos sei. Ab dem 28. Oktober war Klara bettlägerig. Adolf blieb Tag und Nacht bei ihr. Die Mutter wusste um ihre schlimme Lage, und Dr. Bloch bemerkte, »dass all ihre Gedanken um ihren Sohn kreisten und wie es mit ihm weitergehen sollte«. ■ Am 21. Dezember 1907 starb Klara Hitler im Alter von 47 Jahren. Adolf war in den letzten Tagen und Stunden nicht von ihrer Seite gewichen. Nun zeichnete er die gerade Verstorbene noch in der Nacht, »um den letzten Eindruck festzuhalten«, so Dr. Bloch. Zwei Tage später wurde Klara auf dem kleinen Friedhof von Leonding, in der Nähe ihres ehemaligen Wohnhauses, neben ihrem Ehemann begraben. Das Grab ist auch heute noch wohl gepflegt. ■ Im Februar 1908 brach Adolf den Kontakt zu seiner Familie ab, verließ Linz und zog in Wien als Untermieter bei Frau Zakreys ein, einer älteren Tschechin, mit der er sich gut verstand. Bald zog auch sein Linzer Freund, der Musikstudent August Kubizek, samt einem Klavier zu ihm, aber nur für einige Monate. Von Kubizek lernte Adolf sehr viel über Musik. Darüber hinaus eignete er sich mithilfe geliehener Bücher und Texthefte sehr genau Wagners Werke und Biografie an. ■ Die beiden Wagnerianer gingen, wann immer eine Oper ihres Idols auf dem Programm stand – und das war weit häufiger der Fall als heute üblich –, in die Hofoper aufs Stehparterre. Laut Kubizek erlebten sie dort *Lohengrin* wie die *Meistersinger* »gewiss zehnmal«. Und Hitler meinte noch 1941, in Wien *Tristan und Isolde* »dreißig bis vierzig Mal« erlebt zu haben. Aber es war ihm sehr unangenehm, auf der Galerie Frauen oder Mädchen neben sich stehen zu haben. Da das Stehparterre für weibliche Zuhörer verboten war, zog er diesen frauenlosen, aber teureren Stehplatz vor. ■ Adolf begann nun, Bühnenentwürfe für Wagner-Opern zu skizzieren und auszuarbeiten. Er versenkte sich in Belichtungstechnik, Steuersysteme, Versenkmechanismen und vieles andere. Das alles wirkte sich sehr viel später auch auf die Inszenierungen der Nürnberger Parteitage aus. Aus Rollers »Lichtregie« auf der Bühne wurden schließlich Speers »Lichtdome«. Aber auch das rote Fahnenmeer, die Massenaufmärsche bei Trommelwirbel und Wagner-Musik, möglichst bei Dunkelheit, liefen wie in einer gut inszenierten Wagner-Oper ab. Der Höhepunkt allerdings war immer der Auftritt und die Rede des Reichskanzlers.

■ In der Nähe von Hitlers Unterkunft bei Frau Zakreys hingen täglich in öffentlichen Schaukästen Parteiblätter zum Lesen aus, und zwar von den Alldeutschen, ehemaligen Schönerianern, die für den Anschluss der deutschen Teile Österreichs an das Deutsche Reich kämpften. Der junge Hitler nahm diese Aussagen ernst. Denn auch er träumte von einem einheitlichen Deutschen Reich mit Einbeziehung der Deutschösterreicher. Die übrigen Nationalitäten waren ihm gleichgültig, weil eben »undeutsch«. ■ Bei der Aufnahmeprüfung für die Akademie im Juli 1908 scheiterte Adolf ein zweites Mal. Er blieb in Wien, fand keine Arbeit – suchte sie auch nicht – und ließ sich treiben. Nichts, weder eine besondere Begabung noch ein Hang zum Verbrecherischen, zeigte sich bei dem jungen Burschen, der weder einen Schulabschluss noch irgendeine Ausbildung hatte. Dass er in *Mein Kampf* behauptet, er habe in Wien hart auf dem Bau gearbeitet, ist eine glatte Lüge. ■ Da er keine Arbeit und kein Geld hatte, aß er gerne kostenlos in Armenküchen, die von reichen Bürgern finanziert wurden. Und wenn es kalt war, wärmte er sich in überfüllten, stinkenden Wärmestuben. Schließlich lieh er sich bei seiner Tante im Waldviertel einen hohen Geldbetrag, den er nie zurückzahlte. Als das Geld ausgegeben war, wusste er wieder nicht, wie es weitergehen sollte. ■ Eines Tages gab ihm ein Leidensgenosse den Tipp, sich vor dem Parlament anzustellen, um kostenlos als Zuhörer auf die gut geheizte Galerie zu gelangen. 1909 hatte das k. k. Parlament (ohne Ungarn) 516 Sitze und war damit das größte Parlament Europas. Von den rund 30 Parteien und Gruppen hatte keine eine regierungsfähige Mehrheit. Und keine Partei trug im Titel das Wort »Österreich«. Die Aufzählung der Parteien illustriert die enorme Komplexität des multinationalen Vielvölkerstaats: 96 Christlichsoziale, 86 Sozialdemokraten, 31 Deutsche Volkspartei, 21 Deutsche Agrarier, 17 Deutschfortschrittliche, 12 Deutschradikale (die Anhänger von Karl Hermann Wolf), 3 Alldeutsche (Schönerer-Anhänger). 28 Tschechische Agrarier, 18 Jungtschechen, 17 Tschechisch Konservative, 7 Alttschechen, 2 Tschechisch-Fortschrittliche (»Realisten«), 1 »wilder« Tscheche und – als radikalste Gruppe – 9 Tschechische Nationalsozialisten. 25 Polnische Nationaldemokraten, 17 Polnische Volkspartei, 16 Polnisch Konservative und 12 Polnisches Zentrum. 4 Zionisten und ein Jüdischer Demokrat, 10 Italienische Konservative und 4 Italienische Liberale, 25 Ruthenische Nationaldemokraten und 4 Altruthenen, 12 Kroaten; 5 Rumänen, 3 Serben, 1 Radikaler Russe, 1 Freisozialist, 1 »Selbständiger Sozialist«, 1 »Sozialpolitiker«, 2 Parteilose. Zwei Plätze waren nicht besetzt. ■ Da keine dieser vielen Parteien eine Mehrheit hatte, musste sich die Regierung ständig neue Koalitionen suchen. Und dementsprechend häufig wechselten die Regierungen. ■ Die parlamentarische Geschäftsordnung verschärfte die fatale Lage noch. Denn im Gegensatz zu Ungarn gab es im Wiener Parlament keine Staatssprache, und jeder Abgeordnete sprach in seiner Muttersprache. Zehn Sprachen waren zugelassen: Deutsch, Tschechisch, Polnisch, Ruthenisch, Serbisch, Kroatisch, Slowenisch, Italienisch, Rumänisch und Russisch. Dolmetscher gab es nicht. ■ Der Parlamentspräsident sprach deutsch, und die Stenographen protokollierten nur in Deutsch. Wenn aber Tschechen, Ruthenen oder andere Obstruktion betreiben wollten, redeten sie in ihrer jeweiligen Muttersprache. Der Rekord war, dass ein Ruthene ununterbrochen 13 Stunden lang in ruthenischer Sprache redete – von seinen Freunden immer wieder kurz mit Essen und Getränken bedient. Die übrigen Nationalitäten waren natürlich erbost und wütend, und immer wieder brachen zwischen den parlamentarischen Gegnern wüste Prügeleien aus. ■ Der junge Hitler hatte es auf der Besuchergalerie des Parlaments zwar warm, aber er empörte sich immer mehr über die tumultuösen Ereignisse im Parlament und zog daraus den Schluss, dass die Demokratie die falsche Staatsform sei. In *Mein Kampf* schrieb er später: »Je mehr das Sprachentohuwabohu auch das Parlament zerfraß und zersetzte, musste die Stunde des Zerfalles dieses babylonischen Reiches näher rücken und damit aber auch die Stunde der Freiheit meines deutschösterreichischen Volkes. Nur so konnte dann dereinst der Anschluß an das alte Mutterland wieder kommen.« ■ Tatsächlich gab es wohl nie in der Geschichte ein Parlament, wo derartiger Streit herrschte wie im k. k. Reichsrat von 1907 bis zum März 1914, als das Parlament wegen totaler Arbeitsunfähigkeit geschlossen werden musste. ■ Seit September 1909 war der nun 20-jährige Hitler in Wien obdachlos. Er stellte sich in die langen Reihen seiner Schicksalskollegen, um wenigstens hin und wieder eine warme Suppe zu bekommen. Die großzügigsten Stiftungen stammten von jüdischen Philanthropen: den Baronen Rothschild, Königswarter und Epstein. Andere Wohltäter finanzierten Kinder- und Waisenhäuser sowie Wärmestuben und gaben tüchtigen, aber bedürftigen Studenten Stipendien. ■ Eines Tages beobachtete eine Verwandte von Hitlers ehemaliger Wirtin Maria Zakreys den jungen Hitler im Krankenhaus der Barmherzigen Schwestern, »wie er sich um die Klostersuppe anstellte; er war in der Kleidung sehr herabgekommen und hat mir leid getan, er war doch früher gut angezogen.« ■ Über diese seine schlimmste Zeit in Wien schwieg Hitler lebenslang. Als Arbeits- und Obdachloser nächtigte er, wenn er überhaupt einen Unterschlupf fand, in riesigen Massenunterkünften (Abb. S. 28). Ansonsten übernachtete er auf Parkbänken, auch wenn es bitterkalt war. Sein Asylkollege Reinhold Hanisch sagte über den Clochard Hitler, er habe einen traurigen Eindruck gemacht, sei todmüde, ausgehungert gewesen, mit wundgelaufenen Füßen. Sein blaugemusterter Anzug habe durch Regen und die Desinfizierung eine lila Farbe angenommen. Er habe nichts besessen als das, was er am Leib trug. ■ Als Hanisch erfuhr, dass Hitler die Kunstakademie besucht habe – was ja nicht stimmte –, gab er ihm den Rat, Ansichtskarten zu malen. Er, Hanisch, wolle sie dann verkaufen. Wieder wurde die Tante im Waldviertel angefleht, Geld zu schicken. Hitler und Hanisch kauften das nötige Material: Farben, Pinsel und so fort. Hitler malte nun Postkarten mit Wiener Ansichten, die er aus einem kleinen Buch übernahm. Hanisch verkaufte diese Karten geschickt und erzielte pro Bild drei bis fünf Kronen, die sie untereinander teilten.

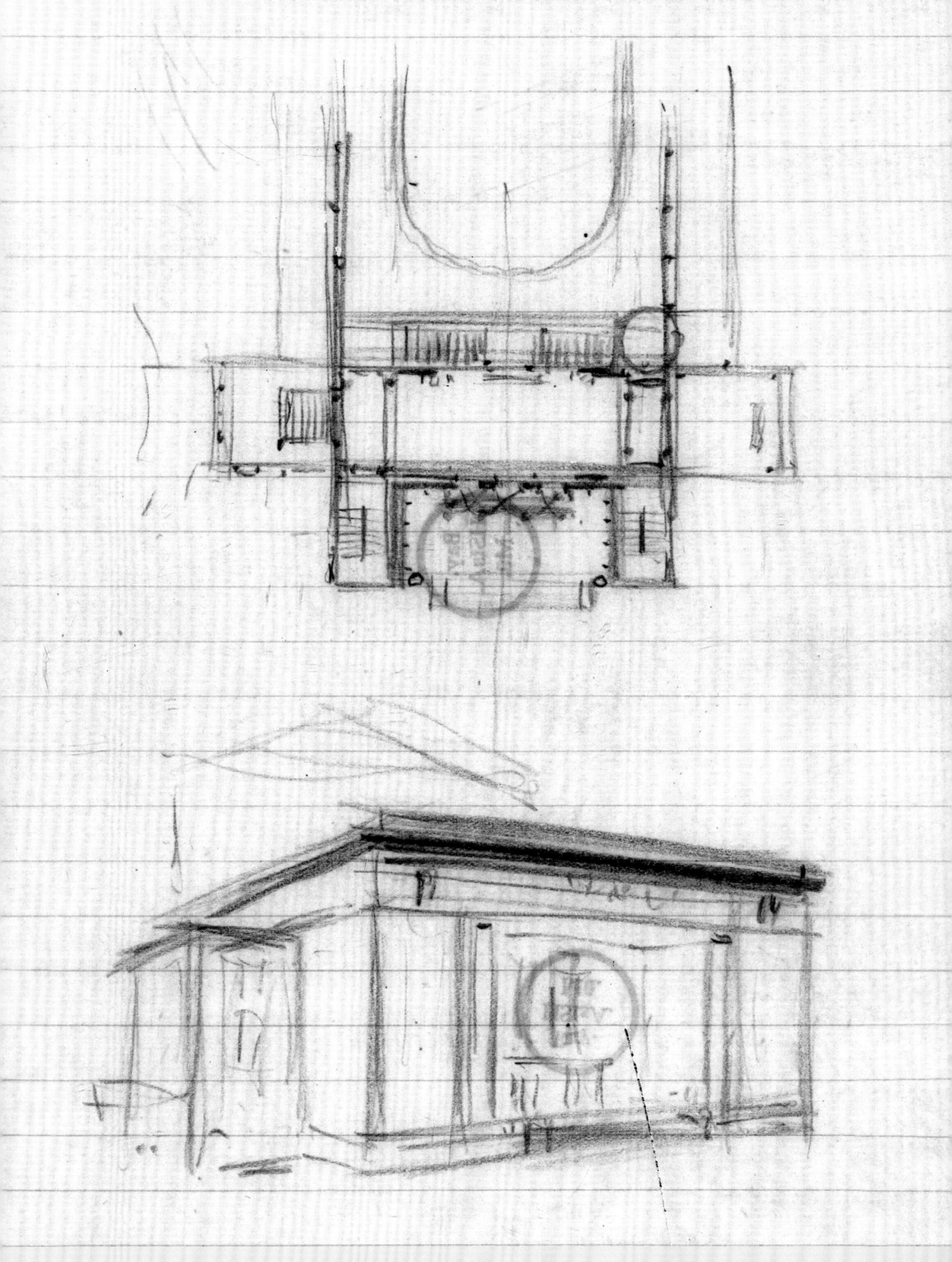

Adolf Hitler: Entwurf für ein Theater: Grundriss und perspektivische Ansicht der Eingangsseite (Kat.-Nr. 51)

BRIGITTE HAMANN

Das Meidlinger Obdachlosenasyl, aus: *Wiener Bilder. Illustriertes Familienblatt* vom 27.12.1911, S. 5 (Kat.-Nr. 11)

■ Bald ging es Adolf nun besser. Am 9. Februar 1910 zog er im gerade erbauten modernen Männerheim in Wien-Brigittenau ein und blieb dort bis zum Mai 1913, als er nach München ausreiste. In der Heimbibliothek lagen viele Zeitungen aus, die er mit Leidenschaft las. Aber er hatte dort auch einen ruhigen Platz zum Malen. Auffällig war, dass sich Hitler immer noch nicht für Frauen interessierte. Wenn seine Kollegen über Mädchen redeten, schwieg er oder entfernte sich. Und wenn die Männerheimkollegen am Sonntag in den Prater gingen, um sich dort zu vergnügen, weigerte sich Hitler mitzugehen. ■ Die meisten seiner neuen Freunde im Männerheim waren Juden. Der elf Jahre ältere Kupferputzer Josef Neumann, der mit Waren aller Art handelte, schenkte ihm einen Rock und außerdem etwas Geld. Auch der einäugige jüdische Schlosser Simon Robinson aus Galizien, der nur eine winzige Invalidenrente bezog, half Hitler mit Geld aus. Der Vertreter Siegfried Löffner nahm bei einem ernsten Streit erfolgreich Partei für Hitler. ■ Die wichtigsten Käufer von Hitlers dilettantischen Bildern waren jüdische Händler, so Jakob Altenberg aus Galizien und dessen Kollege Landsberger. Vor allem besuchte der schüchterne junge Adolf den Glasermeister Samuel Morgenstern und dessen Frau, die ein schönes Geschäft ganz nahe bei der Ordination Sigmund Freuds betrieben. Die hilfsbereiten Morgensterns kauften Adolf so viele Karten ab, dass die Gestapo noch im März 1938 zahlreiche unverkaufte »Kunstwerke« des nunmehrigen Führers beschlagnahmen und mitnehmen konnte. Der jüdische Rechtsanwalt Dr. Josef Feingold hatte dem jungen Hitler eine große Serie von Bildern abgekauft, die aber sein Kontor nur bis zum März 1938 schmückten, als Feingold aus Wien fliehen musste. ■ Laut Reinhold Hanisch bezeichnete Hitler damals die Juden gerne als »erste zivilisierte Nation«. Er bestritt, dass die jüdischen Kapitalisten Wucher betrieben, pries die jüdische Wohltätigkeit, die er ja selbst erlebt hatte. Er erzählte von Sonnenfels, der unter Maria Theresia die Folter abschaffte, pries die Komponisten Felix Mendelssohn und Jacques Offenbach und rühmte die großzügige Familie Rothschild.

■ Hitler tat alles, um nicht zur k. u. k. Armee eingezogen zu werden. Denn er wartete darauf, so rasch wie möglich ins Deutsche Reich auszureisen. Er musste aber bis 1913 in Wien ausharren, da ihm erst dann das väterliche Erbe ausgezahlt wurde. Als dies endlich geschehen war, kaufte sich der 24-Jährige gute neue Kleidung und Schuhe und reiste in seine Traumstadt München. Es kam ihm sehr gelegen, dass er keinen österreichischen Dialekt sprach, sondern immer noch das bayerisch angehauchte Hochdeutsch seiner Geburtsstadt Braunau. ■ Am 28. Juni 1914 wurden der habsburgische Thronfolger Erzherzog Franz Ferdinand und dessen Ehefrau bei einem offiziellen Besuch in Sarajewo erschossen. Diese Bluttat löste den Ersten Weltkrieg aus. Der Österreicher Adolf Hitler, der keinesfalls mit so »niederen habsburgischen Nationalitäten« wie Ruthenen, Serben und Ungarn in den Krieg wollte, zog nun stolz als Freiwilliger mit bayerischen Kameraden ins Feld. Bald wurde er als Meldegänger eingesetzt und erwies sich als solcher als verlässlich bis zum Kriegsende. ■ 1917, als sich die Kriegsverluste der Mittelmächte bedrohlich mehrten und schlimmste Hungersnot und zahlreiche Seuchen die verarmte Bevölkerung quälten, griffen die ausgeruhten und bestens ausgerüsteten Amerikaner in den Krieg ein. Während die gut genährten Gegner die ausgebrochene Grippe-Epidemie mit nur wenigen Todesopfern überstanden, raffte sie 1918 zigtausend ausgehungerte, erschöpfte und verzweifelte Menschen der Mittelmächte dahin, Soldaten wie Zivilisten. In dieser schlimmen Lage machte sich seit 1917 der Antisemitismus immer mehr breit unter dem Motto: »Die Juden sind an allem schuld!« Von Hitler aber ist aus dieser Zeit keinerlei antisemitische Bemerkung bekannt. Im Gegenteil: Sein von ihm sehr geschätzter jüdischer Vorgesetzter überreichte ihm kurz vor Kriegsende 1918 das Eiserne Kreuz, das Hitler auch als Führer und Reichskanzler bis an sein Lebensende trug. ■ Nach der Kapitulation im November 1918 brachen sowohl das Kaiser- und Königreich Österreich-Ungarn als auch das Deutsche Kaiserreich zusammen. Kaiser Wilhelm setzte sich nach Belgien ab. Kaiser Karl verzichtete zwar auf die Regierungsgeschäfte, aber nicht auf den Thron und verließ erst am 24. März 1919 mit seiner kinderreichen Familie Österreich. ■ Nach vier Jahren Krieg war der Schock über die Niederlage sehr bitter. Da es kaum noch intakte Eisenbahnzüge, Pferde und Wagen gab, machte sich ein langer Zug von fast sechs Millionen müder und kranker Soldaten zu Fuß auf den Weg nach Hause, wenn es dieses überhaupt noch gab. Denn inzwischen hatten sich die k. u. k. Völkerschaften in Nationalstaaten aufgeteilt. Unter Masaryk war die Tschechoslowakei gegründet worden. Polen war endlich wieder ein eigener Staat. Die italienischen Provinzen der Habsburger schlossen sich an Italien an – und so fort. Überall gab es lange Elendszüge von Menschen, die nicht mehr in ihrer früheren Heimat aufgenommen wurden und nicht wussten wohin. ■ Übrig blieb ein kleines, bettelarmes Land namens Österreich, wie Georges Clemenceau formulierte: »c' qui reste«, »was übrig bleibt«. Denn die Siegermächte verboten den erhofften Anschluss Österreichs an die neue deutsche Republik. ■ Hitler

Adolf Hitler: *Fromelles, Verbandstelle*, 1915 (Kat.-Nr. 50 c)

blieb in München und avancierte in den wirren Nachkriegszeiten zu einem hervorragenden politischen Redner. Bald brachte er der jungen NSDAP so viele Anhänger, dass noch nicht einmal der gemietete Zirkus Krone all die zahlenden Zuhörer aufnehmen konnte. Durch seine lauten und temperamentvollen Reden, seine wilden Sprüche gegen die Alliierten, den als ungerecht empfundenen Versailler Vertrag und die nicht leistbaren Reparationsforderungen wurde er rasch populär und zum Aushängeschild seiner jungen Partei. ■ In Linz aber wunderte sich Hitlers einst so geliebter Armenarzt Dr. Bloch: »Erst als am 8. November 1923 beim Putsch im Bürgerbräukeller zwanzig Leute starben, erlangte Hitler lokale Aufmerksamkeit. War es möglich, fragte ich mich, dass der Mann, der hinter diesen Dingen steht, der stille junge Mann ist, den ich gekannt hatte – der Sohn der sanften Klara Hitler?« ■ Die Suche nach der Ursache von Hitlers plötzlichem rigorosen Antisemitismus quälte den jüdischen Arzt bis zu seinem Tod im New Yorker Exil. Eine Erklärung fand er nie. ■ Hitler empfing in der locker gehaltenen Landsberger Haft Mitarbeiter, Besucher und Verehrerinnen, die ihn mit Geschenken geradezu überschütteten. Nun hatte er Zeit und Muße genug, seinem Freund Rudolf Heß ein politisches Buch zu diktieren: *Mein Kampf*. Darin schilderte er als nun antisemitischer Politiker, der hoch hinaus strebte, nicht seine wirkliche Vergangenheit, sondern erfand alle möglichen Geschichten über Wien, die Habsburger und die angeblich so bösen Wiener Juden. ■ Renato Bleibtreu, der 1938 nach dem Einmarsch der deutschen Truppen in Österreich im Auftrag der Münchner NSDAP über Hitlers frühe Biografie in Linz recherchierte, berichtete am 1. November 1938 nach München, dass die Lieblingsschauspieler und -sänger des jungen Hitler in Linz »Lustigerweise […] fast lauter Juden« gewesen waren. Aber die engen Beziehungen zu diesen und vielen anderen Juden, die Hitler in Linz wie in Wien hatte, durften nicht an die Öffentlichkeit geraten und wurden sorgfältig vertuscht.

GERD KRUMEICH

Hitler, die Deutschen und der Erste Weltkrieg

Der Erste Weltkrieg war für viele Millionen Menschen weltweit ein schreckliches Ereignis und traumatisches Erlebnis. Mindestens 11 Millionen Soldaten fielen auf den Schlachtfeldern Europas: Deutsche, Franzosen, Engländer, aber auch Amerikaner, Afrikaner, Kanadier, Australier, Neuseeländer, Inder und Chinesen. ■ Als der Krieg 1919 zu Ende war, waren allein an der Westfront in Frankreich und Belgien große Landstriche zu Kratern geworden, eine zum Teil bis heute nicht wiederhergestellte Wüstenei. Nach dem Krieg war Europa nicht mehr das, was es vorher gewesen war, nämlich der Nabel der Welt. Es war marginalisiert, von weiteren Kriegen und Revolutionen im Inneren zerrissen. Vor allem aber hatte es seinen geistigen Führungsanspruch verloren, zu sehr waren Kultur und Zivilisation besudelt worden von abscheulichster Propaganda und der lebendigen Erinnerung an das gegenseitige Abschlachten der zivilisierten Nationen. Wie konnte es weitergehen? Für die Siegerstaaten schien sich zunächst nicht viel zu verändern. Frankreich blieb weltweit militärisch und kolonial engagiert, Großbritannien ebenfalls, die USA hatten sich fast ganz aus den europäischen Angelegenheiten herausgezogen. Die alten Vielvölkerstaaten waren zerbrochen und die an ihre Stelle getretenen neuen Nationalstaaten versuchten, den ihnen eingeräumten Platz auf der Landkarte Europas auch gewaltsam zu konsolidieren. ■ Deutschland lag am Boden, es war aus allen Höhen der Kultur, der Wirtschaft und der Weltmachtperspektiven gefallen. Es herrschte Verzweiflung, und noch lange nach Kriegsende blieb die Nahrungsmittelversorgung prekär. In Berlin starben 1918/19 über 10 000 Menschen an Hunger! Mehr als zwei Millionen deutsche Soldaten waren gefallen, weit mehr als vier Millionen kehrten verwundet bzw. schwerstverwundet zurück. Die Bilder der Soldatenkrüppel, wie sie Otto Dix, Max Beckmann und viele andere gemalt haben, gehörten zum täglichen Straßenbild. Revolutionsversuche und militärische Repression wechselten sich ab, das von »Roten« besetzte Berliner Stadtschloss wurde von Freikorps mit Geschützfeuer belegt und geräumt, Rosa Luxemburg und Karl Liebknecht wurden grausam ermordet. All das war schlimm, aber für die Deutschen am unerträglichsten war der Friedensvertrag, den Deutschland am 28. Juni 1919 unterzeichnen musste, der sogenannte Versailler Vertrag. In diesem Vertrag wurde nicht allein festgelegt, dass Deutschland nahezu ein Drittel seines Territoriums verlieren sollte, sondern auch, dass es grundsätzlich für alle Kosten geradestehen müsste, die die feindlichen Mächte in diesem Krieg, der ihnen »durch die Aggression Deutschlands« aufgezwungen worden sei, erlitten hatten. Und in den Versailler Verhandlungen wurde diese »Aggression« von 1914 unter anderem als »schlimmstes Verbrechen in der Geschichte der Menschheit« charakterisiert – so wörtlich der französische Regierungschef Clemenceau bei der Übergabe der Friedensbedingungen.[1] ■ Bis in die 1960er Jahre blieb »Versailles« neben der Weltwirtschaftskrise ab 1928 und der damit verbundenen Arbeitslosigkeit von sechs Millionen in Deutschland das Hauptargument, warum die Deutschen 1933 Hitler die Macht übergeben hatten. So verbreitet und stereotyp war diese Schutzbehauptung mehrerer Generationen von Zeitgenossen und Historikern, dass die späteren Generationen davon gar nichts mehr wissen wollten. Deshalb kam es wohl zu der merkwürdigen Tatsache, dass die Geschichte des Aufstiegs des Nationalsozialismus bis heute im Allgemeinen ohne hinreichende Berücksichtigung des Ersten Weltkriegs geschrieben wird, wenngleich sich die Historiker der Weimarer Republik grundsätzlich einig sind, dass der »Krieg in den Köpfen« mit dem erzwungenen Frieden von 1919 nicht beendet war.[2] ■ Dabei waren die Konsequenzen des Ersten Weltkriegs gerade in dieser Hinsicht massiv. Die erlebte Kriegsgewalt in allen Formen – dazu zählt auch die hemmungslose Lügenpropaganda – brachte auch neue Gewaltsamkeit in die politische Auseinandersetzung. Die Linke und – mehr noch – die Rechte argumentierten doch ab 1919 quasi mit dem Maschinengewehr bzw. mit dem Schlagstock in der Hand. Der politische Gegner wurde strukturell zum *Feind* und auch ohne Weiteres zum Mordobjekt. Bei aller gelegentlichen Ähnlichkeit zwischen »alldeutschem« Räsonnieren vor dem Weltkrieg und der Tonart des »völkischen Nationalismus« nach 1918 stellt diese radikale Gewaltbereitschaft eine Art *spezifische Differenz* zwischen Vor- und Nachkriegszeit dar.[3] Der Topos vom »jüdischen Bolschewismus«[4], von endzeitlicher Verschwörung basierend auf Verrat, galt als genauso glaubwürdig wie die These von der unmittelbar bevorstehenden Weltrevolution.[5] Nicht von ungefähr hatten die grundsätzlich seit den 1860er Jahren bekannten sogenannten *Protokolle der Weisen von Zion* erst ab 1919 einen so großen Erfolg und wurden trotz ihrer offensichtlichen Versponnenheit zu einem plausiblen Erklärungsangebot für die vielen, die felsenfest davon überzeugt waren, dass die Kriegsniederlage nicht mit rechten Dingen zugegangen, sondern Ergebnis einer regelrechten jüdischen Machtergreifungs-Weltverschwörung sei.[6] ■ Ein wichtiger Bestandteil dieser »Vorschule des Nihilismus« (Sebastian Haffner) ist der Hass. Ein Hass, den Hannah Arendt in ihrem berühmten Buch über die Ursprünge des Totalitarismus bereits im Jahre 1955 perspektivisch analysiert hat: »Die Atmosphäre des öffentlichen Lebens der zwanziger Jahre schien

Hitler (links mit Helm), in einem Unterstand für die Regimentsordonnanzen, Riencourt-Viller, September 1916 (Kat.-Nr. 12)
Das Foto wurde wahrscheinlich für die Drucklegung in einer zeitgenössischen Publikation retuschiert.

geladen mit der schwülen und unheilvollen, diffusen Irritabilität einer Strindberghschen Familientragödie. Denn der Haß konnte sich auf niemand und nichts wirklich konzentrieren […]. So drang er in alle Poren des täglichen Lebens und konnte sich nach allen Richtungen verbreiten, konnte die phantastischsten, unvorhersehbarsten Formen annehmen; nichts blieb vor ihm geschützt, und es gab keine Sache in der Welt, bei der man sicher sein konnte, daß der Haß sich nicht plötzlich gerade auf sie konzentrieren würde.«[7] ∎ Dieser eschatologische Hass hat Wirkungen gehabt, die in der Forschung immer wieder gestreift, aber kaum näher bestimmt worden sind, so vor allem die Unfähigkeit der Deutschen zu gemeinsamem Totengedenken.[8] In Deutschland wurde – im Unterschied etwa zu Frankreich oder England – die kollektive Trauer um die Kriegsgefallenen im Hass erstickt, auch Totengedenken führte zu Straßenkämpfen. Man blieb in Deutschland weit davon entfernt, ein gemeinsames Denkmal für den Unbekannten Soldaten errichten zu können.[9] ∎ Adolf Hitler hat sich selbst stets als Prototyp dieses Unbekannten Soldaten bezeichnet und nicht von ungefähr in Kleidung und Gestus sein Leben lang dessen Uniform gewissermaßen anbehalten. Das ist in der Hitler-Forschung seit Langem bekannt, wobei aber bislang erst wenige Versuche vorliegen, die Inanspruchnahme und Transformation des Ersten Weltkriegs durch Hitler und die Nationalsozialisten näher zu untersuchen.[10] ∎ Mehr noch als Fragen des eigenen Kriegserlebnisses waren die Probleme der Niederlage und des Versailler Vertrags eine Art obsessionelles Leitmotiv in allen Reden Hitlers seit 1919. »Solange die Erde steht, hat kein Volk einen solchen Schandvertrag zu unterzeichnen sich bereit erklären müssen«, sagte er auf einer Versammlung im November 1919.[11] Und in einer weiteren Rede im September 1922 forderte er: »Eine große Aufklärung über den Friedensvertrag […] im heiligen Haß gegen unsere Verderber.«[12] Auch seine Aussagen vor dem Münchner Schwurgericht nach dem gescheiterten Attentat vom November 1923 bestanden im Wesentlichen aus einer Tirade gegen den »jüdisch-marxistischen« Defätismus und die Verantwortlichen für »Versailles«. ∎ Es ist sicherlich kein Zufall, dass Hitler seine bedeutendste, in vielem hochinteressante, weil permanent zwischen dem alten Extremismus und staatsmännischer Sachlichkeit oszillierende Rede am 9. November 1928, fünf Jahre nach dem Hitlerputsch, vor allem aber zehn Jahre nach dem Waffenstillstand von Compiègne, im Münchener Bürgerbräu-Keller hielt.[13] Exakt also zu dem Zeitpunkt, als die NSDAP im

GERD KRUMEICH

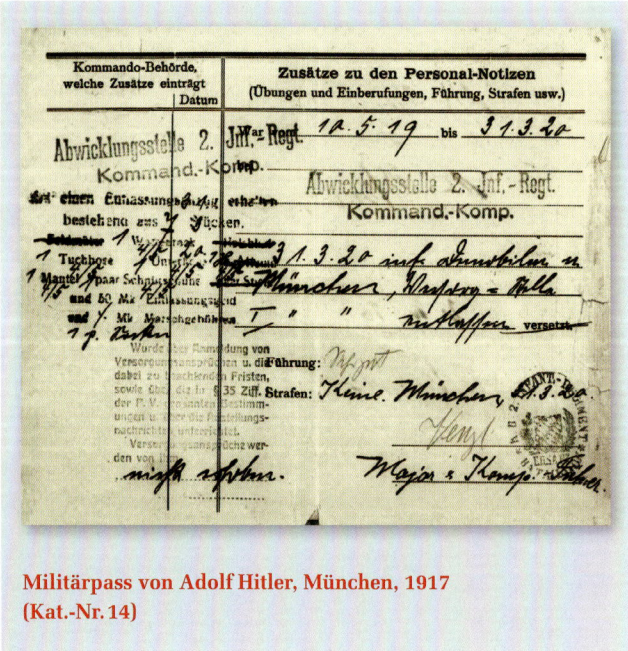

Militärpass von Adolf Hitler, München, 1917
(Kat.-Nr. 14)

Begriff stand, aus einer lautstarken Splitterpartei zur echten Repräsentation der Unzufriedenen und Unglücklichen zu werden – und zu einer »negativen Volkspartei« (Hans Mommsen) aufzusteigen. ∎ Der Krieg sei ausgebrochen, so Hitler in dieser Rede, weil Deutschland nicht genug gerüstet hatte, zu friedlich war und deshalb den aggressiven Nachbarn ihre Chance bot. Hätte Deutschland so stark aufgerüstet wie Frankreich, so wäre der Krieg im September 1914 mit der Einnahme von Paris zu Ende gewesen. Aber bei allen Fehlern und Unzulänglichkeiten der Führung des Deutschen Reiches: Im August 1914 sei das deutsche Volk aufgestanden wie nie zuvor, und auf diesem Enthusiasmus habe alles Weitere aufgebaut. Auf den Geist des »August 14« müsse auch jetzt wieder neu gesetzt werden; der deutsche Frontsoldat habe ausgehalten, bis zum Letzten, in einem reinen Verteidigungskampf. Vier Jahre lang seien die Grenzen des Deutschen Reiches an der vorgeschobenen Front in Frankreich verteidigt worden. Aber seit 1915 sei in Deutschland Defätismus aufgekommen, angefangen mit den Aktivitäten von Karl Liebknecht »und der Jüdin Rosa Luxemburg«. Diese Wühlarbeit habe auf Dauer dazu geführt, dass »der Mut des Frontsoldaten« ins Wanken gekommen sei. Aber die Armee hätte durchgehalten, wenn nicht die Revolution gemacht worden wäre. Gleichwohl hätte die Republik sogar ihre Berechtigung haben und bei den Soldaten Anerkennung finden können, hätte sie sich verhalten wie die französische Republik 1870 unter Gambetta, nämlich eine bedingungslose Verteidigung der Grenzen organisiert. Aber was die Weimarer Republik getan habe, nämlich einen Vertrag zu unterzeichnen, der die Kriegsschuld Deutschlands behauptete, sei eine unverzeihliche Schande und ein Verbrechen, für das die Verantwortlichen noch bestraft werden würden. ∎ Das Besondere an Hitlers Rede war, dass er – in charakteristisch zugespitzter Form – genau das sagte, was alle auf der Rechten und in der Mitte – und sicherlich auch viele auf der Linken – dachten und sagten und womit die Deutschen nicht fertig wurden. Daraus ergibt sich wohl auch die – relative – Legitimierung des Nationalsozialismus in Teilen der deutschen Öffentlichkeit, in parteipolitischen Kreisen, in der Beamtenschaft und nicht zuletzt bei Intellektuellen (den Studenten und Studentinnen!). Zentral für die positive Rezeption des Nationalsozialismus war das immer wieder propagierte Bestreben, das Trauma des schandvoll und durch Verrat verlorenen Krieges zu tilgen. Die Radikalität, mit der die Nationalsozialisten von Anfang an ihre politische Doktrin auf die Revision von Versailles ausrichteten, hat in der von der Kriegsniederlage traumatisierten deutschen Gesellschaft ein noch nicht hinreichend genau bekanntes Echo gefunden. ∎ Bekannt ist in der Historiografie seit Langem, dass das extremistische Rabaukentum der NSDAP und insbesondere der SA für die politische Rechte und die gemäßigten Honoratioren stark relativiert wurde durch die – falsche – Meinung, man könne das gesunde nationale Element des Hitlerismus zur Abwehr der »Revolution« nutzen. Dirk Blasius' Arbeit über den »Bürgerkrieg« der Jahre 1930–1933 hat das konzentriert gezeigt.[14] Aber *wieso* konnten die Nazi-Rabauken den konservativen Honoratioren als Ordnungskräfte erscheinen? Unter politik- und sozialgeschichtlicher Fragestellung lässt sich dies kaum erklären. Auch hier, so meine These, spielte das Trauma von 1918 eine herausragende Rolle. Wirklich vertrauensbildend, so scheint mir, war im öffentlichen Raum der Jahre vor der »Machtergreifung« bereits das Hitler'sche ceterum censeo, er werde Deutschland von der Schande befreien und die Niederlage tilgen. Die Tatsache, dass ihm dies gelang, ist ja nach 1933 zu einem Hauptpfeiler des Hitler-Mythos geworden, wie Ian Kershaw eindringlich gezeigt hat.[15] ∎ Die These, dass Hitler und seine Revisionspolitik eine Art Traumabewältigung bewirkt haben, lässt auch die dem »Führer« zujubelnden Massen in einem neuen Licht erscheinen. Die fröhlichen, verklärten, weihevoll und ergriffen lauschenden und schauenden Menschenmassen sind wohl kaum zureichend unter dem Aspekt von Propaganda und Hysterie zu erfassen. Hitlers Renommee war in erster Linie ein revisionistisches. Die Revision von Versailles – das war viel mehr als ein technischer Vorgang, das war die Bewältigung des Traumas des verlorenen Krieges, der Ungerechtigkeit und der erlebten kollektiven Schande. Hier löste sich die kollektive Verbitterung im ebenso kollektiven Jubel über die wiedergefundene »Macht und Kraft und Herrlichkeit« Deutschlands, wie Hitler in seinen Reden immer wieder formulierte. Zu solcher Traumabewältigung war die Weimarer Republik, der es nicht einmal gelungen war, einen konsensfähigen bzw. populären Nationalfeiertag oder ein Denkmal für den Unbekannten Soldaten zustande zu bringen, nicht fähig gewesen, weshalb die Republik am Ende auch von kaum noch jemandem als schutzwürdiges Gut anerkannt wurde. ∎ Nach der »Machtergreifung« 1933 wurde die Erinnerung an den Ersten Weltkrieg von den Nationalsozialisten in

Fahnenweihe im Lichthof des Zeughauses in Berlin, 1934

vieler Hinsicht besonders gepflegt, und stets wurde betont, dass es Adolf Hitler zu verdanken sei, wenn nunmehr die Deutschen dieses Abschnitts ihrer Geschichte würdig gedenken und faktisch die unheilvollen Konsequenzen des Weltkriegs definitiv beseitigen könnten. Dramatische Inszenierungen wie die 1934 erfolgte Umgestaltung des Tannenberg-Denkmals zum »Reichehrenmal«, mit der großartig inszenierten Bestattung des »Siegers von Tannenberg« und nachmaligen Reichspräsidenten Hindenburg an dieser Stelle, waren genauso effiziente Symbolpolitik wie etwa die Verleihung des »Ehrenkreuzes« nicht allein für »Frontkämpfer«, sondern auch für alle Weltkriegsteilnehmer bzw. sogar für deren Angehörige.[16] ■ Die wohl innovativste und wirklich »vertrauensbildende« Handlung des NS-Regimes zur Bewältigung der schrecklichen Erbschaft des Weltkriegs war die nach 1933 konsequent inszenierte »Wiederherstellung der Ehre« der Kriegsversehrten. Diese waren in der Weimarer Republik zwar in den Genuss recht weitreichender Sozialmaßnahmen gekommen, aber rechtlich den zivilen Unfallopfern gleichgestellt worden. Das hatte zu einer tief verwurzelten Protesthaltung einer doch zumindest vier Millionen Männer starken Gruppe geführt, was die Nationalsozialisten in den Wahlen ab 1928 mit zum Teil sehr eindruckvollen Plakaten – in denen unter anderem auch Hitler als Kriegsversehrter abgebildet wurde! – zum Thema gemacht haben. Nach der »Machtergreifung« und für die gesamte Zeit bis zum Zweiten Weltkrieg wurden die Kriegsopfer dann tatsächlich wieder »hoch in Ehren« gehalten, etwa durch Ehrenplätze bei Partei- oder Sportveranstaltungen. Sie dienten bis 1937 auch der Inszenierung der außenpolitischen Friedensbekundungen der Nationalsozialisten, unter anderem durch Treffen mit französischen Kriegsversehrten.[17] ■ All diese Maßnahmen zeigen, wie zielbewusst Hitler und die Nationalsozialisten auch nach der Machtergreifung bestrebt waren, ihre Macht-, Terror- und Einschüchterungspolitik durch Konsens schaffende symbolische Aktionen für die Bevölkerung erträglich zu machen. ■ In den Jahren nach 1933 wurden im Rahmen dieser aktiven »Erinnerungspflege« auch die Jugendlichen systematisch in die »Kriegsschuldfrage« und den Kampf gegen »Versailles« einbezogen. So heißt es etwa im *Taschenbuch zur Kriegsschuldfrage* aus dem Jahr 1928, das im April 1933 mit einem Vorwort des Reichsjugendführers Baldur von Schirach neu aufgelegt wurde (Gesamtauflage 150 000): »Das Buch ist ein unentbehrliches Kampfmittel der neuen Jugend. Benützt es im Kampf um Deutschlands Freiheit als Streiter für Ehre, Wahrheit und Gerechtigkeit.«[18] ■ Diese gezielte Instrumentalisierung der Erinnerung an den Ersten Weltkrieg war keineswegs ein Einzelfall, sondern Teil einer insgesamt festzustellenden Revitalisierung des Ersten Weltkriegs in der NS-Kulturpolitik. Es ist allgemein bekannt, dass die Nationalsozialisten sich vehement gegen die »Verhöhnung« der deutschen Soldaten durch Literatur und bildende Kunst zur Wehr setzten. Ernst Friedrichs »Anti-Kriegsmuseum« in Berlin wurde seit Mitte der 1920er Jahre regelmäßig von SA-Trupps heimgesucht und verwüstet.[19] Und im sogenannten Remarque-Skandal 1920/30 hatten die Nationalsozialisten bekanntermaßen die führende Rolle gespielt und es verstanden, Aufführungen des Films *Im Westen nichts Neues* regelmäßig in Skandale umzuformen.[20] ■ Nach der Machtübernahme 1933 bemühten sich die für die Kulturpolitik Verantwortlichen – nicht zuletzt Joseph Goebbels – um die Ausformung einer eigenständigen nationalsozialistischen Weltkriegserzählung. Interessant dabei ist, dass die Nationalsozialisten Themen und Ansichten der Literatur des alten soldatischen Nationalismus der 1920er Jahre zu Teilen übernahmen, diese aber auf eine spezifische Weise radikalisierten, insbesondere durch einen neuen Aktivismus des kriegerischen Handelns, ein weitgehendes Verschweigen der Leiden der Soldaten sowie durch massive Einbringung von Verrats-Topoi – etwa »Novemberverbrecher« –, die dem ursprünglichen soldatischen Erlebnisbericht ganz fremd gewesen waren.[21] Das beste Beispiel hierfür sind die Romane des Ur-Nazis Ernst Zöberlein, dessen Hauptwerke schon vor 1933 im Sog der von Remarques *Im Westen nichts Neues* ausgelösten Welle der Weltkrieg-I-Erzählung entstanden waren. Zöberleins aktivistische Weltkriegsromane, in welchen das soldatische Kriegserlebnis immer konnotiert blieb mit dem »jüdisch-bolschewistischen Verrat«, wurden selbstverständlich auch während der Jahre 1933 bis 1945 immer wieder neu aufgelegt und dienten dem engeren Kreis der überzeugten Nationalsozialisten und ihren Ideologen als Kanon der Erinnerung an den Weltkrieg. ■ Wichtiger aber ist wohl die Tatsache, dass die Nationalsozialisten es verstanden, die »traditionelle« Erzählung des soldatischen Nationalismus – am besten präsent in den Erzählungen Franz Schauweckers und Werner Beumelburgs – für sich zu vereinnahmen. Massenschriftsteller wie Beumelburg, der wohl erfolgreichste soldatische Autor der 1920er Jahre, wurden nach 1933 weiter in großen Auflagen publiziert.[22] Die Kameradschaft der Soldaten von 1914 war für Beumelburg wie für sehr viele andere Kriegsschriftsteller Keimzelle der »Volksgemeinschaft« der Nationalsozialisten. So konnten auch Soldaten und Zivilisten integriert werden, die – wie Beumelburg – keine Nationalsozialisten waren, aber dem Regime zubilligten, dass es die Ehre des deutschen Soldaten

Elk Eber: *Die letzte Handgranate*, 1936

wiederhergestellt und Deutschland von der Schande des Versailler Vertrags gereinigt habe. ■ Ähnliches gilt für die NS-Filme über den Ersten Weltkrieg, die ebenfalls den Krieg quasi systematisch neu interpretierten. Ein besonders bezeichnendes Beispiel dafür sind die Filme des Regisseurs Karl Ritter.[23] Erwähnt sei hier nur dessen *Unternehmen Michael* aus dem Jahre 1936 – mit Heinrich George in einer der Hauptrollen –, welches die berühmte »Michael-Offensive« in Nordfrankreich im März 1918 thematisierte, in der die Deutschen einen letzten »Durchbruch« versuchten. Ritters dramatische Filmerzählung thematisiert sehr geschickt das Problem der Vermittlung des soldatischen Kriegserlebnisses mit dem Entscheidungshandeln der verantwortlichen Generalstabsoffiziere. Während die Frontsoldaten Tollkühnes unternehmen, um Positionen der Engländer zu erobern, hat das Oberkommando anderes und Weitsichtigeres vor, was aber eine Aufopferung ebendieser örtlichen taktischen Erfolge erzwingt. Die Apotheose des Films zeigt, wie die »jungen« Soldaten und ihre Frontoffiziere fähig werden, ihr Opfer zugunsten des großen Ganzen zu akzeptieren. Wenn man bedenkt, dass der Film gerade zu dem Zeitpunkt realisiert wurde, als die Nationalsozialisten ihren Frieden mit der von »alten« Weltkriegsoffizieren dominierten Wehrmacht gemacht hatten, wird die enge Verknüpfung von militärischer Praxis der Nationalsozialisten und der Instrumentalisierung der Weltkriegserinnerung deutlich. ■ Es sei nebenbei bemerkt, dass sich heutige »dokumentarische« Fernsehproduktionen zum Ersten Weltkrieg ohne Weiteres – und schamlos – dieses NS-Filmmaterials als »Dokumentation« bedienen. Wir müssen also davon ausgehen, dass auch die heutige breite Publikumsinformation über den Ersten Weltkrieg durch die Verwendung von NS-Material ganz unbewusst und ungewollt deren Sicht auf den Ersten Weltkrieg als eines aktivistischen Kampfszenarios verlängert und konsolidiert! ■ Auch die bereits in den 1920er Jahren verbreiteten Weltkriegsinszenierungen in privaten und öffentlichen Museen und Ausstellungen wurden nach 1933 fortgeführt und systematisiert. Die dem Großen Krieg gewidmeten Ausstellungen wiesen nunmehr eine Mischung aus Totengedenken und Kriegsspektakel auf. Dadurch gelang es ihnen sogar, ein vorher nie erreichtes Massenpublikum anzusprechen, was beispielsweise die Tatsache bezeugt, dass etwa 200 000 Besucher allein 1934 ins Berliner »Zeughaus« strömten, um zu erleben, wie der deutsche Soldat von 1914/18 tatsächlich doch »an allen Fronten gesiegt« hatte.[24] ■ Die NS-Maler beschäftigten sich ebenfalls intensiv mit der Materialisierung der Weltkriegserinnerung. Und in den großen NS-Kunstausstellungen spielte die Weltkriegsmalerei eine erhebliche – bislang aber kaum bekannte – Rolle.[25] Wie in der Literatur wurde auch hier das soldatische Kriegserleben möglichst »aktiviert«. Zerstörung, Verwundung und Tod wurden dabei nicht weggelassen, aber vom heroischen Gestus des in »Stahlgewittern« gehärteten Frontsoldaten kompensiert. Wie diese NS-»Synthese« unternommen wurde, zeigt exemplarisch Elk Ebers Gemälde *Die letzte Handgranate* (Abb. links), das in verschiedenen Ausstellungen immer wieder variiert wurde. Interessanterweise wird der Stahlhelm-Soldat des Ersten Weltkriegs in der NS-Ikonografie weitgehend der »stahlharten« Physiognomie des SS-Mannes angeglichen – auch dies eine Form der Herstellung von historischer Kontinuität. ■ Wie Ian Kershaw gezeigt hat, war Hitler in seiner ganzen »Karriere« nie einmütiger beliebt als im Juni 1940, nach dem Sieg über Frankreich.[26] Jetzt schien das Trauma der Niederlage von 1918 und des »Schandfriedens« von Versailles auch symbolisch gelöst zu sein. »Und Ihr habt doch gesiegt«, so lautet die Legende zu einer Abbildung auf der Titelseite des *Völkischen Beobachters*, die zeigt, wie der Wehrmachtssoldat von 1940 dem Soldaten von 1916, noch im Schützengraben verharrend, die Reichskriegsflagge reicht.[27]

Anmerkungen

1 Vgl. für Einzelnachweise Krumeich 2001.
2 Dülffer/Krumeich 2002.
3 Zum Gewaltproblem in der Weimarer Republik: Weisbrod 1992; Walter 1999.
4 Rogalla von Bieberstein 2002.
5 Hierzu die neue Arbeit von Schröder 2008.
6 Vgl. Benz 2007, mit der älteren Literatur.
7 Arendt 1955, S. 12.
8 Vgl. Koselleck 1994; Behrenbeck 1990b.
9 Saehrendt 2004.
10 Vgl. jetzt die weiterführenden Ergebnisse einer Düsseldorfer Tagung von 2009: Krumeich 2010.
11 Dies und das Folgende nach Hitler 1980, Zitat S. 93.
12 Ebd., S. 692.
13 Hitler 1992–2003, Bd. III/1, S. 207–227.
14 Blasius 2005.
15 Kershaw 1999.
16 Vgl. Weinrich 2010.
17 Löffelbein 2010.
18 Draeger 1928.
19 Vgl. Friedrich 2004.
20 Vgl. bes. Schrader 1992; Schneider 1995.
21 Gollbach 1978; Prümm 1976; Baird 2008.
22 *Douaumont* (1923), *Sperrfeuer um Deutschland* (1929), *Die Gruppe Bosemüller* (1930); vgl. Krumeich/Beumelburg 2010.
23 Vgl. Kotscha 2010.
24 Näher hierzu Beil 2005 sowie ders. 2010.
25 Eine erste Erkundung des Terrains bei Schweizer 2010.
26 Kershaw 1999.
27 Abgebildet bei Brandt 2002, S. 309.

CLAUDIA SCHMÖLDERS

Hitlers Gesicht

Heinrich Hoffmann: *Unsere Weltmacht: Adolf Hitler!*, in *Das Antlitz des Führers*, 1939

»Unsere Weltmacht: Adolf Hitler!« stand unter der letzten Fotografie eines Bildbandes vom April 1939, erschienen anlässlich des 50. Geburtstags Hitlers. *Das Antlitz des Führers* (Abb. oben), herausgegeben von Heinrich Hoffmann, dem »Leibfotografen« seit 1923, enthielt 16 Fotografien und rekapitulierte Hitlers Laufbahn von 1919 bis 1938.[1] Man sah den jungen Hitler, recht schick, Hitler in Uniform, Hitler im Flugzeug, als Redner am Pult usw. Jedes Foto hatte eine Legende, meist Zitate des Redners Hitler. Das Buch hatte eine Startauflage von 250 000 Stück, die Einleitung stammte von Hoffmanns Schwiegersohn, Baldur von Schirach, dem Reichsjugendführer. ■ Politische Ikonografen auf der Suche nach einem Herrscherbild muss das Buch enttäuschen. Mit Ausnahme des letzten Bildes, der Vorlage für das bekannte Plakat *Ein Volk, ein Reich, ein Führer*, das eine traditionell herrscherliche Profilansicht wenigstens suggeriert, orientiert sich keines der anderen an Herrscherposen. Kein Wunder, denn Hitler war erstens kein Reiter, womit die wichtigste Figuration entfiel, und zweitens handelte es sich um ganz normale bürgerliche Porträtposen oder um Schnappschüsse aus Hitlers Alltag, sei er militärisch oder politisch. Auffällig ist nur die Konzentration auf das stets besorgt bis finster wirkende Gesicht. ■ Aufschlussreicher ist der Band aber für Fotohistoriker. Man kann, ja muss sich an eine verwandte Montage aus dem *Illustrierten Beobachter* erinnern, aus dem Jahr 1936. Schon hier sah man 16 Ansichten des sogenannten Führers, hier noch drastischer aufs Gesicht reduziert und in Abfolge seiner Kampfjahre montiert (Abb. rechts). Wer genau hinsah, merkte den Verfall der Züge. Nur der Text suchte den Anschluss an herrscherbildliche Traditionen – oder besser an deren leidenschaftliche, unmittelbar religiöse Matrix. Baldur von Schirach sah Hitlers Gesicht in ekstatischer Beleuchtung: »Es hat nie ein Bildnis gegeben, das in Millionen und Abermillionen Herzen dreier lebender Generationen eines ganzen Volkes, vom Kinde bis zum Greise, so tief und beherrschend eingebrannt war und ist und bleiben wird, wie das des Führers. Sein Antlitz leuchtet uns als die Erfüllung der Sehnsucht nach irdischer Vollendung. Sein Antlitz steht vor uns als das Antlitz des Schöpfers einer neuen deutschen Welt, des Erweckers des deutschen Volkes, des Erretters der göttlichen Idee und der in ihr wurzelnden Kultur, vor der Zerstörung durch das entgötterte, materialistisch-jüdisch-bolschewistische Chaos. Wir sind besessen vom Werk des Führers, von seiner alle überragenden Persönlichkeit, von seinem Genie. Wir sind besessen von seinem Antlitz [...].«[2] ■ Drei Jahre später, im Bildband des Schwiegervaters, gab Schirach sich ruhiger. Ein staatsmännischer Ton schwingt nun mit, das Herrschermotiv, Hitlers Charisma wird mithilfe seines wahrhaft märchenhaften biografischen Narrativs beschworen: »Wir schauen das Antlitz des Führers in seiner wunderbaren Wandlung vom Anbeginn durch die Jahre des ungeheuren Ringens um den Sieg seiner Idee bis zu seiner heutigen Form. [...] So wie aus den einfachen Grundgedanken dieses einfachen Mannes [...] und seinem unbeirrbaren Glauben und persönlichen Mut ein ganzes neues Deutsches Reich Gestalt wurde, so ist aus dem einfachen, noch fast unbeschriebenen Antlitz eines jungen Menschen das Antlitz des Führers der deutschen Nation und – so Gott will – des Friedens der europäischen Welt geworden.«[3] ■ Das Gesicht als ein von Gott beschriebenes Blatt, das Gesicht als Summe eines Lebenslaufs mit welthistorischem Ziel: Nach diesem Schema luden die Bilder zu Identifikation und Verehrung zugleich ein. Denn Hitler war eben nicht nur ein großer, er war vor allem ein »einfacher«, sogenannter kleiner Mann. Dass die Hitler-Propaganda sich höchst erfolgreich mit dieser Proklamation des »groß-kleinen Mannes« befasste, hat schon Adorno konstatiert. Die Pointe war, dass es sich dabei nicht eigentlich um Propaganda, sondern um die Wahrheit handelte. Auch die kritischen Ausländer sahen erstaunt den kleinen

Sondernummer des *Illustrierten Beobachters*
vom 20. April 1936, S. 42–43

Mann Hitler im Namen Deutschlands immer größer werden. »Es ist dieser selbstlose, ausschließliche Gedanke an Deutschland«, fuhr Schirach fort, »der hier das Deutsche Antlitz schlechthin prägte, so daß sich in Zukunft kein Deutscher seiner Heimat wird erinnern können, ohne das Gesicht des Führers vor sich zu haben.« ■ Das Gesicht des »Führers« als Heimat der Deutschen: Wer derartige Schwulstsätze weder als politischer Ikonograf noch als Fotohistoriker von heute, sondern als gebildeter Zeitgenosse von damals las, fand sich mitten in einer beispiellosen fazialen Kampagne. Seit 1937 gab es im Rahmen der Großen Deutschen Kunstausstellung im Münchner Haus der Kunst regelrechte Wettbewerbe um Hitlerporträts. Entschieden wurden sie von Heinrich Hoffmann, dem Kurator und Juror, der bei Hitler durchgesetzt hatte, dass nur Hoffmann-Fotografien als Vorlage dienen durften. Außer Heinrich Knirr hat Hitler keinem Maler Modell gesessen. ■ Die Ergebnisse sind bekannt. Zwar gab es Hitlerporträts mit repräsentativen Uniformen oder Staatsgewändern, doch neben Fantasiekostümen wie der Ritterrüstung bei Hubert Lanzinger beschränkte sich die Inszenierung der politischen Unruhe, die man mit Hitler verbinden mochte, meist auf die Hintergründe: eine aufgeregte Natur oder eine zerwühlte Farbtapete oder faltenwerfende Anzüge. Den Mann der »Bewegung« und des »erwachenden Deutschland« wollte man dynamisch und eher schlicht sehen. Zur Münchner Großen Deutschen Kunstausstellung wurden bis 1944 im Schnitt angeblich bis zu 150 Porträts jährlich eingesandt, von denen Heinrich Hoffmann nur wenige zuließ. Nicht auszudenken, wie viele Maler damals täglich am »Gesicht des Führers« tätig waren. Wo diese Artefakte alle geblieben sind, kann man nur ahnen. Wahrscheinlich wurden die meisten von den Malern oder Besitzern bei sich abzeichnender Niederlage selbst zerstört. Eine ganze Reihe wurde in die USA verbracht; aber von den rund 8 000 NS-Kunstobjekten sind die meisten inzwischen wieder in Deutschland, unter anderem archiviert im Deutschen Historischen Museum in Berlin. Nur rund 250 Objekte lagern noch heute im Army Center of Military History in Washington, darunter etwa 20 Hitlerporträts. ■ Wer Hoffmanns Bildband von

CLAUDIA SCHMÖLDERS

1939 mit Schirachs Begleittext als Zeitgenosse las, sah sich aber nicht nur in staatstragende Bildpolitik versetzt. Er fand sich auch mitten im ausufernden Diskurs über Gesicht und Antlitz im Deutschland jener Jahre wieder. Tatsächlich verband die Suche nach beidem spätestens seit der Jahrhundertwende die Interessen einer bürgerlichen Welt- und Wertanschauung; Philosophie und Biologie, Rassismus und Literatur, neue Medien und Soziologie wurden in diesem Zeichen vereint. In höchst unterschiedlichen, aber weit verbreiteten physiognomischen Diskursen huldigten die Deutschen bis weit in die beiden Nachkriegszeiten einer Art Gesichtslesekunst, die sowohl mit realen als auch mit mentalen Bildern operierte. Zu den »Weltanschauungsphysiognomikern« (Peter Sloterdijk) im engeren Sinne gehörte vor allem Oswald Spengler, der in seinem bekannten Buch *Der Untergang des Abendlandes* (1918) die Physiognomik eine echt deutsche, eine »faustische« Wissenschaft nannte, mit dem erklärten Ziel, die gesamte Kulturgeschichte einer physiognomischen statt einer systematischen Betrachtung zu unterziehen. Zu diesen Autoren gehörten ferner Rudolf Kassner, ein philosophischer Essayist von Graden, der seit 1914 sein Lebenswerk der Physiognomik widmete, und schließlich der jüdisch-katholische Mediziner und Kulturphilosoph Max Picard, dessen christozentrische, viel beachtete Gesichtslesekunst schon 1929 das »Ende des Menschengesichts« prognostizierte. ■ Von den Weltanschauern wiederum führten Linien zu jenen Autoren, die sich mit Physiognomik im feineren biopsychologischen Sinne befassten, ohne offen Rassisten zu sein, wie etwa Ludwig Klages, der eine physiognomische Psychologie aus der Grafologie deduzierte, oder wie Ernst Kretschmer, der in seinem Bestseller *Körperbau und Charakter* von 1921 eine Typenlehre entwickelte. Andere physiognomische Positionen stammten aus ästhetisch-philosophischer Tradition, wie bei Ernst Cassirer, der über die räumliche Physiognomik primitiven Denkens schrieb, oder wie bei dem ungarischen Filmtheoretiker Béla Bálasz, der 1922 eine erste Filmtheorie im Namen der Physiognomik verfasste. ■ Noch unbekannt war vielen Gebildeten damals, als Hitler die weltgeschichtliche Bühne betrat, die wachsende Attraktion des akademischen Untergrunds mit seiner harten rassistischen Physiognomik, wie sie vor allem Hans F. K. Günther seit 1922 vertrat. Als maßgeblicher Rassenkundler der NS-Zeit – »Rassengünther« genannt – praktizierte er Physiognomik in ihrer entstellten Gestalt als Wissenschaft aus dem Gebiet der Tierzucht. Günthers Körperbauprosa – den Terminus Physiognomik überließ er den Bildungsbürgern – förderte den immer volkstümlicheren Perspektivwechsel auf das Subjekt als Material von Züchtung, Auslese und »Ausmerze«. ■ Wie die nationalsozialistischen Hetzblätter, etwa das Journal *Auf gut deutsch*, herausgegeben von Otto von Kursell, oder *Der Stürmer*, herausgegeben von Julius Streicher, zwischen 1918 und 1945 mit dem Klischee der physischen Erscheinung von Juden verfuhren, ist bekannt. Aber auch regelrechte Berufsphysiognomiker sollten später im Hitlerreich auftauchen, geschult, um jüdische Emigranten auszuspähen, oder, im Krieg, um jüdische Offiziere unter den Gefangenen auszumachen, die sich ohne kennzeichnende Uniform angeblich nur noch körpersprachlich erkennen ließen. ■ Dass die Welt physiognomisch, also angesichtlich, zu erfassen sei, wurde im Deutschland der Weimarer Republik zum zeitgenössischen Denkzwang, viel gewichtiger, als es die Forschung zur frühen Hitlerpropaganda vermuten lässt. In der Tat hat die zeitgeschichtliche Forschung nach 1945 den breiten Horizont physiognomischer Denkfiguren niemals als Ensemble gewürdigt. Vermutlich aus Scheu vor dem belasteten Terminus Physiognomik, aber wohl auch wegen der bevorzugten Fixierung auf Medien- statt auf Ideengeschichte. Nur Joachim Fest schloss mit seinem Buch *Das Gesicht des Dritten Reiches* (1963) an die einst herrschende Atmosphäre an und führte die Leser damit tatsächlich tiefer in die Zeitgeschichte als manch andere, vielleicht gründlicher recherchierte Biografie nach ihm. ■ Eine Art gesichtlicher Dressur setzte sich durch, in sämtlichen Fakultäten, und von einer geradezu gnostischen Ambivalenz. Längst nicht nur auf das jüdische Gesicht wurde im Sinne einer gehässigen Identifizierung geachtet; die Medien selbst bauten ihre je eigene »Gesichtlichkeit« (Deleuze) auf. Der Stummfilm schulte den Blick für exzentrische Mimik, die neusachliche Kunst profilierte das Gesicht des Arbeiters, die Militanten zeigten das »Antlitz« des Krieges, im politischen Feuilleton huldigte man dem Aristokratengesicht, die Porträtfotografen sammelten deutsche Gesichter als Gesichter der Deutschen, die Expressionisten wiederum modellierten Porträts mit ausgeprägtem Mienenspiel, später dem Autodafé namens »Entartete Kunst« ausgesetzt. Last but not least setzten die Karikaturisten die Tradition der politischen Gesichtsentstellung fort, ihrer ureigensten Domäne seit Erfindung der publizistischen Öffentlichkeit in England. George Grosz' Mappe *Das Gesicht der herrschenden Klasse* (1921) bot das Stichwort. ■ Physiognomisches Räsonieren blieb aber keineswegs auf Bildwerke beschränkt; mindestens ebenso aufdringlich und ambivalent erschienen körperbauliche Evaluationen in der Welt der Texte. Gerade die verbalen Zeugnisse überstiegen in ihrer physischen Begeisterung oder eben Abscheu oft jedes Gemälde. Das erste und dann auch gleich berühmteste verbale *Face-to-Face*-Porträt, das wir von Hitler haben, stammt aus der Feder von Houston Chamberlain, Wagners Schwiegersohn, den Hitler im September 1923 am Krankenbett in Bayreuth besuchte. Zwei Wochen später schrieb ihm der alte Mann einen leidenschaftlichen Brief: Der Besuch habe ihm den Erlöser der Deutschen gezeigt, er habe seit August 1914 keine Ruhe mehr gefunden, aber nun eben doch. ■ »Daß Sie mir Ruhe gaben, liegt sehr viel an Ihrem Auge und an Ihren Handgebärden. Ihr Auge ist gleichsam mit Händen begabt, es erfaßt den Menschen und hält ihn fest, und es ist Ihnen eigentümlich, in jedem Augenblicke die Rede an einen Besonderen unter Ihren Zuhörern zu richten, – das bemerkte ich als durchaus charakteristisch. Und was die Hände anbetrifft, sie sind so ausdrucksvoll in ihren Bewegungen, daß sie hierin mit Augen wetteifern. Solch ein Mann kann schon einem armen geplagten Geist Ruhe spenden.«[4] ■ Der Brief

Heinrich Basedow: *Hitlerporträt*, 1937

wurde zu Neujahr 1924 als Flugblatt gedruckt verteilt und erschien noch einmal 1932 während des Wahlkampfs im *Völkischen Beobachter*. Hitlers Augen und Hände gingen gleichsam kanonisiert in die Propaganda ein. Auf Chamberlains Brief konnten sich bald nach der Machtübernahme Autoren und Funktionäre wie Hanns Johst und Eugen Hadamovsky berufen. Johst schilderte Hitlers Gesicht in seinem Buch *Maske und Gesicht* (1936) und schwärmte von dessen Schläfen: »Es sind die einsamsten Schläfen, die ich je sah. Ihr Befehl ist Unnahbarkeit«, während Hadamovsky die »unendlich feingliedrige Hand mit den starken Knoten an den Fingerknöcheln« lobte und sie als Hand »eines Künstlers, eines großen Gestalters« erkannte. Noch Heidegger soll auf die Frage, ob ein Mann wie Hitler denn Deutschland würde regieren können, geantwortet haben: Sehen Sie nur seine wunderbaren Hände an! ■
Augenzeugenberichte von Hitlers Gesicht gab es in großer Zahl, von Deutschen wie von Ausländern, begeisterte und entsetzte. Dorothy Thompson, die 1932 als Journalistin ein Tagebuch mit dem Titel *I Saw Hitler!* veröffentlichte und dafür Deutschland verlassen musste, sah ihn – entsetzt, und doch nicht nur kritisch: »Als ich schließlich Adolf Hitlers Salon im Hotel Kaiserhof betrat, war ich überzeugt, dem zukünftigen Diktator Deutschlands zu begegnen. Nach etwas weniger als fünfzig Sekunden war ich absolut sicher, daß dies nicht der Fall sein konnte. Genau diese Zeit brauchte es, um die erschreckende Bedeutungslosigkeit des Mannes zu erkennen, der die Welt so sehr in Neugier versetzt hat. Er ist formlos, beinahe gesichtslos, ein Mann, dessen Antlitz eine Karikatur ist, ein Mann, dessen Körperbau wie aus Knorpel erscheint, ohne Knochen. Er ist inkonsequent und zungenfertig, unausgeglichen, unsicher. Er ist der exakte Prototyp des kleinen Mannes. [...] – Und doch, er entbehrt nicht eines gewissen Charmes. Doch das ist der sanfte, fast weibliche Charme des Österreichers! Wenn er spricht, geschieht dies mit ausgeprägtem österreichischem Dialekt. – Allein die Augen sind bemerkenswert. Dunkelgrau und mit dem typischen Ausdruck, der oft Genies, Alkoholiker und Hysteriker auszeichnet.«[5] ■ Auch der amerikanische Journalist William Shirer beschrieb seinen Hörern zwischen 1934 und 1941 immer wieder Hitlers physische Erscheinung, ohne kritischen Unterton. Einen Höhepunkt bildete seine Schilderung von Hitlers Gesicht nach dem Sieg über Frankreich, anlässlich der Zeremonie in Compiègne im Juli 1940: »Ich beobachtete sein Gesicht. Es war ernst, feierlich und doch rachedurstig. Auch war da, ebenso wie in seinem elastischen Schritt, die Attitüde des triumphalen Eroberers, des Herausforderers der ganzen Welt. Noch etwas anderes, schwer zu Beschreibendes, war aus seinen Zügen abzulesen, eine Art spöttische, innere Genugtuung darüber, diese große Umkehrung des Schicksals erleben zu können – eine Umkehrung, die er selbst bewirkt hatte.«[6] ■ Die gehässigsten Beschreibungen stammten von Deutschen, und nicht nur von deutschen Juden. Klaus Mann erinnerte sich in seiner Autobiografie *Der Wendepunkt* (1942) an eine Begegnung in einer Konditorei 1932: »[...] an wen erinnerte er mich, wem sah er ähnlich? Ohne Frage, er glich einem Mann, den ich nicht persönlich kannte, aber dessen Porträt ich oft gesehen hatte. Wer war es nur? Nicht Charlie Chaplin. Beileibe nicht! Chaplin hat das Schnurrbärtchen. Aber doch nicht die Nase, die fleischige, gemeine, ja obszöne Nase, die mich sofort als das garstigste und am meisten charakteristische Detail der Hitlerschen Physiognomie beeindruckt hatte. Chaplin hat Charme, Anmut, Geist, Intensität – Eigenschaften, von denen bei meinem schlagrahmschmatzenden Nachbarn durchaus nichts zu bemerken war. Dieser erschien vielmehr von höchst unedler Substanz und Beschaffenheit, ein bösartiger Spießer mit hysterisch getrübtem Blick in der bleich gedunsenen Visage. Nichts, was auf Größe oder auch nur Begabung schließen ließe!«[7] ■ Und der ostelbische Schriftsteller Friedrich Reck-Malleczewen notierte im August 1936 in seinem Tagebuch: »Letzthin in Seebruck sah ich Herrn Hitler, bewacht von seinen vorausfahrenden Scharfschützen, beschirmt von den Panzerwänden seines Autos, langsam vorübergleiten: versulzt, verschlackt, ein teigiges Mondgesicht, in dem wie Rosinen zwei melancholische Jettaugen stecken. So traurig, so über die Maßen unbedeutend, so tief mißraten, daß noch vor dreißig Jahren, in den trübsten Zeiten des Wilhelminismus, dieses Antlitz schon aus physiognomischen Gründen unmöglich gewesen wäre und, auf einem Ministersessel, sofort die Gehorsamsverweigerung [...] nicht der Vortragenden Räte, nein selbst die des Portiers und der Reinemachfrauen zur Folge gehabt hätte.«[8] ■ Die eigentliche Schnittstelle zwischen Rassismus und (Hitler-)Gesichtsphilosophie im Deutschland dieser Jahre bildete aber das, was man das Phantom einer deutschnationalen Porträtgalerie nennen könnte. Seit 1913 gab es in Berlin eine regelrechte, dem englischen Vorbild nachgebaute »Nationale Bildnisgalerie« unter Leitung von Ludwig Justi, Direktor der Nationalgalerie. Von ihr und der ganzen Pantheontradition inspiriert entstanden seit 1916 die bekannten und umfänglichen Fotoporträtserien des deutschen Volkes von August Sander und Erna Lendvai-Dircksen, die beide auf ihre Weise die deutsche Gesellschaft als Ganze ins Bild rückten, teils enzyklopädisch, teils regionalistisch. Auf das sehnsüchtig gesuchte, inbegrifflich deutsche, später also arische Gesicht steuerte die Publizistik nicht erst seit 1933, dann aber hemmungslos zu. Es handelte sich dabei keineswegs nur um wortlose Bildbände, sondern um faziale Nationalgalerien in Buchform mit teilweise ausufernden Verbalbeschwörungen, wie schon sehr früh in *Deutsches Antlitz. Gedichte zu Bildnissen Dürers* (1917) von Axel Lübbe; wie dann 1933 vom Kunsthistoriker Hausenstein – nach 1950 Botschafter in Paris – über *Das deutsche Antlitz*. 1934 folgte *Das heilige deutsche Antlitz* von Viktor Engelhardt, 1935 *Das deutsche Führergesicht* von Richard Ganzer, 1937 *Das deutsche Gesicht in Bildern aus acht Jahrhunderten deutscher Kunst* von Hubert Schrade, 1938 *Das deutsche Frauenantlitz. Bildnisse aus allen Jahrhunderten deutschen Lebens* von Lydia Ganzer, 1942 *Das Antlitz der deutschen Mutter* von Gertrud Bäumer, 1942 *Das Antlitz des germanischen Arztes* von Bernward Gottlieb und immer so fort. Es wa-

Mai

Von Helene Voigt-Diederichs

Zwischen frischgrünen Wällen stampft der Bauer dahin. Noch ist der Weg dunkel von Regen, hart schon wieder übertrocknet. Es ist Himmelfahrtstag; Kirchgänger, einmal ein Wagen mit einem Taufkind, grüßen vorbei. Er selber will ganz alltäglich hinaus zum Vieh, das brüllt und unklug spielt schon seit dem frühen Vormittag.

Ein Gewitter drückt in der Luft. Natürlich, bei der Schwüle sind die Bremsfliegen bös zu Gang. Verfluchte Biester. Mit eigenen Augen hat er gesehen, wie der Händler, schimpfend auf die Felle hier von der Küste her, eine Haut gegen das Licht gehalten hat — waren mehr Löcher als Leder drin...

Jetzt hat der Bauer das Hecktor erreicht, blickt frei auf die Dauerweide hinaus. Das Vieh rauft über das grüne wellige Land, wachsam und fluchtbereit. Plötzlich fährt der unsichtbare Feind in die Herde — oh, sie kennt das Schwirren der eiertragenden Peinigerin vor jedem anderen heraus!

Die Tiere jagen voneinander, toll, mit dumpfem Blöken und quirlenden Schwänzen, scheuern an den Knicks entlang, kriechen unter die Büsche oder fliehen in den Moorsumpf, stehen schnaufend bis an den Bauch im Wasser.

Der Bauer zählt — dreizehn Stück. Er zählt einmal und noch einmal, mühsam mit den Augen das Gewoge ordnend. Vierzehn sollen es sein. Hat sich doch wohl keines festgerannt im muddigen Abzugsgraben — kommt alles vor, wenn die Bremsen in der Luft sind.

Der Bauer steigt über die Latten; Teer, von Hitze feucht, klebt braun an seinen Händen. Und dann schlürft er los, durch Klee und Gras und Blumenstengel. Vor wenig Tagen war alles hier blühend gelb — heut stäuben dicht an dicht um seine Füße die lockeren weißen Samen. Geschieht alles Schlag auf Schlag in diesem verrückten Frühling! Mai kalt und naß... denkt der Bauer. Nein, das will in diesem Jahr nicht stimmen. Das Winterkorn ist von Anfang an heil durch die frühen Sonnentage, will sagen durch die Nachtfröste gekommen, und in der Gerste kann sich heut zu Himmelfahrt schon der Hase verstecken.

Wohlgemut geht der Bauer, hakt so nebenbei nach einer Distel mit der Klinge, die an seiner Handstockzwinge blinkt. Sein Sinn ist auf die vierzehnte Kuh gerichtet. Jetzt ist er mitten auf der Koppel

Wie sieht Hitler aus?

(Th. Th. Heine)

Adolf Hitler läßt sich nie abbilden. Bei meinem Aufenthalt in Berlin wurde ich mit Fragen über sein Aussehen bestürmt.

„Ist es wahr, daß er in der Öffentlichkeit nur mit einer schwarzen Gesichtsmaske erscheint?"

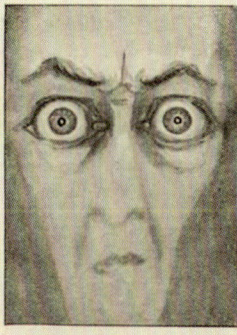
„Das Charakteristische seines Gesichts sind doch wohl die faszinierenden Augen?"

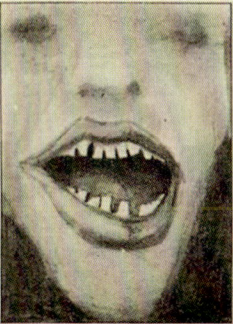
„Oder ist der Mund die Hauptsache?"

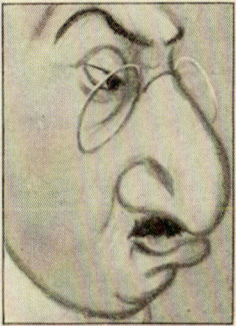
„Oder die Nase?"

„Trägt er vielleicht einen wallenden Bart wie Wotan oder wie Rabindranath Tagore?"

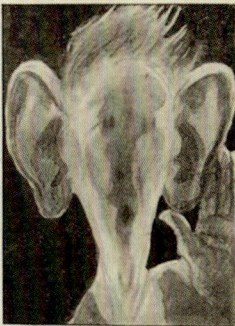
„Er hört die leisesten Äußerungen der Volksstimme; sind nicht seine Ohren besonders entwickelt?"

„Verrät etwa die untere Gesichtshälfte seine fabelhafte Energie?"

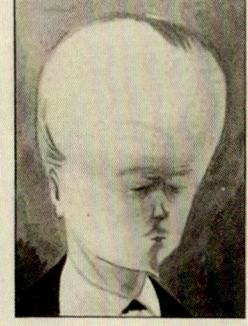
„Oder finden die ungeheuren geistigen Fähigkeiten ihren Ausdruck in fast hypertrophischen Schädelformen?"

„Ist er fett?"

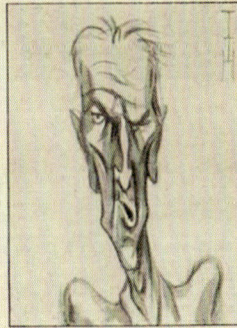
„Ist er mager?"

„Ist er schön?"

Die Fragen mußten unbeantwortet bleiben. Hitler ist überhaupt kein Individuum. Er ist ein Zustand. Nur der Futurist kann ihn bildlich darstellen.

Karikatur von Thomas Theodor Heine im Simplicissimus vom 28. Mai 1923

ren Bücher für stille Stunden, für den Erinnerungskult, als ahnte man das Ende. Dass es volkstümlicher – und natürlich billiger – sein könne, anstelle von einschüchternden Gemälden großer Fürsten und Generäle handliche Bildbände für den Hausgebrauch zu produzieren, hatte schon Justi vorgedacht, als er dem Kaiser erklärte, dass es besser sei, die Großen Deutschen im nahen Bild in Augenhöhe erblicken zu können, statt ihnen in Gestalt monumentaler Denkmäler in unerreichbare Höhen hinterherzusehen. *Das Antlitz des Führers*, der Geburtstagsbildband von Hoffmann von 1939, stand bewusst im Kontext dieser Maßnahmen. Er bildete mit seinen 16 Fotografien gleichsam eine eigene Galerie, wenn auch mit immer demselben Gesicht. ■ Die Reihe dieser Gesichtsbücher gab aber auch noch etwas anderes zu verstehen: Sie bildeten ja die vornehme Version dessen, was im Untergrund des Rassismus als eigentliche Rassenkunde aufstieg, mit den markanten Bildbänden von Hans F. K. Günther oder der akkuraten Gesichtswissenschaft von Willy Hellpach, dem einstigen demokratischen Kandidaten für das Amt des Reichspräsidenten. Hellpachs *Deutsche Physiognomik* erschien 1942, nach 26 Jahren Vorarbeit. Gerade in dieser Janusköpfigkeit, diesem Pendeln zwischen *hard* und *soft science* belegten die vielen Bände mit Bildnissen »großer Deutscher« – übrigens nur ausnahmsweise mit Frauenbildern – die wirklich ganz deutscheigene physiognomische Obsession. Denn es gab eine nationalmetaphorische Dimension dabei. Die Proklamierung des schönen, des heiligen, des gesunden deutschen Gesichts diente im Wortsinn der Wiederherstellung jenes Gesichts, das die Deutschen mit ihrer Niederlage vor aller Welt und auch vor sich selbst verloren zu haben schienen. Jeder Band, der den germanischen Arzt, die deutsche Mutter, die Helden im Schlachtfeld, die Führergesichter oder auch nur Antlitze von Malern und bildenden Künstlern versammelte, gab in den beigefügten Texten zu verstehen, dass es sich hier nicht nur um schöne, sondern vielmehr um ausgezeichnete, ehrenvolle, ruhmbedeckte Menschen handle. Bildbände, die aus den Händen der Kunsthistoriker kamen, konnten zudem noch die Leistung der darstellenden Künstler rühmen. Ihrer aller Inbegriff wurde das Antlitz des »Führers«. ■ Und noch etwas kommt hinzu: Der Gesichtsdiskurs, in den diese Antlitzpropaganda seit 1923 fiel, stammte ja zunächst weder von Machthabern von oben noch von einfachen Leuten. Er kam vielmehr gleichsam von vorne: aus den technologischen, wissenschaftlichen und künstlerischen Zielgeraden der Epoche selbst. Ohne die Entwicklung von Fotografie und Film hätte es keine Kriminalanthropologie und keinen wissenschaftlich gestützten und immer weiter verfeinerten Rassismus gegeben, denn das Medium jener Naturwissenschaft, die ihre Axiome auf Evidenz baute, war eben seit Mitte des 19. Jahrhunderts die Fotografie und später der Film. Und weiter: Ohne die unablässige Entwurfshaltung der Künstler, die sich im expressionistischen, futuristischen und kommunistischen Lager auf »Visionen« verlegten, hätte Hitler nicht beständig als Prophet seines Volkes, als Werkzeug der Vorsehung, wie er immer wieder sagte, derart akzeptiert werden können. Hitlers »Gesicht« – das Wort »Gesicht« verstanden als Sehvermögen – galt seinen Anhängern immer auch als ein »Zweites Gesicht«, eben als Vision – und diese trug er bekanntlich mit größtem Erfolg als Redner vor, mit dem vielbezeugten flammenden Blick seiner tatsächlich blauen Augen. Ein wenig bekannter Maler namens Heinrich Basedow hat ihn 1937 so dargestellt, nach der Natur, ohne Rekurs auf die Fotografien des Heinrich Hoffmann, aber zum Entzücken von Baldur von Schirach (Abb. S. 39). ■ Auch in diesen Kontext gehörte also *Das Antlitz des Führers*. Es dort überhaupt hinzustellen bedurfte schon einiger Chuzpe – denn kaum ein Gesicht entsprach ja dem Ideal des arischen Schönlings weniger als Hitlers Kopf. Nicht wenige Zeitgenossen haben diesen Widerspruch bemerkt; wer es auszusprechen oder gar zu publizieren wagte, wurde nach 1933 hart bedrängt oder sogar, wie der Katholik Fritz Gerlich, ermordet. Andererseits gab es einen geradezu innerparteilichen Grund, Hitlers Gesicht wiederholt als eigene nationale Porträtgalerie zu inszenieren, statt ihn in einem einzigen gleichsam gültigen Einzelbildnis zu repräsentieren. Denn eben eine solche Galerie, oder genauer: eine Parodie derselben, stand tatsächlich am Beginn der Laufbahn von Heinrich Hoffmann. Das Bild erschien am 28. Mai 1923 im *Simplicissimus* und stammte vom Mitherausgeber Thomas Theodor Heine. Die bitterböse Zeichnung (Abb. S. 41) zeigt einen physiognomischen Crashkurs. Zwölf Gesichter in zwölf briefmarkengroßen Bildchen fragen nach Miene, Körper- und Schädelbau, Nase, Mund und Augen. Das letzte Bildchen zeigt eine Art Karikatur futuristischer Malerei und trägt die Legende: »[…]. Hitler ist überhaupt kein Individuum. Er ist ein Zustand. Nur der Futurist kann ihn bildlich darstellen.« Als Satire beraubte das Ganze mit der Frage nach Hitlers Gesicht ihn ebendieses Gesichts selbst. Wer über kein Gesicht verfügt, ist ein Nobody – eine solche Aussage war im Jahr 1923, also zur Hochzeit der physiognomischen Räsonnements, ein Sakrileg. In seinen Memoiren schildert Hoffmann, dass ihn ebendiese Karikatur von Thomas Theodor Heine dazu motiviert habe, Hitler seine Dienste als Fotograf anzubieten. Noch im Herbst 1923 kam die erste Porträtsitzung zustande, und Hoffmann begann seinen Aufstieg als Bildunternehmer. 1945 schätzte das alliierte Gericht sein Vermögen auf rund 15 Millionen Mark. Heine musste, wie alle NS-kritischen Karikaturisten, Deutschland verlassen. Seine eigene Zeitschrift, der *Simplicissimus*, wurde »gleichgeschaltet« und trat in den Dienst des Antisemitismus.

Anmerkungen

1. Hoffmann 1939. Zum vorliegenden Beitrag vgl. Schmölders 2000.
2. »Ein Antlitz, vom Kampf geformt«, in: Der Illustrierte Beobachter, 20.4.1936.
3. Hoffmann 1939, S. 43.
4. Brief an Hitler vom 7.10.1923, in: Chamberlain 1928, Bd. 2, S. 124–126. Wiederabgedruckt im *Völkischen Beobachter* vom 10.4.1932.
5. Thompson 1988.
6. Shirer 1991, S. 396.
7. Mann, K. 1974, S. 329f.
8. Reck-Malleczewen 1966, S. 26.

»Führer-
bewegung«

ARMIN NOLZEN

Der Durchbruch der NSDAP zur Massenbewegung seit 1929

Jede Darstellung, die sich mit der Geschichte der Nationalsozialistischen Deutschen Arbeiterpartei (NSDAP) in der Weimarer Republik befasst,[1] muss zwei Fragen ins Zentrum stellen. Erstens: Wie wurde aus den 20 bis 25 Männern, die sich am 5. Januar 1919 im »Fürstenfelder Hof«, einem billigen Münchner Hotel, zur Gründung dieser Partei zusammengefunden hatten, eine Massenbewegung, der am 30. Januar 1933 mehr als 850 000 Personen angehörten? Und zweitens: Woher kamen die fast 13,8 Millionen Stimmen der NSDAP bei der Reichstagswahl vom 31. Juli 1932, wodurch sie mit 230 Mandaten zur stärksten Reichstagsfraktion avancierte? ■ Sowohl die Mitgliederentwicklung in der NSDAP während der Weimarer Zeit als auch die Herkunft ihrer Wählerstimmen können in den Grundzügen als geklärt gelten. Die Mitglieder der NSDAP rekrutierten sich, wie Forschungen von Michael H. Kater, Detlef Mühlberger und Torsten Kupfer gezeigt haben, relativ gleichmäßig aus allen sozialen Schichten, waren überwiegend protestantisch, zu mehr als 90 Prozent männlich und in der Regel 21 bis 40 Jahre alt.[2] Auch die Wählerschaft der NSDAP, dies hat Jürgen Falter nachgewiesen, war klassenübergreifend, deckte sich zugleich aber auch mit der Alterspyramide der deutschen Bevölkerung.[3] Ihre Hochburgen hatte die NSDAP im protestantisch-ländlichen Raum, aber auch in katholischen und schwerindustriell geprägten Großstädten gelangen ihr signifikante Mobilisierungserfolge. Die NSDAP gewann ihre Wähler insofern aus allen sozialen Schichten und Altersklassen sowie aus beiden Konfessionen und Geschlechtern. Lediglich die Stimmenzuwächse fielen unterschiedlich hoch aus. Im Folgenden gehe ich nicht ausführlicher auf die mittlerweile weit verzweigten Forschungen über Mitglieder und Wähler der NSDAP ein. Stattdessen richte ich meinen Blick auf sechs Aspekte, die als notwendige Bedingungen für ihren Durchbruch zu einer Massenbewegung anzusehen sind. ■ Der erste Gesichtspunkt, der in diesem Zusammenhang eine Rolle spielt, ist die Organisationsstruktur der NSDAP, welche sich mit den Reformen von Reichsorganisationsleiter Gregor Strasser aus den Jahren 1928/29 veränderte.[4] Strasser passte die Gaueinteilung an die der Reichstagswahlkreise an und reformierte die Mittelebene der NSDAP. Dann baute er seine Behörde zum innerparteilichen Führungsorgan aus. Schließlich unterstützte er die Gründung neuer Interessenorganisationen, um eine nach Berufsgruppen diversifizierte Wahlwerbung betreiben zu können. Dabei entstanden der Bund Nationalsozialistischer Deutscher Juristen (BNSDJ), die Nationalsozialistische Frauenschaft (NSF), der Nationalsozialistische Schülerbund, der Kampfbund für Deutsche Kultur (KBK), der Nationalsozialistische Deutsche Studentenbund (NSDStB), der Nationalsozialistische Lehrerbund (NSLB), der Nationalsozialistische Deutsche Ärztebund (NSDÄB) und die Nationalsozialistische Betriebszellen-Organisation (NSBO). Im Verlauf des Jahres 1931 kamen die Nationalsozialistische Kriegsopferversorgung (NSKOV) und der Kampfbund des gewerblichen Mittelstands hinzu.[5] Von besonderer Bedeutung erwies sich der am 1. August 1930 errichtete Agrarpolitische Apparat unter Richard Walther Darré, der jenen erdrutschartigen Erfolg der NSDAP bei der Reichstagswahl am 14. September 1930 ermöglichte, als sie 18,3 Prozent der Stimmen und 107 Mandate gewann (Abb. rechts).[6] In der Ausdifferenzierung neuer Organisationen lag eine maßgebliche Voraussetzung für die Erfolge der NSDAP bei vielen weiteren Reichstags- und Landtagswahlen, denn sie konnte jetzt sukzessive an die lokale bürgerliche Vereinskultur andocken.[7] Ohne eine Amalgamierung mit der bürgerlichen Infrastruktur hätte die NSDAP keine Massenbasis gewinnen können. ■ Der zweite Gesichtspunkt, der für den Durchbruch der NSDAP zur Massenbewegung seit 1929 entscheidend war, lag in der sozialen Praxis ihrer Sturmabteilung (SA).[8] Ursprünglich als defensiv orientierte Saalschutzorganisation konzipiert, ging die SA seit 1928/29 mehr und mehr zu einer offensiven terroristischen Strategie gegen Kommunisten, Sozialdemokraten und Juden über. Als Katalysator erwies sich die Aufhebung des SA-Verbots in Berlin am 31. März 1928, wodurch es dem Gauleiter Joseph Goebbels gelang, die Mitgliedschaft dieses paramilitärischen Verbands der NSDAP in der Reichshauptstadt bis zum Frühjahr 1929 auf über 2 000 Mann zu bringen und damit mehr als zu verdoppeln.[9] Nicht zuletzt nach dem Vorbild der italienischen *Squadristi* entwickelten sich nunmehr die spezifischen Gewaltformen der SA. Dazu zählten die sogenannten Strafexpeditionen, die Besetzungen ganzer Mittelstädte, Straßenaufmärsche, Saalschlachten, der Kampf mit den Kommunisten um Lokale und Treffpunkte, gezielte Angriffe und Mordanschläge, der Kampf um Fahnen, Wimpel und Symbole sowie Erpressungen und Schutzgeldforderungen gegen Restaurant- und Hotelbesitzer oder Landwirte.[10] Der Terror der SA war nicht etwa eine Reaktion auf die Herausforderung durch die Kommunisten, wie lange behauptet wurde, sondern bildete ein Phänomen sui generis.[11] Ihre Gewalt sicherte der SA gerade nach der Weltwirtschaftskrise, die im Oktober 1929 mit dem »Schwarzen Freitag« begann, einen immer größeren Zulauf. Dabei ergab sich eine fundamentale Paradoxie. Die SA entwickelte sich immer mehr zu einer Organisation, die den Bürgerkrieg auf die Straße trug. Zugleich gerierte sich die NSDAP jedoch auch als diejenige Bewegung, die »Ruhe und Ordnung« wiederherzustel-

Heinrich Hoffmann: Adolf Hitler mit den 107 Abgeordneten der NSDAP-Fraktion nach der Reichstagswahl am 14. September 1930

len versprach, indem sie den »Marxismus« auszurotten vorgab. Die SA schuf also jene Bedingungen, unter denen die NSDAP schließlich als selbst ernannte »Ordnungsmacht« auftreten konnte. Dies gelang nur, weil es in Reichswehr und Polizei maßgebliche Kräfte gab, welche die SA-Führung logistisch und ideell unterstützten.¹² ■ Ohne den Ausbau eines eigenen Medienkonsortiums, dies ist der dritte in diesem Zusammenhang anzuführende Aspekt, hätte die NSDAP nach 1929 höchstwahrscheinlich weit geringere Erfolge zu verzeichnen gehabt. Gerhard Paul hat insgesamt acht Medien unterschieden, die für die NSDAP von je unterschiedlicher Bedeutung waren: Versammlungen, Demonstrationen, Bilder, Symbole, Presse, Film, Rundfunk und Medienkombinationen, also die Reichsparteitage und die berühmten Deutschlandflüge Hitlers 1932.¹³ Rundfunk und Film blieben in der politischen Praxis der NSDAP vor 1933 jedoch peripher, und die einmal jährlich in Nürnberg stattfindenden Reichsparteitage besaßen eine geringe Außenwirkung. Die beiden entscheidenden Medien der NSDAP waren die Versammlungen und die Presse. Zwischen der Intensivierung der Versammlungspraxis und den Wahlerfolgen der NSDAP bestand eine eindeutige Korrelation.¹⁴ In Ostpreußen steigerte sich ihr Stimmenanteil von 0,8 Prozent, die sie bei der Reichstagswahl am 20. Mai 1928 erreicht hatte, am 14. September 1930 plötzlich auf 22,5 Prozent, einen Wert, der noch über dem Reichsdurchschnitt lag. Dort hatte der am 3. September 1928 neu ernannte Gauleiter Erich Koch einen regelrechten Versammlungsmarathon inszeniert.¹⁵ Demgegenüber ist die Wirkung der NS-Presse, die seit 1929 ebenfalls einen Wachstumsschub erlebte, bislang unterschätzt worden. Gab es im November 1928 insgesamt 32 NS-Zeitungen, so steigerte sich diese Zahl bis zum Herbst 1932 auf nicht weniger als 204 Monats-, Wochen- und Tageszeitungen, deren Auflage über die Anzahl der eingeschriebenen Mitglieder der NSDAP hinausging.¹⁶ Die Bedeutung der Parteipresse für die Wählermobilisierung muss noch genauer ausgelotet werden. Grundsätzlich gilt jedoch, dass die Kommunikationsmedien der NSDAP nicht vereinzelt, sondern stets im Verbund gedacht werden müssen. Die NS-Presse funktionierte als Scharnier für alle anderen Medien. Versammlungen wurden in der Parteipresse angekündigt, und die NS-Zeitungen berichteten über sie. Selbst politische Gegner und staatliche Behörden werteten die Presseerzeugnisse der NSDAP kontinuierlich aus, wie sich anhand vieler Presseausschnittsammlungen belegen lässt, die noch immer erhalten sind. Alles in allem scheinen die NS-Presse-

Heinrich Hoffmann: Demonstration der SA, 1932

erzeugnisse auch dazu gedient zu haben, dass die NSDAP ihre thematischen Anliegen in der politischen Debatte monopolisierte. Die NS-Presse war integraler Bestandteil eines Prozesses, den man heute als *Agenda Setting* bezeichnen würde. ■ Der vierte Aspekt, der sich für die Erfolge der NSDAP seit 1928/29 als bedeutsam erwies, waren mithin ihre Themen. Dabei ist zu berücksichtigen, dass die NSDAP sich als Protestbewegung konstituierte, die Fundamentalopposition gegen die Weimarer Republik betrieb. Im Mittelpunkt ihrer Agitation standen Antisemitismus, Antikommunismus, Antikapitalismus und Antiparlamentarismus. Gerade im Vergleich mit den übrigen Weimarer Parteien befand sich die NSDAP in einer komfortablen Position, weil sie aufgrund ihrer Ablehnung der bestehenden Verhältnisse eine unerschöpfliche Themenpalette besaß, die es ihr erlaubte, immer mehr Themen zu politisieren.[17] Angesichts dieses Sachverhalts ist es jedoch überraschend, wie wenig Inhalts- und Wirkungsanalysen es bisher zur thematischen Ausrichtung der NSDAP seit 1928/29 gibt. Meistens begnügt sich die Forschung mit der Untersuchung der zentralen Parolen der Reichspropagandaleitung oder einiger Hitler-Reden. Aus unzähligen Regional- und Lokalstudien zum Aufstieg des Nationalsozialismus ist allerdings bekannt, wie intensiv die dortigen Protagonisten der NSDAP auf die Be-

dürfnisse ihrer jeweiligen Zielgruppen eingingen.[18] Diese thematische Konkretisierung und zielgruppenorientierte Agitation bekam 1928/29 eine neue Dynamik. Zunächst veröffentlichte Hitler am 13. April 1928 eine viel beachtete Erklärung über den umstrittenen Punkt 17 des Parteiprogramms vom 24. Februar 1920, wonach die NSDAP ein Gesetz zur unentgeltlichen Enteignung landwirtschaftlichen Besitzes für gemeinnützige Zwecke anstrebe.[19] Jetzt ruderte er plötzlich zurück, um die agrarische Klientel der NSDAP nicht länger zu verprellen, und erklärte, diese Forderung beziehe sich ausschließlich auf Boden, der »nicht nach den Gesichtspunkten des Volkswohls verwaltet wird«, richte sich insofern in erster Linie »gegen die jüdischen Grundspekulations-Gesellschaften«.[20] Schließlich justierte die NSDAP auch ihre antisemitische Agitation neu. Nicht mehr länger der Radau-Antisemitismus stand im Vordergrund ihrer öffentlichen Kampagnen, obgleich die antisemitische Gewalt der SA immer weiter anstieg und auch Goebbels weiterhin offen gegen den Berliner Polizeipräsidenten Bernhard Weiß hetzte.[21] Vielmehr schob sie jetzt antisemitisch besetzte Stereotype in den Vordergrund, bei denen die »jüdische Weltverschwörung« nicht mehr explizit genannt werden musste, jeder Zuhörer aber wusste, wer oder was gemeint war. Im protestantischen und katholischen Milieu betonte man »christliche« Aspekte und im Arbeitermilieu den Antikapitalismus, der sich gegen die »Plutokratie« richtete. Der Antisemitismus in der Agitation der NSDAP wurde nicht zurückgeschraubt, wie es die ältere Forschung angenommen hat.[22] Vielmehr kodierten die Parteiaktivisten ihren Judenhass jetzt kulturell. ■ In diesem Zusammenhang ist es zudem überraschend, welch nachrangigen Stellenwert der Begriff »Volksgemeinschaft« im Rahmen der Kommunikation der NSDAP zwischen 1925/26 und 1932/33 besaß.[23] Die beiden für die thematische Ausrichtung des Parteiapparats zentralen Protagonisten, Strasser und Goebbels, waren dem linken Flügel der NSDAP zuzurechnen und benutzten das Wort »Volksgemeinschaft« fast nie.[24] Hitler sprach es schon wesentlich häufiger aus, jedoch mit deutlichem Schwerpunkt im Vorfeld der Reichspräsidentenwahlen vom April 1932, als er sich als ein über den Parteien stehender Kandidat präsentieren musste.[25] Es gibt keine einzige zentrale Wahlparole und kein einziges Wahlplakat der NSDAP aus der Zeit vor 1933, die ausdrücklich auf den Begriff der »Volksgemeinschaft« rekurrieren. Der Grund dafür lag in der regional und lokal diversifizierten Themenwahl der NSDAP und deren zielgruppenorientierter Agitation. Ein umfassender Begriff wie »Volksgemeinschaft«, der an alle politischen Lager adressiert war, schien für die Gewinnung neuer Wähler nicht opportun zu sein. Wie etwa wollte man einem Katholiken in einer Großstadt die Notwendigkeit vermitteln, sich unter dem Schirm der »Volksgemeinschaft« mit Protestanten gemein machen zu müssen?[26] Wie sollten Industriearbeiter überzeugt werden, NSDAP zu wählen, wenn »Volksgemeinschaft« einen Frieden mit dem verhassten »Großkapital« implizierte?[27] Und wie sollte das protestantische Milieu mit dem Slogan der »Volksgemeinschaft« eingenommen werden, wenn dieser zugleich an den Katholizismus adressiert war?[28] Autoren, welche die außerordentliche Anziehungskraft der NSDAP in der Endphase der Weimarer Republik auf deren angebliche Rede von der »Volksgemeinschaft« zurückführen, begründen ihre Ansicht immer mit Dokumenten, die entweder nach 1933 oder gar nach dem Zusammenbruch des »Dritten Reiches« entstanden sind.[29] Zweifellos war »Volksgemeinschaft« der zentrale Begriff des NS-Staates.[30] Man darf dessen Bedeutung jedoch nicht auf die Geschichte der NSDAP in der Weimarer Republik zurückprojizieren. ■ Einen fünften Aspekt, der den Aufstieg der NSDAP seit 1928/29 nicht unmaßgeblich beförderte, möchte ich als »Selbsthilfe« bezeichnen. In dieser Zeit entwickelte die NSDAP ein dichtes Netz an Selbsthilfeeinrichtungen, die sich allesamt durch eine hohe binnenintegrative Kraft auszeichneten. Dies gilt insbesondere für die SA-Subkultur, also jenes dichte Netz an Sturmlokalen und die spezielle Art der Gefangenenhilfe, welche ihren zumeist sehr jungen Aktivisten ein gewisses Maß an Geborgenheit garantierte. Mit der SA-Hilfskasse wurde zudem so etwas wie eine parteiinterne Versicherung geschaffen, die finanzielle Unterstützung bei Sach- und Personenschäden leistete.[31] Die nationalsozialistischen Frauengruppen halfen den SA- und Parteiaktivisten, dem reaktionären Frauenbild der NSDAP gemäß, mit allerlei logistischen Tätigkeiten wie Kochen, Sockenstopfen und dem Nähen von Uniformen und hielten ihnen den Rücken frei. Ebenfalls in diesem Zusammenhang zu erwähnen ist das weit verzweigte Spenden- und Sammelwesen der NSDAP, das sich auf der Ebene der Ortsgruppen entwickelte und seit 1929 kontinuierlich ausgebaut wurde. Durch diese Aktivitäten wie auch durch Eintrittsgelder bei Versammlungen und Parteifeiern und den Verkauf von Druckschriften gelang es der NSDAP, sich größtenteils selbst zu finanzieren.[32] Dazu trugen auch die »Opferringe« maßgeblich bei, denen Sympathisanten beitraten, die aufgrund exponierter beruflicher Positionen nicht öffentlich als Parteimitglieder in Erscheinung treten wollten. Am deutlichsten manifestierte sich die Attraktivität dieser Formen von »Selbsthilfe« in der NSDAP bei den landwirtschaftlichen Fachberatern des Agrarpolitischen Apparats. Sie erteilten den Bauern in vielen Spezialfragen wie Gartenbau, Geflügelzucht und Viehhaltung Auskünfte und machten damit den Landwirtschaftskammern und den regionalen Landbünden Konkurrenz. Den Höhepunkt fand diese Taktik dann 1931/32, als sich die NSDAP in Schleswig-Holstein mit den Kreisbauernbünden zusammentat und »Schicksalsgemeinschaften« gründete, die Zwangsversteigerungen von Höfen zu verhindern trachteten und auf ein Schuldenmoratorium drängten.[33] Die »Selbsthilfe« der NSDAP führte zu sachlich, zeitlich und räumlich begrenzten Tatgemeinschaften. Die »Volksgemeinschaft« materialisierte sich vor 1933 also in anderen alltäglichen Praktiken der NSDAP als der Agitation.[34] ■ Der sechste und letzte notwendige Faktor für den Durchbruch der NSDAP zur Massenbewegung war Hitler. In den Jahren zwischen 1925 und 1929 hatte dessen Bedeutung in erster Linie in einem Prozess gelegen, den

Heinrich Hoffmann: *Kniestück sitzend (im Atelier; m. neuem SA-Hemd u. Hakenkreuzarmbinde; Schulterriemen u. Koppel)* 1929 (Kat.-Nr. 20 c)

man als »Gleichschaltung« der »völkischen Bewegung« bezeichnen kann.[35] In dessen Verlauf setzte sich Hitler als unumstrittener »Führer« des rechtsradikalen Lagers durch, und in der NSDAP entstand der »Führermythos«, der für deren Binnenintegration entscheidend war.[36] In der einschlägigen Forschung zu den Wahlerfolgen der NSDAP nach 1929 wird der Frage nach dem »Faktor Hitler« hingegen vergleichsweise wenig Aufmerksamkeit geschenkt. Soweit ich sehe, gibt es bisher nur eine einzige Analyse, die diese Frage thematisiert. Dabei handelt es sich um die Dissertation Othmar Plöckingers von 1998, in der jene Reden, die Hitler vor der Reichstagswahl am 6. November 1932 hielt, einer aufschlussreichen Wirkungsanalyse unterzogen werden. Das Ergebnis ist vergleichsweise eindeutig. Eine Korrelation zwischen den Hitler-Reden und den Wählerstimmen für die NSDAP bestand nicht; die angebliche Unwiderstehlichkeit Hitlers als Redner ist selbst ein Mythos.[37] Allerdings bedarf dieser Befund der Differenzierung, sind die Novemberwahlen 1932 wegen des Rückgangs von mehr als zwei Millionen Stimmen für die NSDAP doch wenig aussagekräftig. Dennoch scheint die Außenwirkung Hitlers auf anderem Gebiet gelegen zu haben als in seiner Rhetorik, die aber wiederum für die Binnenintegration der NSDAP zentral war. Sie ergab sich aus dem Zusammenspiel zwischen »Führermythos« und »Führererwartung«. Das Bild Hitlers, das maßgeblich durch die NSDAP selbst geprägt wurde, kam jener Sehnsucht nach einem »Führer« entgegen, von der weite Teile der deutschen Gesellschaft durchdrungen waren.[38] Die Erlösungshoffnungen insbesondere des Weimarer Bürgertums wurden nach und nach auf die Person Hitlers projiziert. Hans-Ulrich Wehler hat diesen Sachverhalt bekanntlich in den Mittelpunkt seiner Interpretation des Nationalsozialismus gerückt und mit Max Webers Herrschaftssoziologie als »Charisma« bezeichnet.[39] Sein Konzept überschätzt jedoch das Eigencharisma und unterschätzt das Zuschreibungscharisma und damit die Bereitschaft der Bevölkerung, Hitler als einen künftigen »Führer« anzusehen. Die Entscheidung, die NSDAP zu wählen, resultierte nicht aus irgendwelchen charismatischen Leistungen, die Hitler zu diesem Zeitpunkt ja gar nicht vorzuweisen hatte. Sie war vielmehr Ausdruck einer sich immer weiter verbreitenden Identifikation mit den von der NSDAP vertretenen Forderungen, also mit der Abschaffung des Parlamentarismus, der Unterdrückung der Arbeiterbewegung, der Ausschaltung der Juden aus dem öffentlichen Leben und der Revision des Versailler Vertrags von 1919. Insofern lag die Verantwortung für den Aufstieg der NSDAP zur Massenbewegung auch mehr aufseiten jener 13,8 Millionen Deutschen, die sie am 31. Juli 1932 wählten und sich damit bewusst für die Unterstützung einer antidemokratischen, terroristischen und antisemitischen Bewegung entschieden. ■ Die Organisationsstrukturen, die Gewalt der SA, die Medien, die Themen, die »Selbsthilfe« und Hitler waren demzufolge die notwendigen Bedingungen für den Aufstieg der NSDAP zu einer Massenbewegung. Wenn man nur einen dieser Faktoren aus der Analyse herausnimmt, ist diese Entwicklung nicht mehr erklärbar. Die hier praktizierte methodische Herangehensweise lässt nun allerdings die Frage offen, welche Rolle denn eigentlich die strukturellen Probleme der Weimarer Republik für den Aufstieg der NSDAP zur Massenbewegung spielten. Damit sind wir bei einem klassischen Thema der Weimar-Historiografie angelangt. Diese hat immer wieder betont, wie stark die Bedingungen des Versailler Vertrags von 1919, Artikel 48 der Weimarer Reichsverfassung, also das Notverordnungsrecht des Reichspräsidenten, die Fraktionierung der politischen Lager, die Ablehnung des Parlamentarismus durch konservative Eliten in Justiz, Verwaltung und Reichswehr sowie die Weltwirtschaftskrise vom Oktober 1929 die republikanische Staatsform unterminierten.[40] Diese strukturellen Faktoren, die für den Aufstieg der NSDAP zweifellos wichtig waren, können mit einem Ausdruck aus der sozialen Bewegungsforschung als »politische Gelegenheitsstrukturen« bezeichnet werden. Damit ist gemeint, dass alle sozialen Bewegungen spezielle Voraussetzungen benötigen, damit ihre Mobilisierung nicht abbricht. Sidney Tarrow, der dieses Konzept erarbeitet hat, unterscheidet dabei vier Faktoren: den Grad der Offenheit des

Schallplatte mit SA-Liedern, um 1931/32 (Kat.-Nr. 15)

politischen Systems und seiner Institutionen, die Stabilität oder Instabilität der darin vorherrschenden politischen Bindungen, die Einflussmöglichkeiten der Verbündeten der sozialen Bewegungen und die Konflikte zwischen den politischen Eliten.[41] Meine These ist, dass die NSDAP seit 1928/29 nicht mehr als reguläre Partei zu verstehen ist, sondern als soziale Bewegung beschrieben werden muss. In den Jahren 1928/29 verstärkte die NSDAP ihren Bewegungscharakter: Sie reformierte den Parteiapparat, baute die SA zu einer schlagkräftigen Terrororganisation aus, schickte sich an, einen eigenen Medienkonzern aus dem Boden zu stampfen, besetzte in der Öffentlichkeit alle erdenklichen Themen, entwickelte neue Aktionsformen der »Selbsthilfe« und pflegte das geradezu messianische Bild ihres »Führers«. Sie profitierte dabei von der Aufhebung des Redeverbots gegen Hitler in Preußen und in anderen Ländern, die in den gleichen Zeitraum fiel. Im Mittelpunkt dieser Aktivitäten stand die permanente Mobilisierung, die das genuine Kennzeichen einer sozialen Bewegung bildet. Die sechs genannten Aspekte, in denen sich die Veränderungen in der NSDAP seit 1928/29 manifestierten, waren dem Imperativ der Mobilisierung untergeordnet. Selbst der Aufbau einer schlagkräftigen Organisation besaß keinen anderen Zweck und diente nur sekundär den Bedürfnissen der Mitgliederintegration, wie es für Parteien kennzeichnend ist.[42] Mobilisierung bildete das Lebenselixier der NSDAP, und ihr Fundamentalprotest gegen die Weimarer Republik hielt die Mobilisierung in Gang. ■ Diese sechs Binnenentwicklungen der NSDAP, so mein Argument, trafen seit 1928/29 nämlich auf eine politische Gelegenheitsstruktur, die wie geschaffen schien, um die Mobilisierung der NSDAP als soziale Bewegung immer weiterzutreiben. Die Instabilität des politischen Systems und dessen autoritäre Verformung sowie die permanenten Wahlen waren die wichtigsten Voraussetzungen, unter denen die »braune Saat« gedieh. Allerdings war die politische Gelegenheitsstruktur für alle Weimarer Parteien gleich, das heißt, jede musste ihre spezifischen Antworten darauf finden oder diese im besten Fall antizipieren. Die genannten sechs Aspekte können als genuine Antworten der NSDAP auf die politischen Gelegenheitsstrukturen gesehen werden. In diesen Antworten sowie in ihrer Möglichkeit, aus der Opposition heraus Fundamentalkritik am politischen System betreiben zu können, lag der entscheidende Unterschied zu allen anderen politischen Lagern. In der NSDAP gab es keinen Masterplan zur Übernahme der Macht im Deutschen Reich, sondern ihre Antworten entwickelten sich entweder immer am konkreten Objekt selbst oder aber sie passten eher zufällig auf später eintretende Entwicklungen. Der wichtigste Unterschied der NSDAP zu den übrigen Weimarer Parteien bestand in ihrer extremen Reaktionsfähigkeit, ihrer Flexibilität, ja ihrer Antizipationsfähigkeit jener Krise, die sie zu einem guten Teil selbst schürte, indem sie die SA als Bürgerkriegsarmee auf der Straße einsetzte. Als Protestbewegung war die NSDAP niemandem verpflichtet und musste auf keine Wählerklientel Rücksicht nehmen. Das einzige Kriterium, von dem sie sich selbst abhängig gemacht hatte, war der Erfolg ihrer Mobilisierung. Als dieser Erfolg ausblieb, wie in den Novemberwahlen 1932 geschehen, durchlief sie eine innere Krise, die sie nach Strassers Rücktritt von allen Parteiämtern am 8. Dezember 1932 an den Rand der Selbstauflösung brachte. In dieser Krise war nun ausschlaggebend, dass sich die NSDAP auf starke Bündnispartner stützen konnte.[43] Diesen Part übernahmen die konservativen Eliten, die ihr den Weg zur politischen Macht im Januar 1933 ebneten.

Anmerkungen

1 Zum Einstieg in die Geschichte der NSDAP s. die Gesamtdarstellungen von Orlow 1969–1973 sowie Pätzold/Weißbecker 2009. Die beste die Epoche bis 1945 übergreifende Regionalstudie ist Grill 1983.
2 Kater 1983, S. 19–71; Mühlberger 1991, S. 202–209, sowie Kupfer 2006, S. 53–108.
3 Falter 1991, S. 364–375.
4 Kissenkoetter 1978, S. 35–41. Zur Struktur der Reichsorganisationsleitung s. Tyrell 1969, S. 355–368 (= Dokument 150 a–c).
5 Dazu Broszat 1992, S. 49–65, sowie Rösch 2002, S. 231–379.
6 Grundlegend Pyta 1996, S. 324–432, sowie Matthiesen 2000, S. 220–290.
7 Reichardt 2004.
8 Dazu Werner 1964 sowie Longerich 2003.
9 Friedrich 2007, S. 193–295. Zu Goebbels Reuth 1990. Peter Longerich (London/München) erarbeitet momentan eine neue Biografie des Propagandaministers.
10 Grundlegend Reichardt 2002, S. 100–133.
11 Dies ist aus anderer Perspektive Mallmann 1996 sowie Schmiechen-Ackermann 1998 zu entnehmen.
12 Zur Rolle der Reichswehr S. Vogelsang 1962 sowie Hürter 1993.
13 Paul 1990, S. 117–210.
14 So etwa für Hessen Ohr 1997, S. 233–241.
15 Falter/Lindenberger/Schumann 1986, S. 71 f., sowie Meindl 2007, S. 84–98.
16 Stein 1987, S. 169–176; Dussel 2004, S. 153–158, sowie Tavernaro 2004, S. 21–45.
17 Dies zeigen Anheier/Neidhardt/Vortkamp 1998, die insgesamt 1 116 Redeankündigungen der Münchner NSDAP im Zeitraum von 1925–1930 thematisch untersucht haben.
18 Dazu die Forschungsberichte von Grill 1986; Schneider 2000 sowie Szejnmann 2003, S. 211–225.
19 »25-Punkte-Programm« der NSDAP vom 24. Februar 1920, in: Tyrell 1969, S. 23–26 (= Dokument 4), hier: S. 24. Dazu Pätzold/Weißbecker 2009, S. 44–64.
20 Die Erklärung findet sich in: Hitler 1992–2003, Bd. II/2, S. 771 f. (= Dokument 254). Dazu Merkenich 1989, S. 319–352, hier: S. 332 f.
21 Bering 1991; Walter 1999 sowie Hecht 2003.
22 Dazu die Korrektur bei Meyer zu Uptrup 2003, S. 236–240.
23 Zur Begriffsgeschichte Wildt 2007, S. 26–68.
24 Strasser 1932 sowie Goebbels 1997–2006. Beide benutzten eher Termini wie »völkischer Sozialismus« oder »völkischer Staat«.
25 Götz 2001, S. 113 f., weist nach, dass der Begriff in der 11. Aufl. von *Mein Kampf* (München 1942, urspr. 1925 und 1927) 40 Mal auftaucht. Die Hälfte der Nennungen steht im Zusammenhang mit der Gewinnung der Arbeiterschaft.
26 Im katholischen Milieu betonte die NSDAP daher die Vereinbarkeit von Katholizismus und Nationalsozialismus und rekurrierte auf jenes »positive Christentum«, das sich bereits im »25-Punkte-Programm« vom 24.2.1920 finden lässt. Darüber hinaus versuchte sie, die katholischen Vereine zu unterwandern und bekämpfte insbesondere den »politischen Katholizismus« von BVP und Zentrum; s. Pridham 1973, S. 146–183, sowie Heilbronner 1998, S. 117–164.
27 Deshalb herrschten in stark industriell geprägten Gebieten zwei Agitationsthemen vor: Antikapitalismus und das Anprangern der angeblich korrupten Arbeiterparteien KPD und SPD; s. Böhnke 1974, S. 202–223, sowie Wirsching 1999, S. 437–467.
28 Beispiele zur Propaganda der NSDAP im protestantischen Milieu finden sich bei Noakes 1971, S. 121–138 u. S. 201–221, sowie bei Kittel 2000, S. 566–646, hier: S. 630 f.
29 Etwa Lapp 1997, S. 223 ff.; Szejnmann 1999, S. 118–121; Merkenich 1989, S. 321 f., sowie Kupfer 2006, S. 96–103, die beiden Letzteren mit flagranten Widersprüchen.
30 Den neuesten Forschungsstand repräsentieren Süß/Süß 2008, S. 79 ff., sowie Bajohr/Wildt 2009b, S. 7–23 u. S. 188 ff., hier: S. 8 ff.
31 Laube 1999.
32 Ausführlich Rösch 2002, S. 461–510.
33 Klassisch Heberle 1963, S. 160–171. Zu Heberle, dem Schwiegersohn des Soziologen Ferdinand Tönnies, siehe Waßner 1995.
34 Ähnlich Wildt 2007, S. 69–100.
35 Dazu Kershaw 1998/2000, Bd. 1, S. 331–397.
36 Dieser Aspekt steht bei Nyomarkay 1967, S. 9–50; Horn 1972, S. 209–327, sowie bei Kershaw 1992, S. 31–71, im Mittelpunkt.
37 Plöckinger 1999, S. 170–178.
38 Mergel 2005 sowie Graf 2008, S. 205–270.
39 Wehler 2003, S. 542–580, sowie ders. 2009, S. 13–24. Zu diesem Ansatz jetzt kritisch Herbst 2010, der im angeblichen Charisma Hitlers lediglich eine propagandistische Erfindung der NSDAP sieht.
40 Die besten Darstellungen dieser Problematik sind Peukert 1987; Schulz 1987–1992; Mommsen 1998; Winkler 2005 sowie Longerich 1995.
41 Tarrow 1991, S. 652 f., sowie ders. 1994, S. 81–150. Zur sozialen Bewegungsforschung generell Raschke 1985; Rucht 1994 sowie Rucht/Roth 2008.
42 Hierzu klassisch Duverger 1958, S. 16–214, hier: S. 79–148, sowie Heberle 1951, S. 267–355.
43 Dazu grundlegend Turner 1997.

OTHMAR PLÖCKINGER

Hitlers »Mein Kampf«

Von der »Abrechnung« zum »Buch der Deutschen«

Einführung

Kaum ein anderes Buch der neueren Geschichte ist ebenso berühmt wie berüchtigt wie Hitlers *Mein Kampf* (Abb. rechts). Und um kein anderes Buch rankten sich bisher so viele Legenden. Dennoch – oder gerade deswegen – hat sich die Forschung seit den 1970er Jahren darauf beschränkt, beständig das zu reproduzieren, was sich bis dahin als Common Sense herausgebildet hatte. Dass manches davon auf die Zeit vor 1945 zurückging und damit Produkt der nationalsozialistischen Propaganda war, wurde ebenso wenig in Rechnung gestellt wie der Umstand, dass anderes aus der unmittelbaren Nachkriegszeit stammte und damit ebenfalls nur bedingt taugte für eine wissenschaftliche Beschäftigung mit diesem Symbol der nationalsozialistischen Herrschaft. Das seit 1945 verbreitete Bild vom unlesbaren Werk ließ es zu einer Art Steinbruch werden, aus dem sich die Wissenschaft je nach Bedarf die gerade benötigten Zitate schlug, ohne je näher auf Zusammenhänge und Hintergründe einzugehen. ▪ In Vergessenheit geriet dabei, dass *Mein Kampf* mit all seinem Pathos, mit seinem »prätentiöse[n] Stil«, mit seinen »gedrechselten, wurmartigen Perioden«, wie Joachim Fest schrieb,[1] in seiner Zeit nicht alleine stand, sondern Teil einer völkisch-nationalistischen Literatur war, in der ein solcher Stil gang und gäbe war, ja dass selbst ein entschiedener Gegner wie Konrad Heiden anmerkte: »Ueber seine Kriegserlebnisse ist Hitler wieder wortkarg. Die ersten Sturmtage in Flandern beschreibt er dichterisch; es sind schöne Zeilen.«[2] ▪ Gerne vergessen wurde auch, dass vor 1945 zahlreiche Autoren und Autorinnen ganz selbstverständlich von einer breiten Rezeption des Buches ausgingen.[3] Stattdessen übernahm man gerne die Behauptung vom »ungelesenen Bestseller«, die bereits in den 1930er Jahren aus politischen Motiven von Otto Strasser und seinem Kreis in Umlauf gebracht worden war und vor allem durch amerikanische Publikationen wie die einflussreiche Biografie von Allan Bullock popularisiert wurde.[4] Kaum weniger problematisch waren die Darstellungen zur Entstehungsgeschichte des Buches. Auch hier setzte sich trotz etlicher anderslautender Quellen die Darstellung durch, der spätere Diktator wäre nicht in der Lage gewesen, sein Buch selbst zu schreiben und hätte es diktieren müssen. Davon ließ man sich auch nicht abbringen, als 1987 die Briefe von Rudolf Heß veröffentlicht wurden,

aus denen klar das Gegenteil hervorging. Erst die vor kurzem aufgefundenen und veröffentlichten Entwürfe und Manuskriptblätter Hitlers rücken nun dieses lang gepflegte Bild zurecht. ▪ So ist denn die Geschichte von Hitlers Buch in vielerlei Hinsicht nicht nur ein Spiegelbild der Geschichte des Nationalsozialismus, sondern auch des Umgangs damit nach 1945. Und diese Geschichte ist noch nicht zu Ende. Daher kann der hier versuchte Abriss nur eine Zwischenbilanz ziehen, denn die geplante kritische Ausgabe des Buches wird noch manches ergänzen, erweitern und präzisieren.

Entstehung einer »Abrechnung«

Erste Versuche Hitlers zu einem Buchprojekt dürfte es bereits 1922 oder 1923 gegeben haben. Es handelt sich dabei um Teile des späteren Kapitels *Volk und Rasse*, worauf etwas später noch einzugehen sein wird.[5] Nach dem gescheiterten Putschversuch war Hitler zunächst getrieben von dem Bedürfnis nach einer *Abrechnung* mit seinen Gegnern vom November 1923, die er nicht nur vor Gericht, sondern auch publizistisch halten wollte. Intensiv arbeitete er spätestens seit Beginn des Jahres 1924 an diesem Vorhaben, konnte er doch dem Gericht bei Prozessbeginn bereits eine mehr als 70-seitige Denkschrift überreichen, die sich leider nicht erhalten hat, aber wohl als Nukleus verschiedener Teile seines geplanten Buches anzusehen ist. Dementsprechend beschäftigte er sich in dieser Zeit vor allem mit der Frühgeschichte der Partei und ihrem Aufstieg zu einer bayerischen Regionalgröße. Nach den wenigen Berichten aus dieser Zeit wähnte er sich Anfang Mai 1924 gar bereits der Fertigstellung nahe. ▪ Es kam bekanntlich anders. Dies hatte mit Hitlers notorischer Unterschätzung des zeitlichen Aufwands eines Buchprojekts zu tun, vor allem jedoch mit einer tief greifenden persönlichen und politischen Neuorientierung während seiner Haft in Landsberg. Er gab im Juni 1924 seine hartnäckigen Versuche auf, auch aus dem Gefängnis heraus noch Einfluss auf die politische Entwicklung zu nehmen. Damit zusammen fiel auch eine neue Ausrichtung seiner geplanten Schrift. Hitler nahm nun mehr und mehr Abstand von einer *Abrechnung* mit seinen Gegnern vom Herbst 1923 und entwickelte aus der ursprünglichen tagespolitischen Streitschrift eine ideologisch überhöhte Autobiografie, in der er die politischen und gesellschaftlichen Entwicklungen aus seiner Perspektive kritisierte.

Ideologie und Biografie

Zunächst gilt es festzuhalten, dass die Forschung bisher bereits gut informiert war über die Entstehungsphase von *Mein Kampf* im Sommer 1924, da aus dieser Zeit die Überlieferung von Briefen aus Landsberg, insbesondere von Rudolf Heß, sehr dicht ist. Zu dieser vergleichsweise günstigen Quellenlage sind vor kurzem auch einige Manuskript- und Konzeptblätter hinzugekommen, die einen noch tieferen Einblick in diese Phase

Erstausgabe von *Mein Kampf*, Bd. 1, 1925 (Kat.-Nr. 23)

der Neu- und Umorientierung Hitlers geben.[6] ■ Die wenigen Manuskriptblätter beinhalten die ersten Seiten des ersten Kapitels mit dem Titel *Im Elternhaus* und gewähren einen kleinen Einblick in die Textproduktion Hitlers. Die wesentlich umfangreicheren Konzeptblätter bilden eine in sich geschlossene Einheit und behandeln Hitlers Biografie von seiner Übersiedelung von Wien nach München im Jahr 1913 bis zur Revolution 1918, gefolgt von politischen und ideologischen Betrachtungen.[7] Er schloss damit die Lücke, die er in der bisherigen Ausarbeitung zwischen der Darstellung seiner Kindheit, die zu den sehr früh entstandenen Teilen zählt, und der Schilderung seines Aufstiegs als Parteiführer ab 1920 offengelassen hatte. Die bereits erwähnte Abwendung von einer reinen *Abrechnung* mit seinen politischen Gegnern wird dadurch ebenso unterstrichen wie der Umstand, dass Hitler sich selbst in dieser Phase immer mehr ins Zentrum des Buches rückte. ■ Damit einher ging sein nun gestellter Anspruch, nicht mehr nur Parteiführer, sondern auch Ideologe und Programmatiker der Partei sein zu wollen. Dementsprechend griff er seine früheren Bemühungen wieder auf und versuchte mit dem bereits angesprochenen Kapitel *Volk und Rasse* eine ideologische Grundlegung seines Rassismus, der im Kern eine Ummantelung seines wesentlich früher entstandenen und damit grundlegenderen Antisemitismus war, wie nicht zuletzt die Entstehungsgeschichte dieses Kapitels belegt. Zu Recht wird es daher als ein Schlüsselkapitel von *Mein Kampf* angesehen. Seine Entstehung ist komplex, doch lassen sich die drei wesentlichen Etappen gut rekonstruieren. ■ Der erste Teil dieses Kapitels, der mit den bekannten Vergleichen aus der Tierwelt beginnt und Hitlers rassistisches Weltbild beschreibt, liegt in den erhalten gebliebenen vier Konzeptblättern zu diesem Kapitel vor und ist damit etwa im Juli 1924 entstanden. Dass sich Hitler in dieser Zeit zunehmend als Ideologe versuchte, belegt die Akribie, mit der er die Konzeptblätter zu diesem Abschnitt ausarbeitete. Genügte ihm etwa für das gesamte siebte Kapitel über die *Revolution* ein einziges spärlich beschriebenes Konzeptblatt als Stichwortsammlung, so benötigte er hier für gut sechs Seiten gleich drei Blätter. Dass er bei der späteren Ausarbeitung des Textes, wie sonst bei ihm üblich, von diesem Entwurf nicht weitschweifig abwich, ja, mehr noch, dass er ganze Absätze aus dem Entwurf beinahe wörtlich in den späteren Text von *Mein Kampf* übernahm, unterstreicht seine Bemühungen, aber auch seine Unsicherheit in seiner neuen Rolle als Ideologe. Entsprechend war er auch bestrebt, neue und als ideologisch relevant empfundene Begriffe in seine Arbeit einzubauen, wie es hier mit dem Begriff »Lebensraum« geschah: In den Konzeptblättern vom Juli 1924 findet er sich noch nicht, in den späteren Text hat Hitler ihn dann jedoch bewusst eingebaut. ■ Seine Unsicherheit war durchaus begründet, denn der erste Anlauf, seinen Antisemitismus in einem größeren Text ideologisch zu begründen, war fehlgeschlagen. Bereits vor dem Putschversuch 1923 hatte er sich daran versucht, den *Werdegang der Juden*, wie er den Abschnitt später nannte, zu beschreiben und daraus seinen Antisemitismus abzuleiten. Dieser erste Versuch wurde nie eigenständig veröffentlicht, sondern liegt in Form des letzten Abschnitts des Kapitels *Volk und Rasse* vor. Verbunden wurden diese beiden Textabschnitte schließlich von Hitler im Herbst 1924 durch eine Art vergleichender Betrachtung zwischen *Arier[n] und Juden*, sodass das gesamte Kapitel *Volk und Rasse* im Wesentlichen aus drei Teilen zusammengesetzt wurde, die aus sehr unterschiedlichen Zeiten und damit auch unterschiedlichen Phasen von Hitlers ideologischer Entwicklung stammen. Bei einer Beschäftigung damit sollte dieser Umstand daher eine entsprechende Berücksichtigung finden. ■ Mit der Entwicklung Hitlers hin zu einem Ideologen war als zweiter wesentlicher Aspekt der Entwurf einer Autobiografie verknüpft. Damit kommt auch die deutsche oder doch zumindest bayerische Öffentlichkeit ins Blickfeld. Dass es Hitler mit den Angaben zu seiner Vita in *Mein Kampf* nicht sehr genau genommen hat, ist in den vergangenen Jahren durch verschiedene Arbeiten eindrucksvoll und in vielen Details nachgewiesen worden. Die Motive dafür gehen freilich über das hinaus, was man bei Schriften dieser Art gemeinhin erwarten muss. Denn wirft man einen Blick darauf, was der Öffentlichkeit über Hitlers Biografie vor der Publikation von *Mein Kampf* bereits bekannt war, so wird deutlich, dass dies so gut wie alle wesentlichen Elemente umfasste: die Zeit in Wien und München, der Autodidakt, der Kriegsteilnehmer, das »Erweckungserlebnis« in Pasewalk, das siebte Parteimitglied – all das war schon vor *Mein Kampf* Gegenstand von Publikationen und öffentlichen Diskussionen. Um Hitler hatte sich in den frühen 1920er Jahren ein »ganzer Legendenkranz« gebildet,[8] wie die völkische Zeitschrift *Fridericus* im September 1923, also bereits Monate vor dem Putschversuch im November 1923 und dem anschließenden Prozess im Frühjahr 1924, feststellte. ■ Es konnte daher nicht Hitlers Motiv für eine Autobiografie gewesen sein, ohnehin bereits Bekanntes erneut in einem Buch zu präsentieren. Dies erklärt manche Eigentümlichkeiten in seinen Darstellungen, war er doch zum einen sehr darum bemüht, allzu absurde Verklärungen, die ihm in der Öffentlichkeit von seinen Anhängern widerfuhren, zurechtzurücken, denn tatsächlich lesen sich manche Passagen in *Mein Kampf* geradezu nüchtern im Vergleich zu Publikationen aus den Jahren 1923 und 1924. Es ist damit zum anderen zu konstatieren, dass Hitler in den biografischen Teilen von *Mein Kampf* im Wesentlichen auf Entwicklungen und Tendenzen zurückgriff, die bereits in den Jahren zuvor entstanden und verbreitet worden waren. Doch er übernahm sie nicht nur, sondern gestaltete und gewichtete sie neu, um sie dem übergeordneten Ziel einer ideologischen Grundlegung des Nationalsozialismus dienstbar zu machen, die aus seiner Sicht nur mehr er selbst bewerkstelligen konnte. Er benutzte daher seine Vita wo immer möglich als Exempel für eine »gelebte« und mit seiner Person erst »gewachsene« nationalsozialistische Ideologie, die auch beinhaltete, ihr Entgegenstehendes entweder auf Linie zu bringen oder zu eliminieren. So gesehen ist Hitlers Umgang mit seiner Biografie als Teil seiner Ideologiebildung seit dem Sommer 1924 nur konsequent gewesen.[9]

»Mein Kampf« 1925–1932

Doch nicht nur diese grundlegende Neuorientierung Hitlers im Sommer 1924 hatte für die Entstehung und Publikation seines Buches erhebliche Konsequenzen. Trotz mehrfacher Anläufe erschien der erste Band erst ein Jahr später, nachdem im Frühjahr 1925 aus Rücksicht auf seine schwierige politische Lage zwischen Redeverbot und drohender Ausweisung die Aufspaltung des Buches in zwei Teile beschlossen worden war. Ihr verdankte das Buch zu einem erheblichen Teil seinen endgültigen Titel. Der zu keiner Zeit als sperrig empfundene ursprüngliche Titel von den *Viereinhalb Jahren Kampf gegen Lüge, Dummheit und Feigheit* musste geändert werden, da er mit dem Inhalt des schließlich erschienenen ersten Bandes nichts mehr zu tun hatte. Darüber hinaus erfuhr das Buch damit auch einige inhaltliche und sprachliche Entschärfungen in seinen Angriffen gegen das nachrevolutionäre Deutschland, zumal Hitler weitere Einschränkungen seiner politischen Möglichkeiten durch eine Provokation staatlicher Behörden vermeiden wollte. ■ Ähnlich wie der erste Band erschien auch der zweite wesentlich später, als Hitler zunächst geplant hatte. Erst nach einer intensiven Arbeitsphase im Herbst 1926 konnte er am Ende dieses Jahres erscheinen. Das Interesse an einer Schrift des inzwischen in der Öffentlichkeit beinahe vergessenen Parteiführers und ehemaligen Putschisten war Ende 1926 allerdings gering. Resonanz fand der zweite Band bei seinem Erscheinen kaum, er blieb – und das sollte auch künftig so bleiben – im Interesse der Leserschaft weit hinter dem ersten Band zurück. Dieser hatte bei seiner Veröffentlichung noch zu heftigen Reaktionen in sehr unterschiedlichen Bereichen geführt. ■ Zwei Beispiele verdeutlichen dies: Zunächst soll die vom Bayerischen Innenministerium schon im Oktober 1925 angefertigte 15-seitige Untersuchung mit dem Titel *Vormerkungen aus Hitler's Buch »Mein Kampf«* erwähnt werden, in der festgehalten wurde, dass Hitler trotz taktischer Neuausrichtungen keineswegs von seinen grundsätzlichen radikalen Endzielen abgerückt sei. Die Analyse des Buches ließ für das Innenministerium keinen Zweifel daran, dass das gegen Hitler verhängte Redeverbot zu Recht bestünde und auch weiterhin bestehen bleiben sollte.[10] Diese erste Untersuchung von staatlicher Seite stand am Beginn einer ganzen Reihe von behördlichen Analysen des Nationalsozialismus und von Hitlers Buch, die vor allem ab 1929 in erstaunlichem Umfang angefertigt wurden. Nicht weniger als fünf Denkschriften und Gutachten sowie zahlreiche kürzere Kommentare, in denen Hitlers Buch eine bedeutende Rolle spielte, wurden bereits vor den Wahlen im September 1930 verfasst. Und einige weitere sollten noch folgen: Die letzte wurde vom Preußischen Innenministerium im Frühjahr 1932 angefertigt, umfasste nicht weniger als 230 Seiten und warnte eindringlich vor den umstürzlerischen Bestrebungen der Nationalsozialisten.[11] ■ Zum anderen sei auf den Text *Adolf Hitlers Lehren über Juden und Judentum* von Ludwig Kaempfer in den *Abwehrblättern* des Vereins zur Abwehr des Antisemitismus hingewiesen. Er entstand ebenfalls im Oktober 1925 und zählt zu den interessantesten und eloquentesten Texten über Hitlers Buch. Er ist bis heute lesenswert geblieben – freilich aber auch bedrückend in seiner fundamentalen Fehleinschätzung Hitlers. Denn am Ende seines Textes resümierte Kaempfer: »Man legt Hitlers Buch mit einem Gefühl der Befriedigung beiseite: Solange die völkische Bewegung keine anderen Führer an ihre Spitze zu stellen weiß, solange werden noch manche Wasser ins Meer fließen, bis sie im Land der Dichter und Denker siegen wird.«[12] Diese Verknüpfung von moralischer Ablehnung mit politischer und intellektueller Geringschätzung war in den Texten über Hitlers Buch in der liberalen Publizistik der Jahre 1925/26 durchaus üblich. Ähnliche Ausführungen fanden sich auch in der *Frankfurter Zeitung*, dem Berliner *Tagebuch*, der Wiener *Neuen Freien Presse* oder der *Neuen Zürcher Zeitung*. ■ In der Anfang der 1930er Jahre erneut einsetzenden publizistischen Beschäftigung mit Hitlers Buch erfuhr sie dann eine Wiederbelebung und hat damit eine Tradition mitbegründet, die sich bis weit in die Nachkriegszeit gehalten hat. Gleichzeitig hielt zu dieser Zeit auch ein sehr selektiver Umgang mit dem Buch Einzug in die Diskussion, was letztlich erhebliche Konsequenzen hatte. Beispielhaft steht dafür die konfessionelle Publizistik, die sich ergänzend zu *Mein Kampf* auch mit Alfred Rosenbergs *Mythus des 20. Jahrhunderts* und dem Bekenntnis zum »positiven Christentum« in Punkt 24 des Parteiprogramms beschäftigte. Interessiert war man dabei meist nur an den Aussagen zum Verhältnis des Nationalsozialismus zum Christentum. Fand Rosenberg eine deutliche Ablehnung, so brachte man vor allem auf evangelischer Seite Hitlers Buch viel Wohlwollen entgegen. Ablehnende Stimmen waren deutlich in der Minderheit. Auf katholischer Seite stieß man sich besonders am Parteiprogramm, das die Religion dem Staat unterordnete, an Hitlers Vorstellungen in *Mein Kampf* fand man insgesamt allerdings wenig auszusetzen – sieht man davon ab, dass man seinen Antisemitismus zwar als etwas über das Ziel hinaus schießend kritisierte, ihn grundsätzlich aber als verständlich ansah.[13] ■ Heftige Ablehnung erfuhr Hitlers Buch hingegen schon 1925/26 von ideologisch durchaus nahestehenden Gegnern aus dem völkischen Lager. Die Auseinandersetzung um *Mein Kampf* war dabei Teil der nach dem Putschversuch 1923 entbrannten Grabenkämpfe, die sich bis zum Ende der 1920er Jahre fortsetzten. So veröffentlichte Bernhard Rudolf Stempfle, der später völlig zu Unrecht in den Verdacht geriet, an der Entstehung des Buches beteiligt gewesen zu sein, im *Miesbacher Anzeiger*[14] eine herbe Kritik. Ähnlich harsche Besprechungen brachten auch die *Deutsche Zeitung* des Alldeutschen Verbandes[15] oder die Berliner *Neue Preußische Zeitung (Kreuz-Zeitung)*.[16] ■ Die größte Zustimmung fand das Buch erwartungsgemäß unter den Nationalsozialisten. Die Belege dafür sind zahlreich. Rudolf Heß zeigte sich bereits 1924 während seiner gemeinsamen Haft mit Hitler in Landsberg davon überzeugt, es mit einer kommenden Sensation zu tun zu haben. Ähnlich reagierte Gottfried Feder, als er im Frühjahr 1925 erstmals die Druckfahnen zu dem Buch einsehen konnte. Ernst Hanfstaengl

Exemplar von *Mein Kampf* aus dem Besitz von Gerhard Hauptmann (Kat.-Nr. 35)

und Josef Stolzing-Cerny waren sich für Korrekturarbeiten nicht zu schade, Rudolf Buttmann verteidigte das Buch im Spätsommer 1925 vehement gegen völkische Kritiker, und der Hitler gegenüber noch schwankende Joseph Goebbels las im Herbst 1925 den ersten Band mit »reißender Spannung«, wie er seinem Tagebuch anvertraute.[17] ■ Wie intensiv das Buch dabei von Anhängern studiert wurde, kann seit kurzer Zeit anhand der im New Yorker Museum of Jewish Heritage aufbewahrten Exemplare aus dem Besitz Heinrich Himmlers studiert werden. Beide Bände wurden von ihm aufmerksam durchgearbeitet, analysiert und mit Markierungen und Anmerkungen versehen, wobei er, anders als der impulsive Goebbels, durchaus differenziert urteilte, wie seine ergänzenden Bemerkungen in seinem Lesetagebuch unterstreichen. Himmler meinte dort zum ersten Band: »Es stehen unheimlich viel Wahrheiten darin. Die ersten Kapitel über die eigene Jugend enthalten manche Schwäche.«[18] ■ Doch die beiden Exemplare aus Himmlers Besitz sind noch aus einem weiteren Grunde bemerkenswert, denn sie wurden nicht nur von Heinrich, sondern auch von seinem Vater Gebhard gelesen, seines Zeichens Prinzenerzieher der Wittelsbacher und Gymnasialdirektor in München und damit ein zu hohen Ehren aufgestiegener Vertreter des national-konservativen Bürgertums. Auch er hat das Buch keineswegs als unlesbar zur Seite gelegt, sondern ähnlich seinem Sohn aufmerksam studiert und durchgearbeitet, wie seine gelegentlich durchaus kritischen Anmerkungen belegen. Sein Schlusskommentar lässt freilich keinen Zweifel an seiner Einschätzung von Hitlers Buch zu. Im Juni 1932 hielt Gebhard Himmler auf der letzten Seite fest: »Mit heißem Interesse und aufrichtiger Bewunderung <u>dieses</u> Mannes zu Ende gelesen.«[19]

HITLERS »MEIN KAMPF«

»Mein Kampf« 1933–1945

Es ist daher anzunehmen, dass der wenige Monate später mit Hitlers Machtübernahme einsetzende Boom des Buches durchaus eine Basis wenn nicht in der Zustimmung, so doch im politischen Interesse erheblicher Teile der deutschen Gesellschaft gehabt hat. Dies unterstreicht ein zweiter rezeptionsgeschichtlicher Glücksfall. Im Juni 1933 hat sich mit Gerhard Hauptmann ein weiterer Vertreter der Bildungsschicht und zugleich ein weltweit geachteter Literat mit Mein Kampf beschäftigt. Auch er hat das Buch nicht als unlesbar abgetan, sondern bis zum Ende durchgearbeitet, wie sich anhand seines Exemplars nachvollziehen lässt, das in der Staatsbibliothek zu Berlin verwahrt wird (Abb. links). Hauptmann folgte dabei offenbar einem 1930 einsetzenden Trend, der auf eine zunehmende Verbreitung des Buches verweist, wie die Verkaufszahlen bis 1932 belegen (Tab. 1). Bereits im Frühjahr 1930 und damit deutlich vor dem Wahlerfolg im September desselben Jahres stiegen die Verkaufszahlen erheblich an, worauf der Eher-Verlag im Mai 1930 mit der Herausgabe der heute bekannten »Volksausgabe« reagierte. ■ Erreichte man 1932 mit einer Jahresverkaufszahl von über 90 000 Stück bereits ungeahnte Höhen, so sprengte das Jahr 1933 alles bisher Gekannte: In diesem Jahr wurden etwa 900 000 Exemplare des Buches verkauft.[20] Selbst wenn man die großzügige Ausstattung der Bibliotheken in Deutschland ab März/April 1933 in Rechnung stellt, bleibt ein erheblicher Anteil für den privaten Kauf. Mit der einsetzenden Stabilisierung der nationalsozialistischen Herrschaft war man in der Bevölkerung offenbar durchaus daran interessiert, sich mit den Ausführungen des neuen Kanzlers zu beschäftigen. Die aus dieser Zeit leider nur in beschränktem Ausmaß erhalten gebliebenen Entleihdaten aus Bibliotheken deuten in dieselbe Richtung, denn das Buch wurde in dieser Zeit durchaus nachgefragt und entliehen. ■ Gleichzeitig war jedoch damit eine Dimension erreicht, die in den nächsten Jahren nicht zu halten war. Der drastische Rückgang der Verkaufszahlen nach 1933 brachte den Eher-Verlag in erhebliche Schwierigkeiten, was letztlich zu jenem Projekt führte, das das öffentliche Bild von Mein Kampf bis heute

Rückseite der Verlagsbroschüre *Das Buch der Deutschen*, 1938

prägt, wenngleich es alles andere als eine Erfolgsgeschichte war: die Vergabe als Hochzeitsgeschenk.[21] Die enorme Nachfrage des Jahres 1933 verleitete den Eher-Verlag zu einer deutlichen Überproduktion, die sich in der Folgezeit nicht mehr abbauen ließ. So wurde 1935 vom Verlag die Idee geboren, den Städten und Gemeinden in Deutschland Hitlers Buch als Geschenk für Neuvermählte anzupreisen. Doch da diese Empfehlung kaum Widerhall fand, ja selbst München als »Hauptstadt der Bewegung« sich nicht anschließen wollte und bereits anders disponiert hatte, ging der Verlag noch im selben Jahr einen Schritt weiter und versuchte über den Deutschen Gemeindetag seinen Einfluss in diese Richtung geltend zu machen. Auch wenn sich der Gemeindetag schließlich vor den Karren des Verlags spannen ließ, so konnte doch selbst auf diesem Weg kaum etwas in Bewegung gebracht werden, zumal der Verlag nicht bereit war, finanzielle Abstriche hinzunehmen. ■ Um einen völligen Fehlschlag doch noch abzuwenden, gelang es dem Verlag im April 1936, jenen bekannten Erlass des Innenministeriums zu erwirken, der die Städte und Gemeinden veranlassen sollte, Hitlers Buch allen Neuvermählten zum Geschenk zu machen.[22] Gerne wurde nach dem Krieg dieser Erlass als Beleg dafür herangezogen, dass Mein Kampf ein ungelesenes, weil zwangsverordnetes Buch gewesen wäre. Unberücksichtigt bleibt dabei, dass es nie zu einer vollständigen Umsetzung dieses Erlasses gekommen ist, denn er enthielt die Klausel, dass die finanziellen Mittel der Gemeinden zu berücksichtigen wären, was vor allem von den größeren Städten genutzt wurde, um weiterhin die Verschenkung des Buches zu unterlaufen. Im Jahr 1938 setzte noch nicht einmal die Hälfte aller Gemeinden in Deutschland den Erlass um, und der Prozentsatz stieg nur langsam. Im Jahr 1939 verweigerten sich Großstädte wie Berlin, Hamburg oder Dresden trotz intensivster Bemühungen des Verlags noch immer (Abb. oben). ■ Mit Beginn des Krieges änderte sich hier nur noch in Einzelfällen

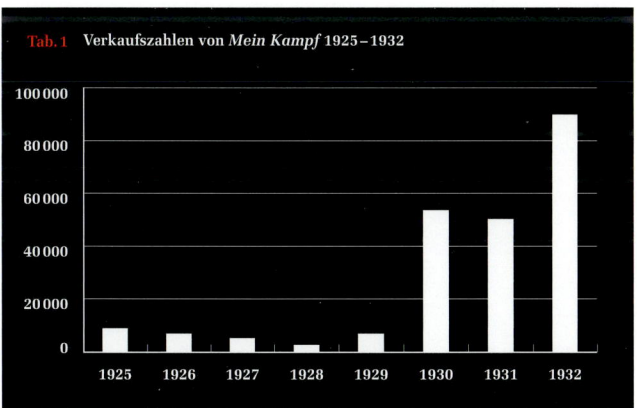

Tab. 1 Verkaufszahlen von *Mein Kampf* 1925–1932

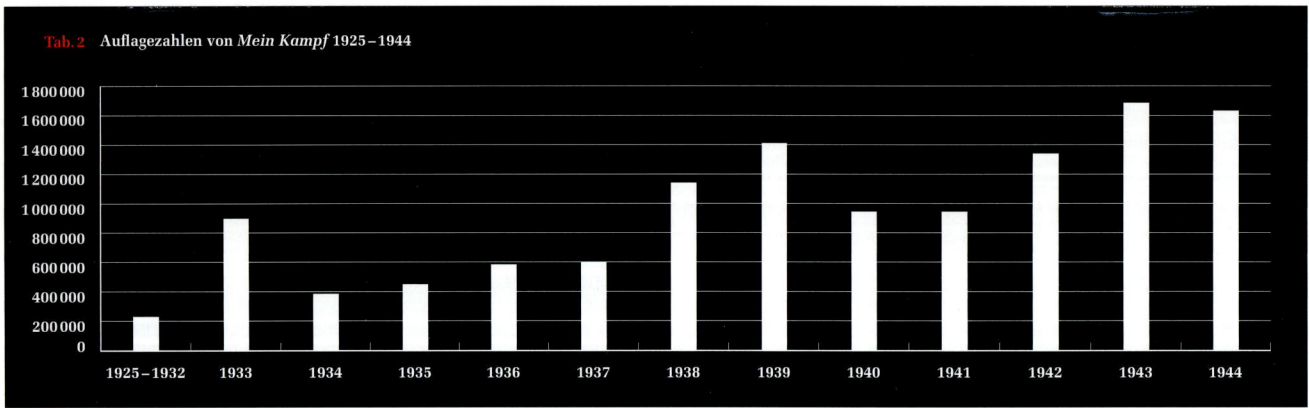

Tab. 2 Auflagezahlen von *Mein Kampf* 1925–1944

etwas, denn der Eher-Verlag entdeckte mit der Wehrmacht einen neuen riesigen Absatzmarkt und verlor zusehends sein Interesse an der so mühsam vorangetriebenen Hochzeitsaktion. Mit den außenpolitischen Krisen und schließlich mit Kriegsbeginn setzte die Zeit der ganz großen Umsätze ein, denn etwa zwei Drittel aller Exemplare des Buches wurden in den Jahren ab 1939 produziert, wie die Auflagenzahlen bis 1944 zeigen (Tab. 2). Damit ist jedoch auch eines der verbliebenen Desiderate in der Forschung zu *Mein Kampf* angesprochen: Dass sich verschiedene führende Militärs, allen voran Werner von Blomberg, mit *Mein Kampf* beschäftig haben, ist bekannt, doch ist die Rolle, die Hitlers Buch in der Wehrmacht insgesamt gespielt hat, bisher weitgehend unerforscht.

Zum Umgang mit einem Buch

Hitlers Buch wurde weder ignoriert noch blieb es ungelesen. Die Aufmerksamkeit, die es erfuhr, lässt sich heute zwar nur noch teilweise rekonstruieren, sie war jedenfalls beachtlich. Ob es jemals das »Buch der Deutschen« war, muss allerdings offenbleiben, unzweifelhaft jedoch war und ist es ein Buch der deutschen Geschichte. Der Umgang damit blieb daher stets schwierig, und viele der heute diskutierten Ansätze waren auch schon vor 1945 präsent. Auf der einen Seite fanden sich jene Autoren und Autorinnen wie Irene Harand, die Hitler widerlegen, ihm »die Maske vom Gesicht« reißen wollten und sich dem Anprangern all der Irrtümer, Verdrehungen und Verleumdungen verschrieben, die Hitler in seinem Buch vereinigte.[23] Das Ergebnis waren nicht selten Arbeiten, die trotz aller Bemühungen und aller moralischen Empörung an ihrem eigenen Anspruch scheiterten. Auf der anderen Seite fanden sich jedoch auch Autoren wie der in die USA geflüchtete SPD-Abgeordnete Hans Staudinger, der im Exil eine der aufschlussreichsten Analysen zu Hitlers Buch verfasste, sie jedoch nicht zu veröffentlichen wagte, da er fürchtete, missverstanden zu werden oder gar »Verständnis« für Hitler zu wecken.[24] ■ Zwischen diesen beiden Polen bewegte sich denn auch nach Kriegsende die Diskussion um eine wissenschaftliche Ausgabe des Buches, und sie bewegt sich noch heute dort: Zum einen ruft sie zuweilen Erwartungen hervor, die nur schwerlich eingelöst werden können, und zum anderen besteht noch immer die Scheu davor, sich den gesellschaftlichen und politischen Fragen zu stellen, die eine solche Ausgabe unweigerlich aufwirft.

Anmerkungen

1 Fest 1973, S. 293.
2 Heiden 1936, S. 54.
3 Vgl. Plöckinger 2006, S. 2.
4 Vgl. Bullock 1964, S. 118.
5 Vlg. dazu und zu den nachfolgenden Ausführungen: Plöckinger 2006, S. 29–121.
6 Vgl. Beierl/Plöckinger 2009.
7 Es sind dies: Kapitel 4 *München*, Kapitel 5 *Der Weltkrieg*, Kapitel 6 *Kriegspropaganda*, Kapitel 7 *Die Revolution*, Kapitel 10 *Ursachen des Zusammenbruches* und Kapitel 11 *Volk und Rasse*.
8 Vgl. Fridericus, 2. Jg., Nr. 37, 3. Ausgabe, September 1923.
9 Vgl. Plöckinger 2010.
10 Vgl. Bayerisches Hauptstaatsarchiv, München, MInn 81576.
11 Vgl. Kempner 1983, S. 12; Plöckinger 2006, S. 222–224.
12 Abwehrblätter, 35. Jg., Nr. 19/20, 20.10.1925.
13 Vgl. Plöckinger 2006, S. 240–301.
14 Miesbacher Anzeiger, 51. Jg., Nr. 200, 29.8.1925.
15 Deutsche Zeitung, 30. Jg., Nr. 422, 9.9.1925.
16 Vgl. Neue Preußische Zeitung, Nr. 459, 1.10.1925.
17 Vgl. Plöckinger 2006, S. 68, S. 129, S. 177, S. 340.
18 Vgl. ebd., S. 348.
19 Vgl. Plöckinger 2009. Unterstreichung im Original.
20 Im Detail ist hier zu unterscheiden zwischen produzierten und verkauften Exemplaren, da der Verlag zu dieser Zeit mit der Produktion nicht nachkam.
21 Vgl. Plöckinger 2006, S. 432–440.
22 Vgl. Plöckinger 2006, S. 433.
23 Vgl. Harand 1935, S. 7.
24 Vgl. Staudinger 1981, S. 5.

Der »Führerstaat« Herrschaftsstrukturen und Selbstdarstellungen

IAN KERSHAW

»Führerstaat«: Charisma und Gewalt

Karte zum Geburtstag von Adolf Hitler, 1932 (Kat.-Nr. 117h)

»Das ist das Wunder unserer Zeit, daß ihr mich gefunden habt« – die Rede wurde hier durch lang anhaltenden Beifall unterbrochen –, »daß ihr mich gefunden habt unter so vielen Millionen! Und daß ich euch gefunden habe, das ist Deutschlands Glück!« So sprach Hitler am 13. September 1936 vor den Kampfformationen der NSDAP in Nürnberg.[1] Es war Propaganda im großen Stil, gewiss, auf der spektakulären Theaterbühne des Reichsparteitags vor etwa 140 000 jubelnden Parteileuten. Aber es waren ebenso gewiss keine Phrasen eines gewöhnlichen Politikers. Hitlers Worte suggerierten ein mystisches Bündnis zwischen »Führer« und »Gefolgschaft«. Pseudoreligiöse Töne waren unverkennbar. Es war nicht das erste Mal, dass Hitler solche Töne angeschlagen hatte. In Anlehnung an das Johannes-Evangelium hat er vor SA-Männern schon im Januar 1936 erklärt: »Alles, was ihr seid, seid ihr durch mich, und alles, was ich bin, bin ich nur durch euch allein.«[2] Und am 11. September desselben Jahres hat er sich in seiner Rede an die Politischen Leiter der Partei wieder Messias-Töne zu eigen gemacht: »Ihr habt einst die Stimme eines Mannes vernommen, und sie schlug an eure Herzen, sie hat euch geweckt, und ihr seid dieser Stimme gefolgt.«[3] ■ Bis Hitler allerdings solche Posen einnehmen konnte, war es freilich ein langer Weg. Schon in den Anfangsjahren der NS-Bewegung waren Ansätze des später ausufernden Führerkults in der rechten Szene durchaus spürbar. Der damals junge Jurist Hans Frank war 1920, nachdem er erstmals eine Rede von Hitler gehört hatte, überzeugt, dass dieser allein imstande wäre, »das deutsche Schicksal zu meistern«.[4] Hitler wurde 1922/23 unter Parteianhängern nicht nur mit Mussolini, sondern auch mit Napoleon verglichen. Während seiner Landsberger Haftzeit 1924 nach dem fehlgeschlagenen Putschversuch in München wurde er vielfach in völkischen Kreisen als großer nationaler Held gefeiert und, wie es in einer Formulierung hieß, als »die lebendige Verkörperung der Sehnsucht der Nation« betrachtet.[5] Joseph Goebbels, der spätere Propagandaminister, fragte 1925 nach der Lektüre von *Mein Kampf*: »Wer ist dieser Mann? Halb Plebejer, halb Gott! Tatsächlich der Christus, oder nur der Johannes?«[6] »Adolf Hitler, ich liebe Dich, weil Du groß und einfach zugleich bist. Das was man Genie nennt«, notierte er einige Monate später in seinem Tagebuch.[7] Rudolf Heß, in den 1920er Jahren stets an Hitlers Seite, verglich ihn in einem privaten Brief 1927 mit einem »großen Religionsstifter«, der einen »apodiktische[n] Glauben« vermittelte, um die Masse der Anhänger dorthin zu führen, »wohin sie geführt werden soll«.[8] ■ Frank, Goebbels und Heß gehörten natürlich zur ersten Reihe der »Gefolgschaft«. Sie waren fanatische Führergläubige der ersten Stunde und in hohen Positionen innerhalb der Partei – frühe Vertreter und Vermittler des Führerkults. Nur wenige Deutsche waren ihnen indes in den 1920er Jahren gefolgt. Noch 1928 war die NSDAP eine kleine Splitterpartei und der Führerkult damit nur bei einer winzigen Minderheit der Bevölkerung wirksam. Aber schon während des Aufstiegs der NSDAP ab 1930 wurde eine weit verbreitete naive Bereitschaft geweckt, an einen »kommenden Führer« zu glauben. Dabei kann man durchaus von einer Art Volksfrömmigkeit reden. Quasi-religiöse Sehnsüchte sind kaum zu übersehen. Ein junger Parteigenosse, der sich 1932 der NSDAP angeschlossen hatte, war sofort von Hitler gefesselt, nachdem er eine Rede in Kassel gehört hatte. »Danach existierte für mich nur eines«, schrieb er etwas später, »entweder mit Adolf Hitler zu siegen oder für ihn zu sterben. Ich stand völlig unter dem Bann des Führers Persönlichkeit.« »Unser Führer strahlt eine Kraft aus, die uns alle stark macht«, meinte ein anderer. »Ich kam nicht durch Zufall zu Hitler«, äußerte ein dritter Parteianhänger. »Ich suchte nach ihm.«[9] Solche Äußerungen und auch Abertausende von überschwänglichen Briefen (Abb. links), die von einfachen Leuten an Hitler geschickt wurden, um »dem großen Führer« ihre Liebe kundzutun oder ihre innigen Gefühle sonst zu ergießen, bezeugen weiterhin, dass man es hier nicht nur mit einem außergewöhnlichen Führungsanspruch zu tun hat, sondern auch mit bereits vorhandenen naiven Rettungserwartungen bei Teilen der Bevölkerung, die diesem Anspruch entgegenkamen und die Basis einer seltsamen Bindung zwischen »Führer« und Gesellschaft schufen. ■ Bereits das bei autoritären Regimen extrem personalisierte System der natio-

Adolf Hitler auf dem Weg zur Krolloper, Berlin 1933

nalsozialistischen Partei – später dann der Staatsführung – lässt sich wohl zutreffend als »charismatische Herrschaft« bezeichnen. »Charisma« stammt aus dem Griechischen und heißt wörtlich »göttliche Gabe«. Ein Träger von Charisma erhält demnach seine besonderen Begabungen durch »Gottes Gnade«. Man denkt dabei freilich nicht unbedingt an Hitler. Aber als wissenschaftlicher Begriff, wie er vor allem von dem Soziologen Max Weber verwendet wurde, ist »Charisma« wertfrei. Weber zufolge soll »[...] Charisma« eine »als außeralltäglich [...] geltende Qualität einer Persönlichkeit heißen, um derentwillen sie als mit übernatürlichen oder übermenschlichen oder mindestens spezifisch außeralltäglichen, nicht jedem andern zugänglichen Kräften oder Eigenschaften [begabt] oder als gottgesandt oder als vorbildlich und deshalb als ›Führer‹ gewertet wird«. Wesentlich dabei ist daher nicht in erster Linie das objektive »Charisma« einer Person, sondern die subjektive Wahrnehmung dieses Charismas durch andere – eine »Anerkennung«, die nach Weber »psychologisch eine aus Begeisterung oder Not und Hoffnung geborene gläubige, ganz persönliche Hingabe« ist.[10] »Charismatische Autorität«, schreibt Weber, ist ihrem Wesen nach »spezifisch labil«. Der »charismatische Held« leitet seine Autorität nicht aus »Ordnungen und Satzungen«, sondern aus seinen Heldentaten ab. Falls er die Erwartungen seiner Anhänger nicht auf Dauer erfüllt, büßt er sein »Charisma« ein. Solange aber seine persönliche »Mission« durch die Anhängerschaft anerkannt wird, bleibt diese Anerkennung die Basis seiner Macht, die keine »formale« Rechtsfindung kennt und ihrem Wesen nach revolutionär ist.[11] ■ Max Weber hatte natürlich keinen Hitler vor Augen, als er sein Traktat verfasste. Von ihm aus passte Hitler auch kaum zur Vorstellung eines charismatischen Helden. Dennoch erkennt man ohne Schwierigkeiten, wie die geistreichen Gedanken Max Webers eine gewisse Anwendung auf politische Entwicklungen finden können, die jenseits seines Denkhorizonts lagen. Denn Webers abstrakter Begriff hilft meines Erachtens, sowohl die Ermöglichung Hitlers als auch seine besondere personalisierte Form von Machtausübung besser zu verstehen. Der Begriff der charismatischen Herrschaft lenkt den Blick auf die Führerbindung im Nationalsozialismus, auf die Wechselwirkung von »Führer« und »Gefolgschaft«, die nur unter den ganz besonderen krisenhaften Bedingungen, wie sie in Deutschland nach dem Ersten Weltkrieg herrschten, zustande kommen konnte und die eine vorübergehende revolutionäre Dynamik, schließlich aber auch ein außerordentlich destruktives – sogar selbstdestruktives – Momentum entfalten musste. Man sieht mit Weber die krisenbedingten psychologischen Impulse, die pseudoreligiösen Hoffnungen, die zum Triumph einer persönlichen Mediokrität wie bei Hitler führten. Man bekommt darüber hinaus Einsicht in den unaufhaltsamen Prozess, in dem der legal-bürokratische Staat durch die Willkür einer stark personenzentrierten Herrschaft erodierte. Denn der durch Propaganda maßlos aufgebauschte Nimbus des unfehlbaren »charismatischen Führers«, der seine »Legitimation« aus der Anerkennung seiner »Heldentaten« bezog und dessen Macht auf der persönlichen Loyalität seiner »Gefolgschaft« beruhte, musste die gesetzmäßigen Regelungen und Kontrollen eines bürokratischen Systems zwangsläufig sprengen. ■ »Charisma« ist zugleich im Effekt inhaltslos. Ein Träger von Charisma kann jemand wie Jesus Christus oder der heilige Franz von Assisi sein. Es kann aber auch jemand wie Hitler sein. Selbstverständlich muss eine gewisse Ausstrahlung von dem »Charismatiker« ausgehen und von der »Gefolgschaft« rezipiert werden. Die Basis des »Charismas« ist aber situationsbedingt. Sie kann ebenso Gewalt wie Liebe sein. In der Situation, in der Hitler die politische Bühne betrat, war die Atmosphäre wahrhaftig nicht durch Liebe, sondern eher durch Hass, Konflikt und Gewalt gekennzeichnet. Hitler konnte diese Atmosphäre besser als jeder andere für sich nutzen. Bei seinem Aufstieg zur Macht vermochte er Charisma und eine positiv bewertete Gewalt souverän zu verkörpern. ■ Gewalt war ab 1918 ein prägender Bestandteil des politischen Alltags in der jungen, heftig umstrittenen Demokratie. Der Erste Weltkrieg hatte völlig neue Dimensionen der Gewalt, auch in der Innenpolitik, herbeigeführt, die in den Jahren danach die Politik wie nie zuvor bestimmten, sodass sich die Weimarer Republik zutreffend als ein 14-jähriger »latenter Bürgerkrieg« bezeichnen lässt.[12] Die Polarisierung der Politik erzeugte im linken und rechten politischen Spektrum paramilitärische Kampfformationen, die die politischen Gegner als Erzfeinde betrachteten. Die »nationalen«, das heißt rechten, paramilitärischen Verbände – einer davon war die zunächst kleine Sturmabteilung der NSDAP – lebten von der Gewalt gegen die »inneren Feinde«, die für Deutschlands Elend und nationale Erniedrigung verantwortlich gemacht wurden. Der Marxismus – darunter verstand man nicht nur den Kommunismus, sondern auch die Sozialdemokratie und die Gewerkschaften – galt als politischer Hauptfeind. Eng verquickt mit den Hassgefühlen gegen die Linke und gegen das demokratische System war der Hass gegen die Juden, der seit Mitte des Krieges propagandistisch geschürt worden war, um Sündenböcke für die katastrophale Niederlage und für Deutschlands Misere zu finden. Das ganze politische Vokabular war nun von martialischen Worten und Ausdrücken durchtränkt. »Kampf«, »Abrechnung«, »Vernichtung«, »Zerschlagung«, »Ausrottung« gehörten zur politischen Alltagssprache. »Stärke« und »Rücksichtslosigkeit« wurden in

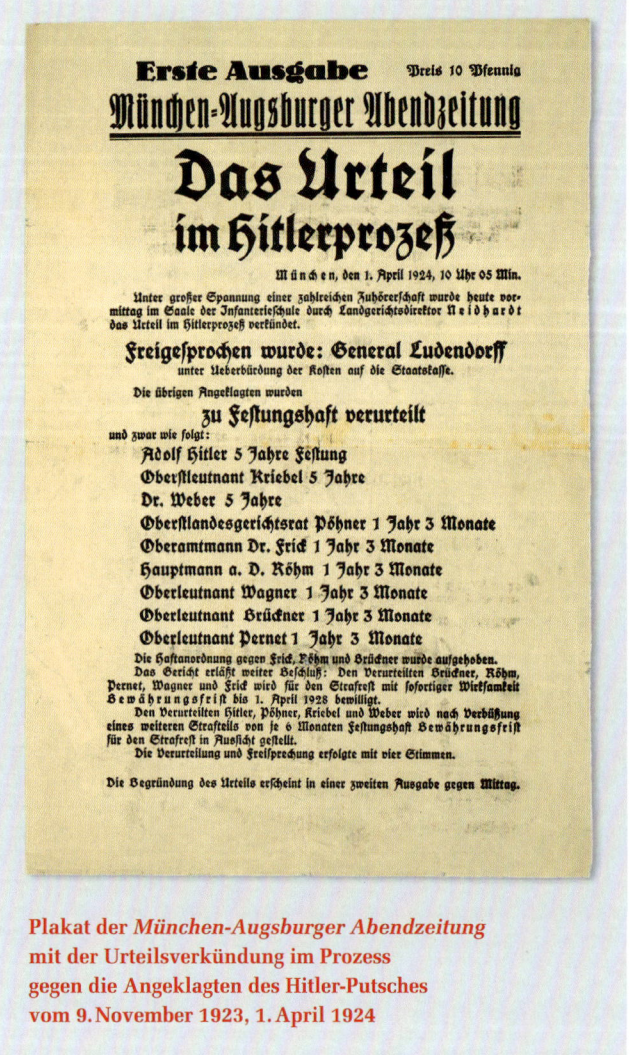

Plakat der *München-Augsburger Abendzeitung* mit der Urteilsverkündung im Prozess gegen die Angeklagten des Hitler-Putsches vom 9. November 1923, 1. April 1924

Schriften der neokonservativen Rechten als positive Attribute eines neuen »Führers« gesehen, der die »führerlose Demokratie« beseitigen und eine nationale Wiedergeburt herbeiführen sollte. Man sprach von der »Sendung« eines solchen »Führers«. Schon lange bevor Hitler in den Vordergrund trat, sehnten sich die entsprechenden Kreise nach einem neuen »Führer« mit »heroischen« Qualitäten, nach einem »Träger göttlicher Schicksals- und Gnadengewalt«.[13] Nicht nur Gnadengewalt, sondern Gewalt schlechthin – eine bemerkenswerte Mischung von Sendungsbewusstsein und Gewaltbereitschaft nach innen und außen – gehörte zum Ideal des »kommenden Führers«. »Der wahre Staatsmann«, so hieß es 1932 in der Veröffentlichung eines nationalistischen Theologen, »[...] vereinigt in sich Väterlichkeit, kriegerischen Geist und Charisma. [...] So wägt der Staatsmann Krieg und Frieden in seiner Hand und hält Zwiesprache mit Gott. [...] Seine Entscheidung ist nicht nur der abgezogene Kalkül des Verstands, sondern die ganze Fülle der geschichtlichen Kräfte. Seine Siege und Niederlagen sind nicht menschliche Zufälle, sondern göttliche Schickungen. So ist der wahre Staatsmann Herrscher, Krieger und Priester zugleich.«[14] ■ Diese Worte waren nicht an Hitler adressiert. Bis dahin war Hitler jedoch – und seine Anziehungskraft wurde durch eine umfassende Krise von Staat und Gesellschaft massiv gefördert – der umjubelte »Führer« einer riesigen Massenbewegung und stand an der Schwelle zur Macht. ■ Hitler hatte vom Anfang seiner »Karriere« an keinen Hehl aus der Notwendigkeit von Gewalt gemacht. Schon im November 1919 erklärte er: »Das deutsche Elend muß durch deutsches Eisen zerbrochen werden. Diese Zeit muß kommen.«[15] Einige Monate später verglich er die Juden mit Bazillen und sagte: »Das Wirken des Judentums wird niemals vergehen, und die Vergiftung des Volkes nicht enden, solange nicht der Erreger, der Jude, aus unserer Mitte entfernt ist.«[16] Ab 1922 geißelte er fast ungebrochen die »Novemberverbrecher« – Marxisten und Juden, die er für die Revolution im November 1918 verantwortlich hielt – und versprach die Abrechnung mit diesen Feinden. »Wenn *wir* an das Ruder kommen, dann weh den anderen«, verkündete er im Januar 1923, »dann rollen ihre Köpfe.«[17] Außenpolitisch sprach er ab Mitte der 1920er Jahre wiederholt von Raumgewinnung »durch das Schwert«. Gewalt war eine ständige Begleiterscheinung seiner Auftritte in den frühen Jahren in den Münchner Bierhallen, als Schlägereien zwischen seinen »Stoßtrupps« und Sozialisten oder Kommunisten für lokale Schlagzeilen sorgten. 1922 wurde er nach einer solchen Schlägerei zu drei Monaten Haft wegen Landfriedensbruchs verurteilt. Der misslungene Putschversuch im November 1923, den man leicht als theatralisches Fiasko abtut, war ein einziger Gewaltakt, bei dem unter anderem vier Polizisten von den Putschisten erschossen wurden. ■ Die verantwortungslose Milde der bayerischen Justiz im Münchner Prozess 1924 (Abb. links) gab Hitler, der sich vor Ende des Jahres wieder auf freiem Fuß befand, die Chance, seine verbotene und zersplitterte Bewegung neu zu gründen und als neuartige »Führerpartei« aufzubauen. Die Bewegung wurde nun zunehmend dem »Führer« untergeordnet. Das Parteiprogramm blieb zwar unverändert, verlor jedoch völlig an Bedeutung und wurde in den wenigen Fixpunkten ganz Hitlers persönlicher Weltanschauung untergeordnet. Die ständigen Streitigkeiten und Rivalitäten innerhalb der Bewegung wurden von jetzt an immer wieder durch den Appell an die Loyalität zur Person des »Führers« gekontert. Innerhalb der noch kleinen NS-Bewegung war Hitler inzwischen der unbestrittene »Führer«, der über die Partei hinausragte und die diffuse Doktrin des Nationalsozialismus verkörperte. Gregor Strasser, zu dieser Zeit der zweite Mann der Bewegung, sprach 1927 von einer »Erlösungslehre«, die sich »mit einer tiefen Liebe zu der Person unseres Führers« verband.[18] Das Bindeglied der ansonsten auseinanderfallenden, tief zerstrittenen Bewegung am Vorabend der großen Weltwirtschaftskrise war eindeutig die »charismatische Autorität« der Führerfigur Hitler. ■ Erst während der Weltwirtschaftskrise zu Beginn der 1930er Jahre waren die Bedingungen vorhanden, die eine rasche Ausbreitung

Wahlplakat der NSDAP zur Reichspräsidentenwahl, 1932 (Kat.-Nr. 122)

des Führermythos ermöglichten. Dann aber, bei zunehmendem sozialen Elend in einer Atmosphäre von nationaler Untergangsstimmung, die den raschen Aufstieg der NSDAP vorantrieb, entsprach die unermüdliche, sich stetig ausdehnende Propaganda der enorm wachsenden NS-Bewegung nicht nur den weit verbreiteten Ängsten, der Verbitterung und den Ressentiments bei immer größeren Massen der Bevölkerung, sondern auch den Hoffnungen auf eine bessere Zukunft, auf nationale Erneuerung, auf eine nationale Wiedergeburt. Man stilisierte Hitler nun zur »Hoffnung von Millionen«, und der Führermythos wurde zu einem Massenphänomen (Abb. oben). ■ Es trug freilich zu Hitlers Ausstrahlung bei, dass er eine etwas sonderbare Figur war – ein Außenseiter und kein normaler bürgerlicher Politiker, eigenartig aussehend, mit komischen Manieren und mit einer ungewöhnlichen Aussprache, vom Inhalt und Stil seiner Auftritte nicht zu reden. Was ihn aber innerlich bewegte, seine »private« Weltanschauung, spielte bei seiner Anziehungskraft auf die Massen nur mittelbar eine Rolle. Denn in zahllosen Wahlreden während des Aufstiegs der NSDAP vermied Hitler geflissentlich die Bekanntgabe von

NSDAP-Mitgliedskarte von Rudolf Robert Pommer (Kat.-Nr. 110 e)

konkreten politischen Zielen. Außenpolitische Großmachtvorstellungen hätten ohnehin in der großen Krise absurd geklungen. Auch sein radikaler Judenhass stand in seiner Propaganda – im Gegensatz zu den frühen 1920er Jahren – keineswegs im Vordergrund. Diese blieb hauptsächlich bei der Geißelung des demokratischen Parteiensystems und der Verheißung von zwei Dingen: einerseits der Überwindung der geteilten, zerstrittenen Klassengesellschaft durch eine vereinigte »Volksgemeinschaft«, andererseits der großen Abrechnung mit den politischen Gegnern. Utopie und Gewalt gingen dabei Hand in Hand. ■ Die Analyse von fast 600 Lebensläufen von Parteimitgliedern, die sich relativ früh der NSDAP angeschlossen hatten, ergibt erhellende Ergebnisse. Als ideologischer Anziehungsfaktor stand die Vorstellung von einer solidarischen »Volksgemeinschaft« an erster Stelle. Obwohl fast alle Parteimitglieder in verschiedenen Graden antisemitisch eingestellt waren, gaben die meisten als Hauptgegner nicht die Juden, sondern den Marxismus oder den Kommunismus an – wobei viele ohne Zweifel den Marxismus mit jüdischem Einfluss gleichsetzten.[19] Einerseits also die Errichtung einer klassenlosen »Volksgemeinschaft«; andererseits die Zerschlagung der inneren Feinde – und beides im Führerbild verkörpert: Viel mehr war die NS-Ideologie in dieser Phase nicht. Gewalt war nicht nur bei der groß angekündigten Abrechnung mit den Gegnern im Spiel. Auch bei der Vorstellung von der »Volksgemeinschaft« war Gewalt ein immanenter Bestandteil. Die utopische Vorstellung von einer »Volksgemeinschaft« galt vielfach als Metapher für handfeste materielle Interessen. Der Handwerker, der Geschäftsmann, der Bauer, der Kleingewerbetreibende, auch der nicht links gebundene Arbeiter konnten alle in der verheißenen »Volksgemeinschaft« ihre eigenen Interessen vertreten sehen, was wesentlich zur Führerbindung beitrug. Als gesellschaftliche Substanz war die Überwindung der Klassengegensätze durch leere Parolen und Verheißungen einfach nicht realisierbar. Aber die rassisch-national definierte »Volksgemeinschaft« konnte eine gewisse wahrgenommene Realität durch Exklusion gewinnen, das heißt durch die Ausgrenzung derer, die nicht zur »Volksgemeinschaft« gehören durften, allen voran der Juden. Und während die Suche nach der wahren »Volksgemeinschaft« ein utopischer, nur auf der affektiven Ebene wirksamer Traum bleiben musste, war die rigorose Ausgrenzung derjenigen, die nicht dazugehörten, nur allzu leicht zu realisieren. Auch bei der »Volksgemeinschaft« überwog daher von vornherein das Negative, Gewalttätige.[20] ■ Nachdem die NSDAP bei freien Wahlen zur größten politischen Partei Deutschlands geworden war, waren bis zur

NSDAP-Mitgliedskarte von Luise Dmuschewski (Kat.-Nr. 109g)

»Machtübernahme« mehr als 13 Millionen deutsche Wähler potenzielle Hitler-Gläubige. Hitler machte aus seiner Intoleranz, aus seinem Ziel, die demokratischen Parteien zu zerstören und seine Gegner nicht nur niederzuwerfen, sondern auch zu »vernichten«, sogar eine Tugend. Der Vorwurf sei ganz richtig, brüllte er im Juli 1932 vor Zehntausenden begeisterter Zuhörer: »Wir sind intolerant. Ich habe mir ein Ziel gestellt, nämlich die 30 Parteien aus Deutschland hinauszufegen.«[21] Die Eskalation der Gewalt im Sommer 1932 stellte nicht nur kein Hindernis dar, sondern wurde, solange die Gewalt gegen vermeintliche »Staatsfeinde« oder wenig beliebte Minderheiten wie Juden gerichtet war, sogar in gutbürgerlichen Kreisen begrüßt. In den zahllosen Bluttaten jenes Sommers war deutlich zu sehen, wie Hitler, einmal an der Macht, mit den legalen Einschränkungen eines Rechtsstaats umgehen würde. ■ Die rasante Ausbreitung des Führerkults war schon in der Aufstiegsphase noch vor der »Machtergreifung« vorgezeichnet. Zwei Drittel der Wähler standen Hitler 1932 freilich noch ablehnend, kritisch oder zumindest skeptisch gegenüber. In einer zwar krisengeschüttelten, aber noch freien, pluralistischen Gesellschaft erwiesen sich vor allem das sozialistische und das kommunistische Lager und die katholische Subkultur als weitgehend immun gegenüber dem ansonsten rasch zunehmenden Führerkult. Auch nach 1933, als oppositionelle Stimmen unterdrückt wurden, konnte das charismatische Führertum Hitlers diese Subkulturen nur partiell durchdringen. Außerhalb solcher Kreise bestand allerdings – nachdem Hitler einmal an der Macht war – die Möglichkeit, auch große Teile der Skeptiker zu gewinnen, falls er sein Image durch Erfolge in der Innen- sowie in der Außenpolitik vom umstrittenen Parteiführer zum umjubelten nationalen Helden verwandeln konnte. Der Führermythos, das überdimensionale, mystische, heroische Hitler-Bild, entwickelte sich nun rasch zum Dreh- und Angelpunkt des gesamten NS-Systems, zum Bindeglied schlechthin zwischen Regime und Gesellschaft. ■ Ab 1933 wurde die charismatische Herrschaft Hitlers, die bis dahin nur innerhalb der NS-Bewegung gewirkt hatte, auf den Staat übertragen. Natürlich wurden die formalen Regelungen eines bürokratischen Staates theoretisch aufrechterhalten. In der Praxis wurden diese aber zunehmend einer Führergewalt, die selbst in der Theorie keine legalen Grenzen kannte und aufgrund der Einmaligkeit und der »historischen Errungenschaften« des »Führers« entstanden war, untergeordnet. Solange Hindenburg lebte, blieb diese Tendenz relativ schwach. Als Hitler nach Hindenburgs Tod Anfang August 1934 jedoch das Amt des Reichspräsidenten abschaffte und selbst Staatsoberhaupt wurde, konnte sich die charismatische Basis des NS-Staates voll entfalten. Deutschland war nun eindeutig kein Rechtsstaat mehr, sondern ein Führerstaat. Was das rechts- und verfassungsmäßig bedeutete, versuchten Rechtstheoretiker in Worten zu erklären, die beim üblichen Verständnis dessen, was Recht ausmacht, einfach unsinnig sind. Hans Frank definierte zum Beispiel das Staatsrecht im »Dritten Reich« als »die rechtliche Formulierung des geschichtlichen Wollens des Führers«.[22] Von dem führenden Rechtsexperten der NSDAP war wohl nichts anderes zu erwarten. Aber auch der anerkannte Verfassungstheoretiker Ernst Rudolf Huber drückte sich genauso unbeholfen und unklar aus, als er nicht von »Staatsgewalt«, sondern von »Führergewalt« sprach und meinte, diese »Führergewalt« sei »umfassend und total, [...] frei und unabhängig, ausschließlich und unbeschränkt« und »dem Führer als dem Vollstrecker des völkischen Gemeinwillens« gegeben worden.[23] In solchen unsinnigen Begründungen der uneingeschränkten »charismatischen Herrschaft« wurde die pseudolegale Basis für den Unrechtsstaat geschaffen. Gewalt als Ausdruck des Führerwillens wurde verfassungsmäßig legitimiert. ■ Gleich von Anfang an war terroristische Gewalt das Kennzeichen des neuen Reiches. Bei der »nationalen Erhebung« 1933 stand in erster Linie die schon längst verkündete Abrechnung mit den politischen Gegnern im Vordergrund. Kein Wunder, dass sich das lang angestaute Gewaltpotenzial der riesigen NS-Bewegung sofort nach der »Machtübernahme« in zahllosen Gewaltaktionen entlud, ohne dass Hitler etwas tun musste, um den wilden Terror zu entfesseln. Aber auch von oben wurde extreme Gewalt schon in den ersten Wochen gefördert und vor allem von Göring im Preußischen Innenministerium gesteuert. Die Verwendung von paramilitärischen »nationalen Verbänden« als Hilfspolizei, Görings »Schießbefehl« vom 17. Februar, die »Reichstagsbrandverordnung« vom 28. Februar, die »Gleichschaltung« der Länderregierungen nach den Märzwahlen, die Ausschaltung der Parteien in den Wochen nach dem Ermächtigungsgesetz und die Zerschlagung der freien Gewerkschaften Anfang Mai sind bekannte – sämtlich durch Gewalt, Zwang und Terror begleitete – wichtige Meilensteine auf dem Weg zum nationalsozialistischen Einparteienstaat. Was die »Volksgemeinschaft« angeht, zeigt der Boykott jüdischer Geschäfte am 1. April, dass die Ausgrenzung derjenigen, die nicht dazugehören durften, Vorrang hatte. Bis zum Sommer 1933, in erstaunlich kurzer Zeit, war die »Gleichschaltung« – häufig handelte es sich um eine »Selbstgleichschaltung« – aller wichtigen Institutionen und Organisationen mit Ausnahme der christlichen Kirchen und der Reichswehr vollendet. Das Machtmonopol lag in den Händen der Nationalsozialisten. Die Bahn war frei für die volle Entfaltung des Führerkults. ■ Das letzte große interne Problem, die Rolle der SA im neuen Staat, wurde dann im Sommer 1934 mit massiver Gewalt gelöst. Die Gewalt der SA war inzwischen kontraproduktiv geworden. Sie hatte sich nicht auf Gegner und unbeliebte Minderheiten beschränkt, sondern bedrohte sogar die Autorität der neuen Machthaber, einschließlich Hitlers selbst. Mit unausgegorenen Vorstellungen von einer »zweiten Revolution« und einer Volksarmee hatte die SA für große Unruhe in bedeutenden konservativen Kreisen und vor allem in der Reichswehr gesorgt. Nach langem Zögern musste Hitler schließlich zwischen dem paramilitärischen Flügel seiner eigenen Bewegung und der Reichswehr wählen. Die Folge war die dramatische Zerschlagung der SA-Führung am 30. Juni 1934. Die blutige Beseitigung der äußerst unpopulären Führungsriege kam Hitler durchaus zugute. Das Ansehen des »Führers« war danach größer denn je. Der Mann, der gerade im Staatsinteresse einen Massenmord angeordnet hatte, wurde nun als »Führer ohne Sünde«, »der das beste für das deutsche Volk will«, gefeiert.[24] ■ Bei den meisten großen politischen Umwälzungen geht die erste blutige Phase nach einer Weile zu Ende, und ein neues System stabilisiert sich auf Basis von mehr oder weniger routinierter, wenn auch rücksichtsloser Unterdrückung von Gegnern, begleitet von banaler, plumper Propaganda. Das Erlangen und Erhalten der Macht ist in der Regel ein Selbstzweck. Bei der charismatischen Herrschaft Hitlers verhielt es sich anders. Die Ziele waren hier sowohl grenzenloser als auch utopischer Art – ideologische Fernziele, deren Verwirklichung nur durch Gewalt zu erreichen sein würde. Da diese Ziele keinen feststellbaren Endpunkt hatten, gehörte von vornherein eine nicht aufzuhaltende Dynamik von sich erweiternder Gewalt immanent dazu. Hitlers eigene Weltanschauung hatte seit Mitte der 1920er Jahre zwei Fixpunkte: die »Entfernung« der Juden und die Erlangung von »Lebensraum«. Wenige hatten diese Ziele in den Anfangsjahren des »Dritten Reiches« konkretisiert. Das Dynamische lag aber gerade darin, dass sie nicht näher definiert wurden, sondern vielerlei bedeuteten und daher als Ansporn zum ungezügelten Aktivismus gelten konnten. Die Ergebnisse waren einerseits eine stets eskalierende Judenverfolgung und andererseits eine »rassische Säuberung«, ein rasantes Tempo der Aufrüstung und der »Wehrmachthaftung« – Hitler musste nicht mehr tun als die »Aktionsrichtungen« vorzugeben.[25] ■ Hitlers Führerfunktion war dabei eine dreifache. Sie bestand hauptsächlich in der Integration von Staat und Bewegung hinter solchen Fernzielen, in der Ermunterung zu Aktionen, die im Sinne der Fernziele waren und in der Legitimation von Initiativen, die vielfach von anderen stammten, aber ebenfalls in Richtung dieser Fernziele drängten. Es ist daher meines Erachtens nützlich, dem Begriff der »charismatischen Herrschaft« einen zweiten Begriff zur Seite zu stellen, um die Funktionsweise des NS-Regimes und den Prozess der »kumulativen Radikalisierung«[26] etwas näher zu beleuchten: »dem Führer entgegenarbeiten«. Buchstäblich oder metaphorisch, bewusst oder unbewusst haben viele, nicht zuletzt die Funktionseliten, die Empfehlung in einer Rede von Werner Willikens, Staatssekretär im Reichsernährungsministerium, im Jahr 1934 verinnerlicht, als er sagte, es sei jedermanns Pflicht, im neuen Reich »zu versuchen, im Sinne des Führers ihm entgegen zu arbeiten«.[27] ■ Von größter Bedeutung war die Institutionalisierung der weltanschaulichen Fernziele in der SS, der am stärksten ideologi-

Sammelbild für das Zigaretten-Bilder-Album »Adolf Hitler«, um 1938 (Kat.-Nr. 295 a)

schen Einheit der NS-Bewegung, die ab 1936 mit dem Unterdrückungsapparat der Sicherheitspolizei verschmolzen wurde. Der Kampf gegen den »inneren Feind« galt hier als Pendant zum Kampf gegen den äußeren Feind, der von der Wehrmacht ausgefochten werden sollte. Die Befugnisse der Polizei wurden nicht konventionell rechtsgemäß definiert, sondern richteten sich nach der »Säuberung« des Volkskörpers von allen »kranken«, »zersetzenden« Einflüssen, die zu einer Degeneration der »Volksgemeinschaft« führen würden. Als solche, erklärte Heinrich Himmler, Reichsführer-SS und Chef der Deutschen Polizei, konnten diese Befugnisse »nicht einschränkend ausgelegt werden«.[28] Dementsprechend wurden immer neue »Volksfeinde« erfunden, die Konzentrationslager wurden Mitte der 1930er Jahre weiter ausgebaut, also gerade zu einer Zeit, als die Zahl der tatsächlichen politischen Gegner auf ein Minimum zusammengeschrumpft war, und der Apparat von SS, Gestapo, Kriminal- und Sicherheitspolizei wurde stetig erweitert. Der polizeiliche Machtapparat entwickelte eine eigene Dynamik, die sich im Krieg voll entfalten konnte. Gleichwohl blieb er abhängig von den sonderbaren Bedingungen des charismatischen Führerstaats – abhängig nicht zuletzt von Hitlers Gunst. Wo immer es darauf ankam, intervenierte Hitler auf der Seite der Polizei, um Konflikte mit dem Reichsinnenministerium oder den Justizbehörden zugunsten der Polizei aus dem Weg zu räumen oder mögliche Einschränkungen zu beseitigen. Ohne die besondere »charismatische« Legitimation durch Hitler hätte es schwerlich zu dieser immer mehr ausufernden polizeilichen Gewalt kommen können. ∎ Ohne dass Hitler ständig agieren musste, aber im Rahmen seiner immer unantastbareren Machtstellung, die er nicht zuletzt der Reihe seiner fast unvorstellbaren außenpolitischen Triumphe zu verdanken hatte, gerieten bis 1938/39 durch die unaufhaltsame Radikalisierung in der Innen- wie in der Außenpolitik die Fixpunkte seiner Weltanschauung zunehmend in den politischen Fokus. Die Radikalisierung der Judenverfolgung ging mit einer eskalierenden Kriegsgefahr einher. Die antijüdischen Gewaltaktionen eines langen Sommers kulminierten im Gewaltausbruch der sogenannten Reichskristallnacht vom 9. auf den 10. November 1938. Die Gewaltaktionen folgten einem bewährten Muster: grünes Licht von oben, eine zunehmende Hetzkampagne und wilde »Einzelaktionen« von unten, die Druck auf den Staat ausübten, radikale Maßnahmen zu ergreifen; schließlich Sanktion von oben, die die Verfolgung auf eine neue radikalisierte Ebene brachte. Diese Dialektik der Gewalt

Postkarte, gestaltet von Hans vom Norden, 1933 (Kat.-Nr. 8 a)

existierte von Anfang an. Die Aktivisten erkannten das Signal und handelten dementsprechend. Sie wurden erst gebremst, als es sich als notwendig erwies, die Gewalt in neue Kanäle zu leiten. Hitlers Ermächtigung war bei jedem entscheidenden Schritt nötig. Aber das Einlenken Hitlers bedeutete kein tatsächliches Ende, sondern eher eine weitere Radikalisierung, denn das Ziel der »Entfernung der Juden«, das mittlerweile in das Zentrum des ganzen organisierten Lebens in Staat, Partei und Gesellschaft gerückt war, kannte eigentlich kein Ende – außer der völligen Vernichtung der Juden. ■ In seiner Reichstagsrede am 30. Januar 1939 verkündete Hitler diese Vernichtung im Falle eines neuen Weltkriegs – eine sogenannte Prophezeiung, die er während der kommenden Jahre mehrmals wiederholte, als die Juden tatsächlich millionenfach ermordet wurden.[29] Die in Hitlers Denken unauflösliche Verbindung zwischen Krieg und Vernichtung derer, die er als verantwortlich für den Ersten Weltkrieg und dessen katastrophalen Ausgang und die darauffolgende Misere für Deutschland ansah, lag seinen Ausführungen zugrunde. Es war unmöglich, diesem Unsinn offiziell zu widersprechen. Außerdem glaubten viele, auch in der Wehrmachtführung, dass der Krieg auch ein Krieg gegen die Übermacht der Juden sei. Insofern wurde die »Lösung der Judenfrage« zu einem wirklichen Kriegsziel, das für die »Generation des Unbedingten«[30], die das Führungskorps des bei Kriegsbeginn gegründeten Reichssicherheitshauptamts bildete, die Legitimation für die konkreten Schritte in den nächsten Jahren zur Implementierung des Genozids anbot. ■ Kaum hatte der Krieg begonnen, wurde die Gewalt zunehmend grenzenlos. Hitler gab den Ton an für die Barbarei in Polen. Seine weltanschauliche »Vision« diente als Legitimation für den erbarmungslosen »Volkstumskampf«, der eine beschleunigte Radikalisierung der Judenverfolgung, aber auch eine rücksichtslose Unterdrückung der sonstigen polnischen Bevölkerung mit sich brachte. Innerhalb des Reiches wurde die »Euthanasie-Aktion« – die Ermordung von über 70 000 Geisteskranken – durch einen geheimen Führererlass autorisiert. Diese Ermächtigung, die unter Hitlers privatem Briefkopf seine Unterschrift trug, zeigt deutlich, wie weit die Unterhöhlung des legal-bürokratischen Staates vorangeschritten war. Auch für autoritäre Regime ist es einmalig, dass es – nicht einmal mehr auf dem Papier – kein zentrales Regierungsgremium, kein Kabinett, kein Politbüro, keinen Senat mehr gab. Die allmähliche Demontage des Regierungsapparats und das aus dem charismatischen persönlichen Führungsstil Hitlers entstehende »Ämterchaos« – ein Charakteristikum des Führerstaats – förderten den Abstieg in die Barbarei, da jeder Teil des Regimes, auch das Militär, letztendlich von Hitler abhängig war, zumindest offiziell seine »geniale« Führerschaft anerkannte, seine ideologischen Fernziele verinnerlicht hatte und keine Möglichkeit sah, Hitler kollektiv mit Alternativen zu konfrontieren. ■ In der ersten »triumphalen« Phase des Krieges war man davon freilich weit entfernt. Im Angesicht des großen Sieges über Frankreich erreichte Hitlers Ansehen seinen Zenit. Auch die hohen Militärs erkannten entweder Hitlers »Leistungen« an oder fühlten sich machtlos, ihm zu widerstehen, umso weniger, da die Wehrmachtführung selbst zersplittert und Hitler persönlich unterstellt war. Die Wehrmacht war – wie die staatliche Bürokratie – inzwischen zu kaum mehr als einer Funktionselite des »charismatischen Führers« geworden, zumal die beiden leitenden Figuren im Oberkommando der Wehrmacht, Feldmarschall Keitel und General Jodl, an Hitlers Feldherrngenie glaubten. Bei der Planung des Überfalls auf die Sowjetunion sieht man deutlich, wie groß die Übereinstimmung zwischen den Großmachtvorstellungen der Wehrmacht und den weltanschaulichen Fernzielen Hitlers und der SS-Führung war, die eine Zeitlang in greifbare Nähe zu rücken schienen. Die massive Eskalation der Gewalt gleich nach Beginn des Ostfeldzugs war also kein Zufall. Gewalt erzeugte nun in ganz neuen Dimensionen neue Gewalt und erlangte dabei eine Eigendynamik. ■ Ab dem Winter 1941, besonders nach dem Stalingrad-Debakel im darauffolgenden Winter, ging Hitlers Popularität enorm zurück. Die Führerbindung schwächte sich nun bei großen Teilen der Bevölkerung angesichts der wachsenden Katastrophe zunehmend ab, abgesehen von einem kurzen Wiederaufleben unmittelbar nach dem misslungenen Attentat im Juli 1944. Wenn es keine Siege oder Triumphe zu verkünden gab, wollte der »charismatische Führer« keine Reden mehr halten. Er verschwand immer mehr aus dem Blick des Publikums. Seine Anziehungskraft bei den Massen bildete aber nur einen Teil seiner charismatischen Herrschaft. Zwei andere Elemente waren für die Wirkung der charismatischen Herrschaft sogar noch wichtiger: Es handelt sich dabei zum einen um die Bindung zwischen den Herrschaftsträgern, was man mit Max Weber die engere »charismatische Gemeinschaft« nennen könnte. Hier, nämlich bei denjenigen, die noch große Macht besaßen, hielt die Führerbindung noch bis zum Schluss, nicht zuletzt, weil man mit Hitler die Brücken hinter sich abgebrochen und keine Zukunftsaussichten mehr hatte. Der zweite Faktor war die in der letzten Phase des Krieges beschleunigte Auflösung des Regimes, die zusammen mit dem Unwillen in der Wehrmacht, ein neues Attentat zu riskieren oder Hitler mit einem kollektiven Ultimatum zu konfrontieren, jede Alternative zu dem massiv destruktiven – und auch selbstdestruktiven – Weg Hitlers in den Abgrund ausschloss. Ohne die Möglichkeit, den Krieg zu beenden – abgesehen von der Ausschaltung des »Führers« –, blieb nur die unermessliche, ungebändigte Gewalt der letzten Kriegsmonate bis zur totalen Kapitulation. Selbst in der letzten furchtbaren Phase des Krieges wurden Juden, KZ-Häftlinge, »Fremdarbeiter« und andere, die nicht zur »Volksgemeinschaft« gehörten, der verbrecherischen Gewalt am meisten ausgesetzt. Die deutsche Bevölkerung fühlte sich nun, als die zuvor exportierte Gewalt mit furchtbarer Wucht auf Deutschland zurückfiel, zunehmend als Opfer Hitlers. Sie übersah dabei freilich, dass ihm in den »guten Zeiten« Millionen zugejubelt hatten. ■ Damit war jetzt der Weg zur Dämonisierung Hitlers in der Nachkriegsgesellschaft frei. Das Bild des »charismatischen Führers« wurde nun auf den Kopf gestellt. Wo einmal alle Triumphe allein Hitler zugeschrieben wurden, sah man in ihm jetzt die Verkörperung des Bösen und machte ihn so gut wie allein verantwortlich für die deutsche Katastrophe. Inzwischen sieht man deutlicher, dass, obwohl Hitlers Verantwortung außer Frage steht, diese Verantwortung von großen Teilen der Bevölkerung geteilt werden muss, da die Mehrheit der Bevölkerung vor der Kriegswende keineswegs unwilliges Opfer war, sondern an den »charismatischen Führer« geglaubt hatte, bis es zu spät war, und sich bereit gezeigt hatte, ihm auf unterschiedliche Art und Weise »entgegen zu arbeiten«.

Anmerkungen

1. Hitler 1973, S. 643.
2. Hitler 1973, S. 570.
3. Hitler 1973, S. 641. Siehe auch Stern 1975, S. 90 f.
4. Frank 1953, S. 42.
5. Schott 1924, S. 229.
6. Goebbels 1997–2006, Bd. I/1, S. 365 (14.10.1925).
7. Goebbels 1997–2006, Bd. I/2, S. 76 (19.4.1926).
8. Tyrell 1969, S. 173.
9. Merkl 1975, S. 539 f. (Rückübersetzung aus dem Englischen).
10. Weber 1980, S. 140.
11. Ebd., S. 656–658.
12. Bessel 1993, S. 262.
13. Sontheimer 1962, S. 272.
14. Ebd., S. 271.
15. Hitler 1980, S. 93.
16. Ebd., S. 176 f.
17. Ebd., S. 795. Hitler wiederholte die Drohung fast wortwörtlich im September 1930. Siehe Hitler 1992–2003, Bd. III/3, S. 441.
18. Tyrell 1969, S. 163.
19. Merkl 1975, S. 453, S. 522. Fast ein Fünftel der Befragten gab als Hauptanziehungskraft allein den Führerkult an, wobei dieser zweifelsohne andere Motive mit einbezog.
20. Siehe hierzu Wildt 2007.
21. Hitler 1992–2003, Bd. V/1, S. 276.
22. Frank 1953, S. 466 f.
23. Huber 1939, S. 230.
24. Bayerisches Hauptstaatsarchiv, München, MA 106767, Bericht des Arbeitsamtes Marktredwitz, 11.9.1934; Deutschland-Berichte 1934 (1980), S. 199.
25. Broszat 1970, S. 403.
26. Der inzwischen vielfach zitierte Begriff stammt von Mommsen 1976, S. 785–790.
27. Niedersächsisches Staatsarchiv, Oldenburg, Best. 131, Nr. 303, Bl. 131.
28. Herbert 1996, S. 163–167.
29. Hitler 1973, S. 1058.
30. So der Titel von Wildt 2002.

HANS MOMMSEN

Zerstörung der Politik und Amoklauf des NS-Regimes
Politikverständnis und kumulative Radikalisierung

Als Reichspräsident Paul von Hindenburg auf Drängen Franz von Papens Adolf Hitler am 30. Januar 1933 zum Reichskanzler ernannte, gingen er wie seine konservativen Berater von der Vorstellung aus, dass er sich an das bestehende autoritäre Regime anpassen und nach der Ausschaltung der »marxistischen Parteien« die dann überflüssig gewordene NSDAP in einen kleinen Führerorden umbilden würde. Zunächst sah das auch so aus. Hitler legte die Parteiführung in die Hände des eher blassen Rudolf Heß als »Stellvertreter des Führers« und überraschte durch ein unerwartet maßvolles Auftreten. Er distanzierte sich vom Schlagwort der »nationalen Revolution« und verwarf die radikalen Zielsetzungen Ernst Röhms an der Spitze der SA. Die Ermordung der obersten SA-Führung nach dem 30. Juni 1934 wurde in der breiten Öffentlichkeit als Absage an die »Radikalinskis« aufgefasst, und schließlich schien die Vereinigung der Ämter des Reichspräsidenten und des Reichskanzlers für politische Normalisierung zu sprechen. ■ Indessen hatte sich Hindenburg nach Neudeck zurückgezogen, das Ermächtigungsgesetz hatte die, trotz der in den Märzwahlen erzielten parlamentarischen Mehrheit, geforderte Ausschaltung des Reichstags gebracht, und die bürgerlichen Parteien lösten sich freiwillig auf. Nun streifte der neue Reichskanzler das Gewand des angepassten legalen Regierungschefs nach und nach ab, indem er sich der lästigen Mitwirkung des nur noch sporadisch, dann überhaupt nicht mehr einberufenen Reichskabinetts entledigte. ■ Damit vollzog sich eine ungebremste Machtallokation an der Spitze des NS-Regimes, die von einem fortschreitenden Zerfall der öffentlichen Verwaltung und der Regierungsinstitutionen begleitet war. Um dies zu erklären, bedarf es des Rückgriffs auf die Entstehung und die Struktur der NSDAP. Unter dem Einfluss Adolf Hitlers und seiner engeren Gefolgsleute in München wandelte sich die Hinterzimmerpartei Anton Drexlers nach 1921 in den Typus der faschistischen Führerpartei. Über die Münchner Anhängerschaft wurden äußere Form und organisatorisches Selbstverständnis der italienischen *Fasci* auf ihr bayerisches Imitat übertragen. Das galt für die Transponierung militärischer Symbole und Rituale auf die Politik und die Pflege eines Kultes der Gewalt zu demonstrativen Zwecken. ■ Vorformen gab es beim »Soldatischen Nationalismus« und den frühen faschistischen Theoretikern. Unter dem Eindruck des Ersten Weltkriegs bildete sich der Nährboden eines Denkens, das Politik als Interessenausgleich verwarf und den »Kampf« als zentrale Handlungskategorie begriff. Die wichtigsten Kriterien des Typus der faschistischen Führerpartei bestanden in der Durchsetzung des Führerprinzips und der Unterbindung jeder Form der innerparteilichen Willensbildung – und damit der Bestellung der Unterführer durch die Zentrale. Die Partei wurde ausschließlich auf die Anhängerwerbung ausgerichtet und beteiligte sich nur zögernd an öffentlichen Wahlen, aber ausschließlich, um deren agitatorische Vorteile auszunutzen, ohne politische Mitverantwortung zu übernehmen. Kennzeichnend für den Verzicht auf politische Mitgestaltung war die Unterbindung von Programmberatungen. So erklärte Hitler das von ihm 1920 verkündete Programm der 25 Punkte für unabänderlich. Anlässlich der Bamberger Führertagung von 1926 verhinderte er die Verabschiedung eines zeitgemäßeren Parteiprogramms. Nur hinsichtlich der Enteignungsklausel der 25 Punkte, die die Landagitation behinderte, ließ er 1927 eine Ausnahme zu. ■ Hitler scheute davor zurück, die Ziele der NSDAP auf konkrete Inhalte festzulegen, und setzte auf unbedingte taktische Flexibilität. Einer seiner Lieblingsbegriffe beschwor die »nationalsozialistische Idee«, die auf die Motorik und Geschlossenheit der Partei abstellte, ohne inhaltlich näher umschrieben zu sein. Außer sehr allgemein gehaltenen weltanschaulichen Formeln erschöpfte sich die nationalsozialistische Propaganda in bloßer Polemik gegen tatsächliche oder angemaßte Gegner. Charakteristisch waren die kontinuierliche Vertauschung von Inhalt und Form sowie die Umkehrung des Verhältnisses von Zweck und Mitteln. ■ Kennzeichnend für die im Führungskorps der NSDAP eingeübte Mentalität war die Unterbindung eines geregelten innerparteilichen Meinungsaustauschs. Sie beruhte auf der Fiktion, dass es innerhalb der Bewegung keinerlei politische Differenzen gäbe. Die Reichsparteitage verwandelten sich zusehends in bloße Akklamationsveranstaltungen, und öffentliche Versammlungen dienten ausschließlich agitatorischen Zwecken. Politische Gegensätze wurden daher in Form von persönlichen Konflikten ausgetragen und konkrete politische Konflikte ausgeklammert. So wurde Gregor Strassers vielversprechendes wirtschaftliches Sofortprogramm vom Frühjahr 1932 von Hitler desavouiert, die Abdrucke wurden eingestampft. Indem die NS-Bewegung sich in Propaganda als Selbstzweck erschöpfte, war sie strukturell unfähig zu politischer Gestaltung. ■ Führerprinzip und Eliminierung innerparteilicher Diskussion schlossen jedoch eine weitreichende Eigenständigkeit der jeweiligen Unterführer nicht aus. Die Kombination von Charisma und Faktionalismus war im Gegenteil das Geheimnis der

Unterzeichnung des Erlasses über die Bildung des Protektorats Böhmen und Mähren, in der Prager Burg am 16. März 1939
(v. l. n. r.: Martin Bormann, Adolf Hitler, Wilhelm Frick, Hans Heinrich Lammers und Wilhelm Stuckart)

inneren Dynamik der Bewegung, indem den »politischen Leitern« unter der Voraussetzung bedingungsloser Loyalität gegenüber Hitler ein breiter Handlungsspielraum eingeräumt und auf bürokratische Kontrollen völlig verzichtet wurde. ■ Hitler begünstigte die Eigenständigkeit seiner Satrapen, von der er sich größere Effizienz versprach. Er scheute nicht vor Doppel- und Mehrfachbesetzungen zurück, in der Erwartung, dass sich der fähigste Kopf schließlich durchsetzen würde. Diese sozialdarwinistische Strategie erwies sich unter den Bedingungen der »Kampfzeit« als vorteilhaft, führte aber nach der Übernahme der Regierungsgewalt 1933 zu steigenden Reibungsverlusten. Die zuvor in pausenlosen Werbekampagnen absorbierte Dynamik der Partei schlug sich nun in einer Vielzahl eskalierender Pressionen auf die Reichsregierung und öffentliche Verwaltung nieder, die weitgesteckten weltanschaulichen Postulate der NS-Propaganda zu verwirklichen. ■ Dabei machte sich, wie schon Martin Broszat bemerkte, eine »Selektion der negativen Weltanschauungselemente«, mithin der destruktiven Zielsetzungen, geltend, zumal der Druck von ebenjenen Gruppen in der NSDAP und der SA forciert wurde, die bei der nach dem 30. Januar 1933 einsetzenden Ämterpatronage nicht zum Zuge gekommen waren. Zugleich war es dem anschwellenden Parteiapparat – mit der Ausnahme der Kommunalpolitik – zunächst nicht gelungen, maßgebenden Einfluss auf die öffentliche Verwaltung zu erringen, die sich gegenüber den Übergriffen der NSDAP auch dadurch zur Wehr setzte, dass sie in die Verwaltungsposten gelangende Nationalsozialisten gegenüber den Interventionen des Parteiapparats immunisierte. ■ Andererseits war es auf den Einspruch Hitlers zurückzuführen, dass eine Verschmelzung des Partei- und des Staatsapparats, trotz zahlreicher Überschneidungen, nicht zustande kam. So ging der Verzicht Martin Bormanns, die lange angestrebte Personalunion von Landrat und Kreisleiter zu realisieren, auf die Intervention des Diktators zurück, der eine Übernahme staatlicher Funktionen durch die Partei – trotz des von Heinrich Himmler aufgebauten Imperiums – ablehnte und noch 1944 die Bestrebungen zu einer Verschmelzung von Parteiorganisation und staatlicher Verwaltung blockierte. Eine Wahrnehmung staatlicher Routineaufgaben stellte aus seiner Sicht den revolutionären Charakter der NSDAP infrage. Das war einer der Gründe dafür, dass Bormann als Leiter der Parteikanzlei mit dem 1943 eingeleiteten Programm der Partifizierung auf halbem Wege stecken blieb. ■ In dreifacher Hinsicht ergab sich eine für Außenstehende schwer erklärliche Zerklüftung der staatlichen Hoheitsgewalt. Das betraf zunächst die bis zum Zusammenbruch ungeschmälerte Stellung der Reichsgaue und der Gauleiter. Ursprünglich hatte Gregor Strasser mit der Errichtung der Reichsorganisationsleitung I und II sowie der Einsetzung von Parteiinspekteuren eine Kontrolle der auf ihre Eigenständigkeit bedachten Gauleiter durch die Parteileitung angestrebt. Indem Hitler Strassers Parteireform im Dezember 1932 mit einem Federstrich beseitigte, blieb trotz der nominellen Parteiführung durch Rudolf Heß als »Stellvertreter des Führers« die Machtstellung der Gauleiter unangetastet, zumal sie zu Beginn des Krieges zugleich die Funktion der Reichsverteidigungskommissare und teilweise der Chefs der Zivilverwaltung übernahmen. Durch den unmittelbaren Zugang zum Diktator machten sie die Ansätze zu ihrer Domestizierung durch die Parteikanzlei immer wieder zunichte. Das Reich zerfiel daher in schließlich 43 Gaue, zu denen noch die ebenfalls in den Händen führender Parteifunktionäre liegende Herrschaft über die besetzten oder annektierten Gebiete gehörte. ■ Die von Rudolf Heß geführte »Reichsleitung der NSDAP« hatte hingegen überwiegend dekorative Funktion und führte neben den Gauleitern, zumal wenn sie in Personalunion Landesminister oder Oberpräsidenten waren, ein Schattendasein. Die Bemühungen Martin Bormanns, durch den Ausbau der Parteikanzlei eine Kontrolle über die NSDAP, deren Gliederungen und angeschlossenen Verbände sicherzustellen, blieben notwendigerweise Stückwerk. Den aufgefächerten Apparaten der NSDAP und ihrer Gliederungen stand keine einheitliche Reichsleitung gegenüber. ■ Aus dem gleichen Motiv, das Hitler bewogen hatte, Strassers Parteireform rückgängig zu machen, ging seine Brüskierung des Reichskabinetts hervor, das schon nach wenigen Monaten seine zentrale Steuerungsfunktion einbüßte und nach 1938 nicht mehr zusammentrat. Zwar tastete Hitler, jedenfalls zunächst, die formelle Unabhängigkeit der Ressorts nicht an, nahm ihnen aber den direkten Einfluss auf die Regierungsentscheidungen. Stattdessen nutzte er die Reichskanzlei, deren Tätigkeit ursprünglich auf die Koordinierung der Regierungsarbeit beschränkt war, als zentrales Lenkungsorgan. Hans Heinrich Lammers versuchte zwar, die gesamtstaatlichen Interessen gegenüber der Führergewalt zu vertreten, sank aber schließlich zum willigen Werkzeug Hitlers herab. Zudem gelang es Martin Bormann für die Parteikanzlei, ihm seit 1943 den Zugang zum Machthaber zu beschränken und als »Sekretär des Führers« zum maßgebenden Gehilfen Hitlers aufzusteigen. Damit endete auch der vorübergehend bestehende Dualismus von Reichskanzlei und Parteiapparat, den Hitler bewusst ausspielte, um die Entstehung rivalisierender Fraktionsbildungen zu verhindern. ■ Was sich seit der Übernahme der Reichskanzlerschaft durch Hitler vollzog, war eine schrittweise Kopie des Parteiapparats, die dem gleichen aktionistischen Politikverständnis entsprang, mit dem er angetreten war. Die zunächst in der Partei eingesetzten Sonderverwaltungen und sekundären Bürokratien führten auch im staatlichen Bereich zu einer immer weiter anwachsenden Aufsplitterung des Regierungsapparats, wobei durch die Schaffung führer-immediater Sonderbehörden, so des SS-Imperiums, der DAF, des Reichskommissariats für die Arbeitsbeschaffung unter Fritz Sauckel und nicht zuletzt der Vierjahresplanbehörde, die Grenzen zwischen Staat und Partei vielfältig durchbrochen wurden. ■ Hitlers Unfähigkeit, in Institutionen zu denken, und seine tief wurzelnde Abneigung, institutionelle Bindungen, welcher Art auch immer, einzugehen, unterstützten diese einzigartige Segmentierung der Regierungsgewalt, vor allem aufgrund der Immediatstellung der Sonderverwaltungen, darunter auch der Reichskommissariate

Hitler beim Sonderzug des Führerhauptquartiers am 13. September 1939 mit Adjutanten (v.l.n.r.: Oberst Nicolaus von Below, Generalleutnant Gerhard Engel, General Rudolf Schmundt, Reichsleiter Martin Bormann).

in den besetzten Gebieten. Dieser Prozess war von einer fortschreitenden Erosion des Rechtsstaats und der Rechtsprechung begleitet, desgleichen von einer zunehmend rücksichtsloseren Ausbeutung von nichtdeutschen Arbeitskräften aus den besetzten Territorien, ganz abgesehen vom Schicksal der jüdischen Bevölkerung und der sowjetischen Kriegsgefangenen. ■ Man würde die Ursachen des sich schrittweise vollziehenden Auflösungsprozesses des nationalsozialistischen Staatsverbands gröblich verkennen, wenn man ihn primär auf die Weigerung Hitlers zurückführen wollte, die überfällige Reform der Spitzengliederung in Gang zu bringen. Zweifellos verhinderte er die von Goebbels forcierte Verwaltungsvereinfachung in den letzten beiden Kriegsjahren und scheute instinktiv vor durchgreifenden administrativen Reformen zurück, die die vergleichsweise labile Architektur der Führerherrschaft ins Wanken gebracht hätten. Indessen ging die Dynamik des fortschreitenden Zerfalls der Reichseinheit primär von den Hoheitsträgern der NSDAP auf allen Ebenen aus. Dasselbe gilt für das Vorantreiben der Rassenpolitik und anderer Strategien zur Unterdrückung tatsächlicher oder angeblicher Gegner des Regimes. ■ Die Auflösung des Regierungssystems in ein Bündel sektoraler Interessen und die Zurückdrängung der ordentlichen Gesetzgebung zugunsten formloser Führerweisungen, für die weder eine Mitzeichnungs- noch eine Veröffentlichungspflicht bestand, hatten zur Folge, dass selbst die Angehörigen der engeren Führungsgruppe über die Gesamtpolitik nur unzureichend informiert waren. Otto Ohlendorfs *Meldungen aus dem Reich* versuchten Abhilfe zu schaffen, wurden aber schließlich auf Anweisung Hitlers eingestellt, da sie die absinkende Volksstimmung nicht verschwiegen. ■ Was die NS-Führungsschicht anging, war niemand von ihr bereit, an der Gesamtverantwortung für die Reichspolitik teilzunehmen. Als sich klar abzeichnete, dass der Krieg verloren war, konnte sich keiner der sonst so allmächtigen Gauleiter dazu durchringen, gegen die von Bormann ausgegebenen Durchhalteparolen aufzutreten. Bei ihrem letzten Empfang durch Hitler in der schon weitgehend zerstörten Reichskanzlei am 25. Februar 1945 ließen sie sich willig auf dessen Durchhalteparolen einschwören.

■ Durch die weitreichende Usurpation von Aufgaben der öffentlichen Verwaltung, vor allem im Zusammenhang mit den immer verzweifelteren Anstrengungen, die Einziehung von Wehrpflichtigen zu forcieren, die durch die alliierten Luftangriffe entstandenen Schäden auszugleichen und die Evakuierung der Bevölkerung zu betreiben, gewann der Parteiapparat zunehmend an Macht und fungierte einmal mehr als Kontrahent gegenüber der öffentlichen Verwaltung. Als Reichsverteidigungskommissare oder als Chefs der Zivilverwaltung stiegen die Gauleiter zu selbstherrlichen Regionalfürsten auf. Mit der Propagierung des Prinzips der »Menschenführung« setzten sie sich über geltendes Recht hinweg und entfalteten eine Willkürherrschaft, die sich in immer weniger erfolgreichen »Hau-Ruck«-Aktionen niederschlug. ■ An die Stelle der bisherigen staatlichen Ordnung trat zunehmend ein »personeller Herrschaftsverband« (Rebentisch), der durch die bedingungslose Loyalität gegenüber Hitler zusammengehalten wurde, aber zugleich von Rivalitäten und Eifersucht geprägt war. Namentlich in den angegliederten Gebieten zeichnete er sich durch eine ungebremste Bereicherung und Korruption der Hoheitsträger aus, die sich in beständigem Kleinkrieg untereinander befanden. Die Usancen, die eine von Hitler begrüßte neue Führerschicht im Osten mit der Missachtung gesetzesstaatlicher Grundsätze an den Tag legte, schlugen in den letzten Monaten auf das Altreich und das besetzte Frankreich zurück und entfalteten eine Terrorherrschaft neuen Stils. ■ Es liegt auf der Hand, dass sich all dies in einer zunehmenden Unterdrückung von Kriegsgefangenen, Zwangsarbeitern, ausländischen Dienstverpflichteten und »Gemeinschaftsfremden« auswirkte. Zu der Usurpation großer Teile der Strafgerichtsbarkeit durch die SS trat der Ausbau des KZ-Systems, das durch Arbeitserziehungs- und andere Straflager ergänzt wurde, wobei sich hinter dem Motiv, eine Gefährdung des Reiches durch die Ausschaltung potenzieller oder tatsächlicher Gegner abzuwehren, das materielle Interesse verbarg, hinreichend Arbeitskräfte für die SS-eigenen Wirtschaftsbetriebe bereitzustellen. Dass Hitler gleichzeitig die Unabhängigkeit der Richter aufhob und in dem rechtswidrigen Beschluss des Deutschen Reichstags vom 26. April 1942 die Absetzbarkeit der Beamten verfügte, dass im Zeichen der Heimtückerechtsprechung auch die Deutschen zunehmend bedroht waren, unterstrich die systematische Aushöhlung des Rechtsschutzes der Bürger. ■ Die spätestens mit der Niederlage der Wehrmacht in Stalingrad im Januar 1943 offenkundige militärische Krise wurde – anders als im stalinistischen Russland – nicht dazu genutzt, eine innenpolitische Frontbegradigung vorzunehmen. Vielmehr antwortete die NSDAP-Führung mit dem Versuch, die Kompromisse, die sie 1933/34 mit dem Staatsapparat eingegangen war, aufzukündigen, und verschrieb sich der Illusion, dass die militärische und politische Krise des Reiches den im Staatsapparat verbliebenen konservativen Kräften zuzuschreiben war. Neben die rassische sollte nun eine politische Homogenität treten, die in der sogenannten Gitteraktion angestrebt wurde. ■ Seit der

Hitler nimmt den »Beschluss des Großdeutschen Reichstags« am 26. April 1942 entgegen, der ihn als »Obersten Gerichtsherrn« einsetzt und ihm uneingeschränkte Vollmachten überträgt (Schaub und Lammers sitzen links neben Hitler; Hitler in Uniform am Rednerpult; Dietrich und Bormann sitzen rechts neben Hitler; Göring auf dem Stuhl des Reichstagspräsidenten).

Niederlage von Stalingrad betreiben Martin Bormann und Robert Ley als Reichsorganisationsleiter der NSDAP eine systematische Revitalisierung der aufgeschwemmten, korruptionsanfälligen und des »Bonzentums« bezichtigten Partei. Sie nutzten die durch die alliierte Luftoffensive notwendig werdenden umfassenden Notstands- und Evakuierungsmaßnahmen, um die politische Organisation der NSDAP wieder ins Spiel zu bringen. Im Horizont des vorangetriebenen Programms einer »Partifikation« stand die Vision, die innere und allgemeine Verwaltung an sich zu ziehen und schließlich auch mit der Gründung des »Deutschen Volkssturms«, der von der Partei geführt wurde, bei der künftigen Demobilisierung die bewaffnete Macht zu übernehmen. Das alles war drapiert mit dem Mythos, dass die Partei schon die schwere Niederlage von 1923 mit Willenskraft und Geschlossenheit überstanden hatte und damit den entscheidenden Garanten des »Endsieges« darstellte. ■ Es war symptomatisch, dass sich diese letzte Radikalisierung einerseits mit einer Eskalation des Terrors der Sondergerichte und Mordaktionen gegen Ostarbeiter, Kriegsgefangene und politisch missliebige Volksgenossen verknüpfte, andererseits mit der Beschwörung eines heroischen Untergangs, der alles in seinen Strudel ziehen würde. Die Eskalation der Gewalt, die sich schließlich gegen das eigene Volk richtete, ist mit dem Begriff des Amoklaufs zutreffend umschrieben. Das Regime und zuvörderst Partei und SS kannten nur den Ausweg der Vorwärtsverteidigung, reagierten auf Krisen mit einer Flucht nach vorn und schließlich einer selbstzerstörerischen Strategie, die sich von der Illusion nährte, dass ein Durchhalten um jeden Preis die Gegner zur Selbstaufgabe veranlassen könnte. ■ Es ist eine Selbsttäuschung anzunehmen, dass eine frühere Ernüchterung einer bis zum Sieg über Frankreich noch anwachsenden Hitler-gläubigen Bevölkerungsmehrheit den Lauf der Dinge wesentlich beeinflusst haben würde. Die Fiktion einer geschlossenen »Volksgemeinschaft« war zwar durchweg Gegenstand der offiziellen Propaganda, aber sie gab es nur bedingt und nur bezogen auf die aktiven NSDAP-Anhänger. Es wäre verfehlt, sie in Verbindung mit dem Führerkult zu bringen, der von Goebbels systematisch inszeniert wurde, der aber wesentlich darauf beruhte, dass Hitler seine Popularität nicht zuletzt der Rolle des Friedensbewahrers verdankte und sich bis Ende 1938 bewusst selbst dahingehend stilisierte. ■ Das Vertrauen auf Hitler bröckelte mit dem Angriff auf die Sowjetunion deutlich ab und erhielt beträchtliche Sprünge, als der Bevölkerung klar wurde, dass 1941 ein dritter Kriegswinter bevorstand. Dass Hitler gleichwohl bis Ende 1944 selbst bis in ehemals oppositionelle Kreise hinein als unersetzlicher »Führer« betrachtet wurde, war ein psychologischer Reflex des Tatbestands, dass es Goebbels' Propagandaapparat gelungen war, jede Form nationaler Identifikation mit der Person Hitlers zu verknüpfen. Das implizierte jedoch keineswegs eine geschlossene »Volksgemeinschaft«. ■ Es ist ebenso irreführend, die begrenzt erfolgreichen Mobilisierungsanstrengungen des Regimes darauf zurückzuführen, dass die virtuelle »Volksgemeinschaft« die Mehrheit der Deutschen bis zuletzt zu loyalen und pflichtgetreuen Dienern des Systems gemacht hätte. Der Führerkult, der Kritik an den Satrapen des Regimes, an den »Parteibonzen«, bis hin zur Ablehnung der Verbrechen nicht ausschloss, fungierte als psychologischer Fluchtpunkt des nationalen Bewusstseins. ■ Eingebunden in die Zwänge des Krieges, der von Teilen der Bevölkerung als nationaler Verteidigungskampf begriffen wurde, gelangten die Einzelnen schwerlich dazu, das hohe Risiko einer offenen Distanzierung vom NS-Regime einzugehen. Es fehlte der Angriffspunkt für eine umfassende Systemkritik, in dem sich Protest und aufkeimende Opposition an den Missständen vor Ort und der Selbstbereicherung der Bonzen festmachten und nicht zu kollektiver

Die Abgeordneten stimmen in dieser letzten Sitzung des »Großdeutschen Reichstags« geschlossen für die von Hans Heinrich Lammers verfasste Resolution, die dem »Führerstaat« eine pseudolegale Grundlage verschafft.

Ablehnung verdichteten, sondern in der Formel »Wenn das der Führer wusste« verflüchtigten. ■ Die Aufsplitterung des staatlichen Apparats, die Verselbstständigung der einzelnen Apparate der Partei sicherten die Stellung Hitlers als *supremus arbiter*, waren aber mit stetigen Realitäts- und Reibungsverlusten erkauft. Die unaufhaltsame Verstärkung der militärischen Krise war mit der fortschreitenden Aushöhlung des NS-Regimes verknüpft, während gleichzeitig eine Rückkehr zu den utopischen Zielen der Kampfzeit einsetzte, die mit einer erneuten Eskalation des Verbrechens verbunden war.

WINFRIED NERDINGER

Hitler als Architekt

Bauten als Mittel zur Stärkung der »Volksgemeinschaft«

Um das Thema »Hitler und die Architektur« ranken sich zahllose Geschichten und Legenden. In *Mein Kampf* schrieb Hitler, der Rektor der Wiener Akademie der Bildenden Künste hätte ihm nach der Ablehnung seiner Bewerbung erklärt, dass er zwar keine Begabung für Malerei, aber für Architektur habe,[1] das hätte ihm die Augen geöffnet und ihn darin bestätigt, dass er »einst Baumeister werden würde«[2]. Obwohl es auf der Hand liegt, dass Hitler seine Lebensgeschichte im Hinblick auf die später von ihm und seinen Gefolgsleuten vielfach verwendete Metapher vom »Baumeister des Dritten Reiches« präparierte (Abb. rechts), finden sich doch bereits in seiner Frühzeit viele Bezüge zur Architektur. Nach einer Aussage des Wiener Architekten Max Fabiani war Hitler 1912 drei Monate in dessen Büro als Zeichner angestellt,[3] und nach München ging Hitler angeblich, um als Bauzeichner bei Heilmann & Littmann zu arbeiten.[4] Die vielen Theater Max Littmanns kannte er jedenfalls bis ins Detail, denn mehrfach wird berichtet, dass er bei Besprechungen über Theaterarchitektur genaue Angaben mit Hinweis auf dessen Bauten lieferte, und eine Mappe mit großformatigen Abbildungen der Littmann-Theater befand sich im Arbeitszimmer der Reichskanzlei.[5] Ob Hitlers Architekturkenntnisse wirklich so präzise und umfassend waren, dass er seiner Entourage beim Paris-Besuch die vorher nicht realiter gesehenen Bauten erklären konnte und in der Garnier-Oper sogar nach einem zwischenzeitlich umgebauten Raum fragte, wie Speer in seinen manipulierten Erinnerungen schrieb, sei dahingestellt.[6] Dass Hitler ein ausgeprägtes Interesse an Architektur hatte und dass diese für ihn aufs engste mit Macht, Politik, Rasse und »Volksgemeinschaft« verknüpft war, steht jedoch außer Frage. Dieser Aspekt soll im Folgenden näher betrachtet werden. ■ 1929 lernte Hitler im Münchner Salon der Bruckmanns den Innenarchitekten und Schiffsausstatter Paul Ludwig Troost kennen. Aus dessen wieder aufgefundenen Tagebüchern[7] lässt sich rekonstruieren, dass Hitler den von ihm geschätzten »Herrn Professor« häufig besuchte und dass Troost im Zuge dieser Bekanntschaft nicht nur zu mehreren Aufträgen, sondern nach der Machtergreifung auch zu erheblichem Einfluss kam (Abb. S. 76). Bei der Neubesetzung der wichtigsten Positionen im Kulturbereich spielte Troost, zumindest im bayerischen Raum, 1933 eine entscheidende Rolle. Als Architekt war Troost bis 1929 eher unbeachtet geblieben, sein Gebiet war die repräsentative Innenausstattung. Beim ersten Großauftrag Hitlers, dem Umbau des Palais Barlow am Königsplatz, übertrug er seine großbürgerlich geprägten Ausstattungen für den Norddeutschen Lloyd, die als »Dampferstil« etikettiert worden waren, in stärker geometrisierter Form auf die neue Parteizentrale der NSDAP. ■ Die Planungen für das Haus der Deutschen Kunst und für das Parteiforum am Königsplatz zeigen dann eine zunehmende Reduktion der Baukörper auf blockartige, kantige Erscheinung, eine streng symmetrische Ausrichtung, eine durchgehende Verkleidung der Oberflächen mit Naturstein und eine Verlagerung aller technischen Elemente in Bereiche, die nicht öffentlich sichtbar waren. Die Formen und Strukturen der meisten folgenden Repräsentationsbauten, die der Gleichrichtung von Blöcken und Marschkolonnen entsprachen, sind in den beiden Troost-Planungen bereits vorgebildet, was in diesem Bereich später folgte, war weitgehend nur noch Variation sowie Multiplikation der Dimensionen. Troost wurde noch 1938 von Hitler als »der Lehrmeister unserer Zeit«[8] bezeichnet, der über allen anderen Architekten stehe. Umgekehrt beriefen sich alle Architekten, die zu größeren Aufträgen des Regimes kamen, angefangen von Albert Speer und Hermann Giesler bis zu Wilhelm Kreis, Clemens Klotz und Ernst Sagebiel, immer auf diesen Lehrmeister, um dadurch zu demonstrieren, dass sie in der von Troost und Hitler vorgegebenen Linie gestalteten. Wie viel beim Haus der Deutschen Kunst und am Parteiforum von Hitler und wie viel von Troost stammt, ist schwer zu entscheiden, der eklektische Repräsentationsstil des Regimes entstand wohl letztlich aus dem Zusammenwirken von beiden. Angesichts der Zusammenarbeit mit Troost und der erst zu diesem Zeitpunkt entwickelten Repräsentationsarchitektur erscheint es somit auch unwahrscheinlich, dass Hitler schon Mitte der 1920er Jahre Skizzen des Triumphbogens und der großen Halle, die dann von Speer in die Berliner Nord-Süd-Achse eingeplant wurden, im späteren NS-Monumentalstil angefertigt hatte.[9] Hitler pochte jedenfalls nicht darauf, dass er der Erfinder der neuen NS-Architektur gewesen sei, dies spricht dafür, dass Troost, in welcher Form auch immer, beteiligt war. ■ Nach Troosts frühem Tod im Januar 1934 griff Hitler bei nahezu allen folgenden Großplanungen in die Entwürfe ein und ließ sich – anders als bei den Troost-Projekten – als oberster Architekt im Reich feiern. Nicht nur in den gesteuerten und kontrollierten Presseveröffentlichungen stehen die Architekten immer wie Schüler hinter Hitler, der entweder mit dem Stift selbst seine Ideen skizziert und in Pläne einträgt oder Modelle wie ein Feldherr besichtigt, auch aus den Besuchen Hitlers bei den verschiedenen Büros ist dokumentiert, dass dieser bis in kleinste Details architektonische Vorgaben lieferte, die dann wie Anweisungen ex cathedra behandelt und befolgt wurden.[10] Alle Architekten fügten sich ohne jede Diskussion den Anweisungen Hitlers, allen voran Speer und Giesler, die beide zu Be-

Heinrich Hoffmann: Ansicht des Gemäldes *Porträt des Führers*
von Fritz Erler in der Großen Deutschen Kunstausstellung im Haus der Deutschen Kunst, München 1939

ginn ihrer NS-Karriere keinerlei eigene architektonische Handschrift aufwiesen und als eigenständige Entwurfsarchitekten auch später bedeutungslos waren. ■ Aus dem Büro des Generalbaurats Hermann Giesler sind etwa zwei Dutzend Skizzen Hitlers überliefert, die datiert, mit angehängten Beschriftungen erläutert und offensichtlich vom Architekten wie Ikonen behandelt wurden.[11] Hier zeigt sich, wie intensiv Hitler nicht nur in Planungen eingriff und Vorgaben lieferte, sondern auch, wie er Details kritisierte und mit Skizzen die für ihn richtige Gestaltung – von der städtebaulichen Gesamtdisposition bis zur Tiefe einer Sitzreihe – festlegte. Aus den Protokollen der Besprechungen, aber auch aus den sechs sogenannten Kulturreden auf den Kulturtagungen des Parteitags der NSDAP in Nürnberg von 1933 bis 1938 ergeben sich gute Einblicke in das, was Hitler architektonisch wollte und insbesondere, was ihm Architektur bedeutete. ■ Aus den immer wiederholten architektonischen Maximen Hitlers lassen sich drei besonders herausheben: ■ 1. Große Architektur entsteht für Hitler durch ein Genie, das in seiner Rasse wurzelt – große Architektur ist damit Ausdruck des »Rassenkerns« eines Volkes. Diese rassische Basis ist das Hauptargument gegen die moderne Architektur, die sich selbst seit 1923 ausdrücklich als international bezeichnete und sich geradezu dadurch definierte, dass ihre Formen ausschließlich aus Funktion und Konstruktion, also aus global und universal gültigen Elementen hervorgingen. 1932 wurde konsequenterweise die gesamte moderne Bewegung anlässlich einer Ausstellung in New York als *International Style* bezeichnet, und genau diese internationale Gültigkeit war wiederum für Hitler Kennzeichen ihrer Wurzellosigkeit und damit ihres »jüdischen« oder »bolschewistischen« Charakters. Da die moderne Architektur nicht aus dem ewigen Urgrund der Rasse entstanden sei, war sie für Hitler auch nur

Der Architekt Paul Ludwig Troost mit Adolf Hitler und Gauleiter Adolf Wagner vor dem Modell des Hauses der Deutschen Kunst, 1933

eine Mode, eine Manieriertheit, eine Form um der Form willen. ■ 2. Hitler vertrat einen Stileklektizismus nach Bauaufgaben. Bei der Eröffnung der Großen Deutschen Kunstausstellung im Juli 1937 im neuen Haus der Deutschen Kunst, das Hitler bei der Grundsteinlegung als den »ersten schönen Bau des neuen Reiches«[12] bezeichnet hatte, erinnerte er daran, dass ursprünglich als Ersatz für den 1931 abgebrannten Glaspalast ein anderer Entwurf vorgesehen war. Dieses Projekt des Münchner Architekturprofessors Adolf Abel, welches sogar das – die nationalsozialistische Kulturpolitik in München stark prägende – Verlegerehepaar Bruckmann versuchte, Hitler näherzubringen,[13] diffamierte er als: »Ein Gebäude, das ebensogut eine sächsische Zwirnfabrik wie die Markthalle einer mittleren Stadt oder unter Umständen auch ein Bahnhof, ebensogut allerdings auch ein Schwimmbad hätte sein können.«[14] Damit drückte er seine größte Verachtung für einen Bau aus, der nach seiner Auffassung nicht dem Charakter eines »Tempels der Kunst« entsprach, sondern wie ein beliebiger Zweckbau konzipiert worden sei. Ausdrücklich wiederholte er noch einmal, der Troostbau sei »ein Tempel der Kunst, keine Fabrik, kein Fernheizwerk, keine Bahnstation oder elektrische Umschaltzentrale!«[15]. ■ Für Hitler war Architektur genauso wie bildende Kunst hierarchisch geordnet: An der Bedeutungsspitze stand die Repräsentationsarchitektur für Partei und »Volksgemeinschaft«, dann folgten Bauten der Erziehung, der Industrie und am Ende stand der private Wohnungsbau. Jede Bauaufgabe sollte ihren eigenen, ihr angemessenen architektonischen Charakter zeigen: Repräsentationsbauten waren die »ewigen« Formen der Antike in einer für die Gegenwart adaptierten Form vorbehalten, Erziehungs- und Jugendbauten sollten der jeweiligen regionalen Bautradition folgen, für Industriebauten galt rationale und zweckorientierte Gestaltung, mit einer gewissen monumentalisierenden Attitü-

de, damit sie als »Kathedralen der Arbeit aus Glas und Stahl« wirken, dem Sakralbau galt eine monumentale Neoromanik als angemessen, und Wohnbauten sollten dem handwerklichen Ideal der Stuttgarter Schule entsprechen.[16] ■ Dieser Stileklektizismus nach Bauaufgaben belegt, dass Hitlers Architekturvorstellung noch ganz der traditionellen Kunsthierarchie des 19. Jahrhunderts verhaftet war und dass ihm auch deshalb die moderne Architektur, die keine Hierarchie, Repräsentation und Monumentalität, sondern nur eine für alle Bauaufgaben gleiche, funktionsorientierte Gestaltung vertrat, völlig fremd war. Die Differenzierung und unterschiedliche Ausprägung der Bauaufgaben war programmatisch im Nationalsozialismus und wurde bei vielen Veröffentlichungen entsprechend herausgestellt. Die allgemeine Umsetzung erfolgte über die Bauämter, die seit Frühjahr 1933 nur noch Bauten genehmigten, die dem entsprachen, was als »deutsch« galt. Da dafür keine Definition vorlag, bedeutete dies, dass die Formen, die während der Weimarer Republik als »undeutsch« bekämpft worden waren, wie das flache Dach, keine Baugenehmigung erhielten und deshalb binnen weniger Monate aus dem Baugeschehen verschwanden. Diese »Baulenkung« war zwar während des gesamten Nationalsozialismus nie exakt definiert, funktionierte aber trotzdem, denn Baubeamte und Architekten hielten bewusst alles fern, was vorher als modern gegolten hatte und nun als »Baubolschewismus« diffamiert wurde. ■ 3. Die bedeutsamste Maxime Hitlers zur Architektur lautete, durch große Bauten solle dem deutschen Volk ein Gefühl seiner Größe und Bedeutung gegeben werden. Auch dies verweist auf eine traditionelle Architekturauffassung, die in der Wirkungsästhetik des 18. Jahrhunderts wurzelt. Auf der Kulturtagung 1935 erklärte er, das Wichtigste beim Bauen in Deutschland sei nunmehr, zwischen dem öffentlichen Monumentalbau und dem privaten Bauen zu trennen.[17] Der Größe der Bewegung und der nationalen Revolution entsprechend müssten nun auch gewaltige Bauten der neuen Gemeinschaft entstehen, die ähnlich wie die Dome der Vergangenheit nur dann wirkliche Größe zeigen konnten, wenn alle übrigen Bauten entsprechend klein blieben: »Es ist unmöglich, einem Volk einen starken inneren Halt zu geben, wenn nicht die großen Bauten der Allgemeinheit sich wesentlich über die Werke erheben, die […] den kapitalistischen Interessen einzelner ihre Entstehung und Erhaltung verdanken.«[18] Dies richtete sich insbesondere gegen die Großbauten des Bürgertums, wie Warenhäuser, Hotels und Bürogebäude, aus der sogenannten Verfallszeit des 19. und frühen 20. Jahrhunderts. ■ Hitler dachte dabei rein quantitativ, je größer die Bauten, »um so gewaltiger muß der Staat seinen Bürgern erscheinen«[19], und dementsprechend verstärkten große Monumente nicht nur die Gemeinschaft, sondern erzeugten bei den »Volksgenossen« das Gefühl der Größe ihrer Rasse und »Volksgemeinschaft«: Die »gewaltigen gigantischen Zeugen unserer Gemeinschaft […] werden psychologisch die Bürger unseres Volkes mit einem unendlichen Selbstbewußtsein erfüllen, nämlich dem: Deutsche zu sein!«[20]. Diese Verknüpfung von architektonischer und rassi-

Otto Hirth: Deutsches Stadion für 400 000 Zuschauer auf dem Gelände des Reichsparteitags in Nürnberg nach dem Entwurf von Albert Speer, 1937

scher Größe führte zu den seit 1934 betriebenen Großplanungen in den sogenannten Führerstädten und Gauhauptstädten, die Hitler als Pendant zum militärischen Aufbau verstand. In einer Rede vor Truppenkommandeuren erklärte er am 10. Februar 1939, was nütze es denn, die stärkste Armee zu haben, wenn die Bürger aufgrund der notwendigen Geheimhaltung gar keine Vorstellung von der Stärke des Staates und damit auch kein Bedürfnis nach Weltmachtstellung hätten. Die Planungen zum Umbau der Städte seien deshalb nicht aus Großmannssucht, sondern aus »der kältesten Überlegung, daß man nur durch solche gewaltigen Werke einem Volk das Selbstbewußtsein geben kann«[21] und somit als sichtbarer Ausdruck der militärischen Stärke erwachsen. Die monumentalen Bauten, die mit Granit und Marmor die Dimension ewiger Herrschaft erzeugen sollten, waren ganz gezielt als psychologische Stützen der »Volksgemeinschaft« gedacht: ■ »Die Gegner werden es ahnen, aber vor allem die Anhänger müssen es wissen: Zur Stärkung dieser Autorität entstehen unsere Bauten! […] in Nürnberg, Berlin, München, Hamburg und anderen Orten […]. Diese gewaltigen Werke werden aber zugleich auch die erhabenste Rechtfertigung darstellen für die politische Stärke der deutschen Nation.«[22] ■ Die deutlichste Formulierung für die Verknüpfung von Architektur, Macht und »Volksgemeinschaft« findet sich in der am 25. Juni 1940, drei Tage nach der Kapitulation Frankreichs, von Hitler formulierten Verfügung, dass Berlin nun in kürzester Zeit neu gestaltet werden müsse, um »den ihm durch die Größe unseres Sieges zukommenden Ausdruck als Hauptstadt eines starken neuen Reiches« zu erhalten. »In der Verwirklichung dieser nunmehr wichtigsten Bauaufgabe des Reiches sehe ich den bedeutendsten Beitrag zur endgültigen Sicherstellung unseres Sieges.«[23] ■ Die Großplanungen sind eben nicht Ausdruck von Großmannssucht und Megalomanie, wie häufig zu lesen, sondern mittels monumentaler Architektur sollten die Deutschen ein Gefühl für ihre eigene Größe und rassische Überlegenheit erhalten. Deshalb wurden in den Führerstädten überdimensionierte, keineswegs unmögliche, sondern genau berechnete und machbare Monumente konzipiert: in Berlin die Halle des Volkes für 100 000 Personen, in Nürnberg das Deutsche Stadion für 400 000 (Abb. oben), in Hamburg die Elbbrücke mit einer Pfeilerhöhe von 170 Metern und in München das stählerne Denkmal der Partei mit 230 Metern Höhe sowie die Bahnhofskuppel mit 250 Metern Durchmesser. Diese Planungen waren auch nicht geheim, dies hätte ja ihrem ureigensten Zweck der psychologischen Wirksamkeit widersprochen, sondern die Projekte wurden gezielt veröffentlicht (Abb. S. 78 oben), beim Reichsparteitag vor Hunderttausenden ausgestellt und beim Festumzug in München im Modell herumgefahren.[24] ■ Ein Beispiel dafür, wie

WINFRIED NERDINGER

Generalplan für den Umbau Berlins zur Welthauptstadt »Germania«, Titelseite in *Die Woche*, H. 34, 1938

durch Masse, Monumentalität und Inszenierung das Gefühl einer »Volksgemeinschaft« psychologisch erzeugt werden kann, ist der von Speer produzierte Lichtdom im Nürnberger Zeppelinfeld. Dessen Bedeutung sollte allerdings nicht überschätzt werden, denn es ging Hitler ausdrücklich nicht darum, einen mystischen Kult um den Nationalsozialismus zu schaffen, dieser war für ihn keine kultische Bewegung, »sondern eine aus ausschließlich rassischen Erkenntnissen erwachsene völkisch-politische Lehre«[25], es ging um dauerhafte, bewusst vollzogene Zuwendung zur »Volksgemeinschaft«, und deshalb sollten die Versammlungsräume auch nicht in mystisches Dunkel getaucht, sondern hell, klar und zweckmäßig gestaltet werden. ■ Ziel waren auch nicht einige wenige Großbauten, die nur in wenigen Großstädten wahrgenommen worden wären, sondern dem gesamten Reich sollte – abgestuft von den Führer- bis zu Kreisstädten – der architektonische Stempel der neuen Macht aufgedrückt werden. Nach dem Abschluss des ersten Fünfjahresplans wurde mit dem Gesetz über die städtebauliche Neugestaltung der deutschen Städte vom 4. Oktober 1937 festgelegt, dass alle Gauhauptstädte nach einem für die jeweilige Größe abgestuften, aber einheitlichen Schema

umgebaut werden sollten. Hitler selbst skizzierte das Schema in einen Plan für das Gauforum Augsburg[26]: Ausgangspunkt und Grundlage ist der Aufmarschplatz, der sich nach der Größe der Stadt bemisst, von 30 000 »Volksgenossen« in Bayreuth, 60 000 in Weimar, 100 000 in Augsburg bis zu 300 000 in Dresden. Axial gegenüber befindet sich eine große Versammlungshalle mit 5 000 Sitzplätzen in Bayreuth, 15 000 in Weimar (Abb. unten), 20 000 in Augsburg und 30 000 in Dresden. Etwa die Hälfte aller Einwohner einer Gauhauptstadt hätte auf dem Gauforum Platz gefunden. Zugeordnet sind Parteibauten und ein Glockenturm, mit dem die »Volksgenossen« zum Appell gerufen werden.[27] ■ Alle Bauten sollten im ganzen Reich stilistisch einheitlich ausgeführt werden, darüber sollte Speer wachen, damit die alles übergreifende Herrschaft der Partei und ihre Allgegenwart im gesamten Reich zum Ausdruck kämen. Einzelne verstreute Bauten waren ausdrücklich von Hitler verboten worden, um die Einheitlichkeit zu gewährleisten: »Der Führer wünscht grundsätzlich eine bauliche Zusammenfassung aller der Bauten, die in den Städten in den nächsten 20 Jahren geplant werden.«[28] Das Gauforum sollte am Rand der Altstadt geplant werden, sodass aus dem direkt ablesbaren Gegensatz zwischen alter und neuer Bebauung der neue Geist für jeden »Volksgenossen« im ganzen Reich sofort erkennbar wurde. Die alte Stadtsilhouette sollte somit überlagert und die gesamte bisherige Geschichte in einer neuen Größenordnung überboten werden. Nur kleine lokale Anspielungen waren erlaubt, beispielsweise beim Gauforum in Augsburg ein Anklang an das Wahrzeichen der Stadt, den Perlachturm, der aber in der Höhe um die Hälfte überragt werden sollte. Das Planungsschema wurde dann von den Gauhauptstädten über Kreisstädte bis zu Kleinstädten abgestuft, denn das gesamte Reich sollte von der Maas bis an die Memel die gleiche architektonische Sprache sprechen und im Gleichschritt marschieren.[29] ■ Aus diesem Konstrukt aus Architektur, Macht und »Volksgemeinschaft« wird nicht nur die enorme politische Bedeutung der

Modell des Gauforums in Weimar, 1937

Walter Frentz: Adolf Hitler vor einem Modell der Neubebauung von Linz im Keller der Neuen Reichskanzlei in Berlin, 9. Februar 1945

Großplanungen verständlich, sondern auch das intensive Interesse Hitlers an der Visualisierung dieser Projekte. Modelle lieferten eine Antizipation dessen, was geplant war, einen Blick auf zukünftigen Lebensraum. Deshalb wurde ein enormer Aufwand beim Bau von Modellen betrieben, die dann wieder teilweise für eine filmische Präsentation verwendet wurden, bei der sich Planung und Fertigstellung vermischten. Im Modell waren gleichsam der Endsieg und die »Rassenherrschaft« einer homogenen »Volksgemeinschaft« vorweggenommen, und deshalb versetzte sich Hitler fast obsessiv in diese Planungs- und Modellwelten. Noch Ende 1944 konferierte er mit seinen Leibarchitekten über architektonische Details einzelner Bauten, und im Februar 1945 ließ er von Giesler das Modell zum Umbau der Stadt Linz in seinen Alters- und Kunstsitz in die Reichskanzlei bringen (Abb. oben). In der Betrachtung seiner Projekte suchte er noch zu diesem Zeitpunkt eine Konkretisierung seiner Wahnideen vom Ewigkeitswert der Bauten für die ewige »Volksgemeinschaft«. ■ Die Mechanismen der Formierung einer »Volksgemeinschaft« werden durch die Forschung zunehmend deutlicher. Dabei zeigt sich, dass sich die Mehrheit des Volkes innerhalb der Zwangsstrukturen des Regimes selbst uniformierte. Ein schlichtweg geniales Beispiel, wie sich der Einzelne dennoch dem Gesinnungsdruck von Massenveranstaltungen entziehen und diese sogar subversiv unterlaufen konnte, ist der inszenierte Besuch des Berliner Olympiastadions durch Karl Valentin, der ganz gezielt einen Tag *nach* Beendigung der Spiele mit Liesl Karlstadt und einem Fotografen nach Berlin reiste, sich in dem leeren Stadion fotografieren ließ (Abb. S. 80–81) und dazu einen Text verfasste: ■ »Nur einen Tag zu spät und dennoch zu spät […] trotzdem ich mich setzte, war es doch entsetzlich, als ich allein saß […] zuerst wartete ich langsam, dann immer schneller und schneller, kein Anfang der olympischen Spiele ließ sich erblicken – da endlich, […] es nahte jemand, die kleine Liesl Karlstadt, und klärte mich darüber auf, daß gestern der letzte olympische Tag gewesen ist. – Ist das schade! schrie ich teilnahmserregt und flux verließen wir die Stätte des großen Gewesenseins.«[30]

WINFRIED NERDINGER

Anmerkungen

1. Hitler 1936, S. 19; zit. nach Schwarz 2009, S. 58.
2. Hitler 1936, S. 19.
3. Pozetto/Fabiani 1983, S. 30; zit. nach Hamann 1998, S. 282.
4. Jochmann 1980, S. 115; zit. nach Schwarz 2009, S. 76.
5. Protokoll einer Besprechung Hermann Gieslers mit Adolf Hitler im Architekturmuseum der TU München; zu Littmanns Bedeutung für Hitler vgl. Schwarz 2009, S. 76–84.
6. Speer 1969, S. 186.
7. Die Tagebücher Troosts wurden von Timo Nüsslein in Privatbesitz aufgefunden und werden derzeit für eine Dissertation ausgewertet, die im Rahmen eines von der DFG geförderten Projekts über *Hitlers Architekten* entsteht.
8. Hitler 2004, S. 173.
9. Speer 1969, S. 160–163; Speer nennt Hitlers Skizzen »neubarock«, um sich selbst als Klassizisten in der Schinkel-Nachfolge abzugrenzen.
10. Neben den Protokollen Hermann Gieslers (s. Anm. 5) befinden sich auch zahlreiche Protokolle über Planungsbesprechungen mit Hitler über Linz und den Obersalzberg im Nachlass von Roderich Fick im Architekturmuseum der TU München. Über Roderich Fick ist eine Dissertation von Lioba Imkamp im Rahmen des DFG-Projekts *Hitlers Architekten* in Vorbereitung.
11. Die Zeichnungen inklusive der Bemerkungen Gieslers befinden sich im Architekturmuseum der TU München; vgl. Früchtl 2008.
12. Hitler 2004, S. 59.
13. Vgl. Nerdinger 1979, S. 476 f.
14. Hitler 2004, S. 133.
15. Ebd., S. 135.
16. Vgl. Fehl 1985; Nerdinger 2004.
17. Hitler 2004, S. 93.
18. Ebd., S. 94.
19. Ebd., S. 167.
20. Ebd., S. 168.
21. Dülffer/Thies/Henke 1978, S. 297.
22. Hitler 2004, S. 167 f.
23. Dülffer/Thies/Henke 1978, S. 36.
24. Vgl. *Das Programm für die Neugestaltung Berlins*, in: Deutsches Nachrichtenbüro vom 27. Januar 1938, Nr. 124, abgedruckt bei Dülffer/Thies/Henke 1978, S. 134–141; *Die Baumeister des Dritten Reiches*, in: Die Woche vom 24. August 1938.
25. Hitler 2004, S. 200.
26. Cramer-Fürtig/Gotto 2008, S. 424.
27. Die bisher umfassendste Zusammenstellung aller Gauforum-Planungen in: Nerdinger 1993; die Zahlen differieren z. T. je nach Planungsstand; vgl. auch Wolf 1999.
28. Dülffer/Thies/Henke 1978, S. 65.
29. In einem Schreiben an den Reichsschatzmeister Schwarz gibt Albert Speer am 19. Februar 1941 einen Überblick zum Stand der Planungen, abgedruckt bei Dülffer/Thies/Henke 1978, S. 64–79.
30. Bachmaier/Wöhrle 1992, S. 138 f.

Karl Valentin im Olympiastadion in Berlin, 1936

PHILIPP STIASNY

Vom Himmel hoch

Adolf Hitler und die »Volksgemeinschaft« in »Triumph des Willens«

»Nachm. Nürnbergfilm. Eine grandiose Schau. Nur im letzten Teil etwas langatmig. Sonst aber erschütternd in der Darstellung. Lenis Meisterwerk.« (Joseph Goebbels, 1935)[1]

»So einen Mist habe ich überhaupt noch nicht gesehen.« (anonymer Junge, 1935)[2]

Der endgültige Hitler-Film

»Die Partei ist Hitler, Hitler aber ist Deutschland, wie Deutschland Hitler ist.« Mit diesen Worten beschließt Rudolf Heß den Reichsparteitag der NSDAP im September 1934 in Nürnberg (Abb. rechts). Heß behauptet die vollkommene Identität von Hitler, der NSDAP und dem deutschen Volk. Hitler nimmt die Schlüsselrolle des Verbindungsglieds ein. In Leni Riefenstahls Film *Triumph des Willens* von 1935 bildet diese Gleichung den Schlusspunkt und liefert zugleich eine These und eine Zusammenfassung des gerade Gesehenen. Unmittelbar vorangehend hatte Hitler zum Parteikongress und zu den Spitzen der Wehrmacht gesprochen und der Armee und der politischen Führung der NSDAP die Aufgabe erteilt, »gemeinsam den deutschen Menschen [zu] erziehen und [zu] festigen und auf ihren Schultern [zu] tragen«. Die dreischiffige, 180 Meter lange Luitpoldhalle verlieh der Versammlung mit ihrer Anmutung eines überdimensionierten Kirchenraums einen sakralen Rahmen, der noch unterstrichen wurde durch abgedunkeltes Licht und einen breiten Mittelgang, der auf ein Podest mit dem Rednerpult zulief. Das Rednerpult rückte an die Stelle einer Kanzel, die dahinter angebrachte hell erleuchtete, große Hakenkreuzfahne an die Stelle des Altars oder Kruzifixes. Den Schlussworten von Heß folgt ein an Hitler gerichtetes dreifaches »Sieg Heil!« und der Blick von oben auf Tausende Zuhörer, die sich zum Hitlergruß erheben. Während das Horst-Wessel-Lied in getragenem Tempo erklingt, schwenkt die Kamera vom Meer der SA-Standarten auf die Hakenkreuzfahne und überblendet auf eine endlose Kolonne von SA-Männern, die aus dem Bildhintergrund in einer ansteigenden Bewegung auf den Betrachter zu- und über ihn hinwegmarschieren. Die im Lied besungenen und als Märtyrer verehrten, im Straßenkampf getöteten SA-Leute verschmelzen hier mit den Lebenden. Sie sind die Vorbilder, die für die Fahne in den Tod gegangen sind. Gefilmt sind die SA-Männer aus extremer Untersicht, sodass sie wie eine unaufhaltsame Macht wirken. Wer sich als Kinozuschauer in ihnen nicht wiedererkennt, wird in eine Froschperspektive gezwungen. Klein und ehrfürchtig blickt er nach oben. ■ *Triumph des Willens* gilt heute als Inbegriff der nationalsozialistischen Propaganda mitsamt ihrer Mischung von Verführung und Gewaltandrohung und als *der* Film über Hitler schlechthin. Ausschnitte daraus fehlen in kaum einer Dokumentation über das »Dritte Reich«, und so prägen die immer gleichen Bilder und Sequenzen aus *Triumph des Willens* die visuelle Vorstellung einer Epoche und sind Kernstück der »Marke Hitler« und eines bilderbesessenen Infotainment geworden. Auch wegen seiner berühmt-berüchtigten Regisseurin Leni Riefenstahl gehört *Triumph des Willens* zu den am besten erforschten dokumentarischen Filmen überhaupt.[3] Zwar wurde die Analyse und Diskussion des Films jahrzehntelang vom deutschen Gesetzgeber erschwert und blieb vor allem Wissenschaftlern vorbehalten, doch mittlerweile ist er selbst auf *Youtube* frei verfügbar. Er hat sich in ein schon mythisches, andauernd zitiertes und recyceltes Gebilde verwandelt.

Selbstinszenierung in Idealform

Triumph des Willens konfrontiert uns mit einer Selbstinszenierung in Idealform. Nirgendwo sonst lassen sich die Rhetorik und die Wirkungsabsichten einer auf die Herstellung des Hitler-Mythos zielenden Filmpropaganda besser studieren. Besonders in den ersten beiden Jahren des »Dritten Reiches« hatte die Etablierung des Hitler-Mythos höchste Priorität, weil mit seiner Hilfe die Stabilisierung des neuen Staates, die Bildung von Vertrauen und die Schaffung einer Sphäre des nationalen Interesses gelingen sollte. Hitler wurde auserkoren, zuerst als »Volkskanzler« und dann als »Führer« den »Volkswillen« zu personifizieren.[4] ■ Nicht vom Hitler-Mythos zu trennen ist in *Triumph des Willens* die Beschäftigung mit dem Wunschbild einer »Volksgemeinschaft« und dem audiovisuell bestimmten Verhältnis zwischen Hitler und den Gruppen seiner Anhänger. Der Schluss des Films liefert dafür wichtige Anhaltspunkte, weil die zwei Ebenen der Inszenierung – die Inszenierung des Parteitagsgeschehens für die in Nürnberg Anwesenden sowie dessen erneute, stark kondensierte Inszenierung für die Kinozuschauer – sich fast ununterscheidbar übereinanderschieben. Zu sehen ist das am Schluss an der erwähnten Schaffung eines sakralen Raumes, der Verwendung quasi-religiöser Symbole, Hitlers expressiver Gestik und

Standbild aus Leni Riefenstahls Film *Triumph des Willens*, 1934

Mimik und seinem nicht auf die Zuhörer, sondern leicht nach oben, in eine unbekannte Ferne gerichteten Blick. Zur filmischen Inszenierung gehören die Verdichtung der Zeit, die bedeutungsvollen Überblendungen und der wechselnde Kamerablick vom Rednerpult herunter auf die Zuhörer und von den Zuhörern hinauf zu Hitler: die Visualisierung des Führerprinzips durch kontrollierende Aufsichten und heroisierende Untersichten. Erst der Film macht aus einer Vielzahl durchorganisierter Massenveranstaltungen, die über sechs Tage verteilt an wechselnden Orten und vor wechselnden Teilnehmergruppen stattfanden, eine gradlinige Erzählung mit Hitler als einzigem Protagonisten: eine Erzählung von der Ankunft des Heilands und Heerführers, der die Huldigungen seines Volkes entgegennimmt und ihm gute Nachricht bringt. Der Film inszeniert liturgische, zum Ritual gewordene Handlungen einer geschlossen auftretenden Gemeinschaft und überhöht seinen Hauptdarsteller. Als vollständig kontrollierbare und deshalb unter politischen und ästhetischen Gesichtspunkten perfekte Inszenierung erscheint die mediale: die Inszenierung einer Inszenierung.

»Sieg des Glaubens« (1933) als »Generalprobe«

Schon in den Jahren vor 1933 hatte die NSDAP für wenig Geld einige künstlerisch anspruchslose, unspektakuläre Filme von ihren Parteitagen und anderen Veranstaltungen drehen lassen. In diesen Filmen trat Hitler noch nicht als die unangefochtene Hauptfigur auf. Für den »Reichsparteitag des Sieges« im September 1933 wurde daher ein Werk in Auftrag gegeben, mit dem Hitler und Goebbels die Hoffnung auf etwas Neues verbanden – kein tagesaktueller Bericht, sondern eine durchgestaltete Selbstdarstellung von bleibendem Wert, die Nachschöpfung eines Ereignisses und ein eigenständiges Kinoerlebnis. Leni Riefenstahl, die bis dahin als Darstellerin in Bergfilmen in Erscheinung getreten war und erst bei einem einzigen Spielfilm selbst Regie geführt hatte, aber aus ihrer Faszination für Hitler keinen Hehl machte, übernahm auf dessen persönlichen Wunsch die künstlerische Gestaltung. Als junge Frau und Nicht-Parteimitglied war Riefenstahl im nationalsozialistischen Propagandabetrieb ein absoluter Außenseiter. Kaum verwunderlich, dass die Hauptabteilung Film der Reichspropagandaleitung der NSDAP, der Goebbels im Mai 1933 das Monopol für Filmaufnahmen von Parteiveranstaltungen übertragen hatte, Riefenstahl als Konkurrentin betrachtete. Unter dem Titel Sieg des Glaubens feierte ihr einstündiger Parteitagsfilm am 1. Dezember 1933 seine Uraufführung. ■ Bei seinen Auftraggebern stieß der Film auf ausgesprochen positive Resonanz und fand weite Verbreitung. Klar erkennbar war Riefenstahls Montage in Sieg des Glaubens um Lebendigkeit und Abwechslung, um die Einbindung des Zuschauers und die Befriedigung ästhetischer Ansprüche bemüht. Peter Zimmermann spricht von einer »Generalprobe« für Triumph des Willens, weil hier in Bezug auf Dramaturgie, Kamerastil und

Besichtigung der Baumaßnahmen auf dem Reichsparteitagsgelände in Nürnberg (v. l. n. r.: Julius Schaub, Adolf Hitler, Viktor Lutze, Leni Riefenstahl), 1934

Montage mehrere Ereignisse auf die gleiche Weise gestaltet wurden.[5] Das gilt auch für Herbert Windts Musik für beide Filme, deren gezielter Einsatz für die pathetische Gesamtwirkung wesentlich ist.[6] ■ Wie von seinen Auftraggebern gewünscht, brach der Film fast vollständig mit dem distanzierten Stil der früheren Parteitagsfilme in Wochenschau-Manier, die aus eigentlich unzusammenhängenden Szenen bestanden. Sieg des Glaubens war der erste Film, den die Partei nicht nur als Bericht über einen Parteitag, sondern als sein filmisches Äquivalent pries. Der Film erlaubte demnach, das Massenerlebnis aus Nürnberg im Filmerlebnis zu wiederholen; er richtete sich zudem erstmals an das »ganze Volk« – so wie die Partei zum Staat geworden sei, so sei die Nation insgesamt zur Gefolgschaft Hitlers geworden.[7] Gleichwohl war Sieg des Glaubens noch nicht perfekt inszeniert, weil Riefenstahls Mittel beschränkt waren und ihre Arbeit in Nürnberg nicht die gleiche Priorität besaß wie später. Die Vorbereitungszeit war knapp, vieles musste vor Ort improvisiert werden, und nur drei eigene, dafür hervorragende Kameraleute standen der Regisseurin zur Verfügung. Beim Schnitt musste sie deshalb auch auf konventionelles Wochenschau-Material zurückgreifen. Der größte »Fehler« des Films bestand allerdings darin, dass hinter oder neben Hitler vielfach Ernst Röhm im Bild zu sehen war. Nach dessen Ermordung wurde Sieg des Glaubens umgehend aus den Kinos verbannt.

Beispiellose Produktionsbedingungen

Der endgültige Hitlerfilm sollte nun beim »Reichsparteitag der Einheit und Stärke« entstehen: Im April 1934 erhielt Riefenstahl den Auftrag, bei Triumph des Willens Regie zu führen, und jetzt übertrafen ihre persönlichen Kompetenzen als Regisseurin und die ihr zugebilligten Mittel alles vorher Dagewesene. Kein anderer dokumentarischer Film wurde bis dahin mit einem solchen Aufwand an Personal, Technik, Filmmaterial und Arbeitszeit realisiert. Ein dokumentarischer Film, dessen Produktionsbedingungen denen eines im Studio gedrehten Spielfilms ähnelten und dessen Ästhetik und Wirkung von diesen Produktionsbedingungen abhing. ■ Im Vergleich zum Vorjahr waren von Albert Speer bauliche Verbesserungen an den Veranstaltungsorten vorgenommen und die Parteitagsregie im September 1934 allgemein perfektioniert worden (Abb. links). Riefenstahl bestimmte nun über 18 selbst ausgewählte und geschulte Kameraleute, die sie an privilegierten Standorten einsetzen durfte und die so nah an Hitler herankamen wie in keinem früheren Film. Außerdem verfügte Riefenstahl über weitere 16 Wochenschau-Kameraleute. Insgesamt unterstanden ihr ungefähr 170 Mitarbeiter.[8] 37 SS- und SA-Männer sorgten für einen reibungslosen Ablauf der Dreharbeiten. Ungefähr 130 000 Meter Filmmaterial wurden belichtet, um daraus in fünfmonatiger Arbeit einen Film von knapp zwei Stunden Länge zu schneiden. Das Drehverhältnis von 1:42 war in dieser Höhe beispiellos.[9] Genauso beispiellos war im September 1934 die Machtfülle von Riefenstahls Hauptfigur: Im Sommer waren auf Hitlers Befehl hin Ernst Röhm und die Führungsspitze der SA ermordet worden, und nach dem Tod des alten Hindenburg übernahm Hitler neben dem Amt des Reichskanzlers auch das des Reichspräsidenten und Obersten Befehlshabers des Heeres. Ursprünglich hatte der neue Parteitagsfilm mit einem längeren, von Walter Ruttmann gestalteten Prolog einsetzen sollen, der die Geschichte der nationalsozialistischen Bewegung seit ihren Anfängen schilderte; übrig geblieben sind davon nur noch die Texttafeln zu Beginn. Nach den politischen und parteiinternen Machtverschiebungen vom Sommer 1934 bildete nicht mehr die Bewegung, sondern ganz allein Hitler den Fluchtpunkt von Triumph des Willens. Von ihm stammt auch der Titel: Es war Hitlers Wille, der zuerst in Nürnberg und später im Film triumphierte. Hitler dominiert

Fritz Eschen: Fahnenschmuck am Ufa-Palast am Zoo anlässlich der Uraufführung von *Triumph des Willens*, 1935

den ganzen Film; ein Drittel der Filmbilder zeigt ihn, und seine Reden beanspruchen zwei Drittel der Gesamtredezeit.[10] ■ Am 28. März 1935 fand die Uraufführung statt (Abb. oben), nachdem Hitler – gewissermaßen als Riefenstahls Koregisseur – zuvor den Endschnitt abgenommen hatte. Anschließend setzten 70 Premierenkinos den Film auf ihr Programm, der von der Ufa in großem Umfang verliehen wurde. Begleitet wurde die Premiere von einer immensen Pressekampagne, die den Besuch des Films zu einer nationalen Pflicht erhob. Für die Mitglieder von Organisationen wie SA, SS und HJ war der Besuch ohnehin Pflicht. Außerdem lief Triumph des Willens in Schulvorführungen und wurde mithilfe mobiler Vorführwagen in ländlichen Gegenden gezeigt. Viele Vorführungen fanden in feierlichem Rahmen statt: Das Kino wurde mit Fahnen geschmückt, es gab eine Ansprache, und eine SA-Kapelle spielte Musik, um ein vom Alltagsleben entrücktes Erlebnis zu schaffen und die emotionale Aufnahmefähigkeit für das weihevolle Geschehen zu erhöhen.[11] Anders als in den Lobeshymnen der Presse war im Volksmund auch vom »Wunder der Dressur« und dem »Triumph des Brüllens« die Rede.[12] Im Ausland hoch ausgezeichnet, wurde Triumph des Willens auch früh als Aufklärungsfilm gegen den Nationalsozialismus eingesetzt. Teile daraus fanden sich im Krieg in amerikanischen Anti-Nazifilmen wieder.

Vom Himmel hoch:
Inszenierter »Führer« und inszeniertes Volk

Dem Flug durch die Wolken in der Exposition und dem Hinabschweben nach Nürnberg, also dem Bild gewordenen Versprechen »Vom Himmel hoch, da komm ich her«, folgt Hitlers umjubelter Empfang am Flughafen und seine Fahrt im offenen Wagen in die Stadt, dargestellt als säkulare Version von Jesu Einzug in Jerusalem. Tausende Zuschauer säumen die Straßen und bilden eine menschliche Gasse, viele heben den Arm zum Hitlergruß. Eine im Wagen postierte Kamera filmt den ebenfalls grüßenden Hitler aus unmittelbarer Nähe von hinten, wobei sein Hinterkopf stets von der Sonne beschienen ist. Beide – die Zuschauer und Hitler – stehen still. Bewegung und Dynamik gehen vom fahrenden Wagen aus und werden von der Montage der Filmbilder und des Tons noch vervielfacht – zu hören ist komponierte, vorwärtsstreibende Musik, unter die immer wieder aufbrandender Jubel gemischt ist. Dauernd wechseln die Bildausschnitte und Einstellungsgrößen, mal werden die Zuschauer in Untersicht, mal in Aufsicht vom Wagen herunter, aus Fenstern, von Dächern und Kränen gefilmt. Eingeschnitten sind Nahaufnahmen begeisterter Gruppen und Großaufnahmen ausgewählter Frauen und Kinder. Durch die wiederholte Verwendung von Schuss-Gegenschuss-Schnittfolgen, bei denen die Großaufnahme eines Gesichts mit einer Rückenansicht Hitlers abwechselt, wird hier eine direkte Blickverbindung zwischen dem Zuschauer und seinem Idol suggeriert. Für den Kinozuschauer wird dem Geschehen auf diese Weise eine subjektive Sicht eingeschrieben, und die dicht gedrängt stehende Menge erhält durch die Großaufnahmen von Frauen und Kindern ein Gesicht: ein feminines oder kindliches, lachendes, von Freude erfülltes Gesicht mit geöffneten Lippen und leuchtenden Augen, die aufblicken zu Hitler, dem keineswegs obskuren Objekt der Begierde. Weder ergreift Hitler im ersten Teil selbst das Wort, noch unterwirft er die Menge durch seinen Blick. Vielmehr soll der Kinozuschauer in der Menge auf der Leinwand, wie sie neugierig und erwartungsvoll in Hitlers Nähe drängt, wie sie ihre Zuneigung ausdrückt und ihre Freude, wie in einem Spiegel sich selbst erkennen. Indem der Film Hitler hier nur in kurzen Ausschnitten und zumeist von hinten zeigt, unterläuft er die Erwartungen der Kinozuschauer und baut weitere Spannung auf. ■ Dem so inszenierten Volk stehen im zweiten Teil von *Triumph des Willens* die symmetrisch angeordneten Organisationen der NSDAP gegenüber, die Formationen des Arbeitsdienstes, der HJ, der SA und SS: allesamt maskulin, allesamt militärisch uniformiert, starr und diszipliniert durch Hitler, den »Zeremonienmeister des Appells«.[13] Dieser Gegensatz wird auch durch ästhetische Mittel erzeugt, durch die Verwendung von Totalen und Aufsichten, von zackiger und klar rhythmisierter Marschmusik. An die Stelle der eingangs illustrierten »Liebesgeschichte *mit* Hitler« tritt »die Selbstverpflichtung *auf* Hitler«.[14] Auch in diesem Teil finden sich mehrere Schuss-Gegenschuss-Schnittfolgen, die eingebunden sind in das Ritual der Treuegelöbnisse und die persönliche Unterwerfung des Einzelnen unter Hitler hervorkehren. Die Gesichter entsprechen einem physiognomischen Typus; ihr ernster und entschlossener Ausdruck wirkt wie eingefroren. Die zunächst erkennbare räumliche Trennung – die Straße für das weiblich kodierte Volk und der Appellplatz und die Kongresshalle für die männlich kodierte Partei – löst sich später auf, wenn die Parteiformationen durch die Stadt marschieren und der zivile, vorher auch etwas ungeordnete und von enthemmten Emotionen geprägte Raum militärisch durchdrungen und okkupiert wird. ■ Der zweite Teil wird bestimmt von leinwandfüllenden Totalen der aufmarschierten Parteiorganisationen. Dafür, dass auch diese langen Passagen im Film voller visueller Abwechslungen sind, sorgen neben dem Schnitt die Bildeinfälle von Riefenstahls Kameraleuten. Die wichtigsten und stilprägenden von ihnen kannte Riefenstahl aus der Bergfilm-Schule von Arnold Fanck, der sie selbst entstammte. Diese Kameraleute waren gewohnt, unter extremen Bedingungen selbstverantwortlich zu arbeiten und fanden auch für die großen Menschenansammlungen reizvolle Bilder: »Die Bergfilm-Operateure nehmen sie [die Menschenansammlungen] wie Landschaften auf, als seien sie von sich aus geordnete, formierte Natur, und veranschaulichen damit die nationalsozialistische Idee der deutschen Nation: Die Zuschauer im Stadion, welche die Rechte zum ›deutschen Gruß‹ strecken, verschmelzen als grafische Struktur zu einem Ganzen. Sie bilden einen Volkskörper. Die Individuen erscheinen dabei nur noch als bloße Elemente, so wie Bäume einen Wald bilden oder Grashalme eine Wiese. [...] Die Individuen gehen sichtbar und hörbar auf im uniformen Zeichen ihrer rituellen Selbstaufgabe.«[15]

Die selektierte »Volksgemeinschaft«

Der Grad der Inszenierung in *Triumph des Willens* wird deutlich beim Vergleich mit den Mängeln von *Sieg des Glaubens*. Stellenweise wurde dort das emotional aufgeladene Seherlebnis erheblich gestört. Ordner wurden sichtbar und unterliefen durch ihre Präsenz die Vorstellung einer allein durch Hitler disziplinierten Menge, Kameraleute gerieten ins Bild und beschädigten die Illusion der Unmittelbarkeit, Passanten oder Funktionäre aus dem Pulk um Hitler verstellten den direkten Blick auf ihn. Kurz vor Ende von *Sieg des Glaubens* fährt die Kamera nah an einer Reihe zum Appell angetretener SA-Männer entlang, und einer ist darunter, der genauso stramm dasteht wie die anderen, aber eine Brille mit starken Gläsern trägt, hinter denen seine Augen ungewöhnlich groß erscheinen. Die Aufnahme fällt umso mehr aus dem Rahmen, weil Brillenträger im Film sonst nicht in Nahaufnahmen auftauchen. Sie wurden von der Parteitagsregie in die zweite Reihe beordert oder, wo das misslang, am Schneidetisch entfernt; sie fehlen nicht zufällig, sondern sehr bewusst. ■ Die Gesichter von anonymen jungen Frauen, Müttern, Kindern und Jugendlichen, Angehörigen des Arbeitsdienstes, SA- oder SS-Männern,

Leni Riefenstahl bei den Dreharbeiten zu *Triumph des Willens*, 1934

die in *Triumph des Willens* in Großaufnahmen zu sehen sind, sollen einen Querschnitt der »Volksgemeinschaft« repräsentieren, und alle entsprechen visuell dem rassischen Leitbild der Nationalsozialisten, dem geraden, gesunden, kraftstrotzenden »arischen« Menschen. Oft sind sie mit großem Teleobjektiv aufgenommen und dadurch von ihrer Umgebung abgehoben, oft auch in Untersicht und in leichtem Profil gegen den Himmel fotografiert, sodass die Gesichtskonturen hervortreten. Abgesehen von einigen stark untersetzten älteren und eben nicht anonymen Parteifunktionären, die einen Kurzauftritt am Rednerpult haben, deckt sich die Auswahl der Gesichter am Schneidetisch mit einem auch staatlich propagierten Schönheitsideal. Riefenstahl selektiert demnach unter ideologiekonformen Gesichtspunkten aus der Masse an vorhandenem Filmmaterial. »Die *ausschließliche* Abbildung des ›Erwünschten‹ impliziert die Missbilligung des nicht-abgebildeten ›Unerwünschten‹, die Negierung von Vielfalt«, so Stefanie Grote, die in *Triumph des Willens* einen »Werbefilm für die NS-Rassendoktrin« erblickt.[16] Beispielhaft ist das Wunschbild einer rassisch homogenen, aus deutschen Stämmen zusammengefügten »Volksgemeinschaft« beim Appell des Arbeitsdienstes vor Hitler realisiert. Angehörige von zwölf Landsmannschaften melden sich zur Stelle und rufen im Chor: »Ein Volk! Ein Führer! Ein Reich! Deutschland!« Gemeinsam gedenken sie der Toten des Weltkriegs und der Toten der »Kampfzeit« – ein Ritual, das den ganzen zweiten Teil des Films beherrscht und die aufmarschierten männlichen Massen auch zu einer Kultgemeinschaft macht.

Vorbild und Ausnahmeerscheinung

Triumph des Willens war das wichtigste Vorbild für den »heroischen Reportagefilm«, eine eigene Spielart des dokumentarischen Films des »Dritten Reiches«, sowie für die Kriegswochenschauen. An beiden wirkten die Kameraleute von Fanck und Riefenstahl (Abb. S. 87) in hervorragender Weise mit. In anderer Hinsicht blieb *Triumph des Willens* eine Ausnahmeerscheinung. Einen abendfüllenden Film, der sich so ausschließlich der Verehrung Hitlers widmete, hat es im »Dritten Reich« nicht wieder gegeben. Auch eine so bedingungslose Selbstdarstellung der NSDAP wurde im Film nie wieder praktiziert. Stattdessen setzte Goebbels auf den subtilen Gebrauch populärer Unterhaltungsformen für propagandistische Zwecke; zur Akzeptanz des Führerprinzips sollten etwa die »Geniefilme« über Friedrich den Großen, Schiller und Bismarck beitragen, die vom Kampf großer, oft einsamer und unverstandener deutscher Männer erzählten.[17] Auch in anderen Medien wurde der Führerkult gepflegt, zum Beispiel in den Fotografien des Hoffotografen Hitlers, Heinrich Hoffmann, und im Rundfunk.[18] Die zunächst weiter von privaten Firmen hergestellten Wochenschauen standen dem Führerkult dagegen zögerlich gegenüber.[19] Vor 1939 erschien Hitler etwa in jeder dritten Wochenschau, meist anlässlich von Feierlichkeiten, wobei die Arrangements stereotyp ausfielen und sich Hitler überwiegend in einer reinen Männerwelt aufhielt. In den vom Propagandaministerium mitgestalteten Kriegswochenschauen stand Hitler dann im Zentrum des neuen Rituals der Frontbesuche. Für die Bilder seiner im Kriegsverlauf immer seltener werdenden offiziellen und privaten Auftritte im Film war Hitlers bevorzugter Kameramann Walter Frentz zuständig, der schon in *Sieg des Glaubens* und *Triumph des Willens* seine Qualitäten an der Handkamera bewiesen hatte und sich nun stets in seiner Nähe aufhielt und ihn auf seinen Reisen begleitete.[20] Dass sich Hitler, der längst dem Kult um die eigene Person erlegen war, aus der Öffentlichkeit zurückzog, ging in diesen Jahren einher mit seiner Inszenierung durch Goebbels als unbeugsamer Feldherr in der Nachfolge Friedrichs des Großen.[21] Besonders publikumsträchtig gelang das in Veit Harlans Epos *Der große König* (1942), das mitten im Krieg eine Analogie zum Siebenjährigen Krieg herstellte und das unbedingte Durchhalten von Front und Heimat zur Pflicht erklärte.[22] Hatte *Triumph des Willens* im ersten Teil noch eine freudige Zuneigung des Volkes zum »Führer« ins Bild gesetzt, so ging es ab jetzt nur mehr darum, das im zweiten Teil des Films beschworene Opfer des eigenen Lebens einzufordern.

Anmerkungen

1. Joseph Goebbels über *Triumph des Willens*, 26. März 1935, in: Goebbels 1997–2006, Bd. III/1, S. 206.
2. Anonymer Junge über *Triumph des Willens*, zit. in: Deutschland-Bericht der Sopade, 2. Jg., Nr. 6, Juni 1935, A 53. Hier zit. nach: Deutschland-Berichte 1935 (1980), S. 708.
3. Vgl. u. a. Loiperdinger 1987; Dolezel/Loiperdinger 1995; Rother 2000; Trimborn 2002; Grote 2004; Zimmermann 2005; Urban 2007; Oberwinter 2007.
4. Vgl. Kershaw 1999, S. 87.
5. Zimmermann 2005, S. 517.
6. Vgl. zur Musik Volker 2003.
7. Rother 2000, S. 60.
8. Vgl. Grote 2004, S. 75.
9. Vgl. ebd., S. 124.
10. Vgl. Loiperdinger 1987, S. 68.
11. Vgl. ebd., S. 115.
12. Vgl. Urban 2007, S. 219.
13. Loiperdinger 1987, S. 72.
14. Rother 2000, S. 77.
15. Loiperdinger 2003, S. 23 f.
16. Grote 2004, S. 124 f.
17. Vgl. Welch 2001, S. 123–158.
18. Vgl. Herz 1994 und Marszolek 2003.
19. Vgl. hierzu und zum Folgenden Dolezel/Loiperdinger 1995, S. 92 ff.
20. Vgl. Hoffmann 2006, S. 89–99.
21. Vgl. Kershaw 1999, S. 221 f.
22. Zur Produktionsgeschichte vgl. Buchloh 2010, S. 105–115.

Herstellung und Inszenierung der »Volksgemeinschaft«

MICHAEL WILDT

»Volksgemeinschaft« als Selbstermächtigung
Soziale Praxis und Gewalt

Der Begriff der »Volksgemeinschaft«, schon während des Ersten Weltkriegs verbreitet, war in der Weimarer Republik bereits ein politischer Schlüsselbegriff bei nahezu allen Parteien – allerdings mit durchaus gravierenden semantischen Unterschieden.[1] Die verfassungstreuen Parteien hoben vor allem den sozialharmonisch inkludierenden Aspekt heraus. Für die Sozialdemokraten zum Beispiel hatte sich die Arbeiterklasse mittlerweile zum Volk der Schaffenden ausgeweitet, die einer kleinen und ungerechtfertigt mächtigen Minderheit von Monopolkapitalisten und Großgrundbesitzern gegenüberstanden. Und selbst diese Minorität könnte, wenn sie einer wirklichen Arbeit nachginge, Teil einer sozialistischen »Volksgemeinschaft« werden.[2] ■ Es waren jedoch vor allem die Nationalsozialisten, die die »Volksgemeinschaft« erfolgreich propagierten. Der Begriff geriet, wie Hans-Ulrich Thamer konstatiert, zu »einer der wirkungsmächtigsten Formeln in der nationalsozialistischen Massenbewegung«[3]. Die Verheißung von sozialer Gemeinschaft und nationalem Wiederaufstieg, von Überwindung der Klassengesellschaft und politischer Einheit trug ganz wesentlich zur Attraktivität des Nationalsozialismus bei. ■ Bei aller Inklusionsrhetorik auch auf der Seite der Rechten war bei ihnen die »Volksgemeinschaft« vor allem durch Grenzen, durch Exklusion bestimmt. Nicht so sehr die Frage, wer zur »Volksgemeinschaft« gehörte, beschäftigte die Rechte, als vielmehr, wer nicht zu ihr gehören durfte, ebenjene bereits sprachlich ausgegrenzten »Gemeinschaftsfremden«, allen voran die Juden. Der Antisemitismus spielte dabei die entscheidende Rolle. Denn in der vorkonstitutionellen, außerstaatlichen Konstruktion des Volkes als »natürliche Blutsgemeinschaft«, die zu ihrer eigenen politischen Ordnung – die eben nicht der bürgerliche Nationalstaat war – finden müsse, war die rassistische, antisemitische Grenzlinie untrennbar eingelassen. »Staatsbürger kann nur sein, wer Volksgenosse ist. Volksgenosse kann nur sein, wer deutschen Blutes ist, ohne Rücksichtnahme auf Konfession. Kein Jude kann daher Volksgenosse sein« – so heißt es klar und deutlich im Parteiprogramm der NSDAP aus dem Jahr 1920. ■ Antisemitismus konstituierte die nationalsozialistische »Volksgemeinschaft«; er befeuerte auch deren Radikalität und Destruktionspotenzial. Mit einem bloß inkludierenden Konzept hätte sich die deutsche »Volksgemeinschaft« nach Erreichen der Vollbeschäftigung und der Revision des Versailler Vertrags in den Grenzen von 1938 selbstzufrieden genügen können. Stattdessen trieb die antisemitische, rassistische Passion sie stets weiter dazu, Grenzen auszudehnen, exkludierende Differenzen zu bestimmen, die »Volksgemeinschaft« immer wieder neu herzustellen und eine völkisch-rassistische Ordnung Europas zu verwirklichen. ■ Volksgemeinschaftsvorstellungen sahen im sogenannten Augusterlebnis ihren Referenzpunkt, denn der »August 1914« schloss ja ausdrücklich alle Deutschen ein, auch Juden und Sozialdemokraten, die sich von ihrem Patriotismus nicht zuletzt Anerkennung in der Mehrheitsgesellschaft erhofften. Umgekehrt hieß diese Untrennbarkeit von Antisemitismus und nationalsozialistischer »Volksgemeinschaft« aber auch, dass all diejenigen, die in dem Inklusionsversprechen der Nationalsozialisten eine Übereinstimmung mit ihrer eigenen Vorstellung sahen und sich vor allem nach 1933 von der Volksgemeinschaftspropaganda angesprochen fühlten, zugleich die antisemitische Exklusion übernahmen, selbst wenn sie ursprünglich keine Antisemiten sein mochten. ■ Der Nationalsozialismus bot Möglichkeitsräume, nicht nur der Macht, als vielmehr auch der Gewalt. Nationalsozialistische Politik war von Anfang an stets gewalttätige Praxis: Antisemitismus der Tat. Mit Gewalt ließ sich der Weimarer Rechtsstaat täglich wirksam herausfordern, da er das staatliche Gewaltmonopol verteidigen musste und sich folglich stets in der Defensive befand. Durch Gewalt ließ sich zugleich die angestrebte »Volksgemeinschaft« sichtbar machen, indem durch politische Aktionen die Grenze zwischen »uns« und den »Volksfeinden« scharf und unüberbrückbar gezogen wurde. ■ Die Herstellung dieser »Volksgemeinschaft« galt den Nationalsozialisten nach der »Machtübernahme« als zentrale Aufgabe, die nicht zuletzt in der Provinz, auf den Dörfern und in den kleinen Ortschaften zu bewerkstelligen war, ließen sich hier doch rassistische Grenzen innerhalb lokaler Populationen ziehen, die bisherige bürgerliche Rechtsordnung aus den Angeln heben und mit der praktizierten Vertreibung von Juden die Forderung nach der endgültigen »Entfernung der Juden« bahnen. Volksgemeinschaftspolitik war folglich zuerst und vor allem Politik gegen die Juden in der Nachbarschaft, ebenso wie gegen andere »Gemeinschaftsfremde«, »Fremdrassige« oder auch »Fremdarbeiter«. ■ Die Exklusion der deutschen Juden aus der »Volksgemeinschaft« – der mit zahllosen staatlichen Maßnahmen verordnete Ausschluss ebenso wie die alltägliche Ausgrenzung – zog nicht bloß eine antisemitische Grenze und beließ den nicht-jüdischen Teil unangetastet. Diese alltägliche Exklusionspraxis veränderte die Gesellschaft selbst. ■ Staat, so Max Weber in seiner klassischen Definition, ist diejenige menschliche Gemeinschaft, welche innerhalb eines bestimmten Gebietes »das Monopol legitimer physischer Gewaltsamkeit für sich (mit Erfolg) beansprucht«[4]. Im modernen Rechts- und Verfassungsstaat beruht die Legitimität staatlicher Gewaltanwendung auf dem Einverständnis der Bürger, die ihre im Prinzip unbeschränkte Freiheit zur Gewalt auf den Staat und seine Sicherheitsorgane übertragen haben. Darum kann der Staat in

Ein jüdischer Student wird von der SA durch Marburg getrieben, 24. August 1933

dieser Perspektive nur von den Bürgern selbst legitimiert sein, Gewalt anzuwenden, und es bedarf der Rechtsförmigkeit staatlicher Gewalt, die insbesondere von jedem Bürger auf ihre Rechtmäßigkeit durch unabhängige Gerichte überprüft werden kann. ■ Für dieses Problem der Einhegung der Gewalt durch das Recht besaßen die Nationalsozialisten keinen Sinn; im Gegenteil, der Rechtsstaat samt bürgerlichem Gesetz sollte so rasch wie möglich überwunden werden. »Recht ist, was dem Volke nützt«, hieß die Maxime nationalsozialistischer Rechtstheorie, und entsprechend diesem utilitaristischen Bezug auf das »Volk« jenseits des Rechts war die Anwendung von Gewalt für die Nationalsozialisten allein durch politisches Kalkül bestimmt. Immer wieder entfachte die Regimeführung die Gewalt der Parteigruppen, um die Bürokratie unter Druck zu setzen oder die Gesellschaft zu mobilisieren. ■ In der politischen Praxis vor Ort hieß das zuerst, soziale Distanz herzustellen, jedwede Solidarität und jedes Mitleid mit den Verfolgten zu stigmatisieren, um die jüdischen Nachbarn zu isolieren und für rechtlos, ja vogelfrei zu erklären. Während in den Großstädten unter den Augen ausländischer Beobachter und konzentrierter Kontrolle durch die Polizei der Boykott nach dem 1. April 1933 fürs Erste abgebrochen wurde, eröffnete er in der Provinz, in den Kleinstädten und Dörfern, den örtlichen Partei- und SA-Gruppen eine politische Arena, in der sie die soziale, kulturelle und politische Ordnung des Ortes verändern konnten. Mit dem Boykott ließen sich diverse Aktionsformen ausprobieren, von öffentlichen Plakaten und Transparenten über das Postenstehen direkt vor dem Laden, das bloße Auffordern von Kunden, das Geschäft nicht zu betreten, bis hin zu Beschimpfungen und Anwendung von Gewalt.[5] ■ Neben den gewalttätigen Boykottaktionen nahmen im Sommer 1935 – also mehrere Monate vor den »Nürnberger Gesetzen«, die im September erlassen wurden – ebenso Kampagnen zur Anprangerung von Liebesbeziehungen zwischen Juden und Nicht-Juden als »Rassenschande« zu. Überall im Reich wurden solche Beschuldigungen erhoben, die stets mit aggressiven öffentlichen Angriffen in Zeitungen und Flugblättern oder mit Demonstrationen einhergingen, bei denen die angeblichen »Rasseschänder« mit Gewalt durch die Stadt geführt wurden. ■ Betrachtet man die Bilder von jenen Umzügen, die am helllichten Tag in aller Öffentlichkeit stattfanden, so fallen die Mengen auf, die diese Umzüge begleiten: Frauen, Kinder, Jugendliche laufen mit, lachen, verhöhnen, beschimpfen, bespucken die Opfer. Die voyeuristische Attraktion und das Einverständnis mit der Beteiligung an dieser gewalttätigen Ahndung einer Verletzung der »Rassenehre« sind nicht zu übersehen. Mit den »Rassenschande«-Aktionen des Jahres 1935 hatten die Nationalsozialisten das Feld gefunden, um im Alltag die Grenzen der »Volksgemeinschaft« wirksam und mit Zustimmung der nicht-jüdischen Volksgenossen zu ziehen. ■ Häufig verstellt die übliche juristische Beschäftigung mit dem kodifizierten staatlichen Recht den Blick darauf, dass in der Gesellschaft noch andere Rechtsordnungen existieren, die nicht durch das Gesetz geregelt werden. So weist der Begriff der

MICHAEL WILDT

»Ehre« über die Regelung von Alltagskonflikten hinaus auf ein spezifisches, unterschiedlich kulturell wie historisch definiertes soziales Verhalten. ∎ Ehrverstöße waren in der Vormoderne ebenso Gegenstand herrschaftlicher Strafordnungen, wie sie auch von der Nachbarschaft, dem Dorf, der religiösen Gemeinde geahndet wurden. In den modernen Verstaatlichungsprozessen, die auch eine Vereinheitlichung und staatliche Regulierung des Rechts bedeuteten, wurde diese Volksjustiz mehr und mehr zurückgedrängt, ohne jedoch zu verschwinden. Beispiele aus dem von französischen Truppen besetzten Rheinland in den frühen 1920er Jahren zeigen die öffentliche Demütigung und Misshandlung von Frauen noch im 20. Jahrhundert, von sogenannten Ehrenmorden in der Gegenwart ganz zu schweigen. ∎ Damit ist ein zweites Kennzeichen der Ehre angesprochen: das Geschlecht. Ehre hängt stets mit Sexualität, mit der Wahrung der sexuellen patriarchalischen Ordnung zusammen. Zwar konnten auch Männer, die zum Beispiel von ihren Ehefrauen betrogen wurden oder sich im hohen Alter mit einer jungen Frau verheirateten, das Objekt von volkstümlichen Ehrstrafpraktiken werden. Aber in erster Linie zielte die Ehrgerichtsbarkeit auf Frauen, von denen die Wahrung ihrer Reinheit gefordert und deren Verletzung mit harten Strafen geahndet wurde. Das änderte sich auch im 20. Jahrhundert nicht: Gewalt und Geschlecht blieben die zwei entscheidenden Charakteristika der Ehre. ∎ Hinzu kommt jedoch die rassistische Auflagerung der Ehre. Was in der Vormoderne eine Ordnung zur Regelung sozialen Verhaltens darstellte, geriet unter rassenbiologischen Vorzeichen zu einer Praktik der unumkehrbaren Ausschließung. Indem Rassisten, allen voran die Nationalsozialisten, Rasse und Ehre zur »Rassenehre« verschmolzen, schufen sie nicht bloß einen neuen Begriff, sondern stellten damit eine soziale Praxis her, die einen Großteil aller Implikationen, die der Begriff der Ehre mit sich führte, fortsetzte und verstärkte. ∎ Nichts könnte diese Veränderung deutlicher kennzeichnen als der Begriff der »Rassenschande« selbst. Nicht die Aufrechterhaltung der Ehre als soziale Qualität einer Person stand im Mittelpunkt der nationalsozialistischen Aktionen, sondern die Abstrafung und Ächtung derjenigen Menschen, die in rassistischer Perspektive sich und der Gemeinschaft »Schande« bereitet hatten. Im Nationalsozialismus ging es nicht wie weiland darum, die traditionelle, »gerechte« Ordnung, die durch den neuzeitlichen, zentralistischen Staatsanspruch bedroht wurde, wiederherzustellen, sondern darum, die bürgerliche Rechtsordnung zu zerstören. Von der äußeren Form und den Praktiken her gesehen, könnte es so aussehen, als wären mittelalterliche und frühneuzeitliche Praktiken neu belebt worden. In Wirklichkeit handelte es sich um nationalsozialistische Mimikry. ∎ In den anscheinend mittelalterlichen Praktiken der »Rassenschande«-Umzüge zeigte sich die Ordnung eines »Volksrechts«, in dem die Rechtsgenossen nicht gleich sind, Recht nicht auf verfassungsmäßigem Weg gesetzt und in geschriebenen Gesetzen kodifiziert wird, die von allen eingesehen werden, auf die sich alle gleichermaßen berufen und vor Gericht beziehen können.

Werbeplakat für eine Sonderausgabe des antisemitischen Hetzblatts *Der Stürmer*, um 1936 (Kat.-Nr. 331)

Das nationalsozialistische Volksrecht wird vom »Volk« des Ortes festgelegt, vom »Volk« wird das Urteil ausgesprochen und gleichfalls exekutiert: »Volksrecht« als radikale wie gewalttätige Kritik am *Bürgerlichen Gesetzbuch*. ∎ Die Gewaltaktionen bargen noch mehr politisches Potenzial. Über die Zerstörung der bürgerlichen Rechtsordnung hinaus verlieh die Gewalt die Erfahrung unmittelbarer Macht. Am 22. Juli 1935 schilderte Max Angerthal der Berliner Zentrale einen Fall aus dem westpreußischen Osterode, von dem er gerade telefonisch erfahren hatte. Dort hatte eine Rotte Jugendlicher den Lederhändler Wittenberg in seinem Geschäft überfallen, nachdem er eine Gruppe acht- bis zehnjähriger Kinder vertrieben hatte, die sein Schaufenster mit antisemitischen Zetteln beklebt hatte. Die Hitler-Jungen fesselten Wittenberg, hingen ihm ein Pappschild um den Hals mit der Aufschrift: »Dieser dreckige Jude hat einen deutschen Jungen geschlagen!« und zwangen ihn eine Stunde lang unter Schlägen und Misshandlungen durch die Straßen von Osterode zu laufen. Es bedurfte schließlich der Intervention von vier Gendarmen, um Wittenberg aus der Gewalt der Jugendlichen zu befreien und in »Schutzhaft« zu nehmen. Der jugendliche Trupp zog daraufhin zu anderen Häusern und Geschäften in jüdischem Besitz, verwüstete das Büro eines Mühlenbetriebs und führte den jüdischen Mühlendirektor ebenfalls durch die Straßen Osterodes, bis auch er in

Schutzhaft genommen und am Abend erst wieder freigelassen wurde. ■ »Dies ist die erste Wurzel der Macht«, schrieb der Soziologe Heinrich Popitz. »Menschen können über andere Macht ausüben, weil sie andere verletzen können.«[6] Nirgendwo ist Macht wie Ohnmacht unmittelbarer zu erfahren als mit dem Vermögen bzw. Erleiden physischer Gewalt. Menschen sind auf eine vielfältige Weise sowohl verletzungsmächtig wie verletzungsoffen. Die Ausgesetztheit des menschlichen Körpers, seine kreatürliche Verletzbarkeit, die Todesbedrohung sind keine abstrakte, sondern eine konkrete Erfahrung. ■ Die innere Konstitution ist nachhaltig beschädigt, das Vertrauen in die eigene Stärke, in die eigene Unversehrtheit unwiederbringlich erschüttert. Die Gewalt, so Wolfgang Sofsky, »trifft ihn [den Menschen] in seinem Innersten und unterwirft ihn als ganzen, in seiner Totalität. Man hat von den Wirkungen der Gewalt noch nicht das mindeste verstanden, wenn man sie lediglich als einen physischen, äußerlichen Vorgang betrachtet.«[7] Die Demütigung und Herabsetzung sowie der Beweis der Unterlegenheit wirken nach, zumal dort, wo nicht zwei gleichrangige Kämpfer ihre Kräfte messen. Die Erfahrung der Schwäche steht der Gewissheit der Stärke diametral und doch notwendig miteinander verknüpft gegenüber. Nur die Niederlage des Geschlagenen bietet das Gefühl des Sieges für den Stärkeren. ■ Während jedoch unter äquivalenten Bedingungen der Verlierer Revanche verlangen kann und die Chance besitzt, in der Wiederholung des Kampfes oder im Kampf mit anderen seine Niederlage in einen Sieg zu verwandeln, schlossen die asymmetrischen Verhältnisse des NS-Regimes ebendiese Möglichkeit einer Umkehrung aus. Der übermächtigen Gewalt der Täter entsprach die vollständige, erniedrigende, die Würde der Person auslöschende Ohnmacht des Opfers. Dem geächteten Opfer wurde die Chance zur Gegenwehr genommen, das Recht auf Selbstverteidigung als unzulässiger Widerstand ausgelegt, während der Angreifer sich der eigenen strukturellen Überlegenheit sicher sein konnte, bevor sie zur Tat schritten. ■ Die Gewalt war öffentlich, sie sollte die Ohnmacht des Opfers und die Macht der Täter zur Schau stellen. Die sichtbare Demütigung des Opfers war konstitutiver Bestandteil der Aktionen. An zentraler Stelle des Ortes, auf dem Marktplatz oder vor dem Rathaus, fanden diese Aktionen statt, dort, wo alle vorübergingen und jeder die öffentlich Gedemütigten, die zur Misshandlung freigegeben waren, sehen konnte. ■ Es ist bezeichnend, dass diejenigen, die das Gesetz zu hüten und Straftaten zu verhindern hatten, erst spät oder gar nicht eingriffen. Stattdessen ließ die Polizei das gewalttätige Treiben gewähren, bevor sie Einhalt gebot. Und auch dann ging die Polizei nicht gegen die Gewalttäter vor, sondern nahm das jüdische Opfer in Haft. Die jugendlichen Aktivisten konnten sich hingegen des mehr oder weniger unverhohlenen Einverständnisses der Erwachsenen, selbst derjenigen, die von Amts wegen die öffentliche Ordnung zu gewährleisten hatten, sicher sein. ■ Diese mehr oder weniger unverborgene Komplizenschaft vor Ort, die die geltende Rechtsordnung für Juden in der Praxis außer Kraft setzte, ihnen den Schutz verweigerte und sie der Gewalt preisgab, war als Politik »von unten« ebenso notwendig wie die Erlasse, Gesetze und Maßnahmen »von oben«, um die »Volksgemeinschaft« herzustellen. In dem Moment, in dem Recht gegenüber einer Gruppe ohne Folgen gebrochen werden konnte, war die Grenze der »Volksgemeinschaft« bereits gezogen, die einerseits alle »Volksgenossen« einschloss, andererseits alle Juden und andere »Fremdvölkische« wie »Gemeinschaftsfremde« ausgrenzte. ■ In der kollektiven Gewalttat gegen Juden wurde die Ausgrenzung der »Anderen« auf brutale Weise exekutiert, und gleichermaßen bedeutete die Gewalt für den einzelnen Täter eine machtvolle Erfahrung der »Selbstaffirmation« (Alf Lüdtke). In der Aktion bildete sich jene »Volksgemeinschaft«, von der die NS-Propaganda sonst nur redete: eine Gemeinschaft, die einen Feind besaß, dessen Verfolgung und Vertreibung zum Prüfstein ihrer Existenz wurde; eine Gemeinschaft, die sich nicht durch Gesetze definierte, die immer auch Grenzen hätten setzen können, die sich erst durch die Tat schuf und als Selbstintensivierung erfahren werden konnte. »Für nicht wenige«, so hat Alf Lüdtke formuliert, »die sich außerhalb der ›Kommandohöhen‹ von Gesellschaft und Staat sahen, erwies sich die Gewalttat als eine ›befriedigende‹ Politik-Form. Akteure wie Claqueure nahmen auf ihre Weise Teil an politischer Herrschaft.«[8] ■ Alle Teilnehmer, Militante wie Zuschauer, Aktivisten wie Mitläufer, Täter wie Beteiligte, konnten Partizipation und Macht erfahren. Die Gewaltaktionen gegen Juden haben nicht die »Volksgemeinschaft« geschaffen, aber diese Praxis der Gewalt nahm die Wirklichkeit der »Volksgemeinschaft«, für einen begrenzten Moment, vorweg. Die alte Ordnung staatsbürgerlicher Gleichheit war außer Kraft gesetzt und eine neue politische Ordnung rassistischer Ungleichheit etabliert, in der die eigene Herrenmacht, das Gefühl von Überlegenheit und Anmaßung, eben von Selbstermächtigung, konkret, ja körperlich erfahrbar wurde. ■ Über »Volksgemeinschaft« zu reden heißt daher stets über Inklusion wie über Exklusion zu sprechen, über soziale Mobilisierung und Partizipation wie Selektion, über Teilhabe und Selbstermächtigung wie über Gewalt, Ausmerze und Mord. »Volksgemeinschaft« zu untersuchen bedeutet, rassistische Praxis in den Blick zu nehmen, gleichzeitig einschließend wie ausschließend, vor allem im Alltag, bei den unzähligen »Volksgenossinnen« und »Volksgenossen«, die sich bereitwillig engagierten, »Volksgemeinschaft« herzustellen, eine soziale wie politische Ordnung rassistischer Ungleichheit zu schaffen, die ihnen materiellen wie immateriellen Gewinn versprach, Machtzuwachs und Herrschaftsteilhabe.

Anmerkungen

1 Vgl. Verhey 2000; Bruendel 2003; zur Weimarer Republik vgl. Wildt 2009.
2 Vgl. dazu Vogt 2006; Zimmermann 2004.
3 Thamer 1990, S. 113.
4 Weber 1980, S. 822.
5 Vgl. dazu Ahlheim 2009; Wildt 2007.
6 Popitz 1992, S. 25.
7 Sofsky 1996, S. 70.
8 Lüdtke 1998, S. 280.

CHRISTIAN FUHRMEISTER

Ikonografie der »Volksgemeinschaft«

Einschränkung

Der Titel dieses Beitrags weckt Erwartungen, die aus vier Gründen nicht erfüllt werden können: ■ 1. Während »Volksgemeinschaft« nicht nur in der Geschichts- und Politikwissenschaft Thema einer riesigen Zahl von Untersuchungen war und ist – so weist allein die Bayerische Staatsbibliothek über 560 einschlägige Monografien unter diesem Schlagwort nach –,[1] gibt es in einer der europaweit größten und weltweit am besten erschlossenen *kunst*historischen Forschungsbibliotheken, nämlich der des Zentralinstituts für Kunstgeschichte in München, gerade einmal vier – *grosso modo* architekturgeschichtliche – Einträge unter diesem Rubrum, darunter Rainer Stommers wichtige Analyse der »Thing-Bewegung« von 1985.[2] Es existiert keine einzige Studie zur Malerei des Nationalsozialismus, die sich dezidiert oder gar ausschließlich mit unserem Gegenstand, der »Ikonografie der Volksgemeinschaft«, befassen würde. In der ideologiekritischen Untersuchung von Berthold Hinz[3] wird »Volksgemeinschaft« jedenfalls nur ganz knapp erwähnt. ■ Dies kann insofern nicht überraschen, als die Forschungsgeschichte – anders als in der Geschichtswissenschaft – insgesamt relativ kurz ist. Noch 1967 vermerkte etwa Nikolaus Pevsner lapidar: »Was die nationalsozialistische Architektur angeht, so ist jedes Wort über sie zuviel.«[4] Diese Äußerung illustriert mustergültig die bis weit in die 1970er Jahre vorherrschende Verdrängung und Tabuisierung der Zeit des Nationalsozialismus im Fach Kunstgeschichte. Die Zahl deutscher Kunstmuseen, die Werke des Nationalsozialismus in ihrer ständigen Sammlung zeigen, lässt sich bis heute an den Fingern einer Hand abzählen. ■ 2. Bei den relativ wenigen visuellen Quellen, die sich eindeutig, das heißt qua Titel, dem Thema »Volksgemeinschaft« zuweisen lassen, handelt es sich fast vollständig um Druckgrafik, genauer: um Broschüren, Pamphlete, Flugblätter, Postkarten und vor allem um Plakate (Abb. rechts). Es gibt meines Wissens kein Ölbild, das explizit mit »Volksgemeinschaft« betitelt ist. ■ 3. Unter Ikonografie versteht man gemeinhin die Bestimmung der Bedeutung eines Motivs in unterschiedlichen Verwendungszusammenhängen.[5] Da aber die grundlegenden visuellen Quellen noch gar nicht im Sinne eines Korpus zusammengestellt worden sind – es also keine qualitativ und quantitativ hinreichende Informationsebene gibt –, ist es sehr schwer, auch nur einen groben Überblick, geschweige denn eine *systematische* Zusammenstellung der Ikonografie etwa im Sinne Erwin Panofskys zu liefern. ■ 4. Jene wenigen Untersuchungen, die sich ausdrücklich mit den visuellen Erscheinungsformen des sinnstiftenden Gesellschaftsentwurfs »Volksgemeinschaft« beschäftigen, wie etwa diejenigen Peter Reichels und Paula Diehls in Gerhard Pauls rezentem *Bildatlas des 20. Jahrhunderts*[6], oder die verschiedenen Studien zu den Reichsparteitagen, von Autoren wie Yvonne Karow bis zu Hans-Ulrich Thamer,[7] verwenden das reichhaltige Bildmaterial oftmals nur rein illustrativ, das heißt als – scheinbar eingängige – Veranschaulichung ihrer Thesen bzw. als Bestätigung der aus *anderen* Quellen gewonnenen Einsichten. Lässt man jedoch die performative Dimension unseres Themas, also den Aufmarsch in Formationen und die Inszenierung von politischen Kultfeiern, außer Acht, muss man konstatieren, dass eine zielgerichtete Auseinandersetzung mit den ästhetischen, formalen und stilistischen Eigenheiten dieser ebenso hochdynamischen wie anpassungsfähigen, stark ausdifferenzierten Produktion und Inszenierung von *Bildkultur* im Nationalsozialismus bisher kaum stattgefunden hat. ■ Mit diesen vier Einwänden soll schlicht gesagt werden: Eine »Ikonografie der Volksgemeinschaft« muss tatsächlich *ab ovo* entwickelt werden. Bedenkt man, dass allein für die Großen Deutschen Kunstausstellungen im Haus der Deutschen Kunst in München zwischen 1937 und 1944 rund 13 500 als Auswahl aus rund 100 000 eingereichten Werken präsentiert worden sind,[8] wird der Umfang dieser Arbeit deutlich.

Methodische Überlegungen zu Bildern der »Volksgemeinschaft«

Dessen ungeachtet werden im Folgenden einige Überlegungen vorgestellt, die als Vorarbeiten oder Prolegomena zu einer solchen systematischen Untersuchung dienen könnten. Soweit ich die nationalsozialistische Bildproduktion überblicke, haben wir es mit einem sehr vielschichtigen und wandlungsfähigen Motiv zu tun – ebenso mehrdimensional wie der Begriff »Volksgemeinschaft« selbst. ■ Die Bilder der »Volksgemeinschaft« sind zumeist ebenso normativ wie appellativ, ebenso deskriptiv wie utopisch. Sie visualisieren das Konzept einer Gesinnungsgemeinschaft in der Gegenwart und formulieren zugleich ein Idealkonstrukt, eine erhoffte Zukunft, in der Klassen-, Standes-, Organisations-, Verbands- und Institutionsgrenzen überwunden sind. Es handelt sich bei diesen Bildern zumeist um *Fiktionen*, die ihrerseits jedoch stets einen realen Kern haben, etwa was die gesellschafts- und rassebiologische Dimension betrifft: Sie begleiten, flankieren, akzentuieren und propagieren die administrative Ausgrenzungs- und Vernichtungspolitik. ■ All dies geschieht nicht nach einem zuvor ausgearbeiteten und beschlossenen Masterplan, sondern ad hoc,

Plakat, gestaltet von René Ahrlé, zwischen 1933 und 1939

CHRISTIAN FUHRMEISTER

inmitten unterschiedlich erfolgreicher kunst- und kulturpolitischer Steuerungsversuche verschiedener Akteure in mehreren Ministerien und Gauen und, blickt man auf die Künstler, in einem Spannungsfeld individuell divergierender ästhetischer Gestaltungsoptionen. Die Kunst im Nationalsozialismus ist gleichermaßen von Beharrungsvermögen auf stilistischen Traditionen wie von hoher Dynamik gekennzeichnet. Folglich muss, wie in anderen Epochen auch, stets sowohl die Zeitachse als auch die regional unterschiedliche Ausprägung differenziert werden; staatliche Auftragskunst muss ebenso berücksichtigt werden wie der private Kunstmarkt, will man die zeitgenössische Trias von Produktion, Distribution und auch Rezeption[9] adäquat erfassen. Hinzu kommt, nicht zuletzt, die schwierige Frage, inwiefern wir hier durchweg von Propaganda, von exakter Umsetzung der – bekanntermaßen synkretistischen – nationalsozialistischen Ideologie sprechen können. ■ Die genannten Untersuchungskategorien müssen jedenfalls sehr eng miteinander verzahnt werden, will man die Leistungsfähigkeit des »visuellen Konstrukts Volksgemeinschaft«, das für sehr unterschiedliche Problemkonstellationen und Aufgabenstellungen – soziale Idee, Integrationsangebot, Mittel zur Erzeugung von Massenloyalität, soziale Mobilisierung etc. – in Anwendung gebracht worden ist, adäquat erfassen, beschreiben und analysieren. ■ Auf dieser Basis möchte ich exemplarisch und kursorisch einige Erscheinungsformen in weitgehend chronologischer Reihenfolge zur Diskussion stellen.

Bilder der »Volksgemeinschaft« – 1933 bis 1939

Die *Flensburger Illustrierten Nachrichten* präsentieren am 17. Mai 1933 *Führertum und Volksgemeinschaft* (Abb. oben links) als Montage aus einer Fotografie und einer Porträtzeichnung Hitlers. Die Zeichnung stammt vom deutschbaltischen Künstler Otto von Kursell, Mitglied der NSDAP seit 1922.[10] Der »Führer« figuriert – analog dem Antlitz Christi auf dem Schweißtuch der Veronika – als *Erscheinung*, während die angetretenen Formationen von SA und Partei das Volk repräsentieren – eine Kombination, die 1934 oder 1935 in Ludwigshafen realiter nachempfunden und reinszeniert wurde.[11] ■ Im nationalsozialistischen *Bild*haushalt wird diese konkrete Bindung der akklamierenden Masse(n) an Hitler – und umgekehrt – im weiteren Verlauf der 1930er Jahre schwächer und seltener, was Malerei und Grafik betrifft. So kann etwa in der Werbegrafik aufgrund der Omnipräsenz des charismatischen Herrschers auf dessen Erscheinungsbild verzichtet werden, ohne das Verständnis der Botschaft zu gefährden – das Radiogerät als akustischer Transmissionsriemen seiner Stimme wird zum Porträt in effigie. ■ Mit dieser Verwendung und Besetzung des Begriffs »Volksgemeinschaft«, wie auf dem Titelblatt der *Flensburger Illustrierten*, betritt das nationalsozialistische Regime indes kein Neuland, gehörte das Dogma eines homogenen Volkskörpers doch zum Programm vieler – recht unterschiedlicher – Parteien in den Jahren um 1930. Die

Titelseite der *Flensburger Illustrierten Nachrichten* vom 17. Mai 1933

Spannbreite der Inanspruchnahme dieses Begriffs reicht dabei vom deutschnational-völkischen Stahlhelm[12] bis zur Deutschen Staatspartei (der vormals linksliberalen Deutschen Demokratischen Partei) (Abb. oben Mitte). Es ist meines Erachtens signifikant, dass sich diese parteipolitisch divergierenden Vorstellungen von Gemeinschaft auch in durchaus heterogenen Bildfindungen und -gestaltungen manifestieren. So steht das Plakat der Deutschen Staatspartei zweifellos in der Tradition von Delacroix' *La Liberté guidant le peuple* (Die Freiheit führt das Volk – 28. Juli 1830), dieses adaptierend und modifizierend. Es würde zu weit führen, die Analogien und Unterschiede hier im Einzelnen auszuführen, doch *dass* hier eine Bezugnahme vorliegt, erscheint mir unbestreitbar. ■ Was die Frühphase des nationalsozialistischen Regimes betrifft, das heißt den Prozess der Gleichschaltung und des Aufbaus bzw. der Errichtung der Diktatur, ist hinsichtlich der Bildsprache durchaus der Versuch zu erkennen, auch in politisch linken Zusammenhängen etablierte Bildformen für eigene Ziele zu reklamieren. Hier ist an den Feuerspruch des »Ersten Rufers« bei den reichsweiten Bücherverbrennungen am 10. Mai 1933 zu erinnern: »Gegen Klassenkampf und Materialismus, für

Wahlplakat der Deutschen Staatspartei
zur Reichstagswahl am 14. September 1930

Plakat der Deutschen Arbeitsfront,
nach 1933

Volksgemeinschaft und idealistische Lebenshaltung! Ich übergebe der Flamme die Schriften von Marx und Kautsky.«[13] Eugen Lüthgen, Professor für Kunstgeschichte in Bonn, nutzte seine Rede zur dortigen Kundgebung des NSD-Studentenbunds unter Berufung auf die »Volksgemeinschaft« zu einer Generalabrechnung auch mit der Kunst und der Kunstgeschichte der Weimarer Republik: »Die Fiktion der Freiheit der Persönlichkeit hatte den Einzelnen verführt, den Zweck um des Zweckes willen zu wollen. So entstand, losgelöst vom Boden, entfremdet der Volksgemeinschaft, durchsetzt von artfremden Wesen, eine Wissenschaft nur um der Wissenschaft willen, eine Kunst um der Kunst willen.«[14] ■ Bei dieser Indienstnahme und Indienststellung von Kunst für die Zwecke der zukünftigen NS-Gesellschaft sind vielfach Anleihen und Umformungen tradierter Bildformen zu beobachten. Dies gilt besonders für jene Bildfindungen, die Zusammenarbeit, Zusammenhalt, Zugehörigkeit und Gemeinschaftsgefühl thematisieren und propagieren. Die Überwindung der Grenzen von Ständen und Berufsgruppen – Arbeiter der Faust und Arbeiter der Stirn – (Abb. oben rechts), von Alt und Jung, von Stadt und Land, gehört zu den etablierten Topoi dieses visuellen Diskurses, der auf Einbindung und Gewinnung von Zustimmung zur Leistungsgemeinschaft setzt. Rein formal lässt sich in der NS-Reproduktionsgrafik, ungeachtet der nun wesentlich häufigeren Verwendung von Frakturschrift, eine Weiterführung verschiedener moderner Gestaltungselemente der 1920er Jahre beobachten. ■ Bemerkenswert erscheint bei einem anderen, etwas späteren sudetendeutschen Wahlplakat (Abb. S. 98), *wie* die Ablehnung von Heterogenität und Aufsplitterung ins Bild gesetzt wird, indem eine bewusst partikulare, selektive Geschlossenheit sozusagen als ständestaatliche Voraussetzung von »Volksgemeinschaft« proklamiert wird. ■ Um ein kurzes Zwischenfazit zu ziehen: Visualisierungen von »Volksgemeinschaft« sind hochgradig situationsbezogen und kontextabhängig; es gibt zwar ein Bildrepertoire, doch dieses besitzt vielfache Variationsmöglichkeiten. ■ Sei es bei der Beschwörung der Frontkameradschaft, deren Bindekraft auch für die Gegenwart der Aufbau- und Etablierungsphase bzw. der Zerschlagung der Gewerkschaften behauptet wird, sei es im Bereich von Gewerbe und Handel, den die NS-Hago (NS-Handwerks-, Handels- und Gewerbeorganisation) für sich beansprucht: Das Schema des Brückenschlags zwischen Bevölkerungsgruppen wird vielfach

Wahlplakat des Bundes der Landwirte, zwischen 1935 und 1938

durchdekliniert und für die zu schaffende »Volksgemeinschaft« in Anspruch genommen. Die rhetorische Argumentationsformel, derer sich die Grafiker bedienen, lautet – wie gleich auch beim Bild der Familie ausgeführt werden kann – Pars pro Toto. Stellvertretend für weite Kreise dienen einzelne Figuren, Paare oder Kleingruppen als Projektionsflächen. Dies muss von jener Ikonografie der »Volksgemeinschaft« unterschieden werden, die 1938 – im Jahr der Sudetenkrise und des »Anschlusses« von Österreich – die Masse des Volkes aktivieren und im Block der Heimat zusammenschließen will (Abb. oben Mitte), also mit – männlichen – Arbeitern, Bauern und Soldaten, die stellvertretend für die gesamte gewachsene Reichsbevölkerung stehen. ■ Es macht für die Interpretation daher schon einen Unterschied aus, ob das Konzept der »Volksgemeinschaft« abstrakt, mit Hammer und mit sichelförmiger Ähre, oder konkret, mit identifizierbaren Protagonisten (Abb. oben rechts), kommuniziert wird. Erst die Kriegs- und Schicksalsgemeinschaft nach 1940 ist – gezwungenermaßen – in der Lage, die vorherrschende Geschlechterpolitik so zu modifizieren, dass die Rollenmuster von Männern und Frauen zwar flexibilisiert, aber nicht gänzlich außer Kraft gesetzt werden.[15] Das Lothringer Plakat gehört jedenfalls zu den wenigen Beispielen nationalsozialistischer Propaganda, die eine Frau – wenn auch an vierter Stelle – in der ersten Reihe zeigen, ohne auf das Rollenbild der Mutter fixiert zu sein. ■ Damit ist das Stichwort gegeben: Familie oder: Vater-Mutter-Kind. Sei es im Modus der steifen Auftragsarbeit wie bei Bernhard Dörries, sei es in der freieren, entfernt an Fritz von Uhde erinnernden Malweise eines Hans Schmitz-Wiedenbrück, sei es in der stärker allegorisch akzentuierten Form eines Georg Siebert:[16] Stets trägt die Familie als Kleingruppe das latente Versprechen einer Keimzelle der »Volksgemeinschaft« in sich; dies gilt insbesondere für die Bauernfamilie als Prototyp des Volkes. ■ Das Motiv der Familie selbst ist fraglos eine Projektionsfläche für gesellschaftsbezogene Visionen, und es kann daher nicht wirklich überraschen, dass es immer wieder für diverse genuin propagandistische Verwendungszwecke in Anspruch genommen wurde. Die »repressive Harmonie«, die Peter Reichel der nationalsozialistischen Weltsicht insgesamt zuspricht,[17] gilt in besonderem Maße für diese Familienbilder. Gleichzeitig gibt es indes markante Unterschiede. Wenn es darum geht, für das deutsche Volk Rassegesundheit, Naturverbundenheit und Bo-

Plakat der Propagandaleitung der NSDAP, gestaltet von Warlich, 1938

Plakat, gestaltet von Hans Schweitzer, zwischen 1940 und 1944

denständigkeit zu reklamieren, bietet ein Bild wie Sieberts *Deutsche Siedlerfamilie* (1938) zweifellos mehr Anknüpfungspunkte als die Interieurdarstellungen seiner Kollegen. Diese latente Offenheit für genuin nationalsozialistische Bedeutungszuschreibungen dürfte auch erklären, weshalb der *Impact Factor* von Sieberts Bild so viel größer war: Es wurde 1939 in einer ganzseitigen farbigen Reproduktion in der Zeitschrift *NS-Frauenwarte* abgedruckt, die eine Auflagenhöhe von knapp 1,5 Millionen Exemplaren hatte.[18] ■ Zu den prägnantesten Formulierungen der deutschen Familie als basalem Element der »Volksgemeinschaft« zählen sicherlich die Werke von Wolfgang Willrich (Abb. S. 100) und Adolf Wissel (Abb. S. 101). Prägnant, weil hier erstens die rassische Dimension so stark hervorgehoben wird und zweitens die Umnutzung tradierter sakraler Bildformeln – Dreieckskomposition, Tradition der *Sacra conversazione*, also Zwiesprache der Gottesmutter mit dem Jesusknaben, Drei-Generationen-Gruppe etc. – für ideologische Bedeutungszuweisungen so überaus deutlich ist.[19] ■ Anders als bei den zuvor genannten Genredarstellungen kann man hier meines Erachtens sogar eine Rückkopplung in dem Sinne konstatieren, dass von der NS-Werbegrafik formulierte Bildschemata – die freilich ihrerseits keineswegs voraussetzungslos sind – nun in den Bereich der Hochkunst, das heißt in die Tafelmalerei, Eingang finden. Zugleich ist mit Ingeborg Bloth die Differenz von Willrich und Wissel zu betonen: Während Wissel das Ewigkeitssymbol des Efeus in die Bildecke schiebt, platziert Willrich den Fachwerkständer in der zentralen Bildachse und substituiert das christliche Kreuz sowohl mit der Irminsul als auch mit der Geburts- und Auferstehungsrune »Man«. Hinzu kommt die penetrante rassische Idealisierung von Willrichs Werk – das ostentative Beharren auf bäuerlichem Erbgut –, das folgerichtig von Reichsbauernführer Darré erworben wurde.[20] Wissels überlebensgroßes Bild wurde zwar 1939 von Hitler auf der Großen Deutschen Kunstausstellung angekauft, aber nie wieder ausgestellt und nur ein einziges Mal abgebildet.[21] Diese Unterschiede werden auch in Willrichs Selbstzeugnis greifbar; sein *Familienbild* von 1939 entsprach exakt jener Forderung, die er selbst 1937 erhoben hatte: »Der Rassegedanke erstrebt, aus dem gesunden Volksbestand durch die Auslese der erblich Trefflichsten in freiwilliger Rassezucht den deutschen Adel neu zu schaffen, der in Art und Tat vorbildlich das Volk führt durch überlege-

CHRISTIAN FUHRMEISTER

Wolfgang Willrich: *Deutsche Familie*, um 1938

IKONOGRAFIE DER »VOLKSGEMEINSCHAFT«

Adolf Wissel: *Kalenberger Bauernfamilie*, 1938

nen Willen und gültiges Beispiel. Die Sehnsucht des deutschen Volkes nach solchem Adel zu erwecken, die Schönheit und Erhabenheit nicht bloß als Vorrecht unglaubhafter Götter, sondern als eine Menschenmöglichkeit und als Zielbild der Aufartung klarzustellen und verpflichtend einzuprägen [...] welche hehre Aufgabe für die Kunst!«[22] ■ Bevor wir uns der Ikonografie der »Volksgemeinschaft« im Krieg zuwenden, sei nur der Vollständigkeit halber erwähnt, dass es auch verschiedene *architektonische* Visualisierungen des Konzepts gegeben hat, von der von Hubert Schrade schon 1934 propagierten »Halle« von Günther Martin und Winfried Wendland[23] bis zur »Halle der Volksgemeinschaft« am »Platz Adolf Hitlers« in Weimar, deren Grundsteinlegung im Mai 1937 erfolgte.

Bilder der »Volksgemeinschaft« – 1939 bis 1945

Selbstverständlich sind der Forschung nicht nur zahllose Wandbilder in Schulen, Ministerien, Arbeitsdienstlagern, Kasernen und Fliegerhorsten bekannt, die die »Volksgemeinschaft« in verschiedenen Ausprägungen präsentieren, sondern auch Projekte wie etwa die nationalsozialistische Umgestaltung des Braunschweiger Doms in den Jahren 1935 bis 1940. Der junge Berliner Künstler Heinrich Wilhelm Dohme fertigte zwischen 1938 und 1940 einen Fries zum Thema *Heinrich der Löwe und seine Ostpolitik* in Sgraffito-Technik an,[24] der direkt auf die aktuelle NS-Expansionspolitik abgestimmt war: Bauern und Siedler, Soldaten und Grenzschutz ziehen gen Osten, die Volks- oder besser Wehrgemeinschaft[25] zieht in den Krieg. ■ Die eben noch so dominante Dimension von »Blut und Boden« – von der »Kette des Lebens«, von germanischem Erb-

CHRISTIAN FUHRMEISTER

Broschüre mit dem Wortlaut von Joseph Goebbels' Rede im Berliner Sportpalast am 18. Februar 1943, gestaltet von Hermann Fiddickow

gut in der hochindustrialisierten Volkswirtschaft –, macht ab 1939/40 einer in rassischer Hinsicht eher indifferenten Gemeinschaftsvorstellung Platz. »Volk sein« heißt nun (nur noch), sich gemeinsam anzustrengen und gemeinsam zu kämpfen. Es ist der Zwang zur Kampfgemeinschaft, der diese Einheit schafft. ■ Die »Volksgemeinschaft« im Krieg wandelt sich ab 1942 zusehends von der Kampfgemeinschaft zur Schicksals-, Leidens- und Opfergemeinschaft. Adolf Reichs Bild *Das größere Opfer* (s. Kat-Nr. 413–414) ist ein flammender Appell an die Heimatfront, stets das Ganze – seien es ein paar Münzen, sei es ein Bein oder das Leben selbst – zu opfern. Wer opfert, ist Teil des Volkes, Teil der Gemeinschaft – und nur, wer opfert. ■ Die Opfer- und die Leidensgemeinschaft sind vornehmlich passiv. Für den aktiven Einsatz im *Totalen Krieg* (Abb. oben) muss daher noch einmal das alte Repertoire mobilisiert werden, von der roten Fahne und dem Hammer bis zur Naturmetaphorik, die schon bei der Stilisierung des Ersten Weltkriegs zur Naturkatastrophe wichtige Dienste geleistet hatte. Die Zielgruppe dieser visuellen Brandrede ist männlich und städtisch oder großstädtisch; der Bauer fehlt: Handwerk und Industrie greifen nun, so die Botschaft, zu den Waffen. Auch wenn die Frau den Hammer entgegennimmt und an die Werkbank geht, bleibt sie eine Assistenzfigur: Die »Volksgemeinschaft« soll als VOLK – in Großbuchstaben – vorgeblich nobilitiert und monumentalisiert werden, doch tatsächlich geht es einzig und allein um die Gewinnung von Kombattanten, und nicht etwa um Zusammengehörigkeit. Berücksichtigt man indes die Folgen der alliierten Luftangriffe der Jahre 1943–45 auf die Bevölkerung, die Stimmungslage von Resignation und Apathie, dann dürfte das stärkste Bindeglied dieser Jahre nicht die Vorstellung einer Kampf-, sondern einer Schicksalsgemeinschaft gewesen sein: auf Gedeih und Verderb, mit Opfer oder ohne. ■ Die Bildsprache der »Volksgemeinschaft«, das hat dieser kursorische Überblick gezeigt, ist ebenso unscharf wie wandlungsfähig, dabei stets hochgradig situations- und kontextbezogen. So wie der Begriff selbst in unterschiedlichen gesellschaftlichen Konstellationen für wechselnde Verheißungen in Anspruch genommen wurde, so spiegeln auch seine Visualisierungen diese je partikulare Funktionalisierung und Indienstnahme wider – und umgekehrt, denn aus den Bildzeugnissen kann auf Dispositionen und Befindlichkeiten – Ängste, Hoffnungen, Wünsche etc. – zurückgeschlossen werden, von Interessen und Intentionen der Auftraggeber bis zu zielgruppenspezifischen Wahrnehmungshorizonten der Adressaten und Rezipienten.

Ausblick: »Volksgemeinschaft« nach 1945

Im Sommer 1948 unternahmen die Studenten der Münchner Universität einen »Hungermarsch«, um gegen die Rationierung von Lebensmitteln zu protestieren (Abb. rechts). Eine Aufnahme des Münchner Fotografen Walter Bernard Francé dokumentiert ein mitgeführtes Transparent. Es zeigt einen Hungernden auf dem Boden liegend, die linke Hand auf einem Buch, während sich zwei schnuppernde Ratten von rechts nähern. Das Bild ist überschrieben »MENS SANA – ?«, was man sofort um »in corpore sano« ergänzt, also: »ein gesunder Geist in einem gesunden Körper«. ■ Natürlich ist es schwierig, mit Hunger zu studieren oder zu arbeiten. Doch wirklich verstörend sind Motiv und Bildsprache. Bilder von der Befreiung der Konzentrationslager wie beispielsweise Bergen-Belsen waren in zahllosen Zeitungen erschienen, waren in allen Köpfen. Auf diese Ikonografie ausgemergelter Menschen und »Muselmänner« nimmt das Plakat fraglos Bezug – und dies bedeutet, dass der studentische Transparentmaler von 1948 bewusst oder unbewusst eine Analogie zu jenen Bildern von Leid und Unterernährung gesucht hat. Es ist daher zu fragen, ob hier der deutschen Nachkriegsgemeinschaft die zuvor bewusst aus der »Volksgemeinschaft« Ausgegrenzten – die Häftlinge, Zwangsarbeiter und Kriegsgefangenen ebenso wie die industriell Vernichteten – visuell zur Selbstviktimisierung dienten?

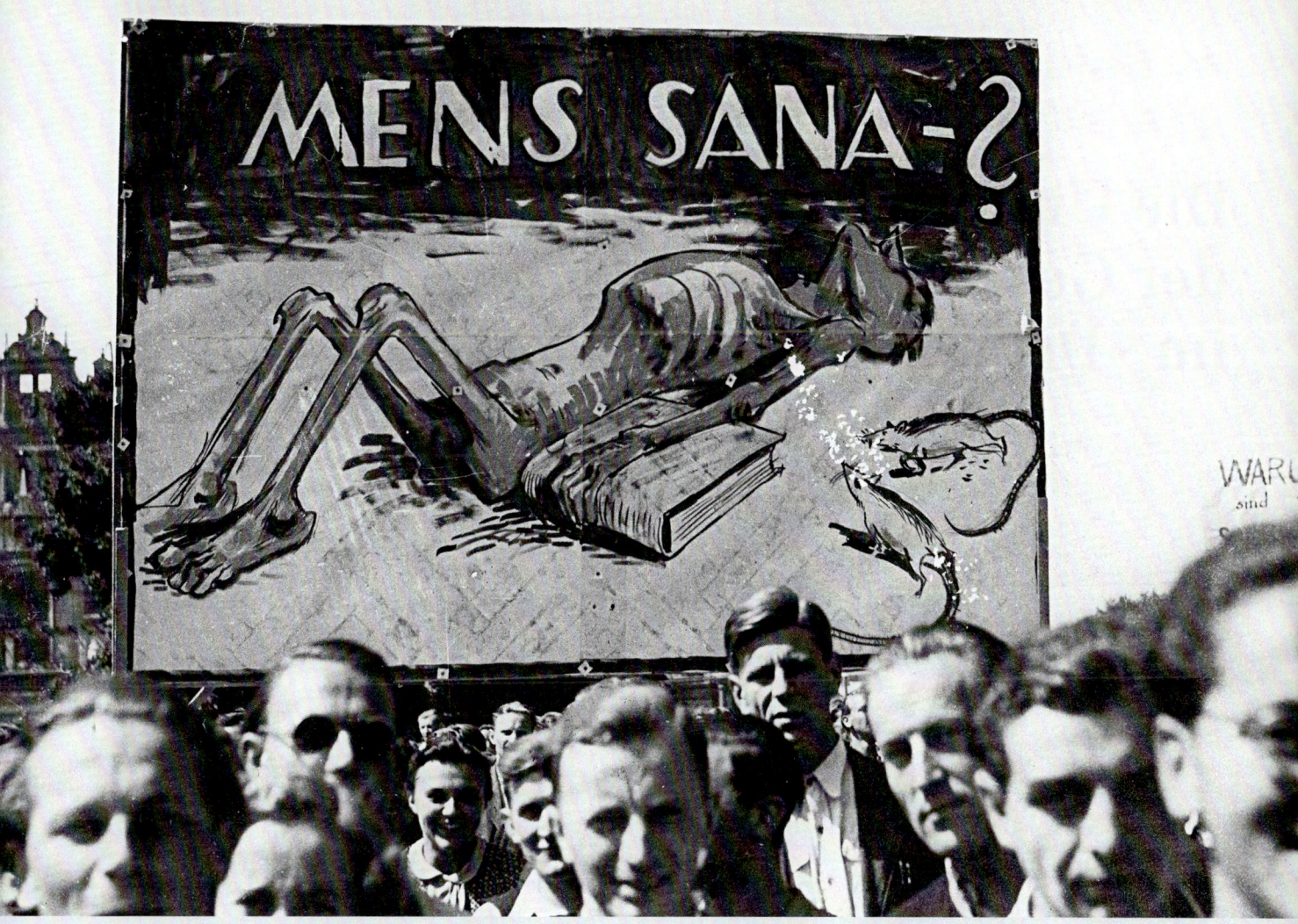

Hungermarsch von Studenten am 18. Juni 1948

Anmerkungen

1 Von diesen zahlreichen Studien nenne ich nur vier, die mir besonders informativ und hilfreich erscheinen: Janka 1997; Weiß 1999; Frei 2005b; Bajohr/Wildt 2009a.
2 Stommer 1985; vgl. KDF-Seebad Prora 2005.
3 Hinz 1984.
4 Pevsner 1967, S. 466.
5 Vgl. Büttner/Gottdang 2006; Poeschel 2010.
6 Reichel 2009; Diehl 2009.
7 Thamer 1992; Karow 1997, Doosry 2002.
8 Seit September 2009 arbeitet das Zentralinstitut für Kunstgeschichte (Projektleitung) gemeinsam mit dem Deutschen Historischen Museum Berlin und dem Historischen Archiv der Stiftung Haus der Kunst GmbH in einem DFG-Projekt an der Bild- und Forschungsdatenbank GDK-ONLINE, s. <www.zikg.eu/main/projekte.htm (30.8.2010)>.
9 Vgl. Gunthert 2001, der am Beispiel von Ferdinand Staegers Bild *Wir sind die Werksoldaten* (1938) herausgearbeitet hat, wie stark sich die Ikonografie des Reichsarbeitsdienstes zwischen 1933 und 1938 änderte; er betont die autonome Genese von Bildformen, die nicht auf schematische Verbildlichungen politischer Dogmen reduziert werden dürfe.
10 Leben und Werk von Otto von Kursell (1884–1967) sind bisher nicht bearbeitet. Eine ähnliche Porträtzeichnung des Künstlers befindet sich auf dem Umschlag von Stark 1930.
11 S. Ludwigshafen 1999, S. 105. Vgl. Benedikt Erenz: Kreatives Grenzland. Die Kampagne »Du bist Deutschland« hat einen historischen Vorläufer, in: ZEIT online 25.11.2005 <www.zeit.de/online/2005/48/denn_du_bist_deutschland>.
12 S. Bundesarchiv, B 145, Bild P046284, Propagandawagen mit Wahlwerbung des »Stahlhelm« zur Reichspräsidentenwahl: »Wer die echte Volksgemeinschaft will, der wählt Duesterberg, den deutschen Mann«, Fotograf: Carl Weinrother, 1932. Vgl. Bundesarchiv, Plak 002–033-006, Plakat »Nicht Diktatur sondern Volksgemeinschaft!« der Volksnationalen Reichsvereinigung, Mai 1930, Grafiker: Otto Reichert, Verlag Ph. Sauer, Offenbach/Main.
13 Zit. nach Ausst.-Kat. Bonn 2003, S. 19.
14 Bonner Akademische Reden, Heft 17, Bonn 1933.
15 So Frank Bajohr und Michael Wildt in der Einleitung ihres Sammelbands (Zusammenfassung der Thesen von Sybille Steinbacher), s. Bajohr/Wildt 2009b, S. 20.
16 Die drei genannten Werke abgebildet bei Bloth 1994, Taf. 19; zum Wettbewerb »Das Familienbild« von 1938 dort S. 120. Vgl. auch H. Rinner: Ein Volk hilft sich selbst!, Plakat des Winterhilfswerks, um 1933, Berlin, DHM, P 99/25, abgebildet bei Reichel 2009, S. 445.
17 Reichel 2009, S. 446.
18 So Bloth 1994, S. 126.
19 Zur Adaption und Funktionalisierung genuin christlicher Vorstellungen durch den Nationalsozialismus s. auch Behrenbeck 1996b.
20 Bloth 1994, S. 120, Anm. 60.
21 Ebd., S. 128.
22 Willrich 1937, S. 145.
23 Schrade 1934, S. 113–116. Vgl. Fuhrmeister 2008.
24 Vgl. van Dyke/Fuhrmeister 2000, bes. S. 55–59; Fuhrmeister 2009.
25 Vgl. Kautter 1938; ders. 1944, S. 148, S. 174–176.

IRENE GUENTHER

Die Uniformierung der Gesellschaft im »Dritten Reich«

»Die äußere Erscheinung des deutschen Volkes muss seiner historischen Aufgabe als Wahrer der Zivilisation für zukünftige Generationen entsprechen.«
(Maria May 1940)[1]

Unmittelbar mit der Machtübernahme durch die Nationalsozialisten im Jahre 1933 begann die »Gleichschaltung« der deutschen Gesellschaft, Kultur und Politik. Ob »Gleichschaltung« der Sprache oder »Ausschaltung« der als unerwünscht geltenden Menschen, die Nazifizierung der Gesellschaft und des Alltags schritt ebenso schnell voran wie die institutionelle »Gleichschaltung«. ■ Auch die äußere Erscheinung der Menschen wurde standardisiert und nazifiziert. Ähnlich wie in den Bereichen Musik, Kunst, Literatur und Presse wurde die institutionelle Gleichschaltung auf dem Gebiet der Mode direkt nach der Machtübernahme eingeleitet.[2] Die in Berlin konzentrierte Modeindustrie beschäftigte Tausende von Mitarbeitern: Vor 1933 war die Mode, insbesondere die Konfektionsbekleidung, der zweitgrößte Exportschlager Deutschlands. Nun bot die Politik der »Gleichschaltung« und des Antisemitismus den in der Modebranche arbeitenden nicht-jüdischen Deutschen die Gelegenheit, sich ihrer jüdischen Kollegen, Mitarbeiter und Rivalen zu entledigen. Stramme Nationalsozialisten innerhalb der Industrie übernahmen Führungsrollen in den wichtigsten Modeorganisationen. Dieselben Männer gründeten bald die Arbeitsgemeinschaft deutsch-arischer Fabrikanten der Bekleidungsindustrie (ADEFA), deren einziges Ziel in der Entfernung der Juden aus allen Zweigen der Modewelt bestand.[3] Handels- und Modeschulen »säuberten« ihre Reihen von allen Vorstandmitgliedern und Studenten, die nicht-arischer Abstammung waren. Andere Methoden waren die »Arisierung« bzw. Liquidierung von Warenhäusern, Geschäften, Modesalons und Produktionsfirmen, die sich in jüdischem Besitz befanden. Gelegentlich überschrieben die jüdischen Besitzer ihre Geschäfte auch an »arische« Mitarbeiter, in der Hoffnung, der Betrieb würde auch nach ihrer Emigration ins sichere Ausland weitergehen. Meistens wurden die jüdischen Besitzer jedoch gezwungen, zu einem Spottpreis zu verkaufen; oft erhielten sie gar nichts. Glühende Nazis, die über wenig praktische Erfahrung im Bekleidungsgeschäft und noch weniger Talent im Designbereich verfügten, waren oft die begierigen Empfänger von Hunderten liquidierter oder arisierter Bekleidungsunternehmen im Deutschen Reich.[4] In die Fenster aller ADEFA-Mitglieder wurden Schilder gestellt, die der Öffentlichkeit klarmachten, dass dort ausschließlich Modeartikel aus »arischer Hand« geführt wurden. Darüber hinaus wurde das ADEFA-Etikett in sämtliche von Organisationsmitgliedern vertriebene Bekleidungsstücke eingenäht, um »unsere deutschen Kameraden wissen zu lassen, dass jede Etappe – vom Weben des Stoffes bis zum Produzieren der Kleidung – ausschließlich von Ariern ausgeführt wurde«.[5] Am 15. August 1939 konnte die ADEFA-Leitung stolz verkünden, die bis dahin in der Modeindustrie tätigen Juden, die diese historisch, kulturell und wirtschaftlich geprägt hatten, eliminiert zu haben.[6] Institutionell war damit die Modeindustrie zugleich nazifiziert und arisiert worden. Diese institutionelle »Gleichschaltung« erklärt freilich noch nicht die Vereinheitlichung und Anpassung, die sich bald in der äußeren Erscheinung und im Benehmen der Menschen zeigte. ■ Es ist aufschlussreich, das »Dritte Reich« anhand seiner Kleidung zu untersuchen. Kleidung diente als Mittel, viele der von der NS-Propagandamaschine verbreiteten Vorstellungen visuell zum Ausdruck zu bringen; denn nur zu gut begriff das von Joseph Goebbels geleitete Ministerium die Macht der Erscheinung. Kleidung wurde benutzt, um die NS-Geschlechterideologie und den Antisemitismus zu stützen und durchzusetzen. Sie wurde eingesetzt, um Macht und Status des Regimes zu steigern, aber auch, um die Gesellschaft gleichzuschalten und zu kontrollieren. Darüber hinaus bot Kleidung ein sichtbares Zeichen für die Zugehörigkeit zur bzw. die Ausgrenzung aus der rassistisch geprägten »Volksgemeinschaft«. Kleidung diente außerdem als eine Form der Kommunikation: Was man trug oder tragen musste und wie man sich kleidete, sprach im nationalsozialistischen Deutschland Bände. Konformität ist das *sine qua non* von Diktaturen, auch wenn man normalerweise denken würde, dass die erzwungene Gleichschaltung eher den politischen, intellektuellen und kulturellen Aktivitäten als der äußeren Erscheinung gilt. Im Nationalsozialismus wurde Kleidung jedoch benutzt, um die Gesellschaft in Richtung Einheitlichkeit und Anonymität zu lenken. Mit anderen Worten: Das Regime bestimmte die Kleiderordnung, um akzeptable individuelle und kollektive Identitäten zu bilden. Man konnte einen Platz in der »Volksgemeinschaft« erwerben, indem man sich an ein von der NS-Ideologie propagiertes Vorbild anpasste; dementsprechend wurde das »Anderssein« verteufelt und hatte sein eigenes vorgefertigtes Erscheinungsbild.[7] ■ Während in Spiel-, Dokumentarfilmen und in erhaltenen Fotografien aus der Zeit des »Dritten Reiches« die (militärische) Uniform als *das* Kleidungsstück schlechthin gezeigt wird, möchte ich anregen, den Begriff der Uniform zu erweitern. Denn schließlich wird auch

DIE UNIFORMIERUNG DER GESELLSCHAFT IM »DRITTEN REICH«

Karl M. Schuster: Werbekarte
für Indanthren, 1937

dann eine Uniform geschaffen, wenn wir unsere äußere Erscheinung einschließlich der Kleidung verändern, um uns an die vorgeschriebenen Normen einer Gruppe anzupassen. Wie dieser Aufsatz zeigen wird, benutzten die Nationalsozialisten neben der traditionellen Uniform auch andere Moden im Bestreben, die Erscheinung, das Verhalten und die Meinungen der Deutschen gleichzuschalten und zu kontrollieren. Wenn es stimmt, dass Kleider das »Spiegelbild der Persönlichkeit« sind, dann hatte das »Dritte Reich« eine ganze Reihe kleidungsbezogener Spiegel bzw. Bilder zur Verfügung.[8] Jedes dieser Images wurde konstruiert, um bestimmte Ideologien, politische Linien und Zielsetzungen des Regimes zu unterstützen. ■ Eines davon war die Trachtenkleidung, die sich auf die kulturelle Vergangenheit Deutschlands bezog. Indem die Nationalsozialisten die alte Trachtenkleidung als das beste Beispiel rassisch und kulturell reiner Kleidung hinstellten, machten sie sie zum Inbegriff »der deutsch-arischen Wesenheit« und »des völkischen Bewusstseins der Volksgemeinschaft«.[9] Das phrasenhafte Motiv der Gemeinschaft – eines deutschen Volkes, das durch seine Liebe zur Nation und zum historischen Brauchtum vereinigt ist – wurde ständig in Bezug auf die

Volkstracht wiederholt und passte hervorragend in das umfassende NS-Programm von »Blut und Boden«. Als Alternative zur Tracht betonten die Nationalsozialisten auch einen anderen Dress Code: die Uniform, die die Vorliebe der Partei für Organisation und Militarisierung widerspiegelte. Ähnlich wie die Trachtenkleidung bot die Uniform ein weiteres sichtbares Zeichen der Zugehörigkeit zur propagierten deutschen Rassengemeinschaft. Sie verkörperte Macht und erhöhte den Status des Regimes. Gleichzeitig stand sie für Ordnung, Konformität und eine Ablehnung internationaler Tendenzen. Die Uniform festigte auch Überzeugungen und Wertsysteme und prägte Haltungen beim Träger wie beim Beobachter. Sie wurde als Mittel dargestellt, Klassenunterschiede zu beseitigen, was zu den Verheißungen der Nationalsozialisten in ihrem vermeintlichen Streben nach einer klassenlosen »Volksgemeinschaft« gehörte. Sie diente zur Unterdrückung von Meinungsunterschieden, forderte zum Gehorsam auf, erstickte Individualität und stand beispielhaft für die Zugehörigkeit zum Nationalsozialismus. Sie funktionierte auch als Zeichen des Ausschlusses. Jüdische Geschäfte durften keine Symbole der NS-Bewegung verkaufen, darunter Hakenkreuze, Fahnen, Bilder der NS-Führung sowie Uniformen. Diese Maßnahmen sollten sicherstellen, dass Juden die nationalsozialistische Bewegung bzw. ihre Mitglieder nicht »beschmutzten«. Dies hatte natürlich schwerwiegende finanzielle und soziale Auswirkungen auf die jüdischen Ladenbesitzer und Hersteller. Der Zynismus erreichte seinen Höhepunkt, als Juden nach ihrer Deportation in die östlichen Ghettos befohlen wurde, Uniformen, Stiefel und Epauletten für die Wehrmacht und die Luftwaffe herzustellen. In den Konzentrationslagern mussten Juden später Sklavenarbeit verrichten, um Kunststoffe und Textilien herzustellen und die Uniformen und Schuhe ihrer Unterdrücker zu reparieren.[10] ■ Bereits vor 1933 war das Straßenbild überwiegend durch die braunen Uniformen der SA geprägt. Hitlers Braunhemden – von ihm »meine braune Armee, mein braunes Bollwerk, meine braune Mauer« genannt – schienen allgegenwärtig zu sein.[11] Als die Nationalsozialisten an die Macht kamen und die »Gleichschaltung« der Bevölkerung einleiteten sowie neue Gruppen bildeten, nahmen die Uniformen schlagartig zu. Bereits 1934 herrschte eine solche Begeisterung für Uniformen, dass Freiherr von Eelking, Chefredakteur der Zeitschrift *Das Herrenjournal*, es für notwendig hielt, ein Buch über die SA-Uniform und ihre vielen Ableger zu schreiben, damit »alle guten Deutschen ihre Uniformen verstehen« würden.[12] ■ Um ihre Uniformen zu gestalten, beschäftigte die Wehrmacht eigene Modeschöpfer. Die Kleidung sollte funktionell sein, Bewegungsfreiheit bieten, Achtung erzeugen und für eine ehrfurchtgebietende Erscheinung sorgen. Um diese Kriterien zu erfüllen, haben die Designer die Schultern verbreitert und den Gürtel und den Waffenrock etwas höher als üblich gesetzt, um die Beine des Trägers länger erscheinen zu lassen. So wurden Körpergröße und Statur optisch aufgebaut. Eine Vielzahl von Kragenabzeichen, Schulterstücken, Manschetten und Ärmelabzeichen gab Rang, Stellung und Zugehörigkeit

IRENE GUENTHER

Bundestracht des BdM, Taf. 60 aus: *Organisationsbuch der NSDAP*, 1937

des Trägers zur jeweiligen Abteilung an. ■ Die Uniformen und Abzeichen der Schutzstaffel (SS) als paramilitärischer Organisation unterschieden sich von denjenigen der deutschen Streitkräfte, des deutschen Staates oder der NSDAP. Je nachdem, wo sie während des Krieges stationiert waren, trugen Mitglieder der SS unterschiedliche Uniformen. So waren beispielsweise die Kampfeinheiten der SS-Verfügungstruppe und der Waffen-SS mit grauen Uniformen ausgestattet, entweder mit einer Variation der feldgrauen Armeeuniform oder des erdig-grauen Dienstrocks der SS. Außerdem kamen Änderungen in der Gestaltung und Farbe der Uniformen sowie der Schulterstücke und anderen Abzeichen häufig vor. Um die Sache noch komplizierter zu machen, hatten viele Mitglieder unterschiedliche Ränge in verschiedenen Gruppen. Hinzu kam im Laufe des Krieges die Materialknappheit, sodass die Lieferanten kaum in der Lage waren, den Bestand an Uniformen auf dem Laufenden zu halten. Bereits in der Mitte des Krieges trug man also eine ganze Palette unterschiedlicher Uniformen, gelegentlich auch in ein und derselben Einheit.[13] Allerdings war es die berüchtigte, ganz schwarze Uniform der SS, die entworfen worden war, um Autorität auszustrahlen und Angst zu verbreiten, die am bekanntesten wurde. Himmler drückte es so

aus: »Ich weiß, dass es viele Menschen gibt, denen es übel wird, wenn sie diese schwarze Uniform sehen; wir verstehen das und erwarten nicht, dass wir von vielen Leuten geliebt werden.«[14] Noch heute ist die schwarze Uniform der SS mit ihrem Totenkopf-Abzeichen der Inbegriff der gesellschaftlichen Kontrolle, der Unbarmherzigkeit, der Einschüchterung, der Macht und des Bösen. Gleichzeitig mit der Empörung, die sie hervorruft, erzeugt sie eine »disquieting fascination«[15] (beunruhigende Faszination) und behält für manche Menschen einen gewissen dunklen Glanz und eine Anziehungskraft trotz bzw. wegen ihrer grausigen Geschichte. ■ Da bereits viele Untersuchungen zu männlichen Uniformen im Nationalsozialismus vorliegen, wendet sich dieser Aufsatz der weniger bekannten Uniformierung des weiblichen Geschlechts im »Dritten Reich« zu. 1930 wurde der Bund deutscher Mädel (BDM) unter der Leitung des Reichsjugendführers Baldur von Schirach gegründet. Die durch den »Führer« gebilligte Uniform des BDM bestand aus einer weißen Bluse – mit kurzen Ärmeln im Sommer, langen im Winter –, die mit einem schwarzem Halstuch mit Lederknoten kombiniert wurde (Abb. links). Dazu gab es einen marineblauen Rock, dessen Länge exakt vorgeschrieben war, mit Gürtel, kurze weiße Söckchen und braune Lederschuhe mit flachen Absätzen. Eine Wolljacke namens »Kletterjacke«, die aus hellbraunem weichem Kunstleder mit sechs Leder- oder Kunststoffknöpfen und vier Taschen gefertigt war, vervollständigte das Outfit der BDM-Mädchen. Die Mädchen, die sich um die Mitgliedschaft im Jungmädelbund (JM), der jüngsten Gruppe, beworben hatten, erhielten das schwarzes Halstuch und den ledernen Knoten, sobald sie die obligatorische Aufnahmeprüfung bestanden hatten. ■ Der jeweilige Rang im BDM ließ sich einer Reihe von Abzeichen entnehmen. Auch verschiedenfarbige Kordeln kennzeichneten die Stellung innerhalb des BDM bzw. JM. Die Leiterinnen der überregionalen Abteilungen des BDM trugen dunkelblaue ausgestellte Röcke und Blazer, die durch weiße Blusen, kleine Hüte und Abzeichen sowie Kordeln ergänzt wurden, die ihren Rang angaben.[16] Die BDM-Uniform, die »peinlichst genau gewaschen und gebügelt« zu sein hatte, wurde bei den Feiern des Deutschen Reiches und der nationalsozialistischen Bewegung, bei allen besonderen familiären und schulischen Feierlichkeiten sowie bei den Treffen, Ereignissen und Diensteinsätzen der Organisation getragen.[17] ■ Die Haare sollten stets ordentlich sein und nicht ins Gesicht fallen, am besten als Zöpfe für junge Mädchen und als Knoten oder als Kranz aufgesteckt für die älteren. Kosmetika galten als unnatürlich und sollten deswegen gemieden werden. Kein besonderer Schmuck, keine individuelle Note, nichts war erlaubt, was von der symbolischen Bedeutung der vorgeschriebenen Kleidung ablenken könnte – Einheitlichkeit und Gleichheit war die Devise. Die Uniform war sichtbarer Ausdruck der Forderung des »Dritten Reiches« nach Einheit, Gleichheit und Gemeinschaft. ■ Viele junge Mädchen fühlten sich von den Uniformen angezogen, da sie von Zugehörigkeit und Teilhabe an einer Gruppe zeugten. Trotz des ziemlich happigen Preises von bis zu 60 Mark[18] wur-

Joseph Schorer: Kundgebung der HJ und des BdM in Hamburg, 1934

de die Uniform von der NSDAP als Instrument propagiert, um Klassenunterschiede zu beseitigen und Egalitarismus zu vermitteln,[19] insbesondere nachdem Schnittmuster für diejenigen zur Verfügung standen, die sich die Konfektionsuniform nicht leisten konnten.[20] Aus diesen beiden Gründen war die Mitgliedschaft besonders für junge Frauen attraktiv, die bisher aus Organisationen oder Peergroups ausgeschlossen geblieben waren. Die geschätzten Kordeln, Zöpfe und Abzeichen waren außerdem ein Anreiz für diejenigen, die im BDM aufsteigen und führende Positionen übernehmen wollten und nach der Macht strebten, die wohl mit solchen Posten verbunden war.[21]

■ Ab 1940, dem Jahr, in dem die Mitgliedschaft obligatorisch wurde, ging die Zahl der Mitglieder der Hitler-Jugend (HJ) – zu der JM und BDM ja gehörten – in die Millionen (Abb. oben).[22] Daneben wurde für alle Mitglieder der Jugendorganisationen ab 16 Jahren ein jährlicher Dienst für das Reich eingeführt. Ein freiwilliger Arbeitsdienst war bereits einige Jahre zuvor geschaffen worden, und im Juni 1935 wurde der Reichsarbeitsdienst (RAD) für die männlichen Mitglieder eingerichtet.[23] Obwohl ein ähnlicher Dienst in verschiedenen Formen bereits existiert hatte, wurde offiziell am 1. April 1936 der Reichsarbeitsdienst weibliche Jugend (RADwJ) eingeführt und dem RAD angeschlossen.[24] Auf der Basis eines freiwilligen Eintritts mit der Verpflichtung zu einem sechsmonatigen »Ehrendienst an der Nation« traten die jungen Frauen normalerweise direkt vom BDM in den RADwJ ein.[25] Diese neue Frauenarbeitsorganisation wurde sehr wahrscheinlich eingerichtet, nachdem die allgemeine Wehrpflicht für Männer 1935 eingeführt worden war.[26] ■ Die Dienstuniformen der in der städtischen Arbeit tätigen Frauen der RADwJ waren von erdbrauner Farbe mit einem schokoladenbraunen Kragen, was der für die Männer im Reichsarbeitsdienst vorgeschriebenen Uniform entsprach.[27] Die Frauen, die aufs Land geschickt wurden, trugen eine weiße Schürze über einem kurzärmligen blauen Kittelkleid, eine am Ausschnitt befestigte Hakenkreuzbrosche, dunkle Socken und Schuhe sowie bei kaltem Wetter einen Pullover, und bedeckten ihre Haare mit einem roten Tuch.[28] Dieses Outfit ging eindeutig auf das Dirndl zurück und symbolisierte daher die Arbeit im Dienste der Heimat. Die Leiterinnen im RADwJ, die einen aus Jacke, ausgestelltem Rock mit Gehfalte und keckem Käppi bestehenden Dienstanzug trugen, standen in starkem Kontrast zum bäuerlichen Aussehen der jungen Frauen, die

Joseph Schorer: Aufmarsch der Deutschen Arbeitsfront in Hamburg, 1. April 1938

zur Arbeit auf den Bauernhöfen eingesetzt wurden. ■ Als der Krieg begann und Frauen für die Kriegsanstrengungen unentbehrlich wurden, nahm die Zahl von Uniformen für Frauen zu, in erster Linie jedoch für diejenigen, die im besetzten Ausland tätig waren. Dies war vor allem wichtig, um die deutschen Frauen in den besetzten Gebieten von den Einheimischen deutlich unterscheiden zu können. Außerdem bedingte der starke Mangel an Textilien, dass die vorhandenen Uniformen dort zur Verfügung gestellt wurden, wo sie am meisten gebraucht wurden. Das war jedoch nicht der einzige Grund: Offenbar war diese Entscheidung auch ideologisch motiviert. ■ Als Frauen in den Kriegsdienst eintraten, waren sie weit entfernt vom lange gehegten NS-Ideal der Frau als Ehefrau und Mutter, die für häusliche Aufgaben erzogen wurde und jahrelang zu hören bekommen hatte, das Heim sei ihre einzige Domäne. Ebenso weit entfernt waren sie vom NS-Ideal der Frau als Bäuerin, glücklich eingebettet in eine idyllische Landschaft und umgeben von strahlenden Kindern. Es ist daher nicht überraschend, dass Hitler 1942 »der weiteren Uniformierung deutscher Frauen Einhalt gebot« in der Absicht, die zunehmende Militarisierung der Frauen dem Blick der Öffentlichkeit zu entziehen. Bereits ein Jahr zuvor wurde der Presse nahegelegt, Stillschweigen zu bewahren darüber, dass Frauen aus dem Deutschen Roten Kreuz (DRK) aktiv für Hilfsdienste in der Wehrmacht rekrutiert wurden.[29] ■ Viele Frauen trugen von Kindheit an die eine oder andere Uniform: als Teilnehmerinnen in JM und BDM oder als Erwachsene in der NS-Frauenschaft. Sogar die jungen Frauen im Nationalsozialistischen Deutschen Studentenbund (NSDStB), die seit Längerem um eine Uniform gebeten hatten, sahen schließlich ihren Wunsch erfüllt: Sie wurden mit weißer Bluse sowie dunkelblauem Rock und Jackett ausgestattet, was in der Erscheinungsform der BDM-Uniform sehr ähnlich war.[30] Es war offenbar zu spät, um die seit 1933 vom Staat energisch propagierte Uniform-Manie schlagartig aufzugeben. Als sich der Krieg in die Länge zog und immer mehr Frauen für Kriegsdienste herangezogen wurden, bekamen neu Rekrutierte im Reich normalerweise jedoch nur unauffällige Armbinden, die sie mit ihrer Uniform oder ihrer Zivilkleidung tragen sollten; die Armbinden gaben an, welcher Einheit oder welchem Dienst sie angehörten. ■ Tausende von Frauen wurden in Fernmeldewesen, Telegrafie und Radiokommunikation für das Heeressignalkorps ausgebildet und erhielten den Titel »Nachrichtenhelferinnen des Heeres«. Ihre Uniform, die der offiziellen Farbe des

DIE UNIFORMIERUNG DER GESELLSCHAFT IM »DRITTEN REICH«

Heeres entsprach, bestand aus einem grauen Jackett und einem grauen Rock sowie einer weißen Bluse für Büroarbeit und Außeneinsätze oder gelegentlich aus einer weißen Bluse und einem grauen Overall. Diese phantasielose, langweilige Kleidung brachte ihnen den Namen »graue Mäuse« ein, eine Erfindung der Franzosen, nachdem Frankreich von den Deutschen besetzt worden war. Die Heereshilfskräfte erhielten vorschriftsmäßig schwarze Lederhandtaschen und Schuhe, die nur mit der Uniform getragen werden durften. Erlaubt waren schwarze oder graue Handschuhe sowie graue Strümpfe oder weiße Söckchen, je nachdem, ob man einen Rock oder einen Overall trug. Ein auf dem linken Oberarm und auf der linken Seite der Mütze angenähtes Blitz-Emblem sowie eine am Hals getragene, schwarz- und silberemaillierte Blitz-Brosche brachte ihnen den Spitznamen »Blitzmädel« ein.[31] ■ Bei der Luftwaffe wurden weibliche Hilfskräfte in mehr Funktionen eingesetzt als in jedem anderen Zweig des deutschen Militär- oder Verwaltungsdienstes. Die blaugraue Farbe ihrer Uniform entsprach derjenigen der Luftwaffe. Während die meisten Frauen zunächst Röcke und Jacken trugen, stellten sie sich bald auf Hosen um, als sich Ersteres als unpraktisch erwies. Der Rang wurde normalerweise durch eine silberne Tresse angegeben. Die in Flakeinheiten tätigen Frauen trugen am rechten Oberarm ein markantes, schildförmiges Stoffabzeichen, das mit einem Luftwaffenadler und gekreuzten Schwertern dekoriert war.[32] ■ Die Uniform des Deutschen Roten Kreuzes, die 1937 neu entworfen wurde, war wie bisher schiefergrau. Unter dem Überkleid trug man eine weiße Bluse. Der Rangunterschied zwischen Schwester und Oberschwester wurde sichtbar zur Schau gestellt. Die Schwestern, die zu den Feldzügen nach Nordafrika geschickt wurden, bekamen eine Uniform, die aus einer hellbraunen Tropenjacke und einem passenden Rock sowie einem Sonnenhelm bestand.[33] ■ Die Uniform für Frauen beim deutschen Postdienst wurde erst nach 1940 eingeführt. Posthelferinnen trugen eine blaue Jacke über der Zivilbluse, passende Röcke oder Hosen, eine dunkelblaue Baskenmütze, schwarze Schuhe und ein mit »Deutsche Reichspost« beschriftetes Abzeichen am Ärmel.[34] ■ In den 1930er Jahren war Deutschland mit uniformierten Mädchen der Jungmädel und des Bundes Deutscher Mädel übersät, die in das Wesen der Mutterschaft, der Fitness, der Disziplin, der Aufopferung und des intensiven Nationalismus eingeführt wurden. Gleichzeitig vertraten die Mitglieder der NS-Frauenschaft die Tugenden der »anständigen« Hausfrau und verbreiteten die NS-Parteidoktrin. Gegen Mitte des Krieges wurden jedoch die von der Frauenorganisation »Glaube und Schönheit« propagierten Ideale von Charme und Anmut durch Dienstbereitschaft und den Ernst des Lebens an der Heimatfront ersetzt. Die Landkarte des »Dritten Reiches« und seiner zahlreichen besetzten Gebiete war inzwischen geradezu überschwemmt mit Scharen weiblicher Hilfskräfte. Keine einzige von ihnen trug noch ein Dirndl. ■ Ungeachtet der wachsenden Zahl von Frauen, die gebraucht und für kriegsnotwendige Posten verpflichtet wurden, war es dem Regime wichtig, dass »dies sich nicht in eine

Liselotte Orgel-Köhne: Straßenbahnschaffnerin beim Kriegshilfsdienst, 1939–1942

Militarisierung der Frauen weiter entwickeln sollte. Der ›weibliche Soldat‹ ist nicht vereinbar mit unserer nationalsozialistischen Auffassung der Frau.«[35] Solche Versuche, einen Mythos aufrechtzuerhalten, standen jedoch in deutlichem Widerspruch zur Wirklichkeit jener Jahre. Eine Führernotiz vom Januar 1942 behandelte ebendieses Thema: Uniformen sollten für weibliche Hilfskräfte in der Armee, der Marine und der Luftwaffe außerhalb des Reiches zur Verfügung gestellt werden. Für jene Frauen jedoch, die innerhalb des Reiches stationiert waren, »sollen Arbeitsanzüge bei der Arbeit getragen werden und sonst Zivilkleidung«. Das würde nicht nur »Textilien sparen«, sondern auch »den Schwall« der uniformierten Frauen »verringern«, die das Bild innerhalb Deutschlands dominierten.[36] Kampfgeist und Männlichkeit standen auf dem Spiel, wie auch die jahrelang propagierte NS-Ideologie der Frau als gebärfreudige Mutter und nicht als militärische Hilfskraft. Nichtsdestotrotz war es eine absurde Vorstellung, die große Anzahl von Frauen, die im Kriegsdienst tätig waren, vor der Öffentlichkeit, aus der sie rekrutiert wurden, verheimlichen zu wollen. ■ Die Führernotiz führte weiter aus: »Sollte die notwendige Zahl der Helferinnen für die Luftverteidigung nicht durch freiwillige Rekrutierung und Arbeitsverpflichtung erreicht werden können, sollen besondere Uniformen requiriert werden.«[37] Diese Aussage bezog sich auf Klagen von Kriegshelferinnen, die innerhalb des Reiches stationiert waren. Sie waren wenig begeistert, dass ihnen nur eine einfache Armbinde zugestanden wurde, während ihre nationalsozialistischen Schwestern in den besetzten Gebieten von Kopf bis Fuß mit offizieller Kleidung ausgestattet waren. Auch das

Reichswirtschaftsministerium erkannte das Problem. Als 1944 die Frage nach Uniformen für Tramfahrerinnen diskutiert wurde (Abb. S. 109), prognostizierte das Ministerium, dass die Anzahl der Freiwilligen deutlich zurückgehen würde, wenn die Frauen weiterhin nur eine Armbinde als Abzeichen für ihren Dienst bekämen. Offenbar glaubte das Ministerium, dass die Zahl der Frauen, die sich freiwillig für den Dienst meldeten, weitgehend von der Verfügbarkeit einer vollständigen Uniform abhinge.[38] ■ Das NS-Regime selbst hatte zu dieser Einstellung durch seine Politik der »Gleichschaltung« beigetragen, indem es der Bevölkerung die Uniformen aufoktroyiert hatte. Weibliche Hilfskräfte innerhalb oder außerhalb des Reiches wollten »offiziell« aussehen, wenn sie ihr Leben für die Nation riskierten. Begründet wurde dies damit, dass Uniformen für Frauen in Deutschland die Frage der »sozialen Klassenunterschiede« lösen und die »Aufrechterhaltung der Disziplin« bei den weiblichen Hilfskräften erleichtern würden.[39] Niemand hatte jedoch eine Idee, woher die notwendigen Textilien kommen sollten. Der zusammengeschrumpfte Vorrat an Stoff war größenteils für die deutschen Streitkräfte vorgesehen. Textilien, Garn und Kleiderzubehör wurden zudem der Berliner Modelle GmbH zugeschanzt, einer Modeschöpferorganisation, die den Zweck hatte, Spitzenartikel für den Export herzustellen, um Deutschland die dringend benötigten Devisen zu verschaffen.[40] Erstaunlich ist deshalb, dass noch im Juni 1944 Tausende Meter Stoff requiriert wurden, um eine stilvolle, uniformähnliche Kleidung für Hunderte von BDM-Leiterinnen zu entwerfen, die außerhalb Deutschlands reisten.[41] ■ Im letzten Kriegsjahr verfügte die Wehrmacht über mehr als eine halbe Million Hilfsarbeiterinnen, neben weiteren 80 000 bis 100 000 RADwJ-Mitgliedern, die in diversen Funktionen tätig waren.[42] Weitere 50 000 RADwJ-Mitglieder arbeiteten als Flakhelferinnen.[43] Am Ende des Krieges wurden sogar 16-jährige Mädchen rekrutiert, um diese gefährliche Arbeit zu verrichten.[44] Trotz der Uniformen und der oft gefährlichen Aufgaben erhielt das weibliche Hilfspersonal nie militärischen Status in irgendeinem Zweig der Wehrmacht. Sogar in den Monaten nach dem »Führererlass zum totalen Krieg« vom 25. Juli 1944, der die Etablierung eines offiziellen weiblichen Wehrmachtkorps mit sich brachte, wurde daran festgehalten.[45] Eine Militarisierung der deutschen Frau sollte es nicht geben. Im März 1945 schließlich, als die Rote Armee bereits vor Berlin stand, bildeten Frauen im Alter von 25 bis 35 Jahren das »Freikorps Adolf Hitler«. Ausgebildet in Sabotage und Terrorakten erhielten diese 300 freiwilligen paramilitärischen Kämpferinnen den gleichen Status und die gleichen Waffen wie die Männer. Die eilig zusammengestellte Truppe erhielt sogar eine der begehrten eigenen Uniformen, die aus einem Tarnanzug mit kleinen roten Streifen und den Worten »Freikorps Adolf Hitler« am Ärmel bestand.[46] ■ In den Wochen nach der deutschen Kapitulation sah man viele Frauen an der Heimatfront in verschmutzten und zerrissenen Uniformjacken, deren sich deutsche Soldaten, Offiziere oder Staatsbeamte auf der Flucht eilig entledigt hatten. Da ein großer Mangel an Textilien und Kleidung herrschte, sahen die Frauen die weggeworfenen Jacken als Geschenk des Himmels an, obwohl sie selten passten. In der Tat trugen in der unmittelbaren Nachkriegszeit so viele Frauen Uniformjacken, dass die Siegermächte sich gezwungen sahen, jedwede Nazi- oder deutsche Militäruniform »in its present color« (in ihrer momentanen Farbe) als Zivilkleidung zu verbieten, auch wenn sie umgeändert worden war. Wenn die Frauen die begehrten Jacken behalten wollten, mussten sie sie bis zum 1. Dezember 1945 umfärben.[47] ■ Der NS-Staat, der sich auf Machenschaften, verführerische Ablenkungen, fabrizierte Illusionen und exzessiven Terror verließ, nutzte auch die Kleidung und das Erscheinungsbild zum Zweck des sozialen Reglements. Kleider wurden zu einem mächtigen und sichtbaren Zeichen, symbolisch wie real, das sowohl die Zugehörigkeit zur als auch die Ausgrenzung aus der »Volksgemeinschaft« kennzeichnete. Sorgfältig überlegte Bilder – Uniformen, Tracht, Designerkleider, Davidssterne oder die Lumpen der KZ-Häftlinge – wurden verwendet, um die deutsche Gesellschaft gleichzuschalten und zu kontrollieren. Solche Vereinheitlichung begünstigte gedankenloses Verhalten und einen überzeugten Egoismus, der wenig Achtung vor anderen zuließ. Auch diese Gleichgültigkeit gegenüber dem Schicksal von Personen, die als »unerwünscht« galten, machte das »Dritte Reich« möglich.

Anmerkungen

1. Maria May: Mode-Stil der Zukunft, in: Das Reich, 30.6.1940. Zu Maria May und dem von ihr geleiteten Deutschen Mode-Institut s. Guenther 2004, S. 167–201. – Bei diesem wie bei allen folgenden Zitaten handelt es sich um Rückübersetzungen aus dem Englischen.
2. Ein Großteil dieses Abschnitts basiert auf meinem Buch, besonders Kap. 5: Guenther 2004, S. 143–165.
3. Die ADEFA-Akten und -Dokumente befinden sich im Bundesarchiv (BA), R3101/8646, ein paar Briefe im BA 3101/9158.
4. Guenther 2004, S. 165 und S. 373 f., zit. 136–142. Siehe auch Westphal 1992; Bajohr 1997; Barkai 1988, S. 111.
5. Was will die ›Adefa‹, in: Berliner Lokal-Anzeiger 53, 2.3.1938; Adefa im Vormarsch, in: Völkischer Beobachter 61, 2.3.1938; Der Einzelhandel vor der Entscheidung, in: Der Manufakturist 9/10, 10.3.1938; Adefa-Etikett im Fenster. Das Zeichen für ›Ware aus arischer Hand‹, in: Textil-Zeitung 30, 4.2.1938; Arisierung – ja oder nein, in: Die Deutsche Volkswirtschaft 1, 1938.
6. Bundesarchiv (BA) R3101/8646: Gedächtnis-Niederschrift der Auflösungs-Mitgliederversammlung vom 15.8.1939. Die ›Adefa‹ löst sich auf: Das Ziel erreicht, in: Völkischer Beobachter 232, 20.8.1939; Die Selbstauflösung der Adefa, in: Frankfurter Zeitung, 23.8.1939. Siehe BA R3101/8646 für »Auflösung« der ADEFA und »Satzungen der ADEFA-Stiftung«.
7. Guenther 2004, S. 10.
8. Wilson 1990, S. 28–38, hier S. 33.
9. H. M. Estl: Die Stadtfrau und das Trachtendirndl, in: NS Frauen-Warte 1/7, S. 541; Dr. Johannes Künzig: Von Art und Leben deutscher Volkstrachten, in: Semmelroth/von Stieda 1934, S. 224–229.
10. Guenther 2004, S. 255–259.
11. Koonz 2003, S. 69.
12. von Eelking 1934.
13. Beaver 2002. Mollo 1997. Davis/Turner 1980.
14. Himmler 1936, S. 29.
15. Robin Stringer: Outrage as London Gallery Highlights ›Glamour of Nazism‹, in: London Times, Evening Standard, 29.7.1998, S. 21.
16. Grube/Richter 1982, S. 111 f. Klaus 1983, S. 51. Die detailliertesten Angaben zur Uniform finden sich in Davis/Turner 1980, S. 131 f.
17. Klaus 1983, S. 51.
18. Westenrieder 1984, S. 66 f.
19. Von Schirach: »Alle Jungen und Mädchen tragen eine Uniform, damit sie nicht durch irgend welche Summe Geld verschönert oder verbessert werden kann. Nicht zuletzt dank dieser Uniformen ist Deutschland zu einer neuen Sozialordnung gelangt«. Zitiert in Bleuel 1973, S. 135.
20. Schnitte in: Beyers Moden-Zeitung u. a.
21. Für die ausführlichste Forschung zum BDM s. Reese 1990.
22. Schmidt/Dietz 1985, S. 32. Die von Schmidt/Dietz angegebene Zahl von 7,5 Millionen BDM-Mitgliedern bis 1940 ist umstritten, zumal die Gesamtzahl der HJ-Mitglieder laut Sigrid Jacobeit nur 8,7 Millionen betragen habe. Grube/Richter 1982, S. 88, geben 2,8 Millionen BDM-Mitglieder im Jahr 1937 an. Für Anfang 1939 schreibt Overy 1997, S. 124, von 1,5 Millionen BDM- und 1,92 Millionen JM-Mitgliedern.
23. Zum Reichsarbeitsdienst s. Schmidt/Dietz 1985, S. 43.
24. Verschiedene Formen des RADwJ existierten vor 1936. Zur offiziellen Etablierung der Organisation S. Zentner/Bedürftig 1997, S. 775, 1059.
25. Grube/Richter 1982, S. 111.
26. Laut Grube/Richter 1982, S. 108, wurde das freiwillige Dienstjahr im Februar 1938 eingeführt, das am 23.12.1938 zum Pflichtjahr wurde. Auf S. 111 schreiben sie, dass das Dienstjahr für Frauen unter 25 Jahren 1940 zur Pflicht wurde.
27. Davis/Turner 1980, S. 136.
28. Schmidt/Dietz 1985, S. 42, Foto S. 43. Davis/Turner 1980, Abb. 76.
29. Westenrieder 1984, S. 113–115. Die vermehrte Rekrutierung von Frauen als Hilfsarbeiterinnen in der Wehrmacht begann insbesondere Mitte 1940 nach dem deutschen Sieg über Frankreich. Zentner/Bedürftig 1997, S. 1027.
30. Beschreibung der Uniform des Nationalsozialistischen Deutschen Studentenbundes in: Frankfurter Zeitung, 19.9.1938.
31. Davis/Turner 1980, S. 151 f.
32. Ebd., S. 174 f. Die Luftwaffe beschäftigte ca. 130 000 Frauen während des Krieges; S. Zentner/Bedürftig 1997, S. 1027.
33. Ebd., S. 203 f.
34. Ebd., S. 215.
35. Wilhelm Keitel: Richtlinien des Oberkommandos der Wehrmacht. Fraueneinsatz im Bereich der Wehrmacht, insbesondere in den Gebieten außerhalb der Reichsgrenze, 22.6.1942, in: von Gersdorff 1969, S. 62, 361 f. Siehe auch Bundesarchiv (BA) NS 6/vorl. 338.
36. Führernotiz. Uniformierung der im Reich eingesetzten weiblichen Hilfskräfte bei Heer, Marine und Luftwaffe, in: von Gersdorff 1969, S. 356.
37. Ebd.
38. Brief vom Reichsverkehrsministerium an das Reichswirtschaftsministerium, 10.10.1944. Vermerk und Memorandum, Reichswirtschaftsministerium an den Reichsverkehrminister, 18.10.1944. Bundesarchiv (BA) R3101/11807.
39. Brief an den Reichsminister der Luftfahrt und den Oberbefehlshaber der Luftwaffe, 10.4.1943, in: von Gersdorff 1969, S. 390 f.
40. Mehr darüber in: Guenther 2004, S. 167–201.
41. Ebd. Der Auftrag des Deutschen Mode-Instituts wurde im Juni 1944 bewilligt.
42. Westenrieder 1984, S. 120. Zentner/Bedürftig 1997, S. 1027: 20 000 Hilfsarbeiterinnen in der Marine, 130 000 in der Luftwaffe, 8 000 im Nachrichtendienst, 12 500 im Feldarmeestab und in den besetzten Territorien, sowie 300 000 in ersatzheerbezogenen Jobs.
43. Westenrieder 1984, S. 118. Zentner/Bedürftig 1997, S. 1027. Claudia Koonz schreibt, dass »80 000 Leiterinnen des BDF [sic!] in die Armee einbezogen und Männer durch 100 000 Scheinwerferhelferinnen 1944 ersetzt wurden.« Koonz 1087, S. 508, Anm. 27.
44. Westenrieder 1984, S. 119 f.
45. Das Wehrmachthelferinnenkorps wurde am 29.11.1944 gegründet und am 1.2.1945 operativ.
46. Buxbaum 1988, S. 187.
47. Occupation Military Government: Weekly Information Bulletin, Office of the Assistant Chief-of-Staff G-5 Division, USFET, Reports and Information Branch 8. September 1945, S. 16.

PETER STEINBACH

Der National-sozialismus als politische Religion
Inszenierung, Instrumentalisierung, Funktion

Die Frage zu beantworten, ob es sich beim Nationalsozialismus um eine »politische Religion« gehandelt habe, ist nur bei oberflächlicher Betrachtung leicht. Denn nicht nur die Phänomene begründen Ähnlichkeit. Sie ist auch von den Maßstäben abhängig, die dem Religionshistoriker Mircea Eliade[1] zufolge erst die Phänomene schaffen. Weil auch die Frage nach dem Maßstab neue Probleme aufwirft, hat die Frage nach dem Charakter des Nationalsozialismus als politische Religion[2] zu vielfältigen und auch widersprüchlichen Forschungskontroversen geführt.[3] Nicht nur die Phänomene, sondern auch die Ergebnisse der Forschung[4] sind mithin mehrdeutig. Sie verweisen zwar auf die von totalitären politischen Bewegungen geübte Imitation von Andachten, Weihestunden und Beschwörungen und die Ausstattung von Versammlungsräumen, die Sakralität suggerieren, und somit auf den »religiösen Gebrauch von Politik«[5]. Nicht zuletzt wird Joseph Goebbels als eine Art Hohepriester der nationalsozialistischen »politischen Religion« gezeichnet, weil er es verstand, Massenveranstaltung zu inszenieren, »Endzeiterwartungen« zu formulieren und auf diese Weise Opferbereitschaft bis in den Untergang wachsen zu lassen.[6] Allerdings geht es niemals nur um die Massensuggestion, die sich auf das Versprechen zurückführen lässt, eine neue Gesellschaft mit neuen Menschen auf der Grundlage eines Opfergangs zu schaffen, sondern es geht auch um die Bewertung quasireligiöser Symbolisierungen und Symbole und um ihre Verwandlung in gesellschaftliche oder militärische Energie, in politisch-religiös verbrämte und auf diese Weise gerechtfertigte Gewalt.[7] ■ Wird nach Indizien politischer Religiosität des Nationalsozialismus gefragt, so werden etwa der Umbau der Wewelsburg zu einer Weihestätte der SS[8], Feuersprüche, Germanenkult, Ahnenerbe[9], die »sakrale Dimension« des Nürnberger Parteitagsgeländes[10] und archäologische Grabungen angeführt. Auch die quasireligiöse Verehrung Hitlers als Heilsbringer, die Beschwörung der »Volksgemeinschaft« als Ausdruck einer völkischen Erwählung, nicht zuletzt die Verwandlung eines rudimentären und missverständlichen politischen Parteiprogramms in eine visionäre Zukunftsvorstellung, schließlich die Inszenierung von Ritualen, die Weihe von Symbolen, die kunstvoll erzeugte Stimmung von Parteitagen als Weihefeiern[11] könnten belegen, dass es sich beim Nationalsozialismus um eine auf die Erfüllung der diesseitigen Heilsgeschichte gerichtete säkulare Religion gehandelt hat, die das Ziel der geschichtlichen Entwicklung in dieser Welt verortet und den Wandel in der Zeit zum Stillstand bringt.[12] ■ Neu ist das nicht, denn bereits Karl Popper hat diese endzeitlich-diesseitige Vision als Ausdruck eines innerweltlichen Holismus bezeichnet und als das »Elend des Historizismus«[13] diagnostiziert. Er deutete Versprechen und Versuche, im Diesseits die Endzeit einzuleiten und Geschichte »historizistisch« zum Stillstand zu bringen, als eine die Menschheit nicht befreiende, sondern sie knechtende Bemühung aller »Feinde« einer »offenen Gesellschaft«[14]. Die Absichten der »Feinde« dieser offenen und wandlungsfähigen Gesellschaft zielten auf die Herstellung einer geschlossenen, nicht mehr anpassungsfähigen Gesellschaft und die Durchsetzung einer sich selbst legitimierenden und deshalb nicht mehr kritisierbaren totalitären Ordnung, die auf Unterdrückung, Exklusion und Leid gründen müsse. ■ Wer sich politisch-religiös legitimiert, so war Poppers Botschaft, rechtfertigt auch die Maßlosigkeit einer gewaltsamen Überwältigung und Bemächtigung von Individuen und ganzen Gesellschaften, die terrorisiert werden können, weil jede Nonkonformität und Dissidenz als Angriff nicht nur auf Machthaber zielen, sondern auch als Infragestellung von deren Zukunftsvisionen und Heilsversprechen verstanden werden können. In der Konsequenz fühlen sich Machthaber herausgefordert. Sie ahnden Widerspruch, Opposition oder Widerstand geradezu als Sakrileg. Terror der Machthaber wird als Gegenwehr und als Dienst an der Gemeinschaft gedeutet. ■ So lässt sich herrschaftsstabilisierende Unterdrückung aller, die sich der Begeisterung widersetzen, durch die zum Staat gewordene Partei rechtfertigen. Aus einem System mit umfassendem weltanschaulichen Führungsanspruch wird ein Unterdrückungssystem, das Gedankenpolizei, Umerziehung, Säuberung einsetzt, um sich abzusichern. Wiederum nutzen Kritiker dieser Praxis mit der »Inquisition« einen Begriff aus der religiösen Sphäre, um die Unterdrückungspraxis in ihrer weltanschaulichen Dimension zu bezeichnen. Die Sicherheitsorgane der diktatorischen und totalitären Bewegungen richten sich gegen alle, denen die Behinderung beim Erreichen dieses utopischen Endzustands[15] angelastet werden soll und die entsprechend bekämpft werden. Religiös legitimierte Unbedingtheit, so ist die Folgerung, rechtfertigt im totalitären Denken Radikalität und Gewalt, die sich gegen Nonkonformisten und Dissidenten richten. ■ Viele zeitgeschichtliche Studien zeigen, wie die Nationalsozialisten die als politische Zielvorstellung verankerte und militant durchgesetzte Zukunftsgewissheit säkularisierter Glaubensgewissheiten politisch-exklusiv, massenwirksam und nicht selten auch gewaltsam durchgesetzt haben.[16] Der »Tag von Potsdam«, der die Garnisonsstadt im Einklang mit Preußenmythos, Friedrich- und Luisenkult geradezu zum Gründungsort des »Dritten Reiches« gemacht hatte,[17] drückte dies

Ehrenmal für die Gefallenen der »Bewegung« in der Ordensburg Vogelsang in der Eifel mit Figur des *Deutschen Menschen* von Willy Meller, um 1937 (Kat.-Nr. 337)

Plakat zum Heldengedenktag mit der Skulptur *Der letzte Flug* von Josef Thorak, 1944

ebenso aus wie die propagandistisch betonte Übereinstimmung mit dem angeblichen deutschen »Befreier« Martin Luther. Der Reformator wurde von den Deutschen Christen, die sich selbst als die »SA Christi« definierten, mit dem Hitlerbild in Deckung gebracht, was sich im Jahr 1933 – dem 450. Geburtsjahr Luthers und somit einem Jubiläumsjahr der Reformation – geradezu aufdrängte. Hitler galt als begünstigtes Werk nicht nur der Profan-, sondern einer völkischen Heilsgeschichte. Er schien geradezu begnadet und von der »Vorsehung« bestimmt zu sein, die angebliche Bedrängnis der Deutschen aufzuheben. Nach den auf ihn verübten Anschlägen von 1939 und 1944 schien ihn noch einmal die »Vorsehung«[18] als deutsche »Heilsgestalt« beschützt und bewahrt zu haben. ■ Nicht nur Hitlers Inszenierungen, Reden, Beschwörungen, sondern auch die Gedichte des ihn als »Lichtgestalt« verherrlichenden Reichsjugendführers Baldur von Schirach[19], die Reden von Goebbels und die in vielen privaten Zeugnissen überlieferte Übereinstimmung mit Hitler als »Führer«, wie sie etwa in den Briefen von Rommel an seine Frau[20] sichtbar werden, zeigen, dass die weltanschaulich weit ausgreifenden totalitären Diktaturen des 20. Jahrhunderts nicht nur einen weltanschaulichen Führungsanspruch, sondern auch eine höchst wirkungsvolle Zukunftsgewissheit verkörperten, deren mitreißende Kraft an Religionen erinnerte und deshalb in vielen Deutungen einen Vergleich mit Konfession, Glauben und kirchlicher Praxis nahelegte. Das galt auch unter ganz anderen, kritischen Vorzeichen, wenn etwa von Gegnern des »Dritten Reiches« die NS-Herrschaft als Ausdruck des Bösen, der »niederen Dämonen«[21] oder gar der Herrschaft des Antichristen[22] identifiziert wurde. Auch hier wirkte sich die Vorstellung einer überweltlichen Qualität des diktatorischen Systems aus. Die Bejahung der Funktion einer politischen Religion mit nationalsozialistischer Färbung stützte sich jedoch, und das kann nicht deutlich genug betont werden, vor allem auf Phänomene, auf die stetig wiederholte Bekräftigung eines diesseitigen Heilsgefühls, das die Geschichte bemühte und das zugleich über die Begrenzungen irdischer Zeiten hinauswies. ■ Aber kann sich die Illustration des Problems mit einer derartigen Gleichsetzung begnügen? Unterstellt wird in der Regel die Wirksamkeit eines politisierten Glaubens, ohne die politisierende Wirkung dieser Glaubensüberzeugungen auf das Zusammenleben der Menschen in den Blick zu nehmen.[23] Die Inszenierung lässt sich phänomenologisch darstellen, deren soziale Funktionsweise und Nachwirkung hingegen nicht. So belegen Bilder den »schönen Schein« des »Dritten Reiches«, wie Peter Reichel in seiner grundlegenden und zunächst nicht angemessen rezipierten und gewürdigten Arbeit[24] schrieb. Wie dieser »schöne Schein« das Verhalten von Menschen bis hin zur Selbstopferung oder zur Opferung naher Angehöriger bestimmte und wie durch den geschichtspolitisch verfestigten Zukunftsanspruch der Nationalsozialisten die Verfolgung anderer legitimiert wurde, ist schwieriger zu analysieren und bedarf der Verbindung des Konzepts »politischer Religion« mit dem politisch-psychologischen Konzept »sozialer Mobilisie-

Plakat der NSDAP zum »Tag der Nationalen Solidarität«, 1938 (Kat.-Nr. 253)

rung«[25] und der »Volksgemeinschaft«[26]. ■ Die Instrumentalisierung politisierender Rituale, Symbole und politischer »Predigten« für die Radikalisierung von Gegensätzen und die soziale Mobilisierung der NSDAP-Anhänger verweist auf die politische Wirklichkeit des NS-Staates, der von der sich ideologisch legitimierenden Führung als Instrument einer Bewegungsdiktatur benutzt wurde und der »Durchstaatlichung« der Gesellschaft diente. Hitler beanspruchte, die sozialen Verhältnisse der Gegenwart durch eine »deutsche Revolution« zu verändern. Darauf zielen die meisten Studien über die mobilisierende Wirkung des »braunen Kults«[27] ab. ■ Nicht zu bestreiten ist, dass Hitler keine Religion stiften wollte. Deshalb verbat er es sich auch, die Rolle des Religionsstifters zu übernehmen. Dennoch konnte gerade der Verlauf mancher NSDAP-Veranstaltungen nicht verhindern, dass »heilige Gefühle« evoziert und provoziert wurden. Die Beförderung des 1. Mai, eines bis dahin traditionellen Kampftags der internationalen Arbeiterbewegung, zum »Feiertag der nationalen Arbeit«[28], die Erntedankfeier 1933,[29] die Parteitage[30] und vor allem deren filmische Umsetzung suggerierten nicht nur Dienst am Volk, sondern zielten auch auf die Vorstellung einer sakrifizierten Zukunft, die sich auf Verantwortung für Zukunft und Volkstum

NS-Bildpropaganda, in der die getöteten Putschisten von 1923 als Märtyrer inszeniert werden, Fotos von Heinrich Hoffmann, 1937 (Kat.-Nr. 339)

berief.[31] ■ Verfestigt wurde dieses Gefühl durch Ehren- und Gedenktage wie den Tag der Wehrmacht, den zum Heldengedenktag[32] (Abb. S. 114) mutierten Volkstrauertag, die Feier der »Machtergreifung« und die Erinnerung an die »Blutzeugen« des 9. November 1923 – eine Anlehnung an den Begriff des Märtyrers unter Nutzung des selbstverpflichtenden, an »Nachfolge« erinnernden Ausrufs »Und ihr habt doch gesiegt!«. Die »Volksgemeinschaft« wurde zelebriert durch Kleidersammlungen und Eintopfessen, schließlich durch die inszenierte Eröffnung der Sammelaktionen des Winterhilfswerks[33] (Abb. S. 115). Diese Feiern wirkten stilbildend und verfehlten ihre emotionalisierende und formierende Wirkung auch auf Funktionäre der NSDAP nicht, die in ihren »Gauen«, in den Kreis- und Ortsverbänden der NSDAP parallele Veranstaltungen zu organisieren hatten. Sonderbriefmarken, Rundfunkübertragungen, Schlagzeilen in der Presse und Schulfeiern unterstützten diese Bestrebungen in einen Maße wie niemals zuvor und knüpften dabei immer wieder an kirchliche Heiligungs- und gottesdienstliche Handlungsmuster an. ■ Zugleich aber wurden diejenigen, die auf eine quasireligiöse »Deutschgläubigkeit« setzten, von der NS-Führung ausgebremst. So brachen Ansätze des Germanenkults rasch zusammen und mündeten in nicht nur dilettantisch anmutende frühgeschichtliche Grabungen, die auf die Rekonstruktion von Germanendörfern zielten und so auch in die Breite wirkten. Aber immer wieder wurde vor allem durch Partei-Umzüge, die an Prozessionen erinnerten, eine geradezu sakral wirkende, weihevolle Emotionalität erzeugt.[34] Sie verstärkte die politische Begeisterung und hatte ideologische Identifikation zur Folge. Massenveranstaltungen wurden durch neue Medien wie Hörfunk und Film vielfach multipliziert, um die Manifestationen scheinbarer politischer Übereinstimmung als Ausdruck tiefer Gemeinsamkeit und eines politischen Konsenses darzustellen. Besonders deutlich wurde das am Beispiel von »Hörfunk-Ringschaltungen«, die während des Krieges an den Weihnachtstagen Soldaten direkt vom Nordkap bis Nordafrika, Stalingrad und zur Biskaya mit der »Heimat« zu vereinigen schienen. ■ Breite Zustimmung, Folgebereitschaft, Passivität – also Verhaltensformen der inneren Übereinstimmung – waren keineswegs nur das Ergebnis von Disziplinierung, Repression und Terrorisierung, sondern auch von freiwilliger Unterwerfung. Deshalb ist das Konzept »politischer Religion« kein primär geistesgeschichtliches, auch kein sich in der phänomenologischen Beschreibung erschöpfendes, sondern vor allem ein soziologisches, das die gesellschaftliche und politische Praxis erfassen will. Es geht um die Erklärung von massenhafter Begeisterung und politischem, geschichtlich orientiertem »Glauben« als Voraussetzung einer Zustimmung, die nur erklärbar ist, wenn in der wahrnehmbaren Identifikation der Bevölkerung mit der Führung, in der Übernahme der von dieser Partei-Elite propagierten Wertvorstellungen und in der Akzeptanz ihrer Ziele der Ausdruck einer bewusst erzeugten »Fraglosigkeit« erkannt wird. ■ »Politische Religion« als Konzept markiert – das zeigt die Praxis – den geradezu chiliastisch gedeuteten und gewaltsam durchgesetzten Zukunftsanspruch politisch-revolutionärer Bewegungen als Bezugspunkt eines weit in die Zukunft ausgreifenden »Erwartungshorizonts«. Er wird nur als überzeugend wahrgenommen, wenn die Gegenwartsdiagnose in die Unterstellung katastrophaler Folgen der weiteren politisch-geschichtlichen Entwicklung zu münden scheint. Zur Re-

ligion gehört die Rechtfertigung der Umkehr, die Buße, die tätige Reue – sie zielt also nicht nur auf die Köpfe, indem Vorstellungen entwickelt und inkubiert werden, sondern auf Verhalten, auf Bußübung, auf Sühne, auf Wiedergutmachung, auf Handeln, politisch als »Revision«, auf Überbewertung des nationalen Interesses und des eigenen Volkes und die Entwertung aller anderen Ethnien.35 ■ Welche Rolle spielte bei der Entstehung dieser Nachfolgebereitschaft die symbolische Vermittlung von Herrschafts- und Führungsansprüchen, die Demonstration des Charismas, das ja auch auf Glauben, auf »Für-Wahr-Halten« beruht? Welche Rolle kam dem Selbstopfer, dem Einsatz des Lebens36 zu? Inwieweit gelang es totalitären politischen Bewegungen, im Zuge ihrer »Machtergreifung« die Voraussetzungen einer Vergesellschaftung des Staates und in einem weiteren Schritt der Durchstaatlichung der Gesellschaft zu schaffen und dabei die Entfaltungsrechte des Individuums, aber auch die Entfaltungsansprüche des Individuums zu minimieren? Der Ausspruch: »Du bist nichts, Dein Volk ist alles« gehört zu diesen Durchsetzungsversuchen ebenso wie der selbstdestruierende Ausruf: »Führer befiehl, wir folgen«, die alljährliche Beschwörung einer Verpflichtung durch den Tod der Märtyrer der politischen Bewegung bis zur Betonung von »Schicksal« und »Schöpfung« und die Berufung auf das »Werk des Herrn« als Ausdruck erfolgreich bestandenen Kampfes und erfüllter Vorsehung. ■ Minderheitenschutz und Begrenzung staatlicher Gewalt erscheinen dann als entbehrlich – eine Folge des durchgesetzten weltanschaulichen Führungsanspruchs ist die Unterwerfung unter politische Ziele und politische Herrschaft. Es geht bei derart praktizierter »politischer Religion« nicht um die Durchsetzung einer politischen Theologie, die auf Carl Schmitt verweist,37 sondern »politische Religion« zielt auf die Hervorbringung von Fraglosigkeit durch die Bereitschaft, als Einzelner ganz mit der Gemeinschaft zu verschmelzen. ■ Überzeugungen sind in der säkularisierten Welt politischer Religionen Reflex einer durch Inszenierung und Suggestion hergestellten allgemeinen Verbindlichkeit, gleichsam Ausdruck des Glaubens an eine höhere Berechtigung, an Legitimität. Diese kann, auch das hat Carl Schmitt gezeigt,38 durch allgemeine Übereinstimmung mit akzeptierten Verfahren erzeugt werden.39 Sie kann aber auch durch Bemächtigung, durch Überwältigung, durch Gewalt entstehen.40 Die Legitimität bedarf dann der Durchsetzung von Glaubensvorstellungen, die mit dem Anspruch auf letzte Gültigkeit auf die Gestaltung von Staat, von Gesellschaft, von Zukunft zielen und von jedem Bürger die Anerkennung dieser Gültigkeit verlangen. ■ Der weltanschauliche Führungsanspruch hat Konsequenzen: Wenn sich das 20. Jahrhundert als ein immer wieder unternommener Versuch deuten lässt, mit diktatorischen Mitteln und inneren Feindschaftserklärungen neue Gesellschaften zu schaffen, denn stellt sich die Frage nach dem politisch-moralischen Zusammenhalt dieser destruktiven Gesellschaft. Wird sie bestimmt durch den Willen Mächtiger, Traditionen zu zerstören, Wahrnehmungen zu verändern, Maßstäbe abzuschaffen, um im Zuge einer diktatorisch gelenkten angeblichen Revolution eine »neue Gesellschaft« hervorzubringen? Deren Voraussetzung ist ein »neuer Mensch« als das Produkt manipulierender Erziehung gegen Tradition und Geschichte. Dient deshalb die Erziehung im 20. Jahrhundert nicht zunehmend weniger der Bildung und die öffentliche Diskussion der Klärung von Zielen des Zusam-

Schmuckblatt mit »Wochenspruch der NSDAP«, Juni 1942 (Kat.-Nr. 416)

menlebens und der Zwecke des Staates, so richtet Erziehung, Kommunikation und Mitwirkung an der staatlichen Verwaltung immer Menschen ab: für den Staat und dessen angebliche Zukunft, für den Markt und die Herrschaftssicherung. Verfolgt politische Erziehung dann nicht vor allem das Ziel, neue Werte durchzusetzen, die rückblickend oft nur als eine »Maskerade des Bösen« (Dietrich Bonhoeffer) erscheinen? ■ Ohne Zweifel ist Erziehung in der Diktatur Orientierung des Menschen auf politische Zwecke und seine Konditionierung auf Interessen der Diktatoren und ihrer Parteien. In einem demokratischen System spielen hingegen Freiräume individueller Entfaltung eine wichtige Rolle. Freiheitsbewegungen verteidigen deshalb nicht nur Handlungs- und Spielräume des Menschen, sondern entwickeln diese und begründen sie aus dem Willen, Zwänge abzuschütteln oder sie zumindest nur dort zu akzeptieren, wo diese durch Freiheitsziele zu begründen sind. ■ Deshalb ist es angängig, das 20. Jahrhundert als immer wieder neu unternommenen Versuch zu deuten, mit diktatorischen Mitteln und inneren Feindschaftserklärungen neue Gesellschaften auf einer gleichsam religiösen und entsprechend hermetischen weltanschaulichen Grundlage zu schaffen. Deshalb steigert sich der »innere«, auf innenpolitische Gegner gerichtete Kampfkurs in Diktaturen zum Verfolgungsexzess. Dieser kann Reaktionen hervorrufen und sogar diktatorische Herrschaft erschüttern. Das erfuhren Mussolini und Gentile in der Matteotti-Krise, das verdeutlicht der frühe Massenwiderstand in der Konsolidierungsphase des NS-Staates. Müssen Diktatoren die ihnen unterworfenen Massen auch ständig in Bewegung halten und mobilisieren, indem sie ihre Wachsamkeit gegen Feinde fordern, so lässt sich nicht jeder in den Bann diktatorischer Herrschaft ziehen. Angebliche Feinde der Diktatoren sind mehr als politische Gegner: Sie werden als existenzielle Bedrohung, als Herausforderung, als »Frage in anderer Gestalt« empfunden, wie Carl Schmitt in seiner Bestimmung des Politischen formulierte[41]. Deshalb dient »politische Religion« der Selbstzelebrierung und Selbstsakrifizierung einer sich weltanschaulich legitimierenden Diktatur, die sich als Werkzeug eines höheren Weltplans deutet. ■ Wenn eine politische Gesellschaft immer wieder durch Regierungsparolen mobilisiert werden kann, liefert sie sich denjenigen aus, die sie regieren und an der Macht bleiben wollen. Sie unterwirft sich einer Überhöhung des Staates und schließlich einer »politischen Religion«. Innere Konflikte werden inszeniert, um die Massen zu bewegen und sie um die politische Führung zu scharen. Bald geht es nicht mehr um Führung, sondern um Verführung, denn die Mobilisierung und geistige Lähmung wird zum wichtigsten Ziel derjenigen, die ihre Macht nicht infrage stellen lassen wollen. ■ Aber ebenso bestimmend bleiben für das 20. Jahrhundert alle, die sich in der Auseinandersetzung mit diesen Diktaturen auf ihre religiöse Ermächtigung und ihr Gewissen beriefen und so auch im Unrechtsstaat eine über- oder antipolitische moralische Substanz in den Blick rückten. Sie hatten einen wachen Blick für das, was sich ereignete. Sie schauten nicht weg, sondern genau hin. Sie hatten die Fähigkeit, sich zu empören. Deshalb entschied sich ihr Leben durch ihre Aufrichtigkeit. Sie redeten sich nichts ein, machten sich nichts vor, beruhigten sich nicht – kennzeichnend bleibt ihr Mut zum Widerspruch. Die Konsequenzen trugen sie mit der Haltung von Märtyrern – als Vertreter einer anderen Religion als der politischen der Machthaber, die sich selbst für den Quellgrund moralischer Autorität und politischer Ansprüche hielten. ■ Dies ist die Voraussetzung für weitere Fragen: Was soll sein? Was ist zu tun? Was bietet angesichts kollektiver Verblendung Orientierung, wenn nicht die innere Stimme, das Gewissen? Trägt das denn wirklich, trägt es in der Einsamkeit, die Gegensatz zu denen bedeutet, die der öffentlich propagierten »politischen Religion« hörig sind? Drängt die Empörung über die Anpassung gar zum Widerspruch, zu einer Tat, die nicht einmal die Deckung durch andere, durch Institutionen und offensiv proklamierte alternative Werte kennt? Die Ablehnung des verbrecherischen Systems verlangt Unbedingtheit, die nur bei innerer Sicherheit wachsen und sich festigen kann. Die Widerstehenden blicken den Trägern der Macht nicht selten unmittelbar ins Auge, wie Carl von Ossietzky: Vor ihm ein KZ-Wachmann stehend, den Arm in die Seite gestemmt, Verkörperung der Bedrohung, der Masse, der Gefühllosigkeit. Vor dem Schergen des Systems der Gefangene, ruhig, gefasst, mit einem Lächeln auf dem Gesicht, verhalten, aber spürbar machend, dass er selbst in dieser Lage der Träger der Moral, der Sicherheit, der Zukunft ist. Es prägt sich ein wie Dietrich Bonhoeffer in Tegel, neben sich zwei Häftlinge und einen Gefängniswärter. Der Mittelpunkt des Bildes ist Bonhoeffer, Haltung nimmt der Wärter an, und auf die beiden anderen Gefangenen strahlt seine Souveränität des widerständigen Theologen aus, seine Gewissheit, sein Zukunftsoptimismus, der sich aus dem Willen erklärt, seinem Gegner gerade nicht die Zukunft zu überlassen, die dieser ihm, seinem Opfer, streitig machen will. ■ Die Widerständigen müssen die politisch-religiöse Maskerade des Bösen durchbrechen und die Passivität ihrer Zeitgenossen überwinden. Dabei knüpfen sie an Traditionen und Werte an, die sie sich nicht selten mühsam gegen den weltanschaulichen und politisch-religiös verbrämten Führungsanspruch der totalen Herrscher bewahren müssen. Die Gegenspieler der Diktatoren sind die Eigensinnigen, die verkörpern, was totalitäre Herrscher fürchten: eigenständige Urteilsbildung. Deshalb schalten Diktatoren durch politisch-religiöse Überhöhungen das Kritikvermögen aus und hämmern ihren Zeitgenossen ihre Parolen ein. Sie beschwören die Homogenität, nicht die Pluralität. Sie bemühen die Geschichte als Garanten ihrer Umgestaltungen und Zerstörungen. Sie konstruieren Sinn, verformen die Vergangenheit zur Ideologie, setzen ihre politischen Ziele an die Stelle von Moral, Glauben und Gewissensbindung. Sie verschieben Maßstäbe und verbiegen die Koordinaten der politischen Moral. Sie wollen Handlungen und Haltungen ihrer Untertanen neu konditionieren. Die Neigung zum Selbstbetrug tut ein Übriges. Lebenslügen mutieren zu unauflöslichen Gespinsten, private Orte dienen dem Rückzug in Nischen, weniger als Zuflucht als zu Ausflüchten, wie die betrügerische Formel von der »sauberen Wehrmacht« als ein Ort der »inneren Emigration«, wie der angebliche »Befehlsnotstand«, die angeblich allgegenwärtige Gestapo und ihr Terror, die Erklärung persönlicher Gefühllosigkeit als Rücksicht auf die eigene Familie. In der Tat hatte Hannah Arendt recht, als sie den Familienvater als den großen Abenteurer des 20. Jahrhunderts bezeichnete.[42] ■ Das soziologisch zu verstehende Konzept der »politischen Region« erklärt aber nicht allein die Willfährigkeit des Untertanen ohne jeden Eigensinn und ohne die Kraft zum abweichenden Verhalten. Es macht deutlich, dass es neben ganz individuellen Neigungen zur Anpassung und zur Folgebereitschaft auch kollektive, bewusst erzeugte Übereinstimmung gibt, die auf Folgebereitschaft und schließlich auf Selbstopferung drängt. Mit dem Konzept scheint die Rechnung der Mächtigen aufzugehen. Seine Funktion liegt deshalb nicht so sehr in der geistesgeschichtlichen Stringenz oder in der heuristischen Funktion für den Regimevergleich, sondern vor allem in dem dadurch bedingten besseren Verständnis eines destruktiven Klimas der Fraglosigkeit, der Übereinstimmung, der Opferbereitschaft, des Einklangs mit dem »Führer«, des Gleichklangs mit seiner Bewegung, der moralischen Indifferenz.

Anmerkungen

1. Eliade 1998, S. 13; vgl. auch ders. 2002.
2. Mommsen 1996, S. 191 ff.
3. Vgl. Hildebrand 2006, S. 150 ff.
4. Vgl. Maier 1996; ders./Schäfer 1997; Maier 2003.
5. Linz 1996.
6. Bärsch 1987.
7. Maier 2000.
8. Hüser 1987; Hüser/Brebeck 2002; Schulte 2009.
9. Kater 2006.
10. Doosry 1977.
11. Verwiesen wird dabei auf Leni Riefenstahls Film *Triumph des Willens* oder ihren Film zur Olympiade von 1936.
12. Vgl. Burleigh 2000. Burleigh hat seinen Ansatz später ausgeweitet, vgl. derS. 2006.
13. Popper 1957. Das Buch geht auf einen Vortrag aus dem Jahre 1936 zuruck.
14. Popper 1945.
15. Koll 1998.
16. Gellately 2002.
17. Vgl. Martin Sabrow, Der »Tag von Potsdam«. Zur Karriere eines politischen Symbols, Vortrag vom 21.3.2003, S. 1 <www.politische-bildung-brandenburg.de/programm/veranstaltungen/2003/vortragmythospotsdam.pdf (13.3.2010)>.
18. Vgl. Köhler 2001.
19. Hay 1983.
20. Vgl. Remy 2007, S. 247 ff.
21. Vgl. Niekisch 1953.
22. Belege finden sich bei Reinhold Schneider, bei Henning von Tresckow oder in den Flugblättern der »Weißen Rose«, aber auch bei den »Jüngern« von Stefan George. Stauffenberg zitierte mehrfach Georges *Widerchrist*.
23. Ian Kershaw hat die Wirkung des Hitler-Mythos untersucht. Vgl. zum Forschungsstand jetzt ders. 1994, S. 11–79. Hans-Ulrich Thamer hat den Zusammenhang von »Verführung und Gewalt« zur Leitlinie einer geschlossenen Darstellung gemacht: Thamer 1986.
24. Reichel 2006.
25. Broszat 1970.
26. Bajohr/Wildt 2009a; vgl. auch Bärsch 2005.
27. Gamm 1962.
28. Reichsgesetzbl. I (1933) vom 10.4.1933; am 27.2.1934, dem Jahrestag der Notverordnung zum Schutze von Volk und Staat, wird der 1. Mai endgültig zum »Nationalen Feiertag« erklärt.
29. Kippenberg 2009.
30. Urban 2007; Zelnhefer 1991.
31. Arendt 1975, S. 63 ff.
32. Schellack 1990.
33. Tennstedt 1987.
34. Paul 1992.
35. Diesen Zusammenhang deutet Hannah Arendt an, wenn sie Nationalismus und Imperialismus als Vorstufen und Vorbedingungen totaler Herrschaft untersucht.
36. »Und setzet ihr nicht das Leben ein«, heißt es in Schillers *Wallenstein*, »so wird Euch das Leben nicht gewonnen sein«.
37. Schmitt 1922; ders. 1970.
38. Schmitt 1973a.
39. Luhmann 1969.
40. Schmitt 1973b.
41. Schmitt 1963, S. 11 u. S. 27.
42. Arendt 1976, S. 41.

Der national-sozialistische Krieg und die deutsche Gesellschaft

THOMAS SANDKÜHLER

Krieg, Kampf um »Lebensraum« und Vernichtung

Der nationalsozialistische Krieg

Einleitung

Unter dem Leitbegriff der »Volksgemeinschaft« hat sich die historische Forschung dem Verhältnis zwischen Führung und Volk, Hitler und den Deutschen, zugewandt.[1] Im Vordergrund steht die alltägliche Konsensbereitschaft der Deutschen gegenüber dem Regime[2]: deren Gründe und Ausdrucksformen, aber auch deren Konsequenzen für diejenigen Staatsangehörigen, die das Regime aus der »Volksgemeinschaft« ausgrenzte.[3] Der neue Ansatz arbeitet mit dem systemtheoretischen Begriffspaar von »Inklusion« und »Exklusion«. Es wird unter dem Gesichtspunkt politischer Gewalt auf den Nationalsozialismus angewendet. Diese Historisierung der Systemtheorie ist bisher aber noch nicht zu *dem* Gewaltphänomen schlechthin vorgedrungen, den deutschen Massenmorden in Osteuropa während des Zweiten Weltkriegs. Wie lässt sich dieser Vernichtungskrieg mit der »Volksgemeinschaft« in Verbindung bringen? Die Forschung hat den zentralen Stellenwert der besetzten Gebiete für die Mordpraktiken des Regimes hervorgehoben.[4] ■ Der Schwerpunkt der folgenden Überlegungen soll daher auf Polen und der Sowjetunion sowie auf dem Wechselverhältnis zwischen Inklusion und Exklusion liegen.

»Lebensraum« im Osten

Die Vorstellung, Deutschland müsse »Lebensraum« in Osteuropa erobern und diesen germanisieren, hatte in Hitlers Weltanschauung zentralen Stellenwert.[5] Der Krieg gegen die Sowjetunion ab dem 22. Juni 1941 war in mehrfacher Hinsicht *sein* Krieg, als präzedenzloser Vernichtungs- und Ausplünderungskrieg zugleich die exemplarische Verkörperung des nationalsozialistischen Expansionswillens.[6] ■ Hitlers ostpolitisches Denken entstand nicht voraussetzungslos.[7] Es weist Kontinuitäten zu imperialistischen Konzepten der Obersten Heeresleitung unter Hindenburg und Ludendorff im Krieg gegen Russland auf. Es wurde dem aufsteigenden Rechtsradikalen von exilbaltischen Gesinnungsgenossen um Alfred Rosenberg nahegebracht. Es war eng verbunden mit militärpolitischen Konzepten des »Totalen Krieges«, der die Voraussetzungen für eine erfolgreiche Revanche des im Ersten Weltkrieg unterlegenen Reiches schaffen sollte.[8] ■ Was Hitler unter »Lebensraum« verstand, blieb aber auch nach 1933 ebenso vage wie grenzenlos. Der »Führer« strebte wohl die Weltherrschaft an, doch war das NS-System nicht in der Lage, den Frieden zu denken, sodass Adolf Hitler von ständigen Scharmützeln hinter dem Ural auch nach dem erwarteten Sieg über die Sowjetunion fantasierte.[9] ■ Gemessen an dieser Megalomanie war die strategische und taktische Vorbereitung des Krieges gegen die Sowjetunion dilettantisch und verbrecherisch.[10] Sie war dilettantisch, weil die Generalität in der Hybris des Sieges über den französischen Angstgegner 1940 ernsthaft davon ausging, dieser schwerste ihrer Waffengänge sei mit einem höchstens zehnwöchigen Blitzkrieg gegen einen zahlenmäßig und materiell überlegenen Gegner zu gewinnen. Sie war deshalb zugleich verbrecherisch, weil Hitler ebenso wie seine militärische Elite der Überzeugung war, dieser Blitzkrieg sei nur unter der Voraussetzung zu gewinnen, dass die vorrückende Wehrmacht sich aus dem Lande ernähre. Außerdem müsse die vorsätzlich als jüdisch diffamierte Führungsschicht des Bolschewismus sofort beseitigt werden. Dann werde das Sowjetreich wie ein Kartenhaus zusammenfallen.[11] Wie selbstverständlich teilten die allermeisten führenden Militärs Hitlers im März 1941 geäußerte Überzeugung, der Krieg gegen die Sowjetunion habe ein Vernichtungskrieg zu sein, und Soldaten der Roten Armee genössen keinen Rechtsschutz. Die bereitwillige Suspendierung des Kriegsvölkerrechts involvierte das Militär von vornherein in einen verbrecherischen Krieg, dessen Hauptprotagonisten anfänglich die Einsatzgruppen der Sicherheitspolizei nebst Truppenpolizei und Geheimer Feldpolizei sein sollten. Funktional hierauf bezogen war die beabsichtigte Gliederung des militärischen Operationsraums, dessen größter Teil, die riesigen rückwärtigen Heeresgebiete, alsbald einer Zivilverwaltung unter der Ägide des neu eingerichteten Reichsministeriums für die besetzten Ostgebiete übergeben werden sollte.[12] ■ Entgegen der ursprünglichen Planung sind aber nur geringere Teile der ab dem Frühsommer 1941 militärisch eroberten Gebiete tatsächlich in sogenannte Reichskommissariate überführt worden. Der größere Teil des besetzten Gebietes blieb infolge der militärischen Entwicklung bis zum Rückzug dauerhaft unter deutscher Militärverwaltung. Die Forschung hat gezeigt, dass es hinsichtlich Gewaltausübung und Kriegsverbrechen keine substanziellen Unterschiede zwischen Militär- und Zivilverwaltung gab. ■ Die überall sichtbare Tendenz zur Gewalteskalation war in den Befehlen von vornherein angelegt. Zu erwähnen ist hier einerseits der unerhörte »Hungerplan« vom Mai 1941[13], der das millionenfache Sterben vor allem der städtischen Bevölkerung der Sowjetunion zum Programm erhob. Hiervon versprach sich die Regimeführung zweierlei: Zum einen sollte die Heimatfront, anders als im Ersten Weltkrieg, durch eine ausreichende Versorgung

Polizeiparade in Warschau, Juni 1942 (v. l. n. r.: Höherer SS- und Polizeiführer Russland-Mitte, Erich von dem Bach-Zelewski, Befehlshaber des rückwärtigen Heeresgebiets Mitte, Max von Schenckendorff, und Kommandeur des Polizeiregiments Mitte, Max Montua)

stabilisiert werden, zum anderen sollte die sowjetische Stadtbevölkerung vernichtet werden, die als hartnäckig kommunistisch eingestuft wurde. Dieser Plan zum Völkermord wurde nicht im vollen Umfang durchgeführt. Seine direkte Auswirkung war allerdings unter anderem das millionenfache Verhungern sowjetischer Rotarmisten, mit deren Gefangennahme im Blitzkriegskonzept fest zu rechnen war. Gleichwohl hat es keine Vorkehrungen für die Ernährung der sowjetischen Kriegsgefangenen in deutschem Gewahrsam gegeben, die als »Untermenschen« verachtet wurden. Sie waren, mit den Worten Hitlers, »keine Kameraden«.[14] ■ Zu erwähnen ist andererseits der Kommissarbefehl des OKW vom 6. Juni 1941, demzufolge in Gefangenschaft geratene politische Kommissare der Roten Armee zu erschießen waren.[15] Eine Begrenzung der Tötungen auf den vom OKW genannten Personenkreis war indes gar nicht beabsichtigt. Vielmehr richteten sich die Morde, die in großem Umfang auch von den Fronttruppen begangen wurden, schon nach kurzer Zeit gegen politische Funktionäre der KPdSU – von der Führung bis hinab zu den Ortschaften. Im Grunde gehörten alle Mitglieder der Partei zu den potenziellen Opfern, wenngleich die tatsächliche Ausführung des Befehls geringeren Umfang hatte.[16] ■ Zu erwähnen ist schließlich Hitlers notorischer »Gerichtsbarkeitserlass Barbarossa« vom 13. Mai 1941, der einerseits die sowjetische Zivilbevölkerung der ordentlichen Gerichtsbarkeit entzog und andererseits Straftaten deutscher Soldaten in der UdSSR selbst dann außer Verfolgung setzte, wenn diese – wie es im Erlass wörtlich hieß – »ein militärisches Verbrechen« waren. Im Verein mit der in derselben Vorschrift enthaltenen Weisung, auf vermeintliche oder tatsächliche Widersetzlichkeiten mit Repressalien gegen die Ortschaft vorzugehen, aus welcher der Täter stammte, war diese Strafbefreiung der wichtigste Faktor der barbarischen Kriegführung, mit der das Deutsche Reich die Sowjetunion überzog. Das Zahlenverhältnis zwischen vermeintlich oder vorgeblich heimtückisch getöteten deutschen Soldaten und ermordeten sowjetischen Zivilisten schnellte rasch auf 1 zu 100.[17] ■ Diese Massenmorde fanden in der UdSSR unter dem Deckmantel des sogenannten Bandenkampfs statt; bereits 1941, als von einer ernsthaften Partisanengefahr noch gar keine Rede sein konnte, vollends 1942. Ebenso wie die Ausplünderung des Landes, die in der Befehlssprache als das »Leerfressen« ganzer Landstriche bezeichnet wurde, schuf der Partisanenkrieg einen willkommenen Vorwand für die Ermordung der sowjetischen Juden, die man grundsätzlich als »Bandenhelfer« verdächtigte. Zusammen mit der gewaltsamen Aushebung einer wachsenden Zahl von Zwangsarbeitern betrieb Hitlers Wehrmacht in der Sowjetunion verbrecherische »Strukturpolitik«.[18] Das war, in skizzenhafter Verknappung, die Praxis der Gewinnung von »Lebensraum« – uferlos bereits in der ideologischen und ökonomischen Vorgabe, uferlos in der Durchführung.

»Volksgemeinschaft« als Integrationsangebot

Der Begriff »Volksgemeinschaft« geht auf die »Ideen von 1914« zurück, die ihrerseits ältere Traditionen der deutschen Romantik, der napoleonischen Kriege und des Staatsrechts im Kaiserreich aufnahmen. Das später so wirkungsmächtige »Augusterlebnis« war ein bürgerliches Phänomen.[19] Schriftsteller und Intellektuelle zeigten sich vom kurzzeitigen Aufbruchserlebnis des Kriegsbeginns euphorisiert. Die Empfindung wahrer Gemeinschaft in der Stunde der Gefahr, die scheinbare Durchbrechung harter Klassengegensätze zugunsten einer organischen und preußisch-straff organisierten Einheit von Volk und Führung – alles das stammt aus dem Arsenal des deutschen Nationalismus und wurde, exemplarisch in Thomas Manns *Betrachtungen eines Unpolitischen*, zum Wesensmerkmal des Deutschseins schlechthin überhöht.[20] ■ Zu der Einsicht, dass dieser Irrationalismus, der in der bündischen Jugendbewegung und im Dunstkreis der sogenannten konservativen Revolution der späten 1920er Jahre weite Verbreitung fand, erheblichen Anteil am Aufstieg nationalsozialistischer Gewalt als »Autorität der Gemeinschaft«[21] gehabt hatte, rang sich erst Thomas Manns Alter Ego Serenus Zeitblom durch. Aber noch in der glänzenden Prosa des *Doktor Faustus* wird das Bündnis zwischen Hitler und den Deutschen zum Teufelspakt stilisiert, infolge dessen die Nation ihre durch die Zeitumstände gefährdete Seele einem frivol-schöpferischen Mephistopheles verkauft habe.[22] ■ Volksgemeinschaftsideen, welche sich gegen die westliche Gesellschaft richteten und das Gefühl ansprachen, hatten eine erhebliche Anziehungskraft im bürgerlichen Lager. Diese verdankte sich primär der Verheißung der Inklusion, zeitgenössisch: des »Aufgehens im Ganzen der Nation«, und dem Versprechen, überkommene Klassengegensätze würden ebenso wie Vermassungstendenzen zugunsten einer genossenschaftlichen Gesellschaftsmitte überwunden.[23] Auch die Sehnsucht nach einem plebiszitären »Führer« war in der Weimarer Republik weit verbreitet.[24] Hitler hat in den Wahlkämpfen der Weimarer Spätphase *auch* das Gefühl der Verbundenheit aller »Volksgenossen« betont und rhetorisch gegen die Klassengesellschaft in Stellung gebracht.[25] ■ Nach 1933 beschwor das neue Regime die »Volksgemeinschaft« als einen Klassenantagonismus überwindenden Zusammenschluss aller »Volksgenossen« – mit offenbar beträchtlichem Erfolg. Diesem Erfolg tat keinen Abbruch, dass von einer tatsächlichen Auflösung der Klassengrenzen nicht die Rede sein kann.[26] Denn der »Mythos der Volksgemeinschaft«[27] enthielt ein uneingelöstes Zukunftsversprechen, das beständig am Leben erhalten wurde. Von »Kraft durch Freude« organisierte Ferienreisen, Feste[28] und Reichsparteitage[29], Eintopfessen, Sammlungen des Winterhilfswerks (Abb. rechts), nicht zuletzt auch die Hoffnung auf Volkskühlschränke und Volkswagen hinterließen in der Erinnerung der Zeitgenossen tiefe Spuren und wirkten sich bis in die Nachkriegszeit aus.[30] ■ Solche Integrationsangebote, die den schönen Schein des »Dritten Reiches« mit materiellen Hoffnungen verknüpften, traten allerdings seit Beginn des Zweiten Weltkriegs zurück. Die an sich naheliegende Beschwörung des »Augusterlebnisses« von 1914 kam für die NS-Propaganda nicht in Betracht, weil die deutsche Bevölkerung alles andere als kriegsbegeistert war. Das änderte sich unter dem Eindruck der deutschen Siege zwischen 1939 und 1941: Im Sommer 1940 stand Hitler im Zenit seiner Macht und Popularität. ■ In positiver Erinnerung blieb auch, dass das Regime bisher ungekannte Karrierechancen eröffnete und auf diese Weise sein Versprechen einzulösen schien, die neue »Volksgemeinschaft« werde allen Tüchtigen den Weg ebnen, die soziale Mobilität erhöhen und einem »modernen« Leistungsprinzip zur Durchsetzung verhelfen.[31] Hiervon profitierten in hohem Maße vergleichsweise sehr junge Leute, beispielsweise Akademiker aus dem völkischen Lager, die bald das Führungskorps der Politischen Polizei respektive des Reichssicherheitshauptamts stellten[32]; junge Frauen, die sich als »Volksgenossinnen« engagierten[33]; Funktionärinnen und Funktionäre der Hitler-Jugend. Die NSDAP mit ihren vielen Gliederungen und Untergliederungen befriedigte ebenfalls Geltungs- und Karriereansprüche.[34] ■ Solche Mobilität wurde durch den Kriegsbeginn nicht unterbrochen. Die Rüstungswirtschaft wirkte sich im Reichsgebiet mobilisierend aus. Der Einsatz Hunderttausender Zwangsarbeiter, die seit 1942 aus der Sowjetunion verschleppt wurden, ließ in den Betrieben neue Hierarchien entstehen und ermöglichte Arbeitern einen sozialen Aufstieg auf rassistischer Grundlage.[35] Vor allem aber schuf der Krieg in den besetzten Gebieten neue Betätigungsfelder. ■ Im Generalgouvernement Polen bestand die Zivilverwaltung zu nicht unerheblichen Teilen aus jungen NSDAP-Mitgliedern ohne jede fachliche Qualifikation, darunter eine große Zahl korrupter Glücksritter, die bereits in der zeitgenössischen Wahrnehmung als »Negativauslese« gebrandmarkt wurden.[36] Im Apparat der Sicherheitspolizei, die den Judenmord durchführte, stößt man hingegen in vielen Fällen auf jene juristisch ausgebildeten Kader, die von den Karriereangeboten des Regimes schon bisher am stärksten Gebrauch gemacht hatten.[37] ■ Das Personal von Zivil- und Militärverwaltungen in der Sowjetunion bildet, zusammengenommen, einen Querschnitt der deutschen Durchschnittsbevölkerung, was Alter, NSDAP-Mitgliedschaft und berufliche Herkunft angeht. Allerdings gab es zwischen frontnahen Dienststellen des Heeres und solchen in den rückwärtigen Gebieten teils deutliche Altersdifferenzen: Rückwärts der Front waren meist ältere Offiziere und Sicherungsverbände eingesetzt. Auf das Verhalten im Dienst hatten diese Altersunterschiede aber keinen erkennbaren Einfluss.[38]

KRIEG, KAMPF UM »LEBENSRAUM« UND VERNICHTUNG

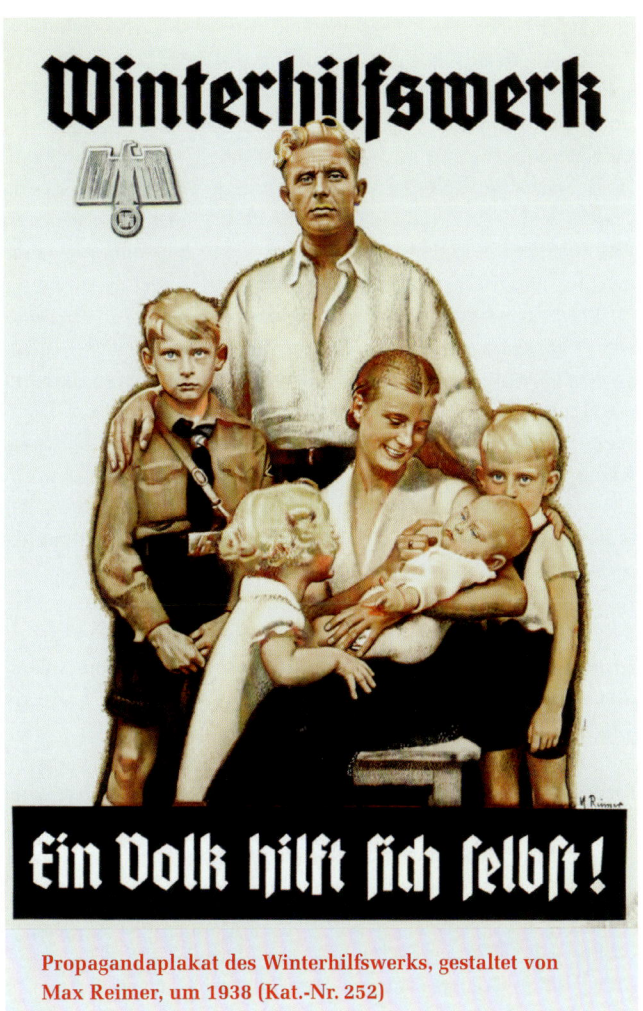

Propagandaplakat des Winterhilfswerks, gestaltet von Max Reimer, um 1938 (Kat.-Nr. 252)

»Volksgemeinschaft« und Exklusion

Die nationalsozialistische Propaganda hat seit den Anfängen der NSDAP den Kampf gegen alles vermeintlich »Undeutsche«, vor allem gegen Kommunisten und Juden, betont. Das Gewaltverständnis der NSDAP war prinzipiell schrankenlos, weil diese einen rassistischen Volksbegriff zum Maßstab aller Maßnahmen erhob und rechtliche Selbstbeschränkungen als obsolet erachtete. Indem von Anfang an ausgeschlossen und ausgesondert werden sollte, was dem nationalsozialistischen Utopia einer rassisch homogenen Gesellschaftsordnung nicht entsprach, grenzte sich die nationalsozialistische »Volksgemeinschaft« entschieden von früheren Gemeinschaftsvorstellungen ab.[39] ■ In der Weimarer Republik gab es ein erhebliches judenfeindliches Gewaltpotenzial. Der bizarre Versuch eines antisemitischen Stabsarztes, 1919 ein Ungeziefervernichtungsmittel unter dem Warenzeichen »Pogrom« eintragen zu lassen,[40] zeigt, wie verbreitet die Erwartung antijüdischer Ausschreitungen war, die dann auch tatsächlich stattfanden.

Maßnahmen des Regimes seit 1933 gegen die jüdische Minderheit mussten vor diesem Hintergrund oftmals gar nicht angeordnet, sondern »oben« nur kanalisiert und organisiert werden.[41] ■ Wie und durch welche Kanäle die Praxis der »Volksgemeinschaft« durch Exklusion in die Gesellschaft einsickerte, in welchem Umfang das gewalttätige Gedankengut der NSDAP konsensfähig war, ist klärungsbedürftig. Die bisherige Forschung hat immerhin darauf hingewiesen, dass die Partei ab 1930 nicht wegen, sondern trotz der SA-Gewaltorgien gewählt wurde. Auch hatte Hitler sich bereits in seiner Programmschrift *Mein Kampf* gegen den »Radauantisemitismus« gewandt und die restlose Entfernung aller Juden aus dem deutschen Lebensbereich als »Antisemitismus der Vernunft« propagiert. Der seit der Pogromnacht Ende 1938 vollzogene Übergang zu einer *gesetzlichen* Verfolgungspolitik war einerseits Reflex auf die fehlende Popularität offener Gewalt gegen Juden, andererseits instrumentalisierte das Regime das antisemitische Gewaltpotenzial der NSDAP, um die Judenverfolgung insgesamt zu radikalisieren.[42] Sie wurde in *lautlose* Formen und Institutionen überführt, die neue Karrieren, damit aber auch neue Inklusionsmuster ermöglichten.[43] ■ Insgesamt lassen sich seit 1940/41 Kontinuitäten der Ausmerzung von »Gemeinschaftsfremdem« erkennen: Die von vornherein bestehende Tendenz zur Grenzüberschreitung durch Gewalt setzte sich auf erweiterter Stufe fort. An die Stelle des indefiniten »Lebensraums« der germanischen Herrenrasse trat nun aber unbegrenzte Gewalt, die auf das deutsche Volkstum nicht mehr rekurrieren musste, um den Massenmord in Gang zu halten. Im Juli 1941 begrüßte Hitler Stalins Aufruf zum Partisanenkrieg, denn dieser gebe Deutschland die Möglichkeit, »auszurotten, was sich gegen uns stellt«. Von »Erschießen« und »Aussiedeln« war in dieser Besprechung über Ostkompetenzen die Rede, und Hitler forderte wörtlich, »Jeden, der nur schief schaut«, zu erschießen.[44] Vor dem deutschen Vorstoß auf Moskau hetzte er seine Soldaten im Oktober 1941 mit den Worten auf, die Sowjetunion sei »[...] das Ergebnis einer nunmehr bald 25jährigen jüdischen Herrschaft, die als Bolschewismus im tiefsten Grund nur der allgemeinsten Form des Kapitalismus gleicht. Die Träger dieses Systems sind aber auch in beiden Fällen die gleichen: Juden und nur Juden.«[45] ■ Der Reichsführer-SS Heinrich Himmler war in seiner Funktion als Reichskommissar für die Festigung Deutschen Volkstums zugleich radikalster Protagonist nationalsozialistischer Rassen- und Siedlungspolitik. Der seit 1940 in immer gigantischeren Maßstäben fortgeschriebene »Generalplan Ost« sah die Vernichtung ganzer Völker in Osteuropa nach dem siegreich beendeten Krieg vor.[46] Diese Vorhaben sind allerdings in veränderter Form für die deutsche Vernichtungspolitik bestimmend geworden: Der Stadt Auschwitz war ursprünglich eine wichtige siedlungspolitische Funktion an der Grenze zwischen den neuen Ostgebieten und dem Generalgouvernement zugedacht. Erst das Scheitern der groß angelegten Pläne brachte das Konzentrations- und Vernichtungslager Auschwitz-Birkenau hervor.[47]

Ähnliches lässt sich für die Politik von Himmlers Intimus, dem Lubliner SS- und Polizeiführer Odilo Globocnik, in der Sowjetunion zeigen, aus der am Ende das institutionelle Rückgrat für den systematischen Mord an Juden während der »Aktion Reinhard« entstand.[48] ■ Die in Osteuropa eingesetzten deutschen Funktionäre verfügten, regional unterschiedlich, über teilweise erhebliche Handlungsspielräume bei der Umsetzung ihrer Vorgaben. Mörderische Initiativen aus der Peripherie des deutschen Herrschaftsbereichs wurden im Berliner Zentrum aufgenommen, radikalisiert und in die besetzten Ostgebiete zurückgespielt.[49] Dieses Wechselspiel ähnelte dem Verhältnis zwischen Gewalt »von unten« und Organisation »von oben«, wie es sich bereits vor Kriegsbeginn im »Dritten Reich« herausgebildet hatte. ■ In Osteuropa entstanden unter deutscher Besatzung tatnahe Milieus, deren Bedeutung für die Motivierung und Perpetuierung des Mordens bislang nur in Ansätzen erforscht ist. Bisherige Befunde weisen aber darauf hin, dass bei sich auflösenden Zuständigkeitsgrenzen zwischen Militär, innerer Verwaltung und Polizeiapparat Kollegialität und Arbeitsteilung vorherrschten, also Inklusion. Oftmals lässt sich ein pervertiertes Leistungsdenken finden, das im Stolz auf die eigenen Taten zum Ausdruck kam und das die Schattenseite jenes Leistungsprinzips darstellt, dem die »Volksgemeinschaft« vorgeblich Geltung verschaffen wollte. ■ In Zentralpolen raubte die dünne deutsche Herrenschicht im großen Maßstab und bereicherte sich nicht selten persönlich. Wie ein SD-Bericht 1943 festhielt, bestand eine Hauptursache der grassierenden Korruption in dem Umstand, dass die Juden für vogelfrei erklärt worden waren.[50] Sekundär partizipierten an Raub und Mord auch sogenannte Hilfswillige, die in der Sowjetunion in erheblichem Umfang rekrutiert wurden, um der deutschen Personalknappheit zu begegnen. Auch diese Bereicherung hatte zweifellos inkludierende Effekte, deren Nutznießer allerdings zum größeren Teil, qua ethnischer Herkunft, nicht zur »Volksgemeinschaft« gehörten. Andererseits konnten sich Volksdeutsche die Einbürgerung durch eifriges Mittun beim Judenmord »verdienen«.[51] ■ Private Bereicherung war aber nur die Spitze des Eisbergs. Denn die nationalsozialistische Vernichtungspolitik war in erheblichem Maße von wirtschaftlichen Faktoren bestimmt, wie am Beispiel des »Hungerplans« bereits kurz angedeutet wurde. Die in der heutigen Forschung über die »Volksgemeinschaft« vorrangige ideologische Komponente bedarf daher der Ergänzung um ökonomische Motive. Diese können allerdings nicht abstrakt der rassistischen »Ausmerzung« gegenübergestellt oder zur alleinigen Ursache des Mordens erklärt werden, sondern sie müssen in ihrer Wechselwirkung mit den ideologischen Antrieben deutscher Vernichtungspolitik betrachtet werden. ■ Christian Gerlach hat in seiner wegweisenden Studie über die deutsche Wirtschafts- und Besatzungspolitik in Weißrussland das Verhältnis zwischen ideologischen und wirtschaftlichen Faktoren wie folgt beschrieben: »Jedesmal, wenn sich die wirtschaftliche Lage durch die Kriegsentwicklung verschärfte, reagierte die deutsche Besatzungsverwaltung mit bevölkerungspolitischen Mitteln – Umsiedlung und Massenmord. [...] Verachtung und Hass auf die Bevölkerung machten solche Strategien erst möglich und führten auch für sich zu ungeheuren Verbrechen. Doch wirtschaftliche Krisen und Zwänge bestimmten oft das Tempo der Vernichtung. Gerade durch sie bekam das Morden und massenweise Verschleppen von Menschen immer wieder eine furchtbare Dynamik und das Gesicht, das wir kennen.«[52] ■ Diese Zusammenhänge sind bislang vor allem für die deutsche Ernährungspolitik in der Sowjetunion und im Generalgouvernement Polen untersucht worden. Demgegenüber hat die deutsche »Großraubwirtschaft« auf dem Gebiet des Devisengolds lange Zeit keine Beachtung gefunden.[53] Das Deutsche Reich stahl im Zweiten Weltkrieg nach neuesten Berechnungen bis zu 444 Tonnen Gold, von denen der weitaus größte Teil (rund 430 Tonnen) aus den Tresoren der Nationalbanken besetzter Länder stammte. Weitere rund 4 Tonnen kamen aus Konzentrations- und Vernichtungslagern, zu erheblichen Teilen also buchstäblich aus den Mündern der Ermordeten. Der Goldraub des »Dritten Reiches« diente unmittelbar der Kriegsfinanzierung.[54] Wertmäßig machte er aber nur einen geringen Teil der Leistungen aus, die das Reich aus den besetzten Gebieten presste: etwa 2 Prozent einer Gesamtsumme von bis zu 119 Milliarden Reichsmark. Letztere entsprach etwa einem Viertel der kriegsbedingten Ausgaben, stellte also einen erheblichen Anteil dar.[55] ■ Götz Aly hat hingegen jüngst die Auffassung vertreten, dass »mindestens zwei Drittel der deutschen Kriegseinnahmen« aus dem Ausland und von rassistisch definierten Opfern der »Volksgemeinschaft« gestammt hätten, darunter die Juden in Deutschland und den besetzten Gebieten.[56] Gegen diese Berechnung sind aus wirtschaftshistorischer Sicht erhebliche Einwände geltend gemacht worden.[57] Die heftige Debatte um Alys Buch beruht aber vor allem auf seiner provokanten These, der NS-Staat sei eine »Gefälligkeitsdiktatur« gewesen, die den bundesdeutschen Sozialstaat durch Umverteilungen zugunsten der sozial Schwachen in wesentlichen Aspekten vorweggenommen habe – tatsächliche »Volksgemeinschaft« auf Kosten besetzter Länder und aller derjenigen, die das nationalsozialistische Deutschland ausgrenzte und ermordete: »Wer von den Vorteilen für die Millionen einfacher Deutscher nicht reden will, der sollte vom Nationalsozialismus und vom Holocaust schweigen.«[58] Dieser Appell ist nur zu berechtigt, wie auch immer man sich zu der strittigen These einer wohlfahrtsstaatlichen Umverteilung von oben nach unten stellt. Denn natürlich muss gefragt und erforscht werden, wem die Deutschen im Krieg ihren Lebensstandard verdankten und welchen Beitrag die Kriegsbeute zum Zusammenhalt der »Volksgemeinschaft« leistete.

KRIEG, KAMPF UM »LEBENSRAUM« UND VERNICHTUNG

»Militär- und Zivilverwaltungsgebiete in der besetzten UdSSR«, 1941/42

»Volksgemeinschaft« und Inklusion

So sehr also die Nationalsozialisten auf den gewaltsamen Ausschluss und letztlich die Vernichtung ihrer tatsächlichen und vorgeblichen Gegner zielten, so sehr muss das Nebeneinander von exkludierenden und inkludierenden Praktiken im Alltag der Deutschen hervorgehoben werden. Das analytische Potenzial dieses Begriffspaars ist allerdings bislang noch nicht ausgeschöpft worden.[59] ■ Gut erforscht sind die Gewalttaten im italienischen Faschismus und diejenigen der SA, die sich am italienischen Vorbild orientierten. Politische Gewalt zerstört systematisch Leib und Leben der Opfer. Sie schweißt zugleich die Täter zusammen.[60] Joseph Goebbels hat diesen Zusammenhang immer wieder formuliert und hierzu die schiefe Metapher des »Kitts« bemüht. Für den Schriftsteller der frühen Jahre war »Blut […] noch immer der beste und haltbarste Kitt«.[61] In der »Kampfzeit« rief der Berliner Gauleiter SA-Männern zu, im Kampf gegen den jüdischen Marxismus sei »Blut […] noch immer der beste Kitt gewesen, der uns auch im weiteren Kampf zusammenhalten soll«.[62] Ende 1939 schwor er die deutschen Radiohörer darauf ein, das im Krieg geopferte Blut bilde »den Kitt, der unser Reich für ewig zusammenhält«.[63] ■ Konnten solche Äußerungen auf das Blut der Täter *und* der Opfer bezogen werden, so verschob sich der Akzent im weiteren Verlauf des Krieges eindeutig auf den Kitt der Komplizenschaft. Denn die Juden, so Goebbels in der Zeitung *Das Reich* vom 9. Mai 1943, bildeten den Kitt, der die feindliche Koalition zusammenhalte. Daher sei es »[…] ein Gebot der Staatssicherheit, dass wir im eigenen Lande die Maßnahmen treffen, die irgendwie geeignet erscheinen, die kämpfende deutsche Volksgemeinschaft gegen diese Gefahr abzuschirmen. Das mag hier und da zu schwerwiegenden Entscheidungen führen, aber das ist alles unerheblich dieser Gefahr gegenüber. Denn dieser Krieg ist ein Rassenkrieg.«[64] ■ Am 14. November 1943 schrieb Goebbels im *Reich*: »Was uns betrifft, so haben wir die Brücken hinter uns abgebrochen. Wir sind zum Letzten gezwungen und darum zum Letzten entschlossen. […] Wir werden als die größten Staatsmänner in die Geschichte eingehen oder als ihre größten Verbrecher.« ■ Goebbels hat als Propagandaminister die »Volksgemeinschaft« in die Pflicht einer Verbrechensgemeinschaft zu nehmen versucht. Ähnliches lässt sich für Himmlers Politik des öffentlichen Geheimnisses zeigen, die darauf zielte, die Verantwortung für den Holocaust von der SS abzuwälzen, die Deutschen insgesamt dafür haftbar zu machen und diese an das Regime zu ketten.[65] ■ Komplizenschaft, so lässt sich mit Hannah Arendt für die Verhältnisse im Reichsgebiet konstatieren, war ein wesentliches Ergebnis inkludierender Gewalt.[66] Die Enteignung der deutschen Juden, im weiteren Kriegsverlauf der Juden und Slawen im besetzten Osteuropa, brachte materiellen Gewinn, von dem der »Volksgenosse« im Krieg pekuniär, fiskalisch und durch seine gute Ernährung profitieren konnte. Die deutsche Öffentlichkeit wurde durch die Beteiligung an der Beute korrumpiert.[67] Das ist eine Ursache jenes schlechten Gewissens, das der parteieigene Spitzeldienst seit 1943 konstatierte. Vielfach wurde der alliierte Bombenkrieg gegen deutsche Städte als gerechte Sühne für deutsche Verbrechen »im Osten« hingenommen, deren tatsächliches Ausmaß viele kannten, die meisten Deutschen aber nicht kennen wollten, obwohl – oder gerade weil – sie mittelbar daraus Nutzen zogen.[68]

Abschließende Bemerkungen

Der Mythos der »Volksgemeinschaft« verdankte seinen Erfolg dem Versprechen sozialer Inklusion, auch dem Versprechen sozialer Mobilität und der breiteren Teilhabe am gesellschaftlichen Leben, als das unter den Bedingungen der Klassengesellschaft möglich gewesen war. In der nationalsozialistischen Variante dieses Begriffs trat das Ziel der rassistischen Ausmerzung alles vorgeblich Undeutschen hinzu und dominierte sehr bald das politische Handeln, ohne dass in der Wahlwerbung der NSDAP und beim Aufbau des Führer-Mythos auf das irrationale Heilsversprechen des »Aufgehens im Ganzen« verzichtet wurde. Die »Volksgemeinschaft« war mehrdeutig und konnte Zustimmungsbereitschaft aus sehr unterschiedlichen Gründen aktivieren.[69] ■ Exklusion und Inklusion standen in einem Wechselverhältnis, das die destruktive Dynamik des Nationalsozialismus zumindest mit erklärt. Politische Gewalt exkludierte die Opfer und inkludierte die Täter. Dieses Muster, das zunächst im abgegrenzten Milieu faschistischer Kampfbünde entstanden war, schlug sich spätestens seit dem Krieg gegen die Sowjetunion am »Tatort« milieukonstituierend, im Reichsgebiet durch die von der Führung forcierte Komplizenschaft nieder. Ob man millionenfache Morde aus ideologischen und wirtschaftlichen Gründen noch als »Exklusion« bezeichnen kann, erscheint allerdings eher zweifelhaft, obgleich diese Untaten in der Kontinuität nationalsozialistischer Politik standen. ■ Die Täter im Osten stammten mehrheitlich aus der Mitte der deutschen Gesellschaft. Diejenigen Deutschen, die nicht direkt an Massenmorden beteiligt waren, mussten das Odium der Tat nicht auf sich nehmen, hatten aber in erheblichem Umfang zumindest eine Ahnung, in welche Politik sie involviert waren und welche Folgen das künftig haben würde. ■ Zu den Merkwürdigkeiten der »Volksgemeinschaft« gehört aber, dass selten zu Ende gedacht wurde, was sie in Wirklichkeit bedeutete.[70] Die auffällige Konjunktur des Begriffs »Volksgemeinschaft« in der deutschen Nachkriegsöffentlichkeit lässt jedenfalls fortbestehende Bindungen an den Nationalsozialismus erkennen, die erst allmählich durch andere Selbstwahrnehmungen überlagert wurden.[71] Als Günter Grass 1959 seine *Blechtrommel* publizierte, brachte er sein Entsetzen über den moralischen Bankrott der Deutschen auf die Formel: »Ein ganz leichtgläubiges Volk glaubte an den Weihnachtsmann. Aber der Weihnachtsmann war in Wirklichkeit der Gasmann.«[72]

Anmerkungen

1 Peukert 1982; Thamer 1994; vgl. zuletzt Bajohr/Wildt 2009a. – Für anregende Diskussionen danke ich Armin Nolzen.
2 Frei 2005b, S. 116f., S. 127f.
3 Wildt 2007. Wildt kommt zu dem Ergebnis, die deutsche »Volksgemeinschaft« habe sich durch die Exklusion der Juden überhaupt erst konstituiert, ebd., S. 63–68 und passim.
4 Vgl. nur Herbert 1998.
5 Hillgruber 1972 (mit den weiteren Nachweisen).
6 Herbst 1996, S. 9f.; Geyer 1986, S. 558.
7 Vgl. zum Folgenden Pohl 2008, S. 40–45.
8 Ludendorff 1935.
9 Hitler verbot 1943 öffentliche Debatten über die Nachkriegsordnung, vgl. hierzu Herbst 1982, S. 244, S. 252.
10 Vgl. zum Folgenden Förster 1983; Ueberschär/Wette 1991.
11 Pohl 2008, S. 63–77.
12 Ebd.
13 Gerlach 1999, S. 46–74; ders. 1998.
14 Streit 1980.
15 Römer 2008, S. 562f.
16 Pohl 2008, S. 75f.
17 Ebd., S. 158–173.
18 Gerlach 1999, S. 859–1010.
19 Ziemann 1997; Verhey 2000, S. 129–193.
20 Mann 1974a; vgl. Görtemaker 2005, S. 25–42.
21 Mann 1974b, S. 398–409, S. 480–492.
22 Ebd., S. 294–333.
23 Nolte 2000, S. 166–187.
24 Mergel 2005.
25 Nolte 2000, S. 194–197.
26 Wehler 2003, S. 771–794; anders Aly 2005.
27 Winkler 1977; Blumenberg 1979, S. 127–145.
28 Die nationalsozialistische Festkultur ist erst in Ansätzen erforscht. Vgl. als regionale Fallstudie Freitag 1997.
29 Urban 2007.
30 König 2004.
31 Wehler 2003, S. 675–690, S. 771–794, hier: S. 786, der schätzt, dass etwa 1,8 Millionen Männer eine »verblüffende Aufstiegsmobilität« im »Dritten Reich« erlebt hätten.
32 Herbert 1996; Wildt 2003.
33 Steinbacher 2007; dies. 2009, S. 95–97.
34 Nolzen 2009.
35 Herbert 1995b, S. 108–110, S. 117.
36 Sandkühler 1996, S. 77f.; zuletzt Roth 2009.
37 Eine Kollektivbiographie der Funktionäre von Gestapo und SD im Generalgouvernement fehlt bislang.
38 Pohl 2008, S. 111–116.
39 Wildt 2007, S. 63–68, 358–374.
40 Walter 1999, S. 36.
41 Wildt 2007, passim.
42 Walter 1999, S. 222–231; Herbert 1995c, S. 72–77.
43 Vgl. Wildt 2003, S. 850–868.
44 Bormanns Vermerk über die Besprechung Hitlers mit Rosenberg, Lammers, Keitel und Göring am 16.7.1941, in: Prozess Nürnberg 1949, S. 86–94.
45 Zit. nach Pohl 2008, S. 255.
46 Vgl. Madajczyk 1994.
47 Steinbacher 2000.
48 Black 1993a.
49 Sandkühler 1998.
50 Sandkühler 1996, S. 201.
51 Black 1993b; vgl. Kundrus 2009, S. 113–116.
52 Gerlach 1999, S. 1144f.
53 Dieser Terminus stammt von Banken 2009.
54 Ebd., S. 844, 846.
55 Ebd., S. 846.
56 Aly 2005, S. 326.
57 Mark Spoerer: *Rezension zu: Aly, Götz: Hitlers Volksstaat. Raub, Rassenkrieg und nationaler Sozialismus. Frankfurt a.M. 2005*, in: H-Soz-u-Kult, 26.5.2005 <http://hsozkult.geschichte.hu-berlin.de/rezensionen/2005-2-143>.
58 Aly 2005, S. 362.
59 Nolzen 2009, mit der weiteren Literatur.
60 Wegweisend: Reichardt 2002.
61 Goebbels 1929, S. 81.
62 Ders. 1934, S. 126, zit. nach Reichardt 2002, S. 137, Anm. 262.
63 Ders.: *Silvesteransprache an das deutsche Volk*, 31.12.1939, zit. nach ders. 1941, S. 227.
64 Ders. 1997–2006, Bd. V, S. 1905.
65 Longerich 2008, S. 709f.
66 Dazu Wildt 2007, S. 10.
67 Bajohr 2002, S. 50.
68 Ders. 2006, S. 65–76.
69 Wildt 2009, S. 39.
70 Frei 2005b, S. 120f., 126f.
71 Thießen 2009; Schildt/Sywottek 1993.
72 Grass 1997, S. 261.

BIRTHE KUNDRUS

Der Holocaust
Die »Volksgemeinschaft« als Verbrechensgemeinschaft?

Einleitung

Ende 1939 entrüstete sich der Reserveoffizier der Wehrmacht, Wilm Hosenfeld, im besetzten Polen eingesetzt, anlässlich einer brutalen Umsiedlungsmaßnahme gegen Polen und Juden, das sei »ein Verbrechen an der Menschheit«: »Wie gern bin ich Soldat gewesen, aber heute möchte ich den grauen Rock in Fetzen reißen.«[1] Nach der Niederschlagung des Warschauer Ghettoaufstandes notierte er in seinem Tagebuch: »Diese Bestien. Mit diesem entsetzlichen Judenmassenmord haben wir den Krieg verloren. Eine untilgbare Schande, einen unauslöschlichen Fluch haben wir auf uns gebracht. Wir verdienen keine Gnade. Wir sind alle mitschuldig.«[2] Fast zur gleichen Zeit wurde 310 Kilometer südwestlich in Auschwitz eine aus dem Altreich kommende Lehrerin in der Schule von einer »Schar kleiner, verstörter Quintanerinnen« begrüßt. Diese hatten am Bahnhof die Ankunft eines Güterzugs mit Juden beobachtet. Die Pädagogin vermerkte in ihrem Tagebuch: »Ich war tief traurig. Konnte man denn diesen grausamen Vorgang, den man Selektion nannte (Auswahl der für den Tod Bestimmten) nicht unter Ausschluss der Öffentlichkeit abwickeln, so daß ihn die kleinen Schulkinder […] – nicht mit ansehen konnten?!!«[3] Etwas später schrieb sie wiederum verärgert: »Warum hatten sie [die Juden] bei ihrem offensichtlichen Reichtum – es nicht geschafft, sich rechtzeitig in Sicherheit zu bringen? Schon seit 1934 gab es doch die Judengesetze.«[4] ■ Diese Positionen von zwei Zuschauern der Judenverfolgung, die wie vermutlich Hunderttausende deutscher Soldaten bzw. Zehntausende deutscher Zivilisten relativ nah eine der Stationen des Holocaust beobachten konnten, markieren zwei diametral entgegengesetzte Haltungen, die für diese Gruppe der *Bystanders* festgestellt worden sind.[5] Wilm Hosenfeld, durchaus der NSDAP zugetan und ein eifriger Bewunderer Hitlers, geriet seit Mitte der 1930er Jahre in Situationen, die schließlich zu seiner Abwendung vom Nationalsozialismus führten. Endgültig brach er mit dem System aufgrund der Mordtaten von SS und Wehrmacht in Polen 1939/40 und dann in der Sowjetunion. Er entschloss sich, Juden zu helfen und rettete zwischen August 1944 und Januar 1945 mehreren das Leben. Eine lichte Ausnahmegestalt? Vermutlich. Zahlen sind nur schwer zu ermitteln, aber die geringe Anzahl dieser »Retter« lässt auf eine verschwindend kleine Minderheit schließen.[6] Auf der anderen Seite steht eine junge Frau, die beruflich in den »neuen Osten«, der auf Reichsgebiet lag, gegangen war. Auffällig an ihrer Aussage ist, dass sie das Morden als unumstößliche Tatsache akzeptiert hatte. Ihren dennoch vorhandenen Irritationen über den massiven Normenbruch verlieh sie durch Beschwerden Ausdruck. Diese bezogen sich aber nicht auf den Kern der eigentlichen Sache, den Massenmord, sondern auf dessen verträgliche Durchführung. Typisch für diese Haltung war vielleicht auch, wie die Lehrerin die Tötungen legitimierte, nämlich mit dem Mittel der Schuldumkehr: Die Juden seien an ihrem Schicksal selbst schuld.[7] Der Vorteil dieses Vorgehens lag neben der seelischen Entlastung darin, dass mit dem Schuldzuweisen immer auch die Selbsterhöhung der eigenen Person einherging. Man, also die Lehrerin, war eben viel klüger als die vermeintlich dummen Juden, die eigentlich schon seit 1934 hätten wissen müssen, was sie erwartete.

Der Holocaust und die Deutschen

Die Frage nach der Beteiligung an und dem Wissen um die Shoah, nach der Verarbeitung dieses Wissens und nach dem Sensorium der NS-Führung in diesem zentralen Politikbereich füllt mittlerweile Bände. Zuspitzungen auf den Begriff der »Volksgemeinschaft« sind hingegen Mangelware. Das Thema ist in der Vergangenheit eher unter dem sehr allgemeinen Rubrum »Die deutsche Gesellschaft und der Holocaust« vermessen worden. Was sollte eine derartige Zuspitzung auch bringen? »Volksgemeinschaft« – das kann alles und nichts sein, eine modische Vokabel, aber doch ohne systematisierende Erklärungskraft. Nun kann man einwenden, dass das »Dritte Reich« nicht einfach nur eine Gesellschaft war, sondern sich in einem spezifischen Aggregatzustand befand und sich gewissermaßen als »Volksgemeinschaft i. G.«, als »Volksgemeinschaft in Gründung« verstand. Mit dieser neuen sozialen Ordnung verband sich eine zunehmend radikalisierte Gesellschaftspolitik nach innen wie nach außen. Die Inklusionen und vor allem die Exklusionen setzten schon lange vor 1939 ein und wurden im Krieg beispiellos beschleunigt. Diese Feststellung ist eine der Leitlinien für die folgenden Ausführungen, denn ohne eine Kontextualisierung des Völkermords in die allgemeine Vergesellschaftung von Gewalt lassen sich auch die Reaktionen der »Volksgenossen« auf die Verfolgung der Juden nicht erklären. Welche Funktion und welche Folgen hatte also extreme Gewalt, hatte die Shoah, hatten die Massenverbrechen für die Realisierung der »Volksgemeinschaft«? In einem ersten Teil werden hierzu die Forschungsergebnisse vorgestellt, um dann in einem zweiten Abschnitt diese Ergebnisse im Hinblick auf die Problematik von »Volksgemeinschaft« und Verbrechen in acht Punkten zu diskutieren und zuzuspitzen.

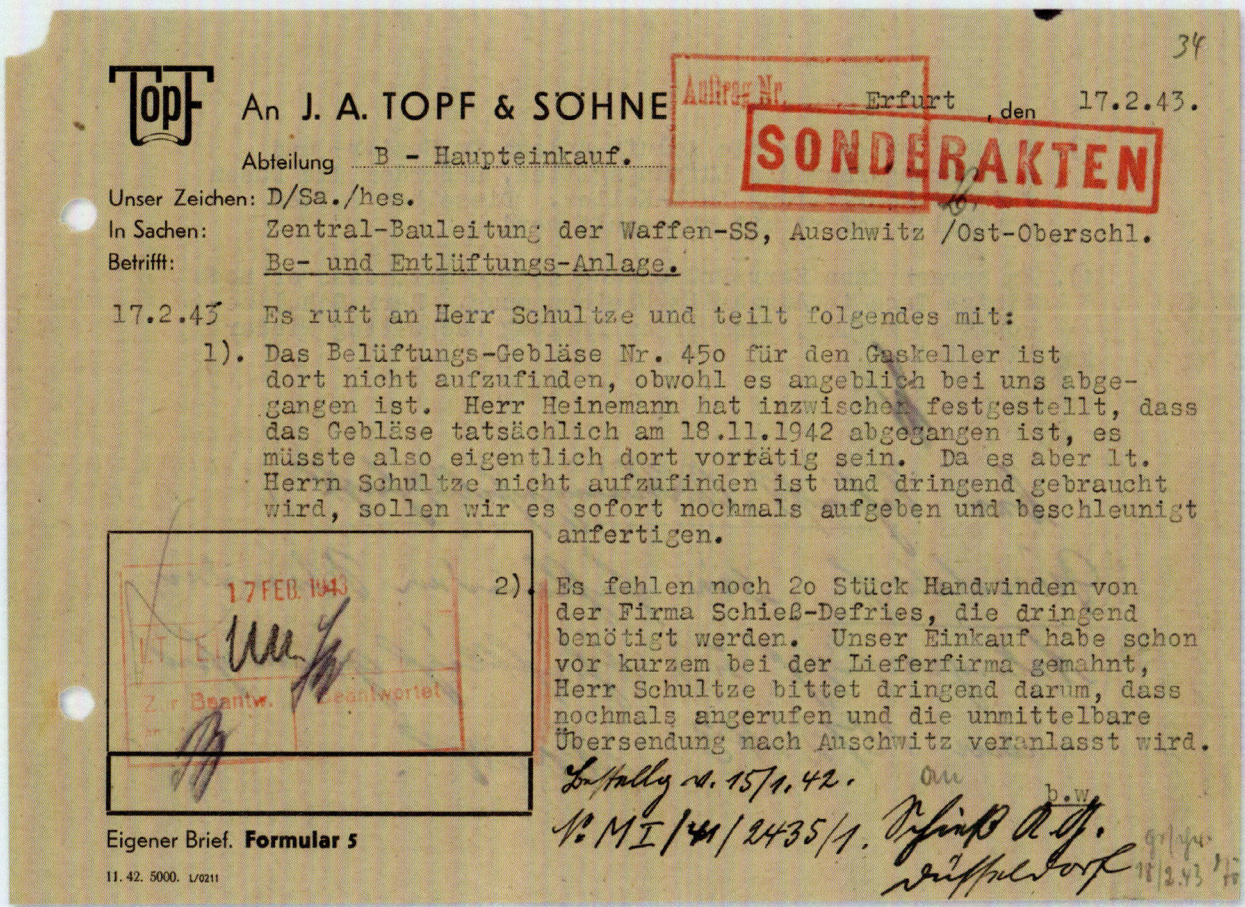

Telefonnotiz von Fritz Sander, Oberingenieur der Firma J. A. Topf & Söhne, 17. Februar 1943 (Kat.-Nr. 467)

»Volksgemeinschaft« und Verbrechen

Das Projekt der »Volksgemeinschaft« gründete auf Gewalt. Das mag banal klingen, bei einer näheren Betrachtung jedoch erweist sich die Komplexität, die diese Aussage birgt. Denn wie gestaltete sich das Verhältnis von »Volksgemeinschaft« und Gewalt, von »Volksgemeinschaft« und Verbrechen? Adolf Hitler galt die homogene völkische Konsolidierung als Voraussetzung für den Erfolg in Krieg und Expansion.[8] Umgekehrt ließe sich auch behaupten, dass die Realisierung der »Volksgemeinschaft« weniger die Vorbedingung als vielmehr das Ergebnis der Vertreibung und dann des Massenmords an den deutschen, ja an allen Juden im deutschen Einflussbereich sein sollte. Jenseits der NS-Führungsebene und ihrer Absichten stellen sich aber auch Fragen nach der sozialen Dimension der Verbrechen. Konstituierte sich die »Volksgemeinschaft« in der Gewalt gegen Juden, in ihrer Tötung? Wirkte die Ermordung des rassischen Außenseiters gemeinschaftsstiftend? War »Blut […] der beste Kitt«[9], wie Joseph Goebbels immer wieder formulierte? Mobilisierte der Holocaust die »Volksgenossen«? Wurde er als Möglichkeit zur Selbstermächtigung verstanden? Oder lehnten ihn die Deutschen mehrheitlich ab? Trug er zu jener vielzitierten Distanzierung vom Regime bei Kriegsende bei? Oder interessierten die Tötungen von jüdischen Männern, Frauen und Kindern gar nicht, weil die »arischen« Deutschen mit ihrem eigenen Überleben beschäftigt waren? Diese Fragen sind mit Sicherheit nicht mit einem einfachen Ja oder Nein zu beantworten. Ursächlich hierfür ist nicht nur das fragmentarische Wissen der Bevölkerung,[10] das sich nur in Ausnahmefällen zu einem Gesamtbild eines systematischen Völkermords unglaublichen Ausmaßes fügte. Ursächlich für die Unerreichbarkeit eines einmütigen Befunds ist auch die Fragmentierung der deutschen Gesellschaft angesichts des Holocaust. ■ Die Gruppe der Täter durchzog, das hat die neuere Forschung gezeigt, eine »affektive Zustimmung zum Einsatz rücksichtsloser Gewalt«[11]. Hier war die Bereitschaft, die seitens des Regimes gebotenen Chancen zur Gewaltausübung zu nutzen, besonders ausgeprägt. Die Vertreibungen von Ukrainern, Polen, Juden und anderen Bevölkerungsgruppen in Osteuropa wurden akzeptiert, ja sogar befördert. Ihre Begründungen verfingen: Die Ausbeutung und Ermordung der »rassisch Minderwertigen« müsse sein, wäre doch nur sie der Garant für die eigene auf Dauer angelegte völkische Zukunft. Weiterhin spielten individuelle Bereicherungen hier ebenso hinein wie der Zugewinn an persönlichem Status. Die Möglichkeit zur Selbstermächtigung der »Volksgenossen« in der Gewalt gegen Juden – so die These von Michael Wildt für die Zeit bis 1939[12] – lässt sich auch für die Kriegszeit konstatieren. Lassen wir an dieser Stelle Marcel Reich-Ranickis Erinnerung an die deutschen Besatzer in Warschau sprechen: »Jeder Deutsche, der eine Uniform trug und eine Waffe hatte, konnte in Warschau mit einem Juden tun, was er wollte. Er konnte ihn zwingen zu singen, zu tanzen oder in die Hose zu machen oder vor ihm auf die Knie zu fallen und um sein Leben zu flehen. Er konnte ihn plötzlich erschießen oder auf langsamere, qualvollere Weise umbringen. [...] Den Deutschen, die sich diese Späße leisteten, verdarb niemand das Vergnügen, niemand hinderte sie [...], niemand zog sie zur Verantwortung. Es zeigte sich, wozu Menschen fähig sind, wenn ihnen unbegrenzte Macht über andere Menschen eingeräumt wird.«[13] ■ Privatfirmen machten ihre Geschäfte mit dem Mord an den europäischen Juden. Bis zum Sommer 1944 wirkten mehr als 500 Betriebe aus dem gesamten Reichsgebiet etwa an der Erweiterung von Auschwitz mit.[14] Hunderte von SS-Wachmännern lebten entweder mit ihren Familien am Rande des Lagers oder bekamen viele Male Besuch von ihnen. Diese Privatheit sorgte für eine gewisse Normalität eines Vernichtungslagers.[15] Doch könnte man auch vice versa argumentieren, dass das Familienleben der vielen Deutschen in Auschwitz die Normalität nicht *herstellte*, sondern die Normalität von Auschwitz *auswies*. Ohne die Bereitschaft zur Gewalt jedenfalls, ohne die Selbstmobilisierung und ohne die Eigeninitiativen lokaler Verwaltungsführer wie etwa des SS-Sturmbannführers Rolf-Heinz Höppner, der bekanntlich schon im Juli 1941 darauf drängte, die Juden durch »irgendein schnell wirkendes Mittel«[16] zu erledigen, hätte es den Holocaust zumindest in dieser Form nicht gegeben. ■ Gilt dieses Moment der Vergemeinschaftung und Stärkung der Bindekräfte durch Völkermord auch für andere Teile der Gesellschaft? Wenn wir uns den Zuschauern widmen, auch den nicht unmittelbar Beteiligten an der »Heimatfront«, dann ergeben sich weit auseinanderklaffende Befunde. Sehr viele Studien konstatieren eine Gleichgültigkeit der »Volksgenossen« im Altreich gegenüber den einzelnen Etappen der Shoah, interpretieren diese jedoch äußerst unterschiedlich. ■ Otto Duv Kulka etwa schließt aus dem vorgeblichen Schweigen der Quellen zu den Deportationen seit 1941 auf eine heimliche Komplizenschaft und ein stillschweigendes Einverständnis. Volk und »Führer« seien quasi Seite an Seite marschiert.[17] Ute Daniel bemerkt, dass der Völkermord keineswegs destabilisierend auf die »Heimatfront« gewirkt habe, eher im Gegenteil. Ursächlich für diese Nähe von »Führer« und Bevölkerung könnte die antisemitische Deutung sein, die die Niederlage im Ersten Weltkrieg »den Juden« anlastete. Wenn nun die Verantwortlichen aus dem Weg geräumt würden, so die Logik, schaffe das Regime die nötigen Voraussetzungen für einen deutschen Sieg.[18] Jüngst hat Bernward Dörner diese These noch zugespitzt.[19] Er spricht von einer »fatalen Solidarität mit der NS-Führung« und stellt fest, dass ein erheblicher Teil der deutschen Bevölkerung die völkermörderische Eskalation der Judenverfolgung abgelehnt, dass aber auch »Millionen Deutsche die Ermordung der Juden gebilligt oder billigend in Kauf genommen«[20] hätten. ■ So weit gehen Marlies Steinert, Ian Kershaw und Saul Friedländer nicht.[21] Sie konstatieren eine moralische Indifferenz, auch Fassungslosigkeit der »arischen Reichsdeutschen«, deuten diese jedoch neutral. Die »Volksgemeinschaft« habe sich dem Mord weder entgegengestemmt noch ihn gefördert. Das Schicksal der Juden während des Krieges habe so gut wie keine Rolle in der Meinungsbildung der Masse der Bevölkerung gespielt. Die Gewalt sei also weder als attraktive Handlungsoption noch als befremdliche Anmaßung wahrgenommen worden. Gerade dadurch aber, durch ihre moralische Abstumpfung und Empfindungslosigkeit hätten die Deutschen den Völkermord möglich gemacht, argumentiert David Bankier.[22] Weil niemand, auch nicht die Kirche, öffentlich protestierte, hätten die Nationalsozialisten ihr Projekt verwirklichen können. Differenzierter fällt das Resümee von Hans Mommsen und Dieter Obst aus. Absorbiert von der Bewältigung der Kriegseinwirkungen sei die deutsche Bevölkerung abgestumpft und habe den Völkermord kollektiv verdrängt. Gleichwohl sei durchaus ein Unrechtsbewusstsein verbreitet gewesen.[23] ■ Peter Longerich legt in seiner großen Studie den Akzent weniger auf passivierende Lethargie denn auf Repression *und* aktive Verantwortungsverweigerung. Er deutet den Befund der Indifferenz nicht als authentische, sondern als dem Volk vom Regime abverlangte Haltung.[24] Während die Einführung des »gelben Sterns« im Herbst 1941 bei den Deutschen noch einmal »offensichtlich in größerem Umfang Gesten der Sympathie und Solidarität« gegenüber den Juden ausgelöst habe, blieben diese später, als die Vernichtungsaktionen liefen, aus. Diese Passivität sei durchaus im Sinne des Regimes gewesen. Denn durch ihre Propagandapolitik habe die NS-Führung den Deutschen signalisiert, dass sie zu Mitwissern und Komplizen eines Verbrechens geworden waren – und ihr Schicksal damit auf Gedeih und Verderb mit der Existenz des Regimes verbunden gewesen sei. Insofern dürfe die »vorherrschende Distanz« der Deutschen gegenüber dem Schicksal der Juden, so Longerich »nicht mit Desinteresse oder Wegschauen verwechselt werden«. Vielmehr habe es sich dabei um eine »vom Regime durch jahrelange Propaganda und Repression erzwungene Verhaltensweise im öffentlichen Raum [gehandelt], die wenig über die ›wahre‹ Einstellung aussagt«. Festzuhalten bleibe, dass die Deutschen sich jeder Verantwortung für das Geschehen durch ostentative Ahnungslosigkeit entzogen hätten. Die Verweise darauf, dass die »wahre Einstellung der Deutschen« nicht erforschbar sei, sind zwar angesichts der schwierigen Quellenlage nachvollziehbar, doch auch zu bezweifeln. So deutet Longerich selbst seine Ergebnisse im Sinne eines »Unwillens der deutschen Bevölkerung gegenüber der NS-Judenpolitik«, der sich unter dem Terrorregime aber nicht habe materialisieren lassen. Die »Volksgenossen« hätten sich nolens volens angepasst, der Holocaust habe gewissermaßen gegen eine sich in die Unwissenheit flüchtende Mehrheit der deutschen Gesellschaft stattgefunden. Insofern habe die extreme Gewalt ebenso desintegrierend wie zwangsintegrierend gewirkt. In der Frage des Genozids seien Bevölkerung und Regime gegenteiliger Ansicht gewesen, aber gerade angesichts des Mordens hätten sich die »arischen Reichsdeutschen« der Führung gebeugt. Offenbar hätten sie die Tötungen nicht als unabdingbar für das Projekt der »Volksgemeinschaft« akzeptiert. Tobias Jersak hat diese Interpretation noch weiter gespannt und akzentuiert, dass die Deutschen auch während des Krieges vor allem die sanften Seiten des »Volksgemeinschaft«-Projekts fasziniert hätten, die Gewalt habe sie eher abgestoßen.[25] ■ Auch Frank Bajohr lässt keinen Zweifel daran, dass eine große Zahl von Deutschen von dem Massenmord an den europäischen Juden in der einen oder anderen Art Kenntnis hatte. Insofern sei es um ein Nicht-Wissen-Wollen gegangen und keineswegs um ein Nicht-Wissen-Können. Aber nicht Gleichgültigkeit, sondern vielmehr ein ausgeprägtes Interesse der Deutschen etwa an den Deportationen habe das Verhalten geprägt.[26] Demonstrative Zustimmung sei ebenso wie demonstrative Ablehnung vorgekommen. Die größte Gruppe aber habe zwischen Einverständnis und verhaltener Distanzierung geschwankt. Bajohr betont angesichts der Deportationen die Bruchstellen im volksgemeinschaftlichen Konsens. Denn bis dato lasse sich festhalten: Alles, was pseudolegal aussah, sei zustimmungsfähig gewesen, Krawalle und Pogrome hingegen hätten die »Volksgenossen« eher verschreckt.[27] Dementsprechend habe sich die Ablehnung gerade an der Gewaltförmigkeit der Aktionen, an der Gewalt gegen Alte und Sieche entzündet, und düstere Ahnungen hätten das Schicksal der deutschen Juden begleitet. Ein anschaulicher Beleg für die Thesen Bajohrs sind Stimmen aus der Bevölkerung, wie sie etwa die SD-Außenstelle Leipzig im August 1942 weitergab: »Die Judenfrage konnte Hitler auch anders lösen. Menschlicher! Kein Mensch hat das Recht, ein Volk ausrotten zu wollen. Gewiß haben die Juden uns viel geschadet, aber die hat man von 1933 bis 1941 abreisen lassen.«[28] ■ Folgerichtig geht Bajohr – ähnlich wie Kershaw, aber im Gegensatz zu Longerich – von einem antijüdischen Konsens aus, der sich bis 1938/39 herausgebildet habe. Bis dahin seien die Angebote, die das Regime mit der Ausplünderung und Verfolgung der deutschen Juden machte, häufig anerkannt und dem Regime als Verdienst zugerechnet worden. Eigene Interessen konnten eingebracht und verwirklicht werden, etwa durch Denunziationen oder in den Arisierungen und Versteigerungen oder schlicht in der Aussicht, andere, deren sozialer Status häufig dem eigenen überlegen war, zu drangsalieren. Dörner, Kershaw, Bajohr, Hans Mommsen, Wildt und andere lassen sich trotz abweichender Interpretationen zumindest in einem Punkt so zusammenfassen: Die Mehrheit der deutschen Bevölkerung hatte bis 1941 den sozialen Ausschluss der Juden akzeptiert.[29] Aber in Kenntnis gesetzt von physischen Morden, von den »Rohheitsverbrechen«[30], wie ein Hamburger Handwerksmeister vermerkte, seien etliche ins Grübeln gekommen. ■ An der Frage der Gewalt scheiden sich mithin die Geister. Standen die »Volksgenossen« ihr ablehnend gegenüber oder gewöhnten sie sich nicht zuletzt aufgrund des massenhaften Tötens und Sterbens während des Krieges an Morde auch an Zivilisten? Suchten sie sogar nach guten Gründen für diese Morde oder verdrängten

sie sie – aus Angst vor dem Terror des Regimes bzw. vor den Folgen ihrer notgedrungenen Komplizenschaft? Hielten Front und »Heimatfront« – im Gegensatz zum Ersten Weltkrieg – aus Überzeugung, aus Lethargie oder aus Angst, eines Tages zur Rechenschaft gezogen zu werden? Für alle diese Haltungen lassen sich Belege finden. Diese Pluralität ist nicht weiter verwunderlich, handelte es sich doch um Millionen von Deutschen. Die Homogenität der »Volksgemeinschaft« war, darauf hat Longerich zu Recht aufmerksam gemacht, vor allem eines: eine Chimäre der Nationalsozialisten.

Das Projekt der »Volksgemeinschaft«

Trotz dieser Fragmentierung der NS-Gesellschaft und der Vielzahl ihrer Haltungen zur Shoah soll am Ende der Versuch stehen, die skizzierten Befunde und Ergebnisse unter acht Aspekten zuzuspitzen und Überlegungen zu der Frage anzustellen, was der Holocaust für das Projekt der »Volksgemeinschaft« bedeutete. ■ 1. Die heutigen Diskussionen drehen sich nicht mehr um die Frage, *ob* die Deutschen vom Holocaust wussten. Vielmehr steht jetzt im Mittelpunkt, *wie* sie mit einem in der Regel partikularen Wissen umgegangen sind und ob dieses zu Brüchen oder zu Forcierungen des Konsenses mit der NS-Führung geführt hat. ■ 2. Insofern Ausgangspunkt der Betrachtungen das Ineinandergreifen von Zwang und Zustimmung ist, hat sich der Blick erweitert und bezieht außer dem Regime auch die »Volksgenossen« als Akteure ein. Damit wird neben den Versuchen des NS-Regimes zur Mobilisierung der Bevölkerung auch die Selbstmobilisierung der Deutschen – und deren Grenzen – einbezogen. ■ 3. Der Holocaust wurde weder zu einer Zerreißprobe noch zu einem Moment der massenhaften Selbstmobilisierung. Die Reaktionen der Deutschen bewegten sich in einem Spektrum von Ablehnung bis Zustimmung und einem weiten Feld aus Ignoranz, Gleichgültigkeit, Abstumpfung und tastender Distanzierung – und häufig aus allem zugleich. ■ 4. Es gab mithin keine einheitliche *Haltung*. Die vorherrschende *Handlungsweise* allerdings bestand im Nichthandeln. Ursächlich für die aktive Verantwortungsverweigerung, wie Longerich sie schildert, waren viele Gründe, am wichtigsten vermutlich die Androhung von Gewalt *gegen* die »Volksgenossen«. Doch bröckelten auch die bis dato gültigen normativen Dämme gegen antijüdische Gewaltaktionen angesichts des Krieges als gedeutetem Ausnahmezustand. Antijüdische Gewalt war vor 1939 häufig dann abgelehnt worden, wenn sie nicht »legal« wirkte, wenn die »Volksgenossen« sie als Verstoß gegen traditionelle Rechts- und Ordnungsvorstellungen wahrnahmen. Das war nun anders. Der Krieg und die mit ihm einhergehende Veränderung der Lebenswelten erhöhten die Akzeptanz ausgedehnter Gewalträume. Denn mit dem Ausnahmezustand verbanden sich neue Legitimierungsstrategien, neue Selbstbeschwichtigungsformeln für radikalisierte Gewalt – die vorgebliche Beseitigung des jüdischen Bolschewismus, die vorgebliche Partisanenbekämpfung, der vorgebli-

Walter Cüppers: Aufräumkommando mit Häftlingen des Frauenaußenlagers Bremen-Oberheide, 1944 (Kat.-Nr. 431)

che Gewinn von Wohnraum usw.³¹ Die NS-Propaganda evozierte dementsprechend die »Volksgemeinschaft« als »Kampfgemeinschaft«. Ein Soldat aus Russland schrieb im Mai 1942 an seine Schwester: »Vor unserer Stadt sind auch zwei Massengräber. In dem einen liegen 20 000 Juden und [in] dem anderen 40 000 Russen. Zuerst ist man zwar davon erschüttert, aber wenn man an die große Idee denkt, dann muß man ja selbst sagen, dass es nötig war.«³² ■ 5. Dass die Morde so wenig Protest erregten, war vielleicht auch für das seinen »Volksgenossen« stets misstrauende NS-Regime eine Überraschung. Allerdings hatte es auch alles unternommen, die antizipierten Irritationen so gering wie möglich zu halten. 1939/41 war ein Zustand erreicht, in dem die Mehrzahl der Deutschen ohne jüdische Mitbürger gut leben konnte. Nun setzte die NS-Führung alles daran, dass die »Volksgenossen« auch mit einem Mord an den Juden gut leben konnten. Die Tabuisierung der Verbrechen bezweckte dabei wohl weniger ein Verschweigen. Das wurde nie erreicht und war auch wenig realistisch.³³ Vielmehr standen zwei Momente im Vordergrund: Erstens ging es darum, den Massenmord nicht unnötig auszustellen, um ihn verträglicher zu machen. In diesem Sinne argumentierte auch die anfangs zitierte Lehrerin in Auschwitz. Zweitens ermögliche das Schweigen, die Zumutung enthegter Gewalt wegblenden zu können, wenn ihre Notwendigkeit nicht überzeugte. Wer nicht wissen wollte, dem gab das Regime die Möglichkeit, sich zu entziehen. Die, die dies nicht taten, konnten sich – auch mithilfe der Propaganda – Rechtfertigungen zurechtlegen, die ihrem emotionalen Aufruhr Ausdruck verliehen, gleichzeitig aber regimekonform blieben. Nationalsozialistische Herrschaftstechnik bestand eben keineswegs ausschließlich in einem gewaltsamen Oktroyieren, nicht in einem ausschließlichen »Du musst«, sondern häufig genug in einem »Du kannst«, mitunter auch »Du darfst«, in Angeboten zur Gewaltinitiative bzw. deren Akzeptanz oder deren Ignoranz. Entschlossen konnten so die unmittelbaren und mittelbaren Täter ihr Werk fortsetzen. Nur vereinzelt regten sich Opposition und Widerstand. Hosenfeld und andere blieben in der Minderzahl. ■ 6. Auffällig sind in diesem Zusammenhang die Reaktionen auf die Bombenangriffe der Alliierten. Frank Bajohr hat herausgearbeitet, dass die »Volksgenossen« die Bombardements – irrigerweise – auf die Gewalttaten an den Juden zurückgeführt hätten.³⁴ Ihre Gefühlsmelange aus schlechtem Gewissen, Bestrafungserwartungen und Vergeltungsängsten markierte, so Bajohr, einerseits das Ende des volksgemeinschaftlichen Konsenses in der Judenverfolgung. Andererseits trat damit schon die Schuldabwehr zutage und ließ in der Aufrechnung der Opfer den herrschenden Grundton der Nachkriegsauseinandersetzung anklingen. Wenn wir diesen Befund weiterdenken, dann bereitete der Mord an den Juden vielen »Volksgenossen« offenbar ein schlechtes Gewissen. Es gab also – mit Harald Welzer gesprochen – »kognitive Dissonanzen«.[35] Es scheint aber, als ob die Mehrheit der Deutschen mit diesem schlechten Gewissen klargekommen wäre, hätte Hitler weiter gesiegt und wären nicht die alliierten Flugzeuge über dem »Altreich« aufgetaucht.[36] Erst als sich die Gewalt der Kriegsgegner direkt gegen die »Volksgenossen« richtete, änderte sich die Argumentation, wurden die Kriegsverbrechen und vor allem der Massenmord an den Juden aus dem mentalen Abseits geholt und offenbar von vielen als dysfunktional, als Fehler des Regimes beurteilt.[37] ■ 7. Trotz dieser kritischen Phase in der Beziehung zwischen Regime und Bevölkerung aber blieb wie angedeutet eine tatsächliche Zerreißprobe mit dem NS-System aus. Das mag neben der Einschüchterung durch Terror auch mit einer zunehmenden Selbstreferenzialität der »Volksgemeinschaft« zusammenhängen. Diese Innerlichkeit wurde nicht nur durch die Bewältigung der Gewalteinwirkungen von außen befördert. Die radikalisierte Gewalt der eigenen Führung fraß sich immer weiter auch in das soziale Nahfeld der »Volksgenossen« ein. Die sogenannte Euthanasie, vor Kriegsbeginn vom öffentlichen Protest aus Teilen der kirchlichen Elite gestoppt, wurde wieder aufgenommen, »Volksschädlinge« und »Wehrkraftzersetzer« wurden verurteilt und nicht selten hingerichtet. Die Geschichte der deutschen »Volksgemeinschaft« im Krieg ist eine Geschichte von wachsendem Terror und innerem Vernichtungswillen, der immer weitere Bevölkerungskreise als Täter, Opfer und/oder als Zuschauer erfasste.[38] Mit dieser Transformation in eine Gesellschaft im permanenten Kampf nach innen und außen ging eine immer größere Selbstbezüglichkeit einher. Diese Selbstreferenzialität wurde in dem Projekt der »Volksgemeinschaft« mit ihrem starken Freund-Feind-Denken in besonderer Weise gefordert und gefördert. Unter Kriegsbedingungen potenzierte sie sich jedoch – zumal in einem Krieg, der weniger als klassischer Territorialkrieg denn als rassisch-biologischer Existenzkampf geführt wurde. Während die Juden »verschwanden«, rückte die Ausgrenzung anderer Gruppen direkt in den Wahrnehmungshorizont der »Volksgenossen«. Arbeitskolonnen mit KZ-Häftlingen, Lager mit Kriegsgefangenen und Millionen ausländischer Zwangsarbeiter gehörten bald zum Alltag. Doch auch mit deren Schicksal wollte sich die Mehrheit der Deutschen nicht oder nur am Rande konfrontieren. Selbst wenn es zu Kontakten kam, zeichnen die Quellen mitunter ein erstaunliches Unwissen über den prekären Status der »Nichtvolksgenossen«.[39] ■ 8. Angesichts dieser Innerlichkeit lässt sich fragen, ob die entgrenzte Gewalt, die zwar konstitutiv für das »Volksgemeinschaft«-Projekt gewesen ist, nicht letztlich – ähnlich wie sie andere Gesellschaften zerstörte – auch die »Volksgemeinschaft« zerstört hätte. Damit meine ich das Problem, ob Gesellschaften, die in einem derartigen, auf Dauer gestellten und ständig sich neu konfigurierenden Terrorzustand, in einer derartigen Vergesellschaftung der Gewalt leben, überhaupt noch »gemeinschaftsfähig« sind – angesichts einer sich beschleunigenden Selbstreferenzialität, eines immer enger werdenden sozialen Nahbereichs. Michael Geyer, Konrad Jarausch und andere haben betont, dass der Nationalsozialismus im Krieg zu sich selbst gefunden habe.[40] Das mag sein, aber hätte dieser Prozess der Selbsterfüllung in Massenmorden nicht am Ende das Aus für das Projekt der »Volksgemeinschaft« bedeutet? Eine Antwort auf diese Frage werden wir nicht bekommen, denn realitätsmächtiger war die Gewalt von außen, war der Sieg der Alliierten.[41]

Anmerkungen

1 Hosenfeld 2004, vgl. auch Heinrichs 2002.
2 Ebd., S. 719.
3 Steinbacher 2000; vgl. auch Frei 2009b, S. 171.
4 Ebd.
5 Barnett 1999; Hilberg 1992; Cesarani/Levine 2002; Bloxham/Kushner 2005, S. 176 ff; Marrus 2007, S. 1–18.
6 Wette 2003a; ders. 2003b; Kosmala/Schoppmann 2002.
7 Vgl. auch Joseph Goebbels: Die Juden sind schuld, in: Das Reich vom 14.11.1941.
8 Frei 2009c, S. 125.
9 Zit. nach Reuth 1990, S. 118.
10 Vgl. Longerich 2006; Fritzsche 2008.
11 Müller 2005, S. 92.
12 Wildt 2007.
13 Reich-Ranicki 1999, S. 86 f.; vgl. auch Wildt 2008, S. 148 f.
14 Frei 2009b, S. 178.
15 Schwarz 2000, S. 112–169.
16 Zit. nach Frei 2009b, S. 181.
17 Kulka 2004.
18 Daniel 2002, S. 406.
19 Dörner 2007.
20 Ebd., S. 92, S. 617.
21 Steinert 1970; Kershaw 2008; Friedländer 1998/2006, Bd. 2.
22 Bankier 1995, S. 130.
23 Mommsen/Obst 1988.
24 Longerich 2006; ähnlich auch Evans 2009, S. 692–704.
25 Jersak 2004.
26 Bajohr 2006, S. 47.
27 Bajohr 2005. Vgl. zu kritischen Stimmen der »Arisierung« auch Kuller/Drecoll 2004.
28 Zit. nach Longerich 2006, S. 220.
29 Vgl. auch Burrin 2004, S. 125.
30 Zit. nach Bajohr 2000, S. 01.
31 Vgl. Streit 1991.
32 Kilian 2005, S. 271.
33 Dies auch in Anlehnung an Bankier 1995, der in diesem beredten Verschweigen, dieser paradoxen öffentlichen Veröffentlichung des Tabubruchs eher den Versuch sieht, die deutsche Bevölkerung als Schuldgemeinschaft in die Verbrechen einzubeziehen.
34 Bajohr 2005.
35 Welzer 2005.
36 Vgl. auch Fritzsche 2008, S. 250–266.
37 Bajohr 2006, S. 19.
38 Vgl. Echternkamp 2005b, S. 1–92; auch Jersak 2005.
39 Vgl. Echternkamp 2005a, S. 477–876, hier ist ein ganzer Abschnitt den Fremden im Kriegsalltag gewidmet.
40 Vgl. Jarausch/Geyer 2005, S. 151–153.
41 Aufschlussreich wäre hier ein Vergleich mit anderen Gewaltgesellschaften des 20. Jahrhunderts – der Sowjetunion unter Stalin, China unter Mao. Vgl. jetzt Geyer/Fitzpatrick 2009.

SYBILLE STEINBACHER

Frauen in der Kriegsgesellschaft

Auch wenn der Begriff »Volksgemeinschaft« diffus blieb, denn eine verbindliche Definition wurde nicht formuliert,[1] so besaß die damit verbundene nationalsozialistische Gesellschaftsutopie gerade in geschlechtergeschichtlicher Hinsicht programmatische Funktion. Denn die Volksgemeinschaftsideologie basierte auf einer genuin geschlechterbezogenen Konstruktion sozialer Ordnungsvorstellungen. Mit Blick auf Massenanziehungskraft, psychosoziale Kraftentfaltung und Integrationserfolge des Nationalsozialismus ist die Mobilisierung des Gemeinschaftsbewusstseins, die sich gerade im Krieg an Männer wie Frauen richtete, kaum hoch genug einzuschätzen. Im Jahr des Kriegsbeginns waren rund zwölf Millionen Frauen Mitglied in den Massenorganisationen des NS-Staates, was etwa einem Drittel der weiblichen Gesamtbevölkerung entsprach. In der NS-Frauenschaft (NSF), der 1931 entstandenen einzigen parteiamtlichen Frauenorganisation der NSDAP, taten Frauen in einer Vielzahl von öffentlichen Positionen ehrenamtlich und bezahlt ihren Dienst. Im Jahr 1939 waren insgesamt 1,7 Millionen Frauen in der NSF organisiert; das Deutsche Frauenwerk (DFW), das als eingetragener Verein formal nicht der NSDAP unterstand, der Partei organisatorisch aber als »betreuter Verband« angegliedert war, hatte rund vier Millionen Mitglieder.[2] Das Deutsche Frauenwerk vereinte sämtliche nationalistisch und konservativ orientierten Frauenvereine der Weimarer Republik unter einem Dach,[3] darunter den Bund Königin Luise, das Evangelische Frauenwerk, die Schwesternschaften des Deutschen Roten Kreuzes (DRK) und den Reichsbund der deutschen Hausfrauen.[4] Weitere loyalitätsstiftende Massenorganisationen kamen hinzu: Die Nationalsozialistische Volkswohlfahrt (NSV) unterhielt ein eigenes Hilfswerk Mutter und Kind, die Deutsche Arbeitsfront (DAF) besaß ebenfalls eine Frauenabteilung. Auch der Bund Deutscher Mädel (BDM), der 1930 aus mehreren unorganisierten Mädchengruppen entstanden und im Jahr darauf in die Hitler-Jugend (HJ) eingegliedert worden war, bot Frauen und Mädchen eine Vielzahl von Ämtern und Posten.[5] ■ Wenngleich im NS-Regime wichtige politische Funktionen Männern vorbehalten blieben und Frauen – wie auch in anderen Ländern – nicht an den Schaltstellen der Macht saßen, ist es irrig anzunehmen, die weibliche Bevölkerung sei an der verbrecherischen Politik des NS-Regimes unbeteiligt gewesen. Frauen erhielten in erfahrungsgeschichtlicher Hinsicht vielmehr die Möglichkeit, politisches Selbstverständnis zu entwickeln, sich ihre eigenen Handlungsfelder zu erschließen und auf vielfältige Weise tätig zu werden.[6] Neu war im NS-Staat, dass sich die an die Idee der »Volksgemeinschaft« geknüpften sozialen Integrationsangebote gerade auch an die »arische« und für politisch zuverlässig erachtete weibliche Bevölkerung richteten. Ihr wurden Partizipations- und Aufstiegsmöglichkeiten geboten, die ihr gänzlich neue Erfahrungen verschafften. Dies brachte niemand deutlicher zum Ausdruck als Hitler selbst, der viele seiner Reden auf Parteiversammlungen der NSDAP schon in der Kampfzeit mit einem schallenden »Deutsche Volksgenossen und Volksgenossinnen!« eröffnete.[7] Die Anrede bildete spätestens nach der NS-Machtübernahme einen ideologischen Kampfbegriff, genauer: den emphatischen Appell des Regimes an alle Männer und Frauen, sich mit dem nationalsozialistischen Staat zu identifizieren, die an sie gerichteten Ansprüche miteinander oder auch in Konkurrenz zueinander zu erfüllen und ihre Leistungskraft ganz in den Aufbau der »Volksgemeinschaft« zu investieren. Viele »Volksgenossinnen« verstanden die Herausforderungen und Versprechungen als Möglichkeit, sich zu beweisen. Das NS-Regime beschwor das Selbstverständnis der Deutschen, der Männer wie der Frauen, als Handlungsgemeinschaft und setzte die Geschlechterordnung gerade im Krieg gezielt ein, um seine auf Rassismus und Expansion ausgerichteten politischen Ziele zu erreichen. Die »Volksgemeinschaft«, deren Schaffung auf einem rassistisch geprägten, gewaltbegleiteten Prozess sozialer Inklusion und Exklusion basierte,[8] war im Kern eine Kampfgemeinschaft, und die »Volksgenossinnen«, die den Nationalsozialismus ebenso zu ihrer Sache machten wie die Männer, gehörten unmittelbar dazu. ■ Die rassistisch grundierte Förderung von Hausarbeit und Mutterschaft verschaffte Frauen reichlich öffentliche Anerkennung und öffnete ihnen den Zutritt zum politischen Raum. Auch ohne mit Ämtern und Mandaten ausgestattet gewesen zu sein, erfuhren sie dadurch soziale Aufwertung. Der Blick auf den Zusammenhang zwischen »Volksgemeinschaft« und Geschlechterpolitik zeigt, dass Mobilisierung und Selbstmobilisierung von Frauen im Dienst der »Volksgemeinschaft« wesentlich auf der Politisierung des Privaten basierten. Dabei stand die Vorstellung von einem Geschlechterverhältnis im Zentrum, in dem Männer und Frauen, von einem gemeinsamen Ziel geleitet, jeweils spezifische, aber unmittelbar aufeinander bezogene Aufgaben erfüllten.[9] Die Vorstellung von der Existenz zweier nicht gleichwertiger, aber in harmonisierter Differenz aufeinander bezogener Geschlechter war denn auch konstitutiv für die innere Ordnung der »Volksgemeinschaft«. ■ Die Komplementärrolle der Frau wurde als Anspruch zwar nie aufgegeben, in der politischen und sozialen Realität weichte die NS-Führung den Dualismus aber immer dann auf, wenn es notwendig erschien. Abhängig von ökonomischen, ideologischen und militärischen Erfordernissen wandelten sich im Laufe der Zeit Ansprüche und Erwartungen des NS-Staates gegenüber seinen »Volksgenossinnen«.

Plakat zum Kriegseinsatz der Frauen, um 1941 (Kat.-Nr. 420)

Auszeichnung der Freien Schwesternschaft (Kat.-Nr. 277), Leistungsabzeichen des BDM (Kat.-Nr. 281) und Abzeichen für Orts-Frauenschaftsleiterinnen (Kat.-Nr. 276 b)

Dabei hatte der – nach Kriegsende weit überschätzte – Mutterkult für die Lebenswirklichkeit vieler Frauen keineswegs zentrale Bedeutung. Ihre Rolle als Wahrerinnen der »arischen« Rasse war vielmehr in erster Linie eine ideologische Zuschreibung. Frauen wurden nach 1933 auch keineswegs in Scharen aus ihren Arbeitsverhältnissen entlassen, damit sie fortan nur noch einer häuslichen Tätigkeit nachgingen. Weibliche Erwerbstätigkeit war im »Dritten Reich« vielmehr weit verbreitet. Die Zahl berufstätiger Frauen nahm in den 30er Jahren sogar konstant zu; dabei stieg unter den Erwerbstätigen gerade die Zahl der Ehefrauen und Mütter.[10] Dass »arische« Frauen vom Studium ausgeschlossen wurden, war nur eine vorübergehende, arbeitsmarktabhängige Maßnahme – ganz im Gegensatz zu den Berufsverboten, denen Juden beiderlei Geschlechts dauerhaft ausgesetzt blieben. Im Zweiten Weltkrieg wurden »Arierinnen« nicht systematisch zur Rüstungsarbeit verpflichtet, wenngleich bereits vor Kriegsbeginn entsprechende Gesetzesentwürfe vorlagen. Die Frage des Arbeitseinsatzes von »Volksgenossinnen« im Dienst der Rüstungsindustrie war in der Regimespitze lange Zeit äußerst umstritten; vor allem Hitler zögerte, da er fürchtete, die Stimmung in der Bevölkerung würde unter einer Zwangsverpflichtung der Frauen leiden. ■
Schon 1937 nannte der »Führer« die NS-Frauenschaft eine »Ergänzung der männlichen Kampforganisation«.[11] Was bereits im Frieden galt, wurde im Krieg umso wichtiger: Zu den Besonderheiten nationalsozialistischer Politik zählte nicht nur die Mobilisierung von Zivilisten, die ein Kennzeichen totaler Waffengänge ist,[12] sondern auch der Umstand, dass das NS-Regime auf die Ergänzung der Geschlechter setzte. Die Trennung in männliche und weibliche Sphären schwand im Zuge der Totalisierung des Krieges zunehmend. Die Nivellierung der Geschlechterdifferenz und die Verflechtung der geschlechtsspezifischen Lebenswelten bildeten die Wesensmerkmale der sich nun herausbildenden Kriegsgemeinschaft. Die Besonderheit der nationalsozialistischen Geschlechterpolitik lag in der Flexibilisierung der Stereotype, die es erlaubte, die Rollenmuster von Mann und Frau für die Dauer des Krieges außer Kraft zu setzen, ohne sie aber im Kern anzutasten. Die »Volksgemeinschaft« war folglich kein statisches, sozialharmonisches Modell, sondern stand im Spannungsfeld von Einheitsvorstellung und Mobilisierungsdruck. Ungleichheiten zwischen den Geschlechtern verschwanden durch die militärische Mobilisierung zunehmend, während die rüstungswirtschaftliche Mobilisierung soziale Disparitäten eher verstärkte. Darauf deutet der Umstand hin, dass es Frauen aus »besseren Kreisen« gelang, sich der im Januar 1943 schließlich doch eingeführten Dienstverpflichtung – die für die weibliche Bevölkerung zwischen 17 und 45, später 50 Jahren galt – erfolgreich zu entziehen und die Ausnahmebestimmungen, die das Gesetz vorsah, für sich in Anspruch zu nehmen, während insbesondere Arbeiterinnen das Nachsehen hatten. ■ Zwar änderte sich im Krieg nichts an der sozialen Dominanz der Männer, Frauen erfüllten aber in wachsendem Maße Tätigkeiten von zentraler militärischer Bedeutung, und ihre Handlungsräume erweiterten sich angesichts der militärischen Erfordernisse schlagartig. Die »Volksgemeinschaft«, so ließe sich zugespitzt sagen,

wurde im Krieg zu einer militarisierten Kameradschaft der Geschlechter. Frauen stellten nun einmal mehr ihr Integrationsbegehren und ihre Integrationsfähigkeit unter Beweis und erschlossen sich mit ihren neuen Tätigkeitsfeldern auch soziale Aufstiegsmobilität. Sie behielten dabei ihre tradierte geschlechtsspezifische Rolle als Zuarbeiterinnen bei und leisteten in hohem Maße sogenannte Kriegshilfsdienste, wovon Statistiken zeugen: Etwa 50 000 »Maiden« des Reicharbeitsdienstes waren im Sommer 1944 an den Scheinwerferbatterien der Flak eingesetzt, rund 500 000 Wehrmachtshelferinnen taten Anfang 1945 ihren Dienst, genauso viele waren beim Reichsluftschutzbund tätig,[13] 400 000 weitere befanden sich beim Deutschen Roten Kreuz im Kriegseinsatz. Frauen trugen Uniformen und waren wie die eingezogenen Männer kaserniert, kurz vor Kriegsende wurden sie sogar noch mit Handfeuerwaffen und Panzerfäusten ausgerüstet.[14] Hitler, der zehn Jahre zuvor getönt hatte, er würde sich schämen, jemals – wie die »Marxisten« – Frauen in den Kampf zu schicken,[15] plante in den letzten Kriegsmonaten noch ein Frauenbataillon, das schließlich aber doch nicht mehr zustande kam. Viele Frauen – wie viele ist nicht einmal bekannt – gerieten zu Kriegsende in alliierte Gefangenschaft. Frauen waren aber nicht nur Opfer des Krieges, wie die Diskussion über den Bombenkrieg suggeriert,[16] sondern sie sorgten durch ihren Einsatz an Front und Heimatfront auch für die Stabilisierung und Verteidigung des Deutschen Reiches. Studien über Frauen im zivilen Luftschutz und als Helferinnen der Wehrmacht zeigen, dass der Bombenkrieg gerade unter ihnen angesichts seiner vielfältigen Lasten und körperlichen Bedrohungen Erschöpfung und Zweifel am Kriegsglück auslöste. Dazu, wie überhaupt über die Geschlechtergeschichte des Zweiten Weltkriegs, beispielsweise die Reaktion von Männern auf die Aufweichung der Geschlechtergrenzen, ist bislang aber kaum etwas bekannt.[17] »Emanzipation«, von der bisweilen die Rede ist, dürfte gleichwohl der denkbar falsche Begriff sein, um Tätigkeit, Selbstverständnis und den Prozess der Aneignung militärischer Normen durch Frauen im Krieg zu beschreiben,[18] denn ihr Einsatz für die »Volksgemeinschaft« hatte mit Ansprüchen auf die rechtliche und soziale Gleichberechtigung nichts zu tun. Frauen ging es keineswegs um individuelle Rechte und die Chancengleichheit der Geschlechter – deren Ungleichheit vielmehr vorausgesetzt und anerkannt wurde. Manchen unter ihnen, vor allem jenen, die noch in der bürgerlichen Frauenbewegung sozialisiert worden waren, mag es zwar in der Selbstwahrnehmung »emanzipativ« erschienen sein, Ehrgeiz zu entwickeln und sich als tüchtige »Volksgenossin« zu erweisen. Emanzipation war de facto jedoch ein zentraler Aggressionspunkt, gegen den sich die NS-Volksgemeinschaftsideologie schon in der Kampfzeit richtete, denn nach Hitlers Auffassung war der weibliche Gleichberechtigungsanspruch Ausdruck »jüdischen Wesens«. ■ Dass Frauen im »Dritten Reich« auf zahlreichen Tätigkeitsfeldern agierten und gerade im Krieg besondere Profilierungschancen erhielten, erwies sich letztlich als logische Konsequenz der

Liselotte Orgel-Köhne: Deutsche Soldaten in Kiew, 1941

Volksgemeinschaftsidee. Fern des »Altreichs« eröffnete ihnen das Kriegsgeschehen »im Osten« ein ganz besonderes Tätigkeitsfeld.[19] Denn der Rassismus löste die etablierte Geschlechterhierarchie auf und verschaffte »Arierinnen« neue Möglichkeiten zum sozialen Aufstieg. Das Herrenmenschengebaren der deutschen Eroberer hatte im Ergebnis auch eine weibliche Seite. Über die Herrschaftspraxis von Frauen im eroberten Osten gibt das apologetische Selbstzeugnis von Melita Maschmann eindrucksvoll Aufschluss.[20] Im Jahr 1943 wurde sie Referentin der BDM-Pressestelle in der Reichsjugendführung und zählte damit im Alter von 25 Jahren zur jungen NS-Funktionärselite. Sie war im Krieg für den Reichsarbeitsdienst (RAD) tätig und organisierte im Warthegau voller Elan den sogenannten Osteinsatz der »Arbeitsmaiden«. Die jungen Frauen leisteten unter ihrer Anleitung Hilfe bei der Vertreibung, Ausplünderung und Deportation der einheimischen Bevölkerung, deren Häuser und Wohnungen für Deutsche und Deutschstämmige »freigemacht« wurden. Über Gewaltbereitschaft und Gewalttätigkeit von Frauen und über ihren sozialen Hintergrund ist allerdings erst wenig bekannt, auch die Erforschung ihrer Berufskarrieren »im Osten« und deren nationalsozialistischen Besonderheiten steht erst am Beginn. Es ist aber evident, dass Frauen als Angestellte in der Bürokratie und als begünstigte Privatpersonen in den Genuss der finanziellen Erträge aus »Arisierungen« kamen. Als Ehefrauen, Mütter und Bräute, die mit Mann und Kindern in die eroberten Gebiete zogen, aber auch als – zumeist ledige – Lehrerinnen genossen sie Privilegien und hohes gesellschaftliches Ansehen. ■ Über die Funktio-

Liselotte Orgel-Köhne: Schulungslager für Schulhelferinnen in Nürtingen, 1943

närinnen der NS-Frauenschaft liegen erste Erkenntnisse vor, die zeigen, dass sich ihre Arbeit nicht auf das Verteilen von Propagandamaterial und die Organisation von Hauswirtschaftskursen beschränkte – die freilich entscheidend zur Professionalisierung von Mutterschaft und Hausfrauenarbeit beitrugen. Vielmehr wirkten die Gaufrauenschaftsleiterinnen auch unmittelbar an der staatlichen Terror- und Vernichtungspolitik mit.[21] Durch Verwaltungsarbeit für die Gestapo waren sie an der Vorbereitung von Judendeportationen beteiligt, sie protokollierten Vernehmungen und waren zugegen, wenn Gefangengenommene misshandelt wurden.[22] ■ Angesichts ihres Engagements für das »Dritte Reich« ist es verwunderlich, dass nach Kriegsende nur wenige Frauen vor ein alliiertes Militärgericht gestellt wurden. In den Nürnberger Prozessen war mit Herta Oberheuser, die als Ärztin im Frauenkonzentrationslager Ravensbrück Menschenversuche zu verantworten hatte, nur eine einzige Frau angeklagt.[23] Geschlechtsspezifische Wahrnehmungsmuster beeinflussten die Justizpraxis, wobei zwei Extreme auffallen: die Vorstellung von weiblicher Unschuld und die öffentliche Stilisierung einiger Frauen zu Symbolfiguren des Terrors.[24] Einzelnen Frauen Exzesstaten zuzuschreiben fiel offensichtlich nicht schwer und hatte im politischen und gesellschaftlichen Entlastungsdiskurs der 1950er Jahre ebenso wie die weit verbreitete Dämonisierung Hitlers und seiner engsten Gefährten im Ergebnis exkulpierende Funktion.[25] Gerade im Sinne einer Überwindung des »Dritten Reiches« erschien nach Kriegsende die Rückkehr zum Traditionalismus in der Geschlechterordnung als erfolgversprechender Weg zur Schaffung sozialer »Normalität«. Da die Flexibilisierung des polaren Geschlechterverhältnisses der Notsituation des Krieges geschuldet war, bedeutete es nach dessen Ende denn auch keinen Widerspruch, wenn Frauen und Männer rasch bereit waren, wieder davon abzukehren. Die fest etablierten geschlechtlichen Sinnbezüge waren trotz aller Veränderlichkeit ja immer bestehen geblieben.

Anmerkungen

1 Vgl. Frei 2005b, S. 110.
2 Vgl. Wagner 1996, S. 179–185; Kater 1993.
3 Zur Frauenpolitik der Deutschnationalen Volkspartei (DNVP) vgl. Heinsohn 2007.
4 Wie eng NSF und DFW miteinander verbunden waren, zeigt der Umstand, dass die Reichsfrauenführerin Gertrud Scholtz-Klink beide Organisationen leitete; vgl. Livi 2004.
5 Scholtz-Klink leitete auch die Frauenabteilungen der DAF und der NSV, darüber hinaus stand sie dem Frauenbund des Deutschen Roten Kreuzes (DRK) vor; auf den BDM, über den die Reichsjugendführung bestimmte, hatte sie hingegen keinen unmittelbaren Einfluss. Zum BDM vgl. Kater 2005; Buddrus 2002.
6 Zur Forschungslage im Überblick vgl. die Einleitung in Steinbacher 2007, S. 9–26.
7 Adolf Hitler am 17.6.1927 in Landshut, in: Hitler 1992–2003, Bd. II/1, Dokument 148; weiter Dokumente in: ebd., Bd. III/1, Dokument 34, Dokument 93; ebd., Bd. IV/3, Dokument 50; ebd., Bd. V/1, Dokument 73; ebd., Bd. V/2, Dokument 16.
8 Vgl. Bajohr/Wildt 2009a.
9 Einen wichtigen Vorstoß zur Erforschung der Zusammenhänge unternahm die österreichische historische Frauenforschung. Ergebnisse versammelt der Band von Hauch 2006.
10 Zu Zahlenangaben vgl. Bock 1997, S. 262; ausführlich zur sozialen Situation vgl. Frevert 1986, S. 200–243; zusammenfassend vgl. Steinbacher 2008.
11 Adolf Hitler am 10.9.1937 in einer Rede vor der NS-Frauenschaft, in: Hitler 1962/63, Bd. 1, S. 721.
12 Vgl. die Beiträge in Echternkamp 2004.
13 Vgl. Maubach 2009; dies. 2007; zu Frauen im Reichsluftschutzbund vgl. Kramer 2007.
14 Vgl. die Berichte bei Killius 2003.
15 Adolf Hitler am 13.9.1934 in einer Rede vor der NS-Frauenschaft, in: Hitler 1962/63, Bd. 1, S. 530f.
16 Dagegen aber Süß 2007. Über den Kriegsalltag von Frauen Szepansky 1990.
17 Die Männergeschichte, deren Gegenstand die geschlechtsspezifische Lebenspraxis und die Historizität von Männlichkeitsvorstellungen ist, fand in Deutschland erst wenig Verbreitung, vgl. aber Kühne 2006.
18 Gisela Bock wies darauf zwar schon vor Jahren hin, gleichwohl kehrte der Befund viele Male wieder, vgl. Bock 1997, S. 261, 265f.
19 Vgl. Harvey 2003.
20 Maschmann 1980, vor allem S. 108f. In der Erstauflage 1963 erschien das Buch mit dem Untertitel »Kein Rechtfertigungsversuch«, der in der ersten Neuauflage von 1979 aber verschwand.
21 Vgl. Michel 2007.
22 Vgl. Kohlhaas 2004; Kompisch 2008; Kraus 2008.
23 Vgl. Taake 1998, S. 85–102.
24 Vgl. Przyrembel 2004.
25 Vgl. Meyer 2004, S. 203–246; dies. 2003.

Hitler und kein Ende

NORBERT FREI

Führerbilderwechsel

Hitler und die Deutschen nach 1945

Mit Hitler sei man jetzt fertig, verkündete der oberste Zeitgeschichtsredakteur des ZDF im Frühjahr 2006.[1] Das aber war weniger im Sinne einer erinnerungspolitischen Drohung gemeint denn als Antwort auf veränderte Einschaltquoten, die offenbar auf ein schwindendes Interesse am »Führer« und an den Seinen deuteten. Die Deutschen, jedenfalls in ihrer Erscheinungsform als Fernsehzuschauer, schienen der krachenden Serien über Hitlers Helfer, Täter und Vollstrecker, Krieger, Kinder, Frauen und schließlich auch noch Manager, mit denen Guido Knopp die Bundesrepublik seit den 1990er Jahren überzogen hatte,[2] ein wenig überdrüssig geworden zu sein. Einerseits. ■ Andererseits avancierte 2008 ein Berliner Greis namens Rochus Misch mit einem von helfenden Händen verfassten und von Ralph Giordano bevorworteten Memoirenband, der ihn als »Hitlers Telefonist, Kurier und Leibwächter« anpries, zum Erfolgsautor.[3] Und kaum zwei Jahre später, im Frühjahr 2010, stürmte die »erste seriöse Biographie« über Eva Braun die Bestsellerlisten; die Filmrechte an dem Werk sind bereits vergeben.[4] Heißt das, die Faszination für den »Führer« und seine Entourage ist nach wie vor ungebrochen? Funktioniert die deutsche Psyche letztlich doch immer noch wie, sagen wir, in den 70er Jahren? Macht es keinen Unterschied, dass die überwältigende Mehrheit derer, die sich heute Texte, Bilder und Filme über den »Führer« zu Gemüte führen, die NS-Zeit, wenn überhaupt, nur noch als Kleinkind erlebt hat? Und schließlich: Wo stehen, in der Chronik unseres gesellschaftlichen Umgangs mit Hitler und der nationalsozialistischen Vergangenheit, diese Ausstellung und ihr Begleitkatalog? ■ Erschöpfende Antworten auf diese und verwandte Fragen wären die Aufgabe eines interdisziplinären Forschungsprojekts und bedürften vermutlich sogar mehr als nur eines dicken Buches. Schon deshalb kann dieser Essay nicht mehr als skizzenhafte Annäherungen bieten, aus der Perspektive des Zeithistorikers und auf der Basis einer einfachen Ausgangshypothese: nämlich der Vermutung, dass in der Öffentlichkeit der Bundesrepublik (in anderer Weise aber auch in der DDR) mit Blick auf den seit 1945 postulierten Transformationsbedarf und die dann tatsächlich stattfindenden politischen und gesellschaftlichen Verwandlungsprozesse jeweils mehr oder weniger funktionale Hitler-Interpretationen kursierten. Anders gesagt: Vieles spricht dafür, dass sich die Deutschen ihr Hitler-Bild im Laufe der Jahrzehnte immer wieder neu zurechtgelegt haben – auf dass es ihrer wachsenden Entfernung vom Nationalsozialismus möglichst ebenso entsprach wie den Erfordernissen einer – zeitweise freilich prekären – intergenerationellen Selbstverständigung.

Entnazifizierung

Auch wenn man Hermann Lübbe dort nicht folgt, wo seine bekannte Transformationsformel die politischen Probleme und gesellschaftlichen Kosten allzu flott beiseite schiebt, die aus dem »kommunikativen Beschweigen« der individuellen NS-Vergangenheiten erwuchsen, beschreibt sie doch im Ganzen zutreffend die Aufgabe, vor der die wenigen versprengten Weimarer Demokraten und die alliierten Besatzungsoffiziere seit 1945 in Deutschland standen: nämlich vor der Notwendigkeit der Überführung der aus ihrem nationalsozialistischen Engagement entlassenen und politisch mehr oder weniger enttäuschten »Volksgenossen« in die Bürgerschaft einer aufzubauenden Demokratie.[5] Dieser in seinen sozialpsychischen Dimensionen noch längst nicht hinreichend ausgeleuchtete Transformationsprozess verlief zwar nicht ohne Rückschläge (und im Osten in andere Richtung als im Westen), im Ganzen aber relativ zügig. Zu seinen Voraussetzungen gehörte, aus der Sicht der Alliierten – vor allem der Amerikaner, in deren wissenschaftlichen Beraterstäben darüber schon vor Kriegsende nachgedacht worden war –, eine durchgreifende politische Säuberung. ■ Es ging, mit anderen Worten, erst einmal um Entnazifizierung als Methode zur Herstellung post-nationalsozialistischer Gesellschaftsverhältnisse. Die Bedingungen dafür waren im Frühjahr 1945 relativ günstig, günstiger jedenfalls als von den Alliierten vielfach erwartet. Hitlers Nimbus nämlich war verfallen. Gewiss, die Ausnahmen sind bildkräftig dokumentiert: Sie zeigen Hitler-Jungen, die, politisch verhetzt und maßlos enttäuscht, im Moment der Niederlage bitterlich weinen, statt sich ihres geretteten Lebens zu freuen; sie zeigen den Terror der »Fliegenden Standgerichte«, in denen ideologisch hoch verpflichtete Vertreter von Justiz, Gestapo und SS auch noch nach dem Ende des »Führers« einfache »Volksgenossen« und Soldaten zum Tode verurteilen und hinrichten lassen; sie zeigen plötzlich ihrer Machtfülle beraubte »Amtswalter« der Partei und radikale NS-Bürgermeister, die in der autoaggressiven Schlussphase des Regimes für sich und mitunter auch für ihre Familien als letztes Mittel nur noch den Selbstmord glauben wählen zu können. ■ Mehrheitlich jedoch galt für die Angehörigen der Funktionseliten, die das »Dritte Reich« lange und in aller Regel überzeugt getragen hatten, anderes.[6] Sie waren am Ende des Krieges zu jener zügigen politischen Selbstanpassung bereit, die ihre Schatten, wie wir heute wissen, vor allem in der Wirtschaft schon 1943/44 vorauswarf. So etwa, wenn der Siemens-Konzern seine Zentrale aus Berlin nach

Die Anklagebank des Nürnberger Hauptprozesses. Der Angeklagte Raeder spricht, 1946 (Kat.-Nr. 497)

München verlagerte oder Friedrich Flick seine Unternehmungen entsprechend den Grenzen der künftigen Besatzungszonen neu sortierte. Ein anderes prominentes Beispiel für politische Flexibilität war Hermann Josef Abs, der sich nach positiven Erstkontakten mit den Amerikanern zur eigenen Überraschung allerdings bald im Internierungslager wiederfand und enttäuscht zur Kenntnis nehmen musste, dass sein Angebot zur konstruktiven Mitwirkung am Neuaufbau nicht sogleich und wie erhofft goutiert wurde. ∎ Trotz solcher individueller Frustrationen war die Ankündigung der Alliierten, den »Hauptkriegsverbrechern« in Nürnberg den Prozess zu machen, für die Funktionseliten anfangs so wenig ein Problem wie für die durcheinandergewirbelte deutsche Gesellschaft insgesamt. Auf »Hitler, Himmler, Heydrich«, das bald schon sprichwörtliche Trio der »Verbrecher gegen die Menschlichkeit«[7], musste das International Military Tribunal zwar ebenso verzichten wie auf Joseph Goebbels. Aber Hermann Göring gönnten die Deutschen den Prozess allemal, obgleich dieser selbst am Ende das Gefühl hatte, »um Deutschlands willen« auf die Giftkapsel beißen zu müssen: weil er es seinen »Volksgenossen« nicht glaubte zumuten zu können, den »Deutschen Reichsmarschall« hängen zu sehen. Auch für die übrigen der 24 Angeklagten fanden sich zunächst kaum Fürsprecher, zumal Goebbels' Propaganda die Deutschen zuletzt mit völlig maßlosen Fantasien über alliierte Sühne- und Sanktionsmaßnahmen zu schrecken versucht hatte. ∎ Ein wirkliches Akzeptanzproblem entstand jedenfalls nicht mit dem Verfahren gegen die verbliebenen »Hauptkriegsverbrecher« (Abb. oben), sondern im Grunde erst mit den sogenannten Nürnberger Nachfolgeprozessen, die sich dezidiert gegen die deutschen Funktionseliten richteten. Und die Kritik wuchs weiter, als parallel dazu deutlich wurde, dass die alliierte Praxis der Internierung, der Entnazifizierung und der politischen Säuberung im weiteren Sinne nach Umfang, Intensität und Dauer alle Erwartungen und Befürchtungen übertraf.[8] Spätestens jetzt, gegen Ende der 40er Jahre, sank die Bereitschaft zur politischen Schuldanalyse und geistig-moralischen Selbstbefragung, die bis dahin mit Namen wie Karl Jaspers, Walter Dirks und Friedrich Meinecke verbunden gewesen war und vor allem in den neuen Kulturzeitschriften ihren Niederschlag gefunden hatte, gegen Null. ∎ Immerhin: Das Verhältnis der Deutschen zu ihrem vormaligen »Führer« hatte sich unter dem Einfluss der Nürnberger Enthüllungen und einer erzieherischen alliierten Informationspolitik weiter abgekühlt. Der verbreiteten, transformationspolitisch durchaus funktionalen und von den Siegermächten insoweit geförderten Pauschaldistanzierung vom Nationalsozialismus entsprach die nunmehr geläufige Parole »Hitler ist an allem schuld«. Das bot kollektive Entlastung

– und war doch bloß, wie die Mitscherlichs später bemerkten, die Umkehrung jener einstmals so großen Liebe zu Hitler, die nun verdrängt und verleugnet werden musste.[9] Zugleich war dies der Hintergrund für die Beobachtungen, die Hannah Arendt während ihrer Reisen durch Deutschland gegen Ende der 40er Jahre machte: Wohin sie auch kam und mit wem sie auch sprach, es war praktisch unmöglich geworden, noch einen Nationalsozialisten zu treffen – niemand wollte einer gewesen sein.[10] Stattdessen begegnete sie Deutschen, die sich der emigrierten Jüdin ihrerseits als Opfer präsentierten: als Überlebende des Bombenkriegs, als Notleidende nach Flucht und Vertreibung, als Objekte politischer Willkür, in deren Ausübung die alliierten Besatzer dem verflossenen NS-Regime freilich nicht nachstünden. ■ Diese neue kollektive Selbstwahrnehmung war mit den Bestrebungen einer demokratischen »Umerziehung« wenigstens halbwegs kompatibel, trotz des Ressentiments gegenüber den Besatzungsmächten, das, ebenso wie die Behauptung eines alliierten Kollektivschuldvorwurfs[11], offenbar einem Bedürfnis des psychischen Ausgleichs folgte. Denn mit ihr trat an die Stelle des Ideologems der heroisch kämpfenden »Volksgemeinschaft«, die das Regime bis zum Schluss zu mobilisieren verstand, eine Interpretation, in der sich die Deutschen immer stärker als von ihrem »Führer« verführt und missbraucht begriffen: als die eigentlich ersten und letzten Opfer Hitlers. ■ Diese Perspektive war auch für die Deutschen in der Sowjetischen Besatzungszone und der frühen DDR attraktiv, angesichts des dort rasch vorwaltenden kämpferischen Antifaschismus jedoch öffentlich stark tabuisiert. Gleichwohl verwandelte sich der Mythos des »Führers« in den ersten Nachkriegsjahren im Osten wie im Westen in sein Gegenteil: Aus Hitler wurde eine Unperson – in der Sprache des Westens der »Teufel« oder »Dämon«, in jener des Ostens die »faschistische Bestie«. Selbst unter diesen eindeutigen Vorzeichen fand Hitlers Biografie in der DDR darüber hinaus jedoch kaum Beachtung. Die Dimitroff-Formel von 1935, für die der Plakatkünstler John Heartfield (Helmut Herzfeld) eine ebenso berühmte wie nachhaltige Visualisierung geschaffen hatte, galt im Grunde bis zuletzt fort – Hitler als »Agent des Monopolkapitals«, hinter dem nicht Millionen von Arbeitern standen, sondern die Kapitalisten mit ihren Millionen. In der Bundesrepublik hingegen entwickelten sich Historiografie und öffentlicher Diskurs langsam weiter. Aber auch hier spiegelte sich die Mystifizierung des »Führers« als Unperson noch Ende der 50er Jahre in einem bald schon berühmten literarischen Reflex: Als nämlich Golo Mann seine *Deutsche Geschichte des 19. und 20. Jahrhunderts* publizierte und Hitler über weite Strecken sogar den Namen verweigerte; vom Moment seiner »Machtergreifung« bis zum Ende des »Dritten Reiches« firmiert er nur als »H.«.[12]

Vergangenheitspolitik

Seit Gründung der beiden deutschen Staaten und dem Abschluss der Entnazifizierung ließen der individuelle Nutzen und die gesellschaftliche Funktionalität einer routinemäßigen Distanzierung von Hitler nach. Vor allem die Politik der Bundesregierung unter Adenauer, aber auch der SED unter Ulbricht, entsprach jetzt über weite Strecken den starken vergangenheitspolitischen Erwartungen der Bevölkerung, die sich auf eine Reintegration und Wiederverwendung der »Ehemaligen« richteten. Während das Interesse an der Person Hitlers darüber eher zurücktrat – im Westen wohl auch befördert durch die Konjunktur einer vulgarisierten Totalitarismustheorie, die ihre Erklärungen des Unheils in der strukturellen Manipulier- und Verführbarkeit des modernen »Massenmenschen« suchte –, wuchs die Neigung zur nostalgisch-selbstversöhnlichen Erinnerung an das »Dritte Reich«. Ein gewichtiges Indiz dafür sind die bekannten, freilich nur für den Westen vorliegenden Meinungsumfragen (Abb. rechts), die noch bis Mitte der 50er Jahre eher wachsende als rückläufige Zustimmungsquoten zu der Auffassung anzeigten, der Nationalsozialismus sei eigentlich eine »gute Idee« gewesen, die nur leider »schlecht ausgeführt« worden sei. Der Meinung, dass Hitler ohne den Krieg einer der »größten deutschen Staatsmänner« gewesen wäre, schlossen sich im Mai 1955 nicht weniger als 48 Prozent aller Befragten an, während nur 36 Prozent dies verneinten. Drei Jahre später gab es in etwa ein Patt, und erst seit 1960 hatte die kritische Position, allerdings nicht ohne Rückschläge, stets die Oberhand.[13] ■ Auch Formulierungen aus der Kriegs- und Vorkriegszeit kehrten in den 50er Jahren in entsprechend angepasster Form zurück. An die Stelle des einstmals populären »Wenn das der Führer wüsste!« traten Apologien wie »Davon hat der Führer nichts gewusst!« oder »Wenn das mit den Juden nicht gewesen wäre…«. Damit einher ging ein voyeuristisches, freilich nur im Westen von den Medien eifrig bedientes Interesse an den Details von Hitlers privater Lebensführung, zumal an seiner bis Kriegsende unbekannten Beziehung zu Eva Braun, von der nun auch erste Farbaufnahmen kursieren. Im Stil noch ganz ähnliche Fotos aus den 50er Jahren zeigen eine bayerische Sommerwiesenidylle, von der aus junge Frauen einen gebührenpflichtigen Blick durchs Fernrohr auf den Obersalzberg riskieren (Abb. S. 146); es sind dies sprechende Indizien für die inzwischen schon leicht frivole Erinnerung an den »Führer«: Elemente einer Boulevardisierung und Trivialisierung, die sich in den folgenden Jahrzehnten fortsetzen sollte. ■ Eindeutig gegen diesen Trend stellte sich die noch junge Zeitgeschichtsforschung. Kritische Aufklärung und nüchterne Reflexion über die NS-Zeit bedeuteten aus der Perspektive dieser dezidiert als Demokratiewissenschaft auftretenden neuen Disziplin nicht zuletzt eine scharfe Absetzung von der Kammerdienerperspektive der Illustriertenpresse – und schon dadurch eine gewisse Entpersonalisierung des historischen Narrativs. Der Hauptgrund für Letzteres lag allerdings in der Fokussierung

FÜHRERBILDERWECHSEL

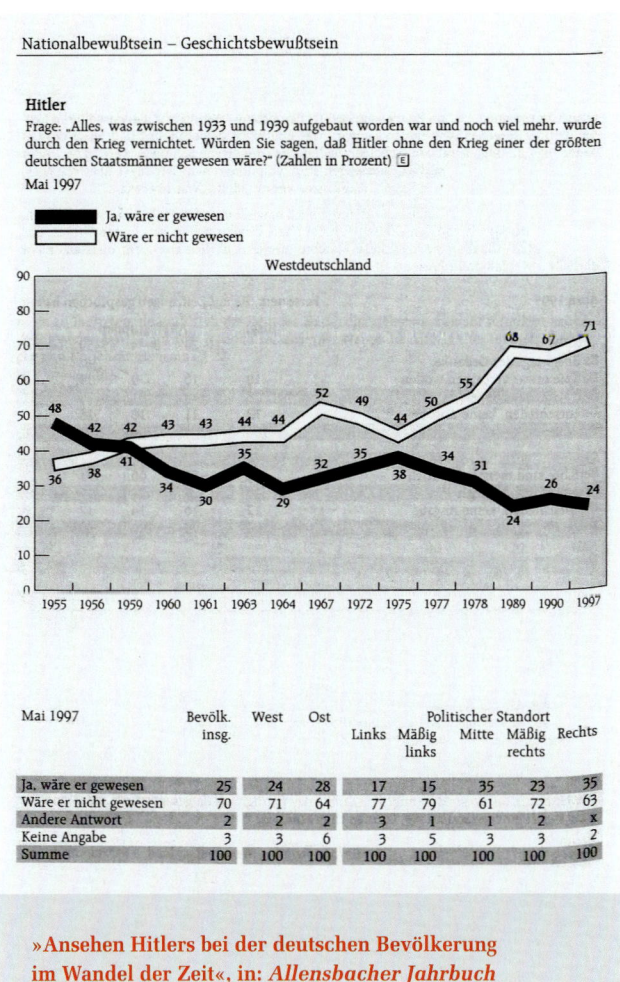

»Ansehen Hitlers bei der deutschen Bevölkerung im Wandel der Zeit«, in: *Allensbacher Jahrbuch der Demoskopie* 1997, S. 514

der Zeithistoriker auf die Frage nach den gesellschaftlichen Strukturen und politischen Machtkonstellationen, die »1933« ermöglicht hatten; im Sinne ihres selbsterteilten »volkspädagogischen« Auftrags ging es dabei um eine Relativierung der Person Hitler und ihrer in der Öffentlichkeit notorisch überbetonten Fähigkeiten. Darüber hinaus ging es den zumeist der Generation der Flakhelfer und jungen Frontsoldaten entstammenden Wissenschaftlern aber auch um ein prinzipielles Dementi der ihnen durch die Erfahrung des Nationalsozialismus unerträglich gewordenen Vorstellung, »Geschichte« sei am Ende das Werk »großer Männer«. ■ Dieser spezifische Entstehungshintergrund der Zeitgeschichtswissenschaft dürfte die wesentliche Erklärung dafür sein, dass in den 50er und 60er Jahren keine deutsche Hitler-Biografie von Rang entstand; das 1952 erschienene und schon im Jahr darauf auf Deutsch veröffentlichte Werk des englischen Historikers Alan Bullock, das Hitler nicht etwa als ideologischen Dämon, sondern als opportunistischen Machtpolitiker zeichnete, blieb auch deshalb in der Bundesrepublik für Jahrzehnte ein hoch respektierter Solitär.[14]

Die westdeutsche Gesellschaft und ihre Medien

Während die Zeitgeschichtsforschung die Bedeutung von Hitlers Persönlichkeit gleichsam didaktisch zu relativieren suchte und in ihrer strukturgeschichtlichen Ausprägung bisweilen geradezu ohne ihn auszukommen schien, galt dies für die westdeutsche Gesellschaft und ihre Medien eigentlich nie. Vor allem Joachim Fest stand wie kein anderer für das Gegenprogramm. Beginnend mit seinem erstmals 1963 erschienenen Porträtband über *Das Gesicht des Dritten Reiches. Profile einer totalitären Herrschaft*, setzte der Journalist konsequent und mit großem Erfolg auf die auch psychologische Ausdeutung des nationalsozialistischen Führungspersonals. Den Erinnerungen des 1966 aus alliierter Haft entlassenen ehemaligen Rüstungsministers Albert Speer, die 1969 unter tatkräftiger Mitwirkung von Joachim Fest und Wolf-Jobst Siedler erschienen, folgte 1973 Fests mehr als tausendseitige, literarisch anspruchsvolle Hitler-Biografie.[15] Sie wurde zum Auftakt einer bald heftig umstrittenen »Hitler-Welle«. ■ »Wie noch nie zuvor in der deutschen Nachkriegsgeschichte wälzt sich eine Flut neuer Hitler-Publikationen auf den Bundesbürger zu«, konstatierte der *Spiegel* Anfang April 1973. »Rechtzeitig zum 40. Jubiläumsjahr der nationalsozialistischen Machtergreifung«, so hieß es weiter (nicht nur grammatikalisch etwas holpernd), »werden Bücher und Filme Millionen Deutsche dem Gründer und Verderber des Dritten Reiches und mithin ihrer eigenen Vergangenheit konfrontieren. Experten sprechen bereits von einer Hitler-Renaissance.« Gemessen an heutigen Usancen um Wochen verspätet, bildete die Titelgeschichte den Auftakt einer Serie, in der Werner Maser neue »Führer«-Dokumente präsentierte, ehe noch der konkurrierende *Stern* mit einem 15-teiligen Vorabdruck von Joachim Fest beginnen konnte.[16] ■ Tatsächlich setzte sich in den nächsten Jahren fort, was der *Spiegel* damals prognostizierte und wozu er selbst lebhaft beitrug: »Adolf Hitler kehrt in das öffentliche Bewusstsein der Deutschen zurück.« Dass es sich dabei in erster Linie um das Bewusstsein der inzwischen im Rentenalter angekommenen NS-Funktionsgeneration handelte, wurde unübersehbar, als der Hamburger Verleger John Jahr 1974 *Das III. Reich* an die Kioske brachte. Das Sammelwerk im Illustriertenstil widmete sich zielgruppensicher allerdings nicht nur dem »Führer«, sondern auch »Zarah Leander und Schalke 04, Hans Albers und den Autobahnen« – und schmeckte, wie der *Spiegel* etwas heuchlerisch kritisierte, »die damalige Zeit nicht vom Ergebnis her« nach, sondern »aus der Sicht der Zeitgenossen.«[17] ■ Hitlers Comeback in den 70er Jahren beschränkte sich allerdings nicht mehr auf bunte Fotos. Wie zuletzt wohl in Charlie Chaplins *Der große Diktator* (1940), war die Re-Visualisierung des »Führers« nun Ergebnis einer internationalen Marktnachfrage, in der neben populären Büchern vor allem Kinofilme, Fernsehserien und Musicals reüssierten, darunter die seitdem vielfach reinszenierte Film- und Bühnensatire *Springtime for Hitler* (»The Producers«, 1968), die in der Bundesrepublik jedoch erst mit mehrjähriger Verspätung

145

Hannes Betzler: Obersalzberg, 1950er Jahre

zu sehen war.¹⁸ Auch Helmut Qualtingers legendäre Lesungen aus *Mein Kampf* galten zunächst als Geheimtipp für junge Intellektuelle, während sich der Erfolg der Frage, die Walter Kempowski 1973 an das deutsche Publikum richtete, wohl vor allem ihrer scheinbaren Unverfänglichkeit verdankte: »Haben Sie Hitler gesehen?«¹⁹ ■ Ihren Höhepunkt erreichte die Hitler-Welle 1977, als neben Hans-Jürgen Syberbergs in London uraufgeführtem, esoterischem Sieben-Stunden-Epos *Hitler, ein Film aus Deutschland* der zweieinhalbstündige Dokumentarfilm *Hitler – eine Karriere* in die Kinos kam, den Joachim Fest mit Christian Herrendoerfer zusammengestellt hatte. Bei aller Unterschiedlichkeit waren die beiden Werke Anlass für eine kritische Debatte in den Feuilletons, die sich – von Saul Friedländer ein paar Jahre später bis heute gültig auf den Punkt gebracht²⁰ – vor allem aus ihrem ambivalenten Umgang mit dem Faszinosum Hitler speiste. ■ »Noch nie sah man Bilder, die so eindringlich Hitler-Kult und Massenhysterie des Nationalsozialismus enthüllten«, urteilte Heinz Höhne im *Spiegel* über Fest/Herrendoerfer. Selbst Autor zeitgeschichtlicher Serien und Bücher, bescheinigte er den Kollegen, »den zum Zelluloid-Monster degenerierten Führer von den Denkschablonen antifaschistischer Aufklärungsfilme« befreit zu haben. Aber Höhne erkannte auch die »Suggestionskraft« der Bilder und das Risiko, das Fest einging, indem er die »Genialität des großen Demagogen« und seine »Übereinstimmung mit den Massen« betonte. Und er antizipierte die Kritik der Geschichtswissenschaft: »Vollends bedenklich aber wird die Fachhistoriker stimmen, daß die von Fest nolens volens betriebene Personalisierung des Dritten Reiches in der Figur Hitlers das Bild eines schrankenlosen, planmäßig agierenden Knopfdruck-Diktators popularisiert, von dem die neuere Geschichtsschreibung längst abrückt. Kein Wort fällt in diesem Film über die Bedingungen und Begrenzungen Hitlerscher Alleinherrschaft, kein Hinweis auf den von Cliquenkämpfen und Kompetenzkabalen bestimmten Alltag des Führers.«²¹ ■ Eine Zäsur im Umgang der Deutschen mit Hitler bildete kaum eineinhalb Jahre später, im Januar 1979, die Ausstrahlung der amerikanischen Fernsehserie *Holocaust* durch die Dritten Programme der ARD.

Ungeachtet der Vergegenwärtigung, die bereits 1955 das Tagebuch der Anne Frank, 1961 das Verfahren gegen Eichmann in Jerusalem oder 1963/65 der große Frankfurter Auschwitz-Prozess bedeutet hatten: Noch nie zuvor in der Geschichte der Bundesrepublik hatte das Zentralverbrechen der NS-Zeit, die Ermordung der europäischen Juden, eine ähnlich durchdringende gesellschaftliche Realisierung erfahren – mit offenkundigen Folgen für die Möglichkeit, sich weiterhin mehr oder weniger ungeniert von Hitler fasziniert zu zeigen. ■ Während Sebastian Haffners 1978 erschienener Bestseller *Anmerkungen zu Hitler* seinen begeisterten Lesern soeben die Möglichkeit eröffnet hatte, sich Hitlers »Leistungen« noch einmal scheinbar wertneutral in Erinnerung zu rufen, generierte *Holocaust* nun ein neues, deutlich verdüstertes Interesse an der Geschichte des »Dritten Reiches«. Unter maßgeblicher Mitwirkung junger Wissenschaftler aus der Generation der bald sogenannten Achtundsechziger, die ihr eben noch sehr abstraktes Interesse an der »Faschismustheorie« hinter sich ließen, kam eine empirisch-regionalgeschichtliche Euthanasie- und dann auch Holocaustforschung in Gang, die die NS-Historiografie der späten 80er und vor allem der 90er Jahre prägen sollte. ■ Hitler kehrte vor diesem Hintergrund erst relativ spät wieder in das Gesichtsfeld jedenfalls der Geschichtswissenschaft zurück; Ian Kershaws anspruchsvolle, erklärtermaßen in gesellschaftsgeschichtlicher Absicht verfasste Biografie markierte um die Jahrhundertwende diesen Umschwung.[22] Zusammen mit Saul Friedländers meisterhafter Darstellung über *Das Dritte Reich und die Juden*[23] war es wohl Kershaws Werk, das die Bahn brach für jene ebenso klare wie vorher kaum gehörte Feststellung, die inzwischen fast als Gemeinplatz gilt: »Ohne Hitler kein Holocaust.« ■ Parallel zu den großen, synthetisierenden Anstrengungen der Geschichtswissenschaft ist Hitler als Medienthema und -figur seit den 90er Jahren freilich auch zunehmend aus seinem historischen Kontext herausgelöst worden. So wenig der »Führer« und das »Dritte Reich« jemals allein die Deutschen beschäftigten, so sehr ist er zur Popfigur doch erst geworden, seit der Abschied von den Zeitgenossen der NS-Zeit eingesetzt hat. Inzwischen dient Hitler als Gruselgröße einer globalisierten Medienwelt, die sich seiner in allen möglichen und unmöglichen Zusammenhängen bedient – längst nicht mehr nur zum Zweck der historischen Aufklärung.

Anmerkungen

1 Süddeutsche Zeitung vom 5.5.2006, S. 19.
2 Vgl. Kansteiner 2003.
3 Misch 2008.
4 Görtemaker 2010; Die Welt vom 10. bzw. 22.2.2010; Die Zeit vom 4.3.2010.
5 Vgl. Lübbe 1983; ders. 2007.
6 Vgl. Frei 2010.
7 »Verbrechen gegen die Menschheit«, die eigentlich richtigere Übersetzung von »Crimes against humanity«, war im Deutschen von Beginn an ungebräuchlich.
8 Dazu im Einzelnen Frei 2003.
9 Mitscherlich/Mitscherlich 1967.
10 Arendt 1989.
11 Dazu Näheres in Frei 2009d.
12 Mann 1958, S. 814–963.
13 Noelle-Neumann/Köcher 1997, S. 514.
14 Bullock 1952.
15 Speer 1969; Fest 1973.
16 Der Spiegel vom 2.4.1973, S. 38–44.
17 Der Spiegel vom 25.2.1974, S. 96; vgl. auch ebd. vom 6.9.1976, S. 60f.
18 Vgl. Der Spiegel vom 29.8.1977, S. 18.
19 Kempowski 1973.
20 Vgl. Friedländer 1982.
21 Heinz Höhne: *Faszination des Demagogen*, in: Der Spiegel vom 27.6.1977, S. 155f.
22 Kershaw 1998/2000.
23 Friedländer 1998/2006.

PETER REICHEL

»Bruder Hitler« im deutschen Film

Albin Skoda (als Hitler) und Willy Krause (als Goebbels) in *Der letzte Akt*, Standbild, 1955

Schon am Vorabend des Zweiten Weltkriegs gibt der maßgebliche Sprecher des »anderen Deutschland« von Amerika aus seinen Landsleuten das entscheidende Stichwort für die Auseinandersetzung mit Hitler. »Der Bursche ist eine Katastrophe«, schreibt Thomas Mann, aber das sei »kein Grund, ihn als Charakter und Schicksal nicht interessant zu finden«.[1] Hätte man im Deutschland nach Hitler an dieses Diktum anschließen können, schon damals wären womöglich Hitler-Filme gedreht worden. Sie würden uns heute Aufschluss geben können über das früheste Hitler-Bild – ohne Hitler. Über den Beginn der »zweiten Geschichte«[2] des Schauspieler-Diktators. Aber innere Distanz und kreative Kraft fehlten, die »peinliche Verwandtschaft« anzunehmen und diesem Bewusstsein visuellen Ausdruck zu geben. Die ersten Hitler-Filme sind nicht grundlos außerhalb Deutschlands entstanden. ■ Die Deutschen, die Hitler aufsteigen und über sich herrschen ließen, die ihm als »Herrenvolk« in einen Völkervernichtungskrieg gefolgt waren, sich aber nicht selbst von ihm befreien konnten, haben diese Schande nur ertragen können, indem sie den toten Diktator in einen guten und in einen bösen Hitler halbierten, um ihn zu dämonisieren und sich selbst zum Opfervolk zu stilisieren. Eine ihrem mehrheitlichen Selbstverständnis nach verführte, gutgläubige und für verbrecherische Zwecke missbrauchte Gesellschaft leugnete die begangenen Verbrechen nicht, zu groß war die Beweislast der in Nürnberg vorgelegten Dokumente. Aber sie verdrängte ihre vertrauensselige Hitler-Gefolgschaft, die Faszination, die der »Führer« aus dem Volk für die Masse des Volkes lange besessen hatte. Den einfachen Weltkriegsgefreiten und gescheiterten Künstler, der ihr Hoffnungsträger und Heilsbringer geworden war, der sie von der Demütigung des Versailler »Diktatfriedens« befreit und wieder aufgerichtet, der die Weimarer Klassengesellschaft und sogar die deutsch-österreichische Teilung überwunden hatte, diesen erstaunlich erfolgreichen Integrator der Vorkriegszeit, ließ die frühe Nachkriegsgesellschaft zunächst hinter dem gescheiterten Imperator und verbrecherischen Verführer der Kriegsjahre verschwinden, um ihn zum Bösen schlechthin zu machen. Hitler wurde unsichtbar oder, zeichenhaft abstrakt, im bloßen Oberlippenbärtchen auch zur Karikatur, zur universellen Chiffre des Bösen. ■ Noch bevor Deutschland und die Welt durch die Armeen der Alliierten von Hitler befreit wurden, haben Filmregisseure aus den Ländern der Anti-Hitler-Koalition damit begonnen, die Welt virtuell von Hitler zu befreien. Zu den bis heute bedeutendsten Streifen gehören *Der große Diktator* (Abb. rechts) aus dem Jahr 1940 von Charlie Chaplin, der sich nach Auschwitz von diesem, bis heute hoch gelobten Werk allerdings distanziert hat, sowie *Sein oder Nichtsein* (Abb. S. 150) aus dem Jahr 1942 von Ernst Lubitsch. Erstmals wurde der »Führer« in der »Maske des Komischen«[3] auf die Leinwand gebracht und der Welt gezeigt, dass und warum das Lachen über Hitler eine befreiende Wirkung haben kann. Das deutsche Kinopublikum hat diese Filme, wenn überhaupt, erst sehr viel später gesehen. ■ Nicht viel anders verhielt es sich mit solchen Streifen, welche die Amerikaner zum Zweck der Aufklärung und Propaganda drehten. Während des Nürnberger Prozesses gegen die »Hauptkriegsverbrecher« wurde *Nazi Concentration Camps* gezeigt. Auch das Hauptverfahren selbst erschien ihnen einen Dokumentarfilm wert. Aber *Nürnberg und seine Lehren* kam zu spät, erst Ende 1948 in die westdeutschen Kinos.[4] Die Gründung der Bundesrepublik stand unmittelbar bevor und der vormalige, verhasste Kriegsgegner (West-)Deutschland im Begriff, in die neue Rolle des Bündnispartners zu wechseln. ■ Den ersten deutschen Hitler-Film drehte G. W. Pabst (*Der letzte Akt*, 1955) (Abb. links). In einer deutsch-österreichischen Gemeinschaftsproduktion verkörpert der *Burg*-Schauspieler Albin Skoda Adolf Hitler während seiner letzten Tage im Führerbunker unter der Reichskanzlei. Sein Gegenspieler ist ein regimekritischer Wehrmachtshauptmann (Oskar Werner), der den »Führer« über die wahre Lage an der Front aufklären und Verstärkung anfordern soll, während Hitler im Begriff steht, die Tunnel der Berliner Untergrundbahn, in denen Hunderttausende Zuflucht gefunden haben, zu sprengen, um den Russen die Einnahme Berlins zu erschweren. Der Film verschwand bald aus den westdeutschen Kinos. Zehn Jahre nach 1945 mochten die

Filmplakat zu Charlie Chaplins *Der große Diktator*, gestaltet vom Atelier Freytag, 1958 (Kat.-Nr. 516)

PETER REICHEL

Deutschen an das Kriegsende nicht mehr oder noch nicht wieder erinnert werden. Und an die letzten Tage ihres vormaligen »Führers« schon gar nicht. Vielleicht wirkte auch Hitlers Verbot nach, ihn in einem Spielfilm durch einen Schauspieler darzustellen. Unsichtbar blieb er auch in den Kriegsfilmen, die in dieser Zeit zahlreich in die westdeutschen Kinos kamen. Sie zeigten das heldenhafte Bild von tapferen und durch Hitler missbrauchten Soldaten. Von diesem Mythos einer »sauber« gebliebenen Armee profitierte der Aufbau einer neuen Wehrmacht – wie man die Bundeswehr zunächst nannte.[5] ■ 1961, im Jahr des Eichmann-Prozesses und der ersten Verjährungsdebatte im Deutschen Bundestag, wurde der bis dahin unbekannte, 1938 aus Deutschland geflohene, deutsch-jüdisch-schwedische Journalist, Übersetzer und Filmemacher Erwin Leiser über Nacht berühmt mit dem Dokumentarfilm *Mein Kampf* (*Den blodiga tiden*).[6] Der Film beginnt mit dem Ende, blendet vom brennenden Berlin des Jahres 1945 in das Jahr 1914 zurück, erzählt den Aufstieg der Hitler-Bewegung chronologisch und im Kontext der Ereignisse, die ihr förderlich waren und die sie spiegeln. In mehr als hundert Ländern gezeigt, hat dieser Film das Hitler-Bild dieser Zeit stark geprägt, indem er die weimarische Vorgeschichte des NS-Staates, des Weltkriegs und der Judenermordung in den Vordergrund rückte. ■ Leisers Film steht am Anfang des Jahrzehnts, das eine neue Phase in der künstlerischen Auseinandersetzung und politischen Bewertung Hitler-Deutschlands ermöglichte und erlebte. Die »zweite Geschichte« des Nationalsozialismus erhielt ihre maßgeblichen Impulse nicht mehr von außen, von den Siegern. Sie war nun mehr und mehr innengeleitet, wurde von Politikern, Juristen, Schriftstellern, Intellektuellen, Studenten etc. Westdeutschlands selbst gestaltet – und fand vielfach auch das Interesse der internationalen Öffentlichkeit. Ablesbar ist dieser Prozess an den Kontroversen um Hochhuths *Stellvertreter*-Drama, den Verjährungsdebatten im Deutschen Bundestag, am Auschwitz-Prozess in Frankfurt, am Streit um *Die Ermittlung* von Peter Weiss und andere Stücke des zeithistorischen Dokumentartheaters, am Bestsellererfolg der Speer-Erinnerungen, der einen der engsten Mitarbeiter Hitlers in den Vordergrund des öffentlichen Interesses rückte. Damit war der Boden bereitet, auf dem im nachfolgenden Jahrzehnt eine erste mediale Hitler-Welle durch die Bundesrepublik rollen konnte. ■ Ihre substanzielle Grundlage gab ihr kein Universitätshistoriker, sondern der Journalist und Schriftsteller Joachim Fest. Schon ein Jahrzehnt zuvor hatte er das personelle *Gesicht des Dritten Reiches* in biografischen Porträts beschrieben. Niemand, so lobte ihn die Kritik, habe seit Thomas Mann so eindringlich und erhellend über Hitler geschrieben, Wissenschaft und Literatur zur Synthese verschmolzen. Das Hitler-Porträt von Fest ist dreifach dimensioniert: Es vereint die detailliert beschriebene Lebensgeschichte und psychologische Ausleuchtung der Person mit einer »Biographie der Epoche«, deren Repräsentant Hitler wie kaum ein zweiter ist. Die Zäsuren der Jahre 1918, 1933 und 1939 nutzt Fest für perspektivisch übergreifende Betrachtungen. Der Diktator erscheint so als Macher

Filmplakat zu *Sein oder Nichtsein*, gestaltet von Hans Hillmann, 1955 (Kat.-Nr. 517)

und Produkt seiner Zeit, als Gegenrevolutionär – und als Modernisierer, als großer Zerstörer seiner Zeit, aber auch als Beschleuniger des industriegesellschaftlichen Wandels. Folgerichtig wird im Schlusswort nach dem Ort Hitlers in der deutschen Geschichte gefragt, einer Geschichte ohne Revolution. Hitler, so Fest, sei der Nutznießer der deutschen Geschichte gewesen und habe den im 19. Jahrhundert »versäumten emanzipatorischen Prozeß außerordentlich beschleunigt«.[7] Auch das zweite strukturelle Merkmal der Hitler-Herrschaft arbeitet Fest heraus, ihren theatralischen und politisch-religiösen Grundzug, die hohe Bedeutung der audiovisuellen Medien und der öffentlichen Inszenierung des Führermythos. Eine bessere Drehbuchvorlage für einen ersten umfassenden dokumentarischen Hitler-Film konnte man sich zu dieser Zeit schwerlich vorstellen. ■ Der von Fest und Christian Herrndoerfer 1977 produzierte Film *Hitler – eine Karriere* zeigt den Diktator in den Bildern, in denen das »Dritte Reich« gesehen werden wollte und sich selbst sah. Es sind insofern Bilder, die ihren eigenen Missbrauch dokumentieren. Diese Ambivalenz von unbeabsichtigter Apologetik und intendierter Kritik am dämonischen Hitler-Bild der Nachkriegszeit hat die Kritik irritiert und dem Film selbst von Filmemachern Polemik und moralische Missbilligung eingetragen. Nur selten wurde im Verzicht auf den didaktischen Zeigefinger und in der Entmystifizierung Hitlers ein intellektueller Fortschritt und deutungspolitischer Freiheitsgewinn gegenüber der eigenen Geschichte gesehen. Gewiss, die verbrecherische Rückseite im Doppelgesicht des »Dritten Reiches« bleibt peripher, politische Verfolgung und Ermordung der Juden kommen kaum ins Bild. Insofern ist der Film ein Produkt seiner Zeit. Er rückt die Person, ihre medial erzeugte Faszination und den Mythos Hitler ins Bild – ein Bild, das es bis dahin im Deutschland nach Hitler noch nicht gab, nicht geben durfte. Und das noch zehn Jahre später politisch so irritierte, dass ein Parlamentspräsident durch eine Allparteienpanik aus dem Amt gejagt werden konnte, weil er am nationalen Gedenktag der Reichspogromnacht das immer noch schmerzlichste nationale Tabu brach, als er vom Faszinosum Hitler sprach.[8] ■ Wie wichtig und überfällig kritisch-verstehende Hitler-Deutungen zu dieser Zeit längst waren, lässt sich auch am demoskopischen Meinungsprofil ablesen. Zwar hatte der Vorkriegs-Hitler seine hohen Sympathiewerte aus der Frühzeit der Bundesrepublik verloren, aber noch um 1980 war ein Drittel der Befragten der Meinung, Hitler wäre ohne Krieg und Judenmord einer der größten deutschen Staatsmänner gewesen. Auf dieses schizoide Hitler-Bild war Sebastian Haffners 1978 erschienenes Buch *Anmerkungen zu Hitler* ausgerichtet. In sieben Essays, die Titel provozierend kurz, stellte er lakonisch Hitlers *Verbrechen* seine *Leistungen* gegenüber, Hitlers *Verrat*, *Fehlern* und *Irrtümern* seine *Erfolge*. ■ Fast zur gleichen Zeit wurde die westdeutsche Öffentlichkeit durch einen weiteren filmischen Beitrag zur Hitler-Debatte aufgeschreckt und noch mehr irritiert: durch den sechsstündigen, ausschließlich im Studio gedrehten Streifen *Hitler, ein Film aus Deutschland* von Hans Jürgen Syberberg.[9] Schon dass er die herkömmlichen Gattungen ignorierte, irritierte das Publikum. Der Film will nicht unterhalten, verzichtet also auf jede Spielfilmhandlung, er will aber auch nicht aufklären, verzichtet also auch auf einen dokumentarischen Zugriff. Syberberg geht weiter, zeigt Möglichkeiten der Hitler-Deutungen auf, weil er die Person für nicht nachspielbar hält und zudem davon ausgeht, dass der bildinformierte Zuschauer Hitler längst aus einer Fülle von Filmbildern kennt, die erfundenen eingeschlossen. Es ist ein »Lesefilm« (Anton Kaes), der in Bild-Ton-Montagen, die Ästhetik Brechts und Wagners verknüpfend, den Irrationalismus der deutschen Identität und Geschichte ins Zentrum rückt, um Hitlers Zerstörung deutscher Mythen anzuprangern – und sich damit zwangsläufig dem Vorwurf aussetzt, in der Auseinandersetzung mit Hitler selbst »irrational« zu verfahren. ■ Dem Schweizer Philosophen Max Picard[10] und seinem viel beachteten Hitler-Buch der frühen Nachkriegszeit folgend, macht Syberberg Hitler zur Projektionsfläche. Diese mobilisiert und bündelt generationentypische Ängste, Hassgefühle und Sehnsüchte. Der fiktive Hitler selbst gibt die Erklärung: »Es war niemand anders da, der meine gewünschte Rolle übernehmen wollte, konnte. Und so haben sie mich gerufen, zuerst das Bürgertum, dann das Militär, [...] dann die Industrie zur Vertreibung des Bolschewismus [...] dann die Kleinbürger, die Arbeiter, denen ich vieles erfüllen konnte, und der Jugend, der ich wieder ein Ziel gab, [...] ja, und das Ausland, das froh war, wieder Ruhe zu haben in Europa, Stärke und Feierlichkeit. Und man möge bedenken, wie vielen Menschen ich einen Inhalt gab, wogegen zu sein es sich lohnte. [...] Ich war und bin das Ende eurer geheimsten Wünsche, Legende und Wirklichkeit eurer Träume, da müssen wir nun durch [...].« ■ Nicht die Nachlebenden klagen den Toten an. Der zurückgekehrte tote Hitler hält Gericht über die Deutschen, die sich von ihm nicht selbst befreien konnten, weil Hitler für sie zugleich Heilsfigur und Teufel war. Die ästhetische Faszination des deutschen Faschismus und die massenmobilisierende Kraft des Führermythos sind zwei zentrale Aspekte des Films, die Todesmythologie sein Leitthema. Krieg und Judenvernichtung sind Symptome eines allgemeinen Untergangsszenarios. ■ Anfang der 80er Jahre machte ein Skandal Schlagzeilen, der bleibend mit einer spektakulären Blamage der Hamburger Illustrierten *Stern* verbunden und in die Mediengeschichte eingegangen ist als die größte Sensation nach Hitler über Hitler – die Veröffentlichung der – gefälschten – Hitler-Tagebücher. Vollmundig hatte das Blatt der überraschten und ungläubigen Weltöffentlichkeit bei der Buchpräsentation erklärt, »weite Teile der deutschen Geschichte müßten umgeschrieben werden«. Einen Tag später flog der Schwindel auf, bewies ein Gutachten des Bundeskriminalamts die Fälschung des sensationellen Funds durch den Maler Konrad Kujau, der dafür über 9 Millionen Deutsche Mark kassierte. Ein drehbuchreifer Medienskandal, der Skrupellosigkeit und Leichtgläubigkeit im Kampf um Auflagenhöhe und Marktanteil offenbarte – und zugleich das mediale Verwertungsinteresse bediente. Der Regisseur Helmut Dietl nutze diese Vorlage dann auch für seine Satire *Schtonk!*. Den Titel verdankt der Film dem *Großen Diktator*, die Besetzung mit vielen Filmstars – Veronica Ferres, Götz George, Harald Juhnke, Ulrich Mühe – verhalf der Filmpersiflage zu einer gewissen Beachtung und sogar zur Oscarnominierung, die Kritik war nicht überzeugt. ■ Über 60 Jahre, nachdem sich Adolf Hitler im Führerbunker der Reichskanzlei das Leben genommen hat, scheint er so lebendig und lebensnah wie nie. Das verdanken wir vor allem dem von Bernd Eichinger produzierten und von Oliver Hirschbiegel gedrehten Film *Der Untergang* und dem Dokudrama *Speer und Er* von Heinrich Breloer.[11] In seiner Zeit war Hitler ein lebender Mythos, nach seinem Tod wurde er zu einem übergeschichtlichen Dämon stilisiert. Nun wird er uns auf der Leinwand menschlich nähergebracht: der allmächtige »Führer« als von Sehnsüchten und Ängsten Getriebener, der Diktator im Angesicht des eigenen Todes. Dass nun auch die NS-Täter als Privatpersonen gezeigt werden, als Opfer ihrer eigenen Taten und Triebe, bedient den populären Publikumsgeschmack, befriedigt die Augenlust an *Sex and Crime*. In dieser Hinsicht hat die einstige Politprominenz dem verwöhnten TV-Publikum unserer Tage nicht wenig zu bieten. *Speer und Er* macht aus Hitler und seinem Chefarchitekten und Rüstungsminister eine homoerotische Beziehungsgeschichte, *Der Untergang* eine »Big Bunker-Story«. ■ Breloer interessiert sich, der Speer-Biografie von Joachim Fest folgend, zunächst für die libidinöse Beziehung zwischen den beiden ungleichen Architekten aus Leidenschaft. Speer, der die weibliche Rolle darin spielte, sollte »austragen«, was der Führer »anregte«. Sodann geht es um das moralische Individuum, den Rüstungsminister, Ausbeuter von Zwangsarbeitern, Nürnberger »Hauptkriegsverbrecher« und Spandauer Häftling. Speers verschwiegene Redefreude hat ihm erst bei den Alliierten und später auch bei seinen Landsleuten viele Vorteile verschafft. Bei Auschwitz-Überlebenden war er weniger erfolgreich. Jean Améry bestritt dem »einstigen Mittäter das moralische Recht, mit ergreifenden Expektorationen an die Öffentlichkeit zu treten« und beharrte darauf, dass Schuldeingeständnis und Umkehr »würdig nur in Einsamkeit vollzogen werden – ohne Geste an der Rampe«.12 ■ Breloers theatralische Bildergeschichte bleibt dafür ohne Gespür. Sein Kamerablick ist ganz auf Speer fixiert. Gewiss, das Rätsel Speer liegt auch in seiner Person, aber noch mehr bei seiner politischen Generation, den zwischen 1900 und 1910 geborenen Weltkriegskindern, ihrer nationalistischen Gläubigkeit und gefühlsmäßigen Ablehnung der Weimarer Republik. Albert Speer war einer von zahlreichen idealistisch gesinnten Ingenieuren, Wissenschaftlern, Ärzten, Juristen und Offizieren, die sich, zumeist aus gutbürgerlichem Hause stammend, ganz der deutschen Sache verschrieben hatten – und der modernen, technoiden Sachlichkeit. Enthusiastisch stellte sich diese technokratische Elite dem Hitler-Regime zur Verfügung, in einem Bündnis vermeintlicher nationaler Erneuerung, das nur zwei Optionen kannte: Deutschlands Weltmachtstellung oder Untergang. ■ Darum geht es in dem erfolgreichsten Hitler-Film der Gegenwart: *Der Untergang* (Abb. rechts). Die Produzenten gaben vor, zu erklären, was das »Dritte Reich« möglich machte, wollen dies aber augenscheinlich gar nicht. Der Film erzählt die Geschichte einer Suizidgesellschaft, zieht das Publikum, sofern es grelle Farben, schrille Töne, Artillerie- und Maschinengewehrfeuer, Blut, zerfetzte Leiber, Fressorgien, sentimentale Verlogenheit, Gruppensex und Gruppenselbstmord unterhaltsam findet, mit Gewalt und Intimität in seinen Bann. Der Film ist bloß ein Melodram aus (selbst-)mörderischem Schlachtfest, Walpurgisnacht und Familienidyll. ■ Aber wer vom Untergang des »Dritten Reiches« erzählt, sollte die Architektur des Untergangs nicht verschweigen. Nicht zufällig heißt so einer der besten deutschen Dokumentarfilme über den Nationalsozialismus. Peter Cohen hat darin 1989 die Logik dieses Herrschaftssystems offengelegt: das konstitutive Verhältnis von Schönheitskult und Barbarei, von Gewalt und schönem Schein. Der Untergang ist nur die letzte Konsequenz der Dialektik einer rassenpolitischen Diktatur, die in zweifacher Hinsicht mit Visualisierung Politik machte. Der Nationalsozialismus war eine Ideologie, die sich im Bild darstellte und

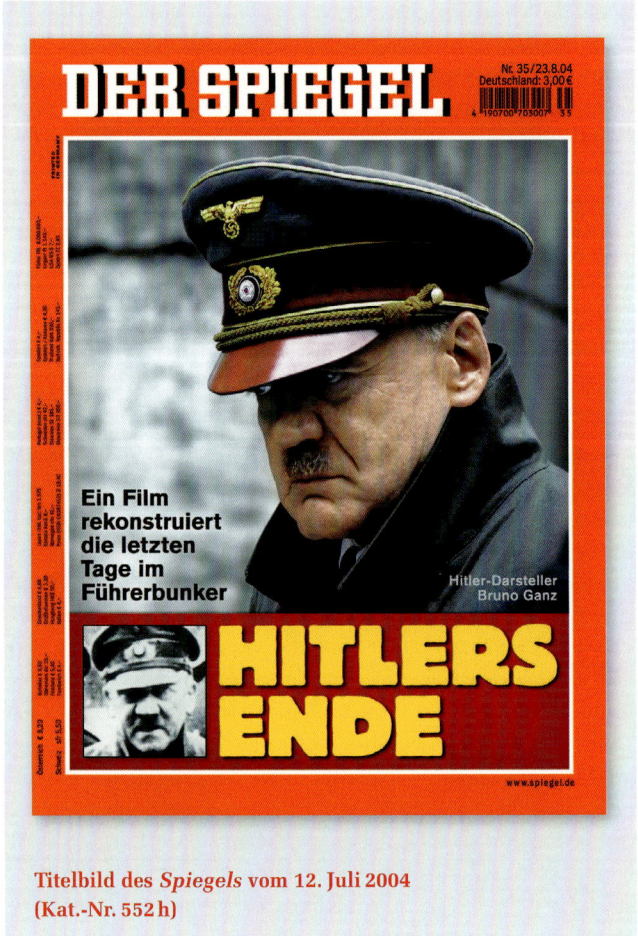

Titelbild des *Spiegels* vom 12. Juli 2004 (Kat.-Nr. 552 h)

legitimierte: im Bild des »nordischen Menschen«, der »arischen Volksgemeinschaft«, des »gesunden Volkskörpers« und anderer zeittypischer Schönheitsikonen. Als Unrechtsregime, das nach innen und außen Angst und Schrecken verbreitete, war er gezwungen, die terroristische Wirklichkeit zu dementieren und in einer vorteilhaften Selbstdarstellung permanent schönen Schein zu produzieren.13 ■ Die in den deutschen Hitler- und Holocaust-Filmen der jüngeren Zeit dominierende trivial-unterhaltsame Aufbereitung des Katastrophenstoffs, die das Ende, den Untergang des »Dritten Reiches« so sehr betont und dabei zugleich die Privatsphäre der einstigen Politsphäre so genüsslich offenlegt, um dem Talkshow-süchtigen und intimitätsfixierten TV-Publikum ein paar unterhaltsame Kinostunden zu bereiten und ihm die Massenmörder von einst nun endlich auch menschlich näherzubringen, dieser kommerziell motivierte Hang zur Trivialisierung degradiert Weltkrieg und Judenmord samt Weimarer Vorgeschichte zu einer Lappalie. Die Hitler-Filme der jüngsten Gegenwart, heißen sie nun *Untergang*, *Speer und Er*, *Goebbels und Geduldig* oder *Mein Führer – die wirklich wahrste Wahrheit über Adolf Hitler*, bestätigen damit, was Jean Améry vor 60 Jahren befürchtet und vorausgesagt hat. ■ Der jüdische Schriftsteller, der die

Folter erfahren und Auschwitz überlebt hatte, der gegen das Sterben schrieb und den das Schreiben doch nicht am Leben hielt, prophezeite, dass schließlich das »Dritte Reich« »Geschichte schlechthin sein werde, nicht besser und nicht übler als es dramatische Epochen nun einmal sind, blutbefleckt vielleicht, aber doch auch ein Reich, das seinen Familienalltag hatte«. Und die von »einem hochzivilisierten Volk mit organisierter Verlässlichkeit vollzogene Ermordung von Millionen Menschen wird als bedauerlich, doch keineswegs einzigartig dastehen«. Kriege, Völkermorde und andere Gewaltverbrechen werden untergehen in einem »Jahrhundert der Barbarei«.[14] Wer dieser Nivellierung entgegenarbeiten will, kann auf eine übergreifende Perspektive nicht verzichten, wird also immer auch nach dem Ort Hitlers in der deutschen Geschichte fragen müssen. ■ Zugespitzt könnte man die Hitler-Diktatur als Produkt einer mehr als ein Jahrhundert aufgeschobenen macht- und verfassungspolitischen Entscheidung ansehen.[15] Hitler war der Erbe eines dualen Systems aus zwei konträren staatsbildenden Prinzipien. Die monarchisch-dynastische Souveränität von Gottes Gnaden und die alle Herrschaft von unten legitimierende Volkssouveränität standen zu lange in einem labilen, weil konkurrierenden Gleichgewicht. Der Anfang der Demokratie in Deutschland war bedroht durch permanente Staatsstreichdrohung; die späte Einführung der Parlamentsherrschaft mit parlamentarischer Minister- und Kanzlerverantwortlichkeit mit dem Makel des nationalen Niedergangs, Kriegsverlust, Versailler »Diktatfrieden« und Kaiserabdankung verbunden. ■ Als der Versuch gescheitert war, über den Trümmern des Kaiserreichs und des Weltkriegs eine Republik zu errichten, und die Präsidialkabinette nur eine Übergangslösung sein konnten, aber kein Weg zurück zur parlamentarischen Monarchie, stand nur noch eine Verfassungsvariante zur Verfügung – die der plebiszitären Diktatur. Und nur eine Person hatte sich für diese Rolle nachdrücklich empfohlen, Stimmen und Popularität im Volk reichlich gewonnen. Die politische Klasse misstraute ihm und traute ihm auch nicht allzu viel zu. Man würde ihn schon zähmen und für die eigenen Zwecke nutzen. Man übertrug dem Weltkriegsgefreiten die politische Macht, um die ökonomische und gesellschaftliche zu behaupten. Das wurde die Stunde des Schauspielerpolitikers Adolf Hitler. Dass man ihn unterschätzte, war eine seiner wichtigsten politischen Erfolgsbedingungen. Hitler und die Deutschen: Ihr Verhältnis ist ohne seine Täuschung und ihre Selbsttäuschung kaum denkbar, ihre Hass-Liebe und Distanz-Nähe zum »Bruder Hitler« – eine abgründige mediale Beziehung.

Anmerkungen

1. Mann 1989, S. 25 f.
2. Vgl. Reichel/Schmid/Steinbach 2009.
3. Lindner 2003.
4. Schon im Winter 1945/46 war der dokumentarische Kurzfilm *Todesmühlen* in den notdürftig wiederhergestellten Kinos zu sehen. Auch mit seiner Resonanz waren die Amerikaner nicht zufrieden. Vgl. Hahn 1997; Reichel 2004, S. 162 ff.; Douglas 2000.
5. Vgl. Moeller 2001; Reichel 2004, S. 29 ff.
6. Leiser 1996, S. 23 ff.
7. Fest 1973, S. 1035.
8. Gemeint ist der Fall Jenninger. Vgl. Reichel 1999, S. 271–279.
9. Syberberg 1978. Vgl. dazu aus der Fülle der Literatur: Sontag 1983; Friedländer 1984; Kaes 1987, S. 135–170.
10. Picard 1946.
11. Ausführlicher dazu Reichel 2005.
12. Jean Améry in einem offenen Brief an Herrn Ex-Minister Albert Speer, c/o Propyläen Verlag, in: Frankfurter Rundschau vom 14.10.1975.
13. Eingehender habe ich diesen Zusammenhang untersucht in: Reichel 2006.
14. Améry 1966, S. 127 f.
15. Diese These folgt den Überlegungen von Stadelmann 1968 und Sauer 1968.

SIMONE ERPEL

Hitler entdämonisiert

Die mediale Präsenz des Diktators nach 1945 in Presse und Internet

Die Deutschen sahen in Hitler nach 1945 den Alleinverantwortlichen für den Zweiten Weltkrieg und seine Folgen. Mehr noch: Sie sahen sich missbraucht vom »Führer«, verführt durch die ausgeklügelte Propagandamaschinerie von Goebbels und als Nation abgestraft durch den verlorenen Krieg. Dieses Selbstbild als kollektives Opfer hatte die Funktion, Schuld abzuwehren und sich von (Mit-)Verantwortung zu entlasten. Dabei wurde das ehemals positive Führer-Image ins Gegenteil verkehrt und der Diktator dämonisiert und tabuisiert. Inzwischen hat diese Umgangsweise einer fortschreitenden Ironisierung der Figur Hitler Platz gemacht. Massenmedien spielen in diesem Prozess eine wichtige Rolle, denn Film, Fernsehen, Rundfunk, Presse und Internet bilden nicht nur die jeweils aktuellen Auseinandersetzungen über die NS-Vergangenheit ab, sondern beeinflussen ihrerseits auch das Geschichtsbewusstsein. Diese komplexen Wechselbeziehungen zu analysieren, ist ein zu umfangreiches Vorhaben, um es im Rahmen des vorliegenden Beitrags einzulösen. Ich konzentriere mich stattdessen auf zwei für meine Thesen wichtige Medienformate – die Printmedien und das Internet –, um zu untersuchen, wie sich im öffentlichen Bildgebrauch Hitler als tabuisierter Dämon in eine satirische Figur wandelte (Abb. rechts).
■ Spätestens seit den 1990er Jahren ist der Diktator ein fester Bestandteil der Populärkultur, eine düstere Ikone im Internet. Die Frage, ob über den »Führer« gelacht werden darf, ist längst mit Ja beantwortet. Deshalb untersuche ich kurze Videoclips mit Hitlerdarstellungen, zumeist Filmschnipsel aus Dokumentar- und Spielfilmen, die Internetnutzerinnen und -nutzer ins Netz stellen. Damit rücken die User als Agierende und nicht ausschließlich als Konsumierende ins Blickfeld des Interesses.
■ Für den Bereich des Journalismus bietet sich der *Spiegel* an. Zum einen wird das seit 1947 erscheinende Nachrichtenmagazin immer noch zu den Leitmedien gezählt, zum anderen arbeitet der *Spiegel* mit klaren Bild-Text-Kompositionen auf der Titelseite, die Auskunft über die Visualisierung von Zeitgeschichte, deren Debatten und Skandale geben. Doch auch wenn sich damit Entwicklungen für Westdeutschland aufzeigen lassen, bleibt notwendigerweise eine Leerstelle, was das Hitlerbild der DDR betrifft. Deshalb muss die Frage offen bleiben, inwiefern die Deutsche Demokratische Republik Hitler eindimensional als bloße Marionette des Monopolkapitalismus gesehen hat, worauf einiges hindeutet.

Hitler im »Spiegel«

Hitler ist die am häufigsten dargestellte Person auf der Frontseite des politischen Nachrichtenmagazins *Der Spiegel*. Seit 1947 war der deutsche Diktator mehr als 40 Mal abgebildet. Das kommerzielle Interesse ist offenkundig: *Hitler sells*. Für die Berichterstattung über vergangenheitspolitische Skandale hat der *Spiegel* einen spezifischen Aufklärungs- und Enthüllungsstil entwickelt, und Zeitgeschichte gehört ohnehin zum Profil des Nachrichtenblatts. Da jedoch der *Spiegel* selbst wenig Bereitschaft zeigte, sich mit den NS-Belastungen der eigenen Journalisten auseinanderzusetzen, bleibt der Aufklärungsanspruch letztlich reine Rhetorik.[1] ■ Von Anfang an, seit der *Spiegel* in der britischen Besatzungszone 1947 erschien, war Hitler Thema, wenn auch ein eher randständiges und vorwiegend unter den Rubriken Kurioses und Anekdoten zu finden. So berichtete das Magazin 1947 über einen ehemaligen Luftwaffenhauptmann, der um finanzielle Unterstützung für einen angeblichen Sohn Hitlers bat und mit dem Appell an das Pflichtgefühl der Deutschen 50 000 Mark erschwindeln konnte. Ein Jahr später – 1948 – befand der *Spiegel*, die Entnazifizierung der Eltern von Eva Braun sei »beschämend witzig«. Unter dem Titel *Hitler-Film: wie ihn keiner sah* berichtete der *Spiegel* 1953 über die Entdeckung privater Filmaufnahmen vom Obersalzberg und spielte damit direkt auf die Fotobroschüre *Hitler wie ihn keiner kennt* (1932) aus dem Presseimperium Heinrich Hoffmanns an, die sich quasi-privater Bildmuster der Führerpropaganda bediente und unter den Volksgenossinnen und -genossen sehr beliebt war. 1952 berichtete der *Spiegel* über den Rechtsstreit um die Veröffentlichung von *Hitlers Tischgesprächen* und rezensierte elf Jahre später *Hitlers Lagebesprechungen*. Ebenso wurde über die deutsch-österreichische Produktion *Der letzte Akt* von G.W. Pabst (1955) berichtet, den für lange Zeit einzigen Versuch im Nachkriegsdeutschland, den Diktator in einem Spielfilm darzustellen.[2] ■ In den 1950er Jahren hatten also vor allem Details aus Hitlers Privatleben Nachrichtenwert und befriedigten das voyeuristische Interesse in Deutschland. Die Existenz von Eva Braun wurde so erst nach 1945 im Zuge dieses auf das Private abzielenden Enthüllungsjournalismus in Deutschland bekannt. ■ Erstaunlich spät – nämlich 1964 – setzte der *Spiegel* Hitler zum ersten Mal auf die Titelseite. Ein stark gerastertes Porträtfoto zeigt ihn vor weißem Hintergrund, kombiniert mit einer Headline in Frakturschrift *Anatomie eines Diktators*, zu der der Göttinger Mittelalterhistoriker Percy Ernst Schramm eine sechsteilige Serie lieferte.[3] Der Essay brachte Schramm heftige Kritik ein: Ihm wurde vorgeworfen, er würde Hitler durch das Erwähnen von Belanglosigkeiten verniedlichen und verharm-

Ausschneidebogen mit Karikaturen von Hitler, Göring, Goebbels und Ribbentrop, nach 1945

losen.⁴ Auf dem Cover zur umstrittenen Titelgeschichte blickt Hitler ernst und entschlossen über die Betrachter hinweg – scheinbar in die Zukunft. Das aus starker Untersicht aufgenommene Foto ist ein Produkt der NS-Bildpropaganda (Abb. S. 156 links). Ein ähnliches Motiv hatte etwa 1937 für die Ausstellungsbroschüre *Gebt mir vier Jahre Zeit* Verwendung gefunden. Es zeigt Hitler in der Rolle des erfolgreichen Staatsführers und Motors bemerkenswerter Aufbauleistungen. Damit ist ein Grundproblem angesprochen: Die zur Verfügung stehenden Abbildungen sind allesamt Erzeugnisse einer auf Hitler zugeschnittenen Propaganda, die einer strengen Zensur unterlagen. Sie zeigen Hitler nur so, wie er gesehen werden wollte: als Parteiführer, Staatsmann, volksnaher Führer und später als Feldherr.⁵ Die Reproduktion dieser Propagandafotos in den heutigen Medien prägt damit auch unser Bild von Hitler. Martin Loiperdinger, Rudolf Herz und Ulrich Pohlmann kritisieren zu Recht, dass die »Verbreitung bestimmter Hitlerfotos das Fortleben verschiedener Facetten des Hitler-Mythos erheblich begünstigt hat: […] Und ist es nicht das bekannte, weil immer wieder reproduzierte Foto von Hitlers erstem Spatenstich, das dazu beigetragen hat, seinen Nimbus als Schöpfer der Autobahn nachhaltig bis in die Gegenwart zu verlängern?«⁶ ■ Auf diese Weise verfestigte sich im visuellen Gedächtnis der Leserinnen und Leser auch die Bildformel vom demagogischen Redner und Parteiführer. Eine bekannte Postkarte aus den 1920er Jahren, die Hitler in der Pose des Redners zeigt, lieferte die Basis für das Spiegel-Cover von 1966, mit der dazu passenden Titelgeschichte über Hitlers politischen Aufstieg in der NSDAP, diesmal vom Historiker Werner Maser verfasst (Abb. S. 156 rechts).⁷ ■ Pünktlich zum 40. Jahrestag der Machtübertragung sah der *Spiegel* 1973 eine regelrechte Hitler-Welle auf die Bundesrepublik zukommen. Auch der *Spiegel* beteiligte sich am Rummel um den toten Diktator, stellte neue bzw. wieder aufgelegte Hitlerbiografien vor und druckte eine ebenfalls von Werner Maser stammende elfteilige Serie mit bis dato unbekannten Briefen und Dokumenten Hitlers, die das Blatt als sensationelle Entdeckung feierte.⁸ ■ Ab den 1970er Jahren begann die kalendarische Erinnerung an den Nationalsozialismus zum festen Bestandteil der *Spiegel*-Berichterstattung zu werden, genauso wie die Klage über die frappierende Unkenntnis über Hitler in der nachfolgenden Generation.⁹ Auf visueller Ebene bleibt es bei der vom *Spiegel* entwickelten Bildsprache, nämlich Huldigungsbilder Hitlers durch grobe Rasterung bzw. durch Überschreiben in ihrer dämonischen Wirkung zu bannen. ■ Erst Ende der 1980er Jahre weicht der *Spiegel* von diesem Bildarrangement ab. Die Ver-

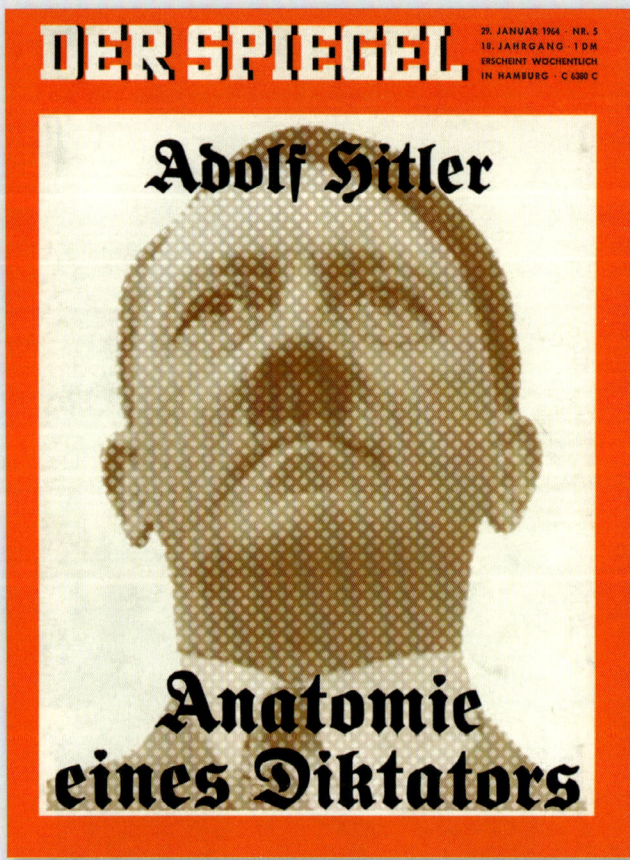

Titelbild des *Spiegels* vom 29. Januar 1964
(Kat.-Nr. 548 a)

Titelbild des *Spiegels* vom 1. August 1966
(Kat.-Nr. 548 c)

änderung wird deutlich, wenn man das Bild Hitlers auf dem Cover von 1973 mit zwei weiteren Hitler-Titelbildern aus den Jahren 1988 und 1992 vergleicht, die das gleiche Motiv verwenden (Kat.-Nr. 549 a, 550 f, 551 b, S. 291).[10] Aus dem Foto mit vielen Graustufen ist 1988 ein schwarz-weiß-braunes Klischee geworden. Das Gesicht Hitlers füllt zwar als Großaufnahme das Cover aus, ist jedoch in den Hintergrund gerückt. Im Vordergrund abgebildet sind der damalige Bundeskanzler Helmut Kohl und der damalige Bundestagspräsident Philipp Jenninger, der nach seiner missverständlichen Rede zum Gedenken an das Novemberpogrom in Deutschland zurücktreten musste.[11] Noch mehr verblasst Hitlers Gesicht 1992, mittlerweile reduziert auf schwarz und braun, überdeckt von handschriftlichen Aufzeichnungen von Goebbels und einer Aufnahme des früheren Propaganda-Chefs selbst.[12] Hitlers Gesicht wird immer mehr zu einer bloßen Folie, vor der vergangenheitspolitische Skandale und Entdeckungen verhandelt werden. ■ Doch auch eine erneute Dämonisierung ist zu verzeichnen. Auf dem *Spiegel*, der 1987 über den Selbstmord des inhaftierten Greises Rudolf Heß berichtete, ist wiederum ein Propagandafoto zu sehen. Diesmal fand das Bild *Ein Mann und sein Volk* aus dem *Illustrierten Beobachter* von 1936 Verwendung. Hitler blickt die Betrachter hypnotisch an, allerdings halbverdeckt auf dem *Spiegel*-Titelbild durch den im Vordergrund abgebildeten ehemaligen Stellvertreter Rudolf Heß.[13] 1996 tritt das Gesicht des Diktators deutlich in den Vordergrund.[14] Auf seiner Stirn sind Menschen abgebildet, die begeistert ihren Arm zum Hitlergruß erhoben halten. Auf dieser Fotocollage wird die deutsche Gesellschaft zum ersten Mal mit Hitler zusammen gezeigt. Der Dämon, das Böse, wird gewissermaßen in neuem Licht betrachtet, nämlich als Verhältnis zwischen dem »Führer« und seinem Volk (Abb. S. 157). ■ Die Beziehung von »Volksgemeinschaft« und »charismatischem Führer« findet sich in der Bildformel des volksnahen Führers wieder. Der *Spiegel* setzte 1996 ein Farbfoto auf die Titelseite, das eine begeisterte Menschenmenge zeigt, die Hitler 1935 stürmisch auf dem Bückeberg begrüßte.[15] Über der Jubelszene erhebt sich am Horizont das Lagertor von Birkenau. Das Foto, im Februar oder März 1945 von Stanislaw Mucha aufgenommen, symbolisiert wie kein anderes den industrialisierten Massenmord und ist zu einer Bildikone geworden. ■ Eine regelrechte Hitler-Besessenheit ist für die 1990er Jahre zu konstatieren: 15 Mal brachte der *Spiegel* in dieser Dekade Hitler aufs Titelblatt, eine Häufigkeit, die bis heute nicht überboten wurde. Für die Darstellung Hitlers wird ab den 1990er Jahren eine Vielzahl von Bildmotiven verwendet. Dazu gehört der Vergleich der Ty-

Titelbild des *Spiegels* vom 24. August 1987 (Kat.-Nr. 550 f)

Titelbild des *Spiegels* vom 12. August 1996 (Kat.-Nr. 551 i)

rannen Hitler und Stalin, die gleich prominent auf der Titelseite platziert werden.[16] 1996 muss sich der deutsche Diktator, dicht an dicht mit anderen berühmten Deutschen und wie alle mit einer roten Clownsnase verballhornt, die Titelseite teilen. Hitler scheint in der deutschen Geschichte des 20. Jahrhunderts eingereiht bzw. er ist bloß noch einer von vielen, in seiner visuellen Präsenz geschrumpft und ironisiert.[17] Das steigert sich schließlich 1998 durch die bildliche Einordnung Hitlers in die Weltgeschichte. In einem Halbkreis um einen Feuerball gruppieren sich Menschen und Ereignisse des 20. Jahrhunderts. Relativ im Zentrum des Bildes ist Hitler vor dem Tor von Birkenau zu erkennen.[18] Es bleibt festzuhalten, dass die Deutschen erst sehr spät mit Hitler und den Verbrechen bildlich zusammengebracht wurden (Abb. S. 158). ■ In den letzten zehn Jahren wird nun immer häufiger die klassische Bildformel des Feldherrn auf dem *Spiegel*-Cover zitiert. Reproduziert werden Aufnahmen der NS-Fotopropaganda, die den Kriegsführer Hitler in militärischer Kleidung darstellen. Der Kunsthistoriker Detlef Hoffmann hat darauf hingewiesen, dass solche Bilder für uns heute eine doppelte Botschaft enthalten, denn einerseits soll zwar »Hitler als der Verantwortliche für den Krieg und die Niederlage« dargestellt werden, andererseits schwingt aber in diesen Bildnissen immer »auch Verehrung für den Feldherrn der Siege der ersten Jahre« mit.[19] ■ Hitlers markantestes Machtzeichen auf den Titelbildern ist eine tief ins Gesicht gezogene Uniformkappe, die seine Augen völlig beschattet. Dieses Bildmotiv findet sich 2004 auf der Frontseite wieder, auf der ebenfalls der Hitler-Attentäter Claus Graf von Stauffenberg abgebildet ist, der dem Kriegsherrn mutig die Stirn bietet.[20] Und auch als Spielfilmfigur hat Hitler auf dem *Spiegel*-Titelbild Karriere gemacht. Zu sehen ist Bruno Ganz als Hitler im Bunkerdrama *Der Untergang*, das 2004 für Aufsehen sorgte.[21] Ein weiteres farbiges Titelbild von 2005 zeigt Hitler und hinter ihm stehend Albert Speer.[22] Hier wird das von Guido Knopp entwickelte Format *Hitlers Helfer* adaptiert, das sich auf Hitler und die nationalsozialistische Elite konzentriert. ■ Statt der Beschränkung auf Hitlers Gesicht werden dynamischer wirkende Gruppenfotos verwendet, die den Feldherrn im Kreis seiner Gefolgsleute zeigen. Insgesamt entfernt sich der Bildgebrauch von den monumental und statisch wirkenden Herrscherbildnissen. Auffällig ist, dass mehr und mehr die deutsche Gesellschaft bzw. einzelne soziale Gruppen ins Blickfeld rücken.

Titelbild des *Spiegels* vom 20. Mai 1996
(Kat.-Nr. 551 h)

Titelbild des *Spiegels* vom 19. Februar 1996
(Kat.-Nr. 551 g)

Hitler im Internet

Der Bekanntheitsgrad Hitlers im World Wide Web ist offenkundig: Gibt man in die Suchmaschine Google den Namen Adolf Hitler ein, dann werden innerhalb weniger Sekunden 5 580 000 Treffer angezeigt. Das Internetprojekt *Lebendiges Museum online*, das Informationen zur deutschen Geschichte des 20. Jahrhunderts zur Verfügung stellt, wird täglich von durchschnittlich tausend Nutzerinnen und Nutzern besucht, die Daten zu Hitlers Biografie abfragen.[23] Neben diesem öffentlichen Informationssystem lassen sind unter dem Stichwort Hitler eine Vielzahl individueller Meinungsäußerungen finden, wie zum Beispiel im US-amerikanischen Netzwerk *Facebook*, dem seit 2008 rund zwei Millionen Deutsche angehören. 2009 geriet das größte soziale Netzwerk in die Kritik in Deutschland: Ein anonymer Blogger hatte etwa 200 Fan-Profile, Gruppen und Applikationen mit eindeutigen Nazi-Bezügen aufgelistet, angefangen von Freundschaftsgruppen, die den Namen Adolf Hitler trugen bis hin zu solchen, die auf ihren Seiten den Holocaust leugneten.[24] Nach der Veröffentlichung musste *Facebook* eindeutig braune Netzwerke deutscher Nutzerinnen und Nutzer aus rechtlichen Gründen sperren, denn anders als in den USA ist die Leugnung des Holocaust in Deutschland strafbar. ■ Ebenfalls populär ist die seit 2005 existierende Video-Plattform *YouTube*, auf die Internetanwenderinnen und -anwender kleine, meist ein- bis vierminütige Filmausschnitte einstellen. In punkto Hitler, das hat Sonja M. Schultz untersucht, reicht die Bandbreite von rechten, pathetischen Musikclips mit Nazisymbolik bis zu originellen Satiren.[25] Leni Riefenstahls indizierte NS-Propaganda-Filme sind online gleichermaßen zugänglich wie die bekannten Hitler-Parodien von Charlie Chaplin, Ernst Lubitsch oder Mel Brooks. Auch kurze animierte Comics und Videoclips sind im Netz zu finden, etwa Mel Brooks mit seinem *Hitler Rap* aus dem Remake von *Sein oder Nichtsein* von 1983, oder Harald Schmidt, der als Hitlerimitator vor dem Nationalsozialismus warnt, ferner das deutsch-österreichische Kabarettistenduo Stermann und Grissemann mit ihrer *Deutschen Kochschau* oder Walter Moers mit dem Comic *Der Bonker*.[26] Fast immer handelt es sich um Raubkopien, meist verwaschene, unscharfe Bilder ohne Quellenangabe. Sonja M. Schultz bezeichnet das Einspeisen dieser Hitler-Bilder ins Internet als digitales Sammelalbum und als eine Art »gemeinschaftliches Kompilationsprojekt im WorldWideWeb«.[27] ■ Im Folgenden möchte ich aus dem Bereich der Satire eine spezifische Form der Persiflage untersuchen. Ein Klassiker in dieser Hinsicht ist *Hitler*

Leasing! (2005), eine Parodie, in der der Kabarettist Gerhard Polt eine Hitlerrede synchronisiert, indem er bitterlich über die Unbill eines Leasingvertrags klagt. Für den Sketch wurde eine Szene aus dem Reichsparteitagsfilm *Triumph des Willens* (1935) benutzt und neu zusammengeschnitten. In Verbindung mit Polt, der Hitlers Stimme imitiert, und eingespielten Zuschauerlachern entsteht der Eindruck, Hitler trete selbst als Komiker auf. Für die gelungene Persiflage stand sicherlich die Szene aus Chaplins *Der große Diktator* Pate, in der Hinkel alias Hitler sein Pathos durch ein Kauderwelsch von unverständlichen Lauten selbst konterkariert. ■ Das Prinzip, Filmausschnitte mit einer anderen Tonspur zu unterlegen bzw. das deutsche Original meist englisch zu untertiteln, erfreut sich großer Beliebtheit im Netz. Mittlerweile ist nicht nur die historische Figur, sondern auch die Filmfigur Hitler von der Neubearbeitung erfasst worden. Das beste Beispiel dafür ist der deutsche Kinofilm *Der Untergang* (2004) von Oliver Hirschbiegel, ein Melodram über Hitlers letzte Tage, das national und international Aufmerksamkeit erregte. Höhepunkt des Films ist die Szene, in der Hitler einen letzten Tobsuchtsanfall bekommt und seine im Bunker verbliebenen Generäle anbrüllt. Offensichtlich sahen viele Internetnutzerinnen und -nutzer gerade in der pathetischen Inszenierung satirisches Potenzial, denn seit einigen Jahren wird Hitlers Wutanfall mit Untertiteln zu aktuellen Themen versehen und hat bis heute mehrere Hundert Parodievarianten hervorgebracht. Hitler wird zum Beispiel wütend, als er von Michael Jacksons Tod erfährt, der zu seinem Geburtstag in Berlin auftreten sollte, oder als er herausfindet, dass er in Quentin Tarantinos Film *Inglorious Basterds* jüdischen Attentätern zum Opfer fällt. Für das Phänomen hat Daniel Erk in Anspielung auf den englischen Filmtitel *Downfall* den doppeldeutigen Ausdruck Downfall-Syndrom kreiert (Abb. rechts).[28] ■ Im April 2010 hat die Produktionsfirma aus urheberrechtlichen Gründen die *Untergangs*-Parodien auf *YouTube* sperren lassen. Die internationale Internetgemeinde protestierte mit der für das Medium charakteristischen Schnelligkeit und Form, nämlich mit einer weiteren Meta-Parodie: Hitler wütet nun im Bunker, als er erfährt, dass *YouTube* die Hitler-Parodien hat entfernen lassen.[29]

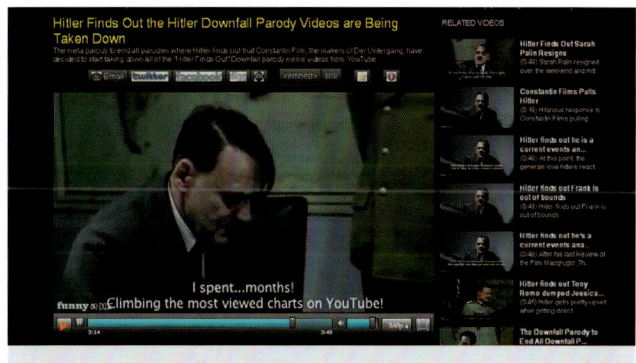

Hitler-Parodie auf *YouTube*, 2010

Zusammenfassung

Die größer werdende zeitliche Distanz zum Nationalsozialismus und das Verschwinden der Zeitzeugengeneration des »Dritten Reiches« sind zwei Faktoren, die die Darstellung Hitlers auch im Internet prägen. Abgesehen von der rechten Klientel, die durch ihr pathetisches Führerbild Hitler unfreiwillig komisch darstellt, wird der Diktator in der Regel ironisiert und zwar auf einer Bandbreite von origineller Satire bis zum trivialen Schrott, der keine Grenze des schlechten Geschmacks kennt. Das relativ junge Massenmedium Internet, in dem jeder Sender und Empfänger sein kann, ist ein Ort, an dem vor allem die jüngere Generation experimentiert. Für die Produzierenden der *Untergangs*-Parodien ist bezeichnend, dass sie in einem selbstbezogenen Referenzsystem agieren, das davon lebt, immer neue, möglichst noch witzigere Varianten der einen Grundidee hervorzubringen. Im Ergebnis hinterlässt dieser Umgang einen zwiespältigen Eindruck: Einerseits sind die *Untergangs*-Parodien vom historischen Geschehen gelöst, wollen nicht politisch aufklärend, sondern unterhaltend sein. Andererseits leistet die Satireform einen Beitrag zur Entdämonisierung, denn sie persifliert den Negativmythos und nicht etwa die historische Person Hitler. ■ Der Blick auf einen der Taktgeber der veröffentlichten Meinung in Deutschland fördert andere Aspekte zutage. Die Macher des *Spiegels* haben von den 1960er Jahren bis heute verschiedene Bildformeln der NS-Führerpropaganda durchgespielt: vom Parteiführer bis zum Feldherrn. ■ Dass der *Spiegel* den deutschen Diktator erst in den 1960er Jahren auf der Titelseite brachte, ist erklärungsbedürftig. Die Bereitschaft, sich mit Hitlers Weltanschauung und seiner Rolle als zerstörerischer Staatsführer auseinanderzusetzen, ist im Zusammenhang zu sehen mit der »Vergangenheitspolitik«[30] der 1950er Jahre. Eine Offenheit entstand erst, nachdem Millionen von Mitläufern und viele NS-Straftäter amnestiert und in die bundesdeutsche Gesellschaft integriert worden waren. Als weitere Katalysatoren wirkten in den 1960er Jahren die Verfahren wegen nationalsozialistischer Gewaltverbrechen, die den Holocaust erstmals ins öffentliche Bewusstsein der Deutschen rückten. ■ In den folgenden zwei Dekaden wurde Hitlers Gesicht auf dem *Spiegel*-Titelbild immer mehr zu einer Folie für vergangenheitspolitische Skandale und Enthüllungen. Nach der Vereinigung der zwei deutschen Staaten erhielt die visuelle Auseinandersetzung neue Impulse, und die Bildmotive wurden dadurch facettenreicher. Doch erst Mitte der 1990er Jahre trug die Darstellung Hitlers ironische Züge – erst dann war offensichtlich der Weg für den *Spiegel* frei, die Deutschen gemeinsam mit dem Diktator und den Verbrechen auf eine Titelseite zu bringen.

Anmerkungen

1. Vgl. Hachmeister 2002; Daniel Erk: *Faschismus und Fetischismus*, 1.3.2010, in: Hitler-Blog der tageszeitung <http://taz.de/blogs/hitlerblog> (letzter Zugriff: 9.4.2010). In dem seit 2006 existierenden Blog kommentiert der Journalist Manfred Erk regelmäßig das Phänomen Hitler in der Populärkultur und in den Medien.
2. Der Spiegel, 15.11.1947; 7.8.1948; 3.12.1952; 1.1.1953; 6.10.1954; 3.10.1962.
3. Der Spiegel 5/1964, 29.1.1964: *Adolf Hitler – Anatomie eines Diktators*. Es handelte sich dabei um den Vorabdruck eines einleitenden Aufsatzes zu dem Buch *Hitlers Tischgespräche*.
4. Vgl. *Streit um Schramm – der Begriff der historischen Größe bei Adolf Hitler*, in: Die Zeit 14 vom 3.4.1964; sowie die publizierten Vorlesungen des Philosophen Eric Voegelin von 1964, in: Voegelin 2006, S. 110–159.
5. Vgl. Behrenbeck 1996a, S. 61.
6. Loiperdinger/Herz/Pohlmann 1995, S. 9.
7. Der Spiegel 32/1966, 1.8.1966: *Hitlers »Mein Kampf«: Fahrplan eines Welteroberers*.
8. Der Spiegel 14/1973, 2.4.1973: *Nach dreißig Jahren entdeckt. Adolf Hitler »Aufriß über meine Person«*.
9. Der Spiegel 34/1977, 15.8.1977: *Hitler, wie er nicht war*.
10. Der Spiegel 14/1973 (wie Anm. 8).
11. Der Spiegel 46/1988, 14.11.1988: *Im Schatten der Vergangenheit. CDU-Politiker Jenninger, Kohl*.
12. Der Spiegel 29/1992, 13.7.1992: *Neue Goebbels-Tagebücher – Chronist der NS-Verbrechen*.
13. Der Spiegel 35/1987, 24.8.1987: *Hitlers letzter Mann – Rudolf Heß*.
14. Der Spiegel 33/1996, 12.8.1996: *Hitler: Vollstrecker des Volkswillens? Rudolf Augstein im Gespräch mit Daniel Goldhagen*.
15. Der Spiegel 21/1996, 20.5.1996: *Die Deutschen: Hitlers willige Mordgesellen? Neuer Streit um Kollektivschuld*.
16. Der Spiegel 32/1989: *Der Teufelspakt: Signal zum Krieg*; ebd. 24/1991: *Hitler kontra Stalin*; ebd. 6/1996: *Aggressor Hitler, Aggressor Stalin?*
17. Der Spiegel 8/1996, 19.2.1996: *Wie komisch sind die Deutschen?*
18. Der Spiegel 45/1998, 2.11.1998: *Das 20. Jahrhundert – Spiegel Serie in 50 Folgen*.
19. Hoffmann 2005, S. 162.
20. Der Spiegel 29/2004, 12.7.2004: *20. Juli 1944 – Protokoll eines Staatsstreiches*.
21. Der Spiegel 29/2004, 12.7.2004: *Hitlers Ende – Ein Film konstruiert die letzten Tage im Führerbunker*.
22. Der Spiegel 18/2005, 2.5.2005: *Der Manager des Bösen – Albert Speer und sein Führer*.
23. LeMo ist ein gemeinsames Projekt des Deutschen Historischen Museums und des Hauses der Geschichte der Bundesrepublik Deutschland.
24. Vgl. Fabian Löhe: *Adolf Hitlers Facebook-Freunde*, in: Frankfurter Rundschau.online.de, 16.4.2009 (letzter Zugriff: 13.11.2009).
25. Vgl. Schultz 2008.
26. *Hitler Rap* <http://www.youtube.com/watch?v=yu2NqfISm9k>; *Harald Schmidt warnt vor dem Nationalsozialismus* <http://www.youtube.com/watch?v=4ZanUhXPtbI>; *Die Deutsche Kochschau* <http://www.youtube.com/watch?v=wGPGSyCreJA>; *Der Bonker* <http://www.youtube.com/watch?v=Ifcg-wr95vQ> (letzter Zugriff: 9.4.2010).
27. Schultz 2008, S. 87.
28. Vgl. Daniel Erk: *Das Downfall-Syndrom*, 2.2.2010, in: Hitler-Blog der tageszeitung <http://taz.de/blogs/hitlerblog>; Finlo Rohrer: *The rise, rise and rise of the Downfall Hitler parody*, in: BBC News Magazine, 13.4.2010 (letzter Zugriff: 4.5.2010).
29. <http://www.funnyordie.com/videos/60bc7be2b1/hitler-finds-out-the-hitler-downfall-parody-videos-are-being-taken-down> (letzter Zugriff: 4.5.2010).
30. Frei 1996.

Katalog

PROLOG

Hitler und die Deutschen – eine vieldeutige Beziehungsgeschichte

Wie war Hitler möglich? Warum konnte ein politischer und sozialer Niemand, wie es Hitler bis zu seinem 30. Lebensjahr war, in kurzer Zeit Massenwirkung erzielen und eine fast uneingeschränkte persönliche Macht ausüben, sodass hochqualifizierte Repräsentanten der gesellschaftlichen Eliten einem Autodidakten folgten, dessen einzige Begabung in seiner Rhetorik und Agitation lag? ■ Hitlers Macht ist weniger aus seinen Charaktereigenschaften und seinem vermeintlichen persönlichen Charisma zu erklären, als vielmehr aus den politisch-gesellschaftlichen Rahmenbedingungen und Motiven der Deutschen, die ihre Ängste und Erwartungen auf ihn projiziert und ihn möglich gemacht haben. ■ Die nationalsozialistische Propaganda hat Hitlers Macht immer wieder mit seinem vermeintlichen »Genie« erklärt. Fotos und Gemälde haben den Führerkult massenhaft verbreitet. Hitler selbst hat auf dem Höhepunkt seiner Macht eine Identität von »Führer« und »Volk« behauptet. »Das ist das Wunder unserer Zeit«, verkündete

PROLOG

er auf dem Reichsparteitag 1936, »daß ihr mich gefunden habt […] unter so vielen Millionen! Und daß ich euch gefunden habe, das ist Deutschlands Glück!« ■ Im März 1945 gab der selbsternannte »Führer der Nation« zu erkennen, was ihm das deutsche Volk tatsächlich bedeutete: »Es sei nicht nötig, auf die Grundlagen, die das Volk zu seinem primitivsten Weiterleben braucht, Rücksicht zu nehmen. […] Denn das Volk hätte sich als das schwächere erwiesen und dem stärkeren Ostvolk gehöre dann ausschließlich die Zukunft.« ■ Die Bilder von Hitlers Macht täuschen darüber hinweg, dass seine Herrschaft nicht nur Zustimmung gefunden hat und dass sie von Anfang an mit Gewalt und Zerstörung verbunden war. Hitler ausstellen heißt darum, die Verschränkung von »Führer«, »Gefolgschaft« und »Volksgemeinschaft« wie den Zusammenhang von gesellschaftlichem Konsens und systemimmanenter Gewalt zu präsentieren. ■
H.-U. T.

PROLOG

Seite 164–165
Der Nationalsozialismus als Produkt und Katalysator der Großen Krise
Hitler und der Nationalsozialismus mobilisierten
die Ängste und Erwartungen einer Gesellschaft in der Krise.
Die Militanz von Hitlers Rhetorik und des Auftretens seines
nationalsozialistischen Kampfbunds versprachen Entschlossenheit und Unbedingtheit bei der Überwindung der Krise.

Bildcollage: Obdachlose vor einem Asyl in der Berliner
Nordmarkstraße, 1932; eingefügt Heinrich Hoffmann:
Porträt Adolf Hitlers, 1929

Seite 166–167
Charismatische Führerherrschaft und Konsens der »Volksgemeinschaft«
Der »Führerstaat« bot mit seinen Masseninszenierungen
und politischen Erfolgen das glanzvolle Bild einer Ordnungs-
und Konsensdiktatur. Hinter der Fassade eines einheitlichen
Führerwillens blieb die zunehmende Auflösung institutioneller
Strukturen und politischer Regeln verborgen.

Bildcollage: Siegesparade in Berlin nach dem Ende
des Frankreichfeldzugs, 18. Juli 1940; eingefügt Postkarte
mit Adolf Hitler, um 1935

Seite 168–169
Verfolgung und Zerstörung als Folge der Führerherrschaft
Hitlers Herrschaftsziele waren auf Auflösung und Gewalt
ausgerichtet. Mit der Durchsetzung seines Führerwillens und
der Zerstörung aller institutionellen und rechtlichen Barrieren
konnte er seine Vernichtungspolitik schrittweise verwirklichen.

Bildcollage: Heinrich Hoffmann: Krieg gegen die
Sowjetunion, September 1941; eingefügt Erwin Blumenfeld:
»Ohne Titel, 1933«

Hitler unter den Deutschen 1919–1933

Führermythos und Führerbewegung

Die Erwartung eines »starken Führers«, der »heldische« Eigenschaften besitzen und die Nation aus Elend, Versagen und nationaler Demütigung erlösen sollte, war in vielen Ländern im Europa der Zwischenkriegszeit in einer Form anzutreffen, wie es sie zuvor nicht gegeben hatte. Die Entstehung von Führerkulten, Zeichen für eine tiefe Krise von Staat und Gesellschaft, war vielfach mit der Entstehung faschistischer Bewegungen verbunden. In Deutschland, das mit seiner militärischen Niederlage nicht fertig werden konnte, trug der völkische Erlöser, der das Land retten sollte, Züge eines neuen Bismarck, eines Kriegshelden wie Hindenburg oder einer nationalen Siegfried-Gestalt; aber auch ein deutscher Duce, ähnlich dem italienischen Diktator Mussolini, war seit dessen »Marsch auf Rom« im Oktober 1922 gefragt ■ Adolf Hitler, der in Münchner Reichswehrkreisen und im völkischen Milieu spätestens seit 1920 mit seinem Redetalent aufgefallen war und mit seinen demagogischen Ausfällen gegen den Versailler Vertrag wie gegen Judentum und Bolschewismus bald die Versammlungssäle füllte, verstand sich zunächst nur als »Trommler«, der den Weg für einen größeren »Führer« und »Erlöser« bereiten wollte. Noch war offen, wer innerhalb des völkisch-nationalistischen Milieus die Rolle des sehnsüchtig erwarteten »Führers« einnehmen könnte. Der Begriff »Führer« wurde seit 1922 häufiger mit der Person Hitlers in Zusammenhang gebracht seit November 1922 sprachen Gefolgsleute in München von ihm als dem »deutschen Mussolini«. Für einen seiner glühendsten Anhänger, Rudolf Heß, wurde der Glaube an den neuen völkischen »Messias« gar zum Religionsersatz. Seit der Führungskrise in der jungen NSDAP im Juli 1921 kündigte sich die Bildung einer Führerbewegung um Adolf Hitler an. Er hatte eine schlagkräftige Propagandabewegung geschaffen, hatte schließlich alle Ansätze innerparteilicher Demokratie und kollegialer Führung unterbunden und mit seiner Clique die Kontrolle über die Partei errungen. Die NSDAP sollte nach dem Führerprinzip organisiert werden, einen strikt antiparlamentarischen und revolutionär-nationalen Kurs steuern und mit ihrer bewaffneten Parteiarmee, der SA, die Militarisierung der Anhänger und die propagandistische Vorbereitung auf den Bürgerkrieg betreiben. ■ Der gescheiterte Putsch Hitlers vom 9. November 1923, eigentlich eine Verzweiflungstat, wurde in einen Akt nationalen Märtyrertums umgedeutet. Er wurde zur Bewährungsprobe für Hitlers Anspruch auf sein Führertum, als er sein bisheriges unscheinbares Leben in seiner Rechtfertigungsschrift *Mein Kampf* zur Inkubationsphase eines geborenen Redners und charismatischen Agitators zur Vorbereitung der nationalen Erlösung stilisierte. Mit der Wiedergründung der NSDAP 1925 konnte Hitler seine Führerposition mit diktatorischen Vollmachten und als oberste Instanz in Sachen Weltanschauung behaupten und ausbauen, seine Gefolgschaft hat überdies unermüdlich das Bild einer charismatischen Führerfigur inszeniert und verbreitet.

FÜHRERMYTHOS UND FÜHRERBEWEGUNG

Führerbilder

Der Ruf nach einem »Führer« speiste sich aus den Erfahrungen von Niederlage, wirtschaftlicher Not und politischer Zerrissenheit und war in der Weimarer Republik eine Flucht aus der Gegenwart. Der »Führer« als weltlicher Messias versprach Wiederherstellung der nationalen Ehre, wirtschaftlichen Aufschwung und Errichtung der »Volksgemeinschaft«. Historische Heldengestalten wie der »Alte Fritz« oder der »Eiserne Kanzler« Bismarck wurden ebenso wie zeitgenössische Politiker – etwa der »Sieger von Tannenberg« Paul von Hindenburg und der »Duce« Benito Mussolini – zu Projektionsflächen der Heilserwartung. In der »Ahnenreihe« von Friedrich dem Großen bis hin zu Hitler schienen sich die Wünsche erfüllt zu haben: Die Zukunft wurde Gegenwart. S. F.

1
Friedrich der Große
Fritz Hofmann (1889–1966) · vor 1937
Marmor · 48 × 26 × 24 cm · Berlin, Deutsches Historisches Museum, Pl 98/28

2
Otto von Bismarck
Gebrüder Micheli · 1889 (Erstausformung)
Gips · 62 × 56 × 37 cm · Berlin, Deutsches Historisches Museum, Kg 62/35

3
Siegfried
Richard Guhr (1873–1956) · 1910/20
Bronze, Guss · Schwerin, Dr. Oliver Kruschke

4
Paul von Hindenburg
William Wauer (1866–1962) · 1926
Bronze, Guss: W. Füssel, Berlin · H 21 cm
Berlin, Deutsches Historisches Museum, Pl 2001/5

5
Benito Mussolini
Der Mussolini-Mythos wurde in der Zwischenkriegszeit auf vielen Ebenen vermittelt. In ihm verbanden sich Vorstellungen von einem Tatmenschen und einer intellektuellen Kraftnatur.
Milo Martin (1893–1970) · 1931
Bronze, Guss: H. Noack, Berlin · H 40 cm
Berlin, Deutsches Historisches Museum, Pl 98/22

4

5

6
Paul Richter in einer Szene aus Fritz Langs Film »Die Nibelungen: Kriemhilds Rache«
1924 · Fotografie (Neuabzug)
Berlin, ullstein bild, 00130796
Abb. S. 174

7
Adolf Hitler im dunklen Anzug vor einer Bismarck-Grafik (Brustbild)
Heinrich Hoffmann (1885–1957) · 1926
Fotografie (Neuabzug) · Berlin, Deutsches Historisches Museum, Hoffmann 0121

8
»Was der König eroberte, der Fürst formte, der Feldmarschall verteidigte, rettete und einigte der Soldat«
Postkarten · Reproduktionen
a) und b) Hans vom Norden · Köln, 1933
c) Hans vom Norden, um 1933
d) Düsseldorf, um 1933
München, Karl Stehle
Kat.-Nr. 8a Abb. S. 66

9
»Der große König erkämpfte – Der 1. Kanzler einigte – Der Marschall schützte – Der Gefreite rettete Deutschland«
Postkarte · Potsdam, um 1933 · Reproduktion
München, Karl Stehle

Aufstieg aus der Namenlosigkeit

Adolf Hitler war in den ersten drei Jahrzehnten seines Lebens ein sozialer und politischer Niemand. Er wurde am 20. April 1989 in Braunau am Inn als Sohn des Zollbeamten Alois und seiner Frau Klara geboren. Ohne Schulabschluss kam er 1907 nach Wien. Dort scheiterte er zweimal an der Aufnahmeprüfung für die Akademie der Bildenden Künste. Arbeits- und zeitweise obdachlos lebte er in Massenunterkünften und verdiente sein Geld als Postkartenmaler. 1913 ging er nach München und meldete sich zu Beginn des Ersten Weltkriegs freiwillig zur Bayerischen Armee. Im Krieg und in der Armee nahm Hitlers Weltbild Gestalt an. Ch. L./H.-U. T.

10
Klassenfoto von Hitlers Volksschulklasse
obere Reihe Mitte: der zehnjährige Hitler
Leonding/Linz, 1899 · Fotografie (Neuabzug)
Berlin, Deutsches Historisches Museum, Hoffmann 0001
Abb. S. 25

HITLER UNTER DEN DEUTSCHEN 1919–1933

6

13

11
Der Speisesaal für Männer im Meidlinger Obdachlosenasyl
in: »Wiener Bilder. Illustriertes Familienblatt« vom 27. Dezember 1911, S. 5
Reproduktion · Wien, Österreichische Nationalbibliothek, 427702-B Neu Per
Abb. S. 28

12
Hitler, neben ihm Brandmayer, in einem minimierten Unterstand für die Regimentsordonnanzen
Riencourt-Viller, September 1916
Fotoreproduktion
München, Bayerische Staatsbibliothek München/ Hoffmann, hoff-5079
Abb. S. 31

13
Adolf Hitler als Verwundeter im Lazarett Beelitz
Beelitz, 26. Oktober 1916 · Fotoreproduktion
München, Bayerische Staatsbibliothek München/ Hoffmann, hoff-5081

14
Hitlers Militärpass
München, 1. März 1917 · Faksimile · 13,5 × 9 cm
München, Bayerisches Hauptstaatsarchiv, Nachlass Hitler 19
Abb. S. 32

15
»Was der S.A.-Mann singt, Teil 5, Liederpotpourri gesungen vom Nationalsozialistischen Schallplatten-Quartett«
Schallplatte
Nationaler Schallplatten-Dienst GmbH/ Grafikvorlage: Heinrich Hoffmann
um 1931/32 · Berlin, Deutsches Historisches Museum, 1988/1469
Abb. S. 48

Vom »unbekannten Soldaten« zum »nationalen Erlöser«

Hitlers Weg in die Politik verlief innerhalb kürzester Zeit von 1919 bis 1923. Das war nur möglich vor dem Hintergrund einer von Krieg und Niederlage traumatisierten Gesellschaft und einer zerklüfteten politischen Landschaft, in der die Suche nach einem nationalen Retter verbreitet war. Der Reichswehrsoldat Adolf Hitler besaß, als er sich 1919 der Deutschen Arbeiterpartei anschloss, keine Ausbildung, keine politische Erfahrung und keine klaren politischen Vorstellungen, dafür aber ein Talent zur Rede und zur Demagogie. Das machte ihn für seine Förderer in der Reichswehr interessant und befähigte ihn, gängige politische Ideologeme der radikalnationalistisch-antisemitischen bzw. antibolschewistischen Rechten aufzugreifen und mit einer Leidenschaft und Aggressivität vorzutragen, die ihm bald volle Versammlungssäle bescherte und ihn zum Parteiführer der NSDAP mit diktatorischen Vollmachten aufsteigen ließ. Entscheidend für seine Machtposition

FÜHRERMYTHOS UND FÜHRERBEWEGUNG

18

innerhalb der NSDAP waren die charismatischen Fähigkeiten, die ihm seine Gefolgschaft zuschrieb. Das auf vermeintlich außeralltägliche Qualitäten eines Retters und Erlösers gestützte Verhältnis zwischen »Führer« und Volk wurde schließlich zur Grundlage von Hitlers Macht und der Struktur der nationalsozialistischen Bewegung. Es wurde durch ständige Inszenierungen des Führerkults fortgeschrieben. H.-U. T.

16
Adolf Hitler als Redner
Postkarten · Heinrich Hoffmann (1885–1957)
München, 1927 · Reproduktionen
a–c) Berlin, Deutsches Historisches Museum, PK 90/4251–4253
d–e) München, Karl Stehle
Kat.-Nr. 16a Abb. S. 21

17
Straßensperre der Putschisten in der Schönefeldstraße, Ecke Ludwigstraße mit Heinrich Himmler und Ernst Röhm
Der Marsch am 9. November 1923 durch die Innenstadt Münchens war ein verzweifelter demonstrativer Akt, um das Scheitern des Putsches zu verhindern.
München, 9. November 1923
Fotoreproduktion
München, Münchner Stadtmuseum

18
Großveranstaltung der NSDAP mit Adolf Hitler als Redner im Zirkus Krone in München
Hitler konnte mit seinen Hasstiraden gegen den Versailler Vertrag die Versammlungssäle füllen. 1922 kamen regelmäßig 2000–5000 Teilnehmer in den Zirkus-Krone-Bau.
Heinrich Hoffmann (1885–1957)
München, 1923 · Fotografie (Neuabzug) · Berlin, Deutsches Historisches Museum, Ph 95/79

19
»Die Angeklagten des Hitler-Prozesses«
Heinz Pernet, Friedrich Weber, Wilhelm Frick, Hermann Kriebel, Erich von Ludendorff, Adolf Hitler, Wilhelm Brückner, Ernst Röhm, Robert Wagner
Heinrich Hoffmann (1885–1957)
München, 1. April 1924 · Fotografie (Neuabzug)
München, Bayerische Staatsbibliothek München/Hoffmann, hoff-6622

HITLER UNTER DEN DEUTSCHEN 1919–1933

20
Adolf Hitler
Heinrich Hoffmann (1885–1957)
a) München, 1925
b) Adolf Hitler in Trachtenkleidung
München, 1925/26
c) München, 1929
d) Hitler in Lederhose
München, nach 1933
Fotografien (Neuabzüge)
Berlin, Deutsches Historisches Museum,
97/1163; Hoffmann 0155; Hoffmann 0143;
Hoffmann 128
Kat.-Nr. 20a Abb. S. 16; Kat.-Nr. 20c Abb. S. 47

21
Notizen über das »Wunder 1918–1933«, Ursachen des Zusammenbruchs, Aufgaben, neue Führungsauslese, Kenntnis und Pflege der Rasse, Jugenderziehung
Adolf Hitler (1889–1945) · undatiert
4 Blätter, einseitig mit Tinte beschriftet
27 × 22 cm · München, Bayerisches Hauptstaatsarchiv, Nachlass Hitler 11

22
Notizen über Deutschlands Lage von 1933 bis 1936, die Weltlage, innere Lage und Ordnung, Raumproblem, Kolonien, 4-Jahres-Plan, Weihnachten
Adolf Hitler (1889–1945) · um 1936
4 Karten, einseitig mit Bleistift beschriftet
14 × 9 cm · München, Bayerisches Hauptstaatsarchiv, Nachlass Hitler 12

Hitlers »Mein Kampf«

Das Buch der Deutschen? Oder ein unlesbares und ungelesenes Machwerk? Seine Weltanschauung hat Hitler in *Mein Kampf* niedergeschrieben. Weitgehend selbstständig – entgegen der Legenden. Das Werk erschien zuerst in zwei Bänden, später als einbändige »Volksausgabe«. Neben einer geschönten Autobiografie enthält das Buch Hitlers Blaupause für das »Dritte Reich«: Führertum und die Forderung nach »Lebensraum im Osten«, geschichtsgesetzlicher Rassenkampf und »Entfernung der Juden«, Kampf gegen den Friedensvertrag von Versailles und Abschaffung der Demokratie. S. F.

23
Erstausgabe: »Mein Kampf. Eine Abrechnung«, Bd. 1
Nach dem gescheiterten Putsch von 1923 plante Hitler eine tagespolitische »Abrechnung« mit seinen Gegnern. Während seiner Haft 1924 wurde daraus der Versuch einer ideologischen Grundsatzschrift, die seinen Anspruch begründen sollte, nicht nur Parteiführer, sondern auch Programmatiker sein zu wollen.
Adolf Hitler (1889–1945)
München: Zentralverlag der NSDAP Franz Eher Nachf., 1925 · 30 × 23 cm
Erlangen, Universitätsbibliothek Erlangen-Nürnberg, H61/RAR IV, 62 [1]
Abb. S. 51

24
»Mein Kampf. Eine Abrechnung«, Bd. 1
Adolf Hitler (1889–1945)
München: Zentralverlag der NSDAP Franz Eher Nachf., 1925 · 23,5 × 17 cm
Berlin, Deutsches Historisches Museum, R 92/5512-1

25
Werbeplakat »Mein Kampf / Adolf Hitler / Lerne Hitler durch sein Buch kennen!«
München: Zentralverlag der NSDAP Franz Eher Nachf., 1927
Reproduktion (Original: 50,7 × 31,8 cm)
Berlin, Deutsches Historisches Museum, 1990/1109

26
»Mein Kampf. Zwei Bände in einem Band. Ungekürzte Ausgabe. Erster Band: Eine Abrechnung. Zweiter Band: Die nationalsozialistische Bewegung«, 13. Aufl.
Adolf Hitler (1889–1945)
München: Zentralverlag der NSDAP Franz Eher Nachf., 1932 · 19,1 × 12,8 cm
Berlin, Deutsches Historisches Museum, G 119-1/2 <13>

27
»Mein Kampf. Zwei Bände in einem Band. Ungekürzte Ausgabe. Erster Band: Eine Abrechnung. Zweiter Band: Die nationalsozialistische Bewegung«, 49. Aufl.
Adolf Hitler (1889–1945)
München: Zentralverlag der NSDAP Franz Eher Nachf., 1933 · 19,1 × 13 cm
Berlin, Deutsches Historisches Museum, G 119-1/2 <49>

28
»Mein Kampf« in Blindenschrift
Adolf Hitler (1889–1945)
Marburg/Lahn: Blindenstudienanstalt, 1933
34,2 × 31,7 cm · Berlin, Deutsches Historisches Museum, RA 96/1463

29
»Mein Kampf. Zwei Bände in einem Band. Ungekürzte Ausgabe. Erster Band: Eine Abrechnung. Zweiter Band: Die nationalsozialistische Bewegung«, 119.–120. Aufl.
Adolf Hitler (1889–1945)
München: Zentralverlag der NSDAP Franz Eher Nachf., 1934 · 19,2 × 13,2 cm
Berlin, Deutsches Historisches Museum, G 119-1/2 <169>

30
»Mein Kampf. Zwei Bände in einem Band. Ungekürzte Ausgabe. Erster Band: Eine Abrechnung. Zweiter Band: Die nationalsozialistische Bewegung«, 164.–166. Aufl.
Adolf Hitler (1889–1945)
München: Zentralverlag der NSDAP Franz Eher Nachf., 1934 · 19,1 × 12,8 cm
Berlin, Deutsches Historisches Museum, G 119-1/2 <164>

31
»Mein Kampf. Zwei Bände in einem Band. Ungekürzte Ausgabe. Erster Band: Eine Abrechnung. Zweiter Band: Die nationalsozialistische Bewegung«, 213./217. Aufl.
Adolf Hitler (1889–1945)
München: Zentralverlag der NSDAP Franz Eher Nachf., 1936 · 19,4 × 12,8 cm
Berlin, Deutsches Historisches Museum, G 119-1/2 <213>

32
»Mein Kampf. Zwei Bände in einem Band. Ungekürzte Ausgabe«
Adolf Hitler (1889–1945)
München: Zentralverlag der NSDAP Franz Eher Nachf., 1940 · 16,8 × 11,7 cm
Berlin, Deutsches Historisches Museum, G 119-1/2 <1940>

FÜHRERMYTHOS UND FÜHRERBEWEGUNG

25

Die Rezeption des Buches

Dass *Mein Kampf* ein ungelesenes Buch gewesen sei, ist eine Legende. Randnotizen im Exemplar des Schriftstellers Gerhart Hauptmann etwa sind ein Beispiel für eine breite Rezeption. Eine frühe kritische Analyse unternahm der »Verein zur Abwehr des Antisemitismus«; mehrfach befassten sich staatliche Behörden mit dem Werk. Die Wahlerfolge der NSDAP ließen 1932 die Verkaufszahl auf über 90 000 Exemplare steigen. Die 1933 rund 900 000 verkauften Exemplare führten zu einer Überproduktion durch den Eher-Verlag, weshalb ein staatlicher Erlass von 1936 die Kommunen verpflichtete, Brautpaaren Hitlers Buch zu schenken. Mit Kriegsbeginn 1939 wurde die Wehrmacht zu einem großen Absatzmarkt. Bis 1943 wurden insgesamt 9,84 Millionen Exemplare gedruckt. *Mein Kampf* erschien in 16 Sprachen. M.D.

33

Taschenbuchausgabe: »Mein Kampf. Erster Band: Eine Abrechnung«

Adolf Hitler (1889–1945)
München: Zentralverlag der NSDAP Franz Eher Nachf., 1941 · 18,8 × 12,2 cm
Berlin, Deutsches Historisches Museum, G 119-1<51>

34

Taschenbuchausgabe: »Mein Kampf. Zweiter Band: Die nationalsozialistische Bewegung«

Adolf Hitler (1889–1945)
München: Zentralverlag der NSDAP Franz Eher Nachf., 1941 · 18,9 × 12,1 cm
Berlin, Deutsches Historisches Museum, G 119-2<48>

35

Exemplar von »Mein Kampf« aus dem Besitz von Gerhart Hauptmann

Auch der berühmte Schriftsteller Gerhard Hauptmann hat sich im Sommer 1933 gründlich mit *Mein Kampf* beschäftigt, wie die zahlreichen, bis zur letzten Seite reichenden Anstreichungen in seinem Exemplar beweisen.
München: Zentralverlag der NSDAP Franz Eher Nachf., 1933 · 19,3 × 13 cm
Berlin, Staatsbibliothek zu Berlin – Preußischer Kulturbesitz, 203168
Abb. S. 54

36

Arbeitshefte 27 und 28 der Schriftstellerin Mechtilde Lichnowski mit Notizen über »Mein Kampf«

Mechtilde Lichnowsky (1879–1958)
Cap D'Ail, um 1934
handschriftlich, 21 × 16,5 cm · 22,3 × 17,5 cm
Marbach, Deutsches Literaturarchiv Marbach, A: Lichnowsky, Nr. 81.7609; Nr. 81.7610

37

»Mein Kampf« – kommentierte U.S.-amerikanische Ausgabe

Adolf Hitler (1889–1945)
New York: Reynal & Hitchcock, 1940
21,5 × 14,5 cm
Neustrelitz, Dr. Matthias Heyl

HITLER UNTER DEN DEUTSCHEN 1919–1933

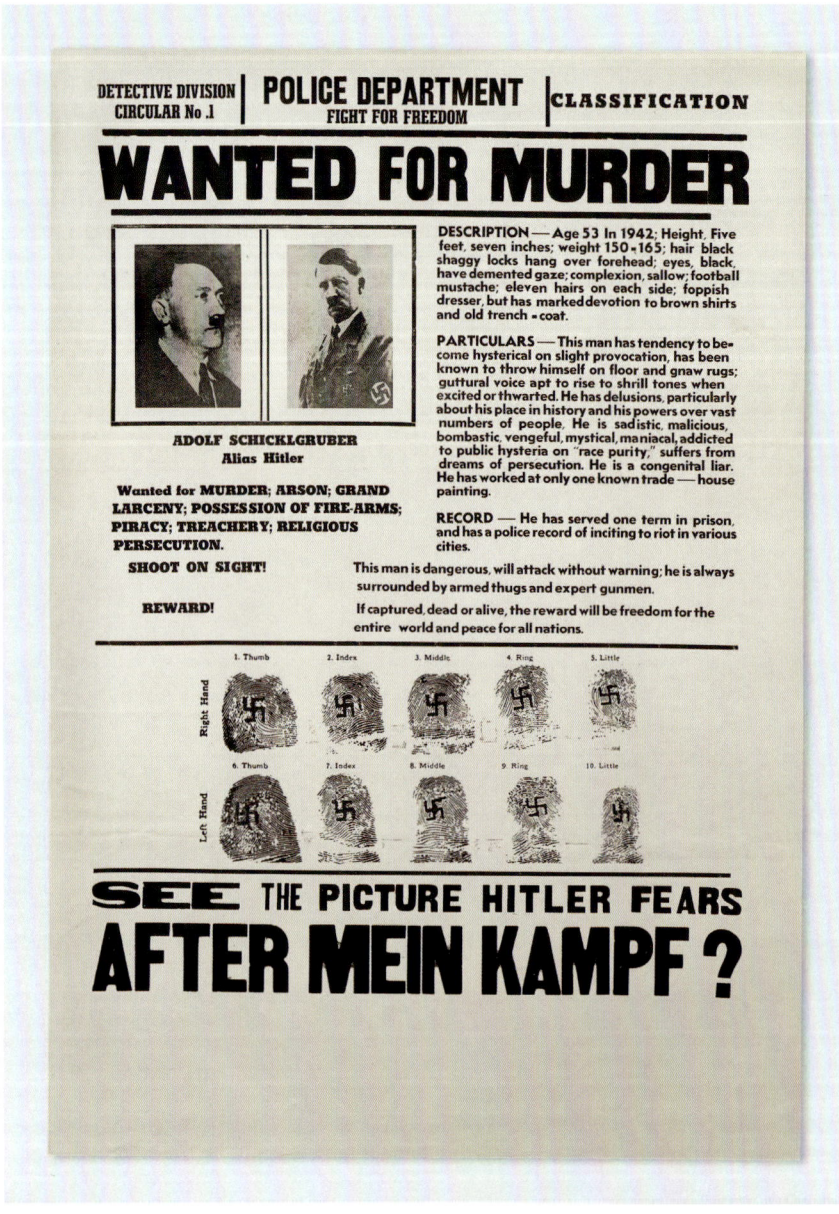

38

38

»Wanted for Murder / See the Picture Hitler Fears after Mein Kampf?«

Satirisches Fahndungsplakat · USA, 1942
Reproduktion (Original: 102,5 × 71,6 cm)
Berlin, Deutsches Historisches Museum,
1990/1111

39

»Min Kamp« – dänische Ausgabe

Adolf Hitler (1889–1945) · Kopenhagen:
Hagerup, 1934 · 20 × 13,7 cm
Leipzig, Deutsche Nationalbibliothek, F 2553

40

»Mon Combat« –
französische Erstausgabe

Die nationalsozialistische Machtübernahme ließ die Nachfrage nach Hitlers *Mein Kampf* deutlich ansteigen. Die Stabilisierung von Hitlers Herrschaft und seine außenpolitischen Erfolge weckten auch ein verstärktes Interesse im Ausland. Eine erste englische, leicht gekürzte Ausgabe erschien 1933, im Jahre 1934 wurde das Buch in Frankreich, Italien, Dänemark und Schweden übersetzt und publiziert.
Adolf Hitler (1889–1945) · Paris: Nouvelles Editions Latines, 1934 · 22,8 × 14,4 cm
Schenkung Kälberer

41

»Mi Lucha« – spanische Ausgabe

Adolf Hitler (1889–1945)
Barcelona: Araluce, 1935 · 21,2 × 14,5 cm
Leipzig, Deutsche Nationalbibliothek, F 2561

42

»My Struggle« – englische Ausgabe

Adolf Hitler (1889–1945)
London: Hurst & Blackett, um 1936 · 19 × 13,5 cm
Leipzig, Deutsche Nationalbibliothek,
1955 A 6295

43

»La Mia Vita« – italienische Ausgabe

Adolf Hitler (1889–1945)
Mailand: Bompiani, 1938 · 21,5 × 13,5 cm
Leipzig, Deutsche Nationalbibliothek, F 2557

44

»Minha Luta« –
portugiesische Ausgabe

Adolf Hitler (1889–1945) · Porto Allegre:
Livraria do Globo, 1939 · 23,3 × 16,5 cm
Leipzig, Deutsche Nationalbibliothek, F 2559

45

»Min Kamp« – schwedische Ausgabe

Adolf Hitler (1889–1945)
Stockholm: Medén, 1940 · 22,2 × 15,5 cm
Leipzig, Deutsche Nationalbibliothek, F 2560

46

»Harcom« – ungarische Ausgabe

Adolf Hitler (1889–1945)
Budapest: Centrum, 1941 · 23,3 × 16 cm
Leipzig, Deutsche Nationalbibliothek, F 2562

47

»Min Kamp« – norwegische Ausgabe

Adolf Hitler (1889–1945)
Oslo: J. M. Stenersen, 1941 · 20 × 14 cm
Leipzig, Deutsche Nationalbibliothek,
1941 A 12628 Bd. 1 u. 2

48

»Taisteluni« – finnische Ausgabe

Adolf Hitler (1889–1945)
Helsinki: Söderström, 1941 · 20,7 × 14,7 cm
Leipzig, Deutsche Nationalbibliothek, F 2555

49

»Mijn Kamp« –
niederländische Ausgabe

Adolf Hitler (1889–1945)
Amsterdam: De Amsterdamsche Keurkamar,
1943 · 19,4 × 13 cm
Leipzig, Deutsche Nationalbibliothek, F 2556

40

44

43

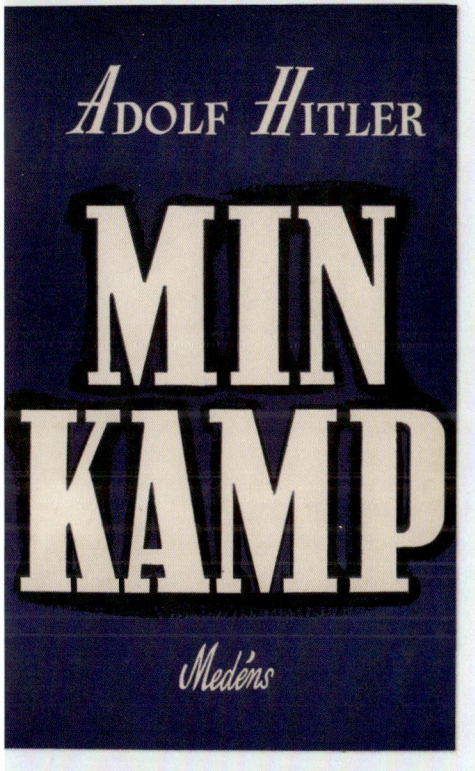

45

HITLER UNTER DEN DEUTSCHEN 1919–1933

50 d

Der »Künstlerpolitiker«

Die drei Aquarelle sind Teil einer Mappe mit sieben Reproduktionen früher Bilder, die Adolf Hitler während des Ersten Weltkriegs anfertigte. Nach 1933 als serielle Massenware produziert, dienten sie der Popularisierung des Reichskanzlers als »Künstlerpolitiker«. Es war eine der vielen Rollen, die Hitler spielte. Die Kunstdrucke des »Führers«, verlegt vom »Reichsbildberichterstatter« Heinrich Hoffmann, fanden reißenden Absatz unter den Volksgenossen. Sie dienten gleichermaßen als künstlerischer und politischer Wandschmuck. Seit den 1930er Jahren war es jedoch nicht die Malerei, sondern die Architektur, in der Hitler seinen künstlerischen Ambitionen nachging. »Baumeister des Dritten Reiches« und großer Künstler – zwei Facetten der Inszenierung des Führerkults. Hitlers künstlerisch biederen, kleinformatigen Gemälde und Zeichnungen, die in Wien und München nach dem Flandernfeldzug entstanden waren, stellten neben Entwürfen für Konzertsäle und Museen Motive aus den beiden Städten sowie Landschaften und Bauernhöfe dar. Mit seinem Kunstverständnis wurzelte der selbsternannte »Künstlerpolitiker« tief im 19. Jahrhundert. J.H.

50

Aquarelle

a) Inhaltsverzeichnis
b) Haus mit weißem Zaun
c) Fromelles, Verbandstelle, 1915
d) Unterstand bei Fournes, wohl 1915
Adolf Hitler (1889–1945) · Reproduktion durch Heinrich Hoffmann (1885–1957)
Berlin, um 1935 · Farbdrucke · 29,8 × 21 cm
Berlin, Deutsches Historisches Museum, RA 02/1273
Kat.-Nr. 50 c Abb. S. 29

51

Entwurf für ein Theater: Grundriss und perspektivische Ansicht der Eingangsseite

Adolf Hitler (1889–1945)
Liniertes Blatt mit zwei Skizzen mit blauem Stift, 28 × 21 cm · München, Bayerisches Hauptstaatsarchiv, Nachlass Hitler 59 · Abb. S. 27

Hitler und die NSDAP

Entstanden war die Nationalsozialistische Deutsche Arbeiterpartei (NSDAP), wie sich die 1919 gegründete Deutsche Arbeiterpartei (DAP) seit dem Februar 1920 nannte, als Splitterpartei innerhalb des völkisch-nationalistischen Milieus Bayerns. Indem Adolf Hitler die politische »Sekte« zu einer Propagandabewegung machte, gewann diese ein eigenes Profil. Ihre charakteristischen Merkmale lagen weniger in der politischen Programmatik und in ihrer Mitgliederstruktur als im lauten Agitationsstil, in ihrem charismatischen Führer-Gefolgschafts-Verhältnis und in politischen Mobilisierungsstrategien. Bald war Hitler als der »König von München« bekannt, der die Bierhallen mit seiner scharfen antisemitischen bzw. antibolschewistischen Rhetorik und mit seiner Agitation gegen den Versailler Vertrag sowie das verhasste »System« der Weimarer Republik füllte. ■ Hitler wurde vom »Trommler« zum »Führer«, nachdem er die diktatorische Kontrolle über seine Partei errungen und behauptet, deren Mitglieder durch eine straffere Organisation und eine eigene Parteizeitung *(Völkischer Beobachter)* auf seinen Führungsanspruch ausgerichtet sowie durch die Gründung einer bewaffneten Parteiarmee, der SA, die Partei teilweise militarisiert und sie damit dem Typus einer faschistischen Bewegung angenähert hatte. Hinzu kamen der Anspruch und die Inszenierung einer weltanschaulichen Deutungshoheit, womit Hitler seine Führungsrolle trotz des gescheiterten Novemberputsches von 1923 begründete. Spätestens 1925 nannte er sich selbst »Führer der Bewegung«. ■ Mit der quantitativen und sozialen Ausweitung der Mitglieder über das Milieu von Arbeitern, kleinen Leuten und ehemaligen Soldaten hinaus und mit der geografischen Ausdehnung auf das Reich wuchs die Notwendigkeit einer bürokratischen Parteiorganisation, die immer wieder in Kollision mit dem charismatischen Führungsstil Hitlers geriet. Er wollte unter Berufung auf seine vermeintlichen außeralltäglichen Fähigkeiten seine Partei durch »Tat und Beispiel«, durch personale Gefolgschaft und durch permanente Bewegung bzw. Massenmobilisierung und nicht nach bürokratischen Regeln führen. Der Reichspropagandaleiter Gregor Strasser strebte hingegen eine moderne Massenpartei mit bürokratisch-rationalen Strukturen und einem Kranz von berufsständischen Neben- und Vorfeldorganisationen an. In diesem Machtkampf unterlag Strasser schließlich. Das kam auch darin zum Ausdruck, dass sich seit 1929 parteiintern der Gruß »Heil Hitler« durchsetzte. Seither basierte das Verhältnis zwischen dem »Führer« und seiner Gefolgschaft auf den Prinzipien symbolischer Vergemeinschaftung. Das änderte aber nichts daran, dass die NSDAP neben der ausgeprägten Führerbindung ihre Partei- und später ihre Wahlkampfmaschinerie ausbaute und ihre partielle Professionalisierung fortsetzte. Denn nicht nur mit dem Nimbus des »Führers«, sondern mit der Dichte und Intensität ihrer Veranstaltungen erzielte die NSDAP seit 1930 ihre Wahlerfolge. ■ H.-U. T.

HITLER UNTER DEN DEUTSCHEN 1919–1933

Der Kampf um die Straße

Die politische Kultur der Weimarer Republik war geprägt von Gewalt. Die Straße war nicht nur Austragungsort politischer Konflikte, sondern gleichermaßen umkämpftes Objekt dieser Auseinandersetzungen. Mit Aufmärschen und Kundgebungen versuchten Sozialdemokraten, Kommunisten und Nationalsozialisten, die Straße als öffentlichen Raum physisch und symbolisch zu besetzen. Dabei spielten Fahnen als Signet der jeweiligen Gruppierung eine wesentliche Rolle. Auf der Straße prallten nicht nur gegensätzliche politische Systementwürfe aufeinander, im Straßenkampf wurde auch deren Durchsetzungsfähigkeit erprobt. Hierfür waren die Konfliktparteien paramilitärisch organisiert und ausgerüstet. Der Einsatz von Schlagringen und -stöcken ließ solche Zusammenstöße nicht selten blutig enden. E.W.

58

52
Zwei Schlagringe
a) um 1930
Blei · 1,3 × 7 × 11,6 cm
b) 1918–1945
Eisen · 3,4 × 0,9 × 10,3 cm
Berlin, Deutsches Historisches Museum,
W 72/94; W 67/32

53
Schlagstock mit Kern aus Tau
um 1930 · Leder, Tau · L 51 cm, Dm 3,5 cm
Berlin, Deutsches Historisches Museum,
W 77/69

54
Teleskop-Stahlrute mit Schlagkopf
um 1930 · Eisen, Stahl, Leder · L 42 cm, Dm 2,5 cm
Berlin, Deutsches Historisches Museum,
W 2008/4

55
Totschläger mit Kugelschlagkopf
um 1930 · Stahl, Leder · L 34 cm
Berlin, Deutsches Historisches Museum,
W 70/31

56
**Ein Paar Schnürstiefel,
Teil der Uniform eines Sturmführers der SA, Sturmbann I/Gruppe 11, Fahnenträger**
1931–1939 · Leder · 40 × 8,5 × 27 cm
Berlin, Deutsches Historisches Museum,
U 93/119.a–b

57
Fahne des Roten Frontkämpferbunds
Deutschland, zwischen 1924 und 1929
Baumwolle, bedruckt · 99 × 148,5 cm
Berlin, Deutsches Historisches Museum,
Fa 73/34

58
Fahne der Eisernen Front
1931–1933 · Baumwolle · 74 × 121 cm
Berlin, Deutsches Historisches Museum,
Fa 96/1

59
Hakenkreuzflagge
ab 1936 · Regeneratzellulose · 46 × 76 cm
Berlin, Deutsches Historisches Museum,
Fa 96/8

Der Agitator im völkischen Milieu

Hitler nutzte auch die Printmedien für sich: Neben Massenveranstaltungen waren Zeitungen ein entscheidendes Forum für seine politische Propaganda. Der seit Dezember 1920 NSDAP-eigene *Völkische Beobachter* setzte sich gegen die Konkurrenz der übrigen völkischen Verlagsszene Münchens durch und entwickelte sich zu einem auflagestarken Kampfblatt. Hitler selbst prägte diese Entwicklung, indem er anfangs zahlreiche meinungsbildende Leitartikel verfasste.
Als früher Vertreter der völkischen Bewegung verherrlicht der antisemitische Mundartdichter und Publizist Hermann Burte in seinem Erfolgsroman *Wiltfeber – der ewige Deutsche* von 1912 Natur und Heimat sowie das »Germanische«. Weiterhin übt er Kritik am angeblichen Werteverfall im deutschen Volk. Burte verehrte das seit etwa 1900 antisemitisch konnotierte Hakenkreuz und ließ sich 1924 einen mit Hakenkreuzen verzierten Tisch bauen. M.D.

HITLER UND DIE NSDAP

60

Tisch mit Hakenkreuzintarsien aus dem Besitz von Hermann Burte

Deutschland, 1925 · Eiche, Buche, Kirschbaum, Birnbaum, Nussbaum, Wurzelahorn
77,5 × 155 × 115 cm · Berlin, Deutsches Historisches Museum, KG 2004/11

61

Zeitungswagen mit Schriftzug »Völkischer Beobachter«

Der Zeitungswagen stammt vermutlich aus dem Jahre 1935 und gehörte zu dem Werbematerial, mit dem der Verlag Franz Eher seit 1920 den Völkischen Beobachter vertrieb. Die seit 1923 täglich erscheinende Zeitung wurde erst allmählich zum Zentralorgan der NSDAP.
Deutschland, um 1935 · Holz, Blech, bemalt
72 × 115 × 55 cm · München, Münchner Stadtmuseum, A90/147

62

»Wiltfeber – der ewige Deutsche. Die Geschichte eines Heimatsuchers«

Hermann Burte (1879–1960)
Berlin: Deutsche Buchgemeinschaft, 1927
(1. Aufl. 1912) · 19 × 14 cm
Berlin, Humboldt-Universität zu Berlin, Universitätsbibliothek, Yy 7147:F8/Rara

63

»Der Wanderer zwischen beiden Welten«

Walter Flex (1887–1917)
München: Verlag C. H. Beck, 1918 (1. Aufl. 1916)
18,5 × 12,5 cm · Berlin, Deutsches Historisches Museum, 92/2081<501. Tsd.>

64

»Die Sünde wider das Blut«

Artur Dinter (1876–1948) · Leipzig: Verlag Matthes und Thost, 1920 (1. Aufl. 1917)
18,7 × 13,5 cm · Neustrelitz, Dr. Matthias Heyl

65

»Mein politisches Erwachen – Aus dem Tagebuch eines deutschen sozialistischen Arbeiters«

Anton Drexler (1884–1932)
München: Deutscher Volksverlag Dr. Ernst Boepple, 1923 (1. Aufl. 1919) · 20,5 × 16 cm
München, Münchner Stadtmuseum, Bibliothek, 92/84

60

61

v. l. n. r., obere Reihe: 72, 74, 79; untere Reihe: 66, 68, 70

66

»Das Manifest zur Brechung
der Zinsknechtschaft des Geldes«

Gottfried Feder (1883–1941)
Diessen: J. C. Huber Verlag, 1920 (1. Aufl. 1919)
25 × 20 cm · München, Münchner Stadtmuseum,
Bibliothek, 99/129

67

»Auf gut deutsch. Wochenschrift für
Ordnung und Recht«, 2. Jg., Heft 2–5

Herausgeber: Dietrich Eckart (1868–1923)
Wolfratshausen bei München: Hoheneich-Verlag,
1920 · 22,4 × 14 cm
München, Münchner Stadtmuseum, Bibliothek

68

»Unmoral im Talmud«

Alfred Rosenberg (1893–1946)
München: Deutscher Volksverlag Dr. Ernst
Boepple, 1933 (1. Aufl. 1920) · 20,5 × 16 cm
München, Münchner Stadtmuseum, Bibliothek

69

»Schlageter«

Wilhelm Hügenell
München: Verlag der Deutschvölkischen
Buchhandlung, F. Eher, 1923 (1. Aufl. 1923)
20,5 × 16 cm · München, Münchner Stadtmuseum, Bibliothek, 93/108

70

»Adolf Hitler –
sein Leben seine Reden«

Schon vor dem Erscheinen von Hitlers autobio-
grafischer Selbststilisierung in Mein Kampf im
Jahre 1925 gab es in der völkisch-nationalisti-
schen Publizistik zahlreiche Publikationen und
Legenden über Hitler.
Herausgeber: Adolf-Viktor von Koerber
(1891–1969) · München: Deutscher Volksverlag
Dr. Ernst Boepple, 1923 · 23 × 17 cm
München, Münchner Stadtmuseum, Bibliothek

71

»Deutschlands Erneuerung.
Monatsschrift für das deutsche Volk«,
8. Jg., Heft 6

München: J. F. Lehmanns Verlag, 1924
22 × 16 cm · München, Münchner Stadtmuseum,
Bibliothek

72

»Die Juden und wir. Eine
Zusammenstellung des wichtigsten
jüdischen Schuldmaterials«

Völkisches Rüstzeug. Flugschriftenreihe, Heft 6
G. Engelhardt · München: Deutscher Volksverlag
Dr. Ernst Boepple, 1924 · 20,5 × 16 cm
München, Münchner Stadtmuseum, Bibliothek

73

»Neubau des Deutschen Reiches«

Oswald Spengler (1880–1936)
München: Verlag C. H. Beck, 1924
23,5 × 16 cm · Berlin, Deutsches Historisches
Museum, 06/1816 <11. Tsd.>

HITLER UND DIE NSDAP

74
»Bolschewismus und Judenfrage«
Der Weltkampf, 2. Jg., Heft 9 · Georg Junge
München: Deutscher Volksverlag Dr. Ernst
Boepple, 1. Mai 1925 · 20,5 × 16 cm
München, Münchner Stadtmuseum, Bibliothek

75
»Volk ohne Raum«
Hans Grimm (1875–1959)
München: Verlag Langen & Müller, 1932
(1. Aufl. 1926) · 19,7 × 12,6 cm
Berlin, Deutsches Historisches Museum,
G 2591 <151. Tsd.>

76
**»Das Programm der NSDAP
und seine weltanschaulichen Grund-
gedanken«**
Gottfried Feder (1883–1941)
München: Zentralverlag der NSDAP Franz Eher
Nachf., 1930 (1. Aufl. 1927)
22 × 15 cm · Berlin, Deutsches Historisches
Museum, G 359<40>

77
**»Die Herrschaft der Minderwertigen
– Ihr Zerfall und ihre Ablösung durch
ein Neues Reich«**
Edgar Julius Jung (1894–1934)
Berlin: Verlag Deutsche Rundschau, 1929
(1. Aufl. 1927) · 25 × 17 cm · Berlin, Deutsches
Historisches Museum, G 3024<3>

78
**»Damals in Weimar 1919.
Ein Blick hinter die Kulissen.
Der Verrat am Deutschen Volke«**
Die Geschichte der Weimarer Republik ist beglei-
tet und belastet von einer hasserfüllten und von
Verschwörungstheorien beladenen völkisch-natio-
nalistischen Publizistik, die zum zehnten Jah-
restag der Begründung der Republik 1929 einen
Höhepunkt erlebte.
Albrecht von Graefe (1868–1933)
Berlin: Deutsche Buchdruckerei- und Verlags-
Aktiengesellschaft, 1929 · 21 × 14,8 cm
Berlin, Deutsches Historisches Museum, 57/4290

79
**»Dietrich Eckart, ein deutscher
Dichter und Vorkämpfer der
Nationalsozialistischen Bewegung«**
Albert Reich (1881–1942)
München: Zentralverlag der NSDAP, Franz Eher
Nachf., 1934 (1. Aufl. 1933 unter dem Titel
»Dietrich Eckart, ein deutscher Dichter und Vor-
kämpfer der Völkischen Bewegung«) · 21 × 17 cm
München, Münchner Stadtmuseum, Bibliothek,
97/111

Die NS-Führungsriege
Hitler musste seinen Führungsanspruch in der NSDAP erst durchsetzen. Nach der Neugründung der
Partei 1925 ordnete sich der antisemitische Flügel um Julius Streicher und
Hermann Esser seiner absoluten Führung unter. Gregor Strasser – aufgrund
seines erfolgreichen Parteiaufbaus
außerhalb Bayerns insbesondere vom
linken Parteiflügel als Konkurrent
angesehen – verlor nach einem Konflikt mit Hitler 1932 alle Parteiämter.
Zum Aufstieg der NSDAP trugen auch
der renommierte Weltkriegsheld Hermann Göring und der Freikorpsführer
General Franz Ritter von Epp mit
ihren weitreichenden gesellschaftlichen Kontakten und durch finanzielle
Förderung erheblich bei. Der mit
Kreisen hoher Militärs vernetzte Welt-
kriegsoffizier Ernst Röhm, der die SA
zu einer schlagkräftigen Miliz ausbaute, spielte dabei ebenfalls eine
große Rolle.   M.D.

80
Adolf Hitler
Heinrich Hoffmann (1885–1957)
München, 1. April 1924 · Fotografie (Neuabzug)
Berlin, Deutsches Historisches Museum,
Hoffmann 0152

81
Hermann Göring
(1893–1946, Reichsmarschall,
Oberbefehlshaber der Luftwaffe)
Heinrich Hoffmann (1885–1957)
1923 · Fotografie (Neuabzug) · Berlin, Deutsches
Historisches Museum, Hoffmann 0300

82
Wilhelm Brückner
(1884–1954, 1930–1940 Adjutant bzw.
Chefadjutant Hitlers)
Heinrich Hoffmann (1885–1957)
1923–1926 · Fotografie (Neuabzug) · Berlin,
Deutsches Historisches Museum, Hoffmann 0034

83
Dietrich Eckart
(1868–1923, völkischer Schriftsteller und Publizist, Chefredakteur des *Völkischen Beobachters*)
Heinrich Hoffmann (1885–1957)
um 1923 · Fotografie (Neuabzug) · Berlin, Deutsches Historisches Museum, Hoffmann 0036

82

84

85

HITLER UNTER DEN DEUTSCHEN 1919–1933

86

91

94

84
Franz Ritter von Epp
(1868–1947, Reichsstatthalter in Bayern, seit 1934 Reichsleiter des Kolonialpolitischen Amtes, seit 1936 Bundesführer des Reichskolonialbunds)
Heinrich Hoffmann (1885–1957)
um 1927 · Fotografie (Neuabzug)
Berlin, Deutsches Historisches Museum, Hoffmann 0029
Abb. S. 185

85
Hermann Esser
(1900–1981, Mitbegründer der DAP, 1923–1925 Propagandaleiter der NSDAP, seit 1939 Staatssekretär im Reichsministerium für Volksaufklärung und Propaganda)
Heinrich Hoffmann (1885–1957)
um 1923 oder 1933 · Fotografie (Neuabzug)
Berlin, Deutsches Historisches Museum, Hoffmann 0381
Abb. S. 185

86
Gottfried Feder
(1883–1941, 1931 Vorsitzender des Wirtschaftsrats der NSDAP, 1934 Reichskommissar für das Siedlungswesen)
Heinrich Hoffmann (1885–1957)
um 1923 · Fotografie (Neuabzug)
Berlin, Deutsches Historisches Museum, Hoffmann 0387

87
Joseph Goebbels
(1897–1945, 1927–1933 Gauleiter von Berlin, Reichspropagandaminister)
Heinrich Hoffmann (1885–1957)
1923–1926 · Fotografie (Neuabzug) · Berlin, Deutsches Historisches Museum, Hoffmann 0024

88
Rudolf Heß
(1894–1987, 1933–1941 Stellvertreter des »Führers«)
Heinrich Hoffmann (1885–1957)
um 1937 · Fotografie (Neuabzug) · Berlin, Deutsches Historisches Museum, Hoffmann 0044

89
Heinrich Himmler
(1900–1945, Reichsführer SS, Chef der deutschen Polizei)
Heinrich Hoffmann (1885–1957)
1929 · Fotografie (Neuabzug)
München, Bayerische Staatsbibliothek München/ Hoffmann, hoff-1688

90
Erich Ludendorff
(1865–1937, General im Ersten Weltkrieg, völkischer Politiker, 1923 am Hitler-Putsch beteiligt)
Heinrich Hoffmann (1885–1957)
1918–1920 · Fotografie (Neuabzug)
Berlin, Deutsches Historisches Museum, Hoffmann 0371

91
Wilhelm Prinz von Preußen
(1882–1951, deutscher Kronprinz, Förderer Hitlers, später distanziert zum Nationalsozialismus)
Heinrich Hoffmann (1885–1957)
1920er Jahre · Fotografie (Neuabzug)
Berlin, Deutsches Historisches Museum, Hoffmann 0017

92
Ernst Röhm
(1887–1934, seit 1931 Stabschef der SA, seit 1933 Reichsminister o. G., 1934 ermordet)
Heinrich Hoffmann (1885–1957)
München, 1924 · Fotografie (Neuabzug)
Berlin, Deutsches Historisches Museum, Hoffmann 0376

93
Franz Seldte
(1882–1947, Führer des »Stahlhelm«, Bund der Frontsoldaten, Reichsarbeitsminister)
Heinrich Hoffmann (1885–1957)
um 1933 · Fotografie (Neuabzug) · Berlin, Deutsches Historisches Museum, Hoffmann 0042

94
Gregor Strasser
(1892–1934, Reichspropaganda-, später Reichsorganisationsleiter, 1934 beim »Röhm-Putsch« ermordet)
Heinrich Hoffmann (1885–1957)
um 1925 · Fotografie (Neuabzug) · Berlin, Deutsches Historisches Museum, Hoffmann 0385

95
Julius Streicher
(1885–1946, Gauleiter in Franken, Herausgeber des *Stürmer*)
Heinrich Hoffmann (1885–1957)
1925 · Fotografie (Neuabzug) · Berlin, Deutsches Historisches Museum, Hoffmann 0389

96
Friedrich Weber
(1892–1955, Reichsführer der Deutschen Tierärzte)
Heinrich Hoffmann (1885–1957)
1923 · Fotografie (Neuabzug) · Berlin, Deutsches Historisches Museum, Hoffmann 0392

HITLER UND DIE NSDAP

Der Kampfbund

Die SA wurde 1920 als Ordnerdienst der NSDAP gegründet. Sie entwickelte sich von einem kleinen Schlägertrupp zu einer paramilitärischen Massenorganisation. Der männerbündische »SA-Geist« berief sich auf die verklärte »Frontgemeinschaft« des Ersten Weltkriegs und äußerte sich oftmals in roher Gewalt. Aufgabe der SA war es, durch den Kampf um die Straße die Macht im Staat zu erobern. Vor allem in der Weltwirtschaftskrise übte die Parteiarmee eine große Anziehungskraft auf junge arbeitslose Männer aller sozialen Schichten aus; ihre Bedeutung wurde von den Gegnern allerdings lange unterschätzt. Mit Angriffen auf Kommunisten, Sozialdemokraten und Juden hatten SA-Männer großen Anteil an der Zunahme politischer Gewalt. Der entfesselte SA-Terror im Frühjahr 1933 trug durch die massive Einschüchterung politischer Gegner maßgeblich dazu bei, dass Hitler seine Macht festigen konnte. D. S.

97

97
Werbeaufsteller für »Trommler«-Zigaretten mit SA-Mann

Mit dem Symbol des »Trommlers« verdeutlichte die SA ihre Strategie der Massenmobilisierung und Kampfbereitschaft; mit den eigenen Zigarettenmarken »Trommler« und »Sturm« schuf sie sich neben einem alltäglichen Identifikationsangebot auch eine sprudelnde Einnahmequelle, denn deren Vertrieb lief nur über die Reichszeugmeisterei der SA.
Deutschland, um 1933
60 × 25 × 11 cm · Berlin, Deutsches Historisches Museum, AK 97/109

98
»Bilderbuch für die Deutsche Jugend«
um 1934 · 29 × 14,5 cm · Berlin, Deutsches Historisches Museum, R 02/1232

99
Schallplatte »Naziton« mit dem Horst-Wessel-Lied
um 1933 · Schellack · Dm 20,5 cm
Berlin, Deutsches Historisches Museum, 1987/124.2

98

100
»Der Sinn des Hitlergrußes«
Titelblatt der *Arbeiter-Illustrierten-Zeitung* (A-I-Z)
John Heartfield (1891–1968)
Berlin, 16. Oktober 1932 · 37,6 × 27,4 cm
Berlin, Deutsches Historisches Museum, Do 57/27.6

101
»Die Rote Einheit macht sich frei! Wählt Liste 3«
Titelblatt der *Arbeiter-Illustrierten-Zeitung* (A-I-Z) zur Reichstagswahl
John Heartfield (1891–1968)
Berlin, Juli 1932 · 38,3 × 28,4 cm · Berlin, Deutsches Historisches Museum, Do 55/545.19

Die Mitglieder der NSDAP

Die 1919 gegründete NSDAP war eine männlich geprägte Partei. Bis zu ihrem Verbot im November 1923 waren nur etwa zehn Prozent der Mitglieder Frauen. Nach der Neugründung im Februar 1925 sank der Frauenanteil auf 7,8 Prozent. Das Durchschnittsalter der Männer lag bei 31 Jahren, das der Frauen bei 35. Trotz anfänglich hoher Mitgliederfluktuation stieg die Zahl der Eintritte stetig. 1932 waren etwa 850 000 Menschen in der NSDAP organisiert. Die meisten von ihnen lebten auf dem Land, gefolgt von Einwohnern der Großstädte. Knapp die Hälfte gehörte dem unteren Mittelstand an, etwa 41 Prozent waren Arbeiter und Handwerker. Gut neun Prozent kamen aus dem oberen Mittelstand. J. T.

102
Mitgliedsbuch der NSDAP für Adolf Hitler
Wiedereintritt in die Partei am 25. März 1925, ausgestellt am 1. Februar 1927 mit der symbolischen Mitgliedsnummer 1
Faksimile, 14 × 18 cm · München, Bayerisches Hauptstaatsarchiv, Nachlass Hitler 23
Abb. S. 188

103
Mitgliedskarte Nr. 8908 der NSDAP Ortsgruppe Dresden
München, 20. Oktober 1922
Reproduktion (Original: 9,2 × 12,6 cm) · Berlin, Deutsches Historisches Museum, Do 56/1448.2
Abb. S. 188

104
Mitgliedsausweise der NSDAP
a) München, 23. Juli 1923
Reproduktion (Original: 9,2 × 11,8 cm)
b) München, 16. Oktober 1923
Reproduktion (Original: 14,2 × 10,6 cm) · Berlin, Deutsches Historisches Museum, Do 62/358

HITLER UNTER DEN DEUTSCHEN 1919–1933

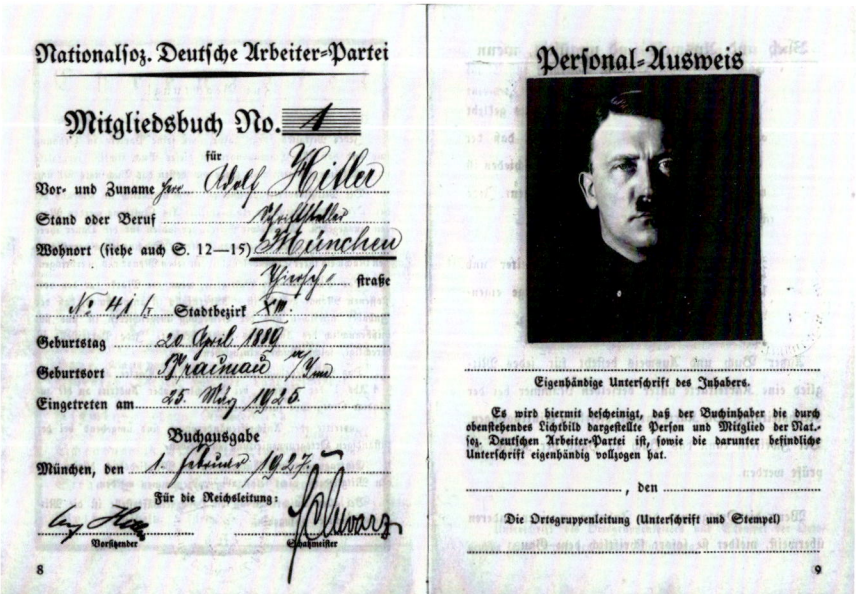

102

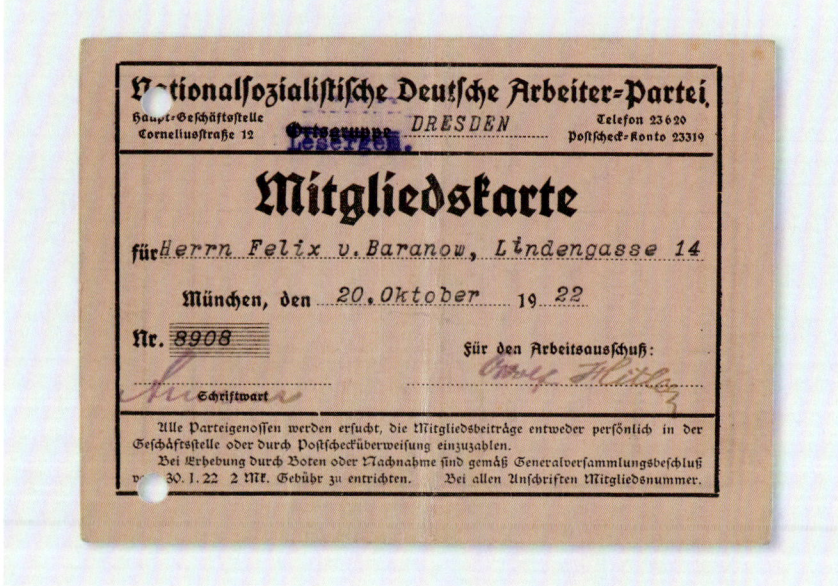

103

105
**NSDAP-Mitgliedskarten
von 1925**

a) Stuttgart, 16. März 1925
b) München, 2. April 1925
c) Warnow/Pommern, 8. Mai 1925
d) Plauen/Sachsen, 19. Juni 1925
e) Auma/Thüringen, 29. August 1925
Reproduktionen (Originale: 13 × 9,5 cm)
Berlin, Bundesarchiv, NSDAP-Zentralkartei,
3 I XX.5 A 0012; 3 I XX.18 H 0049; 3 I XX.27
M 0069; 3 I XX.23 K 0055; 31 XX.8 BO 135

106
**NSDAP-Mitgliedskarten
von 1926**

a) München, 1. Januar 1926
b) Hameln/Hannover, 27. September 1926
Reproduktionen (Originale: 13 × 9,5 cm)
Berlin, Bundesarchiv, NSDAP-Zentralkartei,
3 I XX.8 BO 135; 3 I XX.25 L 0011

107
**NSDAP-Mitgliedskarten
von 1928**

a) Wollin/Pommern, 1. Mai 1928
b) Durlach/Baden, 1. Dezember 1928
Reproduktionen (Originale: 13 × 9,5 cm)
Berlin, Bundesarchiv, NSDAP-Zentralkartei,
3 I XX.37 R 0147; 3 I XX.8 BO 135

108
**NSDAP-Mitgliedskarten
von 1929**

a) Gramzow/Brandenburg, 1. Mai 1929
b) Eichstetten/Baden, 1. Juli 1929
c) Groß Ippener/Hannover, 1. August 1929
d) Prieros/Brandenburg, 1. November 1929
e) Mühlberg/Sachsen, 1. November 1929
f) Swinemünde/Pommern, 1. November 1929
g) Altona, 1. November 1929
Reproduktionen (Originale: 13 × 9,5 cm)
Berlin, Bundesarchiv, NSDAP-Zentralkartei,
3 I XX.37 R 0147; 3 I XX.8 BO 135; 3 I XX.II
D 0060; 3 I XX.8 BO 135; 3 I XX.18 H 0049;
3 I XX.8 BO 135; 3 I XX.37 R 0147

109
**NSDAP-Mitgliedskarten
von 1930**

a) Frankfurt am Main, 1. Februar 1930
b) Leipzig, 1. März 1930
c) Brünen/Rheinland, 1. März 1930
d) Frankfurt an der Oder, 1. März 1930
e) Halle an der Saale, 1. Dezember 1930
f) Beuthen/Schlesien, 1. Dezember 1930
g) Medenau/Ostpreußen, 1. Dezember 1930
Reproduktionen (Originale: 13 × 9,5 cm)
Berlin, Bundesarchiv, NSDAP-Zentralkartei,
3 I XX.25 L 0011; 3 I XX.13 E 0146; 3 I XX.10
CO 151; 3 I XX.13 E 0146; 3 I XX.18 H 0049;
3 I XX.23 K 0055; 3 I XX.13 E 0146
Kat.-Nr. 109g Abb. S. 63

110
**NSDAP-Mitgliedskarten
von 1931**

a) Aachen, 1. Januar 1931
b) Altona, 1. Februar 1931
c) Krippen/Sachsen, 1. Februar 1931
d) Schwerin/Mecklenburg-Schwerin,
1. Februar 1931
e) Zschorlau/Sachsen, 1. Februar 1931
f) Dübzow/Pommern, 1. April 1931
g) Braunschweig, 1. Mai 1931
h) Nordrath/Rheinland, 1. Juni 1931
i) Fischbach/Sachsen, 1. Juni 1931
j) Berlin, 1. August 1931
k) Würseln/Rheinland, 1. Dezember 1931
l) Schwarzwaldau/Schlesien, 1. Dezember 1931
m) Osterhofen/Bayern, 1. Dezember 1931

HITLER UND DIE NSDAP

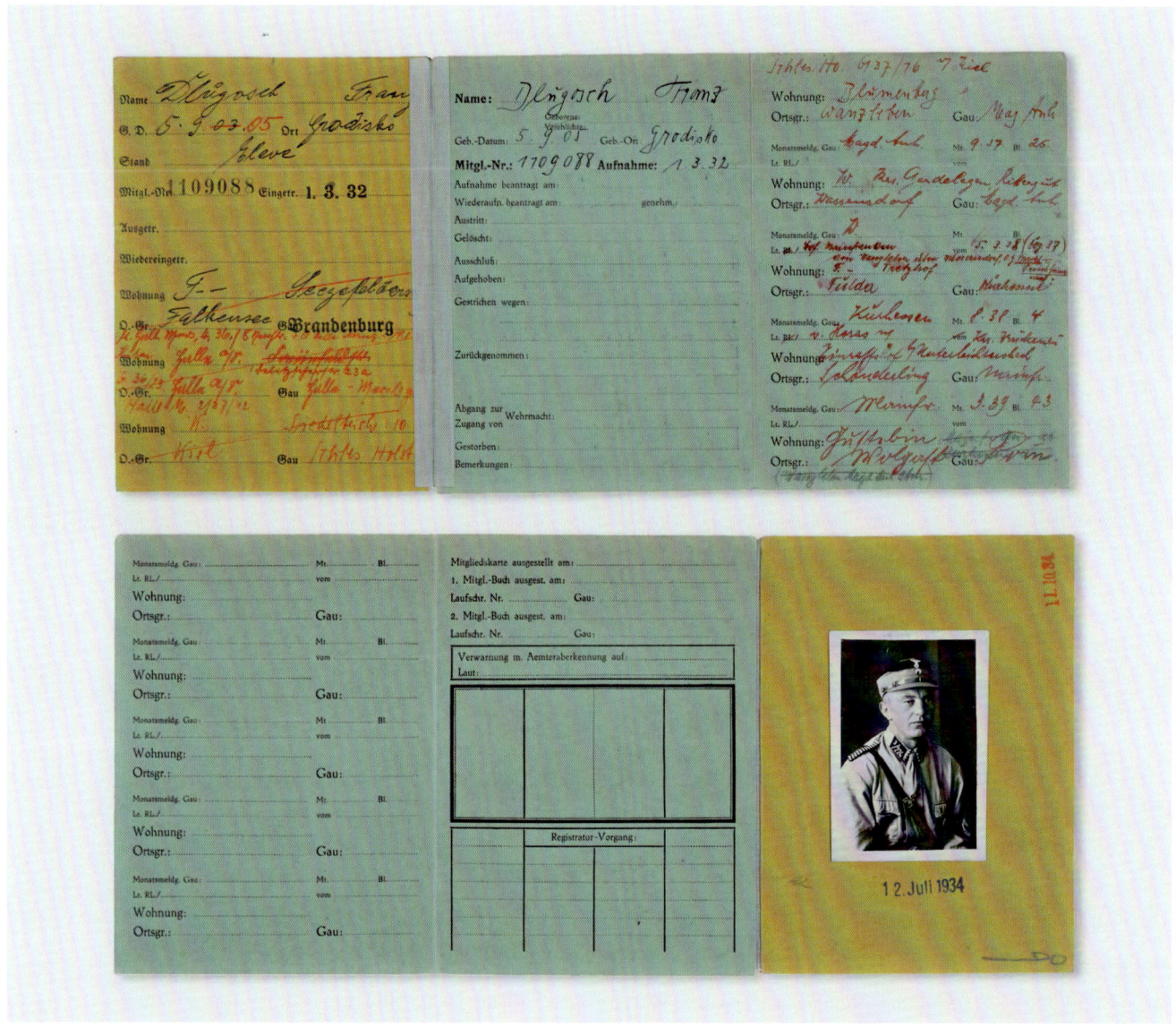

111 b

Reproduktionen (Originale: 13 × 9,5 cm)
Berlin, Bundesarchiv, NSDAP-Zentralkartei,
3 I XX.37 R 0147; 3 I XX.37 R 0147; 3 I XX.13
E 0146; 3 I XX.23 K 0055; 3 I XX.27 M 0069;
3 I XX.27 M 0069; 3 I XX.13 E 0146; 3 I XX.5
A 0012; 3 I XX.II D 0134; 3 I XX.10 CO 151;
3 I XX.13 E 0146; 3 I XX.27 M 0069;
3 I XX.5 A 0012
Kat.-Nr. 110 e Abb. S. 62

111
**NSDAP-Mitgliedskarten
von 1932**

a) Kasseedorf/Schleswig-Holstein, 1. Februar 1932
b) Falkensee/Brandenburg, 1. März 1932
c) Kukomo/Ostpreußen, 1. Mai 1932
d) Würzburg, 6. Juni 1932
e) Leipzig, 1. September 1932
f) Rottweil/Württemberg, 1. Oktober 1932
g) Hamburg, 1. November 1932
h) Kleinmachnow/Brandenburg, 1. Dezember 1932
Reproduktionen (Originale: 13 × 9,5 cm)
Berlin, Bundesarchiv, NSDAP-Zentralkartei,
3 I XX.II D 0060; 3 I XX.13 E 0146; 3 I XX.40
T 0099; 3 I XX.17 G 0135; 3 I XX.23 K 0055;
3 I XX.10 CO 151; 3 I XX.25 L 0085;
3 I XX.13 E 0146

Briefe an Adolf Hitler 1932

Zu seinem 43. Geburtstag erhielt Adolf Hitler Hunderte von Briefen. Männer, Frauen, Kinder und NS-Organisationen brachten darin ihre Loyalität mit ihm als dem künftigen »Führer« und ihre Hoffnungen auf ein neues Deutschland zum Ausdruck. Bekräftigt wurde dies durch selbstgefertigte Karten, Gedichte, Gebete und Fotos von Kindern, die ihre Hand zum deutschen Gruß erheben oder eine Uniform tragen. Unmut über das kurz zuvor erlassene Verbot von SA und SS wurde ebenso geäußert wie

HITLER UNTER DEN DEUTSCHEN 1919–1933

113 e

115 h

116 c

113 c

die Hoffnung auf einen Sieg Hitlers bei den bevorstehenden Landtagswahlen am 24. April. Insbesondere die Kinderzeichnungen zeigen, wie stark die von der NS-Propaganda verbreiteten Feindbilder bereits wirkten. Bei den folgenden Briefen, Zeichnungen und Fotos zu Hitlers Geburtstag am 20. April 1932 handelt es sich um Reproduktionen. Die Originale liegen im Bundesarchiv in Berlin (NS 26/2475 und NS 26/2476). J. T.

112
Zeichnungen von Kindern

a) Kohlezeichnung mit dem Porträt Hitlers von einem Elfjährigen aus Altenburg/Thüringen
b) Zeichnung eines Neunjährigen aus Esslingen/Württemberg
c) Tuschezeichnung »O, Deutschland mache Dich und wähle Hitler«
d) Tuschezeichnung »Deutschland ist erwacht!«

113
Post von Kindern

a) Brief zweier Brüder aus Darmstadt
b) Brief eines Achtjährigen aus Chemnitz/Sachsen
c) Brief einer Zwölfjährigen und vierer weiterer Mädchen aus Liebenberg/Brandenburg
d) Brief mit Zeichnung einer Zehnjährigen aus Fuhlsbüttel/Hamburg
e) Brief und Zeichnung einer Zwölfjährigen aus Frankfurt am Main
f) Brief mit aufgeklebtem Glanzbild eines 13-jährigen Jungmädels aus Schweina/Thüringen
g) Brief und Foto einer Volksschülerin aus Schloß Friedensburg/Thüringen
h) Brief und Foto einer Zehnjährigen aus Hannover
i) Brief eines Neunjährigen aus Arnstadt/Thüringen mit Foto
j) Brief zweier Geschwister aus Lyck/Ostpreußen mit Foto ihres Bruders
k) Brief einer Schülerin aus Stadtoldendorf/Braunschweig mit Foto des Bruders Adolf in SA-Uniform
l) Grußkarte und Fotos zweier Schwestern aus Fußgönheim/Rheinland, die den Arm zum Hitler-Gruß erhoben haben
m) Grußkarte »Ich hatt' einen Kameraden« eines Achtjährigen aus Clausthal-Zellerfeld/Provinz Hannover mit einer Schneeplastik, die von Angehörigen der 12. SS-Standarte in Clausthal-Zellerfeld, Hans Rust und Reinhold Schmidt, entworfen und gebaut wurde

114
Wahlkampfunterstützung

a) Brief der NSDAP-Ortsgruppe Wartenberg-Rohrbach/Bayern mit einem Foto von der Wahlwerbung an einer Hauswand im Dorf
b) Brief eines Studenten aus Bad Reichenhall mit Foto von einem Hitler-Wahlplakat
c) Brief und Foto eines Kunstmalers vor einem selbstgefertigten Hitler-Wahlplakat

115
Glückwünsche

a) Foto eines geschmückten Balkons in Berlin-Lichterfelde anlässlich Hitlers Geburtstags
b) Glückwunschkarte und Foto einer Dresdnerin
c) Foto und Grußkarte mit selbstverfassten Gedichten einer Dresdnerin
d) Brief mit Geburtstagsreim von einer Person aus Wuppertal
e) Brief von einer Dresdner Hausgemeinschaft
f) Brief eines Mannes aus Wahlbach/Westfalen
g) Handgefertigte Grußkarte einer Potsdamerin
h) Handgefertigte Grußkarte
i) Handgefertigte Grußkarte von Mitarbeitern der Betriebszelle der Sächsischen Textilmaschinenfabrik, vormals Rich. Hartmann A.G. in Chemnitz/Sachsen
j) Handgefertigte Grußkarte einer Frau aus Altenburg/Thüringen
k) Postkarte aus Eberswalde/Brandenburg mit dem Porträt Hitlers
l) Noten für das »Gebet für unseren Führer«, vertont für die Aufführung durch einen Männerchor
m) Ironisch verfasster Brief einer Frau

116
Fotos vom Nachwuchs

a) Glückwunschbrief einer Mutter aus Völkermarkt/Österreich mit dem Foto ihres jüngsten Sohnes Adolf
b) Brief eines Vaters aus Bethel bei Bielefeld mit Foto, das vermutlich seine fünf Kinder beim Hitler-Gruß zeigt
c) Grußkarte eines Ehepaars aus Leuna/Sachsen mit einem Foto ihrer Tochter
d) Grußkarte mit Fotos von den Kindern zweier Familien aus Reinsdorf/Sachsen
e) Brief einer Leipzigerin und ihrer zwei Töchter
f) Brief eines Ehepaars aus Neu Isenburg/Hessen-Nassau mit einem Foto ihrer 1921 und 1924 geborenen Söhne

117
Grußkarten von Parteimitgliedern

a) Brief eines SS-Mannes aus Radevormwald/Rheinland mit Foto von seinem neunjährigen Neffen in SA-Uniform
b) Brief des NSDAP-Unterbezirksleiters in Sonnewalde/Brandenburg mit einem Foto von seinem jüngsten Sohn in SA-Uniform
c) Brief der NSDAP-Frauenschaftsleiterin in Obercunewalde/Sachsen mit einem Foto ihres vierjährigen Sohnes in SA-Uniform
d) Grußkarte der NSDAP-Frauenschaft Weinböhla mit den Unterschriften von 18 Kindern des Ortes
e) Brief der NSDAP-Ortsgruppe Schönpriesen/Böhmen
f) Handgefertigte Grußkarte der SA-Standarte 75, Bremen
g) Handgefertigte Grußkarte der Standarte I/11 Frontsoldaten Sturm 3c, Breslau
h) Grußkarte der NSDAP-Ortsgruppe Rosbach/Sieg · Kat.-Nr. 117 h Abb. S. 58

Die NSDAP als Wahlkampfmaschine

Anfang der 1930er Jahre warben viele Parteien mit Massenveranstaltungen, Plakaten, Flugblättern und modernen Medien wie Radio- und Filmbeiträgen. Den Nationalsozialisten gelang es außerdem, durch gezielt provokatives Verhalten Aufmerksamkeit auf sich zu ziehen. Die Saal- und Straßenschlachten zwischen Nationalsozialisten und ihren Gegnern stifteten ein Gemeinschaftsgefühl innerhalb der NS-Bewegung. Zentrale Themen des nationalsozialistischen Wahlkampfes waren die Gegnerschaft zur Republik sowie der Kampf gegen »Juden« und »Marxisten«. Versprechen wie materielle Sicherheit und mentale Geborgenheit wurden eng mit der Person Adolf Hitlers verknüpft, weswegen Hitler häufig als Befreier der Massen oder gar als »Erlöser« dargestellt wurde. C. K.

118
»Her zu uns«

Wahlplakat der Antifaschistischen Aktion
Deutschland, 1919–1933
Reproduktion (Original: 100 × 70 cm)
Berlin, Deutsches Historisches Museum,
P 74/3651.1

119
»Nazipest! Meuchelmord!«

Plakat der SPD mit Protesten gegen Morddrohungen und Mordtaten der Nationalsozialisten
Deutschland, 1922–1933
Reproduktion (Original: 91 × 59,5 cm)
Berlin, Deutsches Historisches Museum,
P 55/565

HITLER UNTER DEN DEUTSCHEN 1919–1933

130

120
»Elend und Hunger / Arbeit und Brot / Wählt Hitler Liste 1«
Wahlplakat der NSDAP zu den Reichstagswahlen
Annaberg, 1932 · Reproduktion (Original: 98,5 × 68,2 cm) · Berlin, Deutsches Historisches Museum, P 62/1138

121
Eine Berliner SA-Standarte auf einem Propaganda-Marsch in Spandau
Friedrich Carl August Weinrother sen. (1898–1976)
1932 · Fotografie (Neuabzug)
Berlin, bpk – Bildagentur für Kunst, Kultur und Geschichte, 30002623

122
»Hitler«
Wahlplakat der NSDAP zur Reichspräsidentenwahl · Entwurf: Hans Herbert Schweitzer alias Mjölnir (1901–1980) · Deutschland, 1932
Reproduktion (Original: 84 × 57,5 cm)
Berlin, Deutsches Historisches Museum,
P 62/1138 · Abb. S. 61

123
»Bravo, Herr von Papen, nur weiter so ...«
Wahlplakat der NSDAP zur Reichstagswahl
Entwurf: Felix Albrecht (1884–1967)
Deutschland, 1932
Reproduktion (Original: 86 × 61 cm)
Berlin, Deutsches Historisches Museum, P 64/248

124
»Unsere letzte Hoffnung: Hitler«
Wahlplakat der NSDAP zur Reichstagswahl
Entwurf: Hans Herbert Schweitzer alias Mjölnir (1901–1980) · Deutschland, 1932
Reproduktion (Original: 121,8 × 86,5 cm)
Berlin, Deutsches Historisches Museum,
P 57/178

125
»Wir wählen Hindenburg! Wir wählen Hitler!«
Wahlplakat der NSDAP zur Reichspräsidentenwahl · Entwurf: Heinz Franke (1905–1966)
Berlin, 1932
Reproduktion (Original: 122,5 × 85,5 cm)
Berlin, Deutsches Historisches Museum,
P 62/1072

126
»Zwei Jahre Nazi-Morde / Macht Schluss mit der Nazi-Mordpest«
Plakat der SPD mit Veröffentlichung einer Totenliste der von den Nationalsozialisten innerhalb von zwei Jahren ermordeten Menschen
Entwurf: Richard Hauschildt (1876–1934)
Berlin, 1932
Reproduktion (Original: 83,5 × 58,5 cm)
Berlin, Deutsches Historisches Museum,
P 61/1632

127
Originalfoto zeitgenössischer Wahlplakate auf den Straßen von Mannheim
Reichspräsidentenwahl, 1. Wahlgang (Tafel), mit Hindenburg, Thälmann, Hitler
Mannheim, 1932 · Fotoreproduktion
Berlin, Deutsches Historisches Museum,
Ph 98/150

128
Aufmarsch der NSDAP vor dem Rathaus in Weimar
Weimar, um 1932 · Reproduktion
Berlin, Deutsches Historisches Museum,
PK 90/4335

129
Adolf Hitler bei einer Kundgebung vor dem »Hotel Elefant« in Weimar
Weimar, um 1932 · Reproduktion
Berlin, Deutsches Historisches Museum,
PK 90/4241

Von der »Harzburger Front« in die Reichskanzlei

Am 11. Oktober 1931 schloss sich die »nationale Opposition« aus NSDAP, DNVP, Stahlhelm, Alldeutschem Verband und kleineren »Vaterländischen Verbänden« bei einer Großveranstaltung in Bad Harzburg mit dem Ziel zusammen, die Regierung Brüning zu stürzen und die Macht zu erobern. Ohne ein gemeinsames Konzept und angesichts des Alleinherrschaftsanspruchs von Adolf Hitler zerbrach das lockere Bündnis bereits bei der Aufstellung eines gemeinsamen Kandidaten zur Reichspräsidentenwahl 1932. Dennoch blieb die in Harzburg erkennbare Bündniskonstellation eine Option für die weiteren politischen Machtspiele und wurde zum Grundmuster der Machtübertragung auf die Regierung Hitler am 30. Januar 1933.
H.-U. T.

130
Tagung der »Nationalen Opposition« in Bad Harzburg
Bad Harzburg, 11. Oktober 1931
Fotoreproduktion · Berlin, Deutsches Historisches Museum, F 80/328

Hitler und die Deutschen

Machtübertragung und nationale Revolution

Die »Machtergreifung« vom 30. Januar 1933 war zunächst und vor allem eine Machtübertragung auf die Regierung Hitler, die sich auf ein Bündnis von NSDAP und Konservativen stützte. Mit dem Begriff der »Machtergreifung«, den die Nationalsozialisten bald danach prägten, wollten sie die Rolle der nationalkonservativen Bündnispartner herunterspielen und die revolutionäre Dynamik der NS-Bewegung bei dem Prozess der Machteroberung, der aus dem Präsidialkabinett Hitler eine Diktatur machte, hervorheben. Tatsächlich war die schrittweise Monopolisierung der Macht durch Hitler und die NSDAP nur möglich durch ein Zusammenwirken der nationalsozialistischen »Parteirevolution« von unten mit der bürokratischen Stabilisierung der Machteroberung und der nachträglichen staatlichen Legalisierung der Gewalt. ■ Präzedenzlos ist die Geschwindigkeit, mit der Verfassungsstaat und Rechtsordnung zerstört, Länder und Gemeinden gleichgeschaltet, Parteien und Verbände aufgelöst und ein außernormativer Machtkomplex aus Gestapo, SS und wilden Konzentrationslagern errichtet wurde. Das alles geschah innerhalb von fünf Monaten und ohne einen ausgeklügelten Plan der Machteroberung. Ausschlaggebend waren vielmehr der ungebremste Machtwille Hitlers wie seine Fähigkeit zur Ausnutzung und Verschärfung von Situationen. Hinzu kamen die innere Schwäche der potenziellen Gegner und künftigen Opfer sowie die stabilisierenden administrativen und scheinlegalen Maßnahmen durch die konservativen Bündnispartner in Bürokratie, Reichswehr und Großwirtschaft, die über den gleichzeitigen Terror gegen Andersdenkende und die Verhängung eines permanenten Ausnahmezustands hinwegsahen. In einer Mischung von ideologischer Übereinstimmung und von teilweise kurzsichtigen materiellen und sozialen Interessen, von opportunistischer Verblendung und Fehleinschätzungen arbeiteten sie Hitlers Machtwillen zu, denn sie sahen sich in der stärkeren Position und unterschätzten die revolutionäre Intensität der NSDAP. Darum stieß dieser Vorgang, der alle bis dahin bekannten Prozesse der Ausbildung einer Diktatur, einschließlich der Machtübernahme Mussolinis, in seiner Dynamik und Durchdringung der Gesellschaft übertraf, auf keinen nennenswerten bürgerlichen Widerstand. Stattdessen gab es eine wachsende Zustimmungs- oder Hinnahmebereitschaft vor allem in bürgerlich-nationalen Gesellschaftsschichten, was die nationalsozialistische Doppelstrategie aus Verführung und Gewalt erst möglich machte. ■ Ihren vorläufigen Abschluss fand die »Machtergreifung« mit der verfassungsrechtlich unzulässigen Vereinigung der Ämter des Reichskanzlers und des Reichspräsidenten nach dem Tod Hindenburgs Anfang August 1934. Danach nannte Hitler sich »Führer und Reichskanzler«. Somit gab es keine institutionell und rechtlich geregelte Form der Opposition gegen den Diktator. Zur Bekräftigung ließ Hitler sich von der Reichswehr, dem potenziell stärksten Gegengewicht, mit einer neuen Eidesformel freiwillig unbedingten Gehorsam geloben. ■

MACHTÜBERTRAGUNG UND NATIONALE REVOLUTION

Hitlers »Steigbügelhalter«

Die konservativen Eliten standen der Republik feindlich gegenüber. Ihnen fehlte aber die Kraft einer politischen Massenbewegung, um diese zu beseitigen. Mit der »Harzburger Front« scheiterte 1931 ihr erster Versuch, die NSDAP unter Kontrolle zu bringen. Ende 1932 jedoch befand sich Hitlers Partei in einer tiefen Krise, da sie aus eigener Kraft nicht mehr an die Macht kommen konnte. Reichskanzler Kurt von Schleicher versuchte, Teile der NSDAP für seine Zwecke einzuspannen, scheiterte aber an Hitlers Führungsanspruch. Franz von Papen, Schleichers Vorgänger im »Kabinett der Barone«, ließ nun seine Beziehungen zu Reichspräsident von Hindenburg und dessen Umfeld spielen: Er versicherte, einen Kanzler Hitler gemeinsam mit dem DNVP-Chef Hugenberg »einrahmen« zu können – was sich als verhängnisvoller Irrtum erwies. D. S.

131
»Deutsche Zauberwerke A.G. Kein Grund zum Verzagen, solange noch Kanzler am laufenden Band produziert werden!«
Karikatur aus der satirischen Wochenzeitschrift *Simplicissimus*, Jg. 37,2, H. 46, S. 544
München, 12. Februar 1933 · Reproduktion (Original: 38,3 × 28,5 cm) · Berlin, Staatsbibliothek zu Berlin – Preußischer Kulturbesitz, 2" Yy 156/90

132
Fünf Zylinder
a) Frankfurt am Main, um 1880
Hersteller: Gustav Kramer, Hoflieferant
b) London, um 1880
Hersteller: Christy's London
c) Berlin, 1901–1920 · Hersteller: H. Heimann
d) Berlin, 1901–1925 · Hersteller: E. Scheiwe
e) Deutschland, 1927
Berlin, Deutsches Historisches Museum, 1989/2490.472.1; 1989/2490.471.1; KTe 69/118; KTe 69/119; KTe 74/13

133
Ernennungsurkunde Hitlers zum Reichskanzler
Berlin, 30. Januar 1933 · Faksimile · 30 × 21 cm
München, Bayerisches Hauptstaatsarchiv, Nachlass Hitler 1

131

132 d

MACHTÜBERTRAGUNG UND NATIONALE REVOLUTION

Bündnis zwischen NSDAP und Konservativen

Die NSDAP erreichte nur in einer Koalition mit dem Wahlbündnis der DNVP mit dem »Stahlhelm« eine parlamentarische Mehrheit. In der Phase der Machtübertragung 1933 erhielt Hitler Rückendeckung von der Reichswehr, deren Position seit Herbst 1930 durch die Präsidialkabinette gestärkt worden war. Dabei war die Haltung der Reichswehrführung gegenüber Hitler und der NSDAP durchaus zwiespältig: Einerseits fürchtete sie die militärische Konkurrenz der SA-Parteiarmee, andererseits hoffte sie auf die Ausschaltung linker politischer Kräfte sowie auf eine Revision des Versailler Vertrags. Offizierssäbel und Ordensspangen symbolisieren die Macht der traditionsbewussten Reichswehr, während die SA-Standarte wie kein anderes Zeichen mit dem Machtanspruch des nationalsozialistischen Staates verbunden wird. Die Standarte kombiniert antike römische Feldzeichen mit dem Schriftzug »Deutschland erwache«, einem Schlachtruf, den der rechtsradikale Dichter und Mitbegründer der NSDAP Dietrich Eckart erfunden hat. S.E.

134
SA-Standarte
Inschrift auf der Rückseite: »Brünn«
Seit dem ersten Parteitag der NSDAP 1923 wurden die von Hitler mit entworfenen Standarten an die SA und die SS verliehen. Sie wurden zum Signum der NSDAP und ihrer Militanz.
Deutschland, zwischen 1939 und 1945
Kunstseide · 68,5 × 79 cm · Berlin, Deutsches Historisches Museum, Fa 93/8.a – b

135
Säbel für Offiziere des Heeres mit Scheide
Ehrensäbel für hervorragende Schießleistungen
Klingenätzung: »Ehrenpreis für hervorragende Schießleistungen 1935/Lt. Sarrazin, Pi. Batl. 14«
Hersteller: Carl Eickhorn · Solingen, 1935
Eisen, Stahl, Messing, Kunststoff, Leder · L 96 cm
Berlin, Deutsches Historisches Museum, W 59/3101.a – b

140

136
Säbel für Offiziere des Heeres mit Scheide
Hersteller: Paul Weyersberg & Co.
Solingen, um 1935 · Eisen, Stahl, Messing, Kunststoff · L 95,5 cm · Berlin, Deutsches Historisches Museum, W 59/3106.a – b

137
Ordensspange
Eisernes Kreuz 2. Klasse, Ausgabe 1914, Preußen; Militär-St. Heinrich-Orden; Ritterkreuz, Sachsen; Albrechtsorden; Ritterkreuz 1. Klasse mit Schwertern, Sachsen; Ehrenkreuz des Weltkriegs 1914/1918 für Kämpfer, Deutsches Reich; Zivilverdienstorden, Ritterkreuz 2. Klasse, Sachsen; Dienstauszeichnung der Offiziere für 25 Jahre, Sachsen · Deutschland, um 1935 · Eisen, Silber, Email, Bronze, Kupfer, Seide · 7,6 × 18,3 cm
Berlin, Deutsches Historisches Museum, O 2005/8.1 – 6

138
Ordensspange
Eisernes Kreuz 2. Klasse, Ausgabe 1914, Preußen; Friedrich-August-Medaille am Kriegsband, Sachsen; China-Denkmünze für Kämpfer; Ehrenkreuz für Frontkämpfer, Deutsches Reich; Dienstauszeichnung der Unteroffiziere 1. Klasse für 15 Jahre, Sachsen · Deutschland, um 1935
Eisen, Silber, Bronze, Seide · 7,1 × 14,5 cm
Berlin, Deutsches Historisches Museum, O 68/29.1 – 5

139
Ordensspange
Eisernes Kreuz 2. Klasse, Ausgabe 1914; Militärverdienstkreuz 2. Klasse, Ausgabe 1914, Mecklenburg-Schwerin; Roter Adler-Orden 4. Klasse, Preußen; Königlicher Kronen-Orden 4. Klasse, Preußen; Silbernes Verdienstkreuz zum Hausorden der Wendischen Krone, Mecklenburg; Ehrenkreuz für Frontkämpfer, Deutsches Reich; Militärdienstkreuz der Unteroffiziere und Mannschaften für 15 Jahre, Mecklenburg-Schwerin
Deutschland, um 1935 · Eisen, Silber, Email, Bronze, Kupfer, Seide · 7,2 × 19 cm
Berlin, Deutsches Historisches Museum, O 59/132-1 – 7

140
»Todeskampf der Freiheit«
Schrift der KPD zur politischen Situation in Deutschland nach der Machtübernahme durch die Nationalsozialisten
Käthe Kollwitz (1867 – 1945)
Deutschland, Februar 1933 · 22,4 × 14,8 cm
Berlin, Deutsches Historisches Museum, Do 62/1149.23

141
»Hitler Liste 1«
Plakat der NSDAP zur Reichtagswahl vom 5. März 1933
Hamburg, 1933 · Hochdruck · 60,5 × 42 cm
Berlin, Deutsches Historisches Museum, 1987/234

142
»Nimmer wird das Reich zerstört – wenn ihr einig seid und treu! / Liste 1 NSDAP«
Plakat der NSDAP zur Reichtagswahl vom 5. März 1933 · München, 1933
Reproduktion (Original: 117,5 × 83 cm)
Berlin, Deutsches Historisches Museum, P 62/260

143
»Der Reichstag in Flammen! Von Kommunisten in Brand gesteckt!«
Plakat der NSDAP zur Reichtagswahl vom 5. März 1933
Der Reichstagsbrand, für den Hitler und Göring sofort die Kommunisten verantwortlich machten, war für die NSDAP ein willkommener Anlass zur Mobilisierung von Bürgerkriegsängsten und zur Selbststilisierung als Ordnungsstifter. Mitten im Wahlkampf wurde eine Verfolgungskampagne gegen die politische Linke eröffnet und eine Notverordnung erlassen, mit der die Grundrechte der Verfassung ausgehebelt wurden.
Entwurf: Hans Weidemann (1904 – 1975)
Berlin, 1933 · Offsetdruck · 116,7 × 81,6 cm
Berlin, Deutsches Historisches Museum, P 62/1305

Zustimmung und Gewalt

Das von einem unbekannten Anhänger der NSDAP zusammengestellte Fotoalbum dokumentiert die Machteroberung und Konsolidierung auf lokaler Ebene. Der »nationalen Revolution« auf Reichsebene werden Bilder der Machtübernahme in Heilbronn gegenübergestellt: die Übernahme des Rathauses, die Demütigung und Verfolgung politischer Gegner, die Drangsalierung der jüdischen Bevölkerung und schließlich die Feierlichkeiten zum 1. Mai 1933, dem »Tag der deutschen Arbeit«. Die hier abgebildete Seite »Verhaftungen!« zeigt eine Szene dieser Machtübernahme: Der Sozialdemokrat Ernst Riegraf wird mit Gewalt daran gehindert, an der Gemeinderatssitzung teilzunehmen. Der Fotograf war eigens zur Dokumentation der Ereignisse einbestellt worden, damit die Bevölkerung sehen konnte, wer nun in Heilbronn das Sagen hatte. D. B.

MACHTÜBERTRAGUNG UND NATIONALE REVOLUTION

144
»Verhaftungen!«
aufgeschlagene Seite eines Fotoalbums
Heilbronn, 1933
Kunstleder und Karton, handgeschrieben
18 × 26 cm (geschlossen)
Heilbronn, Stadtarchiv Heilbronn, F006-19

145
Fackelzug durch das Brandenburger Tor anlässlich der Ernennung Adolf Hitlers zum Reichskanzler
Berlin, 30. Januar 1933 · Fotografie (Neuabzug)
Berlin, Deutsches Historisches Museum, 96/1405

146
Erste Aufnahme des Kabinetts Adolf Hitler in der Reichskanzlei
Presse-Foto Röhnert · Berlin, 30. Januar 1933
Fotografie (Neuabzug) · Berlin, Deutsches Historisches Museum, 04/615

147
Das brennende Reichstagsgebäude am Morgen des 28. Februar 1933
Berlin, 28. Februar 1933 · Fotoreproduktion
Berlin, ullstein bild, 01118244

148
Bildbericht mit inszenierten Propagandafotos des Konzentrationslagers Dachau im »Bayerischen Heimgarten«
Am 20. März 1933 gab Heinrich Himmler als kommissarischer Polizeipräsident Münchens die Errichtung eines Konzentrationslagers bei Dachau bekannt, in dem die politischen Gegner des Regimes inhaftiert werden sollten. Viele Tausende wurden im KZ Dachau unter grausamen Bedingungen gefangengehalten und ermordet, während der offizielle Bildbericht das Lager mit kaum zu überbietendem Zynismus als ein idyllisches Erziehungslager darstellte. Dieser falsche Schein trug dazu bei, dass die Nationalsozialisten fast unbehelligt von der Öffentlichkeit Oppositionelle verhaften und quälen konnten.
München, Juni 1933 · Reproduktion
Berlin, Bildarchiv Preußischer Kulturbesitz /
München, Bayerische Staatsbibliothek München/
Hoffmann, 50130196; 50130197
Abb. S. 200 – 201

145

146

Nr. 25　　　　　　　　　　Bayerischer Heimgarten　　　　　　　　　　173

Konzentrationslager Dachau
(Photo Seßner, Dachau)

Bildberichterstattung zu der im Textteil der heutigen Ausgabe des „Bayerischen Heimgartens" stehenden ausführlichen Schilderung

1. Eingang zu den Gefangenenbaracken
2. Schlageter-Denkmal im Konzentrationslager (von Häftlingen ausgeführt)
3. In der Lagerschreinerei
4. Arbeiten im Gelände des Lagers
5. Errichtung von Wachttürmen
6. Die Freizeit wird mit Sport und Übungen ausgefüllt
7. Die Baracken
8. Singend kommen die Gefangenen von der Arbeit
9. Die Küche liefert ein gutes Essen
10. Marschierende Kolonne
11. Angetreten!

HITLER UND DIE DEUTSCHEN

149

149
**Maidemonstration
im Berliner Lustgarten,
hinten rechts: das Zeughaus**
Berlin, 1. Mai 1933 · Fotografie (Neuabzug)
Berlin, Deutsches Historisches Museum, F 66/893

Uniformierung der Gesellschaft

Die Uniformierung der Gesellschaft war ein internationales Phänomen nach dem Ersten Weltkrieg und keineswegs eine ausschließlich deutsche oder gar nationalsozialistische Erscheinung. Allerdings wollte die NS-Diktatur mit ihrem totalitären Herrschaftsanspruch die Gesellschaft auch hinsichtlich des äußeren Erscheinungsbilds gleichschalten. Als Symbolträger für Macht, Herrschaft und Geschlecht signalisierte die Kleiderordnung im Nationalsozialismus die Zugehörigkeit zur »Volksgemeinschaft«. Ein differenziertes Rang- und Insigniensystem gab Auskunft über den Platz in der gesellschaftlichen Hierarchie. Die Uniformierung versprach zugleich die soziale Gleichstellung und die Überwindung von Standesunterschieden. Die Kleidung dokumentierte nach außen hin die Zugehörigkeit zur Gruppe und zog eine scharfe Trennlinie zu den Anderen, den »Gemeinschaftsfremden«, allen voran den deutschen Juden, die diese Kleidung nicht tragen durften. Auf den beiden Abbildungen (S. 204–205) sind verschiedene Partei-, Wehrmachts- und Ziviluniformen zu sehen, allerdings ohne die dazugehörige Kopfbedeckung. Als eine Art Uniform kann auch das Parteiabzeichen am Revers des Jacketts gelten, mit dem die NSDAP-Mitgliedschaft und die Zustimmung zum Regime öffentlich zur Schau gestellt wurden. Parteiuniformen für Angehörige der paramilitärischen SA und SS orientierten sich stark am militärischen Bereich. Braun und schwarz wie die Parteiuniformen war auch die Kleidung der Hitler-Jugend (HJ) und des Bundes Deutscher Mädel (BDM).

Zur klassischen Ziviluniform zählt der Dienstrock von Beamten der Finanz- und Justizverwaltung. Am meisten verbreitet war die Uniform des Reichsarbeitsdienstes, denn alle männlichen Jugendlichen im Alter zwischen 16 und 25 Jahren waren ab 1935 zu einem halbjährigen Arbeitsdienst mit militärischer Ausbildung verpflichtet. Der »Ehrendienst für die Nation«, wie der Arbeitseinsatz genannt wurde, war für weibliche Jugendliche freiwillig. Erst mit Kriegsbeginn 1939 wurde eine weibliche Arbeitsdienstpflicht eingeführt. Erdbraun war die Dienstkleidung mit Armbinde für die jungen Männer; die jungen Frauen, die in der Landwirtschaft ihren Dienst versahen, trugen ein blaues Kittelkleid mit Brosche und weißer Schürze. Die Symbole Spaten und Ähre standen für die Arbeit beim Bau des Westwalls und der Reichsautobahnen und in der Landwirtschaft. Die Uniformen des Heeres waren zumeist in schlichtem Feldgrau gehalten. Das Hoheitszeichen – der Reichsadler mit Hakenkreuz – war auf Brusthöhe der Uniformjacke angebracht. Während des Zweiten Weltkriegs wurden die Kampfverbände der Waffen-SS dem Oberkommando der Wehrmacht unterstellt und trugen ebenfalls feldgraue Uniformen, allerdings mit den SS-Runen und Dienstgradabzeichen auf dem Kragenspiegel. Die Wehrmacht zog ab 1939 verstärkt Frauen zu Kriegsdiensten heran, sei es als Krankenschwestern oder als Luftwaffenhelferinnen. S.E.

150
**»Deutsche Uniformen, Album:
SA, SS, HJ«**
Sammelbilderalbum
Herausgeber: »Sturm«-Zigarettenfabrik
Dresden, um 1934 · 24,6 × 28,6 cm
Berlin, Deutsches Historisches Museum,
Do2 87/24

151
Jacke und NSDAP-Parteiabzeichen
zwischen 1930 und 1939
Berlin, Deutsches Historisches Museum,
KTe 86/56; O 54/661

152
**Dienstbluse (»Braunhemd«) für
Angehörige eines SA-Motorsturms,
dazu Binder und Mütze**
zwischen 1933 und 1945
Berlin, Deutsches Historisches Museum,
1989/945.1; 1989/945.2; U 68/188

MACHTÜBERTRAGUNG UND NATIONALE REVOLUTION

153
Mütze für Angehörige der SA, Gau Thüringen
um 1934
Berlin, Deutsches Historisches Museum, U 70/68

154
Dienstrock für Angehörige der Allgemeinen SS, SS-Mann, Standarte 13 (Stuttgart)
zwischen 1933 und 1945
Berlin, Deutsches Historisches Museum, 1989/938.2

155
Dienstbluse (»Braunhemd«) für Politische Leiter-Anwärter (Parteigenossen) in der Kreisleitung der NSDAP, dazu Selbstbinder
zwischen 1940 und 1945
Berlin, Deutsches Historisches Museum, U 93/102.1; U 93/103

156
Dienstrock für Angehörige der Allgemeinen SS, Obersturmführer, dazu Schirmmütze
zwischen 1933 und 1945
Berlin, Deutsches Historisches Museum, U 70/77; U 70/80

157
Dienstrock für Politische Leiter der NSDAP, dazu Schirmmütze
zwischen 1933 und 1945
Berlin, Deutsches Historisches Museum, 1989/946.1; 1989/946.3

158
Braunhemd mit Paradeschnur – großer Dienstanzug eines Oberscharführers des NS-Fliegerkorps
zwischen 1935 und 1945 · Berlin, Deutsches Historisches Museum, U 93/156.a–b

159
Waffenrock für Generäle der Infanterie, Deutsche Wehrmacht
zwischen 1939 und 1945
Berlin, Deutsches Historisches Museum, U 64/108

160
Feldbluse für Mannschaften des Heeres, Gefreiter Sanitäter der Infanterie
ab 1940
Berlin, Deutsches Historisches Museum, U 96/20

161
Jackett für Luftwaffen-Helferinnen, dazu Schiffchen
zwischen 1939 und 1945
Berlin, Deutsches Historisches Museum, U 94/104; U 94/103

162
Feldbluse für Offiziere des Heeres, Leutnant der Infanterie, Deutsche Wehrmacht
zwischen 1939 und 1945
Berlin, Deutsches Historisches Museum, U 68/15

163
Schirmmütze zur Dienstuniform für Offiziere des Heeres, Infanterie
zwischen 1934 und 1945
Berlin, Deutsches Historisches Museum, U 56/8

164
Feldjacke für Soldaten der Panzertruppe, Deutsche Wehrmacht
zwischen 1939 und 1945
Berlin, Deutsches Historisches Museum, U 62/84

165
Waffenrock alter Art für Mannschaften des Heeres, Soldat der Fahrtruppe, Deutsche Wehrmacht
zwischen 1935 und 1938
Berlin, Deutsches Historisches Museum, U 53/320

166
Dienstrock für Angehörige des Reichsarbeitsdienstes, Oberstfeldmeister, dazu Mütze
zwischen 1935 und 1945
Berlin, Deutsches Historisches Museum, U 68/2; U 68/4

167
Feldbluse für Angehörige des Reichsarbeitsdienstes, Arbeitsmann, dazu Mütze
zwischen 1935 und 1945
Berlin, Deutsches Historisches Museum, 1990/41.1; 1990/41.4

168
Arbeitskleid für weibliche Angehörige des Reichsarbeitsdienstes, dazu Schürze
um 1940
Berlin, Deutsches Historisches Museum, 1989/944.1; 1989/944.2

169
Arbeitskittel für weibliche Angehörige des Reichsarbeitsdienstes
zwischen 1933 und 1945
Berlin, Deutsches Historisches Museum, U 67/120

170
Schwesternkleid für Helferinnen des Deutschen Roten Kreuzes, Schwesternschaft Reichshauptstadt Berlin
zwischen 1938 und 1945
Berlin, Deutsches Historisches Museum, U 93/262; U 93/263

171
Dienstbluse für Angehörige des Luftschutzes, dazu Schiffchenmütze (unkorrekte Zusammenstellung verschiedener Abzeichen)
zwischen 1939 und 1945
Berlin, Deutsches Historisches Museum, U 93/272; U 93/271

172
Dienstrock für Angehörige der Reichsjustizverwaltung, Justiz-Hauptwachtmeister, dazu Schirmmütze
zwischen 1934 und 1945
Berlin, Deutsches Historisches Museum, U 93/60; U 93/59

173
Dienstbluse für Angehörige des Werkschutzes, dazu Schirmmütze
zwischen 1940 und 1945
Berlin, Deutsches Historisches Museum, U 93/151; U 93/150

HITLER UND DIE DEUTSCHEN

vordere Reihe (v.l.n.r.): 151, 152, 154, 155, 156, 157
mittlere Reihe (v.l.n.r.): 159, 160, 161, 162, 164, 165
hintere Reihe (v.l.n.r.): 166, 167, 168, 169, 170

MACHTÜBERTRAGUNG UND NATIONALE REVOLUTION

vordere Reihe (v. l. n. r.): 171, 172, 173, 174
mittlere Reihe (v. l. n. r.): 175, 176, 177, 178
hintere Reihe (v. l. n. r.): 180, 183, 184, 185

174
Dienstrock für Angehörige der Reichsfinanzverwaltung, Zollsekretär, dazu Schirmmütze
zwischen 1934 und 1945
Berlin, Deutsches Historisches Museum,
U 84/23; U 84/25

175
Feldbluse mit offenem Kragen für Mannschaften der Waffen-SS, Wachtmeister der Polizei-Division, dazu Schirmmütze
zwischen 1942 und 1945
Berlin, Deutsches Historisches Museum,
U 94/76; U 94/75

176
Schwesternkleid für Krankenschwestern, abkommandiert zur Kriegsmarine, dazu Schwesternschürze
zwischen 1939 und 1945
Berlin, Deutsches Historisches Museum,
U 93/290

177
Feldbluse für Luftwaffen-Helferinnen, dazu Baschlikmütze
um 1943
Berlin, Deutsches Historisches Museum,
U 93/204; U 93/203

178
Feldbluse für Mannschaften der Waffen-SS, Rottenführer der Infanterie
zwischen 1939 und 1945
Berlin, Deutsches Historisches Museum,
U 93/218

179
Schirmmütze für Mannschaften der Waffen-SS
zwischen 1939 und 1945
Berlin, Deutsches Historisches Museum, U 65/61

180
Dienstbluse für Angehörige der Hitler-Jugend, Gefolgschaftsführer als Helfer der Deutschen Wehrmacht, mit Führerschnur und Parteiabzeichen
zwischen 1939 und 1945
Berlin, Deutsches Historisches Museum,
U 93/167.a–c

181
Tuch mit Lederknoten zum Dienstanzug für Kameradschaftsführer der Flieger-HJ
zwischen 1938 und 1945
Berlin, Deutsches Historisches Museum,
U 93/227.a–b

182
Baschlikmütze zum großen Winterdienstanzug für Hitlerjungen der Motor-HJ, Gau »Nord Nordsee«
zwischen 1938 und 1945
Berlin, Deutsches Historisches Museum,
U 93/182

183
Dienstbluse zum großen Winterdienstanzug für Hitlerjungen im Landdienst der HJ, mit Führerschnur und Armbinde
zwischen 1935 und 1945
Berlin, Deutsches Historisches Museum,
U 93/230.a–b

184
Jacke (»BDM-Weste«) für Angehörige des Bundes Deutscher Mädel, Bundestracht
zwischen 1933 und 1945
Berlin, Deutsches Historisches Museum,
U 67/118

185
Strickjacke (»Berchtesgadener Jacke«) für Angehörige des Bundes Deutscher Mädel mit Führerinnenschnur für Mädelgruppen und Jungmädelgruppenführerinnen
Berlin, Deutsches Historisches Museum,
U 93/192.a–c

186
Maßgeschneiderte Ausgehuniform des Gefreiten Wilhelm Kobbe aus Hordorf bei Oschersleben
Uniformrock und Schirmmütze · Dessau, um 1936
Schora, Reinhardt Radke

187
Uniformjacke und Schiffchenmütze der SS-Oberaufseherin Jane Bernigau
um 1944
Fürstenberg, Mahn- und Gedenkstätte Ravensbrück/Stiftung Brandenburgische Gedenkstätten,
V 3240 A3a+c

Bilder der Gesellschaft oder Bilder der NS-Führung? Die Gattung »Porträt« in der nationalsozialistischen Kunst

Die vor allem von Joseph Goebbels geprägte Kunst- und Kulturpolitik trat mit dem Anspruch auf, eine spezifisch nationalsozialistische Kunst zu schaffen. Diese wurde meist negativ, in Abgrenzung zu modernen Tendenzen in der Weimarer Republik, definiert: Man bezog Position gegen die künstlerische Kultur der »Systemzeit«, die als Ausdruck eines »jüdischen Kulturbolschewismus« verunglimpft wurde. Eine positive Bestimmung, was im Bereich der bildenden Künste der eigenen revolutionären »Bewegung« entsprechen sollte, blieb weitgehend aus.

In der Malerei der Jahre 1933 bis 1945 überwiegen daher traditionelle Gattungen und Bildmotive. Unter diesen – von Akt und Allegorie über Ereignisbild, Genrestück, Landschaft und Seestück bis zu Stillleben und Tierdarstellung –, die auch in den 1920er Jahren niemals ihren Stellenwert in Kunstproduktion und -betrieb verloren hatten, nimmt das Porträt eine wichtige Rolle ein. Dies wird schon daran deutlich, dass rund fünf Prozent der Werke in den *Großen Deutschen Kunstausstellungen*, die von 1937 bis 1944 in München stattfanden, Darstellungen von Einzelpersonen waren.

Die Porträtmalerei im Nationalsozialismus zeigt – in bürgerlicher Tradition – Männer der Wirtschaft ebenso wie Damen der Gesellschaft, daneben Arbeiter und Bauern, Vertreter verschiedener Berufe sowie zahlreiche Amts- und Funktionsträger von Partei und Staat, vom Hitlerjungen und SA-Mann bis zum NS-Führungspersonal. Diese Porträts erfüllten offenkundig verschiedene Funktionen: Sie präsentieren das Individuum als Teil der »Volksgemeinschaft«, propagieren ein rassisches Idealbild, erfüllen bürgerliche Distinktionsbedürfnisse, heroisieren Arbeiter und Soldaten. Oder

MACHTÜBERTRAGUNG UND NATIONALE REVOLUTION

189

190

191

sie zeigen die Führungselite in ihrer Offenheit für die Anliegen der »Volksgenossen« – wie etwa Martin Bormann, Rudolf Heß und Reinhard Heydrich.

Die beiden Porträts von Wilhelm Otto Pitthan (Kat.-Nr. 189, 190) waren offenbar Teil einer Serie von »führenden Männern der Bewegung«, die Hitler für den Münchner »Führerbau« in Auftrag gegeben hatte. Während Pitthan Heydrich als kühlen – indes reich dekorierten – Analytiker präsentiert, nobilitiert er Bormann mit der Würdeformel eines schweren Vorhangs. Walter Einbeck porträtierte demgegenüber den »Stellvertreter des Führers« Heß als willensstarken, kraftvollen und entschlossenen »Parteisoldaten«, der auf diese Weise unbedingte Loyalität verkörpert. C. F.

188
Adolf Hitler
Heinrich Knirr (1862–1944) · 1939
Reproduktion (Original: Öl auf Leinwand
156,2 × 120,6 cm)
Original: Washington, DC, Courtesy
of the Army Art Collection, U.S. Army Center
of Military History, 1.3972.47

189
Reichsleiter Martin Bormann
(1900–1945, Leiter der Parteikanzlei)
Wilhelm Otto Pitthan (1896–1967) · vor 1940
Reproduktion (Original: Öl auf Hartfaser
140,9 × 85,7 cm)
Original: Washington, DC, Courtesy
of the Army Art Collection, U.S. Army Center
of Military History, 1.5261.47

190
Reichsminister Rudolf Heß
(1894–1987, Reichsminister o. G.)
Walter Einbeck (1890–1968) · 1939
Reproduktion (Original: Öl auf Leinwand
146,1 × 102,2 cm)
Original: Washington, DC, Courtesy
of the Army Art Collection, U.S. Army Center
of Military History, 1.1612.47

191
SD-Führer Heydrich
(1904–1942, seit 1936 Chef der Sicherheitspolizei, seit 1939 Chef des Reichssicherheitshauptamts)
Wilhelm Otto Pitthan (1896–1967) · 1942
Reproduktion (Original: Öl auf Leinwand
129,5 × 86,4 cm)
Original: Washington, DC, Courtesy
of the Army Art Collection, U.S. Army Center
of Military History, 1.5258.47

192
Heinrich Himmler
(1900–1945, Reichsführer SS)
Conrad Hommel (1883–1971)
Reproduktion (Original: Öl auf Leinwand
209,6 × 139,7 cm)
Original: Washington, DC, Courtesy
of the Army Art Collection, U.S. Army Center
of Military History, 1.3200.47

193
Reichsorganisationsleiter Dr. Ley
(1890–1945, Chef der Deutschen Arbeitsfront)
Wilhelm Otto Pitthan (1896–1967) · 1939
Reproduktion (Original: Öl auf Hartfaser
149,9 × 95,3 cm)
Original: Washington, DC, Courtesy
of the Army Art Collection, U.S. Army Center
of Military History, 1.5260.47

194
Porträt Alfred Rosenberg
(1893–1946, seit 1933 Reichsleiter der NSDAP,
1941–1945 Reichsminister für die besetzten Ostgebiete)
Wilhelm Otto Pitthan (1896–1967) · 1942
Reproduktion (Original: Öl auf Hartfaser
140,7 × 91,4 cm)
Original: Washington, DC, Courtesy
of the Army Art Collection, U.S. Army Center
of Military History, 1.5266.47

Der onmipräsente »Führer«

Hitlers Gesicht war zur Zeit des Nationalsozialismus nahezu omnipräsent, denn Führerbüsten gehörten zu dieser Zeit zur Massenware. Sowohl renommierte als auch weniger bekannte Künstler versuchten durch Anfertigung einer solchen Büste, in Erscheinung zu treten. Die *Große Deutsche Kunstausstellung* verzeichnete jährlich die Einsendung von über hundert Büsten. Zu ihrer massenhaften Verbreitung trugen Porzellanmanufakturen und Bronzegießereien bei, die ausgewählte Führerbüsten in ihr Programm aufnahmen und in allen Größen und Materialien anboten. Da verhältnismäßig teuer, wurden die Büsten hauptsächlich von Betrieben und Einrichtungen der Partei abgenommen. In den heimischen Wohnzimmern hingegen hingen vornehmlich erschwinglichere Reproduktionen bekannter Hitler-Porträts. E.W.

195
Adolf Hitler
Fritz Klimsch (1870–1960)
zwischen 1933 und 1945 · Bronze · H 39 cm
Berlin, Deutsches Historisches Museum, 1989/2658

196
Adolf Hitler
Hans Retzbach (1888–1960)
zwischen 1933 und 1945 · Bronze · H 30 cm
Berlin, Deutsches Historisches Museum, Pl 96/4

197
Adolf Hitler
Arno Breker (1900–1991)
1937 · Bronze · H 58 cm
Düsseldorf, Stiftung museum kunst palast, 0.1979.44

198
Adolf Hitler
Ernst Seger (1868–1939)
vermutlich 1933 · Terrakotta · H 30,2 cm
Bonn, Stiftung Haus der Geschichte der Bundesrepublik Deutschland, 1998/10/0327

199
Adolf Hitler
Gips · H 18 cm
Berlin, Peter Ebeling

HITLER UND DIE DEUTSCHEN

200
Adolf Hitler
Relief mit Inschrift: »Ich glaube an Deutschland / und kämpfe dafür / heute und morgen und in der / Zukunft / bis unser der Sieg ist.«
Walther Wolff (1887–1966) · 1933
Eisen, gegossen und patiniert · 32 × 21,5 cm
Berlin, Deutsches Historisches Museum, Pl 94/4

201
Adolf Hitler
Bernhard Bleeker (1881–1968) · 1937
Bronze, gegossen · H 38,5 cm
Berlin, Deutsches Historisches Museum, 1988/1119

202
Arbeiterinnen einer Kunststeinfirma glasieren und polieren Kunststeinbüsten von Adolf Hitler
Scherl-Verlag · 1937 · Fotografie (Neuabzug)
München, Süddeutsche Zeitung Photo, 51014
Abb. S. 208–209

203
»Jugend dient dem Führer – Alle Zehnjährigen in die HJ.«
Werbeplakate für die Hitler-Jugend
Hein Neuner (1910–1984) · um 1939
Reproduktionen (Originale: a) 85,6 × 58,9 cm; b) 84 × 59,2 cm) · Berlin, Deutsches Historisches Museum, 1990/534; P 63/809

Straßenumbenennungen

Unmittelbar nach der Machtübernahme durch die Nationalsozialisten kam es – veranlasst durch lokale Akteure der NSDAP – zu einer großen Welle von Straßenumbenennungen, mit dem Ziel, den öffentlichen Raum des täglichen Lebens symbolisch zu besetzen. Fast jede deutsche Gemeinde besaß bald eine Adolf-Hitler-Straße, einen Adolf-Hitler-Platz oder auch beides. Neben der Etablierung des Führerkults ging es bei den neuen Straßennamen auch darum, Benennungen nach missliebigen Personen zu tilgen und damit aus dem öffentlichen Gedächtnis zu löschen. Wie stark die nationalsozialistischen Straßennamen in der Alltagswahrnehmung präsent waren, belegen die Zielschilder aus den Bussen und U-Bahnen der Berliner Verkehrsgesellschaft. C.M.

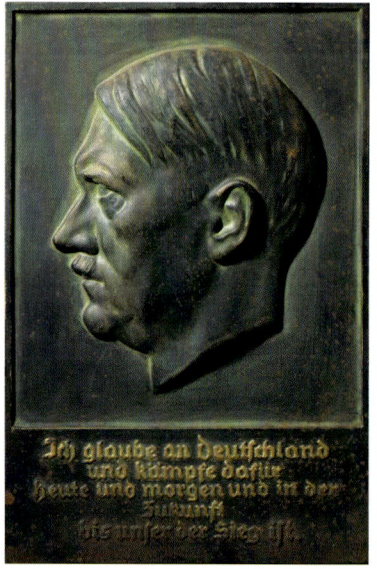

200

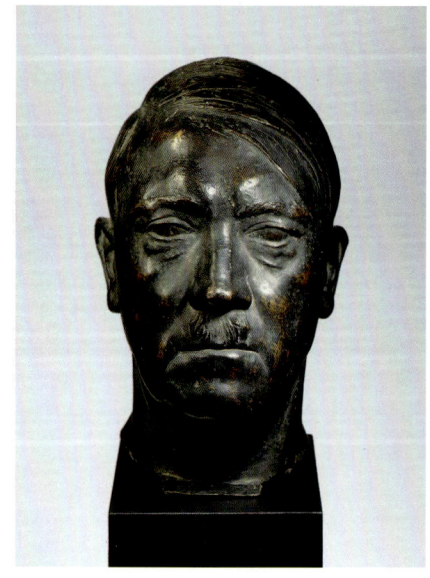

201

206

204
Seitenzielschild BVG: Staatsoper Unter den Linden – Adolf-Hitler-Platz
Berlin, zwischen 1933 und 1945
Papier · 29 × 59 cm · Berlin, Deutsches Technikmuseum Berlin, 1/1992/0487 0

205
Seitenzielschild BVG: Zoo – Adolf-Hitler-Platz – Olympisches Dorf
Berlin, zwischen 1936 und 1945
Papier · 29 × 59 cm · Berlin, Deutsches Technikmuseum Berlin, 1/1992/0486 0

206
Seitenzielschild BVG Linie M (Adolf-Hitler-Platz – Bhf. Stahnsdorf)
Berlin, zwischen 1933 und 1945
Papier · 29 × 59 cm · Berlin, Deutsches Technikmuseum Berlin, 1/1992/0472 0

207
Straßenschild: Adolf-Hitler-Platz
Berlin, zwischen 1939 und 1945
Email · 15 × 79,5 cm · Berlin, Deutsches Historisches Museum, 1990/2504

Die deutsche Gesellschaft und Hitler

Voller Begeisterung haben Millionen Deutsche Hitler unterstützt und wollten mit ihrem Engagement »dem Führer entgegenarbeiten« (Ian Kershaw). Nicht nur die traditionellen Machteliten, sondern auch die Mehrheit der Bevölkerung begrüßte das Regime freudig oder arrangierte sich zumindest schnell mit den neuen Verhältnissen. Das Versprechen einer egalitären Solidargemeinschaft, der Traum vom nationalen Wiedererstarken nach dem verlorenen Ersten Weltkrieg und nach der Weltwirtschaftskrise sowie die Verheißungen von Massenkonsum und Modernität waren Bindungskräfte des Regimes. Für etwaige Missstände machten die »Volksgenossen« nicht den Staatsführer Hitler, sondern die »Parteibonzen« der NSDAP verantwortlich. Das eigentliche Verbindende der »Volksgemeinschaft« war trotz aller Solidaritätsrhetorik jedoch der Ausschluss der Juden und derjenigen, die zu »Gemeinschaftsfremden« erklärt wurden. ■ Die Führergläubigkeit und die Versprechen des Regimes sorgten dafür, dass die Diktatur mit der Zustimmung weiter Teile der Bevölkerung rechnen konnte, auch wenn die Nationalsozialisten der Loyalität verschiedener Schichten, vor allem der Arbeiterschaft, misstrauten. Die gleichgeschaltete Gesellschaft spiegelte sich besonders signifikant im Bereich der Arbeit wider, den der NS-Staat durchdrang und nach dem Führer-Gefolgschaft-Prinzip hierarchisch organisierte. Mit Terror und Gewalt hatten die Nationalsozialisten die Gewerkschaften zerschlagen. An deren Stelle trat ab Mai 1933 die Deutsche Arbeitsfront (DAF), die sich unter der Führung von Robert Ley zur stärksten Massenorganisation der NSDAP entwickelte. Eine permanente Mobilisierung ihrer Mitglieder, etwa bei den Reichsberufswettkämpfen, sollte nicht nur die Leistungsbereitschaft steigern, sondern war auch verknüpft mit der Aussicht auf sozialen Aufstieg. Die augenscheinliche Überwindung von Standesunterschieden bot der Reichsarbeitsdienst (RAD), in dem alle jungen Erwachsenen einen sechsmonatigen Arbeitsdienst abzuleisten hatten. Doch im Wesentlichen forcierte die als »Ehrendienst am deutschen Volke« verbrämte Arbeit eine Uniformierung und Militarisierung der kommenden Generation. ■ Zu den populären Maßnahmen des Regimes, deren Erfolge Hitler zugeschrieben wurden, gehörten zweifellos die von der Organisation »Kraft durch Freude« (KdF) angebotenen Reisen und Kulturveranstaltungen sowie der »KdF-Wagen«, der allerdings nicht in Produktion ging. Die Freizeitorganisation der DAF sorgte einerseits für Gemeinschaftserlebnisse, andererseits zwang sie ihre Mitglieder zur Konformität. Die doppelte Funktion von wohlfahrtsstaatlichen Angeboten bei gleichzeitiger sozialer Kontrolle und Überwachung war ebenfalls charakteristisch für das Winterhilfswerk (WHW) mit seinen »Eintopfsonntagen« und mit seinen öffentlichkeitswirksamen Sammel- und Spendenaktionen. Angesichts der vom NS-Staat propagierten Angebote und Versprechen war die Mehrheit der deutschen Gesellschaft offensichtlich bereit, Ausgrenzung, Terror und Verfolgung stillschweigend hinzunehmen. ■ S.E.

HITLER UND DIE DEUTSCHEN

Verheißungen: Moderne Zeiten unterm Hakenkreuz?

Massenkonsum war eine der Versprechungen nationalsozialistischer Politik. Zum Konzept der »rassisch« homogenen und überlegenen »arischen Volksgemeinschaft« gehörte die Idee von einem hohen Kultur- und damit auch Konsumniveau. Insbesondere Ferdinand Porsches Volkswagen-Konzept repräsentierte Planungen und Visionen einer spezifisch nationalsozialistischen Konsum- und Freizeitgesellschaft. Der KdF-Wagen wurde zur Ikone der Propaganda, mit der die Nationalsozialisten eine spätere Wohlstandsgesellschaft in Aussicht stellten, um für den zunächst nötigen Konsumverzicht zugunsten der Aufrüstung zu werben.

Zum Symbol von nationalsozialistischem Fortschrittsglauben und moderner politischer Indoktrination wurde der Volksempfänger. Er war zudem das einzige in Serie gegangene Produkt einer ganzen Reihe von sogenannten Volksprodukten, die als moderne technische Konsumgüter breiten Käuferschichten erschwinglich gemacht werden sollten.

Die Verheißung von Massenmobilität und technischem Fortschritt fand bei den Deutschen Anklang. Dass sie in Adolf Hitler den Urheber dieser Modernisierung sahen, war nicht nur der Propaganda geschuldet. Zumindest der Rundfunkempfang wurde erst durch den Vertrieb der staatlich subventionierten Volksempfänger zu einem Massenphänomen. Dabei stellten deutsche Wissenschaftler, Facharbeiter und Ingenieure ihre Technikbegeisterung und Innovationskraft von Anfang an bereitwillig in den Dienst der nationalsozialistischen Politik. C.M.

208

209

208
Modell des von Ferdinand Porsche entwickelten KdF-Wagens
Modellbau: Peter Koch · Köln, 1938
Metall, schwarz lackiert, Stoßstangen verchromt
10 × 10 × 30 cm
Stuttgart, Robert Bosch GmbH, 12 373

209
Der Konstrukteur Ferdinand Porsche überreicht Adolf Hitler in der Reichskanzlei ein Modell des Volkswagens als Geburtstagsgeschenk
v. l. n. r.: Dr. Bodo Lafferentz (1897–1974, Reichsamtleiter der KdF in der DAF), Dr. Robert Ley (halb verdeckt, 1890–1945, Reichsleiter der NSDAP und Leiter der DAF), Ferdinand Porsche (1875–1951, Konstrukteur des sog. KdF-Wagens), Adolf Hitler, Adolf Hühnlein (1881–1942, Korpsführer des Nationalsozialistischen Kraftfahrkorps), Jakob Werlin (1886–1965, SS-Oberführer, Vorstandsmitglied der Daimler-Benz-AG, ab 1942 Generalinspektor des Führers für das Kraftfahrwesen), Rudolf Schmeer (1905–1966, Gruppenführer der SA, Ministerialbeamter in der DAF)
Heinrich Hoffmann (1885–1957)
Berlin, 20. April 1938 · Fotografie (Neuabzug)
Berlin, Deutsches Historisches Museum,
F 66/1999

DIE DEUTSCHE GESELLSCHAFT UND HITLER

210

Adolf Hitler bei der Grundsteinlegung zum Volkswagen-Werk

Pressebild-Verlag Schirner · Fallersleben, 26. Mai 1938 · Fotografie (Neuabzug) · Berlin, Deutsches Historisches Museum, Schirn 5837/29

211

Modell eines KdF-Wagens (»Kriegskäfer«) für Werbeveranstaltungen

zwischen 1940 und 1945 · Metall, lackiert
7 × 9 × 23 cm · Berlin, Peter Ebeling

212

Volkswagen-Werbeprospekte mit transparenten Schaubildern, die sich durch Aufeinanderlegen ergänzen

Zeichnung: Thomas Abeking · Herausgeber: Volkswagenwerk · Berlin, um 1938 · Papier, Karton, Zellglas, Leinen 20,8 × 20,8 cm Berlin, Peter Ebeling und Berlin, Deutsches Historisches Museum, Do2 95/2

213

»Dein KdF-Wagen«

Werbeprospekt · Berlin: Verlag der Deutschen Arbeitsfront, 1938 · 29,8 × 20,8 cm · Berlin, Deutsches Historisches Museum, Do2 89/975

214

»Der KdF-Wagen von A bis Z«

Handbuch · Herausgeber: Volkswagenwerk Berlin, um 1940 · 20,8 × 14,8 cm · Berlin, Deutsches Historisches Museum, Do2 90/1798

215

Hektografiertes Schreiben der Deutschen Arbeitsfront bezüglich der Bestellung eines KdF-Wagens

Deutsche Arbeitsfront, NSG »Kraft durch Freude« Wolmirstedt, 5. Juni 1939 · maschinengeschrieben, handsigniert · 29,6 × 20,8 cm · Berlin, Deutsches Historisches Museum, Do 75/138.1

216

Sparkarte der Deutschen Arbeitsfront für einen KdF-Wagen

Wolmirstedt, 14. Februar 1940
Karton, Papier · 14,8 × 10,4 cm · Berlin, Deutsches Historisches Museum, Do 75/137II

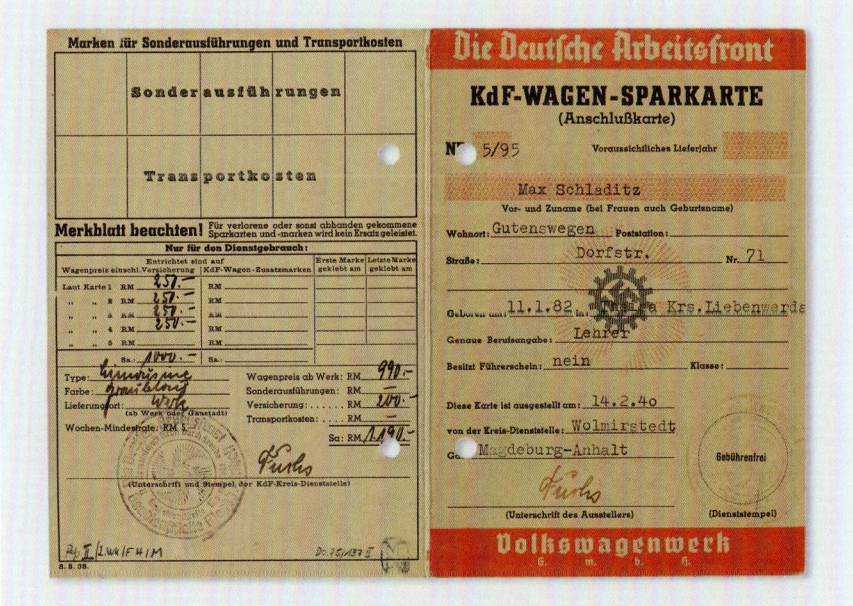

216

217, 218

217

Spardosen für KdF-Wagen mit Zählwerk für Reichsmark

um 1940 · Eisenblech, gestanzt, gelocht, lackiert
je 13 × 10 × 5,5 cm · Berlin, Peter Ebeling und Berlin, Deutsches Historisches Museum, AK 94/516.1

218

Spardose für KdF-Wagen mit Zählwerk für österreichische Schilling

um 1940 · Eisenblech, gestanzt, gelocht, lackiert
13 × 10 × 5,5 cm · Berlin, Peter Ebeling

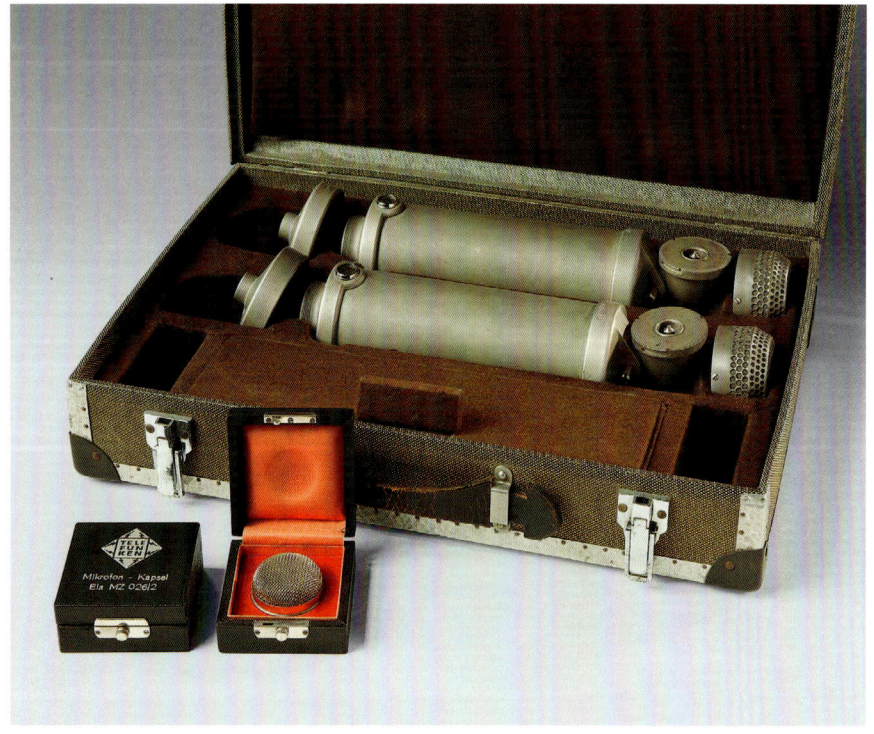

220

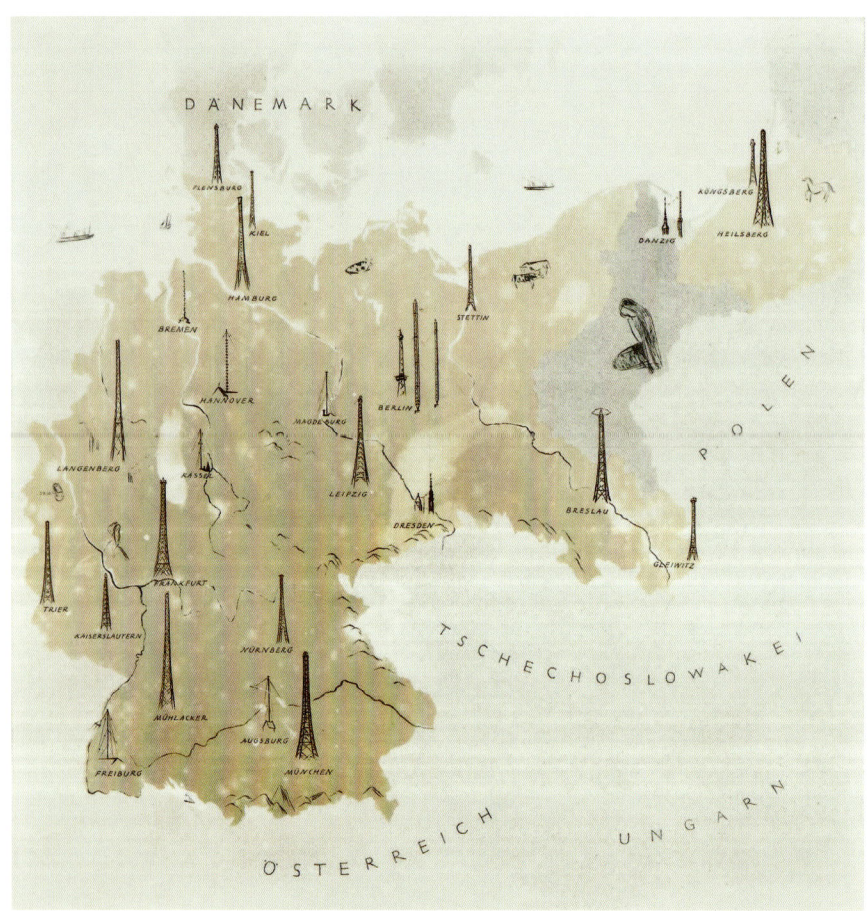

223

219

»Auf der Reichsautobahn«

Würfelspiel · Kassel: Aktiengesellschaft für Druck und Verlag, zwischen 1935 und 1940 · Papier, Pappe, Zinn · 3 × 37,5 × 27 cm (geschlossen) · Berlin, Deutsches Historisches Museum, 1991/596

220

Kondensatoren-Mikrophone mit Koffer

Entwurf: Georg Neumann · Hersteller: Telefunken Berlin, nach 1933 · Metall · 11,5 × 50,5 × 36 cm Berlin, Deutsches Technikmuseum Berlin, 1/1995/1137 0

221

»Ganz Deutschland hört den Führer mit dem Volksempfänger«

Plakat · Entwurf: Leonid · Berlin, 1936 Reproduktion (Original: 115,1 × 81,4 cm) Koblenz, Bundesarchiv, Plak 003-022-025

222

Volksempfänger auf der Funkausstellung in Berlin

Keystone View Company · Berlin, 1935 Fotografie (Neuabzug) · Berlin, Deutsches Historisches Museum, BA 95/206 Abb. S. 22

223

Zierkachel, die Joseph Goebbels anlässlich seines 36. Geburtstags von der Rundfunklobby überreicht wurde

Königliche Porzellan-Manufaktur (KPM) Berlin, 1933 · Porzellan · 50 × 50 × 5 cm Berlin, Deutsches Technikmuseum Berlin, 1-1999-0546-000-000

224

Radio »Volksempfänger« VE 301 Dyn

Auf der Funkausstellung 1933 wurde der Volksempfänger VE 301 vorgestellt. Die Ziffer symbolisierte den Tag der »Machtergreifung«, den 30. Januar 1933. Das Radiogerät sollte durch seinen niedrigen Preis von 76 Reichsmark für jeden Haushalt erschwinglich sein.
Entwurf: Ernst Mästling · Ulm, um 1940 Bakelit, Textil, Stahl, Glas, Metall 31,5 × 27 × 21 cm · Berlin, Deutsches Historisches Museum, 1989/2147

225
Radiogeräte GW 110 (DKE) »Deutscher Kleinempfänger«

Radio-Ika Litzmannstadt · Lódz, um 1940
Bakelit, Textil, Glas, Metall · 24,5 × 25 × 13 cm
Berlin, Deutsches Historisches Museum,
1989/1033; AK 2002/19

226
Radiogeräte »Volksempfänger« VE301W

nach 1933 · Bakelit, Textil, Glas, Metall
39,5 × 28 × 17,5 cm · Berlin, Deutsches Technikmuseum Berlin, 1/1919/0059; 1/1919/0150

227
Rundfunkempfänger VE 301Wn Mende

Mende · Dresden, nach 1933
Bakelit, Metall, Textilgewebe, Glas
39,5 × 28 × 17,5 cm · Berlin, Deutsches Technikmuseum Berlin, 1/1994/1136 0

228
Telefone

Siemens · Berlin, um 1930
Bakelit, Metall · 16,5 × 24,5 × 22 cm
Berlin, Deutsches Historisches Museum,
1989/1526.2; 1989/1526.1; 1989/1526.3

229
Schreibtischleuchte

G. Schanzenbach und Co.
Frankfurt am Main, 1930
Metall, Bakelit, Holz, Textil · 45 × 35 × 33 cm
Berlin, Deutsches Historisches Museum,
KG 2009/27

227

224

230
Schreibtischleuchte

Entwurf: Christian Dell (1893–1974)
1934 · Eisen, Blech, Messing · 58 × 90 × 48 cm
Berlin, Deutsches Historisches Museum,
KG 99/167

231
Glasstapelgeschirr »Kubus« (17 Teile)

Entwurf: Wilhelm Wagenfeld (1900–1990)
Hersteller: Vereinigte Lausitzer Glaswerke
Weißwasser, 1938 (Entwurf)
Pressglas · 18 × 18 × 4,5 cm (gestapelt)
Berlin, Deutsches Historisches Museum,
KG 95/20

232
»Hinein in dein herrliches Land«

Jahresprogramm 1937 der NS-Gemeinschaft
»Kraft durch Freude« für den Gau Hessen-Nassau · Deutsche Arbeitsfront
Frankfurt am Main, 1937 · 29,2 × 20,9 cm
Berlin, Deutsches Historisches Museum,
Do2 93/179

233
»Gebt mir vier Jahre Zeit«

Prospekt zur NS-Propagandaausstellung
Berlin, 1937 · 17,4 × 9,8 cm
Berlin, Deutsches Historisches Museum,
Do 64/253
Abb. S. 20

234
»Gebt uns Rundfunkgeräte«

Werbeplakat · Ferdinand Spindel (1913–1980)
um 1935 · Reproduktion (Original: 84 × 59 cm)
Berlin, bpk – Bildagentur für Kunst, Kultur und
Geschichte, 00008850

235
»Fernsehen. Sonderschau Deutsches Museum München«

Werbeplakat · Eugen Max Cordier (1903–1974)
München, 1937
Reproduktion (Original: 120 × 83,5 cm)
München, Münchner Stadtmuseum, P-C 1/70

236
»Die Heinkel-Werke in Oranienburg, Baujahr 1936: Zentralheizwerk«

aus: *Kunst im Deutschen Reich*, Ausgabe B
Architekt: Herbert Rimpl
Oranienburg, Februar 1940 · Fotoreproduktion
Berlin, Deutsches Historisches Museum,
GZB 46 B 4,1 1940

237
Früher Plan des Konzentrationslagers Sachsenhausen: Häftlingslager und SS-Truppenlager

Oranienburg, um 1936
Reproduktion (Original: 42 × 42 cm)
Potsdam, Brandenburgisches Landeshauptarchiv,
Rep. 2 A Regierung Potsdam IIIF

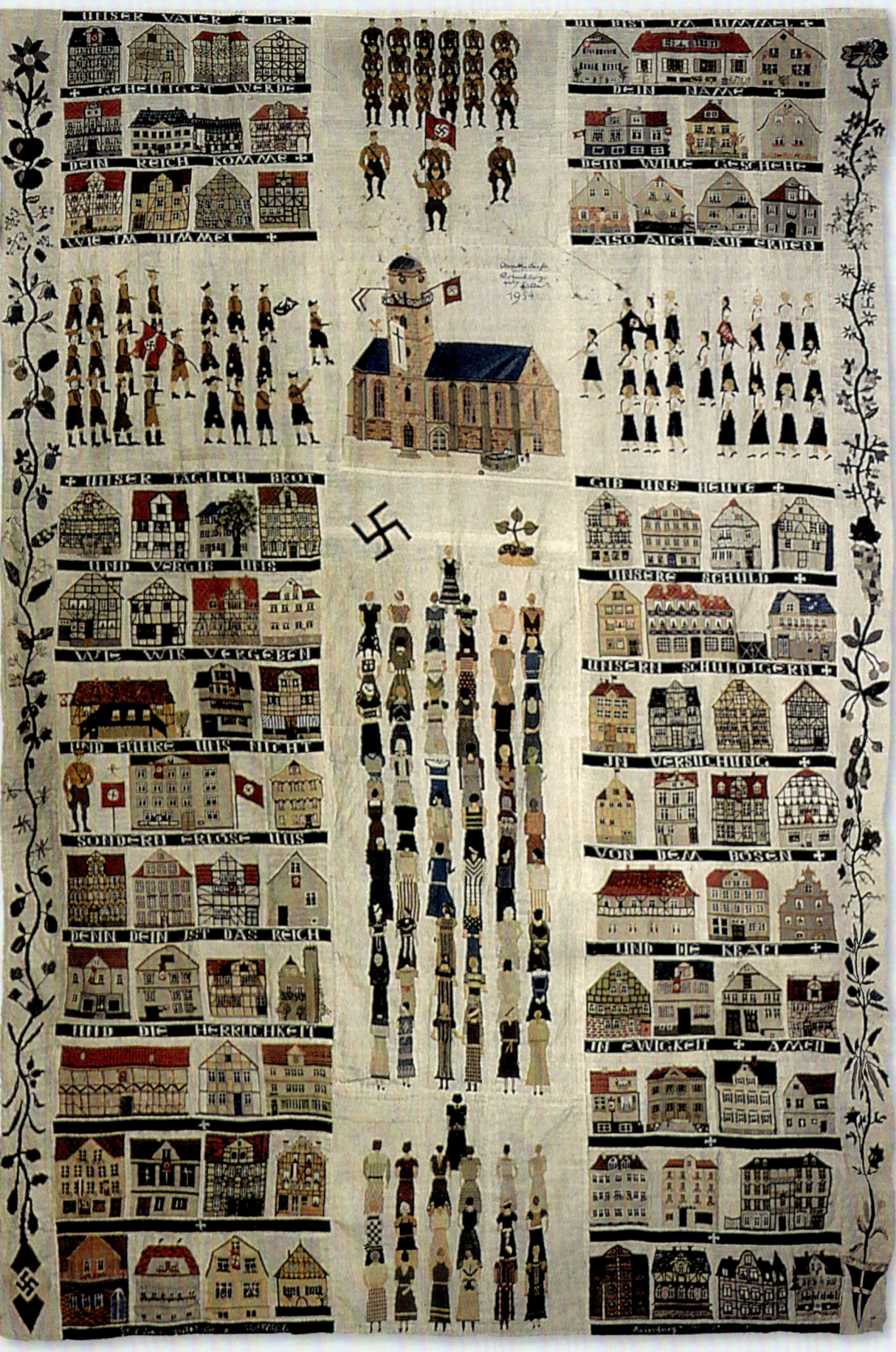

DIE DEUTSCHE GESELLSCHAFT UND HITLER

»Dem Führer entgegenarbeiten«

Vom 1. Mai 1935 bis zum Frühjahr 1945 hing der Wandbehang (Kat.-Nr. 238) rechts neben der Kanzel der Jakobikirche in Rotenburg an der Fulda. Den eigentlichen Anstoß für den Wandbehang hatte der Pfarrer gegeben. Nach seinen Vorstellungen sollte die »Evangelische Frauenhilfe« gemeinsam mit der NS-Frauenschaft einen fertigen Entwurf in Kreuzstichtechnik aussticken – als Schmuck und zugleich Kälteschutz vor einer nicht genutzten Seitentür neben der Kanzel. »Es war der Wunsch der Kirche, die Frauenhilfe und die NS-Frauenschaft auf diese Weise eng zusammenzubringen«, beschreibt der »Projektleiter« Wolf-Dietrich Stein, seit 1932 Kunsterzieher an der Jakob-Grimm-Schule und ab 1933 Orts- und Kreiskulturwart der NSDAP, die Ausgangssituation: »Die Kirche gab den Anlaß; die Frauenschaft den Sinn: wir tragen das Hakenkreuz in unsre Kirche.«

Die von den Frauen in halbem Kreuzstich auf Straminstücke gestickten Häuser wurden zu einem christlichen Kreuz aneinandergereiht, getrennt durch die Worte des Vaterunser. Das so entstandene Kreuz füllen vier Figurengruppen, gestickt von Rotenburger Schülerinnen: 74 unterschiedlich gekleidete Frauen, 24 uniformierte Hitlerjungen, 23 Männer in SA-Uniform und die gleiche Zahl uniformierter BDM-Mädchen marschieren in die Kirche. Auch die florale Umrandung war das Werk von Schülerinnen. Über ihre Mitgliedschaft in der NS-Frauenschaft waren auch Katholikinnen in die Stickarbeit für eine protestantische Kirche eingebunden, sie »dienten so der größeren Gemeinschaft« (Stein). Kräftig flattern vom Kirchturm die beiden weltlichen Banner, während die Kirchenfahne – wie auf Halbmast gesetzt – unbewegt herabhängt. Das »Reichsbeflaggungsgesetz«, das unter Strafandrohung das Hissen der Hakenkreuzfahne an Kirchengebäuden an besonderen Feiertagen vorschrieb, wurde erst Monate später, am 15. September 1935, erlassen. H. N.

239

238
Wandbehang mit Kreuz, Vaterunser und Hakenkreuzen
Rotenburg an der Fulda, vor 1. Mai 1935
Stramin, Stickerei · 330 × 230 cm
Rotenburg an der Fulda, Kreisheimatmuseum Rotenburg an der Fulda

Die »Volksgemeinschaft« als Leistungsgemeinschaft

Die deutschen Arbeiter in den Nationalsozialismus zu integrieren war das Ziel der Deutschen Arbeitsfront (DAF). Gestützt auf das beschlagnahmte Vermögen der zwangsaufgelösten Gewerkschaften gelang es der DAF, in fast allen Betrieben präsent zu sein und zur größten NS-Massenorganisation aufzusteigen. Unter hohem propagandistischem Aufwand führte die DAF zusammen mit der HJ die Reichsberufswettkämpfe durch, mit dem Ziel, die Leistungsbereitschaft der Bevölkerung zu steigern. Diese zentralisierten beruflichen Leistungswettbewerbe richteten sich zunächst an Auszubildende, später dann an alle Berufstätigen.

Für diesen Wettkampf fertigten Lehrlinge des Reichsbahnausbesserungswerks Berlin-Tempelhof eine Bronzeschatulle in Form eines Buches, die Adolf Hitler am 1. Mai 1938 zum Geschenk gemacht wurde. Diese Schatulle wurde im Berghof auf dem Obersalzberg aufbewahrt und verblieb dort bis zum Eintreffen amerikanischer und französischer Verbände am 4. Mai 1945. Ein Offizier des

Schatulle in geschlossenem Zustand

DIE DEUTSCHE GESELLSCHAFT UND HITLER

807. Transport-Bataillons der 1. Armee der Freien Französischen Streitkräfte nahm dann die Schatulle als Erinnerung an den Krieg, der ihn aus dem äußersten Süden der algerischen Wüste über Neapel, Monte Cassino und Rom nach Berchtesgaden geführt hatte, an sich. C. M.

239
Siegerpreis in Form eines Tafelaufsatzes für das vom NSKK ausgetragene Kesselbergrennen
Inschrift: »Im Sport der Sieg hebt den Stolz der Nation. Gestiftet vom Chef des Kraftfahrwesens der S.A.: Obergruppenführer Hühnlein – Internationales VIII. Kesselberg-Rennen 1933«
Gebrüder Hemmerle · München, um 1933
Silber, Bronze, Holz · H 27,5 cm, Dm 29,6 cm
München, Münchner Stadtmuseum, K 93/61

240
Schatulle in Form eines Buches, als Geschenk für Adolf Hitler gefertigt
Inschrift: »Unserm Führer / In Verpflichtung und Treue. / zum 6. Ehrentag / der Deutschen Arbeit. / In gemeinsamem Schaffen gefertigt von / den Orts-, Gau- und Reichssiegern / aus den Berufs-Wettkämpfen / 1934 – 37 / der Wettkampfgruppe Verkehr / und öffentliche Betriebe / Fachschaft-Reichsbahn / Gau-Berlin / RAW Tempelhof, am 1. Mai 1938.«
Lehrlinge des RAW Berlin-Tempelhof
Berlin, 1938 · Bronze mit Silber- und Kupferapplikationen · 78 × 63 × 17 cm · Belleville-en-Caux, Privatsammlung Familie Wolfer

241
»Ehret die Arbeit / und achtet den Arbeiter / Adolf Hitler«
Reliefplatte · Berlin, nach 1933
Eisen, gegossen · 96 × 64,5 cm
Berlin, Deutsches Historisches Museum, MK 82/62

242
»Echte Betriebsgemeinschaft«
Werbeplakat der Deutschen Arbeitsfront (DAF)
Berlin, zwischen 1933 und 1937 · Reproduktion (Original: 70,2 × 50,3 cm) · Berlin, Deutsches Historisches Museum, P 95/233

241

243
»In jedem Betrieb eine Werkfrauengruppe«
Werbeplakat der Deutschen Arbeitsfront (DAF)
Otto Geiger
Kassel, nach 1933 · Reproduktion (Original: 83,7 × 59,4 cm) · Berlin, Deutsches Historisches Museum, 1988/998.37

244
»3. Reichs-Berufswettkampf der Deutschen Jugend 1936«
Plakat · Jugendamt der DAF und Reichsjugendführung · Berlin, 1936
Reproduktion (Original: 42,5 × 30 cm)
Berlin, Deutsches Historisches Museum, 1987/148

◀ 240

HITLER UND DIE DEUTSCHEN

Die Partei im Kinderzimmer

Dem nationalsozialistischen Erziehungsleitbild entsprechend sollte die Ausrichtung auf den »Führer« und die Partei zum zentralen Element im Leben eines jeden Kindes werden. Nicht die Familie, sondern die Jugend- und Nachwuchsorganisationen der NSDAP hatten die entscheidende Rolle bei der Erziehung zu übernehmen. So waren bereits die Jüngsten der nationalsozialistischen Indoktrination ausgesetzt, der Nationalsozialismus durchdrang die kindliche Spiel- und Erlebniswelt. Ob Soldaten, SA-Männer, Hitler, Göring oder Mussolini – im Miniaturformat bevölkerten sie die heimischen Kinderzimmer. Mit den beliebten Lineol- und Elastolinfiguren konnten der nationalsozialistische Alltag nachgebildet, die Paraden und Parteitage auch im Kinderzimmer nachgespielt werden.
E. W.

245

245
Kaspertheaterfiguren

Die vier vom »Reichsinstitut für Puppenspiel« vertriebenen Figuren griffen unterschiedliche Schreckbilder auf: von der Gegenfigur des »Meckerers«, gegen den sich immer wieder Propagandakampagnen richteten, bis zum »Juden«, dem zentralen ideologischen Feindbild der Nationalsozialisten.
v. l. n. r.: Engländer mit Tropenhelm, Meckerer, Jude, König · Entwurf: Harro Siegel (1900 – 1985)
Hersteller: Vorbereitungsstelle
für das Reichsinstitut für Puppenspiel
Berlin, um 1940 · Labolit · H 49 – 63 cm
München, Münchner Stadtmuseum,
583, 13480, 00/89, 8417

246
Spielzeugfiguren

v. l. n. r.: Hermann Göring, Benito Mussolini, Paul von Hindenburg, Rednerpult, Adolf Hitler mit gestrecktem Arm, Adolf Hitler in Parteiuniform, Adolf Hitler in Zivil · Lineol AG Brandenburg an der Havel, zwischen 1933 und 1940 · Elastolin, Holz, bemalt · H je ca. 8 cm
Berlin, Deutsches Historisches Museum,
1989/2238.6; 1989/2238.7; 1989/2238.14;
1989/923; 1989/2238.9; 1989/922; 1989/921

246

247

DIE DEUTSCHE GESELLSCHAFT UND HITLER

247
Musiksoldaten
v. l. n. r.: Paukenschläger, Beckenschläger, Tubaspieler, Waldhornbläser, Posaunist, Fagottist, Lyraträger, Schellenbaumträger · Lineol AG Brandenburg an der Havel, zwischen 1935 und 1938 · Elastolin, lackiert · H 6,6–10,6 cm
Berlin, Deutsches Historisches Museum,
AK 95/596; AK 95/597.1; AK 95/594; AK 95/595; AK 95/592; AK 95/589; AK 95/585; AK 95/584

248
Soldaten im Einsatz
Lineol AG · Brandenburg an der Havel, zwischen 1935 und 1938 · Elastolin, lackiert · H je ca. 7 cm
Berlin, Deutsches Historisches Museum, AK 95/571; AK 95/570; AK 95/572; AK 95/568.1–2; AK 95/573.1–2; AK 95/567.1–3; AK 95/569

248

249
Kübelwagen mit Feldküche, Motorradfahrer mit Maschinengewehr auf dem Beiwagen, leichte Feldartillerie mit Federzugkanone
Lineol AG · Brandenburg an der Havel, zwischen 1937 und 1939
Weißblech, Elastolin, lackiert · H je ca. 7 cm
Berlin, Deutsches Historisches Museum,
AK 95/626.1–2; AK 95/607; AK 95/623.1–2

250
Marschsoldaten mit Tornister und Offizier
Lineol AG · Brandenburg an der Havel, um 1935
Elastolin, lackiert · H je ca. 7,5 cm
Berlin, Deutsches Historisches Museum,
AK 95/610.1–12; AK 95/608

249

251
SA-Männer
Elastolin war der Markenname der Spielzeugfiguren der Firma O. & M. Hausser, die seit 1910 Figuren aus einer Masse von Sägemehl, Kasein-Leim und Kaolin herstellte, die im Inneren durch einen Draht verstärkt und je nach Verwendungszweck lackiert wurden. Ihre große Popularität machte die Figuren auch als Träger von NS-Symbolen attraktiv, die nun mit vertrauten Dingen verbunden wurden und auch auf diese Weise in die Alltagswelten der Deutschen einzogen.
O. & M. Hausser
Neustadt bei Coburg, nach 1935
Eisenblech, Elastolin, lackiert · H je ca. 7 cm
Berlin, Deutsches Historisches Museum,
MK 78/57.g, i, f, l, m; 1989/2238.16;
AK 2006/1049; AK 2006/1050; AK 2006/1051; AK 2006/1052; AK 2006/1054; AK 2006/1055; AK 2006/156

251

221

HITLER UND DIE DEUTSCHEN

256

Das Winterhilfswerk – inszenierte Solidarität und die Grenzen der »Volksgemeinschaft«

Eines der prestigeträchtigen Ziele des NS-Regimes war die Bekämpfung materieller Not. Seine propagandistische Umsetzung erfuhr es mit der Gründung des Winterhilfswerks (WHW) im September 1933. Das WHW, das mit der Parole »Ein Volk hilft sich selbst« warb, diente sowohl der Selbstdarstellung des Regimes als auch der Inszenierung einer in Solidarität geeinten »Volksgemeinschaft«. Die Aktivitäten des WHW waren vielfältig und umfassten neben Straßen- und Haussammlungen diverse Steuerspenden, Lotterien und Kulturveranstaltungen. Zum sichtbaren Zeichen der Anerkennung erhielten die Spender Abzeichen oder Türplaketten. Waren die ersten WHW-Abzeichen noch einfach und nur als Quittung gedacht, so regten bald ganze Serien zum Sammeln und damit zum Kauf an. Das Spendenaufkommen nahm schnell gewaltige Ausmaße an, Nutznießer waren jedoch ausschließlich nach nationalsozialistischen Kriterien »würdige Personen«.
E. W.

252
**»Winterhilfswerk –
Ein Volk hilft sich selbst!«**
Plakat · Entwurf: Max Reimer (1877–1970)
Herausgeber: Winterhilfswerk des Deutschen Volkes · Deutschland, um 1938
Reproduktion (Original: 59,5 × 42 cm)
Berlin, Deutsches Historisches Museum, P 99/25
Abb. S. 125

253
**»Wir erfüllen unsere Ehrenpflicht
und sammeln gemeinsam
am Tag der Nationalen Solidarität«**
Plakat · Herausgeber: Gauführung des WHW Sudetenland, Hauptstelle Werbung und Schulung · Leipzig, 1938
Reproduktion (Original: 122,9 × 87,8 cm)
Berlin, Deutsches Historisches Museum,
P 62/240 · Abb. S. 115

DIE DEUTSCHE GESELLSCHAFT UND HITLER

254

»Volksgesundheit, Volksgemeinschaft, Kinderschutz, Mutterschutz, Bettelbekämpfung, Wandererfürsorge sind die Aufgaben der NS-Volkswohlfahrt – Werdet Mitglied«

Plakat · Entwurf: Ludwig Hohlwein (1874 – 1949)
München, um 1933
Reproduktion (Original: 118 × 83 cm)
Berlin, Deutsches Historisches Museum, P 97/148

255

»Spare und reise mit Kraft durch Freude«

Plakatwerbung für die Reisesparkarte der NS-Arbeitsgemeinschaft »Kraft durch Freude« (KdF)
Warnsdorf, um 1935
Reproduktion (Original: 83 × 59,4 cm)
Berlin, Deutsches Historisches Museum, 1989/1478

256

»Das Dritte Reich«

Dargestellt ist eine NS-Kundgebung im Berliner Lustgarten. Das Bild karikiert den inszenierten Parteispektakel und die uniformierte Gesellschaft samt den Sammelaktionen. Der Künstler erhielt 1937 Ausstellungsverbot; das Bild wurde nicht öffentlich gezeigt.
Georg Netzband (1900 – 1984)
Berlin, 1935 · Öl auf Leinwand · 60 × 80 cm
Berlin, AGO Galerie

257

Sammelbüchsen der Nationalsozialistischen Volkswohlfahrt und des Winterhilfswerks

Winterhilfswerk des Deutschen Volkes zwischen 1933 und 1945 · Eisenblech, lackiert
a) 16,9 × 10,7 × 16,7 cm
b) 17,5 × 12,7 × 12 cm
c) 17,4 × 12,8 × 11,9 cm
d) 13 × 12 × 12,1 cm
e) 15,9 × 13 × 14 cm
Berlin, Deutsches Historisches Museum, 1989/1003.1; 1989/1003.2; MK 62/363; MK 67/335; 1989/1763

258

VDA (Volksbund für das Deutschtum im Ausland)-Abzeichen, Serie »Trachtenköpfe«

Winterhilfswerk des Deutschen Volkes 1936 · Holz, geschnitzt, bemalt · je 3 × 2,2 cm
Berlin, Deutsches Historisches Museum, A 2008/186; A 2008/184; A 2008/188; A 2008/190

257b

259

WHW-Abzeichen, Serie »Uniform und Geschichte«

Offizier eines preußischen Regiments 1710, Musketier eines preußischen Regiments 1750, Fähnrich der Landsknechte mit Fahne 1530, Landsknecht mit Hellebarde 1510, Musketier eines brandenburgischen Infanterieregiments 1700 · 1938 · mehrfarbig gewebt (Jacquard) in Aluminium, poliert · je 5 × 4 cm · Berlin, Deutsches Historisches Museum, A 2003/142; A 2003/143; A 2003/139; A 2003/138; A 2003/141

260

WHW-Abzeichen, Serie »Soldaten der Wehrmacht«

Matrose, Alpenjäger, Leutnant der Luftwaffe, Infanterist, Pilot · 1938
Porzellan, bemalt · je 4,9 × 1,8 cm
Berlin, Deutsches Historisches Museum, 1988/1238.50.1; A 2004/41; A 2004/38.1; A 2004/37; A 2004/40

261

WHW-Abzeichen, Serie »Kasperlefiguren«

Ritter, Jäger, Krokodil, Waldschrat, Schutzmann, Schneemann · 1940
Holz, gedrechselt, bemalt · H je 4,6 cm
Berlin, Deutsches Historisches Museum, A 2006/78.3; A 2006/4; A 2006/73; A 2006/80; A 2006/79; A 2006/6

262

WHW-Abzeichen – Serie »Schmetterlinge«

Schwalbenschwanz, Admiral, Trauermantel, Bläuling, Zitronenfalter · April 1936
Porzellan, bemalt · je 2,3 × 3,4 × 2,5 cm
Berlin, Deutsches Historisches Museum, A 2008/265; A 2008/262; A 2008/264; A 2008/261; A 2008/263

263

WHW-Abzeichen, Serie »Adler« und Serie »Ruhrarbeiter«

Eisengießer, Schmied, Ruhrschiffer · 1937
Adler: Ton, glasiert · je 4,1 × 3,3 cm
Ruhrarbeiter: Aluminium, geprägt · je 4,3 × 2,6 cm
Berlin, Deutsches Historisches Museum, A 2008/118; A 2008/117; A 2008/287; A 2008/289; A 2008/288

264

WHW-Abzeichen, Serie »Großdeutschland« und Serie »Gau- und Städtewappen«

Landkarte »Wir danken unserem Führer« und Wappen Wesel, Duisburg, Essen
1939 (Großdeutschland) und 1936 (Gau- und Städtewappen)
»Großdeutschland«: Ton, glasiert · je 3,3 × 4 cm
»Gau- und Städtewappen«: Seide, Eisenblech, bronziert · je 3,5 × 2,4 cm
Berlin, Deutsches Historisches Museum, A 2008/129; A 2008/128; A 2008/281; A 2008/280; A 2008/279

265

WHW-Abzeichen, Serie »Fränkische Bauten«

Hegereiter Haus in Rotenburg, Willibaldburg in Eichstätt, Cadolzburg bei Nürnberg, Nürnberger Tor in Neustadt · Januar 1942
Kunstharz, geprägt, bemalt · je 4,3 × 3,2 cm
Berlin, Deutsches Historisches Museum, A 2008/328; A 2008/323; A 2008/322; A 2008/326

266

WHW-Abzeichen, Büchlein-Serie

»Der Führer und die Jugend«, »Der Führer und die Bewegung«, »Der Führer und die Wehrmacht«, »Der Führer und der Arbeiter«, »Der Führer in den Bergen«
1937 · je 4,5 × 3,5 cm · Berlin, Deutsches Historisches Museum, A 90/76.1 – 11

267

WHW-Abzeichen, Büchlein-Serie

mit sechs Heftchen »Der Führer macht Geschichte« 1933 – 1938
1939 · je 5,2 × 3,5 cm · Berlin, Deutsches Historisches Museum, A 90/75.1 – 22

HITLER UND DIE DEUTSCHEN

vordere Reihe: 258; zweite Reihe: 259; dritte Reihe: 260; hintere Reihe: 261

266, 267

268
**WHW-Abzeichen zum
»Tag der nationalen Solidarität«**
1938
a) Aluminium · 3 × 2,7 cm
b) Aluminium · 2,9 × 2,5 cm
Berlin, Deutsches Historisches Museum,
A 2008/403; A 90/674

269
**WHW-Abzeichen, vermutlich zum
Tag der Wehrmacht**
1938 · Aluminium · 4,1 × 3,1 cm
Berlin, Deutsches Historisches Museum,
A 78/425

270
**WHW-Abzeichen,
Serie »Ehre, Freiheit, Ritterlichkeit«**
Ritter, Tod und Teufel
1938 · Ton, glasiert · 4 × 4,6 cm
Berlin, Deutsches Historisches Museum,
A 2008/120

271
WHW-Abzeichen, Büchlein-Serie
»Der Führer und das Winterhilfswerk«,
»Der Führer und Mussolini«, »Der Führer und
seine Bauten«, »Der Führer und sein Volk« und
»Der Führer und seine Heimat«
1938 und 1940 · je 4,9 × 7,1 cm bzw. 4,8 × 3,8 cm
Berlin, Deutsches Historisches Museum,
A 2004/52; A 2004/53; A 2004/54; A 2004/55;
A 2004/56; Do2 87/50.5

272
**WHW-Abzeichen,
Serie »Das deutsche Handwerk«**
Schuhmacher, Schmied, Konditor, Metzger,
Schornsteinfeger · 1937
Seide, bestickt, Eisenblech, vermessingt
je 4,4 × 3,5 cm · Berlin, Deutsches Historisches
Museum, 1988/1238.87.1–5

273
Türplaketten des Winterhilfswerks
a) 1935 und 1936 · je 13,4 × 7,6 cm
b) 1936 · je 15,4 × 7,8 cm
c) 1936 und 1937 · je 15 × 7,5 cm
d) 1934 und 1935 · Dm je ca. 10 cm
Berlin, Deutsches Historisches Museum,
Do2 88/1597.13–15; Do2 88/155; Do2 88/1597.9,
-10; 1988/1238.309.1; 1988/1238.311; 1988/
1238.312.1; 1988/1238.295.2; 1988/1238.297.1;
1988/1238.298.1; 1988/1238.299.1

274
**Ehrenkreuz der Deutschen Mutter,
1. Stufe in Gold**
zwischen 1938 und 1945 · Bronze, geprägt,
vergoldet, emailliert · 4,7 × 4,3 × 3,5 cm
Berlin, Deutsches Historisches Museum, O 80/190

275
**Ehrenkreuz der Deutschen Mutter,
2. Stufe in Silber**
zwischen 1939 und 1945
Bronze, geprägt, versilbert, emailliert, Seidenrips
Kreuz: 4,6 × 3,6 cm, Band: L 36 cm
Berlin, Deutsches Historisches Museum,
O 2005/15

276
**Abzeichen für Orts-Frauenschafts-
Leiterinnen der NS-Frauenschaft**
Deutschland · Metall, emailliert
a) nach 1933 · je ca. 3 × 3 cm
b) zwischen 1936 und 1945 · 3,6 × 3,6 cm
Berlin, Deutsches Historisches Museum,
A 90/542.1–2; O 2001/35
Kat.-Nr. 276b Abb. S. 138

277
**Abzeichen der
Freien Schwesternschaft**
nach 1936 · Eisen, emailliert · Dm 3,85 cm
Berlin, Deutsches Historisches Museum, A 93/19
Abb. S. 138

278
Goldenes Hitler-Jugend-Ehrenzeichen
nach 1934
Bronze, emailliert, vergoldet · 3 × 1,8 cm
Berlin, Deutsches Historisches Museum,
1988/421

279
**SS-Dienstauszeichnung
2. Stufe für 12-jährige Dienstzeit**
Nachbildung
Bronze, versilbert, Chemiefaser · 4,3 × 3,9 cm
Berlin, Deutsches Historisches Museum, O 75/115

280
**Gauehrenzeichen der NSDAP
für die Parteimitgliedschaft seit 1923**
Nachbildung · Weißmetall, Email · Dm 4,7 cm
Berlin, Deutsches Historisches Museum, O 75/119

281
BDM-Leistungsabzeichen
Bund Deutscher Mädel, zwischen 1934 und 1945
Bronze · 1,6 × 3,1 cm
Berlin, Deutsches Historisches Museum, O 67/55
Abb. S. 138

Hitler zum Anfassen – Kitsch und Devotionalien

Um ihren Führungsanspruch zu inszenieren, setzte die nationalsozialistische Führungselite auf außerordentliche Großereignisse und Massenveranstaltungen. Und ging es darum, die neuen Machthaber zu popularisieren, bediente man sich hauptsächlich gefälliger Massenware. Die beliebten Zigarettensammelbilder wurden zu einem wirksamen Medium, um Führer und Partei zu präsentieren und zu inszenieren. Nicht selten stammten die Motive dieser Sammelbilder von Hitlers Hoffotograf Heinrich Hoffmann. Aufgabe der Bilder war es, Hitler nicht als gewalttätigen Diktator, sondern als ehrlichen, sympathischen, zugänglichen und verständnisvollen »Führer« darzustellen.

Doch nutzte nicht nur die NSDAP solche Alltagsgegenstände, um die Popularitätswerte des »Führers« zu steigern. Auch viele Gewerbetreibende erkannten den »Marktwert« des »Führers« und versuchten, mit seinem Konterfei Geschäfte zu machen. Ob Geldbörsen, Porzellanfliesen oder Zigarren – der Devotionalienhandel scheint sehr lukrativ gewesen zu sein. Bereits im April 1933 erging nämlich eine Pressemeldung, die scharfe Maßnahmen gegen solchen »patriotischen Kitsch« ankündigte. Einen »derartigen Kitsch, der als Verhöhnung der nationalen Erhebung aufgefasst wird«, könne die Reichsregierung nicht länger dulden. Deswegen seien »allerschärfste Maßnahmen gegen die Firmen geplant, die mit den Ereignissen der letzten Monate ein Geschäft machen wollen«. Nicht Angebot und Nachfrage, sondern ausschließlich die Partei sollte über das Bild des »Führers« im Volk bestimmen. E. W.

284

282
Hitlerkopf als Relief ausgebildet, nach links blickend
1930er Jahre · Gusseisen · 31 × 24 cm
Nürnberg, Dokumentationszentrum Reichsparteitagsgelände, DZO 059

283
Hitler-Bildnis, Holzintarsien-Arbeit
1930er Jahre · Holz · 36,1 × 25 cm
Nürnberg, Dokumentationszentrum Reichsparteitagsgelände, DZO 048

284
Porzellanfliese Adolf Hitler
Entwurf: nach einem Gemälde von Willy Exner (1888–1947) · Hersteller: Rosenthal Porzellan Selb, 1938 · Porzellan · 24,2 × 19,5 × 0,8 cm
Nürnberg, Germanisches Nationalmuseum, VK 3714

285
»Der Führer spricht«
Daumenkino · Lippstadt: Verlag Wahlert und Sohn, 1935 · 5,9 × 3,5 cm
Berlin, Deutsches Historisches Museum, AK 94/583

286
Hakenkreuz als Weihnachtsbaumspitze
zwischen 1933 und 1945
Lackfarbe, Karton, Eisendraht · 14,3 × 7 cm
Berlin, Deutsches Historisches Museum, 93/495

287
Zigarrenkiste »Reichskanzler«
nach 1933
Papier, Holz, bedruckt · 6,8 × 23,4 × 12 cm
Berlin, Deutsches Historisches Museum, 1988/952

288
Lampion mit Hakenkreuz
um 1940 · Papier, Pappe, Aluminium, Draht
25,5 × 24,5 × 23,5 cm
Berlin, Deutsches Historisches Museum, 1988/926.1

289
Perlenbestickte Geldbörse
Aufschrift: »Heil Hitler / 1933 III. Reich«
1933 · Glas, Baumwolle, Metall · 8,5 × 7 cm
Berlin, Deutsches Historisches Museum, KT 2001/86

290
»Kinder, was wißt ihr vom Führer?«
Kinderbuch · Hermine Morgenroth und Maria Schmidt · Leipzig: Franz Schneider Verlag, 1933
19,1 × 13,3 cm
Berlin, Deutsches Historisches Museum, G 2772 <36. Tsd.>

291
»Hitler wie ihn keiner kennt. 100 Bilddokumente aus dem Leben des Führers«
Vor allem die Bilderfabrik von Heinrich Hoffmann vermarktete den »Führer« immer wieder in Büchern und Postkarten und popularisierte ihn in verschiedenen Rollen als Tier-, Natur-, Heimat- und Kinderfreund. Indem Hitler scheinbar als Privatperson gezeigt wurde, sollte ein Bild der Nähe und Vertrautheit erzeugt werden.
Herausgeber: Heinrich Hoffmann (1889–1966) und Baldur von Schirach (1907–1974)
Berlin: Zeitgeschichte Verlag und Vertriebs-Gesellschaft, 1932 · 25 × 18,3 cm
Berlin, Deutsches Historisches Museum, GA 2570

292
Das »Führer-Quartett«
Entwurf: Adolf Sala
Sala Spiele · Druck auf Karton
a) Berlin, 1938 · je 12,1 × 8,3 cm
Berlin, Deutsches Historisches Museum, AK 99/826
b) Berlin, nach 1934 · 13,4 × 9,5 × 3,6 cm
(Schachtel) · Natters, Rainer Graefe

288

291

293
»Adolf Hitler – Bilder aus dem Leben des Führers«
Sammelbilderalbum · Cigaretten-Bilderdienst Hamburg, 1936 · 31 × 24 cm
Berlin, Deutsches Historisches Museum, DG 90/6704

294
Serie mit 7 Bilderschecks für Zigaretten-Sammelbilder
Cigaretten-Bilderdienst · Hamburg, 1936
4,4 × 5,8 cm · Berlin, Deutsches Historisches Museum, Do2 2009/454

DIE DEUTSCHE GESELLSCHAFT UND HITLER

295
Sammelbilder-Serien
Cigaretten-Bilderdienst
a) Zigaretten-Bilder-Album »Adolf Hitler«
Hamburg, um 1938
12,2 × 17,2 × 0,3 cm und 8,2 × 12,5 × 0,5 cm
b) Zigaretten-Bilder-Album »Olympia 1936 –
Band I« · Hamburg, 1936
12,2 × 17,2 × 0,3 cm und 8,2 × 12,5 × 0,5 cm
c) Zigaretten-Bilder-Album »Olympia 1936 –
Band II« · Hamburg, 1936
12,2 × 17,2 × 0,3 cm und 8,2 × 12,5 × 0,5 cm
d) Zigaretten-Bilder-Album »Raubstaat England«
Ernst Lewalter (1892–1956) · Hamburg, 1941
12,2 × 17,5 × 0,4 cm
Berlin, Deutsches Historisches Museum,
Do2 2001/401–404; Do2 2001/399-400;
Do2 2001/390; Do2 2001/384–385;
Do2 2001/392; Do2 2001/389; Do2 2001/40
Kat.-Nr. 295 a Abb. S. 65

Der »Deutsche Gruß«

Der »Deutsche Gruß«, auch als Hitler-Gruß bezeichnet, war Ausdruck des Personenkults um Adolf Hitler. Die zum »Deutschen Gruß« gehörige Geste des mit flacher Hand schräg in Augenhöhe nach oben gestreckten rechten Arms verband sich zumeist mit den Grußworten »Heil Hitler« oder »Sieg Heil« und war eine Kopie des »Römischen Grußes« der italienischen Faschisten. Der Hitler-Gruß hatte sich seit 1925 als Kampfgruß der NS-Bewegung etabliert. Im Juli 1933 wurde der »Deutsche Gruß« für Begegnungen im öffentlichen Raum und für den behördlichen Schriftverkehr verbindlich vorgeschrieben. Auf diese Weise wurde die Personalisierung der Herrschaft auch im alltaglichen Leben rituell verfestigt und zum Mittel der Kontrolle für die Zustimmung zum Regime bzw. für seine Ablehnung. R.S.

296
Türschild »Volksgenosse, /
trittst Du ein, / soll Dein Gruß /
›Heil Hitler‹ / sein!«

nach 1933 · Eisenblech, lackiert · 9,9 × 7,5 cm
Berlin, Werkbundarchiv – Museum der Dinge

292 b

295 a

HITLER UND DIE DEUTSCHEN

297
Deutsche Grußformeln

in: »Großer Duden. Das Bildwörterbuch der deutschen Sprache« · Leipzig: Bibliographisches Institut, 1935 · Reproduktion
Berlin, Deutsches Historisches Museum, 56/1712

298
Türschild
»Unser Gruß ist ›Heil Hitler!‹«

nach 1933 · Stahlblech, emailliert · 33 × 50 × 3 cm
Berlin, Deutsches Historisches Museum, 1987/429.19

Das Leitsystem für den »Volksgenossen« – die Hinweisschilder der NSDAP

Im öffentlichen Raum platzierte Schilder dienten als Wegmarken der Zugehörigkeit bzw. des Ausschlusses aus der »Volksgemeinschaft«. An erster Stelle der »Gemeinschaftsfremden« in der Rassenideologie des Nationalsozialismus standen die Juden. Sie wurden auch mittels Propagandaschildern aus der Öffentlichkeit und damit aus der Gesellschaft verdrängt. T.K.

299
Werbeschild
»Völkischer Beobachter«

Felix Krokert und Co. · Halle an der Saale, um 1933 · Eisenblech, lackiert · 35,5 × 25 cm
Berlin, Deutsches Historisches Museum, AK 97/199

300
Hinweisschild »Juden / sind in unserem Ort / nicht erwünscht«

Stempel- u. Schilder-Töpfer
Eisenach, nach 1933 · Eisenblech, emailliert 63,5 × 98,5 cm · Berlin, Deutsches Historisches Museum, AK 2009/118

301
Haustafel der NSDAP

Deutschland, nach 1933
Eisenblech, emailliert · 80 × 66 cm
Berlin, Deutsches Historisches Museum, 1988/616.7

302
Amtsschild eines Ortsbauernführers des Reichsnährstands

Emaillierwerk Hannover · Mellendorf, nach 1933
Stahlblech, emailliert · 39,5 × 34,5 cm
Berlin, Deutsches Historisches Museum, 1987/429.16

305

303
Hinweisschild »NSDAP«

nach 1933 · Stahlblech, emailliert · 50 × 50 cm
Berlin, Deutsches Historisches Museum, 1990/861

304
Amtsschild
»SA der N.S.D.A.P. Sturm 5/111«

Torpedo Email – Frankfurter Emaillierwerke
Neu-Isenburg, 1936
Stahlblech, emailliert · 50 × 50 cm
Berlin, Deutsches Historisches Museum, 1988/616.2

305
Amtsschild »Hilfsstelle / ›Mutter u. Kind‹ / der N.S.-Volkswohlfahrt«

Ätz- und Emaillierwerke C. Robert Dold
Offenburg, nach 1933 · Eisenblech, emailliert
30 × 45 cm · Berlin, Deutsches Historisches Museum, AK 93/709

306
Antikommunistisches und antisemitisches Losungsschild
»Arbeiter der Stirn und der Faust«

Nationalsozialistische Arbeiterpartei Deutschlands (NSDAP), Gau Thüringen
1933/34 · Stahlblech, emailliert · 57,5 × 38,5 cm
Berlin, Deutsches Historisches Museum, 1990/862

307
Schild der NS-Volkswohlfahrt (NSV)

Ätz- und Emaillierwerke C. Robert Dold
Offenburg, nach 1933 · Stahlblech, emailliert
24 × 24 cm · Berlin, Deutsches Historisches Museum, MK 90/12

308
»Die Kunstzeitschrift«

Udo Wendel (1906–1945)
Öl auf Holz · 110 × 85 cm · Berlin, Deutsches Historisches Museum, Gm 98/628

300

DIE DEUTSCHE GESELLSCHAFT UND HITLER

309

Erziehung zur Ausgrenzung

Bei dem Heft mit dem Titel »Kulturkunde« handelt es sich um eine Gruppenarbeit von Schülern einer 8. Klasse. Auf über 200 Seiten stellen diese die ideologischen Grundlagen des »Dritten Reiches« in vorgefertigten Texten und selbstgestalteten Bildern dar. Das Heft ist ein Beispiel für die nationalsozialistische Indoktrination von Kindern und Jugendlichen. »Rassenkunde«, als Wissenschaft betrieben, wurde zum Unterrichtsprinzip. Vermittelt werden sollte der nationalsozialistische Grundsatz der Ungleichwertigkeit der Rassen; im Kampf ums Dasein werde sich stets der Stärkste durchsetzen. Die Erziehung zielte darauf, die Ausgrenzung und Verfolgung von »rassisch Minderwertigen«, »Erbkranken« und »Asozialen« als notwendig für das Erreichen einer gesunden »arischen Volksgemeinschaft« darzustellen. Das fand Akzeptanz in weiten Teilen der Bevölkerung. Das Heft wurde 1945 von Soldaten der US-Armee im Büro von Julius Streicher geborgen und gelangte so in den Besitz von Ernst Cramer, der als US-Soldat deutsch-jüdischer Herkunft mit der US-Armee 1945 nach Deutschland zurückgekehrt war, aus dem er 1939 hatte fliehen müssen. Der spätere enge politische und publizistische Ratgeber Axel Springers übergab das Heft 2006 dem Museum. J.H.

309
Heft mit Zeichnungen und handschriftlichen Beiträgen von Schülern einer 8. Klasse u. a. zur »Judenfrage« und zur Geschichte der NSDAP

mit einer Widmung für den NSDAP-Gauleiter Julius Streicher · Wöhrd, um 1938
Medienstation · Berlin, Deutsches Historisches Museum, Do2 2006/102

310
Schautafel
»Bilder deutscher Rassen 1«

Leipzig: Verlag F. E. Wachsmuth, 1936
Reproduktion (Original: 95,6 × 74,6 cm)
Berlin, Deutsches Historisches Museum, Do2 93/437

HITLER UND DIE DEUTSCHEN

313

311
Schautafel »Qualitativer Bevölkerungsabstieg bei zu schwacher Fortpflanzung der Höherwertigen: So würde es kommen, wenn Minderwertige 4 Kinder und Höherwertige 2 Kinder haben«

um 1938 · Reproduktion (Original: 88 × 123 cm)
Bamberg, Staatsarchiv Bamberg, T 14006

312
Schulung von Schulhelferinnen für den »rassentheoretischen« Unterricht

Liselotte Orgel-Köhne (1918 – 2002)
Nürtingen, 1943 · Fotografie (Neuabzug)
Berlin, Deutsches Historisches Museum, Orgel-Köhne 6519/2

Nicht angepasst
Das Foto zeigt Arbeiter der Hamburger Werft Blohm & Voss während des Stapellaufs des Marineschulschiffs »Horst Wessel«. Alle recken bei den Feierlichkeiten den rechten Arm zum Hitlergruß – nur einer verweigert sich. Mittlerweile ist dieses Bild zu einer historischen Bildikone und zum Sinnbild für Zivilcourage im Nationalsozialismus avanciert. Derjenige, der den Gruß verweigert, ist vermutlich der Arbeiter August Landmesser. Er war 1931 der NSDAP beigetreten, hatte sie aber 1935 wieder verlassen. Da Landmesser mit einer jüdischen Frau verlobt war, wurde er wegen »Rassenschande« zu einer Zuchthausstrafe verurteilt.
Auch wenn gezielte Widerstandshandlungen gegen das NS-Regime nur von einer kleinen Minderheit ausgeübt wurden, so war die Zahl der Nonkonformisten und Verweigerer doch weitaus höher. Gelegentliche Unmutsäußerungen vertrugen sich durchaus mit der partiellen Anerkennung des Regimes oder zumindest mit einer passiven Hinnahme der Obrigkeit.
E. W.

313
Stapellauf des Segelschiffs »Horst Wessel« der deutschen Kriegsmarine auf der Hamburger Werft Blohm & Voss

Hamburg, 13. Juni 1936 · Fotoreproduktion
München, Süddeutsche Zeitung Photo, 22112

Der »Führerstaat«

In den Jahren 1933 bis 1938, den sogenannten Friedensjahren des »Dritten Reiches«, erfreute sich Hitler enormer Popularität. Der NS-Staat hatte einen politischen Erfolg nach dem nächsten zu vermelden: Austritt aus dem Völkerbund 1933, Saarabstimmung und Wiedereinführung der Wehrpflicht 1935 sowie die völkerrechtswidrige Besetzung des entmilitarisierten Rheinlands 1936. Zum triumphalen Siegeszug gerieten die Olympischen Spiele 1936, die Deutschlands Ansehen in der Welt enorm steigerten. Höhepunkte dieser, wie es schien, nicht abreißenden Serie von außenpolitischen, aber auch innenpolitischen Erfolgen waren der »Anschluss« Österreichs und die »Münchner Konferenz« 1938. ■ Hitlers aggressive Politik, die als »Friedenspolitik« bemäntelt weit über die Revision der im Versailler Vertrag festgelegten Restriktionen und Gebietabtretungen hinausging, wurde von der Mehrheit der Bevölkerung enthusiastisch begrüßt. Die außenpolitischen Erfolge sorgten dafür, dass die Konsensdiktatur nach innen Stabilität erhielt. ■ Getragen von den politischen Erfolgen konnte Hitler seinen Nimbus als genialer, charismatischer Herrscher etablieren. Charismatische Herrschaft besteht, in Anlehnung an Max Weber, in den außergewöhnlichen Fähigkeiten, die die Gesellschaft dem Herrscher zuschreibt. Dieses Charisma musste ständig durch außerordentliche politische Erfolge und Leistungen, durch permanente Mobilisierung der Gesellschaft, durch öffentliche Masseninszenierungen und Volksabstimmungen bestätigt und erneuert werden. ■ Hitlers Position war ein entscheidender Faktor im NS-Herrschaftsgefüge, was sich besonders sinnfällig an der Grußformel »Heil Hitler« ablesen lässt. 1934 wurde mit der Zusammenlegung der Spitzenämter des Regierungschefs, Staatsoberhaupts, Oberbefehlshabers und Parteiführers in der Person Hitler ein entscheidender Schritt in Richtung eines außernormativen Führerabsolutismus getan, rechtsstaatliche Fundamente wurden damit zerstört. Typisch für den sich jetzt ausbildenden »Führerstaat« waren Überschneidungen von Zuständigkeitsbereichen und die Bildung von Sonderbehörden, die ausschließlich Hitler verpflichtet waren. Kennzeichen des NS-Herrschaftssystems waren die »monokratische Spitze und gleichzeitig polykratische Machtstrukturen« (Hans-Ulrich Thamer). Sie versetzten Hitler in die Lage, als übergeordnete Entscheidungsinstanz zu agieren. Dabei war die durch die Polykratie begünstigte Herrschaftsdynamik keineswegs eine ausgeklügelte Strategie, sondern Folge des dilettantischen Regierungsstils Hitlers. Hinter der Fassade eines scheinbar übersichtlichen »Führerstaats« verbargen sich Chaos und Durcheinander. Der wachsende Verlust an staatlichen Strukturen beförderte eine politische Radikalisierung nach innen und nach außen, die letztlich dazu führte, dass Hitler seinen Kriegswillen durchsetzen konnte. ■ S. E.

314

»Der totale Staat«

Das 1938 von Magnus Zeller gemalte Bild zeigt, was ein totalitäres Herrschaftssystem wie den Nationalsozialismus kennzeichnet: Verführung, Unterdrückung, Überwachung. Im Zentrum des Bildes ist eine überdimensionale Sitzstatue zu sehen, die auf einem Karren steht, der von einer Menschenmenge gezogen wird. Die aus dem Schädel der Führerfigur ragenden Geschütze signalisieren Kontrolle durch Gewalt, ebenso die Uniformierten, die die Menschenmenge antreiben. Fahnenträger und marschierende Männer verweisen auf deren Zugehörigkeit zum Staat und auf die inszenierten Massenaufmärsche totalitärer Systeme. Zellers Gemälde stand zunächst wohl als Sinnbild für Diktaturen allgemein. 1945 fügte er Hakenkreuze in die Fahnen ein und nannte das Bild nun *Der Hitlerstaat*. J.T.

314
»Der Hitlerstaat« (»Der totale Staat«)
Magnus Zeller (1888–1972) · Caputh, 1938/1945
Öl auf Leinwand · 80,5 × 105 cm
Berlin, Stiftung Stadtmuseum Berlin,
VII 60/114 x

315
Schwere Artillerie bei der Parade anlässlich von Hitlers 50. Geburtstag
Heinrich Hoffmann (1885–1957)
Berlin, 20. April 1939 · Fotografie (Neuabzug)
München, Bayerische Staatsbibliothek München/
Hoffmann, hoff-24431

316
Geheime Denkschrift Hitlers zum Vierjahresplan
Mit seiner »Denkschrift«, die Hitler Hermann Göring bei dessen Ernennung zum Beauftragten für den Vierjahresplan im Oktober 1936 überreichte, forcierte Hitler den Übergang zu einer dirigistischen Wirtschaftspolitik mit hoher Priorität für die Rüstungswirtschaft und umriss seine unmittelbare Kriegsplanung.
August 1936
Reproduktion des Schacht-Exhibit Nr. 48
München, Institut für Zeitgeschichte,
4955-NI

Führerresidenzen – die Repräsentation von Führerherrschaft

Den Regierungsstil Hitlers kennzeichnete eine durchgehende Vermischung von Privatem und Politischem. So wurden die Residenzen des »Führers« nicht nur als Orte der Macht, sondern auch als repräsentative Wohnbauten inszeniert. Die von Albert Speer im Stil eines monumental übersteigerten, streng geometrischen Neoklassizismus entworfene Neue Reichskanzlei in Berlin entfaltete ihre einschüchternde Wirkung nicht nur durch die äußere Gestaltung. Das Interieur war – vom Sideboard bis zum Teeservice – darauf angelegt, die Besucher zu beeindrucken und auf Distanz zu halten. Biedere Bürgerlichkeit kennzeichnete hingegen Hitlers Berghof auf dem Obersalzberg. Hier nutzte die Propaganda die beeindruckende Natur als Kulisse für Staatsbesuche und Empfänge der NS-Elite. C.M.

317
Großes Sideboard aus dem »Arbeitszimmer des Führers« in der Neuen Reichskanzlei
Entwurf: Albert Speer (1905–1981) · Intarsien: Hermann Kaspar (1904–1986) · Hersteller: Vereinigte Werkstätten für Kunst und Handwerk München, 1938 · Mahagoni · 100 × 420 × 75 cm
Berlin, Deutsches Historisches Museum,
KG 98/70

318
Reliefplatte mit Porträt Adolf Hitlers als Erinnerungsgeschenk für Mitarbeiter am Bau der Neuen Reichskanzlei in Berlin anlässlich ihrer Fertigstellung
Arno Breker (1900–1991) · Berlin, 9. Januar 1939
Eisen, gegossen · 26,5 × 13,5 cm
Berlin, Deutsches Historisches Museum,
MK 90/2384

319
Das Haus der Deutschen Kunst und sein geplanter Ergänzungsbau
Otto Albert Hirth (1899–1969)
München, 1940 · Öl auf Leinwand, 140 × 195 cm
Berlin, Deutsches Historisches Museum,
Gm 98/242

DER »FÜHRERSTAAT«

321h

320
Neue Reichskanzlei
Berlin, 1938/39 · Fotografie (Neuabzug)
Berlin, Deutsches Historisches Museum,
BA 2005/1

321
Die Neue Reichskanzlei
aus: *Die Kunst im Deutschen Reich*,
Ausgabe B, Folge 3, Heft 9
a) »Schreibtischseite im Arbeitszimmer
des Führers«
b) »Arbeitszimmer des Führers, Kartuschen
über den Türen von Richard Klein, Hoheitszeichen von Kurt Schmid-Ehmen«
c) »Marmorgalerie«
d) »Mosaiksaal, Mosaiken nach Entwürfen
von Hermann Kaspar, ausgeführt von
den Vereinigten Werkstätten für Mosaik- und
Glasmalerei August Wagner, Hoheitszeichen
von Kurt Schmid-Ehmen«
e) »Teilansicht der Gartenfront von Westen
mit Plastiken von Josef Thorak«
f) »Ehrenhof mit den Bronzeplastiken ›Partei‹
und ›Wehrmacht‹ von Arno Breker«
g) »Teilansicht des Mittelbaues in der Voss-Strasse«
h) »Teilansicht der Voss-Strassenfront
von der Hermann-Göring-Strasse her gesehen«
München, 1939 · Reproduktionen · Berlin, Deutsches Historisches Museum, GZB 46 A -3.1939,9

322
**Gästebuch aus
der Neuen Reichskanzlei**
Berlin, 1939–1945 · Medienstation
Moskau, Sonderarchiv/Russisches Staatliches
Militärarchiv Moskau, F. 1525, op. 1, delo 52

Nürnberg als Ort der Reichsparteitage und die »Nürnberger Gesetze«

Bis zu einer Million Besucher nahmen an den seit 1933 jährlich in Nürnberg ausgerichteten Parteitagen der NSDAP teil. Diese Masseninszenierungen sollten den Führerkult und den Mythos von der »Volksgemeinschaft« festigen. Im Zentrum der militärisch formierten Aufmärsche aller NS-Organisationen stand Adolf Hitler.
Am 15. September 1935 wurden die »Nürnberger Gesetze« verabschiedet und auf dem Reichsparteitag verkündet – und damit wichtige Eckpunkte der NS-Ideologie manifestiert. Diese Rassegesetze waren die Grundlage für zahllose Anordnungen und Maßnahmen, mit denen der Staat die deutschen Juden aus der »Volksgemeinschaft« ausschloss. Juden verloren ihre Existenzgrundlage und ihre bürgerlichen Rechte. So verbot das sogenannte Blutschutzgesetz die Eheschließung und den außerehelichen sexuellen Kontakt zwischen Juden und deutschen Staatsangehörigen, die den »rassischen« Kriterien zufolge »arischen Bluts« waren. Verstöße gegen das Gesetz galten als »Rassenschande« und wurden mit Zuchthaus, KZ-Haft und später auch mit dem Tod bestraft. Nachbarn, Kollegen und Bekannte waren aufgefordert, solche Beziehungen bei den Behörden anzuzeigen. Darauffolgende Verordnungen dehnten das Verbot auf weitere als »gemeinschaftsfremd« definierte Gruppen aus. Zu den Repressalien gegen die Juden gehörte auch die Zerstörung der Gotteshäuser.
Die jüdische Gemeinde in Nürnberg verfügte ursprünglich über zwei Synagogen. Die Hauptsynagoge am Hans-Sachs-Platz ließ der fränkische Gauleiter Julius Streicher am 10. August 1938 abreißen, da das Gebäude das Stadtbild stören würde. Die offizielle Grundlage dafür bildete das 1937 erlassene Gesetz zur Neugestaltung deutscher Städte und die darauf basierende Verordnung zur Neugestaltung der Stadt der Reichsparteitage Nürnberg.

HITLER UND DIE DEUTSCHEN

323

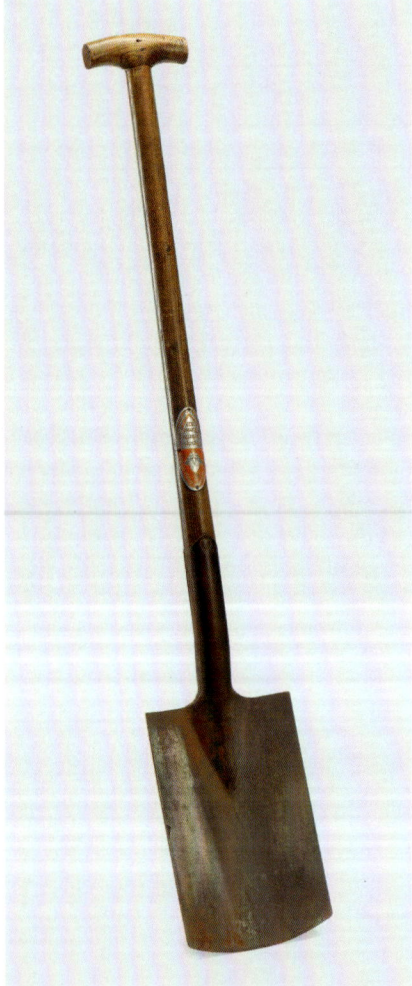

326

327

332

Die 1902 eingeweihte Synagoge der orthodoxen Religionsgemeinschaft Adas Israel wurde in der Pogromnacht am 9. November 1938, in deren Folge über 20 000 jüdische Männer und Jugendliche in Konzentrationslager verschleppt wurden, von der SA zerstört. J.T.

323
Rote Schärpe für Ruth Berglund
übergeben bei ihrer Mitwirkung in der Aufführung der »Meistersinger« im Nürnberger Opernhaus anlässlich des Reichsparteitags 1937
Nürnberg, 1937 · Seide, Regeneratzellulose, appliziert, bedruckt · 27 × 200 cm · Berlin, Deutsches Historisches Museum, KT 93/197

324
Umleitungsschild für den Reichsparteitag in Nürnberg
1934 · Holz · 105 × 142 cm
Lauf an der Pegnitz, Städtische Sammlungen Lauf an der Pegnitz

325
»Nürnberg die Deutsche Stadt. Von der Stadt der Reichstage zur Stadt der Reichsparteitage«
Plakat zur Ausstellung im Germanischen Nationalmuseum Nürnberg · Nürnberg, 1937
Reproduktion (Original: 118,9 × 84,1 cm)
Nürnberg, Stadtarchiv Nürnberg, A 28 1937 Nr. 2

326
Spaten des Reichsarbeitsdienstes aus dem »Arbeitsgau 28 (Franken) Gruppe 283 (Rhön)«
1935 · Holz, Stahl · 108,5 × 19 cm
Nürnberg, Dokumentationszentrum Reichsparteitagsgelände, DZO 065

327
Klappstuhl, der zum Preis von einer Reichsmark an Besucher des Reichsparteitags verkauft wurde
Holz · 41 × 30 × 26 cm · Nürnberg, Dokumentationszentrum Reichsparteitagsgelände, DZO 056

DER »FÜHRERSTAAT«

HITLER UND DIE DEUTSCHEN

335

328
Klappkarte vom Reichsparteitag mit dem abendlichen Appell der Politischen Leiter auf dem Nürnberger Zeppelinfeld

Graphische Kunstanstalt Zerreiss und Co.
Nürnberg, 1938 · 10,5 × 29,6 cm
Berlin, Deutsches Historisches Museum,
Do2 94/2131

329
»Gesetz zum Schutze des deutschen Blutes und der deutschen Ehre«

Nürnberg, 15. September 1935
Reproduktion (Original: 29,7 × 21 cm)
Nürnberg, Stadtarchiv Nürnberg, A 1 1935 September 15/1

330
Schautafel zur Erläuterung der »Nürnberger Gesetze«

Entwurf: Willi Hackenberger · Herausgeber:
Reichsausschuß für Volksgesundheit
Berlin, 1935 · Reproduktion (Original: 30 × 41,2 cm)
Berlin, Deutsches Historisches Museum,
DG 90/6011

331
»Rassenschande / Todesstrafe für Rassenschänder«

Werbeplakat für eine Sonderausgabe
des antisemitischen Hetzblatts *Der Stürmer*
Zeichnung: »Fips« Philipp Rupprecht
(1900–1975) · um 1936 · Berlin, Deutsches
Historisches Museum, 1990/1102
Abb. S. 92

332
Thora-Krone aus der Synagoge in Wien-Währing mit Brandschäden aus der Pogromnacht vom 9. November 1938

Christian Dub · 1888
Silber, getrieben, punziert, graviert · 25 × 30 cm
Wien, Jüdisches Museum, 1007, Dauerleihgabe
der Israelitischen Kultusgemeinde, Wien
Abb. S. 234

333
Fragment eines Thora-Vorhangs

1885 · Seide, bestickt, Baumwolle · 79 × 59,5 cm
Berlin, Deutsches Historisches Museum,
KTe 69/68

334
Zerstörte Synagoge in der Essenweinstraße

Nürnberg, 9. November 1938
Fotografie (Neuabzug)
Nürnberg, Stadtarchiv Nürnberg, A39 I Fi 75N
Abb. S. 235

335
Appell im KZ Buchenwald im November 1938

Buchenwald, November 1938
Fotoreproduktion · New York, Archives of the
American Jewish Joint Distribution Committee

Totenkult und »Neuer Mensch« – eine politische Religion?

Die Statue des *Deutschen Menschen* von Willy Meller stand in der Ehrenhalle der Ordensburg Vogelsang in der Eifel. Dort sollte sie ab 1936 den Führungsnachwuchs der NSDAP an die »Gefallenen der Bewegung« des Jahres 1923 erinnern. Diese Erinnerung war ein zentraler Bestandteil der NS-Festkultur. Durch sie wurde der freiwillige Opfertod im Dienste der »Volksgemeinschaft« idealisiert. Zentrum dieses Kultes war die Feldherrenhalle in München, nachdem die 16 Toten des Hitler-Putsches 1935 exhumiert und dort beigesetzt worden waren. Jeweils am 9. November wurde dort der Verstorbenen gedacht. Die einstige Niederlage wurde in einer aufwendigen Inszenierung zu einem Triumph umgedeutet und die Teilnehmer des Putschversuchs zu Märtyrern erklärt. V.K.

336

DER »FÜHRERSTAAT«

343

336
Grabstein mit Hakenkreuz
Aachen, 1939 · 104 × 50 × 14 cm
Schleiden, vogelsang ip gemeinnützige gmbh

337
»Willy Meller – Ehrenmal
für die Gefallenen der Bewegung
im Ehrenraum der Ordensburg
Vogelsang in der Eifel«
aus: *Die Kunst im Deutschen Reich*, Folge 1,
Heft 5 · München, Januar 1941
Fotoreproduktion (hölzerne Plastik von Willy
Meller [1887–1974], 1936 entstanden, seit 1945
vermisst) · Berlin, Deutsches Historisches
Museum, GZB 46 · Abb. S. 113

338
Ehrenraum der Ordensburg
Vogelsang bei einer Hochzeitsfeier
mit Figur des »Deutschen Menschen«
von Willy Meller im Hintergrund
Vogelsang, 1937 · Fotoreproduktion
Weiler, Rolf Sawinski

339
NS-Bildpropaganda, in der
die getöteten Putschisten von 1923
als Märtyrer inszeniert werden
Raumbildalbum
a) »Ein SS-Doppelposten, Mahnmal
und Schicksalsstätte des 9. November«
b) »Feierliche Überführung der Särge
in der Nacht zum 9. November 1935«
c) »Teilbild aus dem Zug der Feier
des 9. November vom Jahr 1936«
d) »Die Toten der Bewegung werden angesichts
der Blutfahne von ihren Kameraden in den
Ehrentempel zur ewigen Ruhe bestattet«
Fotograf: Heinrich Hoffmann (1885–1957)
Herausgeber: Raumbild-Verlag Otto Schönstein
München, 1937 · Fotoreproduktionen
Berlin, Deutsches Historisches Museum,
Ph 96/242.91–94 · Abb. S. 116–117

340
»Feste und Feiern im Jahresring«
Berlin: Verlag der Deutschen Arbeitsfront, 1939
20,9 × 16 cm · Berlin, Deutsches Historisches
Museum, G 1351

341
»Germanisch-deutsche Weihnacht.
Vorschläge und Anregungen
zur Julfestgestaltung«
Paul Zapp (1904–?)
Stuttgart: Gutbrod, 1934 · 21 × 14,5 cm
Berlin, Staatsbibliothek zu Berlin – Preußischer
Kulturbesitz, SA7299

342
Windlicht/Jul-Leuchter,
wahrscheinlich im KZ Neuengamme
hergestellt
zwischen 1938 und 1945 · Ton · 22,7 × 11,8 cm
Berlin, Deutsches Historisches Museum,
MK 87/143

343
Modellierwerkstatt des
KZ Neuengamme, in der Häftlinge
Jul-Leuchter und Hitlerbüsten
aus Ton fertigen mussten
Neuengamme, um 1944 · Fotoreproduktion
Hamburg, KZ-Gedenkstätte Neuengamme

Imagepflege – »Uns geht's gold«

Die Propaganda des »Dritten Reiches« setzte neben der direkten Teilnahme an Massenveranstaltung und deren medialer Verbreitung auch darauf, den Anspruch von nationaler Größe und internationaler Anerkennung Deutschlands zu unterstreichen. Der größte internationale Propagandaerfolg waren die 1936 in Berlin und in Garmisch-Partenkirchen durchgeführten Olympischen Spiele. Während die politische Realität bei den Spielen noch hinter einer Fassade von Festen und Feiern verborgen wurde, kam der Machtanspruch des Nationalsozialismus beim Staatsbesuch Mussolinis 1937 deutlich zum Ausdruck. In zahllosen Auftritten wurde hier der faschistische Schulterschluss zwischen Deutschland und Italien inszeniert.

Der Orden für Carl Johan Arthur Bernadotte, den jüngsten Sohn von König Gustav VI. Adolf von Schweden, wurde ihm anlässlich seines Besuchs der Olympischen Spiele 1936 in Berlin verliehen. Die Familie schenkte dieses Symbol später Mago (Max Goldstein), dem mit Marlene Dietrich befreundeten Kostümbildner, der bis zu seinem Tod im April 2008 in Schweden lebte. Mago hatte Deutschland 1938 als 15-jähriger Halbjude verlassen müssen. V. K.

344

345

349

352

344
Deutsches Olympia-Ehrenzeichen, 1. Klasse, verliehen an Carl Johan Arthur Prinz von Schweden
1936 · Bronze, vergoldet, emailliert · 8,3 × 6,1 cm
Berlin, Deutsches Historisches Museum, O 2009/64.a–b

345
Dose für 50 »Zigaretten Olympia«
um 1936 · Eisenblech, lackiert · 4,2 × 11,2 cm
Berlin, Deutsches Historisches Museum, AK 94/516.1150

DER »FÜHRERSTAAT«

346

Plakat zu den Olympischen Spielen

Entwurf: Franz Würbel (1858 – ?)
Herausgeber: Reichsbahnzentrale für den
Deutschen Reiseverkehr, Propaganda-Ausschuss
für die Olympiade · Berlin, 1936
Reproduktion (Original: 101,3 × 63,2 cm)
Berlin, Deutsches Historisches Museum, P 62/1983

347

**Zigarettendose »1936«
für 25 Zigaretten**

Berlin, 1936 · Eisenblech, lackiert
1,8 × 11,2 × 7 cm
Berlin, Deutsches Historisches Museum,
AK 94/480

348

**Erinnerungstücher
der Olympischen Sommerspiele
in Berlin**

Deutschland, 1936
a) Seide, Krepp, bedruckt · 41 × 41 cm
b) Seide, bedruckt · 71,5 × 77 cm
Berlin, Deutsches Historisches Museum,
KT 94/400; KT 94/493

349

**Halstuch mit Hakenkreuzen
und Fasces zum ersten München-
besuch von Benito Mussolini
am 25. September 1937**

München, 1937 · Georgette · L ca. 120 cm
München, Münchner Stadtmuseum, T 93/86

350

**Kino-Wochenschaubericht
über den Berlinbesuch Mussolinis
1937 und die Karikierung eines
solchen Staatsbesuchs im Spielfilm
»Der große Diktator«**

Medienstation
a) UFA-Tonwoche
Berlin, 25. September 1937
Filmausschnitt
b) *The Great Dictator*
Charlie Chaplin (1889 – 1977)
Filmausschnitt · USA, 1940

351

**Moccatasse mit Untertasse
zum Andenken an die
»Befreiung des Sudetenlandes«**

Chodau Richter, Frenkel und Halm
Karlsbad, 1938 · Porzellan, bemalt, vergoldet
Tasse: 5,2 × 6,6 cm, Untertasse: Dm 10,2 cm
Berlin, Deutsches Historisches Museum,
KG 97/28.1 – 2

353

357

355

Reformation, die Befreiungskriege und die Reichsgründung unter preußischer Führung direkt zum »Großdeutschen Reich Adolf Hitlers« führte, von namhaften Historikern wie Otto Brunner, Günther Franz, Alexander von Müller, Fritz Rörig und Edmund Stengel. D.B.

354
»Ausstellung Deutsche Größe«

veranstaltet von der Dienststelle des Beauftragten des Führers für die Überwachung der gesamten geistigen und weltanschaulichen Schulung und Erziehung der NSDAP, München, 8. November 1940
Katalog · Hans Hagemeyer (1899–1993)
Berlin: Limpert Verlag, 1940 · 24,6 × 16,3 cm
Berlin, Deutsches Historisches Museum, G 2915

355
**Blick in den Raum
»Preußen und das Reich«
der Ausstellung »Deutsche Größe«**

Die Propagandaausstellung versuchte durch einen historischen Rückblick, die Politik des »Dritten Reiches« als Höhepunkt deutscher Geschichte zu rechtfertigen und bediente sich dabei modernster Inszenierungsverfahren.
aus: *Die Kunst im Deutschen Reich*, 5. Jg., Heft 2
München, 1941 · Fotoreproduktion
Berlin, Deutsches Historisches Museum, GZB 46/A-5.1941,2

356
**Blick in den Raum
»Fränkisches Reich«
der Ausstellung »Deutsche Größe«**

aus: *Die Kunst im Deutschen Reich*, 5. Jg., Heft 2
München, 1941 · Fotoreproduktion
Berlin, Deutsches Historisches Museum, GZB 46/A-5.1941,2

357
**Schmuckblatt aus dem
»Protektorat Böhmen und Mähren«
zu Hitlers 50. Geburtstag**

Prag, 20. April 1939
Papier, gedruckt, gestempelt, aufgeklebt
28,8 × 22,4 cm · Berlin, Deutsches Historisches Museum, Do2 99/1882 · Abb. S. 239

358
»Die Postwertzeichen des neuen Deutschlands«

KA-BE-Briefmarkenalbum · Aschersleben, 1941
31 × 29,5 cm · Berlin, Deutsches Historisches Museum, ZD015702

352
**Sammeltasse zur Erinnerung
an die Saar-Abstimmung
am 13. Januar 1935**

Königliche Porzellan Manufaktur (KPM)
Berlin, 1935 · Porzellan, bemalt
Tasse: 8,9 × 10,5 cm, Untertasse: Dm 14,2 cm
Berlin, Deutsches Historisches Museum, KG 96/4 · Abb. S. 238

353
**Unter den Linden
in Festbeleuchtung**

Berlin, 1939 · Fotoreproduktion
Berlin, Deutsches Historisches Museum, PK 95/53 · Abb. S. 239

»Deutsche Größe« – inszeniert

Propagandaausstellungen feierten die Leistungsbilanz des »Führers«, der im Mittelpunkt aller Inszenierungen stand. Am 9. November 1940, mitten im Zweiten Weltkrieg, eröffnete der NS-Chefideologe Alfred Rosenberg die Ausstellung *Deutsche Größe* im Deutschen Museum München. Die Ausstellung solle »mithelfen«, so Rosenberg, »dem Kampfe des Führers zu dienen«. Wissenschaftlich begleitet wurde die Schau, die von den Germanenreichen über das Fränkische und das Altdeutsche Reich, den Deutschen Orden, die

DER »FÜHRERSTAAT«

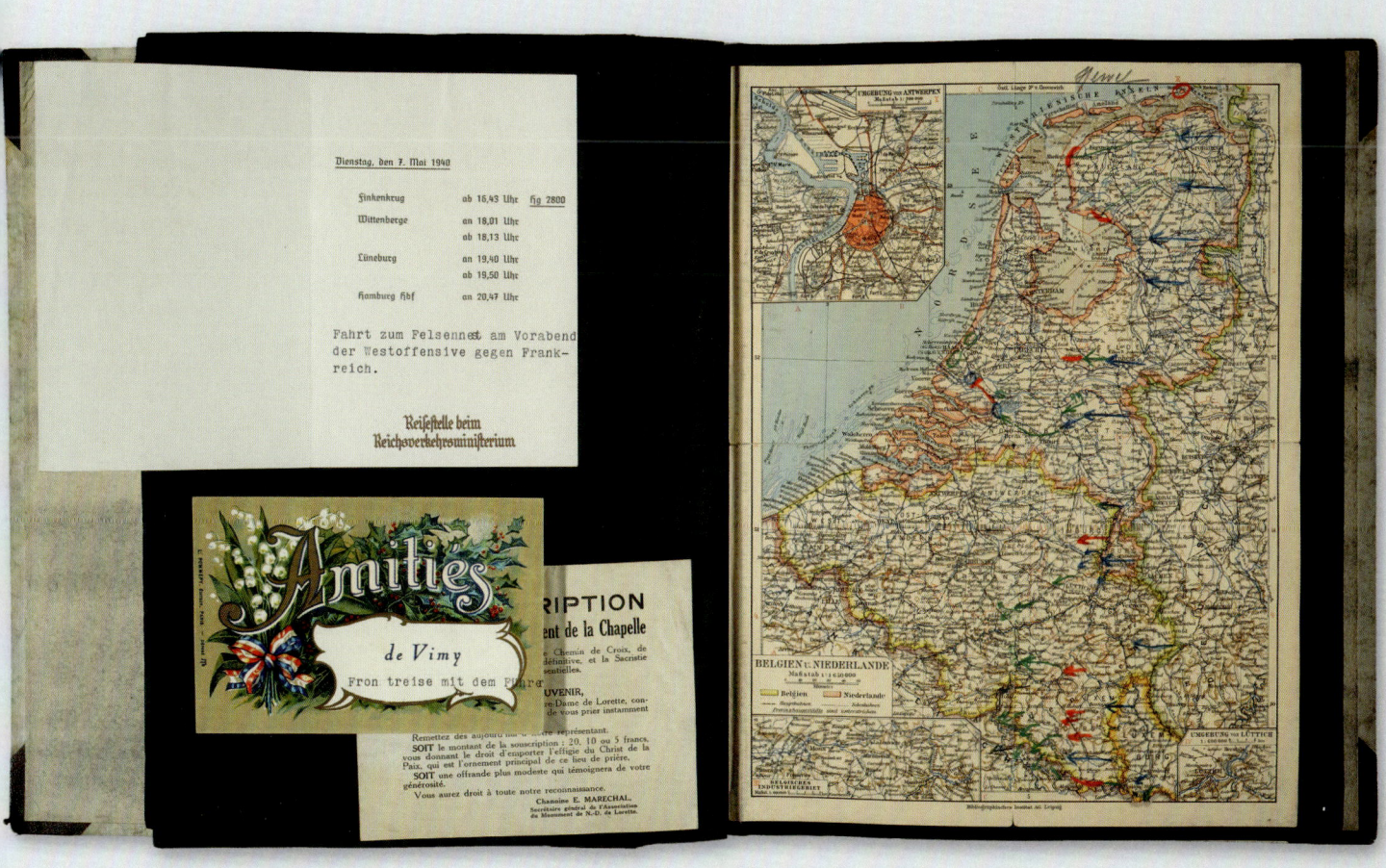

359

Sitzordnung – die behauptete Seriosität

Hitler pflegte einen sehr personengebundenen Politikstil. Der später im Diplomatischen Dienst tätige Walther Hewel kämpfte schon beim Putsch 1923 an Hitlers Seite. Nach langjähriger Tätigkeit im Außenhandel wechselte er auf Wunsch Hitlers 1937 in das Außenministerium und wurde als »Ständiger Beauftragter des Reichsaußenministers beim Führer« sein wichtigster außenpolitischer Berater. In seinen Alben dokumentierte Hewel nicht nur seine glanzvolle Karriere als Diplomat und SS-Standartenführer, sondern auch seine Nähe zu Adolf Hitler und Eva Braun: Handsignierte Glückwunschkarten, spontane Unterschriften auf Tischkarten oder Einladungen zu besonderen Ereignissen legen Zeugnis davon ab. Hewel, der als Verbindungsbeamter im Führerhauptquartier zum engsten Kreis um Hitler gehörte, nahm sich im Bunker der Reichskanzlei am 2. Mai 1945 das Leben. D. B.

359
Zwei Alben mit zum Teil handsignierten Dokumenten aus der Tätigkeit des NS-Diplomaten und SS-Standartenführers Walther Hewel

Die aufgeschlagene Seite zeigt einen gedruckten Sonderfahrplan der Reichsbahn mit einer Fahrtroute von Finkenkrug bei Berlin über Wittenberge und Lüneburg nach Hamburg. Eigentlich aber handelte es sich um die geheimgehaltene »Fahrt zum Felsennest am Vorabend der Westoffensive gegen Frankreich« am 7. Mai 1940, wie Hewel maschinenschriftlich auf dem Fahrplan vermerkte. Hitler nutzte das »Felsennest« am Rand des Dorfes Rodert in der Eifel vom 10. Mai bis zum 6. Juni 1940 als Führerhauptquartier. Auf der rechten Seite sind auf einer Landkarte die wichtigsten Stationen der Westoffensive eingezeichnet. Sie sah einen Angriff auf Frankreich über die neutralen Staaten Niederlande und Belgien vor.

Walther Hewel (1904–1945) · Berlin, 1939–1942
Leder, Karton, gedruckt, geprägt, handgeschrieben
31,8 × 27,4 cm · Berlin, Deutsches Historisches Museum, Do2 89/1907.1–2

360
Tafelordnung für ein Festbankett im Rahmen der Eröffnungsfeier der Olympischen Spiele von Berlin 1936

Berlin, 1936 · Reproduktion
Berlin, Bundesarchiv, NS 10/2 Bl. 227

HITLER UND DIE DEUTSCHEN

363

Nähe und Distanz – Begegnungen zwischen Hitler und den Deutschen
Adolf Hitler stellte den wichtigsten Bezugspunkt der nationalsozialistischen Inszenierungen der »Volksgemeinschaft« dar. Ihren hohen emotionalen Gehalt erhielt die Beziehung der Deutschen zu »ihrem Führer« dabei nicht zuletzt durch das dialektische Zusammenspiel von Nähe und Distanz. Einerseits erfolgten Begegnungen zwischen den Deutschen und Hitler bei Appellen und Paraden in großer Distanz. Sie zeichneten sich durch einen hohen Grad an Disziplin und durch eine Kommunikation von oben nach unten aus. Andererseits boten kleinere Begegnungen, weil sie weniger streng reglementiert waren, scheinbar mehr Handlungsspielräume und Spontaneität. Der »Führer« schien greifbar nahe zu sein, die Distanz für einen Augenblick abgebaut. All diese Interaktionen – Appelle, Paraden und jene flüchtigen Begegnungen am Rande – wurden im Nationalsozialismus ausgiebig medial inszeniert.

Im Ganzen betrachtet entstand so ein Muster aus Nähe und Distanz. Dieses Grundmuster bot Raum für Projektionen und Identifikationen: Großveranstaltungen lassen Hitler weit aus der Menge herausragen und zeigen die für Projektionen erforderliche Andersartigkeit, die Außeralltäglichkeit der Führerfigur. Identifikationen setzen dagegen voraus, dass der »Führer« den Normen der Gemeinschaft entspricht und auch nur ein Mensch wie »Du« und »Ich« ist. Darum seine Darstellung als einfacher und leicht zugänglicher Mensch. S. M.

361
»Dem Führerauto entgegen«
aus: *Illustrierter Beobachter* (Sonderausgabe), *Adolf Hitler. Ein Mann und sein Volk*
München, 1936 · Fotoreproduktion
Berlin, Deutsches Historisches Museum, GZB 37 Snr. 1936, 2

362
Hitler auf dem Weg zu seiner Anhängerschaft
Heinrich Hoffmann (1885 1957)
Obersalzberg, um 1934 · Fotoreproduktion
München, Bayerische Staatsbibliothek München/Hoffmann, hoff-8152

363
Adolf Hitlers 48. Geburtstag: Die begeisterte Volksmenge wird von Schutzpolizisten zurückgehalten
Berlin, 20. April 1937 · Fotoreproduktion
Berlin, bpk – Bildagentur für Kunst, Kultur und Geschichte, 30027927

Führerherrschaft und Vernichtungskrieg

Der Krieg bedeutete eine Zäsur in der Herrschaftsordnung und Politik des »Dritten Reiches«. Im Krieg fand der Nationalsozialismus vollends zu sich selbst und entfaltete sein ganzes Radikalisierungs- und Zerstörungspotenzial. Hitlers Führerherrschaft konnte alle institutionellen Fesseln endgültig abschütteln und ihre Weltanschauungsziele durchsetzen. Entsprach der »Westfeldzug« 1940 noch einem »europäischen Normalkrieg«, so zeichnete sich mit den Massenverhaftungen und -erschießungen von Polen und Juden, von Kriegsgefangenen und Zivilisten eine neue Dimension der Kriegsführung ab. Nach diesem Auftakt zum Vernichtungskrieg wurde der Eroberungs-, Ausbeutungs- und Ausrottungskrieg gegen die Sowjetunion und deren Zivilbevölkerung bereits Monate zuvor geplant und angekündigt. Zur scheinbaren Rechtfertigung »ihres« Krieges beriefen sich die Nationalsozialisten auf die traumatischen Erinnerungen der Deutschen an den Ersten Weltkrieg und an die Nachkriegsrevolution. Der nationalsozialistische Krieg konnte sich darum zumindest partiell auf gemeinsame Interessen von großen Teilen der militärischen, administrativen und wirtschaftlichen Eliten sowie auf die – wenn auch anfangs mitunter widerwillige – Loyalität der Mehrheit der deutschen Gesellschaft stützen, solange Hitlers Krieg militärisch erfolgreich verlief und »Lebensraum« wie soziale Existenzerweiterungen versprach. Mit dem siegreichen Frankreichfeldzug hatte Hitler den Höhepunkt seiner Popularität erreicht und bis zur Wende des Krieges jeden Versuch des Widerstands gegen seine verbrecherische Politik so gut wie unmöglich gemacht. ■ Zur raschen Radikalisierung der militärischen Eroberungs- und Ausplünderungszüge kam die Politik der Vernichtung der angeblich rassisch Minderwertigen bis zur »Endlösung der Judenfrage« in weiten Teilen Europas. Auch die deutsche Großraum- und Besatzungspolitik in Europa war nicht auf die Bewahrung staatlicher bzw. kultureller Eigenständigkeit der besetzten Länder oder auf eine nachhaltige Stabilitäts- und Bündnispolitik ausgerichtet, sondern auf Unterwerfung, Ausbeutung und rassenpolitische Ausrottung. Der nationalsozialistische Krieg richtete sich auch nach innen – gegen Minderheiten und »Gemeinschaftsfremde«. Und er brachte im Inneren des »Dritten Reiches« die verschärfte Repression gegen alle Ansätze von Verweigerung und Widerstand. Der ständig wachsende SS-Apparat, der seine Herrschaft über das »Großdeutsche Reich« hinaus auf alle Besatzungsgebiete ausdehnte, verstand seine Überwachungs- und Verfolgungsaufgaben als Akt der »politischen Prävention«. Durch die Verbindung von nationalistischer Emotionalisierung und von Verheißungen einer besseren materiellen Existenz, aber auch mit wachsender Einschüchterung und verschärfter Repression bzw. Parteiherrschaft mobilisierte das NS-Regime eine große Leistungs- und Einsatzbereitschaft der eigenen Gesellschaft, aber auch beispiellose Energien zur Vernichtung und Ausrottung, bis es 1945 als Folge der Überdehnung aller Kräfte sowie der Zerstörung aller Institutionen und Werte unterging. ■ H.-U. T.

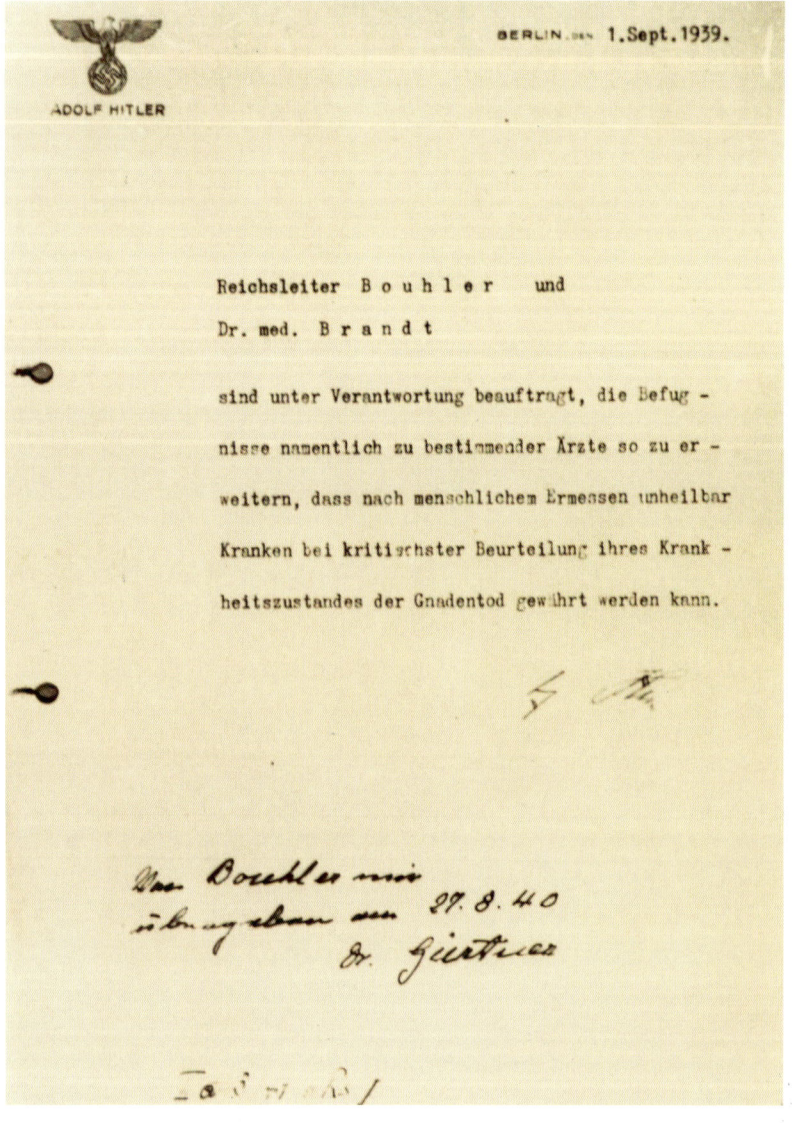

364

365

Krankenmord

Im Oktober 1939 unterschrieb Hitler ein auf den 1. September zurückdatiertes und auf seinem privaten Briefbogen verfasstes Schreiben, das den Leiter der Reichskanzlei Philipp Bouhler und Hitlers Begleitarzt Karl Brandt ermächtigte, »unheilbar Kranken [...] den Gnadentod« zu gewähren. Brandt war mitverantwortlich für die Kinder-Euthanasie. Die Rückdatierung dieses informellen Befehls verdeutlicht, dass mit Beginn des Zweiten Weltkriegs am 1. September 1939 auch der innere Krieg gegen diejenigen Menschen begonnen hatte, die dem Rassenideal der Nationalsozialisten nicht entsprachen und somit als »wertlos« oder gar »schädlich« galten. Unter der Tarnbezeichnung »Aktion T 4« – benannt nach dem Sitz der Organisationszentrale in der Berliner Tiergartenstraße 4 – wurde mit Unterstützung von Ärzten, Pflegekräften und Verwaltungsbeamten in verschiedenen Tötungsanstalten in Deutschland der Massenmord an geistig Behinderten und anderen »unerwünschten Elementen« umgesetzt. D.B.

364

Euthanasie-Erlass
Berlin, 1. September 1939
Reproduktion (Original: 29,7 × 21 cm)
Berlin, Bundesarchiv, R 3001 alt 22 4209 Blatt 1

365

»Verlegung« von Patienten aus der Heil- und Pflegeanstalt Liebenau in die Landespflegeanstalt Grafeneck
Liebenau, August 1940 · Fotoreproduktion
Meckenbeuren, Stiftung Liebenau

366

T4-Meldebogen der Wittenauer Heilstätten über Ursula H.
Berlin, 5. Februar 1943
Reproduktion (Original: 29,7 × 21 cm)
Berlin, Landesarchiv, A Rep. 003-04-04 Nr. 21

367

Kamm eines Euthanasie-Opfers
Schloss Hartheim, 2001/02 bei Ausgrabungen gefunden · Kunststoff · 17,6 × 4 cm
Alkoven, Lern- und Gedenkort Schloss Hartheim

FÜHRERHERRSCHAFT UND VERNICHTUNGSKRIEG

368

»Kämpfendes Volk«

Hans Schmitz-Wiedenbrücks Gemälde *Kämpfendes Volk* zeigt die Vision einer im Kampf geeinten »Volksgemeinschaft«. Die Botschaft ist, dass jeder – an der Front wie in der Heimat – durch seine Leistungen zum Sieg beiträgt. Als das Bild 1942 auf der *Großen Deutschen Kunstausstellung* gezeigt wurde, führte Deutschland seit mehr als einem Jahr einen Vernichtungskrieg gegen die Sowjetunion. Städte und Dörfer wurden zerstört, die Bewohner ausgeplündert, in Konzentrations- und Arbeitslager deportiert oder ermordet. Feldpostbriefe von Soldaten, die am Russlandfeldzug beteiligt waren, zeigen die ideologische Zustimmung zu diesem Krieg. J. T.

368
»Kämpfendes Volk«
Hans Schmitz-Wiedenbrück (1907–1944)
1942 · Öl auf Leinwand, 300 × 420 cm
Berlin, Deutsches Historisches Museum,
LD 2007/16

369
Überfall auf Polen:
Der Schlagbaum der polnischen Grenze wird von deutschen Infanteristen aus dem Weg geräumt
Zoppot-Gdingen, 1. September 1939
Fotoreproduktion · Berlin, Deutsches Historisches Museum, F 67/915

370
Schmuckblatt
»Wochenspruch der NSDAP« mit einem Zitat von Hitler

»Wenn es dem internationalen Finanzjudentum gelingen sollte ...«
Von Januar 1939 bis April 1944 erschienen Blätter mit Zitaten von Hitler wie von anderen NS-Führern, aber auch von deutschen Dichtern. Die Blätter wurden in öffentlichen Gebäuden ausgehängt. Im Herbst 1941 wurde die »Prophetie« Hitlers vom 30. Januar 1939 verbreitet. Er hatte seinerzeit vor dem Reichstag gedroht, dass es im Falle eines Krieges zur »Vernichtung« der jüdischen Minderheit käme. Die »Prophetie« wurde 1939 zwar nicht näher bestimmt, aber sie erhielt durch die Gewaltandrohung eine neue Qualität. Ihre Wiederholung deutet an, dass das NS-Regime eine weitere Radikalisierung der Judenverfolgung betrieb.
Berlin, September 1941 · 34,8 × 23,8 cm
Berlin, Deutsches Historisches Museum,
Do 56/1580.1

Landkarten – Symbole von Eroberungs- und Umsiedlungspolitik

Zur Vorbereitung des Krieges gehörte der Abschluss des deutsch-sowjetischen Nichtangriffspakts vom 23. August 1939. Entgegen aller sowjetfeindlichen Ressentiments handelte Reichsaußenminister Ribbentrop im Auftrag Hitlers mit seinem sowjetischen Amtskollegen Molotow in einem geheimen Zusatzprotokoll die jeweiligen Einflusssphären in Osteuropa aus. Die 1918 erst wiedererstandene Polnische Republik wurde dabei den Interessen der aggressiven Expansionspolitik preisgegeben. Ribbentrop markierte mit der blauen Linie die im »Hitler-Stalin-Pakt« ausgehandelte Grenzziehung.
Die schwarze Linie stammt von Hitler. Sie nahm den am 28. September 1939 vereinbarten Grenzverlauf vorweg. Polen war nur der erste Schauplatz des verbrecherischen Angriffs- und Vernichtungskriegs, dessen Ziele die NS-Propaganda unverblümt darstellte: in Osteuropa die Vertreibung bzw. Ermordung von Millionen Polen, Weißrussen, Ukrainern, Russen und Juden zur Schaffung eines deutschen »Lebensraums im Osten«, und in West- und Nordeuropa die uneingeschränkte politische und wirtschaftliche Hegemonie des Großdeutschen Reiches. C.M.

371
Landkarte aus dem Hauptquartier Hitlers
mit handschriftlicher Markierung des Grenzverlaufs in Polen nach dem Geheimabkommen mit der UdSSR (»Hitler-Stalin-Pakt«)
17. September 1939 · 112 × 124 cm · Berlin, Deutsches Historisches Museum, Do2 1992/1719

372
Lagekarte von Generalmajor Erich Marcks, Chef des Generalstabs des Armeeoberkommandos 18 in Bromberg
Deutschland, 19. November 1940 · Reproduktion (Original: 70 × 65 cm) · Potsdam, Bundesarchiv-Militärarchiv, RH 20-18/45

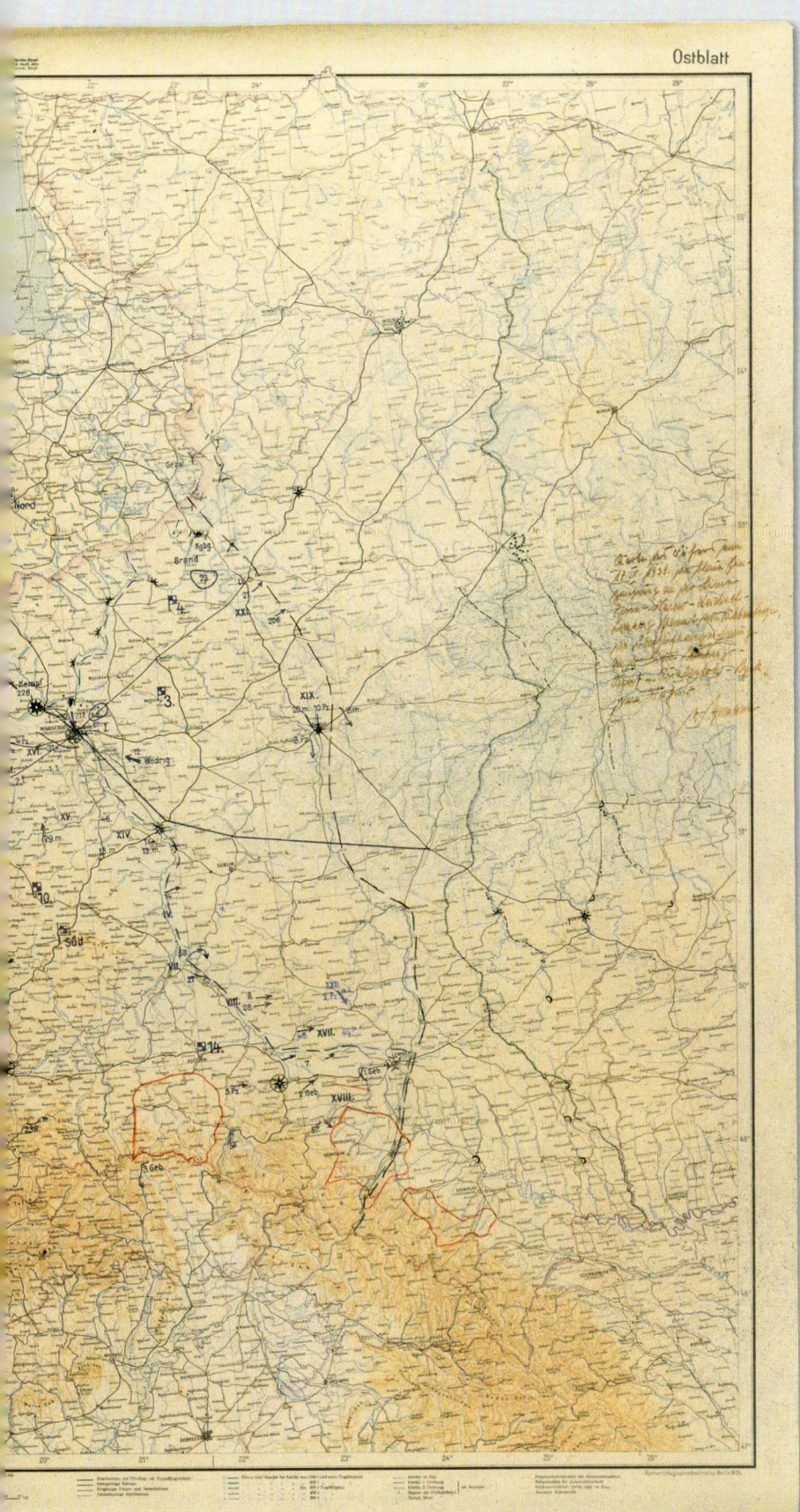

373

Kriegskarte von Europa und Nordafrika

mit den militärischen Ereignissen
in den ersten Jahren des Zweiten Weltkriegs
Berlin, 1941 · 102 × 83 cm · Berlin, Deutsches
Historisches Museum, DG 90/5879

374

Karte zur Umsiedlung von »Volksdeutschen« ins Gebiet des Deutschen Reiches

Herausgeber: Der Reichsorganisationsleiter –
Hauptschulungsamt · München, 1941 · 40 × 56 cm
Berlin, Deutsches Historisches Museum, P 98/135

375

»Landvolk im Werden: Material zum ländlichen Aufbau in den neuen Ostgebieten und zur Gestaltung des dörflichen Lebens«

Konrad Meyer (1901–1973)
Berlin: Deutsche Landbuchhandlung, 1942
24 × 18 cm · Berlin, Humboldt-Universität zu
Berlin, Universitätsbibliothek, CCc/d 50'2'

376

Paris während der Besetzung

Roger Parry (1905–1977)
Paris, um 1943 · Fotoreproduktion
Paris, Agence photographique de la Réunion
des Musées Nationaux, PRR2724XNR0

377

Wehrmachtsangehörige im zerstörten Kiew

Liselotte Orgel-Köhne (1918–2002)
1941 · Fotografie (Neuabzug) · Berlin, Deutsches
Historisches Museum, Orgel-Köhne 6174/5

378

Breitspurbahn im Osten

Collor (?) · 1941/42 · Aquarell, Deckfarben
auf Karton · 59,4 × 85,8 cm
Privatbesitz

379

»Alle Wege führen nach Auschwitz«

Karte mit den europäischen Eisenbahn-
verbindungen nach Auschwitz
München, 1999 · Reproduktion
München, Institut für Zeitgeschichte

380

Planungsszenarien zur »völkischen Flurbereinigung« in Osteuropa

Übersichtskarte · Berlin, 2009 · Reproduktion
Berlin, Deutsches Historisches Museum

HITLER UND DIE DEUTSCHEN

382 a

»Unsere Soldaten photographieren gern und viel«

Bereits 1933 forderte Joseph Goebbels ein »Millionenheer von Amateurphotographen« zur nationalen Erziehung im Sinne der nationalsozialistischen Propaganda. Ein Aufruf zu Kriegsbeginn in der Zeitschrift *Photofreund* verstärkte diesen Appell zusätzlich: »Für den Soldaten ist es unbedingte Pflicht, gerade jetzt die Kamera nicht ruhen zu lassen.« Die leichten und billigen Fotoapparate von Agfa, Kodak oder Voigtländer ermöglichten den Rekruten deren Kauf und Benutzung. Dies führte zu einer Produktion privater Fotografie im Zweiten Weltkrieg, die quantitativ den millionenfachen Aufnahmen der Propaganda-Kompanien entsprach.

Die Soldaten fotografierten in bisher nicht gekanntem Ausmaß die Besetzung fremder Länder und legten dafür spezielle Kriegsalben an. Diese vom Nationalsozialismus gewollte »Bildschrift des Volkes« (Willy Stiewe) wurde durch vorgefertigte Kriegsalben mit den Insignien des »Dritten Reiches« (Hakenkreuz, Eichenlaub, Reichsadler) und vorangestellten Seiten mit Porträts von Hitler, Göring und weiteren Generälen zusätzlich propagiert. Wie schon im Ersten Weltkrieg sind auch bei den Alben aus dem Zweiten Weltkrieg die Aufnahmen vom Überfall auf Frankreich und auf die Sowjetunion sowie Fotos einzelner Frontabschnitte und aus der Besatzungszeit dieser Länder am häufigsten vertreten.

Auf den Kriegsbeginn in Polen weisen Fotos vom zerstörten Warschau sowie Ruinen aus anderen polnischen Städten im Album des Fernmeldetechnikers Hermann Jaspers, der die Orte und Bildinhalte direkt auf den weißen Zackenrand der Aufnahmen notierte. Neben den Szenen der Verwüstung fallen zwei Fotos einer Deportation von polnischen Zivilisten auf, die unter der Bewachung von Ordnungspolizisten über eine Brücke gehen. Die Beschriftung auf der Nahaufnahme »14 000 Juden aus Pultusk« zeigt, dass viele Soldaten an der Front von der Vertreibung und Vernichtung der jüdischen Bevölkerung wussten. Die Fotos aus Frankreich stellen mit den Motiven von Ruinen, Panzern und einem Grab in eindringlichen

FÜHRERHERRSCHAFT UND VERNICHTUNGSKRIEG

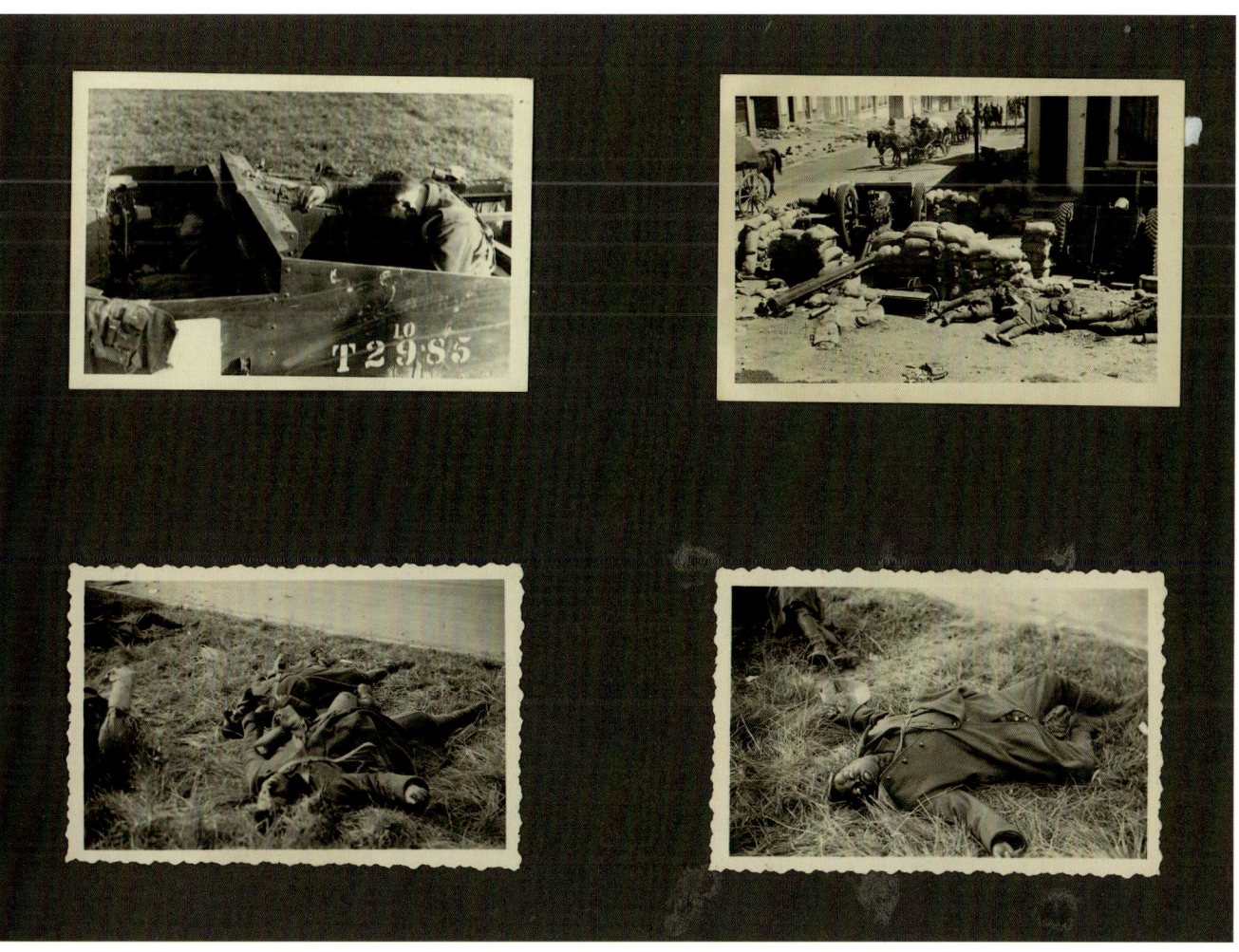

382 b

Kontrasten die Härten des Krieges dar. Leichen von Soldaten im gepanzerten Fahrzeug und von Farbigen der französischen Kolonialarmee werden in Nahaufnahmen gezeigt. Die schwarzafrikanischen Soldaten des französischen Heeres erregten vielfach die Neugier, aber auch den unerbittlichen Hass der Wehrmachtssoldaten. Rassistische Kommentare in vielen Alben und detaillierte Nahaufnahmen, selbst der Toten, zeugen von einer verächtlichen Haltung, geprägt von der propagandistisch lancierten Erinnerung an die sogenannte Schwarze Schmach der Besetzung des Rheinlands nach 1918. Zeichen des Vernichtungskriegs in der Sowjetunion sind Fotos von brennenden und zerstörten Häusern, rauchenden Horizonten und immer wieder Menschen – am Galgen oder zerfetzt im Unterholz der weiten russischen Steppe. Daneben stehen in scharfem Kontrast Szenen mit der Landbevölkerung, Fotos von Flusslandschaften mit Kirchen und Klöstern. Die Fotoalben zeigen mit diesen Bildern Spuren des Geschehens, ohne diese Taten wären die Fotos nicht entstanden. Das erklärt die Brisanz vieler visueller Kriegserzählungen. P. B.

381
Album von Willi Wilken
Aufgeschlagen bei Blatt 17 und 18
mit je sechs Schwarz-Weiß-Fotografien
Sowjetunion, um 1942 · 23 × 67 cm
Oldenburg, Inge Harms

382
Album von Hermann Jaspers mit Fotos zu den Feldzügen gegen Lettland und Polen, Frankreich und gegen die Sowjetunion
a) Blatt 6 (Rückseite) mit sechs Schwarz-Weiß-Fotografien; Blatt 7 (Vorderseite) mit vier Schwarz-Weiß-Fotografien
Beschriftung Foto o. r.: »14 000 Juden aus Pultusk«; Foto u. l.: »Warschau«
Lettland und Polen, um 1939/40
b) Blatt 9 (Rückseite) mit fünf Schwarz-Weiß-Fotografien; Blatt 10 (Vorderseite) mit vier Schwarz-Weiß-Fotografien
Frankreich, um 1940
c) Blatt 18 (Rückseite) mit vier Schwarz-Weiß-Fotografien; Blatt 19 (Vorderseite) mit fünf Schwarz-Weiß-Fotografien
Sowjetunion, um 1942
22 × 32 cm · Oldenburg, Privatbesitz Inge Jaspers

HITLER UND DIE DEUTSCHEN

385

Marschallstäbe – Zeichen militärischer Macht

Das Würdezeichen des Feldmarschalls war ein Kommandostab. Generalfeldmarschälle besetzten im deutschen Militärwesen die höchsten militärischen Ränge. In Anerkennung außergewöhnlicher Leistungen im Kriegseinsatz verliehen, waren mit dem Marschallsrang auch Privilegien, hohe Dotationen und die Übereignung von Ländereien und Gütern verbunden. Ursprünglich schlichte hölzerne Stäbe, nur an den Enden mit Metallknäufen verziert, wurden Marschallstäbe ab dem 18. Jahrhundert zu samtbezogenen und mit Edelmetallen besetzten Prunkstücken.

1920 wurde der Generalfeldmarschallsrang in Deutschland abgeschafft, 1936 aber durch Hitler wieder eingeführt, um die militärische Elite an sich zu binden. Die Gestaltung der neuen Marschallstäbe griff die wilhelminische Formensprache auf, benutzte jedoch eine Symbolik, die nur teilweise alten Vorbildern entsprach. Alle Marschallstäbe waren mit persönlichen Widmungen Hitlers versehen. Anlässlich Hitlers Geburtstag 1936 wurde General Werner von Blomberg zum ersten Feldmarschall der Wehrmacht ernannt. Er hatte als Reichswehrminister 1934 die Vereidigung der Reichswehr auf die Person Hitlers veranlasst. In den 1940er Jahren änderte sich die Form- und Farbgebung der Stäbe, weil sie nun an Generale und Admirale der einzelnen Teilstreitkräfte verliehen wurden. Die Marschallstäbe für das Heer waren – bezugnehmend auf die Farbe des Generalstabs – mit karmesinrotem Samt bezogen und mit goldenen Hoheitsadlern, mit Hakenkreuz und Eisernen Kreuzen verziert. Die Exemplare für die Luftwaffe waren blau bezogen und zeigten zusätzlich Balkenkreuze, die Hoheitszeichen deutscher Flugzeuge. Die Kriegsmarine erhielt blausamten bezogene Großadmiralsstäbe. Nach siegreichem Abschluss des Westfeldzugs folgten im Juli 1940 zwölf Ernennungen von Generalfeldmarschällen. Wilhelm Ritter von Leeb, Chef der Heeresgruppe C, erhielt diesen Rang für den Anteil seiner Truppen am Durchbruch durch die französische Maginot-Linie. Erwin Rommel, Oberbefehlshaber des Deutschen Afrikakorps, wurde im Juni 1942 für die Eroberung der Festung Tobruk zum Generalfeldmarschall ernannt. Zu den neuen Generalfeldmarschällen des Jahres 1943 zählte der Luftwaffenoffizier Wolfram von Richthofen. Im April 1937 hatte er als Stabschef der Legion Condor die Zerstörung der baskischen Stadt Guernica verantwortet. Im Februar 1943 wurden die Einsätze seiner Fliegerkräfte in den Feldzügen der Jahre 1939 bis 1942 gewürdigt.

Die letzten beiden Ernennungen von Generalfeldmarschällen erfolgten im April 1945. Insgesamt ernannte Hitler 25 Generalfeldmarschälle und zwei Großadmirale. J. W.

383

Marschallstab von Hermann Ritter von Leeb

um 1940 · Silber, vergoldet, mit Samt überzogen
L 49,8, Dm 5,5 cm
Ingolstadt, Bayerisches Armeemuseum, 0315/2004

384

Marschallstab von Erwin Rommel

zwischen 1942 und 1944 · Silber, vergoldet, mit Samt überzogen · L 50, Dm 6 cm
Stuttgart, Haus der Geschichte Baden-Württemberg, 2001/2664/01-02, Leihgabe Familie Rommel

385

Zweitfertigung des Marschallstabs von Wolfram von Richthofen

1943 (Original) · Silber, vergoldet, mit Samt überzogen · L 50, Dm 6 cm
Berlin, Luftwaffenmuseum der Bundeswehr

386

Hermann Göring mit Marschallstab

Postkarte · Deutschland, 1938 · 15 × 10,7 cm
Berlin, Deutsches Historisches Museum, PK 2003/784

387

»Generalfeldmarschall Rommel« mit Marschallstab

Postkarte · Heinrich Hoffmann (1885–1957)
Deutschland, 1942 · 14 × 9 cm
Berlin, Deutsches Historisches Museum, PK 94/445

388

»Der Führer und Hermann Göring«

Postkarte · Berlin, zwischen 1941 und 1944
14,8 × 10,3 cm · Berlin, Deutsches Historisches Museum, PK 2003/783

389

»30. Januar 1933 / Dein Wille ist unsere Tat / Deine Tat ist unser Wille«

Propagandaplakat zum 10. Jahrestag von Hitlers Machtübernahme · Ahrlé · Deutschland, 1943
Reproduktion (Original: 98 × 69,5 cm)
Berlin, Deutsches Historisches Museum, 1987/104

390

»Adolf Hitler ist der Sieg«

Propagandaplakat
Rudolf Gerhard Zill (geb. 1913) · Wien, 1943
Reproduktion (Original: 85,3 × 59 cm)
Berlin, Deutsches Historisches Museum, 1987/226

FÜHRERHERRSCHAFT UND VERNICHTUNGSKRIEG

387

waren weitere Eskalationsstufen der Judenverfolgung, die zur Deportation der deutsch-jüdischen Bevölkerung »nach dem Osten« und schließlich zum Massenmord an ihnen führte. Mit dieser Formulierung wurden Deportationsziele wie Riga, Izbica, Theresienstadt und Auschwitz und das weitere Schicksal der Verschleppten verschleiert. Obwohl der Abtransport in der Öffentlichkeit stattfand, war das Fotografieren des Geschehens streng verboten. Aus diesem Grund sind nur wenige Fotodokumente davon vorhanden. Eine Ausnahme bildet die Deportation der mainfränkischen Juden, die auf Anordnung des Nürnberger Polizeipräsidenten fotografisch dokumentiert wurde. Ein Würzburger Gestapo-Beamter hielt auf 139 Fotos drei von insgesamt sieben Deportationstransporten fest. S.E.

391
Gewebe mit Judensternen
zwischen 1941 und 1945
Zellwolle, bedruckt · 78 × 103 cm
Berlin, Deutsches Historisches Museum,
KTe 80/122

392
»Evakuierung von Juden nach dem Osten am 25.4.42«
Loseblattalbum zur Deportation der mainfränkischen Juden mit aufgeklebten und kommentierten Fotos · Hermann Otto (1896–1944)
Würzburg, 25. April 1942
Reproduktion von 8 von insgesamt 28 Kartons
(Originale: 30 × 22 cm)
Würzburg, Staatsarchiv, Gestapo 18880a
Abb. S. 252

393
Selbstporträt im Versteck
Der jüdische Maler Felix Nussbaum lebte seit 1942 in einem Versteck in Brüssel. Das Dreier-Porträt zeigt ihn mit seiner Frau und einem Helfer als frommen Juden in blau-weiß gestreiftem Gebetsmantel mit Kippa. Der enge Raum und der Blick auf den abgestorbenen Baum zeigen die Ausweglosigkeit der Verfolgten, die auf einer Karte den Frontverlauf nachvollziehen. Das Ehepaar wurde am 31. Juli 1944 nach Auschwitz deportiert.
Felix Nussbaum (1904–1944) · Brüssel, 1944
Öl auf Leinwand · 102 × 82 cm · Berlin,
Deutsches Historisches Museum, 1988/1250

»Nach dem Osten«
Bis 1939 war es das erklärte Ziel des NS-Regimes, die deutschen Juden zur Auswanderung zu zwingen. Nach Kriegsbeginn radikalisierte sich die Judenverfolgung: Im September 1939 wurde eine Kennzeichnungspflicht für Juden im okkupierten Polen eingeführt. Deutsche Juden hatten ab 1941 den »Judenstern« in Form eines Davidsterns deutlich sichtbar an der Kleidung zu tragen. Der Stoff mit aufgedrucktem Stern war Meterware und musste von den Betroffenen selbst gekauft werden. Die Stigmatisierung und das endgültige Ausreiseverbot

Evakuierung von Juden nach dem Osten am 25.4.42.

Truppenweise findet sich die jüdische Mischpoche in der Evakuierungsdienststelle ein.

29/Knapp(?)

der jüdische Zinnoff wird entladen...   ... je weiter der Tag desto schöner die Gäste

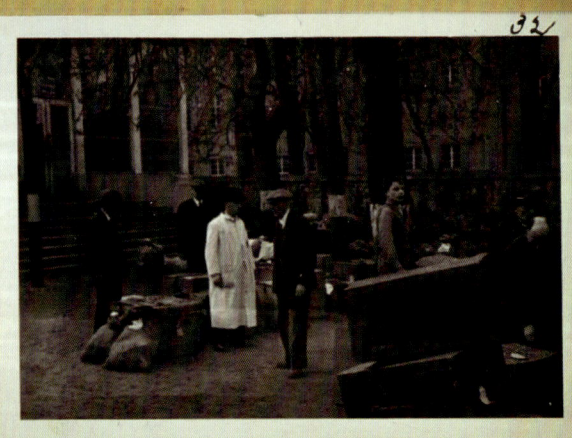

.... zu Fuß und motorisiert strömen die Juden herbei....

Zerstört und entweiht

Beim ersten Betrachten sehen wir ein Frauenporträt, das von geringem künstlerischen Wert ist. Das »Kunstwerk« ist auf der Rückseite mit »26. 1. 43 / gemalt 3. 3. 43 / von 1. – 3.« datiert, der Entstehungsort ist nicht vermerkt. Ebenfalls auf der Rückseite ist ein Text in hebräischer Quadratschrift erkennbar. Dabei handelt es sich um eine Passage aus den fünf Büchern Moses, dem Pentateuch, und zwar um die Kapitel 37,9 bis 38,22 des 1. Buches.

Der Text der fünf Bücher Moses ist für den synagogalen Gebrauch in Rollenform auf Pergament geschrieben. Ein Stück einer derartigen Rolle ist im vorliegenden Fall als Bildträger entweiht worden. Die Provenienz des Bildes war dem, der dieses Zeugnis von Kulturbarbarei dem Centrum Judaicum Anfang der 1990er Jahre anbot, nicht bekannt. Es ist zu vermuten, dass es aus einer osteuropäischen Synagoge stammt. H. S.

394
Stück Thorarolle –
Maluntergrund für ein Porträt
1943 · Öl auf Leinwand · 46 × 37 cm
Berlin, Stiftung Neue Synagoge Berlin –
Centrum Judaicum, CJ 6/13

HITLER UND DIE DEUTSCHEN

395

Erziehung im Verborgenen

Das Leben der mehr als 10 500 Kinder unter 15 Jahren im Lager Theresienstadt war von Hunger, Enge, mangelnder Hygiene und psychischen Belastungen geprägt. Die Kinderzeichnungen vermögen nur sehr bedingt einen Eindruck dieser furchtbaren Zustände zu vermitteln. Dennoch waren die Lebensbedingungen im »Musterlager«, das zur Täuschung der Öffentlichkeit konzipiert war, um vieles »besser« als in anderen Konzentrationslagern. So wohnte ein Großteil der Kinder unter der Obhut engagierter Erzieher in Kinderheimen, in denen die Versorgung weniger mangelhaft war. Außerdem fand – anfangs im Geheimen – ein rudimentärer Unterricht, zum Beispiel im Zeichnen, statt.

Das Album stammt von Kindern aus dem »Q 609« (Quartier 609). Es war vermutlich als Geschenk für Josef Krämer (oder Kremer, 1924 – ?) zu dessen 20. Geburtstag gedacht. Krämer war der Leiter von Q 609. Er und die meisten der Kinder haben den Weitertransport in die Vernichtungslager nicht überlebt.

Das Album besteht aus Bleistift- und Buntstiftzeichnungen, Arbeiten mit Wasserfarben, Collagen sowie einer kleinen Text-Bild-Geschichte über einen Tag im Kinderheim. Abgebildet ist die unmittelbar auf die Innenräume des Heims beschränkte Lebenswelt der Kinder: Küchen mit Öfen, Schlafzimmer mit den Etagenbetten, Aufenthaltsräume oder eine ausgelassene Kissenschlacht, die neben einer »Läusekontrolle« steht. A. S.

395

Kinderzeichnungen aus Theresienstadt

nach 1944 · 20,5 × 30 cm
Terezín, Gedenkstätte Theresienstadt/Památník Terezín, PT 6741

FÜHRERHERRSCHAFT UND VERNICHTUNGSKRIEG

Die uniformierte Häftlingsgesellschaft – vom Menschen zur Nummer

Mit Einführung der gestreiften Uniform für KZ-Häftlinge griff die SS auf eine lange bestehende Tradition zurück, den gesellschaftlichen Ausschluss von Gefangenen durch besonders degradierende Bekleidung äußerlich zu kennzeichnen. Bei der Einweisung ins Konzentrationslager wurde den Gefangenen ihre persönliche Habe und Kleidung abgenommen. Stattdessen erhielten sie blau-weiß gestreifte Kleidung und eine Nummer. Verschiedenfarbige »Winkel« zeigten die Häftlingskategorie an und Buchstaben die jeweilige Nationalität. Auf der unteren Stufe der nach »rassischen« Kriterien gestaffelten Hierarchie standen osteuropäische und jüdische Gefangene.
Die Uniform sollte die Inhaftierten erniedrigen und ihnen die Individualität nehmen, zugleich aber eine Solidarisierung verhindern. Durch die auffällige Kleidung wurde eine Flucht erschwert, Distanz zur Bevölkerung geschaffen und deren Angst, selbst inhaftiert zu werden, geschürt. Der zunehmende Mangel an Kleidung ab 1942 führte dazu, dass Häftlinge Zivilkleidung – vor allem von ermordeten Juden – erhielten, die mit Ölfarbe markiert war. J.T.

396

396
Häftlingskleid der Russin Klawdiia Iwanowna Kisiljowa
KZ Ravensbrück, 1941 (1969 dem Museum übergeben) St. Petersburg, Staatliches Museum für Politische Geschichte, F 1-3105

397
Häftlingsjacke und -hose des Zeugen Jehovas Gerhard Oltmanns
Der violette »Winkel« kennzeichnete die Zeugen Jehovas.
KZ Sachsenhausen, vor 1942
Oranienburg, Gedenkstätte und Museum Sachsenhausen, 07.00529.1–2

398
Armbinde des russischen Kriegsgefangenenarztes Dmitrij Dmitrijewitsch Sokolow
KZ Buchenwald, August 1943
St. Petersburg, Staatliches Museum für Politische Geschichte, F 1-1818/1-2

399
Jacke und Hose eines männlichen KZ-Häftlings
zwischen 1938 und 1942
Berlin, Deutsches Historisches Museum, KTe 62/57; KTe 62/61

HITLER UND DIE DEUTSCHEN

400

400
Sommerfeldbluse eines sowjetischen Kriegsgefangenen des KZ Majdanek
Das Hemd trägt vorn und hinten die Kennzeichnung »SU«, an der die sowjetischen Kriegsgefangenen zu erkennen waren.
zwischen 1942 und 1944 · St. Petersburg, Kriegsmedizinisches Museum, KP OF-10002, B1-334

401
Hose eines sowjetischen Kriegsgefangenen des KZ Majdanek
Die Hose stammt aus dem Gepäcklagerhaus der zweiten Baracke, wo sich die sowjetischen Kriegsgefangenen befanden.
zwischen 1942 und 1944 · St. Petersburg, Kriegsmedizinisches Museum, KP OF-9998, Inv. V1-330

402
Jacke eines 4- bis 5-jährigen Kindes aus dem KZ Majdanek
Die Jacke stammt aus dem »Zweiten Lagerhaus für Frauenbekleidung«, wo sich die Sachen, die den Gefangen bei der Aufnahme abgenommen worden waren, sowie die Kleidungsstücke der ermordeten Häftlinge befanden.
zwischen 1942 und 1944 · St. Petersburg, Kriegsmedizinisches Museum, KP OF-10077, Inv. V1-359

403
Wintermantel eines Häftlings des KZ Majdanek
Der Mantel stammt aus der Nähwerkstatt des Lagers, wo er sich zur Reparatur befand. Das rote Dreieck und der Buchstabe »R« verweisen darauf, dass der Mantel von einem politischen Häftling russischer Nationalität getragen wurde. Solche Mäntel trugen sowohl Männer als auch Frauen.
zwischen 1942 und 1944 · St. Petersburg, Kriegsmedizinisches Museum, KP OF-9989, Inv. V1-322

404
Barett eines männlichen Gefangenen des KZ Majdanek
gefunden in der Baracke Nr. 43
zwischen 1942 und 1944 · St. Petersburg, Kriegsmedizinisches Museum, KP OF-10086, Inv. V1-368

Zwangsarbeit von KZ-Häftlingen war kein Geheimnis

1941 sahen die Besucher der *Großen Deutschen Kunstausstellung* in München das Ölgemälde *Granitbrüche Flossenbürg* des Industriemalers Erich Mercker. Dargestellt ist der Abbau von Granit, wie er in der Oberpfalz seit dem 19. Jahrhundert erfolgte. Rote Farbtupfen an den Hosen einiger der Arbeiter weisen verschlüsselt daraufhin, dass es sich um Häftlinge aus dem im Mai 1938 eröffneten KZ Flossenbürg handeln muss. Mercker verschwieg die Zwangsarbeit von KZ-Häftlingen keineswegs; sie war aber nur ein Detail, da es ihm darum ging, die überwältigende Massivität des Steinbruchs darzustellen. Die unmenschlichen Bedingungen, unter denen Tausende von Gefangenen Granit für die Großbauprojekte des »Dritten Reiches« abbauen mussten, hielt Mercker nicht fest. Auch die SS ließ für ihre Erfolgsbilanz die Flossenbürger Steinbrüche fotografieren. Die um 1942 in Auftrag gegebenen Fotos verharmlosen in ähnlicher Weise wie das Gemälde die schwere und gefährliche Arbeit, wenngleich Gefangene und Bewacher deutlich zu unterscheiden sind.
J. T.

FÜHRERHERRSCHAFT UND VERNICHTUNGSKRIEG

405

HITLER UND DIE DEUTSCHEN

406

405
»Granitbrüche Flossenbürg«
Erich Mercker (1891–1973)
zwischen 1938 und 1941
Öl auf Leinwand · 120 × 120 cm
Berlin, Deutsches Historisches Museum,
Gm 98/369
Abb. S. 257

406
KZ-Flossenbürg, Fotoaufnahmen aus dem Steinbruch
Flossenbürg, 1942 · Fotoreproduktionen
Amsterdam, Nederlands Instituut Voor Oorlogsdocumentatie, 244 D

Das KZ Majdanek als Teil der Besatzungsherrschaft im Osten

Das größte Konzentrations- und Vernichtungslager außerhalb des Deutschen Reiches, Majdanek nahe Lublin, war Teil der nationalsozialistischen Besatzungsherrschaft im »neuen Ostraum«. In das ab Herbst 1941 existierende Lager wurden Opfer der Aussiedlungspolitik und Opfer von Vergeltungsaktionen, zumeist Polen und Juden, verschleppt. Auch Juden aus westeuropäischen Ländern und aus dem Deutschen Reich gehörten zu den Gefangenen. Nahezu jeder zweite Häftling starb bzw. wurde ermordet. Auf der Vorder- und Rückseite zweier Holztafeln hatten Häftlinge russische bzw. polnische Namen von 129 weiblichen Gefangenen notiert. Die Dimension des Lagers lässt sich auch daran erkennen, dass sechs Arbeitskommandos mit insgesamt 45 Frauen allein in einer der Lagerwäschereien arbeiteten, wie aus der heimlichen Aufstellung hervorgeht.

Als im Juli 1944 die sowjetische Armee bei ihrem Vormarsch auf das hastig geräumte KZ Majdanek stieß, fand sie Magazine, die mit den persönlichen Habseligkeiten der Ermordeten gefüllt waren, aber auch Gegenstände, die die Wachmannschaft bei ihrer Flucht zurückgelassen hatte. Fotos, die in »Baracke 48« gefunden wurden, stammen vermutlich aus dem Besitz von Häftlingen, können – insbesondere die Postkarte mit dem Motiv von Hitler mit einem Kind – aber auch von den Tätern stammen.
S.E.

FÜHRERHERRSCHAFT UND VERNICHTUNGSKRIEG

407

Holztafel mit 45 Namen von im KZ Majdanek gefangenen Frauen, die in der Wäscherei arbeiteten

Lublin (Majdanek), zwischen 1942 und 1944
Holz · 73 × 20 cm · St. Petersburg, Kriegsmedizinisches Museum, KP OF-10351, Inv. 435

408

Holztafel mit 51 Namen von Häftlingen des KZ Majdanek, die zu einem Arbeitskommando gehörten

auf der Vorderseite eine mit Bleistift geschriebene Liste in polnischer Sprache; auf der Rückseite 30 polnische Namen
Majdanek, zwischen 1942 und 1944
Holz · 72,5 × 14,5 cm · St. Petersburg, Kriegsmedizinisches Museum, KP OF-10354, Inv. W1-438

409

Fotos, die nach der Befreiung von der 1. Weißrussischen Front im KZ Majdanek gefunden wurden

a) 21 Fotografien, u. a. eine abgerissene Postkarte, die Hitler und ein Kind zeigt
verschiedene Größen
b) 3 Kinderfotos · je 9 × 6 cm
c) 3 Fotos von Paaren · je 13,8 × 8,8 cm
Majdanek, 9. November 1944
St. Petersburg, Kriegsmedizinisches Museum,
KP FOF 6845/1–21; KP FOF 6681/1–3;
KP FOF 6683/1–3

Der Vernichtungskrieg gegen die Sowjetunion

Nach dem Angriff auf die Sowjetunion am 22. Juni 1941 führten die Einsatzgruppen der Sicherheitspolizei und des Sicherheitsdienstes hinter der Front Massenerschießungen durch. Opfer waren vor allem sowjetische Funktionäre und Juden. Millionen von sowjetischen Kriegsgefangenen ließ man verhungern. Andere, wie Alexander P. Chudovekov, wurden unter grober Verletzung des Kriegsrechts zur Zwangsarbeit in Konzentrationslager verschleppt. Chudovekov stammte aus dem Gouvernement Archangelsk und wurde 1939 in die Rote Armee einberufen. Am 28. Juli 1941 geriet er in der Ukraine in Gefangenschaft und durchlief zwischen 1942 und 1944 mehrere Konzentrationslager

HITLER UND DIE DEUTSCHEN

410

in Schlesien und Tschechien, aus denen er mehrfach fliehen konnte. Während seiner Haft führte er heimlich Tagebuch und lernte von Mithäftlingen Fremdsprachen, was ihm bei seinen Fluchtversuchen zu Hilfe kam. Zuletzt befand er sich im Ghetto und Lager Theresienstadt, das am 9. Mai 1945 von der Roten Armee befreit wurde. Er kehrte zu Fuß nach Russland zurück und erkrankte an Typhus. Nach seiner Genesung war er seit November 1945 Schreiber der 4. Panzerdivision der Roten Armee. 1946 wurde er demobilisiert.

Auf den ersten Blick mag ein deutscher Stempel im sowjetischen Ausweisdokument von Marija M. Anufriewa (1888–1955) den Eindruck einer geregelten Besatzungsbehörde vermitteln. Sie lebte bis 1943 in der Landhaussiedlung Otradnoje, etwa 40 Kilometer östlich von Leningrad. Während der Leningrader Blockade (1941–1944) befand sich der Ort im Bereich der Frontlinie und wurde völlig zerstört. Das systematische Aushungern der Leningrader Bevölkerung durch die deutsche Wehrmacht gilt als eines der schwersten Verbrechen gegen die Sowjetunion. S. E.

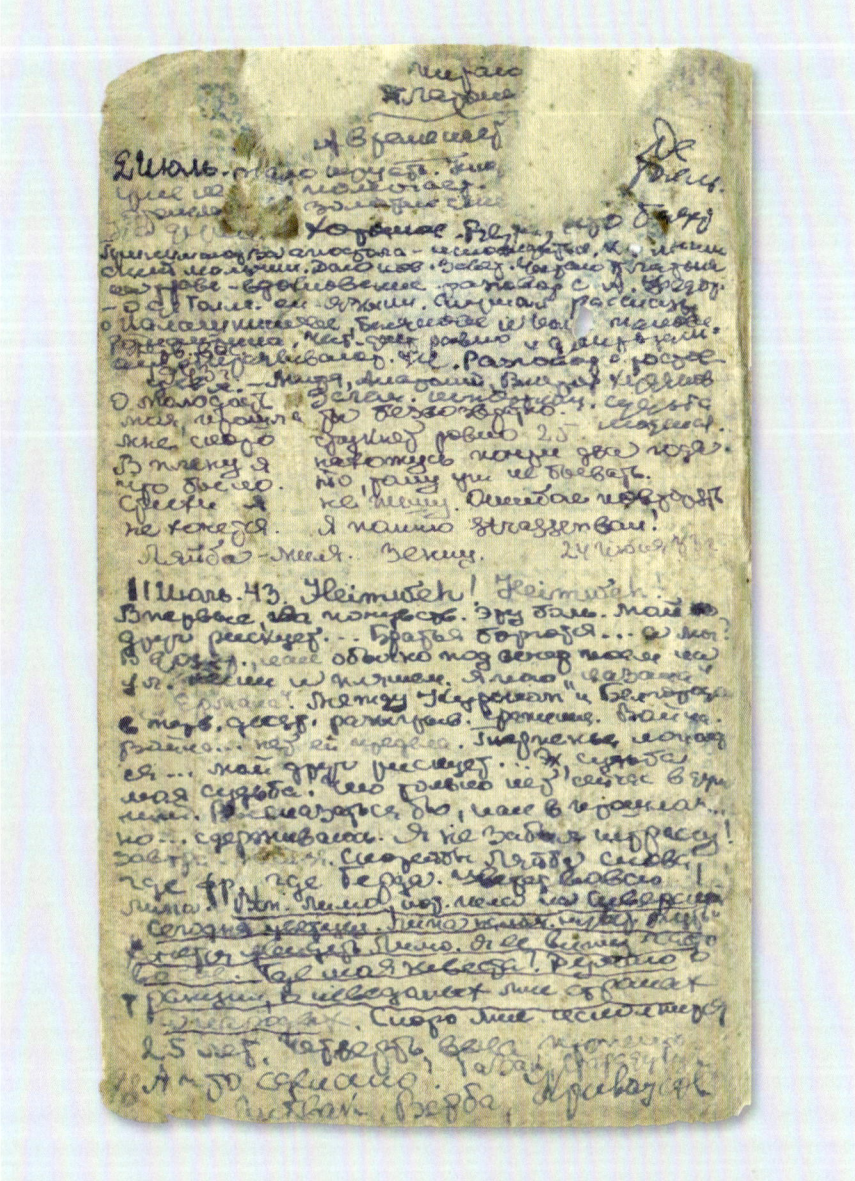

410

410
Notizbuch des sowjetischen Kriegsgefangenen Alexander P. Chudovekov (1918–1988)

Auszüge aus der abgebildeten S. 14:
»Am 11. Juli [1943] habe ich diesen Schmerz zum ersten Mal gefühlt ... Die Brüder kämpfen ... Und wir? Zwischen Kursk und Belgorod tobt die Schlacht. Der Krieg. Der Krieg ... Es gibt keinen Ausweg. Die Geduld reißt. Mein Freund riskiert. Ach, mein Schicksal, mein Schicksal.« Görnice (?) in Schlesien, 1943 (seit 1997 im Museum) · Papier, handgeschrieben · 14,7 × 9,7 cm
St. Petersburg, Staatliches Museum für Politische Geschichte, FII-51351

411
Sowjetischer Pass mit deutschem Stempel

1945 · 13 × 17 cm · St. Petersburg, Staatliches Museum für Politische Geschichte, FII-12267

412
Besatzungsgeld aus der Ukraine

1942 · Papier, Druck · 9 × 17 cm · St. Petersburg, Staatliches Museum für Politische Geschichte, FUSch-8082/1-2

Die deutsche Gesellschaft im Krieg

Der Krieg war im Verständnis der nationalsozialistischen Ideologen die zweite Etappe der »nationalsozialistischen Revolution«. Im Krieg sollte darum die Idee einer »rassisch homogenen« und »kämpfenden Volksgemeinschaft« ihrer Verwirklichung näher kommen. Die soziale Realität war hingegen vielschichtiger und widersprüchlicher. Die Erfahrungen der Extremsituation des Krieges sollten mehr und mehr die Grenzen und Widersprüche der Volksgemeinschafts-Rhetorik entlarven. ■ Der totale Krieg verschärfte den »Homogenisierungs- und Egalisierungsdruck« (Wehler), der in der Volksgemeinschaftsideologie angelegt war. Die militärischen Anfangserfolge verstärkten zunächst das Zusammengehörigkeitsgefühl und die Loyalitätsbereitschaft. Mit der Vorstellung einer geschlossenen nationalen »Volksgemeinschaft« war jedoch auch die Verschärfung von Ausgrenzung und Repression verbunden. Das Spektrum der inneren Feinde und »Gemeinschaftsfremden«, die die nationale Gemeinschaft angeblich bedrohten und darum verfolgt werden mussten, wurde ausgeweitet. Außerhalb der »Volksgemeinschaft«, aber mitten im »Reichseinsatz« der deutschen Kriegsgesellschaft lebten Millionen von Zwangsarbeitern, Kriegsgefangenen und KZ-Häftlingen. Ihre Existenz war Voraussetzung für die Kohäsion der »Volksgemeinschaft«. Sie mussten mit ihrer Arbeitsleistung – oft unter schwersten körperlichen und seelischen Bedingungen – die deutsche Kriegswirtschaft unterstützen; sie galten zugleich als Fremde und Feinde, die den »Volksgenossen« das Gefühl der Überlegenheit und der nationalen Zugehörigkeit vermittelten. Der Zaun, der die Lagerwelten von der deutschen »Volksgemeinschaft« trennte, war offen. Der nationalsozialistische Terror gegen Fremde und »rassisch Minderwertige« reichte in die Öffentlichkeit der deutschen Gesellschaft hinein und war dort erfahrbar. ■ Die totale Mobilisierung für den Krieg brachte der deutschen Gesellschaft teilweise neue soziale Aufstiegs- und Handlungsmöglichkeiten in der NSDAP und in der Hierarchie der Wehrmacht, gelegentlich auch exorbitante materielle Gewinne; zugleich aber ging die Schere der Einkommen und des Vermögens und damit auch des Konsums immer weiter auseinander. Neue Gräben der sozialen Ungleichheit entstanden überdies durch die Furie des Krieges, der manche soziale Gruppen und Generationen stärker erreichte und der städtische Regionen in anderer Weise traf als ländliche Zonen, die scheinbar in äußerer Ruhe und Unversehrtheit verharrten. Die Konfliktlinien, die sich hinter der Volksgemeinschaftsrhetorik verbargen, wurden auch mit der Formierung des Widerstands gegen das NS-Regime sichtbar. ■ Auch wenn es bis zur Wende des Krieges 1943 soziale Räume der Kontinuität und scheinbaren Normalität gegeben hat, so hat der Krieg am Ende die Lebensverhältnisse in der deutschen Gesellschaft grundstürzend geändert. Überkommene Normen wurden ausgehöhlt, eingeübte Verhaltensformen abgeschliffen. Mit der »zunehmenden Gewöhnung an Gewalt, Elend und Tod« (Hans Mommsen) wuchs eine moralische Indifferenz. ■ H.-U. T.

HITLER UND DIE DEUTSCHEN

414

»Das größere Opfer«
Die Auswirkungen des Krieges seit der Wende 1940/41 und die Niederlage in Stalingrad 1943 führten dazu, dass sich die Illusion von der »Volksgemeinschaft« aufzulösen begann. Plakate und Gemälde wie Adolf Reichs Das größere Opfer appellierten an die Opferbereitschaft der Deutschen. Das Gemälde, das 1943 im Haus der Deutschen Kunst in München ausgestellt wurde, und eine im gleichen Jahr angefertigte kleinformatige Replik wirken auf den ersten Blick wie ein Antikriegsbild. Dargestellt sind Menschen, die bereits ein Opfer für die »Volksgemeinschaft« gebracht haben: ein beinamputierter Soldat und eine junge Kriegerwitwe mit Kinderwagen. Die Hitlerjungen und die für das Winterhilfswerk Spendenden vor dem Münchener Siegestor appellieren wiederum an jeden Einzelnen, an den sogenannten Endsieg zu glauben, und versuchen, die Menschen weiterhin für den Krieg zu mobilisieren. J. T.

DIE DEUTSCHE GESELLSCHAFT IM KRIEG

413
»Das größere Opfer«
Adolf Reich (1887–1963) · München, 1943
Öl auf Leinwand · 121 × 131 cm
München, Münchner Stadtmuseum, Gm 93/3

414
»Das größere Opfer«
Adolf Reich (1887–1963) · München, 1943
Öl auf Leinwand · 230 × 260 cm · Berlin,
Deutsches Historisches Museum, Gm 92/7

415
Schmuckblatt »Wochenspruch der NSDAP« mit einem Zitat von Adalbert Stifter
Folge 21: »Das Mutterherz ist der schönste und unverlierbarste Platz des Sohnes ...«
München, Mai 1942 · 35 × 24 cm · Berlin,
Deutsches Historisches Museum,
Do2 2005/77

416
Schmuckblatt »Wochenspruch der NSDAP« mit einem Ausspruch von Adolf Hitler
Folge 26: »Es gibt keinen besseren Dank für den Einsatz unserer Soldaten«
München, Juni 1942 · 35,2 × 24,4 cm · Berlin,
Deutsches Historisches Museum, Do2 2008/70
Abb. S. 119

417
»Führer / Dir gehören wir«
Propagandaplakat mit Durchhalteparole
Entwurf: Werner Heudtlaß und Maria Axster
Herausgeber: Presse- und Propagandaamt / Schaukastendienst der Reichsjugend
Berlin, April 1943 · Reproduktion (Original: 58,5 × 97,5 cm) · Berlin, Deutsches Historisches Museum, 1988/1301

418
»Feind hört mit!«
Plakate der Anti-Spionage-Kampagne
Entwurf: Franz Oswald Schiffers (1902–1976)
Herausgeber: Reichsministerium
für Volksaufklärung und Propaganda
Berlin, 1943/44 · Offsetdrucke · 58,5 × 41,8 cm
Berlin, Deutsches Historisches Museum,
P 95/517; P 95/516; P 95/515; P 95/513

418

419
Fotografien aus dem Heft »Ich war Arbeitsmaid im Kriege«
herausgegeben von Hilde Haas, Leipzig 1941
a) »Einteilung zur Arbeit«
b) »Anmarsch der Arbeitsmaiden«
Liselotte Orgel-Köhne (1918–2002)
Haltingen im Breisgau, 1939/40
Fotografien (Neuabzüge)
Berlin, Deutsches Historisches Museum,
Orgel-Köhne 4575/5; Orgel-Köhne 4576/6

420
»Der Einsatz der deutschen Frau im Krieg«
Werbeplakat für den Arbeitseinsatz der Frauen
in der Rüstungsindustrie
Deutschland, um 1941 · Reproduktion (Original: 59,3 × 41,9 cm) · Berlin, Deutsches Historisches Museum, 1988/998.61   Abb. S. 137

Kriegsspiele – Mobilisierung für den »Totalen Krieg«

Angriffslust und rücksichtsloses Gewinnen sollten vor allem bei Kindern und Jugendlichen mithilfe von Spielen gefördert werden. Im Rahmen der im September 1939 vom Propagandaministerium initiierten Kampagne *Feind hört mit* wurde ein Würfelspiel entwickelt, bei dem die Figuren – Zollbeamter, Arbeitsmann, Hitlerjunge, Schütze, Flieger und Polizeibeamter – die Aufgabe haben, einen Spion einzukreisen und so die »Volksgemeinschaft« vor Verrat zu schützen. Produkt einer späteren Kampagne war das *Kohlenklau Quartett*. Goebbels und Speer hatten 1942 versucht, der Unzufriedenheit und dem Unverständnis der Bevölkerung über die Energiekrise und die schlechte Versorgungslage mit einer groß angelegten Aktion von Energiespartipps zu begegnen.

Andere Spiele wiederum dienten dazu, Jugendliche für den freiwilligen Kriegseinsatz zu gewinnen. Das *Adler-Luftkampfspiel* simulierte den Luftkrieg: Bomber mussten die gegenüberliegende Seite des Spielfelds unbeschadet erreichen, um dann mithilfe der Würfel verschiedene Ziele bombardieren zu können. Dass die Propaganda auch in dem reformpädagogisch orientierten Landschulheim Marquartstein Wirkung zeigte, verdeutlicht eine Unterrichtstafel von 1942. Auf der von Schülerinnen und Schülern gefertigten Tafel sind engagierte Angehörige der HJ und des BDM zu sehen: Sie helfen bei der Ernte, kümmern sich um verletzte Soldaten oder kämpfen selbst an der Front. Auf der Rückseite dieser ursprünglich sechs Tafeln umfassenden Serie hielt der Gründer und Leiter des bayerischen Landschulheims Hermann Harless fest, dass an seiner Schule die Geburtsjahrgänge 1923 bis 1926 vollzählig in der HJ und im BDM organisiert seien.   J. T./S. E.

DIE DEUTSCHE GESELLSCHAFT IM KRIEG

426

421
»Achtung! Feind hört mit«
Würfelspiel
Zeichnungen: Heinz Schubel (1906–1997)
um 1940 · 4 × 25,5 × 34,2 cm (Schachtel)
Berlin, Deutsches Historisches Museum,
1988/1108

422
»Adler Luftkampfspiel«
Würfelspiel
Zeichnungen: Heinrich von Medweg
Dresden, 1941 · 2,8 × 30,8 × 22,2 cm (Schachtel)
Berlin, Deutsches Historisches Museum,
1989/2313

423
»Flieger-Alarm«
Gesellschaftsspiel · Entwurf: Zapf
um 1942 · 38,6 × 23,6 cm (Schachtel)
Berlin, Deutsches Historisches Museum,
AK 95/402

424
»Hitler-Jugend Geländeübung«
Würfelspiel
Ludwigsburg, zwischen 1933 und 1936
3,5 × 39,5 × 29 cm (Schachtel) · Berlin, Deutsches
Historisches Museum, 1990/863

425
Wandtafel aus einem Landschulheim mit Schülerzeichnung zu den Aufgaben der HJ
Marquartstein, 1942 · Pressspan, gezeichnet,
handgeschrieben · 100 × 70 cm · Berlin, Deutsches
Historisches Museum, Do2 2009/1052

426
»Kohlenklau Quartett«
Kartenspiel
Entwurf: Johannes Landwehrmann
Deutschland, um 1942 · 9,8 × 6 cm
Berlin, Deutsches Historisches Museum,
AK 92/147

Luftschutz und Bombenkrieg

Der Luftschutz wurde im NS-Regime als Selbstschutz propagiert, zu dem alle beizutragen hatten. Das Spektrum der Schutzmaßnahmen reichte in das private wie öffentliche Leben hinein und konstruierte ein Sicherheits- und Überlegenheitsgefühl. Im Alltag erfasste der Luftschutz – bestehend aus dem Reichsluftschutzbund, den Hilfspolizeien und den NSDAP-Organisationen sowie weiteren ehrenamtlichen Helfern – fast alle männlichen Angehörigen der »Volksgemeinschaft«, die in diesen Kriegsjahren nicht an der Front eingesetzt waren. Diese Mobilisierung hatte gleichzeitig auch die Funktion einer Großkontrolle. Konnten doch die Akteure vor Ort entscheiden, wer in den Schutzraum durfte und wer nicht.

430

Seit 1942 richteten die Bombenangriffe auf deutsche Großstädte massive Zerstörung an. Zwangsarbeiter und KZ-Insassen mussten unter Lebensgefahr die entstandenen Schäden beseitigen und nicht detonierte Bomben entschärfen. Zugleich war es ihnen verboten, bei Fliegeralarm die Bunker und Schutzräume aufzusuchen.

Spätestens seit den ersten erfolgreichen Angriffen auf die Hauptstadt Berlin und dem sogenannten Tausendbombenangriff auf Köln wurde der Zivilbevölkerung immer stärker bewusst, dass der Luftschutz nur eine Behauptung, aber keine Realität sein konnte. Feuerpatsche, Eimer und Spritze – solch einfache Gerätschaften waren in der Praxis kaum geeignet, die Bevölkerung vor Bombenangriffen zu schützen.

Hitler selbst ließ sich – soweit bis heute bekannt – nach den Angriffen nicht in den Städten sehen und entzog sich so einer Konfrontation mit den Folgen seiner Politik. Bis in die letzten Kriegstage hinein dominierte dennoch in einem Großteil der Bevölkerung ein fanatischer Beharrungswille. J. H./C. S.

427
Luftschutz-Feuerspritze
zwischen 1939 und 1945
Metall, Holz, Gummi, Leder · 65 × 18 × 16 cm
Bonn, Stiftung Haus der Geschichte der Bundesrepublik Deutschland, 1992/06/139.1.2

428
Eimer »Luftschutz«
Hersteller: Firma Hazet
zwischen 1939 und 1945 · Metall · 31 × 35 cm
Bonn, Stiftung Haus der Geschichte der Bundesrepublik Deutschland, 1992/06/139.2.2

429
Feuerpatsche eines Truppmanns des Reichsluftschutzbunds
um 1943 · Holz, Leinen · 40 × 48 cm
Berlin, Deutsches Historisches Museum, U 93/294

430
»Nach dem Luftangriff«
Adolf Wegener (1891–?) · Berlin, 1944
Öl auf Leinwand · 108 × 233,5 cm
Berlin, Deutsches Historisches Museum, Gm 2005/79

431
Aufräumkommando mit Häftlingen des Frauenlagers Bremen-Oberheide
Walter Güppers (geb. 1925)
Bremen, März 1944 · Fotoreproduktion
Bremen, Staatsarchiv Bremen, StaB 7,77/1
Fotos Nr. 3567 · Abb. S. 134

432
Bombensuchkommando in Berlin-Mitte
Berlin, um 1944 · Fotoreproduktion
Berlin, Landesarchiv Berlin, F Rep 290 0252907

433
Sowjetische Kriegsgefangene bei Aufräumarbeiten nach Bombenangriffen am Kattrepel
Atelier Lux · Hamburg, 20. März 1945
Fotoreproduktion · Neu Wulmstorf, Carl-Werner Schmidt-Luchs, 850266/15

434
»Die zerstörte Amelungstraße in Hamburg nach einem Luftangriff«
Postkarte · Hamburg, März 1944
Reproduktion · Berlin, Deutsches Historisches Museum, PK 92/17.708

435
Hamburg nach einem Luftangriff
Postkarten · Hamburg, 18. Juni 1944
Reproduktionen · Berlin, Deutsches Historisches Museum, PK 92/17.709; PK 2004/535–541

DIE DEUTSCHE GESELLSCHAFT IM KRIEG

433

434

436 e

436
Vordruckpostkarten
a) Kurznachricht über die Folgen
eines Luftangriffs
Berlin, 29. Januar 1944
b) Mitteilung, dass alle Familienangehörigen
einen Bombenangriff überlebt haben
Münster, 2. Oktober 1944
c) Nachricht von der Totalzerstörung
eines Hauses und einer Fabrik
Bielefeld, 9. Oktober 1944
d) Kurznachricht über die Folgen
eines Luftangriffs
Berlin, 24. Februar 1945
e) Kurznachricht über die Folgen
eines Luftangriffs
Duisburg, 24. Februar 1945
Reproduktionen (Originale: je ca. 10 × 13,8 cm)
Berlin, Deutsches Historisches Museum,
Do2 2009/680; Do2 2003/302; Do2 2008/892;
Do2 2009/681M; Do2 99/1028

Zwangsarbeit – mitten in der deutschen Gesellschaft

Millionen von Zwangsarbeitern sollten während des Krieges vor allem die fehlenden Arbeiter in der Rüstungsindustrie und in der Landwirtschaft ersetzen. Die meisten von ihnen kamen aus der Sowjetunion und Polen oder waren Kriegsgefangene. Männer, Kinder und Frauen, darunter Schwangere und Mütter mit Säuglingen, wurden aus ihren Heimatländern nach Deutschland verschleppt. Die in der Kriegsindustrie eingesetzten Zwangsarbeiter lebten in Lagern, die sich meist in der Nähe der Fabriken mitten in der Stadt befanden. Die dort herrschenden schlechten Existenzbedingungen verschärften sich noch aufgrund der rassenideologisch definierten Hierarchie, in der Osteuropäer auf der untersten Stufe standen. Sichtbar wurde dies auch an den auf ihrer Kleidung angebrachten Kennzeichen »P« für Polen und »Ost« für die aus der Sowjetunion stammenden Menschen. Ausgangsbeschränkungen nach Feierabend und Zwangsabtreibungen waren nur einige von vielen diskriminierenden Maßnahmen gegen sie. Bei Verstößen gegen die Arbeitsdisziplin konnten sie in »Arbeitserziehungslager« eingewiesen werden. Sabotage oder der ihnen verbotene sexuelle Kontakt mit Deutschen wurde mit Haft im Konzentrationslager oder mit dem Tod bestraft. Auf dem Land war eine von der deutschen Bevölkerung isolierte Unterbringung der Zwangsarbeiter nicht möglich. Hier hingen die Lebensbedingungen von den jeweiligen Arbeitgebern ab, waren jedoch ebenso von den staatlichen Repressionen gekennzeichnet.
J. T.

437
Foto des Hamburger »Ostarbeiterlagers« Hohenzollernring/Moortwiete
Die Hamburger Baubehörde hatte das Lager für die »Heimstättengesellschaft der Fischindustrie« errichten lassen. Hier lebten ab 1942 mehrere hundert Zwangsarbeiterinnen aus Polen und der Sowjetunion, zum Teil gemeinsam mit ihren Kindern.
Hamburg, nach 1945 · Fotoreproduktion
Hamburg, Denkmalschutzamt Hamburg,
Bildarchiv

438
Kennzeichnung für »Ostarbeiter«
um 1942 · Baumwolle, bedruckt · 7,3 × 6,4 cm
Berlin, Deutsches Historisches Museum,
A 93/13

439
Kennzeichnung für polnische Zwangsarbeiter
zwischen 1940 und 1945
Viskose, bedruckt · 6 × 6,5 cm
Berlin, Deutsches Historisches Museum,
A 93/18

440
Karteikarte der Zwangsarbeiterin Ilwdokia Nyschnyk aus der Sowjetunion
auf der Rückseite die Arbeitsstellen, an denen sie bis November 1944 eingesetzt war
Braunau am Inn, 3. Juni 1942 · 20,8 × 14,8 cm
Berlin, Deutsches Historisches Museum,
Do2 88/488.2

DIE DEUTSCHE GESELLSCHAFT IM KRIEG

437

441
Karteikarte des Zwangsarbeiters Nikolai Oridoroja aus der Sowjetunion
Landesarbeitsamt Rheinland · Solingen 1942
21 × 14,8 cm · Berlin, Deutsches Historisches Museum, Do2 99/594

442
Karteikarte des Zwangsarbeiters Alexej Bondaru aus der Ukraine
Königsberg, 19. November 1942
20,9 × 14,8 cm · Berlin, Deutsches Historisches Museum, Do2 95/3278

443
Karteikarte der Zwangsarbeiterin Lidija Jakowina aus der Sowjetunion
Brüggen, 1942 · 21,2 × 14,8 cm
Berlin, Deutsches Historisches Museum, DG 90/6106

444
»Bilder-Wörterbuch zur Verständigung ohne Sprachkenntnisse: Deutsch – Russisch – Ukrainisch – Polnisch«
Herausgeber: C. Steinberg unter Mitarbeit des Osteuropa-Institutes Breslau
Breslau: Franken-Verlag und Druckerei, 1942
14,3 × 10,3 cm · Berlin, Lutz Gelbert

445
»Bilder-Wörterbuch zur Verständigung ohne Sprachkenntnisse für den im Reiche tätigen Ukrainer«
Ausgabe: Ostarbeiter/Ukrainisch – Deutsch
Herausgeber: O. Borgmeyer unter Mitarbeit des Osteuropa-Institutes Breslau
Breslau: Franken-Verlag und Druckerei, 1942
14,2 × 10 cm · Berlin, Lutz Gelbert

446
»Buch über die technische Umgangssprache im Betrieb«
Russisch – Deutsch für die Metallbearbeitungs-Industrie und den Automobilbau
Richard Malin
Chemnitz: Verlag Eduard Focke, 1942
15,2 × 11,7 cm · Berlin, Lutz Gelbert

447
»Bildwörterbuch für Russen in Landwirtschaft, Industrie und Hauswirtschaft«
Wilhelm Graf
Berlin: Deutsche Verlagsgesellschaft, 1943
14,6 × 10,9 cm · Berlin, Lutz Gelbert

HITLER UND DIE DEUTSCHEN

448

»Buch über Geräte für die Bodenbearbeitung mit technischem Fachwortschatz«

in deutscher und russischer Sprache
Bearbeiter: Hannes Meyer · Berlin: Georg Siemens Verlagsbuchhandlung, 1944
10,2 × 14,6 cm · Berlin, Lutz Gelbert

449

Fotodokumentation der Rautal-Werke GmbH zum Einsatz von »Ostarbeitern«

Wernigerode, 1943 · Karton, Textil
31 × 22,5 × 4,5 cm · Berlin, Deutsches Historisches Museum, Do2 2000/1556

450

NS-Propagandaschrift für Fremdarbeiter aus der Ukraine über das Leben in Deutschland

Ursula Litzmann und F. Springorum
Herausgeber: Zentralstelle für Angehörige der Völker des Ostens · Berlin, 21. Juli 1943
21 × 14,7 cm · Berlin, Deutsches Historisches Museum, Do2 2000/1558

Attentate und Attentatsversuche

Der Widerstand gegen das NS-Regime war breit gefächert. Er reichte von non-konformem Verhalten bis zu dem geplanten Staatsstreich des 20. Juli 1944. Getragen wurde der Widerstand von Männern und Frauen aus allen sozialen Schichten und politischen Lagern. Den Versuch des Tyrannenmordes wagten jedoch nur wenige. Am 8. November 1939 gelang es dem Handwerker Georg Elser, einen Sprengsatz im Münchener Bürgerbräukeller anzubringen. Da Hitler die Veranstaltung vorzeitig verließ, verfehlte ihn die Bombe. Es war der Versuch eines mutigen Einzelnen, den Krieg zu stoppen.
Nach Elsers Anschlag wurden die Sicherheitsvorkehrungen zum Schutz Hitlers verschärft. Wie viele Attentatsversuche auf Hitler es gab, lässt sich heute nicht zweifelsfrei rekonstruieren. Mittel und Möglichkeiten, den Diktator zu beseitigen, hatten vor allem Oppositionskreise innerhalb der Wehrmacht, die angesichts der

451

453

drohenden Kriegsniederlage eine Neuordnung Deutschlands planten. Am 13. April 1943 versuchte Generalmajor Henning von Tresckow auf dem Flug von Smolensk nach Rastenburg, Hitler zu töten. Der Anschlag schlug fehl, da der Zeitzünder der Bombe, die im Flugzeug angebracht war, versagte. Am 20. Juli 1944 konnte Claus Graf Schenk von Stauffenberg im »Führerhauptquartier Wolfsschanze« bei einer Lagebesprechung mit Hitler eine Bombe platzieren. Hitler überlebte den Anschlag leicht verletzt.

Nach dem misslungenen Umsturzversuch nahm die Gestapo Tausende von Regimegegnern fest, rund 5000 von ihnen wurden bis Kriegsende hingerichtet oder starben an den Haftbedingungen. E. W./S. E.

451

Johann Georg Elser

(1903–1945) · Heinrich Hoffmann (1885–1957)
München, November 1939 (nach der Verhaftung)
Fotoreproduktion · München, Bayerische Staatsbibliothek München/Hoffmann, hoff-28882

452

Der Bürgerbräukeller nach dem Anschlag

München, 10. November 1939 · Fotoreproduktion
Berlin, ullstein bild, 00686397

453

Claus Philipp Maria Graf Schenk von Stauffenberg

(1907–1944, Oberst, seit 1943 Stabschef im Allgemeinen Heeresamt, seit 1. Juli 1944 Stabschef des Befehlshabers des Ersatzheers)
vor 1944 · Fotoreproduktion · Berlin, Deutsches Historisches Museum, F 60/715

454

Henning von Tresckow

(1901–1944, Generalmajor, 1. Generalstabsoffizier in der Heeresgruppe Mitte)
1944 · Fotoreproduktion · Berlin, Deutsches Historisches Museum, F 87/368

455

Rudolf-Christoph Freiherr von Gersdorff

(1905–1980, Generalmajor, seit 1941 Verbindungsoffizier der Abwehr)
1944 · Fotoreproduktion
Koblenz, Bundesarchiv, Bild 146-1976-130-51

456

Hitler und Mussolini besichtigen die Zerstörungen in der Wolfsschanze nach dem missglückten Attentat

Heinrich Hoffmann (1885–1957)
Görlitz bei Rastenburg (Ostpreußen), 1944
Fotoreproduktion · Berlin, Deutsches Historisches Museum, Hoffmann 61900-415

DIE DEUTSCHE GESELLSCHAFT IM KRIEG

457
Hitler im Gespräch mit Mussolini und Göring nach dem Attentat in der Wolfsschanze
Heinrich Hoffmann (1885–1957)
Juli 1944 · Fotoreproduktion · Berlin, Deutsches Historisches Museum, Hoffmann 61900-413

458
Stempelabdruck aus dem innerdeutschen Widerstand
»Nieder mit Hitler / Schluß mit dem verlorenen Krieg. Die 3. Front« 1944 (Abdruck nach 1962)
17,6 × 20,4 cm (Abdruck) · Berlin, Deutsches Historisches Museum, Do 62/16.2

Der endgültige Zerfall des »Dritten Reiches«

Das Kriegsgeschehen erreichte 1944 endgültig deutschen Boden. In vielen zerbombten Städten funktionierte die Infrastruktur nur noch eingeschränkt, denn mit dem militärischen Zusammenbruch löste sich auch das NS-Herrschaftssystem auf: Behörden und Ministerien waren entweder evakuiert oder konnten nur noch lokal agieren. Diese Dezentralisierung führte zu einer beispiellosen Radikalisierung der Gewalt: Standgerichte fällten Todesurteile, und vermutlich wurden in den letzten Monaten mehr als 10 000 Menschen Opfer der Mordkommandos der Gestapo auf dem Reichsgebiet, vor allem Zwangsarbeiter, Kriegsgefangene, aber auch Angehörige des Widerstands.
Während die NS-Verantwortlichen flüchteten, wurden alte Männer und Jugendliche in den »Volkssturm« eingezogen und für eine gänzlich aussichtslose Verteidigung geopfert. Hitler, der sich in den Bunker der Neuen Reichskanzlei zurückgezogen hatte, zeichnete noch im März 1945 HJ-Mitglieder des »Volkssturms« aus. Obwohl der greise »Führer« nicht mehr in der Öffentlichkeit auftrat, blieb er doch Orientierungsgestalt der Deutschen. D. D./C. M./S. E.

459

463

459
Beschädigter NS-Reichsadler

Aus der Neuen Reichskanzlei stammt der in Bronze gegossene Reichsadler mit einer Flügelspannweite von 2,80 Meter. Dieses verhasste Symbol der NS-Herrschaft war für die sowjetischen Soldaten eine begehrte Kriegsbeute.

1946 wurde der Reichsadler den britischen Alliierten zum Geschenk gemacht.
Kurt Schmid-Ehmen (1901–1939)
Berlin, 1937 (Original)
London, 1996 (Nachbildung)
Polyesterharz und Glasfaser · 163 × 283 × 37 cm
Berlin, Deutsches Historisches Museum, PI 96/13

460
Der zerstörte Runde Saal
(mit Blick in den Mosaiksaal)
in der Neuen Reichskanzlei
Berlin, Mai 1947 · Fotoreproduktion
Berlin, bpk – Bildagentur für Kunst, Kultur und
Geschichte, 30016407

461
Hitler besichtigt mit seinem Adjutanten Schaub die Schäden in den Räumen der Neuen Reichskanzlei
Heinrich Hoffmann (1885 – 1957)
Fotoreproduktion · Berlin, zwischen 20. und
23. April 1945 · München, Bayerische Staatsbibliothek München/Hoffmann, hoff-54608

462
»… und neues Leben blüht
aus den Ruinen«
Richard Gessner (1894 – 1989)
Düsseldorf, 1944 · Öl auf Leinwand · 141 × 200 cm
Berlin Deutsches Historisches Museum,
Gm 2005/170

463
Hitler zeichnet HJ-Mitglieder
des »Volkssturms« aus
Franz Gayk (Mitarbeiter von Heinrich Hoffmann)
20. März 1945 · Fotografie (Neuabzug)
Berlin, Deutsches Historisches Museum,
Hoffmann 70147/9
Abb. S. 271

464
Hitlerjungen mit Panzerfäusten
in Frankfurt an der Oder
Frankfurt an der Oder, 1945
Fotoreproduktion · Berlin, Deutsches
Historisches Museum, F 62/914

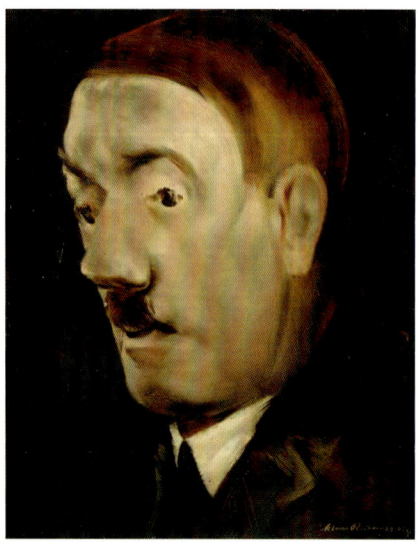

465

Hitlers Charisma – verblasst
Das Gemälde des Malers Klaus Richter zeigt Hitlers Gesicht als wächserne Fratze – also in einem krassen Gegensatz zur offiziellen Führerpropaganda. Im Sommer 1941 gelang es Richter, in der Wolfsschanze Skizzen von Hitler anzufertigen. Der Diktator scheute seit 1941 zunehmend öffentliche Auftritte. Durch Rückzug in sein Hauptquartier und später in den Bunker entzog er sich den Blicken der »Volksgenossen«.
Richter porträtierte Hitler mit irrem Blick, aufgedunsen, mit leicht geöffnetem Mund. Er demaskierte seinen Wahnsinn, noch bevor der Führermythos zu bröckeln begann. Hitler selbst bekam das Gemälde nie zu sehen. Richter fertige davon zwei fast identische Versionen an. Erst nach 1945 wurde es in verschiedenen Ausstellungen der Öffentlichkeit präsentiert. J. H.

465
Adolf Hitler
Klaus Richter (1887 – 1948) · Berlin, 1941
Öl auf Hartfaser · 50 × 40 cm · Berlin,
Deutsches Historisches Museum, Gm 95/1

Der Nibelungenmythos und seine Instrumentalisierung im Nationalsozialismus
Die Geschichte des Nibelungenmythos ist auch eine Geschichte seiner Instrumentalisierung. Als »teutsche Ilias« stilisiert, fand sie im 19. Jahrhundert Einzug in alle Bereiche der Kultur, Gesellschaft und Politik und wurde zum Bestandteil des Gründungsmythos des Deutschen Reiches. Kaiser Wilhelm II. schickte 1900 seine Soldaten als »Hunnen« nach China, Reichskanzler von Bülow beschwor 1909 die »Nibelungentreue«, die Deutschland bei Ausbruch des Krieges 1914 fest an die Seite der Donaumonarchie band. Hindenburg verglich die Niederlage Deutschlands mit der hinterhältigen Ermordung Siegfrieds durch Hagen und zielte damit auf die »inneren Reichsfeinde« ab. Dieser »Dolchstoß von hinten« – von Demokraten als »Dolchstoßlegende« enttarnt – sollte ein prägender Topos für die Gegner der Demokratie werden. Für die Nationalsozialisten und vor allem für Hitler selbst, der ein enthusiastischer Verehrer Richard Wagners war, gab das Heldenepos wiederholt Gelegenheit zur Übertragung in die Gegenwart. Laut Speer war das Finale von Wagners *Götterdämmerung* für Hitler »höchster Ausdruck«. *Siegfrieds Trauermarsch* begleitete die Meldung von Hitlers Tod am 30. April 1945 im Reichsrundfunk.
Die Motive der drei Tapisserien beziehen sich auf drei Abenteuer (Aventiuren 11, 16, 19) des Nibelungenlieds: Heimkehr (Xanten), Abschied (Jagd) und Ewigkeit (Hortversenkung). Die Serie entwarf 1943 der in Wien wirkende Maler Hermann Rudolf Eisenmenger. Er war Mitglied der NSDAP und nahm an den *Großen Deutschen Kunstausstellungen* in München teil. Am 7. Juli 1943 hatte das Reichspropagandaministerium die Wiener Gobelinmanufaktur, die schon einige Bildteppiche mit NS-Emblematik ausgeführt hatte, mit der Herstellung der Nibelungenserie zu einem Gesamtpreis von 36 900 Reichsmark beauftragt.

Der Bestellung gingen 1943 zwei wichtige propagandistische Ereignisse voraus: Zum 10. Jahrestag der Machtübernahme hielt Hermann Göring im Reichsluftfahrtministerium eine Rede, in der er sich auf die »Nibelungentreue« bezog und von den Soldaten in Stalingrad den Opfertod verlangte. Wenige Wochen später rief Goebbels im Berliner Sportpalast zum »Totalen Krieg« auf.

Zur Auslieferung kam die Serie nicht mehr. Die Tapisserien *Wie Siegfried und Kriemhild nach der Hochzeit in Xanten ankamen* und *Wie Siegfried von Kriemhild Abschied nahm und zur Jagd auszog* befanden sich nach dem Zweiten Weltkrieg wohl noch in der Manufaktur und wurden 1955 dem Österreichischen Bundesministerium für Unterricht als Wertausgleich für einen bereits bezahlten und nicht zur Ausführung gelangten Wandteppich vorgeschlagen. Der Bildteppich mit dem Motiv der Versenkung des Schatzes (Kat.-Nr. 466) wurde offenbar nach Berlin geliefert, aber nicht mehr gehängt. Unklar bleibt, welchen Weg er bis zu seinem Auftauchen in den 1980er Jahren in Dresden genommen hat. Die hier ausgestellte Tapisserie zeigt Hagen von Tronje als Heerführer auf einem Drachenboot. Er befiehlt drei Männern in einem Nachen, den Nibelungenhort im Rhein zu versenken. Hagen fürchtet die Macht, die Kriemhild durch dessen Besitz erhalten könnte. Hinter ihm im Boot beobachten Krieger mit Lanzen die Szene. Kriemhild sieht von einem Felsen aus zu. Im Vordergrund am Rheinufer steht Siegfried, der eine Adlerstandarte hält, umgeben von Rittern. In der mit Rosenranken, Vögeln und NS-Hoheitssymbolen gestalteten Bordüre wird das Thema durch Textkartusche und zwei Putti, die Teile des Schatzes ausbreiten, aufgegriffen. Am unteren Rand sind zwei Szenen der Nibelungensage dargestellt: Kriemhild zeigt Brunhild den Gürtel, den Siegfried ihr mithilfe der Tarnkappe abgenommen hatte, sowie Hagen, der Siegfried ermordet. R. F./R. T.

466
»Wie Hagen den Schatz der Nibelungen im Rhein versenken liess.«
Tapisserie · Entwurf: Rudolf Hermann Eisenmenger (1902–1994)
Hersteller: Wiener Gobelinmanufaktur
Wien, 1943–1944 · Wolle, gewirkt · 418 × 227 cm
Berlin, Stiftung Deutsches Historisches Museum, LD 2010/2, Leihgabe der Bundesrepublik Deutschland
Abb. S. 273

Die Beteiligung deutscher Firmen am Holocaust

Deutsche Unternehmen wie die Erfurter Maschinenbaufirma »Topf & Söhne« waren an den Massenmorden beteiligt. Unter der Leitung der Brüder Ludwig und Ernst-Wolfgang Topf arbeitete die Firma seit dem Beginn des Zweiten Weltkriegs eng mit der SS zusammen. So baute man nicht nur Entlüftungsanlagen für die Gaskammern in Auschwitz-Birkenau, sondern entwickelte zudem leistungsfähige Krematoriumsöfen für verschiedene Lager. Die Mitarbeiter bekamen dadurch Einblicke in die NS-Vernichtungspolitik. Ludwig Topf beging nach Kriegsende Selbstmord. Sein Bruder Ernst-Wolfgang gründete das Unternehmen Topf vier Jahre nach der Enteignung im Jahr 1951 in Wiesbaden neu und ging 1963 in Konkurs. In der DDR bestand die Firma aber bis zur Insolvenz 1996 unter anderen Namen fort. Ch. L.

467
Telefonnotiz des Oberingenieurs der Fa. J. A. Topf & Söhne Fritz Sander
Erfurt, 17. Februar 1943 · 14,9 × 21 cm
Weimar, Thüringisches Hauptstaatsarchiv Weimar, J. A. Topf & Söhne 9
Abb. S. 131

468
Firmenschild: »J. A. TOPF & SOEHNE ERFURT.«
Erfurt, vor 1945 · Metall, emailliert · 31,5 × 24 cm
Oranienburg, Gedenkstätte und Museum Sachsenhausen, Stiftung Brandenburgische Gedenkstätten, II 158 III Z/33

Relikte von Häftlingen des KZ Sachsenhausen und der Außenlager Heinkel-Flugzeugwerke Oranienburg, Hennigsdorf und Fürstenwalde

Im August 1941, wenige Wochen nach dem deutschen Überfall auf die Sowjetunion, ließ die Inspektion der Konzentrationslager im KZ Sachsenhausen eine Genickschussanlage errichten, in der von September bis November 1941 mehr als 10 000 von mindestens 13 000 inhaftierten sowjetischen Kriegsgefangenen ermordet wurden. Dieser systematische Massenmord war die größte Vernichtungsaktion im KZ Sachsenhausen. Nur wenige haben 1945 die Befreiung erlebt. Die Gegenstände sind sehr seltene Erinnerungsstücke aus der Zeit der KZ-Haft, die kaum ahnen lassen, unter welch extrem schlechten Lebens- und Arbeitsbedingungen – immer in Angst, entdeckt zu werden – sie entstanden sind. Oft dienten sie als Tauschobjekte für Lebensmittel, manchmal auch als Schmuck oder sie fanden als kleine Geschenke für Kameraden und Mithäftlinge Verwendung. M. K.

469
Zigarettenetui »Camille«
Das Zigarettenetui wurde von einem tschechischen Häftling im Außenlager Fürstenwalde hergestellt und von dem französischen Häftling Jean Moresmau gegen Zigaretten eingetauscht. Beide arbeiteten in einer ehemaligen Möbelfabrik, die 1943 von der SS-Firma Deutsche Ausrüstungswerke (DAW) wieder in Betrieb genommen wurde, wo sie u. a. Munitionskisten, Fenster, Küchenmöbel und Häftlingsspinde herstellten. Insgesamt waren dort etwa 80 Häftlinge untergebracht.
KZ Sachsenhausen, um 1943/44
Holz · 9,6 × 7,9 cm · Oranienburg, Gedenkstätte und Museum Sachsenhausen/Stiftung Brandenburgische Gedenkstätten, 95.00132.1

470
Handrasierer, Relikt eines sowjetischen Häftlings aus dem KZ Sachsenhausen
Sowjetunion
Messing, Bakelit, Chrom · Stahl · 2,5 × 8 × 4 cm
Oranienburg, Gedenkstätte und Museum Sachsenhausen/Stiftung Brandenburgische Gedenkstätten, III 593

DIE DEUTSCHE GESELLSCHAFT IM KRIEG

469 und 471

476

478

471

Spiegel von Pierre Gouffault

Den Spiegel, im Außenlager »Heinkel« hergestellt, benutzte der französische Häftling Pierre Gouffault (1924–2009, ehemaliger Generalsekretär der Amicale Francais und Präsident des Internationalen Sachsenhausen-Komitees) im Lager zum Rasieren. Gouffault wurde im Januar 1943 nach Sachsenhausen verschleppt und bald darauf in das auf dem Gelände des Werkes I der Heinkel-Flugzeugwerke Oranienburg eingerichtete Außenlager verlegt, wo er in der Fertigung der He 177 arbeiten musste. Ernst Heinkel hatte für die Flugzeugproduktion von der SS etwa 7000 Häftlinge »gemietet«. Es war das größte Außenlager des KZ Sachsenhausen.
KZ Sachsenhausen, um 1943/44
Spiegelglas, Aluminium · 4 × 6,5 cm
Oranienburg, Gedenkstätte und Museum
Sachsenhausen/Stiftung Brandenburgische
Gedenkstätten, 95.00101

472

Armband eines polnischen Häftlings

KZ Sachsenhausen, vor 1945
Messing, Aluminium · 3 × 4,5 cm
Oranienburg, Gedenkstätte und Museum
Sachsenhausen/Stiftung Brandenburgische
Gedenkstätten, 98.00418

473

Armband mit eingestanzter Häftlingsnummer

KZ Sachsenhausen, vor 1945
Leder, Aluminium · 2 × 9 cm
Oranienburg, Gedenkstätte und Museum
Sachsenhausen/Stiftung Brandenburgische
Gedenkstätten, 95.00309.2

474

Etui mit Brille eines Häftlings

KZ Sachsenhausen, vor 1945
Oranienburg, Gedenkstätte und Museum
Sachsenhausen/Stiftung Brandenburgische
Gedenkstätten, 97.00220.2

475

Feuerzeug in Form eines Buches mit den Initialen »V HS.«

KZ Sachsenhausen, vor 1945
Metall · 4,9 × 3,8 × 1,3 cm
Oranienburg, Gedenkstätte und Museum
Sachsenhausen/Stiftung Brandenburgische
Gedenkstätten, III 315

HITLER UND DIE DEUTSCHEN

476

Halskette und Poesiealbum von Janina Krawczyk

Die Halskette und das Poesiealbum wurden aus einer Kabelisolierung von der Lehrerin Janina Krawczyk aus Warschau im Außenlager Hennigsdorf des KZ Sachsenhausen hergestellt, wo sie zusammen mit ihrer Mutter und anderen polnischen Frauen für die AEG Zwangsarbeit leisten musste. Die Frauen hatten dort Elektroteile wie Leiterplatten, Pol-Anschlüsse und Zellen für Akkumulatoren zu fertigen.
Sie benutzten die hierfür vorgesehenen Materialien – Draht, verschiedenfarbige Kabelisolierungen und Leiterplatten – und stellten, auch als Geschenk für Mithäftlinge, mit großer Geschicklichkeit Halsketten und Rosenkränze, Broschen und Blumensträußchen her. Auf Leiterplatten ritzten sie Zeichnungen oder verwendeten sie für Poesiealben.
Janina Krawczyk (1919–1999)
KZ-Außenlager Hennigsdorf, Dezember 1944 und 3. Februar 1945
a) Halskette · Kunststoff · L 44 cm
b) Poesiealbum
Kunststoff, Draht, Karton · 7 × 12,2 × 1,4 cm
Oranienburg, Gedenkstätte und Museum Sachsenhausen/Stiftung Brandenburgische Gedenkstätten, 97.00161; 95.00036
Abb. S. 275

477

Schachbrett

KZ Sachsenhausen, vor 1945
Pappe, lackiert · 27,1 × 21,9 cm
Oranienburg, Gedenkstätte und Museum Sachsenhausen/Stiftung Brandenburgische Gedenkstätten, III 67

478

Schachfiguren

Häftlinge des KZ Sachsenhausen nutzten jegliches Material, um Schachfiguren und Schachbretter anzufertigen. Denn für viele KZ Häftlinge diente das Schachspiel neben dem intellektuellen Zeitvertreib als geistige Überlebensstrategie vor dem Hintergrund des drohenden Todes, zumal sie ständig dem Terror der Lager-SS ausgeliefert waren. Vor allem an Sonntagen konnte Schach gespielt werden, sofern es zugelassen war. Dabei dienten diese Zusammenkünfte oftmals auch der politischen Konspiration. Organisiert wurden auch Schachturniere sowohl unter Häftlingen als auch von Häftlingen gegen Wachpersonal.
32 Teile · KZ Sachsenhausen, vor 1945
Holz, bemalt · Oranienburg, Gedenkstätte und Museum Sachsenhausen/Stiftung Brandenburgische Gedenkstätten, III 56
Abb. S. 275

479

Todesmarsch der Häftlinge des KZ Sachsenhausen

Beim Heranrücken der Front ließ die SS am 20. und 21. April 1945 das KZ räumen und trieb mehr als 30 000 KZ-Häftlinge zu Fuß Richtung Nordwesten. Völlig unzureichend gekleidet und ernährt schleppten sich die Häftlinge unter den Augen der deutschen Bevölkerung durch Nordbrandenburg und Mecklenburg.
Sie mussten 20 bis 40 Kilometer am Tag marschieren und im Freien oder in überfüllten Scheunen übernachten. Wer nicht weiter konnte, wurde von der SS erschossen oder erschlagen. Ab dem 23. April wurde der Großteil der Kolonnen im Belower Wald nahe Wittstock zusammengezogen.
Sie lagerten – von einer Postenkette bewacht – ohne Unterkunft und ohne Versorgung im Wald. Am 29. April mussten die Häftlinge weiter marschieren. Zwischen dem 2. und 4. Mai trafen sie in der Umgebung von Parchim, Schwerin und Ludwigslust auf Einheiten der Roten Armee und der US-Armee. Die SS-Männer waren zuvor geflohen. C.L.

479

Von KZ-Häftlingen auf dem Todesmarsch gefertigte Reiben bzw. Siebe

Mit solchen selbstgefertigten Reiben zerkleinern die Häftlinge im Belower Waldlager Baumrinde, um daraus eine Art Brei zu kochen, den sie zu sich nahmen.
Below, Kreis Müritz, April 1945
Aluminium · Dm a) 10 cm, b) 12 cm, c) 15 cm
Oranienburg, Gedenkstätte und Museum Sachsenhausen, Stiftung Brandenburgische Gedenkstätten, 10.00122; 10.00121; 10.00120

480

Aufnahmen des Internationalen Komitees vom Roten Kreuz von KZ-Häftlingen des Konzentrationslagers Oranienburg auf dem Todesmarsch

Below, Kreis Müritz, 1945 · Fotoreproduktionen
Genf, Internationales Komitee vom Roten Kreuz, HIST 1153/18; HIST 1549.1; HIST 1549.2; HIST 1549.4; HIST 1548.6; HIST 1549.3; HIST 1153.21; HIST 1548.2; HIST 1549.5; HIST 1548/1; HIST 1548/5; HIST 1153/15; HIST 1548/8

Erste Beweisaufnahme der in Auschwitz begangenen Verbrechen

Die Fotografien des Albums (Kat.-Nr. 484) entstanden während der Arbeit der sowjetischen Sonderkommission auf dem Gelände des ehemaligen Konzentrations- und Vernichtungslager Auschwitz. Am 27. Januar 1945 hatten Soldaten der 60. Armee der 1. Ukrainischen Front das Lager befreit, und bereits ab Februar 1945 nahm eine Untersuchungskommission ihre Arbeit auf. Sowjetische Offiziere, darunter Gerichtmediziner und Ärzte, besichtigten auf dem Gelände die Einrichtungen, die die SS für die Massenvernichtung benutzt hatte. Ein Beweis für die in Auschwitz verübten Verbrechen waren eine Million Kleidungsstücke der Opfer, die in den Magazinen gefunden wurden. Ärzte und Gerichtmediziner, die fast 3000 Überlebende, darunter 180 Kinder, untersuchten, stellten fest, dass die Mehrzahl von ihnen an Krankheiten

DIE DEUTSCHE GESELLSCHAFT IM KRIEG

480

litt, die sie im Lager bekommen hatte. Erstmals wurde die Berliner Öffentlichkeit über die in Auschwitz begangenen Verbrechen am 15. Mai 1945 informiert. Die *Tägliche Rundschau*, die Zeitung der Sowjetischen Militäradministration in Deutschland, berichtete mit Bezug auf die Sonderkommission über *Ungeheuerliche Verbrechen der Nazis im Todeslager Auschwitz*. S.E.

481
»Tass Fenster Nr. 1027«

handgefertigtes sowjetisches Propagandaplakat zum Geschehen des Zweiten Weltkriegs
Juli 1944
Reproduktion (Original: 174,1 × 84,7 cm)
Berlin, Deutsches Historisches Museum,
P 96/780

482
Sowjetisches Propagandaplakat des Zweiten Weltkriegs zum Bekenntnis der engen Verbundenheit mit den alliierten Westmächten Großbritannien und USA

Moskau, 29. Juli 1944
Reproduktion (Original: 53,6 × 40,1 cm)
Berlin, Deutsches Historisches Museum,
P 96/55

483
»Tass Fenster Nr. 993:
Drei Jahre Krieg«

Russland, 1944
Reproduktion (Original: 118,5 × 122,3 cm)
Berlin, Deutsches Historisches Museum,
P 96/774

484
Album der sowjetischen Untersuchungskommission mit Fotos aus dem KZ Auschwitz

Auschwitz, März 1945 (1960 dem Museum übergeben) · Karton · 42 × 26 cm, 56 Seiten
120 Fotografien, meist 12 × 17 cm
St. Petersburg, Kriegsmedizinisches Museum,
OF-60742/2, Inv.-Nr. POF-11158
Abb. S. 278

HITLER UND DIE DEUTSCHEN

484

Die Deutschen nach Hitler

Hitler und kein Ende

Das Ergebnis der Führerherrschaft und des Vernichtungskriegs waren mehr als 50 Millionen Tote in Europa. Das Regime und sein Führer hinterließen Zerstörung und eine »Gesellschaft in Trümmern« (Detlev Peuckert). Die NS-Führung hatte sich vor dem Internationalen Militärgerichtshof in Nürnberg für die Kriegsverbrechen zu verantworten. Es folgten zwölf weitere Prozesse vor einem US-amerikanischen Militärgerichtshof gegen Angehörige der wirtschaftlichen und bürokratischen Elite sowie gegen die Parteispitze. Millionen von Mitläufern und Parteimitgliedern wurden durch Entnazifizierungsverfahren zur Rechenschaft gezogen. Doch viele der NS-Belasteten konnten mithilfe von »Persilscheinen« die politische Säuberung umgehen, und die Strafverfolgung von NS-Tätern erlahmte sichtbar. ■ Für die Niederlage Deutschlands und für das verlorene Ansehen in der Welt machten die Deutschen nun ihren bis in die Kriegsjahre umjubelten »Führer« samt seiner »Clique« verantwortlich. In gewisser Weise begünstigte die auf Hitler zugeschnittene Herrschaftsform, dass sich die Deutschen nach 1945 so mühelos von ihm distanzieren und als Opfer seiner Verlockungen sehen konnten. Sie vermochten es zugleich, positive Erinnerungen an die Zeit des Nationalsozialismus zu regenerieren: das Gefühl von Ordnung und Sicherheit, die Autobahnen und nicht zuletzt der KdF-Urlaub auf Madeira für den einfachen Arbeiter. 1949 hielten 50 Prozent der Deutschen »den Nationalsozialismus für eine gute Idee, die schlecht ausgeführt wurde« (Institut für Demoskopie). ■ Hitler, dem diese Erfolge ehemals zugeschrieben wurden, war jetzt ein umherirrender Dämon, omnipräsent und tabu zugleich. Dass Stalin den Fund der Leiche Hitlers verschwieg, war der ideale Nährboden für abstruse Überlebenslegenden. Diese Gerüchte erhielten zusätzlich Nahrung durch den Umstand, dass keine Fotos existierten, die den Tod Hitlers bildlich belegten. Erst im Zuge von Perestroika und Glasnost erfuhr die internationale Öffentlichkeit in den 1990er Jahren, dass die sterblichen Überreste des deutschen Diktators ausgerechnet in der DDR – zuletzt auf dem Gelände einer sowjetischen Militärsiedlung in Magdeburg – unerkannt begraben lagen. 1970 wurde die Leiche dann erneut ausgegraben und vollständig verbrannt. ■ In den Debatten über den Umgang mit dem Nationalsozialismus spielten und spielen Massenmedien eine entscheidende Rolle, nicht zuletzt, weil Geschichtsbilder vor allem visuell vermittelt werden und immer mehr Menschen ihr historisches Wissen über den Nationalsozialismus aus den Medien beziehen. Dass die Nachgeschichte des »Dritten Reiches« noch nicht abgeschlossen ist, lässt sich daran ablesen, wie schwer sich die deutsche Gesellschaft bis heute mit der eigenen Vergangenheit tut. Die Frage, wie Hitler und die Verbrechen möglich waren, hat bisher jede Nachkriegsgeneration neu gestellt. Auch wenn der Umgang mit der Figur Hitler zunehmend durch Satire und Ironie bestimmt ist, ist das letztlich nur Ausdruck dafür, dass wir mit Hitler lange noch nicht fertig sind. ■ S. E.

Die Leiche Hitlers

Am 5. Mai 1945 fanden Angehörige der Roten Armee den Leichnam Adolf Hitlers in den Ruinen der Neuen Reichskanzlei. Eine Untersuchung durch den Geheimdienst bestätigte die Identität Hitlers anhand des Kieferknochens. Wenig später folgte eine weitere Untersuchung durch das Volkskommissariat bzw. Ministerium für innere Angelegenheiten, die den Namen »Operation Mythos« trug. Überreste, darunter ein Schädelfragment und persönliche Gegenstände Hitlers, wurden nach Moskau überführt. Die Leiche beerdigte man zunächst in Rathenow, später in Magdeburg. 1970 wurde sie verbrannt und die Asche zerstreut.

Die Obduktion im Mai 1945 kam zu dem Ergebnis, Hitler habe sich vergiftet. Die Überprüfung durch die »Operation Mythos« konnte keine Zyankalispuren nachweisen. Vernommen wurden außerdem Zeugen aus den letzten Tagen im Bunker. Die wiederholten Befragungen erfolgten unter extremen Bedingungen in sowjetischen Gefängnissen. Stalin verheimlichte sowohl den Fund der Leiche als auch die Ergebnisse beider Untersuchungen. Die Akten der »Operation Mythos« und der Schädel kamen erst 1992 ans Licht. Im Jahr 2000 veröffentlichte der FSB (der Inlandsgeheimdienst der Russischen Föderation) zahlreiche Akten der früheren Untersuchung. Die Zuordnung des Schädelfragments ist nach wie vor zweifelhaft. Letzte Untersuchungen der Überreste erfolgten 2002 und 2008, eine weitere ist vorgesehen. Bis heute gibt es aufgrund der noch immer nicht vollständig zugänglichen Akten Unklarheiten über die Details der Untersuchungen sowie die Motive der Geheimhaltung. K.J.

487

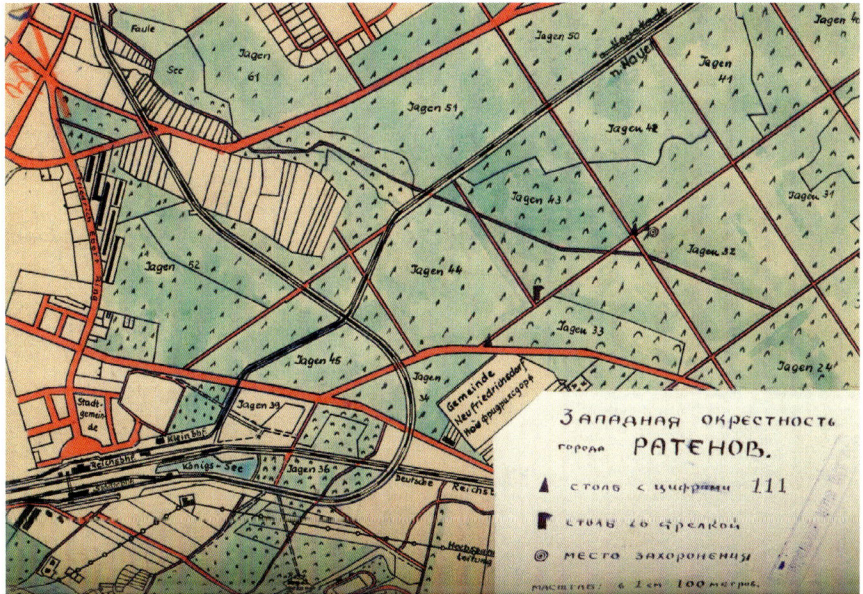

491

DIE DEUTSCHEN NACH HITLER

485
»Hitler Dead«
Sonderdruck der Zeitung *The Stars and Stripes* zum Tod Hitlers · Herausgeber: US Armed Forces
2. Mai 1945 · Reproduktion (Original: 42,4 × 29,4 cm) · Berlin, Deutsches Historisches Museum, Do2 90/557

486
Dokument über die Auffindung zweier Leichen, einer männlichen und einer weiblichen, in der Nähe des Luftschutzkellers Hitlers
Das Dokument stammt aus der ersten geheimdienstlichen Untersuchung zum Tod Hitlers. Nach Aussage der Unterzeichner sei eine Identifikation nicht möglich.
Berlin, 5. Mai 1945 · Faksimile · 28 × 18,7 cm
Moskau, Zentrales Archiv FSB, f. 4os, op. 3, d. 36, l. 23

487
Notausgang aus dem Bunker mit Markierungen des Verbrennungs- und Beerdigungsorts der Leichen von Hitler und Eva Braun
Das Dokument stammt aus der ersten geheimdienstlichen Untersuchung zum Tod Hitlers.
Berlin, 5. Mai 1945 · Fotoreproduktion
Moskau, Zentrales Archiv FSB, f. K-1os, op. 4, d. 8, paket
Abb. S. 281

488
Sowjetische Filmaufnahmen von der Identifizierung der vermeintlichen Leiche Hitlers
Berlin, Mai 1945
Schwarz-Weiß-Film, ohne Ton, ca. 2 Min.
Krasnogorsk, Russisches Staatliches Archiv für Film- und Fotodokumente, 1-11180-XXIX

489
»Schema. Fundort der Leiche Hitlers und seiner Frau«
Die handgezeichnete Skizze stammt aus der ersten geheimdienstlichen Untersuchung zum Tod Hitlers.
Berlin, 13. Mai 1945 · Reproduktion (Original: 28 × 20 cm) · Moskau, Zentrales Archiv FSB, f. 4os, op. 3, d. 36, l. 24-25

496

490
Dokument über die Auffindung der Leichen von Hitler, Eva Braun, der Familie Goebbels und von General Krebs, die Durchführung einer gerichtsmedizinischen Untersuchung und ihre Überführung nach Berlin-Buch, Finow und Rathenow, wo sie beerdigt wurden
Das Dokument stammt aus der ersten geheimdienstlichen Untersuchung zum Tod Hitlers.
4. Juni 1945 · Faksimile · 28 × 18,7 cm
Moskau, Zentrales Archiv FSB, f. K-1os, op. 4, d. 7, l. 29-31

491
Handgezeichnete Karte der westlichen Umgebung von Rathenow mit Markierung des Beerdigungsorts der Leichen von Hitler, Eva Braun, der Familie Goebbels und von General Krebs
An dieser Stelle sind auch die beiden Hunde Hitlers beerdigt. Das Dokument stammt aus der ersten geheimdienstlichen Untersuchung zum Tod Hitlers.
14. Juni 1945 · Faksimile · 28 × 19,5 cm
Moskau, Zentrales Archiv FSB, f. K-1os, op. 4, d. 7, l. 32
Abb. S. 281

492
Dokument über die Überführung der Leichen von Hitler, Eva Braun, der Familie Goebbels und von General Krebs von Rathenow nach Magdeburg
Das Dokument stammt aus der ersten geheimdienstlichen Untersuchung zum Tod Hitlers.
21. Februar 1946 · Faksimile · 28 × 19,9 cm ·
Moskau, Zentrales Archiv FSB, f K-1os, op. 4, d. 9, l. 143-144

493
Sowjetische Geheimdienstakten zum Tod Hitlers
Aktendeckel »Über Adolf Hitler«
Faksimile · 28 × 20 cm
Moskau, Zentrales Archiv FSB, o. Sign.

HITLER UND KEIN ENDE

500

494

»Akt über die physische Vernichtung der Überreste von Kriegsverbrechern«

Es handelt sich um die Verbrennung der zuletzt in Magdeburg beerdigten Leichen von Hitler, Eva Braun, der Familie Goebbels und von General Krebs. In dem Dokument werden keine Namen genannt.
Moskau, 5. April 1970 · Faksimile · 28 × 19,7 cm
Moskau, Zentrales Archiv FSB, f K-1os, op. 4, d. 98, l. 7-8

495

»Burning the Last Hut«

Die letzte Baracke im ehemaligen KZ Bergen-Belsen und ein Bild Hitlers werden verbrannt.
Bergen-Belsen, Mai 1945
Kamera: Hewitt und Leutnant Wilson
Schwarz-Weiß-Film, ohne Ton
London, Imperial War Museum, A 70 338/01-03

496

»»A« Retouched to Show Possible Disguise«

Hitler in den Augen eines amerikanischen Maskenbildners
Die Bilderserie geht auf einen am 8. Oktober 1944 in der *New York Times* erschienenen Artikel zurück und wurde anschließend vom amerikanischen Geheimdienst als Vorlage für einen Hitler-Steckbrief verwendet.
USA, 1945 · Fotoreproduktion
Maryland, National Archives at College Park, 226_P-25-1854 A–G

Der Nationalsozialismus vor Gericht

Meilenstein des Völkerrechts oder Siegerjustiz? Von November 1945 bis Oktober 1946 mussten sich 22 hochrangige Vertreter des NS-Regimes – Hermann Göring, Albert Speer und andere – und sechs als verbrecherisch angeklagte Organisationen vor dem Internationalen Militärtribunal in Nürnberg verantworten. Die Anklage legte ihnen »Verbrechen gegen den Frieden«, Kriegsverbrechen und »Verbrechen gegen die Menschlichkeit« zur Last. Das Verfahren endete mit zwölf Todesstrafen, sieben – teilweise lebenslänglichen – Gefängnisstrafen und drei Freisprüchen. Bis April 1949 verhandelte die US-Justiz in 13 Nachfolgeprozesse gegen die Eliten aus SS, Medizin, Justiz, Verwaltung sowie Militär und Wirtschaft.

Die »Nürnberger Prozesse« gelten als Beginn des Völkerstrafrechts. Ins öffentliche Bewusstsein der Deutschen rückten die nationalsozialistischen Massenverbrechen und der Holocaust allerdings erst durch den Eichmann-Prozess in Jerusalem (1961) und den Frankfurter Auschwitz-Prozess (1963–1965). S. F.

497

Die Anklagebank im Nürnberger Hauptkriegsverbrecherprozess

Der Angeklagte Erich Raeder hat das letzte Wort.
Nürnberg, September 1946
Fotoreproduktion · Berlin, Deutsches Historisches Museum, F 54/1783
Abb. S. 143

498

Erster Nürnberger Nachfolgeprozess: die Angeklagten im Ärzteprozess

20 KZ-Ärzte sowie zwei Verwaltungsfachleute und ein Jurist standen wegen Menschenversuchen und Tötung von KZ-Häftlingen vor Gericht.
Nürnberg, zwischen 9. Dezember 1946 und 20. August 1947 · Fotoreproduktion · Berlin, Deutsches Historisches Museum, F 61/357

499

Sechster Nürnberger Nachfolgeprozess: IG-Farben-Prozess

Oswald Pohl im Zeugenstand während des Prozesses gegen Angehörige des Wirtschafts- und Verwaltungshauptamts der SS
Nürnberg, 21. November 1947 · Fotoreproduktion Berlin, ullstein bild, 00099213

500

Adolf Eichmann während des Gerichtsprozesses hinter Panzerglas im Gebäude der Staatsbibliothek in Jerusalem

Jerusalem, zwischen 11. April und 15. Dezember 1961 · Fotoreproduktion · Berlin, bpk – Bildagentur für Kunst, Kultur und Geschichte, 10001788 · Abb. S. 283

501

Die Prozessakten des Frankfurter Auschwitz-Prozesses

Erstmals standen Mitglieder der Lagermannschaft des nationalsozialistischen Vernichtungslagers Auschwitz vor einem deutschen Gericht.
Frankfurt am Main, 12. Februar 1963
Fotoreproduktion · Berlin, ullstein bild, 00570601

Der hilflose Umgang mit der NS-Vergangenheit

Das Hakenkreuz-Symbol wurde nach 1945 wie kein anderes NS-Zeichen mit der bereitwilligen Gefolgschaft der Deutschen, dem rassistischen Projekt der »Volksgemeinschaft« und den Massenverbrechen in Verbindung gebracht. Das Entfernen des Hakenkreuzes auf den früheren Ehrenzeichen stellte den hilflosen Versuch dar, sich der Verantwortung zu entledigen. Eine Fahne mit entferntem Hakenkreuz, ein Adler mit leeren Krallen auf einem Luftwaffendoppelabzeichen sowie ein Verwundetenabzeichen mit abgekratzter Swastika machen die einstige Allgegenwärtigkeit des nationalsozialistischen »laufenden Sonnenrads« deutlich. Auch ohne das Vorhandensein der Swastika blieb die frühere Funktion von Auszeichnungen aus der NS-Zeit sichtbar.
Der Alliierte Kontrollrat verbot 1945 die NSDAP und deren Kennzeichen. Ein entsprechender Passus wurde im Grundgesetz der Bundesrepublik verankert und in das Strafgesetzbuch aufgenommen. Das Ordensgesetz von 1957 erlaubt allerdings das Tragen von NS-Orden, sofern das Hakenkreuz entfernt wurde. M. L./S. E.

502

Entnazifiziertes »Gemeinsames Flugzeugführer- und Beobachterabzeichen« von Günther Freiherr von Maltzahn

entstanden 1939/40 · Metall · 5,1 × 6,5 × 1,5 cm
Bonn, Stiftung Haus der Geschichte der Bundesrepublik Deutschland, 2009/09/0303

503

Entnazifiziertes Kriegsabzeichen für Minensuch-U-Boots-Jagd- und Sicherungsverbände

entstanden zwischen 1940 und 1945
Metall · 5,5 × 4,3 cm
Bonn, Stiftung Haus der Geschichte der Bundesrepublik Deutschland, 2000/08/0143

504

Entnazifizierte Auflage einer Luftwaffen-Schützenschnur

entstanden zwischen 1936 und 1945
Metall · 5 × 4,2 cm
Bonn, Stiftung Haus der Geschichte der Bundesrepublik Deutschland, 2000/08/0145

505

Entnazifizierte Nahkampfspange

entstanden zwischen 1942 und 1945
Metall · 2,7 × 9,6 cm
Bonn, Stiftung Haus der Geschichte der Bundesrepublik Deutschland, 2000/08/0146

506

Entnazifiziertes Verwundetenabzeichen in Schwarz

Das Verwundetenabzeichen wurde in den Stufen Schwarz (ein- bis zweimalige), Silber (drei- bis viermalige) und Gold (mehr als viermalige Verwundung) verliehen.
entstanden zwischen 1939 und 1945
Metall · 4,4 × 3,6 cm
Bonn, Stiftung Haus der Geschichte der Bundesrepublik Deutschland, 2000/08/0141

507

Entnazifiziertes Kriegsabzeichen für die Marineartillerie

entstanden zwischen 1941 und 1945
Metall · 5,5 × 4,2 cm
Bonn, Stiftung Haus der Geschichte der Bundesrepublik Deutschland, 2000/08/0142

508

Entnazifiziertes Koppelschloss

Deutschland, zwischen 1945 und 1949
Metall, 4,5 × 6,3 cm
Bonn, Stiftung Haus der Geschichte der Bundesrepublik Deutschland, 1990/4/240

509

Entnazifiziertes HJ-Koppelschloss mit abgeschliffenem Adler

Die Umschrift »Blut und Ehre« wurde ebenfalls entfernt.
entstanden zwischen 1936 und 1939
Metall · 2 × 6,4 × 5,1 cm
Bonn, Stiftung Haus der Geschichte der Bundesrepublik Deutschland, 2000/03/0020

510

Hakenkreuzfahne mit entferntem Hakenkreuz

entstanden 1945 · Textil, Holz · 82 × 68 cm
Bonn, Stiftung Haus der Geschichte der Bundesrepublik Deutschland, 2008/02/0144

HITLER UND KEIN ENDE

512

513

511
Rednerpult für eine Hitler-Spielzeugfigur mit entferntem Hakenkreuz
entstanden nach 1933 · Holz · 5,2 × 5 × 4 cm
Bonn, Stiftung Haus der Geschichte der Bundesrepublik Deutschland, 1996/12/0035.2

512
Türklopfer am Alten Rathaus in Lauf an der Pegnitz, der 1937 angebracht und 1954 entfernt wurde
Lauf an der Pegnitz, 1937 · Fotoreproduktion
Lauf an der Pegnitz, Städtische Sammlungen Lauf an der Pegnitz

513
Heutiger Zustand des Türklopfers am Alten Rathaus in Lauf an der Pegnitz
Lauf an der Pegnitz, 2009 · Fotografie (Neuabzug)
Berlin, Privatbesitz

Hitler im Film

Für ein internationales Kino- und Fernsehpublikum wurden zwischen 1940 und 2000 mehr als 100 Hitler-Filme produziert, die sich grob zwei Gruppen zuordnen lassen: Die einen haben den Anspruch, sich aufklärend und kritisch mit der Figur Hitler zu befassen, die anderen suchen die Entlarvung und Demontage Hitlers mittels der Satire oder Groteske.
Zu den ersten filmischen Darstellungen Hitlers überhaupt zählt Charlie Chaplins großartige Parodie *Der große Diktator* (1940). Doch erst mit dem Kriegseintritt der USA 1941 begann in Hollywood die Produktion sogenannter Anti-Nazi-Filme wie *The Strange Death of Adolf Hitler* (1943) oder *The Hitler Gang* (1944), die allesamt durch ihre starke Fokussierung auf Hitler auffallen.
Mit Hitlers Ende 1945 verschwanden keineswegs die Hitler-Parodien, doch verlagerten sich die Themen. So rechnet Mel Brooks in seinem Film *The Producers* (1968) mit der Indienstnahme Hitlers für das US-amerikanische Showbusiness ab. Und Helmut Dietl persifliert in *Schtonk!* (1992) die Realsatire der gefälschten Hitler-Tagebücher.
Als Spielfilmfigur im deutschen Kino war Hitler überhaupt erst nach 1945 präsent. Als Erster wagte es Georg W. Pabst mit seinem couragierter Spielfilm *Der letzte Akt* (1955) – zehn Jahre nach Ende des Nationalsozialismus –, Hitler ins Zentrum eines Spielfilms zu stellen. Der Film handelt von Hitlers letzten Tagen im Führerbunker. Pabst wollte durch einen schonungslosen Blick auf den Zerfall des NS-Machtzentrums Hitler entmystifizieren, doch der Film fiel beim deutschen Publikum durch. Hitlers Ende wurde erneut aufgegriffen im Kinofilm *The Ten Last Days* (1973), in der Fernsehproduktion *The Bunker* (1981) und schließlich im Kinofilm *Der Untergang* (2004). S.E.

514
»The Hitler Gang«
Filmplakat · 1944 · Reproduktion
(Original: 55,8 × 70,8 cm) · Berlin, Deutsches Historisches Museum, P 95/242
Abb. S. 286

515
»Hitler – Beast of Berlin«
Filmplakat · 1939 · Reproduktion
(Original: 104,4 × 68,8 cm) · Berlin, Deutsches Historisches Museum, P 95/245

516
»Der große Diktator«
Filmplakat
Atelier Freytag / Winterdruck Heidelberg, 1958
Reproduktion (Original: 85,5 × 60 cm)
Bonn, Stiftung Haus der Geschichte der Bundesrepublik Deutschland, 1987/2/017.06
Abb. S. 149

517
»Sein oder nicht sein«
Filmplakat · Hans Hillmann (geb. 1925)
1955 · Reproduktion (Original: 84,6 × 59 cm)
Bonn, Stiftung Haus der Geschichte der Bundesrepublik Deutschland, 1996/07/0698
Abb. S. 150

518
»Im Land der Adler und Kreuze«
Filmprogramm, vierseitiges Heft mit schwarzweißen Filmfotos · VEB Progress Film-Verleih DDR, 1980 · 28,5 × 20 cm
Bonn, Stiftung Haus der Geschichte der Bundesrepublik Deutschland, 1997/03/0393

519
Amerikanische Anti-Nazi-Filme: Grotesken
Medienstation
a) »Der große Diktator«
Regie: Charles Chaplin (1889–1977) · USA, 1940
Spielfilm, schwarz-weiß (Original: 125 Min.)
b) »The Strange Death of Adolf Hitler«
Regie: James Hogan (1890–1943) · USA, 1943
Spielfilm, schwarz-weiß (Original: 74 Min.)
c) »The Hitler Gang«
Regie: John Farrow (1904–1963) · USA, 1944
Spielfilm, schwarz-weiß (Original: 101 Min.)

DIE DEUTSCHEN NACH HITLER

514

520
Hitler im Spielfilm nach 1945:
Geschichtsdramen

Medienstation
a) »Der letzte Akt«
Regie: Georg Wilhelm Pabst (1885–1967)
Deutschland/Österreich, 1955
Spielfilm, schwarz-weiß (Original: 113 Min.)
b) »The Bunker«
Regie: George Schaefer (1920–1997)
Frankreich/USA, 1981
Spielfilm, Farbe (Original: 145 Min.)
c) »Hitler – The Last Ten Days«
(»Hitler – Die letzten zehn Tage«)
Regie: Ennio De Concini (1923–2008)
Italien/Großbritannien, 1973
Spielfilm, Farbe (Original: 110 Min.)
d) »Der Untergang«
Regie: Oliver Hirschbiegel (geb. 1957)
Deutschland/Italien/Österreich, 2004
Spielfilm, Farbe (Original: Kinofassung 150 Min.;
Fernsehfassung: 175 Min.)

521
Hitler-Parodien:
Satirische Demontage

Medienstation
a) »The Producers« (»Frühling für Hitler«)
Regie: Mel Brooks (geb. 1926) · USA, 1968
Spielfilm, Farbe (Original: 88 Min.)
b) »Schtonk!« · Regie: Helmut Dietl (geb. 1944)
Deutschland, 1992
Spielfilm, Farbe (Original: 115 Min.)

Alles falsch

Im April 1983 veröffentlichte der *Stern* Auszüge aus Adolf Hitlers geheimen Tagebüchern, die die Zeitschrift für über 9 Millionen Mark erworben hatte. Kurz darauf wurde bekannt, dass es sich um Fälschungen des Kunstmalers Konrad Kujau handelte. 1992 verfilmte Helmut Dietl diesen Presseskandal in seiner Komödie *Schtonk!* Bis heute werden auf internationalen Auktionen angebliche Originale aus dem Besitz von Adolf Hitler zum Kauf angeboten. Gefälschte Zeichnungen und Aquarelle sind jedoch schon seit 1933 im Umlauf. Objekte wie die Schreibmaschine, auf der Adolf Hitler 1924 während seiner Haft im Gefängnis Landsberg den ersten Teil von *Mein Kampf* geschrieben haben soll, wurden durch den Führerkult der NSDAP zu Reliquien. So verwies der Zentralverlag der NSDAP in einer seiner Veröffentlichungen auf die Entstehungsgeschichte des Buches auf dieser Maschine. Schriftproben zeigen jedoch, dass die Entwürfe nicht darauf verfasst wurden.

Nicht nur materielle Hinterlassenschaften von Adolf Hitler sind begehrt. Hitlers Liebesbeziehungen boten schon zu Lebzeiten Anlass für Spekulationen. Nach seinem Tod tauchten immer wieder Dokumente und Berichte auf, denen zufolge er mit Eva Braun, Unity Mitford oder Charlotte Lobjoie einen Sohn hatte. Diese Legenden griff unter anderem der Schriftsteller Harry Mulisch in seinem Roman *Siegfried* auf. J. T.

522

522
Reiseschreibmaschine Remington Portable
auf der Hitler angeblich Teile seines Manuskripts *Mein Kampf* geschrieben haben soll
Aus dem Gutachten des Sachverständigen Bernhard Haas vom 9. April 2008: »[...] Aufgrund der vorerwähnten Befunde kann zusammenfassend gesagt werden, dass die REMINGTON-Schreibmaschine, Modell Portable, (Seriennummer: NK 43024) die dem Historischen Museum in Berlin angeboten worden ist, nicht zur Erstellung der 18 Typoskriptseiten zu dem ersten Entwurf zum Buch ›Mein Kampf‹ und anderer Schriftstücke von Adolf Hitler verwendet worden ist. [...]«
1924 · Metall · 28 × 28 × 8,5 cm
Berlin, Deutsches Historisches Museum, Leihgabe aus Privatbesitz

523
Beglaubigte Kopie der gefälschten Geburtsurkunde eines angeblichen Sohnes von Hitler, vorgeblich am 13. Dezember 1944 in Dresden ausgestellt
25. Oktober 2007
Reproduktion (Original: 21 × 14,8 cm)
Berlin, Deutsches Historisches Museum, o. Inv.

524
Gefälschtes Hitler-Tagebuch: »Der Fall Heß«
Konrad Paul Kujau (1938–2000)
1981–1983
Papier, Siegellack, Textil · 30,5 × 21,5 cm
Bonn, Stiftung Haus der Geschichte der Bundesrepublik Deutschland, L 2001/12/0003
Abb. S. 288

525
»Hitlers Tagebücher entdeckt«
Titelbild des Wochenmagazins *Stern*, Heft 18
Hamburg, 28. April 1983
Reproduktion (Original: 28 × 21,2 cm)
Bonn, Stiftung Haus der Geschichte der Bundesrepublik Deutschland, Z 92/519/1983/18.3

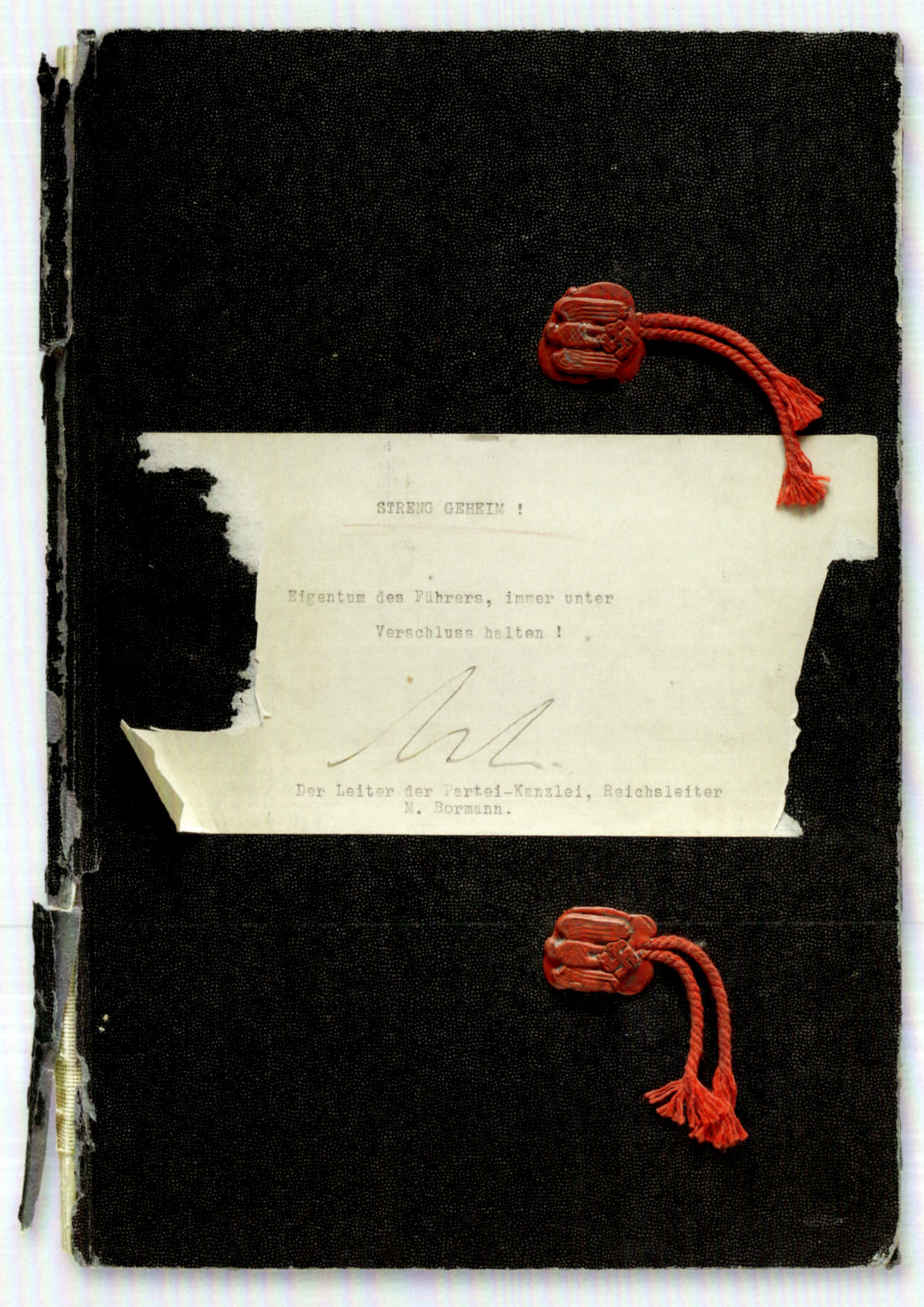

Fetisch Nationalsozialismus

Das bundesdeutsche Strafgesetzbuch (§ 86) stellt das Verwenden von Kennzeichen verfassungswidriger Organisationen sowie die Herstellung, Verwendung und Verbreitung von Propagandamitteln, die dazu genutzt werden können, Bestrebungen ehemaliger nationalsozialistischer Organisationen fortzusetzen, unter Strafe. Auf Grundlage dieser eindeutigen juristischen Handhabe beschlagnahmte die Kriminalpolizei Aschaffenburg im April 2005 bei einem Antiquitätenhändler in Rothenburg ob der Tauber mehr als 100 Gegenstände. Die Bandbreite der sichergestellten Objekte reichte von Bierkrügen mit Hakenkreuzsymbolik, Wandtellern, Brieföffnern über Dolche, Messer, Helme, Wehrmachtskoppel, Reichskriegsflaggen, Hitlerbüsten bis hin zum nachgedruckten Plakat zur Reichspräsidentenwahl 1932.
Auf Flohmärkten, Auktionen sowie im Antiquitäten- und Kunsthandel werden solche Stücke zu horrenden Preisen gehandelt. Unter dem Angebotenen befinden sich nicht selten Fälschungen. Die Käufer sind keineswegs ausschließlich erklärte Neonazis oder Rechtsradikale, sondern ein viel größerer Personenkreis, auf den die NS-Machtinsignien, insbesondere Waffen und Uniformen, große Faszination ausüben, gerade weil die Objekte eine offensichtliche Verbindung zu Gewalt, Krieg und den Verbrechen des NS-Regimes aufweisen.
C. M./S. E.

526
Jugendlicher vor Fotos und Objekten mit rechtsextremem Inhalt
Volker Döring · Leipzig, 1990 · Fotoreproduktion
Bonn, Stiftung Haus der Geschichte der Bundesrepublik Deutschland, H 2008/10/0695

◀ 524

527
Plakate gegen Fremdenfeindlichkeit
a) »Stop«, gegen Fremdenfeindlichkeit
b) »Sackgasse«, gegen Fremdenfeindlichkeit
c) Verbotsschild gegen Fremdenfeindlichkeit
going easy communications
Frankfurt am Main, 2001
Reproduktionen (Originale: 40,7 × 29,7 cm)
Bonn, Stiftung Haus der Geschichte der Bundesrepublik Deutschland, 2002/03/0075; 2002/03/0076; 2002/03/0077

Alle folgenden Objekte stammen aus einer Beschlagnahmung wegen Verwendung von Kennzeichen verfassungswidriger Organisationen.

528
Fingerringe
zwischen 1933 und 1945 · Metall
a) mit Kranz, Schwert und Hakenkreuz
Dm 2,7 cm
b) mit SS-Runen · Dm 2,2 cm
c) mit Stahlhelm, Schwertern und Hakenkreuz (Verwundetenabzeichen-Miniatur) · Dm 2,6 cm
d) mit Adlerkopf, Hammer, Schwert, Kranz und Hakenkreuz · Dm 2,6 cm
e) mit Hakenkreuz · Dm 2,6 cm
f) mit Adler, U-Boot und Hakenkreuz (U-Boot-Kriegsabzeichen-Miniatur) · Dm 2,6 cm
g) mit fliegendem Adler und Hakenkreuz
Dm 2,2 cm
h) mit Adler, Kranz, Hakenkreuz und Eichenblättern (von einem SS-Oberführer) · Dm 2,6 cm
Berlin, Deutsches Historisches Museum,
AK 2006/1189; AK 2006/1190; AK 2006/1183; AK 2006/1184; AK 2006/1186; AK 2006/1188; AK 2006/1185; AK 2006/1187

529
Mini-Helm (Aschenbecher/Tischzierde)
mit Adler und Hakenkreuz links und Aufkleber (schwarz, weiß, rot) rechts
zwischen 1933 und 1945 · Metall · 5,5 × 8 × 9,5 cm
Berlin, Deutsches Historisches Museum,
AK 2006/1162

530
Bierkrüge
a) mit Motiv »Deutscher Reichsarbeitsdienst«
Kopie · zwischen 1980 und 1990
Porzellan, bemalt, Zinn (Deckel) · H 21,8 cm
b) mit Hakenkreuz und Losung »Meine Ehre heißt Treue« · Hersteller: H.U. DRGM (Deutsches Reichs-Gebrauchsmuster) · zwischen 1940 und 1945 · Keramik, Zinn (Deckel) · H 15,3 cm

530 a

c) mit Hakenkreuz am Krug und SS-Runen auf dem Deckel · zwischen 1939 und 1945
Keramik, Zinn (Deckel) · H 17,5 cm
d) mit Hakenkreuz · Hersteller: Lechtaler Keramik v. Heider · Schongau, zwischen 1939 und 1945 · Keramik · H 12,7 cm
e) mit SS-Runen · zwischen 1933 und 1945
Keramik · H 16 cm
f) mit Hakenkreuz und Inschrift »Anton Schrapp« am Deckel · 1936
Keramik, Zinn (Deckel) · H 16,5 cm
g) mit Inschrift »Kriegsweihnachten 1940« und Hakenkreuz am Deckel · 1940
Keramik, Zinn (Deckel) · H 15,5 cm
h) Krug der Kriegsmarine, mit Hakenkreuzen an Krug und Deckel · zwischen 1939 und 1945
Porzellan, Zinn (Deckel) · H 16,5 cm
i) mit Inschrift »Stab 902« und Hakenkreuz am Krug · 1940 · Keramik, Zinn (Deckel) · H 16 cm
Berlin, Deutsches Historisches Museum,
1990/119; AK 2006/1175; AK 2006/1181; AK 2006/1180; AK 2006/1179; AK 2006/1178; AK 2006/1176; AK 2006/1174; AK 2006/1177

531
Wandteller mit fünf Hakenkreuzen und SS-Runen
1938 · Keramik · Dm 24 cm
Berlin, Deutsches Historisches Museum,
AK 2006/1173
Abb. S. 290

DIE DEUTSCHEN NACH HITLER

531

532
Brieföffner in Form eines Dolches mit Hakenkreuz auf der Schneide
Verzierungen mit Eicheln und Eichenblättern
Nachbildung, nach 1945
Metall · L 26,7 cm · Berlin, Deutsches Historisches Museum, AK 2006/1182

533
Fahrtenmesser der Hitler-Jugend mit Scheide
a) Kopie · Solingen, nach 1945 · Metall · L 22 cm
b) Kopie · Solingen, nach 1945 · Metall · L 21,5 cm
c) Kopie · Solingen, nach 1945 · Metall · L 25,7 cm
d) Original · Solingen, zwischen 1933 und 1945
Metall · L 25,5 cm
Berlin, Deutsches Historisches Museum,
W 2006/16; W 2006/15; W 2006/18; W 2006/19

534
SA-Dolche mit Scheide
a) Original
zwischen 1933 und 1945 · Metall · L 38 cm
b) Original mit Kette
zwischen 1938 und 1945 · Metall · L 38 cm
c) Kopie · nach 1945 · Metall · L 37,5 cm
Berlin, Deutsches Historisches Museum,
W 2006/9; W 2006/7; W 2006/8

535
SS-Dolche mit Scheide
a) Kopie eines Ehrendolchs
zwischen 1980 und 1990 · Metall · L 37,5 cm
b) Original eines Dienstdolchs · zwischen 1933
und 1945 · Metall · L 38 cm
Berlin, Deutsches Historisches Museum,
W 2006/6; W 2006/5

536
Wehrmachtsdolche
a) für Offiziere und Wehrmachtsbeamte
des Heeres mit Scheide, Portepee und Gehänge
Solingen, zwischen 1935 und 1945
Metall · L 40 cm
b) für Offiziere der Kriegsmarine mit Scheide,
Portepee und Dolchständer
Nachbildung · Metall · L 43 cm
c) für Offiziere der Luftwaffe mit Portepee,
Scheide und Gehänge · Solingen,
zwischen 1937 und 1945 · Metall · L 43 cm
d) für Offiziere der Luftwaffe mit Portepee,
Scheide und Gehänge
Nachbildung · Metall · L 43 cm
e) für Offiziere der Luftwaffe mit Portepee,
Scheide und Gehänge · Solingen,
zwischen 1937 und 1945 · Metall · L 43 cm
Berlin, Deutsches Historisches Museum,
W 2006/11; W 2006/10; W 2006/12; W 2006/13;
W 2006/14

537
Sonstige Messer und Dolche
a) Fahrtenmesser der Nationalsozialistischen
Studentenschaft mit Scheide
Kopie · nach 1945 · Metall · L 22 cm
b) Hirschfänger für Forstverwaltungsbeamte der
Wehrmacht mit Scheide
Hersteller: Paul Weyersberg & Co.
Solingen, zwischen 1933 und 1945
Metall, Messing, Leder · L 51 cm
c) Haumesser des Deutschen Roten Kreuzes
mit Scheide · zwischen 1938 und 1945
Metall · L 47 cm
d) Seitengewehr 98/05 für Beamte der Ordnungs-
und Schutzpolizei mit Scheide
Solingen (Klinge), zwischen 1933 und 1945
Metall · L 47,5 cm
e) Seitengewehr 98 des Reichsluftschutzbunds
mit Scheide · zwischen 1934 und 1945
Metall · L 40,5 cm · Berlin, Deutsches
Historisches Museum, W 2006/17; W 2006/4;
W 2006/3; W 2006/1; W 2006/2

538
Knöpfe
a) ein Paar Manschettenknöpfe mit SS-Runen
Kopie · nach 1945 · Metall, emailliert · 1,7 × 1,7 cm
b) ein Paar Uniformknöpfe mit Adler und Haken-
kreuz · Hersteller: Assmann A. und Söhne
Lüdenscheid, zwischen 1939 und 1945
Metall, geprägt · Dm 2,2 cm
c) ein Paar Manschettenknöpfe mit Haken-
kreuzen · zwischen 1933 und 1945
Metall, emailliert · Dm 1,5 cm
d) ein Paar Manschettenknöpfe mit Haken-
kreuzen · zwischen 1933 und 1945
Metall, geprägt · Dm 1,3 cm
Berlin, Deutsches Historisches Museum,
KT 2006/285.1–2; U 2006/28; KT 2006/283.1–2;
KT 2006/284.1–2

539
Koppel und Koppelschlösser
a) Wehrmachtskoppel mit Koppelschloss
zwischen 1936 und 1945 · Metall, Leder · L 73 cm
b) Wehrmachtskoppel mit Koppelschloss
zwischen 1936 und 1945
Stahlblech, Leder · L 98,5 cm
c) SS-Koppel für Feldbinden
Kopie · Metall · L 91,4 cm
d) Koppelschloss mit Adler und Hakenkreuz
Kopie · Bronze · 4,2 × 6,5 × 1,2 cm
Berlin, Deutsches Historisches Museum,
U 2006/29; U 2006/30; U 2006/47; U 2006/48

540
Helme
a) Stahlhelm der allgemeinen SS
Kopie · Stahlblech, Leder · 16 × 24 × 29 cm
b) Luftschutzhelm · zwischen 1936 und 1945
Textil, Stahlblech, Leder · 17 × 26,5 × 29 cm
c) Stahlhelm mit Adler und Hakenkreuz
Kopie · Stahlblech, Leder · 16,5 × 24 × 29,5 cm
d) Fallschirmspringerhelm · Kopie · nach 1945
Stahlblech, Leder · 15 × 22 × 25 cm
e) Stahlhelm der Waffen-SS · Kopie · nach 1945
Stahlblech, Leder · 15,5 × 24,5 × 30 cm
Berlin, Deutsches Historisches Museum,
U 2006/20; U 2006/19; U 2006/21; U 2006/22;
U 2006/23

541
Schirmmützen
a) SS-Schirmmütze · Kopie
Baumwolle · 17,5 × 24 × 28 cm
b) für Ortsgruppenführer der Hitler-Jugend
zwischen 1936 und 1945
Baumwolle · 14 × 23 × 27 cm
c) für Angehörige der Luftnachrichtentruppe
zwischen 1939 und 1945
Baumwolle · 16,5 × 24 × 27 cm
d) für einen Offizier der Luftwaffe
Kopie · zwischen 1980 und 1990
Metall · 16 × 24 × 29 cm
e) Feldmütze M 43 · zwischen 1939 und 1945
Baumwolle · 9 × 20 × 25,5 cm
Berlin, Deutsches Historisches Museum,
U 2006/26; KT 2006/282; U 2006/25; U 2006/27;
U 2006/24

542
Mützenemblem für Polizeitschakos
Kopie · Aluminium · 8,4 × 14,5 × 3,4 cm
Berlin, Deutsches Historisches Museum,
U 2006/49

543
Plakette des Reichsjägerbunds
Otto Laue · 1936 · Leichtmetall, Spritzguss,
bronziert · 11 × 10,8 × 7,9 cm · Berlin, Deutsches
Historisches Museum, N 2006/138

HITLER UND KEIN ENDE

544

Reichskriegsflagge

Kopie · Vorlage: zwischen 1935 und 1945
76 × 132 cm · Berlin, Deutsches Historisches
Museum, Fa 2006/4

545

Hitlerbüsten

a) K. Buttler · zwischen 1933 und 1945
Bronze, gegossen · H 16,5 cm
b) zwischen 1933 und 1945
Bronze, gegossen · H 13,5 cm
Berlin, Deutsches Historisches Museum,
Pl 2006/12 – 13

546

»Der Wagen des Führers«

Modellauto · Rio S.N.C. · um 2000
Kunststoff · 7 × 16,5 × 6,5 cm
Berlin, Deutsches Historisches Museum,
AK 2006/1048

547

Nachdruck eines Wahlkampfplakats
von 1932 mit Hitler

zwischen 1970 und 1977
Reproduktion (Original: 75 × 49,5 cm)
Bonn, Stiftung Haus der Geschichte
der Bundesrepublik Deutschland,
1999/06/0220

Hitler im »Spiegel«

Immer mehr Menschen beziehen ihr historisches Wissen über den Nationalsozialismus aus den Massenmedien, die Geschichtsbilder vor allem visuell vermitteln. Das Nachrichtenmagazin *Der Spiegel* ist im Bereich der Geschichtsvermittlung ein wichtiger Taktgeber, der zugleich die jeweilig aktuellen Auseinandersetzungen über die nationalsozialistische Vergangenheit abbildet. Insgesamt setzte *Der Spiegel* den deutschen Diktator zwischen 1949 und 2009 42 Mal auf das Cover. Erstmals war Hitler 1964 auf der Frontseite zu sehen, und seit den 1990er Jahren gab es keinen *Spiegel*-Jahrgang ohne Hitler auf der Titelseite. Bereits in den 1980er Jahren war Hitler bloß noch ein »Schatten der Vergangenheit« und wurde instrumentalisiert für vergangenheitspolitische Skandale und Enthüllungen. Als etwa Bundestagspräsi-

550 g

551 b

dent Philipp Jenninger 1988 nach seiner missverständlichen Rede zum Gedenken an das Novemberpogrom 1938 zurücktreten musste, titelte *Der Spiegel* mit einer großflächigen Hitleraufnahme im Hintergrund: »Im Schatten der Vergangenheit«. S.E.

548

»Der Spiegel«:
Titelbilder 1960 – 1969

Hamburg
Reproduktionen (Originale: 28 × 21,2 cm)
a) 5/1964: »Adolf Hitler. Anatomie eines Diktators« · Abb. S. 156
b) 3/1966: »Hitlers letzte Lagebesprechung«
c) 32/1966: »Hitler ›Mein Kampf‹. Fahrplan eines Welteroberers« · Abb. S. 156
d) 31/1967: »Die Abstammung Hitlers«
e) 1/1969: »Moskaus Bild der Deutschen«
Hamburg, Der Spiegel-Verlag

549

»Der Spiegel«:
Titelbilder 1970 – 1979

Hamburg
Reproduktionen (Originale: 28 × 21,2 cm)
a) 14/1973: »Adolf Hitler. ›Aufriss über meine Person‹«
b) 34/1977: »Hitler wie er nicht war. Das Geschichtsbild unserer Kinder«
c) 44/1979: »Nationalsozialismus = Sozialismus?«
Hamburg, Der Spiegel-Verlag

550

»Der Spiegel«:
Titelbilder 1980 – 1989

Hamburg
Reproduktionen (Originale: 28 × 21,2 cm)
a) 24/1981: »Täter Hitler – Denker Nietzsche«
b) 52/1982: »Faschismus in Deutschland – 30. Januar 1933. Pate Mussolini, Neffe Hitler«
c) 18/1983: »Hitlers Tagebücher. Fund oder Fälschung?«
d) 19/1983: »Fälschung. Hitlers Tagebücher«
e) 32/1986: »Friedrich. Preußens Fürst Deutschlands Führer«
f) 35/1987: »Hitlers letzter Mann. Rudolf Heß« Abb. S. 157
g) 46/1988: »Im Schatten der Vergangenheit«
h) 15/1989: »Der Terrorist des Jahrhunderts. Rudolf Augstein über Adolf Hitler«
i) 32/1989: »Der Teufelspakt. Signal zum Krieg«
Hamburg, Der Spiegel-Verlag

551

»Der Spiegel«:
Titelbilder 1990 – 1999

Hamburg
Reproduktionen (Originale: 28 × 21,2 cm)
a) 24/1991: »Hitler kontra Stalin. Rudolf Augstein über das Unternehmen ›Barbarossa‹«
b) 29/1992: »Neue Goebbels-Tagebücher«
c) 2/1994: »Der Hetzer. Nationalist Schirinowski – Gefahr aus Russland«
d) 14/1995: »Hitlers letzte Tage«
e) 19/1995: »Bewältigte Vergangenheit. 8. Mai 1945 – 1995«
f) 6/1996: »Aggressor Hitler – Aggressor Stalin?«

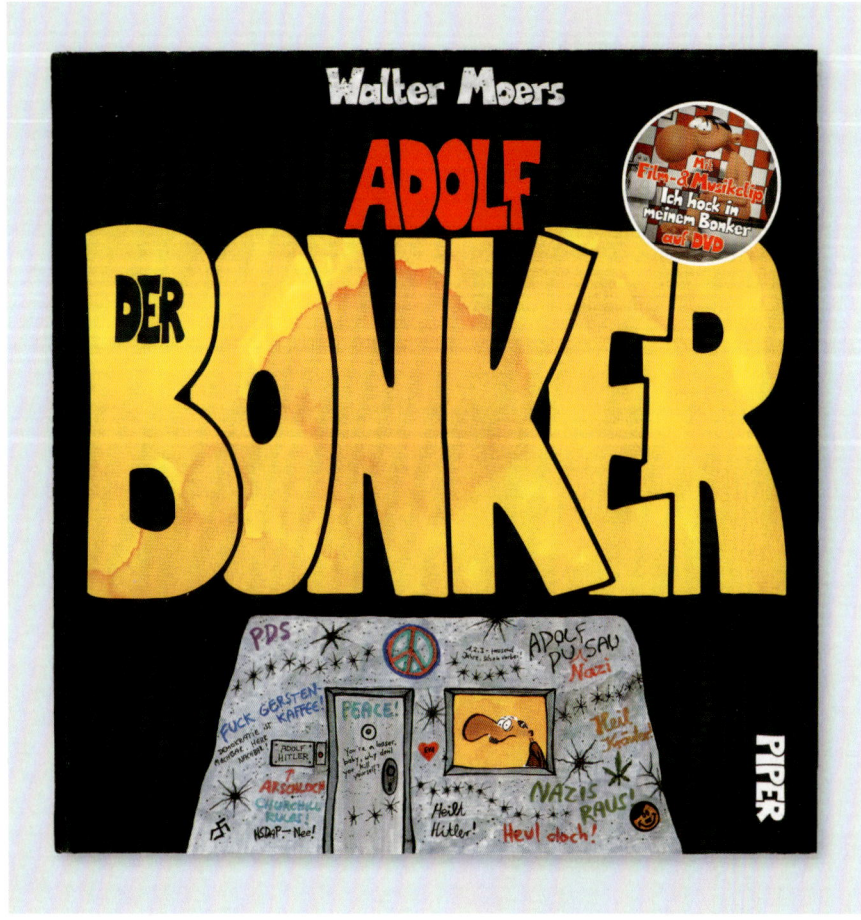

553

Hitler im Internet – ein digitales Sammelalbum

Im Internet zirkulieren Informationen und Bilder auch über Adolf Hitler, und zwar in einer solchen Menge, dass seit 2006 das Phänomen »Hitler in der Populärkultur und in den Medien« sachkundig und unterhaltsam in einem speziellen »Hitler-Blog« kommentiert wird.

Zur Popularität Hitlers tragen in nicht unerheblichem Maß Internetnutzerinnen und -nutzer bei, die auf Video-Plattformen wie YouTube kurze Filme einstellen. Es handelt sich dabei meist um Musik- und Videoclips oder um Zusammenschnitte aus verschiedenen Filmsequenzen, oft neu vertont. Da Aufmerksamkeit eine knappe Ressource ist, scheinen für das schnelle und flüchtige Medium Internet zwei- bis dreiminütige Videoclips das passende Format zu sein.

Millionenfach gesehen wurde der Animationsfilm *Ich hock in meinem Bonker* nach dem Comic von Walter Moers. Er ist eine gelungene Parodie auf den Spielfilm *Der Untergang* (2004), denn er persifliert das Geschichtsdrama mit seinem Anspruch auf historische Genauigkeit. Walter Moers' Comic steht zugleich für den im Internet vorwiegend satirischen Umgang mit der Figur Hitler. Die Frage, ob man über Hitler lachen darf, ist im Medium Internet längst mit einem »Ja« beantwortet. S.E.

g) 8/1996: »Wie komisch sind die Deutschen?« Abb. S. 158
h) 21/1996: »Die Deutschen: Hitlers willige Mordgesellen? Neuer Streit um Kollektivschuld« Abb. S. 158
i) 33/1996: »Hitler: Vollstrecker des Volkswillens? Rudolf Augstein im Gespräch mit Daniel Goldhagen« Abb. S. 157
j) 10/1997: »Der Sündenfall. Wissenschaft auf dem Weg zum geklonten Menschen«
k) 25/1997: »Stasi-Spione aus dem Nazi-Lebensborn. Von Hitler geraubt, von der DDR mißbraucht«
l) 30/1997: »Wagners Mythen, Hitlers Wahn«
m) 7/1998: »1848. Die halbe Revolution. Beginn des Deutschen Desasters?«
n) 22/1998: »Umzug in die Geschichte. Von Bonn nach Berlin: Regieren im Schatten der Vergangenheit«
o) 45/1998: »Das 20. Jahrhundert. Spiegel Serie in 50 Folgen«
p) 43/1999: »Hitler. Das Monster des 20. Jahrhunderts – Joachim C. Fest: Die reale Macht des Bösen«
Hamburg, Der Spiegel-Verlag

552
»Der Spiegel«:
Titelbilder 2000 – 2010
Hamburg
Reproduktionen (Originale: 28 × 21,2 cm)
a) 25/2000: »Marlene. Deutschlands ungeliebter Engel«
b) 4/2001: »300 Jahre Preußen. Das zwiespältige Erbe«
c) 19/2001: »Hitlers langer Schatten«
d) 51/2002: »Hitlers Stalingrad«
e) 23/2002: »Das Spiel mit dem Feuer«
f) 8/2004: »Der zweite Dreißigjährige Krieg«
g) 29/2004: »20. Juli 1944«
h) 35/2004: »Hitlers Ende« · Abb. S. 152
i) 18/2005: »Der Manager des Bösen«
j) 3/2008: »Der Anfang vom Untergang«
k) 45/2008: »Hitlers Vollstrecker. SS-Chef Heinrich Himmler. Aus dem Leben eines Massenmörders«
l) 21/2009: »Die Komplizen«
Hamburg, Der Spiegel-Verlag

553
»Adolf: Der Bonker«
Comic von Walter Moers (geb. 1957) mit Film- und Video-Clip auf DVD:
»Ich hock in meinem Bonker« (2:54 Min.) von Walter Moers, Thomas Pigor (geb. 1956) und Felix Gönnert (geb. 1975)
München: Piper Verlag, 2006
Berlin, Deutsches Historisches Museum, 07/1199<6>

554
»Hitler Leasing!«
Veröffentlichung im Internet
Florian Wittmann (geb. 1980) und Gerhard Polt (geb. 1942) · 2005 · 2:49 Min.

HITLER UND KEIN ENDE

556

Hitler und die DDR

In der DDR war die Auseinandersetzung mit dem Nationalsozialismus vom antifaschistischen Selbstbild bestimmt. Die Staatsgründung vom 7. Oktober 1949 wurde als Vollendung des Kampfes von kommunistischen Widerstandskämpfern und der sowjetischen Armee dargestellt. Ausschließlich die kommunistischen Opfer wurden gewürdigt.

Die DDR zeichnete das Bild eines unschuldigen, vom sogenannten Hitlerfaschismus verführten deutschen Volkes. Die dafür Verantwortlichen und die Täter wurden in der Bundesrepublik ausgemacht. Deren politisches System wurde denn auch im Kalten Krieg, wie die Anti-Adenauer-Plakate zeigen, in eine Kontinuitätslinie mit dem Nationalsozialismus gestellt. Der schonende Umgang mit früheren NS-Verbrechern in der Bundesrepublik, aber auch die Westanbindung und die Wiederbewaffnung wurden hierzu propagandistisch instrumentalisiert. Hitler diente dabei als Chiffre dieses angeblich revisionistischen und militaristischen Staates. Die DDR lehnte es bis zum Ende der SED-Herrschaft ab, Verantwortung für den Holocaust zu übernehmen. C.M.

555

»Adenauer geht den Weg Hitlers! Deshalb gemeinsamer Kampf aller Deutschen gegen die EVG und Adenauers Wehrgesetz!«

Plakat · DDR, 1954
Reproduktion (Original: 83,5 × 58,5 cm)
Berlin, Deutsches Historisches Museum,
P 94/1222

556

»Das braune Haus von Bonn«

Schautafel mit aufklappbaren Fenstern zur NS-Vergangenheit führender Politiker der Bundesrepublik · SED, Zentralkomitee, Abteilung Agitation, Presse, Rundfunk
Berlin-Ost, 1956 · Reproduktion (Original: 41,2 × 58,8 cm) · Berlin, Deutsches Historisches Museum, DG 90/1257.1

557

»Militarismus ohne Maske«

Plakat zu einer Ausstellung der »Nationalen Front Berlin« · DDR, 1957
Reproduktion (Original: 83,4 × 59,1 cm)
Bonn, Stiftung Haus der Geschichte der Bundesrepublik Deutschland, 1999/03/0382

558

»Im Land der Adler und der Kreuze«

Filmprogramm · VEB Progress Film-Verleih, 1980
Reproduktion (Original: 28,5 × 20 cm)
Bonn, Stiftung Haus der Geschichte der Bundesrepublik Deutschland, 1997/03/0393

DIE DEUTSCHEN NACH HITLER

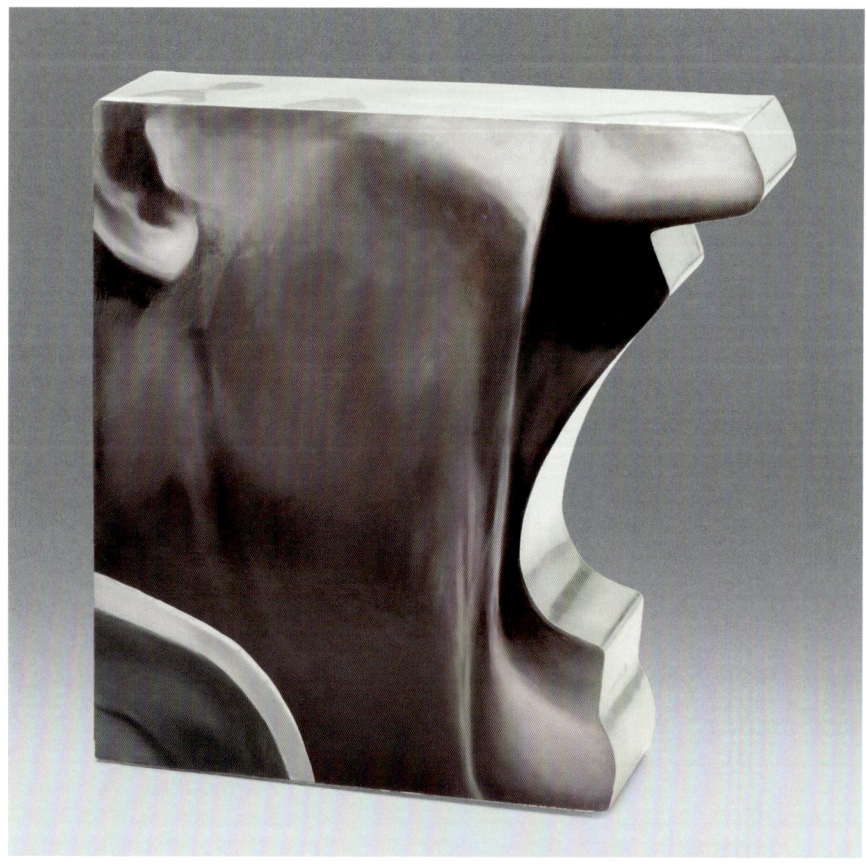

563

559
»Seelenverwandte«
Plakat, das Stalin mit Hitler vergleicht und als Massenmörder darstellt
Wolfgang Janisch (geb. 1940) · Berlin-Ost, 1989
Reproduktion (Original: 29,1 × 40,8 cm)
Bonn, Stiftung Haus der Geschichte der Bundesrepublik Deutschland, H 1996/03/0247

Hitler in der bildenden Kunst – (fast) kein Thema

In der bildenden Kunst begann eine sichtbare Auseinandersetzung mit dem Nationalsozialismus erst in Folge der juristischen Aufarbeitung von NS-Verbrechen vor deutschen Gerichten Ende der 1950er und zu Beginn der 1960er Jahre. Durch die intensive Prozessberichterstattung erhielt die deutsche Öffentlichkeit in Ost und West genauere Kenntnis über den konkreten Ablauf der Massenmorde. Einige Künstler in der DDR, wie Werner Tübke und Bernhard Heisig, sowie in der Bundesrepublik Joseph Beuys, Sigmar Polke, Gerhard Richter, Konrad Klapheck, Wolf Vostell, Anselm Kiefer, Georg Baselitz und Ulrich Baehr thematisierten den Holocaust in ihren Bildern. Selten aber stellten die Künstler Hitler dar, wie es etwa Ulrich Baehr mit seiner eigentümlich abgeschnittenen Skulptur *Deutscher Torso VI* (1972) tat. Ein brüllender Hitler, nur bestehend aus der unteren Gesichtspartie mit weit aufgerissenem Mund, ist ein deutlicher Bezug auf das Talent des demagogischen Redners und lässt Aggressivität und Gewalt spürbar werden. Neuere Kunstwerke hingegen, wie die 16-teilige Arbeit des Fotokünstlers Stefan Hunstein (1998) oder die Figur des kniend betenden Hitlers (2001) von dem italienischen Künstler Maurizio Cattelan, verfolgen Strategien der Trivialisierung bzw. der Ironisierung. S.E.

560
»Mein Kampf«
Plakat der Städtischen Bühnen Osnabrück zu der von George Tabori inszenierten Farce *Mein Kampf*. Nach Protesten aus dem Osnabrücker Stadtrat und der Verwaltung gegen die Plakatierung eines Hitler-Bildes wurde das Plakat durch ein Exemplar ohne Foto ersetzt.
1993 · Reproduktion (Original: 84 × 59,5 cm)
Bonn, Stiftung Haus der Geschichte der Bundesrepublik Deutschland, 2004/08/0071

561
»Aus aktuellem Anlaß kein Bildplakat zu ›Mein Kampf‹«
Plakat der Städtischen Bühnen Osnabrück zu der von George Tabori inszenierten Farce *Mein Kampf*
1993 · Reproduktion (Original: 84 × 59,5 cm)
Bonn, Stiftung Haus der Geschichte der Bundesrepublik Deutschland, 1997/03/0393

562
»Blondi«
16-teiliger Bilderzyklus
Stefan Hunstein (geb. 1957) · München, 1998
C-Print hinter Glas, gerahmt · je 37 × 52 cm
München, Stefan Hunstein

563
»Deutscher Torso VI«
Ulrich Baehr (geb. 1938) · 1972 · Sperrholz, Aluminium, Ölfarbe · 40,2 × 42,8 × 9,7 cm
Bonn, Stiftung Haus der Geschichte der Bundesrepublik Deutschland, 2002/10/0463

564
»Verzeiht Gott jedem – alles?«
Plakat zur Installation »Him«
Maurizio Cattelan (geb. 1960) · 2001/2003
Fotoreproduktion (Original: 42,1 × 29,6 cm)
Bonn, Stiftung Haus der Geschichte der Bundesrepublik Deutschland, 2004/01/0273

Ausstellung

AUSSTELLUNG

Blick in die Ausstellungsarchitektur
vor Einbringung der Objekte:
diagonale Achse vom Eingang
bis zum Raum 5
Entwurf: Klaus-Jürgen Sembach

GRUNDRISS DER AUSSTELLUNG

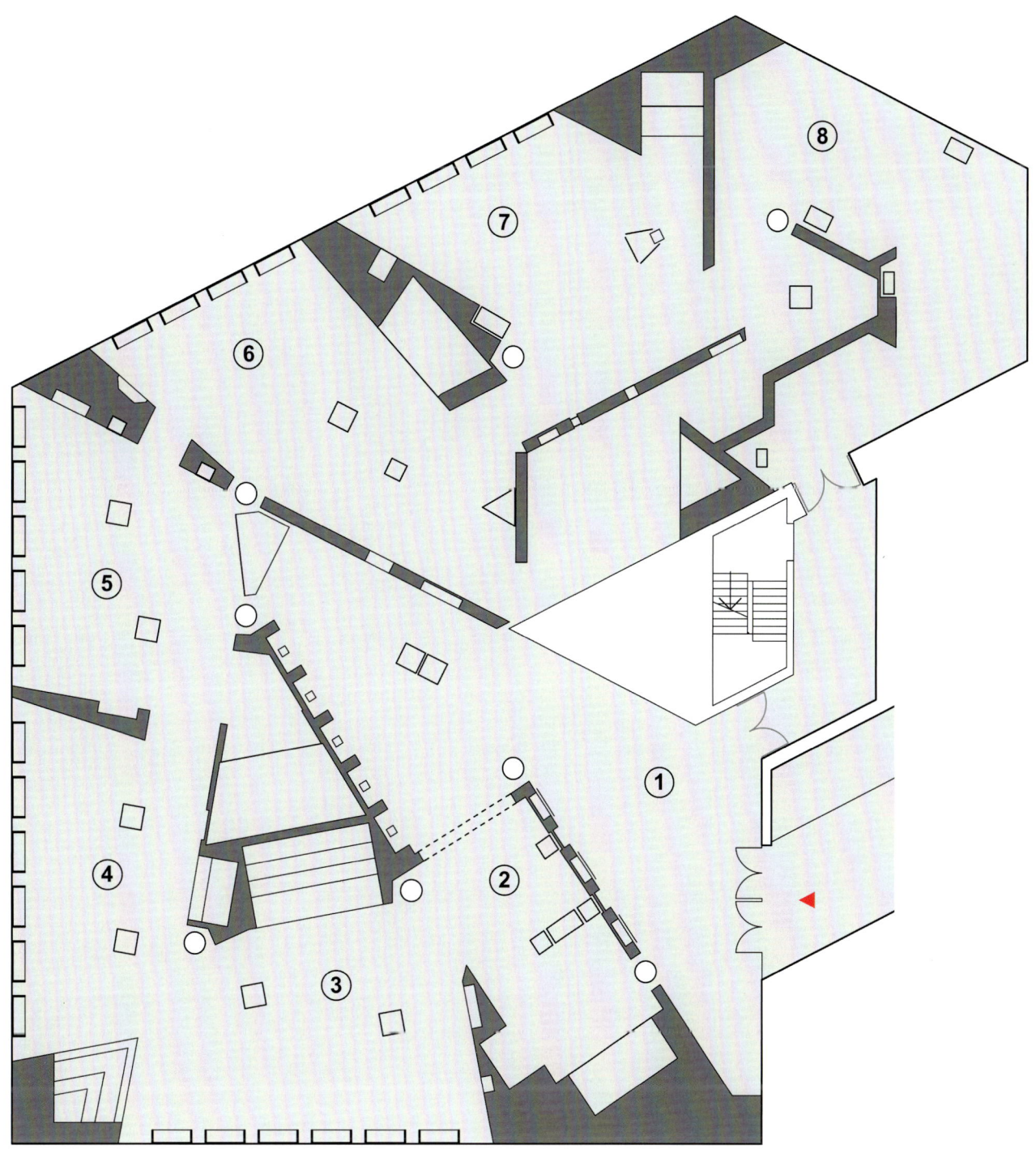

Themen der Ausstellungsräume

1. Führermythos und Führerbewegung
2. Hitler und die NSDAP
3. Machtübertragung und nationale Revolution
4. Die deutsche Gesellschaft und Hitler
5. Der »Führerstaat«
6. Führerherrschaft und Vernichtungskrieg
7. Die deutsche Gesellschaft im Krieg
8. Hitler und kein Ende

AUSSTELLUNG

Die Ausstellungsarchitektur des Raumes 3
»Machtübertragung und nationale
Revolution« und des Raumes 4
»Die deutsche Gesellschaft und Hitler«

AUSSTELLUNG

AUSSTELLUNG

Die Ausstellungsarchitektur des Raumes 4
»Die deutsche Gesellschaft und Hitler« und
des Raumes 5 »Der Führerstaat«.

Anhang

AUTORENVERZEICHNIS

Dorlis Blume (D.B.)
Wissenschaftliche Mitarbeiterin am DHM

Dr. Petra Bopp (P.B.)
Wissenschaftliche Mitarbeiterin des Forschungsprojekts »Fremde im Visier. Privatfotografie der Wehrmachtssoldaten im Zweiten Weltkrieg« an der Friedrich-Schiller-Universität Jena

Martin Dröge (M.D.)
Stipendiat am LWL-Institut für westfälische Regionalgeschichte, Münster

Daniel Droste (D.D.)
Koordinator der Rektoratskommission zur Aufarbeitung der Geschichte der Westfälischen Wilhelms-Universität Münster im 20. Jahrhundert

Dr. Simone Erpel (S.E.)
Wissenschaftliche Mitarbeiterin am DHM, Kuratorin der Ausstellung »Hitler und die Deutschen. Volksgemeinschaft und Verbrechen«

Dr. Regine Falkenberg (R.F.)
Fachbereichsleiterin Alltagskultur/II am DHM

Sebastian Felz (S.F.)
Wissenschaftlicher Mitarbeiter am Lehrstuhl für Neuere und Neueste Geschichte II der Westfälischen Wilhelms-Universität Münster

Prof. Dr. Norbert Frei
Professor für Neuere und Neueste Geschichte an der Friedrich-Schiller-Universität Jena

Dr. Christian Fuhrmeister (C.F.)
Wissenschaftlicher Mitarbeiter am Zentralinstitut für Kunstgeschichte in München

Prof. Dr. Irene Guenther
Professorin für »Modern European/Modern German History« an der Marquette University (Milwaukee, Wisconsin) sowie Gastprofessorin an der University of Houston, Texas

Dr. Brigitte Hamann
Freiberuflich tätige Historikerin und Autorin

Johanna Henrich (J.H.)
Wissenschaftliche Mitarbeiterin am Lehrstuhl für Neuere und Neueste Geschichte II der Westfälischen Wilhelms-Universität Münster

Dr. Kristiane Janeke (K.J.)
Freiberuflich tätige Historikerin, Museumsberaterin und Ausstellungskuratorin in Berlin; 2006–2008 Leiterin des Deutsch-Russischen Museums Berlin-Karlshorst

Christian Kaindl (C.K.)
Wissenschaftlicher Mitarbeiter am DFG-Projekt »Symbolische Kommunikation und kulturelle Identität« der Westfälischen Wilhelms-Universität Münster

Prof. i.R. Sir Ian Kershaw
Bis 2008 Professor für mittelalterliche und moderne Geschichte an der Universität Manchester

Monika Knop (M.K.)
Wissenschaftliche Mitarbeiterin der Gedenkstätte und Museum Sachsenhausen/Stiftung Brandenburgische Gedenkstätten

Thomas Köhler (T.K.)
Wissenschaftlicher Mitarbeiter am Historischen Seminar der Westfälischen Wilhelms-Universität Münster

Prof. i.R. Dr. Gerd Krumeich
Bis 2010 Professor für Neuere Geschichte an der Heinrich-Heine-Universität Düsseldorf

Verena Kümmel (V.K.)
Wissenschaftliche Mitarbeiterin im SFB 496 der Westfälischen Wilhelms-Universität Münster

Prof. Dr. Birthe Kundrus
Professorin für Sozial- und Wirtschaftsgeschichte/Sozialgeschichte am Historischen Seminar der Universität Hamburg

Carmen Lange (C.L.)
Historikerin und Pädagogin, Leiterin der Gedenkstätte Todesmarsch im Belower Wald, Außenstelle der Gedenkstätte und des Museums Sachsenhausen/Stiftung Brandenburgische Gedenkstätten

Dr. Massimiliano Livi (M.L.)
Wissenschaftlicher Mitarbeiter und Projektleiter im Exzellenzcluster 212 »Religion und Politik« der Westfälischen Wilhelms-Universität Münster

Christoph Lorke (Ch.L.)
Wissenschaftlicher Mitarbeiter am Lehrstuhl für Neuere und Neueste Geschichte II der Westfälischen Wilhelms-Universität Münster

Steffen Mikolajczyk (S.M.)
Doktorand am Institut für Geschichte der Martin-Luther-Universität Halle-Wittenberg

Prof. em. Dr. Hans Mommsen
Bis 1996 Professor für Neuere Geschichte an der Ruhr-Universität Bochum

Conrad Mücke (C.M.)
Studentischer Mitarbeiter am DHM

Prof. Dr.-Ing. Winfried Nerdinger
Professor für Architekturgeschichte an der Technischen Universität München

Armin Nolzen
Historiker, Redakteur der *Beiträge zur Geschichte des Nationalsozialismus*

Dr. Heinrich Nuhn (H.N.)
Bis 2003 an der Jakob-Grimm-Schule in Rotenburg an der Fulda tätig; derzeit Kurator des Jüdischen Museums in der ehemaligen Mikwe in Rotenburg an der Fulda

AUTORENVERZEICHNIS

Dr. Othmar Plöckinger
Vom Institut für Zeitgeschichte München zusammen mit Dr. Edith Raim beauftragt, eine wissenschaftlich-kritische Edition von Hitlers *Mein Kampf* zu erstellen

Prof. em. Dr. Peter Reichel
Bis 2007 Professor für Politische Wissenschaften an der Universität Hamburg

Prof. Dr. Thomas Sandkühler
Professor für Geschichtsdidaktik an der Humboldt-Universität zu Berlin

Dr. Daniel Schmidt (D. S.)
Wissenschaftlicher Mitarbeiter am Lehrstuhl für Neuere und Neueste Geschichte II der Westfälischen Wilhelms-Universität Münster

Dr. Rüdiger Schmidt (R. S.)
Wissenschaftlicher Mitarbeiter am Historischen Seminar der Westfälischen Wilhelms-Universität Münster

Dr. Claudia Schmölders
Privatdozentin an der Humboldt-Universität zu Berlin und freiberuflich tätige Kulturwissenschaftlerin

Anja Schnabel (A. S.)
Studentin der Neueren und Neuesten Geschichte, Osteuropäischen Geschichte und des Öffentlichen Rechts an der Albert-Ludwigs-Universität Freiburg

Dr. Hermann Simon (H. S.)
Direktor der Stiftung Neue Synagoge Berlin – Centrum Judaicum

Christoph Spieker (C. S.)
Leiter des Geschichtsorts Villa ten Hompel in Münster

Prof. Dr. Peter Steinbach
Professor für Neuere und Neueste Geschichte an der Universität Mannheim und Leiter der Gedenkstätte Deutscher Widerstand in Berlin

Dr. Sybille Steinbacher
Akademische Rätin (auf Zeit) am Lehrstuhl für Neuere und Neueste Geschichte an der Friedrich-Schiller-Universität Jena

Dr. Philipp Stiasny
Freischaffender Filmhistoriker, Redakteur der Zeitschrift *Filmblatt*, Mitarbeiter des Vereins CineGraph Babelsberg

Prof. Dr. Hans-Ulrich Thamer (H.-U. T.)
Professor für Neuere und Neueste Geschichte der Westfälischen Wilhelms-Universität Münster, Kurator der Ausstellung »Hitler und die Deutschen. Volksgemeinschaft und Verbrechen«

Jeanette Toussaint (J. T.)
Freiberuflich tätige Ethnologin, Mitarbeiterin an verschiedenen Wissenschafts- und Ausstellungsprojekten

Dr. Ralph Trost (R. T.)
Leiter des Museums Nibelungen(h)ort Xanten

Elisabeth Weber (E. W.)
Studentische Mitarbeiterin am DHM

Jens Wehner (J. W.)
Wissenschaftlicher Mitarbeiter in der Projektgruppe Neukonzeption des Militärhistorischen Museums der Bundeswehr in Dresden

Prof. Dr. Michael Wildt
Professor für Deutsche Geschichte im 20. Jahrhundert mit Schwerpunkt Nationalsozialismus an der Humboldt-Universität zu Berlin

ABKÜRZUNGSVERZEICHNIS

AA	Auswärtiges Amt
AE	(SS-)Ahnenerbe
ALF	Arbeitslosenfürsorge
AMA	Allgemeines Marine(haupt)amt
AOK	Armeeoberkommando
ARGB	Archiv für Rassen- und Gesellschaftsbiologie
BDA	Bund Deutscher Architekten
BDM	Bund Deutscher Mädel
BDO	Bund Deutscher Osten (Alfred Rosenberg unterstellt)
BdO	Befehlshaber der Ordnungspolizei
BdS	Befehlshaber der Sicherheitspolizei und des Sicherheitsdienstes
BNSDJ	Bund Nationalsozialistischer Deutscher Juristen
DAF	Deutsche Arbeitsfront
DAK	Deutsches Afrika-Korps
DAP	Deutsche Arbeiterpartei
DAW	Deutsche Ausrüstungswerke
DNVP	Deutschnationale Volkspartei
EWZ	Einwandererzentralstelle
FSB	Federalnaja Sluschba Besopasnosti Rossijskoj Federazii (Föderaler Dienst für Sicherheit der Russischen Föderation)
Gestapo	Geheime Staatspolizei
GFP	Geheime Feldpolizei
GPU	Objedinjonnoje Gossudarstwennoje Polititscheskoje Uprawlenije (Staatliche politische Verwaltung der UdSSR, Vorläufer des KGB)
HJ	Hitler-Jugend
HSSPF	Höherer SS- und Polizeiführer
HTO	Haupttreuhandstelle Ost
IdS	Inspekteur der Sicherheitspolizei
KdF	Kraft durch Freude
KPD	Kommunistische Partei Deutschlands
KZ	Konzentrationslager
Napola	Nationalpolitische Erziehungsanstalt
NKWD	Narodnyj komissariat wnutrennych del (Volkskommissariat für Inneres der UdSSR)
NSBDT	Nationalsozialistischer Bund Deutsche Technik
NSDAP	Nationalsozialistische Deutsche Arbeiterpartei
NSDÄB	Nationalsozialistischer Deutscher Ärztebund
NSDDB	Nationalsozialistischer Deutscher Dozentenbund
NSDStB	Nationalsozialistischer Deutscher Studentenbund
NSFK	Nationalsozialistisches Fliegerkorps
NSLB	Nationalsozialistischer Lehrerbund
NSKK	Nationalsozialistisches Kraftfahrkorps
NSRB	NS-Rechtswahrerbund (Umbenennung des BNSDJ)
NSV	Nationalsozialistische Volkswohlfahrt
o. G.	ohne Geschäftsbereich
OHK	Oberkommando des Heeres
OKW	Oberkommando der Wehrmacht
Orpo	Ordnungspolizei
Pg.	(NSDAP)-Parteigenosse
RAW	Reichsbahn-Ausbesserungswerk
RKF	Reichskommissar für die Festigung Deutschen Volkstums (Heinrich Himmler)
RKPA	Reichskriminalpolizeiamt
RmdI	Reichsministerium des Inneren
RSHA	Reichssicherheitshauptamt
RuSHA	Rasse- und Siedlungshauptamt
SA	Sturmabteilung
Schupo	Schutzpolizei
SD	Sicherheitsdienst
Sipo	Sicherheitspolizei
SS	Schutzstaffel
SSPF	SS- und Polizeiführer
TV	Totenkopfverbände
UdSSR	Union der Sozialistischen Sowjetrepubliken
UWZ	Umwandererzentrale
V1	Vergeltungswaffe 1 (Fieseler Fi 103)
V2	Vergeltungswaffe 2 (Großrakete A4)
VB	Völkischer Beobachter
VDA	Volksbund für das Deutschtum im Ausland
VGH	Volksgerichtshof
WHW	Winterhilfswerk
WWI	Wehrwirtschaftsinspektion

LITERATURVERZEICHNIS

A

Ahlheim 2009
Hannah Elisabeth Ahlheim: »Deutsche, kauft nicht bei Juden«. Antisemitismus und politischer Boykott in Deutschland von 1924 bis 1935, Diss. phil. Ruhruniversität Bochum 2009

Aly 2005
Götz Aly: Hitlers Volksstaat. Raub, Rassenkrieg und nationaler Sozialismus, Frankfurt a. M. 2005

Améry 1966
Jean Améry: Jenseits von Schuld und Sühne. Bewältigungsversuche eines Überwältigten, München 1966

Anheier/Neidhardt/Vortkamp 1998
Helmut Anheier/Friedhelm Neidhardt/Wolfgang Vortkamp: Konjunkturen der NS-Bewegung. Eine Untersuchung der Veranstaltungsaktivitäten der Münchener NSDAP, in: Kölner Zeitschrift für Soziologie und Sozialpsychologie 50, 1998, S. 619–643

Arendt 1955
Hannah Arendt: Elemente und Ursprünge totaler Herrschaft, Frankfurt a. M. 1955

Arendt 1975
Hannah Arendt: Elemente und Ursprünge totaler Herrschaft, Bd. 3: Totale Herrschaft, Frankfurt a. M. 1975

Arendt 1976
Hannah Arendt: Organisierte Schuld, in: dies.: Verborgene Tradition: Acht Essays, Frankfurt a. M. 1976, S. 41

Arendt 1989
Hannah Arendt: Besuch in Deutschland, in: dies., Zur Zeit. Politische Essays. München 1989, S. 43–70

Ausst.-Kat. Bonn 2003
Verbrannt, geraubt, gerettet! Bücherverbrennungen in Deutschland. Eine Ausstellung der Bibliothek der Friedrich-Ebert-Stiftung anlässlich des 70. Jahrestages (Veröffentlichungen der Bibliothek der Friedrich-Ebert-Stiftung 13), Bonn 2003

B

Bachmeyer/Wöhrle 1992
Helmut Bachmaier/Dieter Wöhrle (Hg.): Karl Valentin: Sämtliche Werke, Bd. 1: Monologe und Soloszenen, München 1992

Baird 2008
Jay W. Baird: Hitler's War Poets, Cambridge 2008

Bajohr 1997
Frank Bajohr: Arisierung in Hamburg. Die Verdrängung der jüdischer Unternehmer 1933–1945, Hamburg 1997

Bajohr 2002
Frank Bajohr: »Arisierung« und Restitution. Eine Einschätzung, in: Constantin Goschler/Jürgen Lillteicher (Hg.): »Arisierung« und Restitution. Die Rückerstattung jüdischen Eigentums in Deutschland und Österreich nach 1945 und 1989, Göttingen 2002, S. 39–60

Bajohr 2005
Frank Bajohr: Über die Entwicklung eines schlechten Gewissens. Die deutsche Bevölkerung und die Deportationen 1941–1945, in: Birthe Kundrus/Beate Meyer (Hg.): Die Deportation der Juden aus Deutschland. Pläne – Praxis – Reaktionen, 1938–1945, Göttingen 2005, S. 180–195

Bajohr 2006
Frank Bajohr: Vom antijüdischen Konsens zum schlechten Gewissen. Die deutsche Gesellschaft und die Judenverfolgung 1933–1945, in: ders./Dieter Pohl: Der Holocaust als offenes Geheimnis. Die Deutschen, die NS-Führung und die Alliierten, München 2006, S. 15–79

Bajohr/Wildt 2009 a
Frank Bajohr/Michael Wildt (Hg.): Volksgemeinschaft. Neue Forschungen zur Gesellschaft des Nationalsozialismus, Frankfurt a. M. 2009

Bajohr/Wildt 2009 b
Frank Bajohr/Michael Wildt, Einleitung, in: dies. (Hg.), Volksgemeinschaft. Neue Forschungen zur Gesellschaft des Nationalsozialismus, Frankfurt a. M. 2009, S. 7–23, 188 ff.

Banken 2009
Ralf Banken: Edelmetallmangel und Großraubwirtschaft. Die Entwicklung des deutschen Edelmetallsektors im »Dritten Reich« 1933–1945, Berlin 2009

Bankier 1995
David Bankier: Die öffentliche Meinung im Hitler-Staat. »Die Endlösung« und die Deutschen. Eine Berichtigung, Berlin 1995

Barkai 1988
Avraham Barkai: Vom Boykott zur »Entjudung«. Der wirtschaftliche Existenzkampf der Juden im Dritten Reich 1933–1945, Frankfurt a. M. 1988

Barnett 1999
Victoria J. Barnett: Bystanders. Conscience and Complicity during the Holocaust. Westport, Conn. 1999

Bärsch 1987
Claus-Ekkehard Bärsch: Erlösung und Vernichtung. Dr. phil. Joseph Goebbels: Zur Psyche und Ideologie eines jungen Nationalsozialisten (1923–1927), München 1987

Bärsch 2005
Claus Ekkehard Bärsch: Der Nationalsozialismus als »politische Religion« und die »Volksgemeinschaft«, in: Gerhard Besier/Hermann Lübbe (Hg.). Politische Religion und Religionspolitik, Göttingen 2005, S. 49–78

Beaver 2002
Michael D. Beaver: Uniforms of the Waffen-SS, Atglen 2002

Behrenbeck 1996 a
Sabine Behrenbeck: »Der Führer«. Einführung eines politischen Markenartikels, in: Gerald Diesner/Rainer Gries (Hg.): Propaganda in Deutschland. Zur Geschichte der politischen Massenbeeinflussung im 20. Jahrhunderts, Darmstadt 1996, S. 61

LITERATURVERZEICHNIS

Behrenbeck 1996 b
Sabine Behrenbeck: Der Kult um die toten Helden. Nationalsozialistische Mythen, Riten und Symbole, Vierow bei Greifswald 1996

Beierl/Plöckinger 2009
Florian Beierl/Othmar Plöckinger: Neue Dokumente zu Hitlers Buch »Mein Kampf«, in: Vierteljahrshefte für Zeitgeschichte 57.2, 2009, S. 261–318

Beil 2005
Christine Beil: Der ausgestellte Krieg. Präsentationen des Ersten Weltkrieges 1914–1939, Tübingen 2005

Beil 2010
Christine Beil, Kriegsausstellungen während des Nationalsozialismus, in: Krumeich 2010, S. 97–110

Benz 2007
Wolfgang Benz: Die Protokolle der Weisen von Zion, München 2007

Bering 1991
Dietz Bering: Kampf um Namen. Bernhard Weiß gegen Joseph Goebbels, Stuttgart 1991

Bessel 1993
Richard Bessel: Germany after the First World War, Oxford 1993

Black 1993 a
Peter Black: Odilo Globocnik – Himmlers Vorposten im Osten, in: Ronald Smelser/Enrico Syring/Rainer Zitelmann (Hg.): Die Braune Elite II. 21 weitere biographische Skizzen, Darmstadt 1993, S. 103–115

Black 1993 b
Peter Black: Rehearsal for »Reinhard«? Odilo Globocnik and the Lublin Selbstschutz, in: Central European History 25, 1993, S. 202–226

Blasius 2005
Dirk Blasius: Weimars Ende. Bürgerkrieg und Politik 1930–1933, Göttingen 2005

Bleuel 1973
Hans Peter Bleuel: Sex and Society in Nazi Germany, übers. v. J. Maxwell Brownjohn, Philadelphia 1973

Bloth 1994
Ingeborg Bloth: Adolf Wissel. Malerei und Kunstpolitik im Nationalsozialismus, Berlin 1994

Bloxham/Kushner 2005
Donald Bloxham/Tony Kushner: The Holocaust. Critical Historical Approaches, Manchester 2005

Blumenberg 1979
Hans Blumenberg: Arbeit am Mythos, Frankfurt a. M. 1979

Bock 1997
Gisela Bock: Ganz normale Frauen. Täter, Opfer, Mitläufer und Zuschauer im Nationalsozialismus, in: Kirsten Heinsohn/Barbara Vogel/Ulrike Weckel (Hg.): Zwischen Karriere und Verfolgung. Handlungsräume von Frauen im nationalsozialistischen Deutschland, Frankfurt a. M./New York 1997, S. 245–277

Böhnke 1974
Wilfried Böhnke: Die NSDAP im Ruhrgebiet 1920–1933, Bonn 1974

Brandt 2002
Susanne Brandt: Vom Kriegsschauplatz zum Gedächtnisraum. Die Westfront 1914–1939, Baden-Baden 2002

Breuer 1994
Stefan Breuer: Bürokratie und Charisma. Zur politischen Soziologie Max Webers, Darmstadt 1994

Broszat 1970
Martin Broszat: »Soziale Motivation und Führer-Bindung des Nationalsozialismus«, in: Vierteljahrshefte für Zeitgeschichte 18, 1970, S. 392–409

Broszat 1992
Martin Broszat: Der Staat Hitlers. Grundlegung und Entwicklung seiner inneren Verfassung, München [13]1992 [1. Aufl. 1969]

Bruendel 2003
Steffen Bruendel: Volksgemeinschaft oder Volksstaat. Die »Ideen von 1914« und die Neuordnung Deutschlands im Ersten Weltkrieg, Berlin 2003

Buchloh 2010
Ingrid Buchloh: Veit Harlan. Goebbels' Starregisseur, Paderborn u. a. 2010

Buddrus 2002
Michael Buddrus: Totale Erziehung für den totalen Krieg. HJ und nationalsozialistische Jugendpolitik, 2 Bde., München 2002

Bullock 1952
Alan Bullock: Hitler. A Study in Tyranny, London 1952 [dt. Übers. 1953]

Bullock 1964
Alan Bullock: Hitler. Eine Studie über Tyrannei, Frankfurt a. M./Hamburg 1964

Burleigh 2000
Michael Burleigh: Die Zeit des Nationalsozialismus – Eine Gesamtdarstellung, Frankfurt a. M. 2000

Burleigh 2001
Michael Burleigh: The Third Reich. A New History, New York 2001

Burleigh 2006
Michael Burleigh: Irdische Mächte, göttliches Heil. Die Geschichte des Kampfes zwischen Politik und Religion von der Französischen Revolution bis in die Gegenwart, München 2006

Burrin 2004
Philippe Burrin: Warum die Deutschen? Antisemitismus, Nationalsozialismus, Genozid, München 2004

Büttner/Gottdang 2006
Frank Büttner/Andrea Gottdang: Einführung in die Ikonographie. Wege zur Deutung von Bildinhalten, München 2006

Buxbaum 1988
Gerda Buxbaum: Asymmetrie symbolisiert einen kritischen Geist! – Zum Stellenwert von Mode, Uniform und Tracht im Nationalsozialismus, in: Oswald Oberhuber (Hg.): Zeitgeist wider den Zeitgeist. Eine Sequenz aus Österreichs Verirrung, Wien 1988, S. 181–189

C

Cesarani/Levine 2002
David Cesarani/Paul A. Levine (Hg.): Bystanders' to the Holocaust. A Re-Evaluation, London 2002

Chamberlain 1928
Houston Stewart Chamberlain: Briefe 1882–1924, 2 Bde., München 1928

Cramer-Fürtig/Gotto 2008
Michael Cramer-Fürtig/Bernhard Gotto (Hg.): »Machtergreifung« in Augsburg. Anfänge der NS-Diktatur 1933–1937, Augsburg 2008

D

Daniel 2002
Ute Daniel: Zweierlei Heimatfronten. Weibliche Kriegserfahrungen 1914–1918 und 1939–1945 im Kontrast, in: Bruno Thoß/Hans-Erich Volkmann (Hg.): Erster Weltkrieg – Zweiter Weltkrieg. Ein Vergleich. Krieg, Kriegserlebnis, Kriegserfahrung in Deutschland, Paderborn/München 2002, S. 391–409

Davis/Turner 1980
Brian Leigh Davis/Pierre Turner: German Uniforms of the Third Reich 1933–1945, Poole 1980

Deutschland-Berichte 1934 (1980)
Deutschland-Berichte der Sozialdemokratischen Partei Deutschlands (Sopade) 1934–1940, Erster Jahrgang 1934, Reprint, Salzhausen/Frankfurt a. M. 1980

Deutschland-Berichte 1935 (1980)
Deutschland-Berichte der Sozialdemokratischen Partei Deutschlands (Sopade), 1934–1940, Zweiter Jahrgang 1935, Reprint, Salzhausen/Frankfurt a. M. 1980

Diehl 2009
Paula Diehl: Reichsparteitag. Der Massenkörper als visuelles Versprechen der »Volksgemeinschaft«, in: Gerhard Paul (Hg.): Das Jahrhundert der Bilder, Bd. 1: 1900 bis 1949, Göttingen 2009, S. 470–479

Dolezel/Loiperdinger 1995
Stephan Dolezel/Martin Loiperdinger: Adolf Hitler in Parteitagsfilm und Wochenschau, in: Martin Loiperdinger/Rudolf Herz/Ulrich Pohlmann (Hg.): Führerbilder. Hitler, Mussolini, Roosevelt, Stalin in Fotografie und Film, München/Zürich 1995, S. 77–100

Doosry 1977
Yasmin Doosry: Die sakrale Dimension des Reichsparteitagsgeländes in Nürnberg, in: Richard Faber (Hg.): Politische Religion – religiöse Politik, Würzburg 1977, S. 205–224

Doosry 2002
Yasmin Doosry: »Wohlauf, laßt uns eine Stadt und einen Turm bauen …« Studien zum Reichsparteitagsgelände in Nürnberg, Tübingen 2002

Dörner 2007
Bernward Dörner: Die Deutschen und der Holocaust. Was niemand wissen wollte, aber jeder wissen konnte, Berlin 2007

Douglas 2000
Lawrence Douglas, Nazi Concentration Camps vor dem Nürnberger Gerichtshof, in: Ulrich Baer (Hg.): Niemand zeugt für den Zeugen, Frankfurt a. M. 2000, S. 197–218

Draeger 1928
Hans Draeger: Taschenbuch zur Kriegsschuldfrage, Berlin ¹1928

Dülffer/Krumeich 2002
Jost Dülffer/Gerd Krumeich (Hg): Der verlorene Frieden. Politik und Kriegskultur nach 1918, Essen 2002

Dülffer/Thies/Henke 1978
Jost Dülffer/Jochen Thies/Josef Henke (Hg.): Hitlers Städte. Baupolitik im Dritten Reich, Köln/Wien 1978

Dussel 2004
Konrad Dussel: Deutsche Tagespresse im 19. und 20. Jahrhundert, Münster u. a. 2004

Duverger 1958
Maurice Duverger: Die politischen Parteien, hg. u. übers. v. Siegfried Landshut, 3. Aufl., Tübingen ³1958 [franz. Original 1951]

E

Echternkamp 2004
Jörg Echternkamp (Hg.): Die deutsche Kriegsgesellschaft 1939 bis 1945. Politisierung, Vernichtung, Überleben (Das Deutsche Reich und der Zweite Weltkrieg 9/1), München 2004

Echternkamp 2005 a
Jörg Echternkamp (Hg.): Die deutsche Kriegsgesellschaft 1939 bis 1945. Ausbeutung, Deutung, Ausgrenzung (Das Deutsche Reich und der Zweite Weltkrieg 9/2), München 2005

Echternkamp 2005 b
Jörg Echternkamp: Im Kampf an der inneren und äußeren Front. Grundzüge der deutschen Gesellschaft im Zweiten Weltkrieg, in: Echternkamp 2005 a, S. 1–92

von Eelking 1934
Baron von Eelking: Die Uniformen der Braunhemden – SA, SS, Politische Leiter, Hitlerjugend, Jungvolk und BDM, München 1934

Eliade 1998
Mircea Eliade: Die Religionen und das Heilige: Elemente der Religionsgeschichte, Frankfurt a. M. 1998

Eliade 2002
Mircea Eliade: Geschichte der religiösen Ideen, 4 Bde., Freiburg i. Br./Basel/Wien 2002

Evans 2009
Richard J. Evans: Das Dritte Reich, Bd. 3: Krieg, München 2009

LITERATURVERZEICHNIS

F

Falter 1991
Jürgen W. Falter, Hitlers Wähler, Berlin 1991

Falter/Lindenberger/Schumann 1986
Jürgen W. Falter/Thomas Lindenberger/Siegfried Schumann: Wahlen und Abstimmungen in der Weimarer Republik. Materialien zum Wahlverhalten 1919–1933, München 1986

Fehl 1985
Gerhard Fehl: Die Moderne unterm Hakenkreuz, in: Hartmut Frank (Hg.): Faschistische Architekturen. Planen und Bauen in Europa 1930–1945, Hamburg 1985, S. 88–112

Fest 1973
Joachim Fest, Hitler. Eine Biographie, Frankfurt a. M./Berlin 1973

Förster 1983
Jürgen Förster: Das Unternehmen »Barbarossa« als Eroberungs- und Vernichtungskrieg, in: Horst Boog: Der Angriff auf die Sowjetunion (Das Deutsche Reich und der Zweite Weltkrieg, Bd. 4), Stuttgart 1983, S. 413–447

Frank 1953
Hans Frank: Im Angesicht des Galgens, München-Gräfelfing 1953

Frei 1996
Norbert Frei: Vergangenheitspolitik. Die Anfänge der Bundesrepublik und die NS-Vergangenheit, München 1996

Frei 2003
Norbert Frei: Vergangenheitspolitik. Die Anfänge der Bundesrepublik und die NS-Vergangenheit, München 22003

Frei 2005a
Norbert Frei: 1945 und wir. Das Dritte Reich im Bewußtsein der Deutschen, München 2005

Frei 2005b
Norbert Frei, »Volksgemeinschaft«. Erfahrungsgeschichte und Lebenswirklichkeit der Hitler-Zeit, in: ders. 2005a, S. 107–128

Frei 2009a
Norbert Frei: 1945 und wir. Das Dritte Reich im Bewußtsein der Deutschen, München 2009

Frei 2009b
Norbert Frei: Auschwitz und die Deutschen. Geschichte, Geheimnis, Gedächtnis, in: ders. 2009a, S. 170–197

Frei 2009c
Norbert Frei: »Volksgemeinschaft«. Erfahrungsgeschichte und Lebenswirklichkeit der Hitler-Zeit, in: ders. 2009a, S. 121–142

Frei 2009d
Norbert Frei: Von deutscher Erfindungskraft. Oder: Die Kollektivschuldthese in der Nachkriegszeit, in: ders. 2009a, S. 159–169, 228–233

Frei 2010
Norbert Frei (Hg.): Hitlers Eliten nach 1945, München 42010

Freitag 1997
Werner Freitag (Hg.): Das Dritte Reich im Fest. Führermythos, Feierlaune und Verweigerung in Westfalen 1933–1945, Bielefeld 1997

Frevert 1986
Ute Frevert: Frauen-Geschichte: zwischen Bürgerlicher Verbesserung und Neuer Weiblichkeit, Frankfurt a. M. 1986

Friedländer 1982
Saul Friedländer: Reflets sur Nazisme, Paris 1982 [dt.: Kitsch und Tod. Der Widerschein des Nazismus, München/Wien 1984]

Friedländer 1984
Saul Friedländer: Kitsch und Tod. Der Widerschein des Nazismus, München/Wien 1984

Friedländer 1998/2006
Saul Friedländer: Das Dritte Reich und die Juden, Bd. 1: Die Jahre der Verfolgung, Bd. 2: Die Jahre der Vernichtung, München 1998, 2006

Friedrich 2004
Ernst Friedrich: Krieg dem Kriege, Berlin 1924. Mit einer Einführung von Gerd Krumeich, Nachdruck Stuttgart 2004

Friedrich 2007
Thomas Friedrich: Die missbrauchte Hauptstadt. Hitler und Berlin, Berlin 2007

Fritzsche 2008
Peter Fritzsche: Life and Death in the Third Reich, London 2008

Früchtl 2008
Michael Früchtl: Hermann Giesler. Leben und Werk (1898–1987), München 2008

Fuhrmeister 2008
Christian Fuhrmeister: Individuum – Kollektiv – Volk. Zu Hubert Schrade: Das Deutsche Nationaldenkmal. Idee/Geschichte/Aufgabe, München 1934, in: Kulturbehörde Hamburg/Denkmalschutzamt (Hg.), Jörg Schilling (Bearb.): Das Bismarckdenkmal in Hamburg 1906–2006. Beiträge zum Symposium »»Distanz halten«. 100 Jahre Hamburger Bismarckdenkmal« (Arbeitshefte zur Denkmalpflege in Hamburg 24), Heide 2008, S. 103–107

Fuhrmeister 2009
Christian Fuhrmeister: Purifizierung, Moderne, Ideologie. Zur Umgestaltung des Braunschweiger Doms im Nationalsozialismus, in: Dieter Rammler/Michael Strauß (Hg.), Kirchenbau im Nationalsozialismus. Beispiele aus der braunschweigischen Landeskirche, Braunschweig 2009, S. 87–101

G

Gamm 1962
Hans Jochen Gamm: Der braune Kult: das Dritte Reich und seine Ersatzreligion – Ein Beitrag zur politischen Bildung, Hamburg 1962

Gellately 2002
Robert Gellately: Hingeschaut und weggesehen: Hitler und sein Volk, Stuttgart 2002

Gerlach 1998
Christian Gerlach: Krieg, Ernährung, Völkermord. Forschungen zur deutschen Vernichtungspolitik im Zweiten Weltkrieg, Hamburg 1998

Gerlach 1999
Christian Gerlach: Kalkulierte Morde. Die deutsche Wirtschafts- und Vernichtungspolitik in Weißrussland 1941 bis 1944, Hamburg 1999

von Gersdorff 1969
Ursula von Gersdorff: Frauen im Kriegsdienst 1914–1945, Stuttgart 1969

Geyer 1986
Michael Geyer: Krieg als Gesellschaftspolitik. Anmerkungen zu neueren Arbeiten über das Dritte Reich im Zweiten Weltkrieg, in: Archiv für Sozialgeschichte 26, 1986, S. 557–601

Geyer/Fitzpatrick 2009
Michael Geyer/Sheila Fitzpatrick (Hg.): Beyond Totalitarianism. Stalinism and Nazism Compared, Cambridge 2009

Goebbels 1929
Joseph Goebbels: Michael. Ein deutsches Schicksal in Tagebuchblättern, München 1929

Goebbels 1934
Joseph Goebbels: Das erwachende Berlin, München 1934

Goebbels 1941
Joseph Goebbels: Silvesteransprache an das deutsche Volk, 31.12.1939, zit. nach ders: Die Zeit ohne Beispiel. Reden und Aufsätze aus den Jahren 1939/40/41, München 1941, S. 227

Goebbels 1997–2006
Die Tagebücher von Joseph Goebbels. Teil I: Aufzeichnungen 1923–1941, hg. v. Elke Fröhlich im Auftrag des Instituts für Zeitgeschichte u. mit Unterstützung des Staatlichen Archivdiensts Rußlands, 9 Bde., München/London/New York/Paris 1997–2006

Gollbach 1978
Michael Gollbach: Die Wiederkehr des Weltkriegs in der Literatur. Zu den Frontromanen der späten Zwanziger Jahre, Kronberg 1978

Görtemaker 2005
Manfred Görtemaker: Thomas Mann und die Politik, Frankfurt a. M. 2005

Görtemaker 2010
Heike B. Görtemaker: Eva Braun. Leben mit Hitler, München 2010

Götz 2001
Norbert Götz: Ungleiche Geschwister. Die Konstruktion von nationalsozialistischer Volksgemeinschaft und schwedischem Volksheim, Baden-Baden 2001

Graf 2008
Rüdiger Graf: Die Zukunft der Weimarer Republik. Krisen und Zukunftsaneignungen in Deutschland 1918–1933, München 2008

Grass 1997
Günter Grass: Die Blechtrommel [1959] (Werkausgabe 3), Göttingen 1997

Grill 1983
Johnpeter H. Grill: The Nazi Movement in Baden 1920–1945, Ph. D. Thesis Chapel Hill 1983 [ms.]

Grill 1986
Johnpeter H. Grill: Local and Regional Studies on National-Socialism: A Review, in: Journal of Contemporary History 21, 1986, S. 253–294

Grote 2004
Stefanie Grote: ›Objekt‹ Mensch. Körper als Ikon und Ideologem in den cineastischen Werken Leni Riefenstahls. Ästhetisierter Despotismus oder die Reziprozität von Auftragskunst und Politik im Dritten Reich, Frankfurt a. d. Oder 2004

Grube/Richter 1982
Frank Grube/Gerhard Richter: Alltag im Dritten Reich. So lebten die Deutschen 1933–1945, Hamburg 1982

Guenther 2004
Irene Guenther: Nazi Chic? Fashioning Women in the Third Reich, Oxford 2004

Gunthert 2001
André Gunthert: L'ordre des images. Culture visuelle et propagande en allemagne nazie, in: Vingtième Siècle. Revue d'histoire 72, Numéro spécial: Image et histoire, Okt.–Dez. 2001, S. 53–62

H

Hachmeister 2002
Lutz Hachmeister: Ein deutsches Nachrichtenmagazin. Der frühe Spiegel und sein NS-Personal, in: Lutz Hachmeister/Friedemann Siering (Hg.): Die Herren Journalisten. Die Elite der deutschen Presse nach 1945, München 2002, S. 87–120

Hahn 1997
Brigitte Hahn: Umerziehung durch Dokumentarfilm? Ein Instrument amerikanischer Kulturpolitik im Nachkriegsdeutschland, Münster 1997

Hamann 1998
Brigitte Hamann: Hitlers Wien. Lehrjahre eines Diktators, München 1998

Harand 1935
Irene Harand: »Sein Kampf«. Antwort an Hitler, Wien 1935

Harvey 2003
Elizabeth Harvey: Women and the Nazi East. Agents and Witnesses of Germanization, New Haven/London 2003

Hauch 2006
Gabriella Hauch (Hg.): Frauen im Reichsgau Oberdonau. Geschlechtsspezifische Bruchlinien im Nationalsozialismus, Linz 2006

Hay 1983
Gerhard Hay: Religiöser Pseudokult in der NS-Lyrik am Beispiel Baldur v. Schirach, in: Pietas liturgica 1, 1983, S. 855–864

Heberle 1951
Rudolf Heberle: Social Movements. An Introduction to Political Sociology, New York 1951

LITERATURVERZEICHNIS

Heberle 1963
Rudolf Heberle: Landbevölkerung und Nationalsozialismus. Eine soziologische Untersuchung der politischen Willensbildung in Schleswig-Holstein 1918–1932, Stuttgart 1963 [verfasst 1932]

Hecht 2003
Cornelia Hecht: Deutsche Juden und Antisemitismus in der Weimarer Republik, Bonn 2003

Heiden 1936
Konrad Heiden: Adolf Hitler. Das Zeitalter der Verantwortungslosigkeit. Eine Biografie, Zürich 1936

Heilbronner 1998
Oded Heilbronner: Catholicism, Political Culture, and the Countryside. A Social History of the Nazi Party in South Germany, Ann Arbor 1998

Heinrichs 2002
Dirk Heinrichs: Hauptmann d. R. Wilm Hosenfeld – Retter in Warschau, in: Wolfram Wette (Hg.): Retter in Uniform. Handlungsspielräume im Vernichtungskrieg der Wehrmacht. Mit einem Geleitwort von Fritz Stern, Frankfurt a. M. ²2002, S. 69–88

Heinsohn 2007
Kirsten Heinsohn: Kampf um die Wählerinnen: Die Idee der »Volksgemeinschaft« am Ende der Weimarer Republik, in: Steinbacher 2007, S. 29–47

Herbert 1995 a
Ulrich Herbert: Arbeit, Volkstum, Weltanschauung, Frankfurt a. M. 1995

Herbert 1995 b
Ulrich Herbert: Arbeiterschaft im »Dritten Reich«, in: ders. 1995 a, S. 79–119

Herbert 1995 c
Ulrich Herbert: Von der »Reichskristallnacht« zum »Holocaust«. Der 9. November und das Ende des »Radauantisemitismus«, in: ders. 1995 a, S. 59–77

Herbert 1996
Ulrich Herbert: Best. Biographische Studien über Radikalismus, Weltanschauung und Vernunft 1903–1989, Bonn 1996

Herbert 1998
Ulrich Herbert (Hg.): Nationalsozialistische Vernichtungspolitik 1939–1945. Neue Forschungen und Kontroversen, Frankfurt a. M. 1998

Herbst 1982
Ludolf Herbst: Der totale Krieg und die Ordnung der Wirtschaft. Die Kriegswirtschaft im Spannungsfeld von Politik, Ideologie und Propaganda 1939–1945, Stuttgart 1982

Herbst 1996
Ludolf Herbst: Das nationalsozialistische Deutschland 1933–1945, Frankfurt a. M. 1996

Herbst 2010
Ludolf Herbst: Hitlers Charisma. Die Erfindung eines deutschen Messias, Frankfurt a. M. 2010

Herz 1994
Rudolf Herz: Hoffmann & Hitler. Fotografie als Medium des Führer-Mythos, München 1994

Hilberg 1992
Raul Hilberg: Täter, Opfer, Zuschauer. Die Vernichtung der Juden 1933–1945, Frankfurt a. M. 1992

Hildebrand 2006
Klaus Hildebrand, Das Dritte Reich, München ⁶2006

Hillgruber 1972
Andreas Hillgruber: Die »Endlösung« und das deutsche Ostimperium als Kernstück des rassenideologischen Programms des Nationalsozialismus, in: Vierteljahrshefte für Zeitgeschichte 20, 1972, S. 133–153

Himmler 1936
Heinrich Himmler: Die Schutzstaffel als antibolschewistische Kampforganisation, München 1936

Hinz 1984
Berthold Hinz: Die Malerei im deutschen Faschismus. Kunst und Konterrevolution (Kunstwissenschaftliche Untersuchungen des Ulmer Vereins für Kunstwissenschaft 3), München ²1984 [1. Aufl. 1974]

Hitler 1936
Adolf Hitler: Mein Kampf, München 1936 [190.–194. Tsd.]

Hitler 1942
Adolf Hitler: Mein Kampf, München ¹¹1942

Hitler 1962/63
Adolf Hitler: Reden und Proklamationen 1932–1945. Kommentiert von einem deutschen Zeitgenossen, hg. v. Max Domarus, 2 Bde., Würzburg 1962/63

Hitler 1973
Adolf Hitler: Reden und Proklamationen 1932–1945, hg. v. Max Domarus, Wiesbaden 1973

Hitler 1980
Adolf Hitler: Sämtliche Aufzeichnungen 1905–1924, hg. v. Eberhard Jäckel zus. mit Axel Kuhn, Stuttgart 1980

Hitler 1992–2003
Adolf Hitler: Reden, Schriften, Anordnungen. Februar 1925 bis Januar 1933, hg. v. Institut für Zeitgeschichte München, 6 Bde., München/New Providence/London/Paris 1992–2003

Hitler 2004
Adolf Hitler: Reden zur Kunst- und Kulturpolitik 1933–1939, hg. v. Robert Eikmeyer, Frankfurt a. M. 2004

Hoffmann 1939
Heinrich Hoffmann: Das Antlitz des Führers. Geleitwort Baldur von Schirach, Berlin 1939

Hoffmann 2005
Detlef Hoffmann: Bundesrepublik Deutschland. Vom Kriegserlebnis zur Mythe, in: Mythen der Nationen. 1945 Arena der Erinnerungen (Begleitbände zur Ausstellung des Deutschen Historischen Museums, Bd. 1), Berlin 2005, S. 162

Hoffmann 2006
Kay Hoffmann: »Den Führer von seiner menschlichen Seite zeigen«. Die Filmaufnahmen von Walter Frentz für die Wochenschau (1939–1945), in: Hans Georg Hiller von Gaertringen (Hg.):

Das Auge des Dritten Reiches. Hitlers Kameramann und Fotograf Walter Frentz, München/Berlin 2006, S. 89–99

Horn 1972
Wolfgang Horn: Führerideologie und Parteiorganisation in der NSDAP (1919–1933), Düsseldorf 1972

Hosenfeld 2004
Wilm Hosenfeld: »Ich versuche jeden zu retten.« Das Leben eines deutschen Offiziers in Briefen und Tagebüchern, hg. im Auftrag des Militärgeschichtlichen Forschungsamtes v. Thomas Vogel, München 2004

Huber 1939
Ernst Rudolf Huber: Verfassungsrecht des Großdeutschen Reiches, Hamburg ²1939

Hürter 1993
Johannes Hürter: Wilhelm Groener. Reichswehrminister am Ende der Weimarer Republik (1928–1932), München 1993

Hüser 1987
Karl Hüser: Wewelsburg 1933–1945. Kult- und Terrorstätte der SS, Paderborn ²1987

Hüser/Brebeck 2002
Karl Hüser/Wulff E. Brebeck: Wewelsburg 1933–1945, Münster ⁴2002

J

Janka 1997
Franz Janka: Die braune Gesellschaft. Ein Volk wird formatiert, Stuttgart 1997

Jarausch/Geyer 2005
Konrad H. Jarausch/Michael Geyer: Zerbrochener Spiegel – Deutsche Geschichten im 20. Jahrhundert, München 2005

Jersak 2004
Tobias Jersak: Entscheidungen zu Mord und Lüge. Die deutsche Kriegsgesellschaft und der Holocaust, in: Echternkamp 2004, S. 273–355

Joachimsthaler 1995
Anton Joachimsthaler: Hitlers Ende. Legenden und Dokumente, München 1995

Jochmann 1980
Werner Jochmann (Hg.): Adolf Hitler. Monologe im Führerhauptquartier 1941–1944, die Aufzeichnungen Heinrich Heims, Hamburg 1980

K

Kaes 1987
Anton Kaes: Deutschlandbilder. Die Wiederkehr der Geschichte als Film, München 1987

Kansteiner 2003
Wulf Kansteiner: Die Radikalisierung des deutschen Gedächtnisses im Zeitalter seiner kommerziellen Reproduktion. Hitler und das Dritte Reich in den Fernsehdokumentationen von Guido Knopp, in: Zeitschrift für Geschichtswissenschaft 51, 2003, S. 626–648

Karow 1997
Yvonne Karow: Deutsches Opfer. Kultische Selbstauslöschung auf den Reichsparteitagen der NSDAP, Berlin 1997

Kater 1983
Michael H. Kater: The Nazi Party. A Social Profile of Members and Leaders, 1919–1945, Cambridge, Mass. 1983

Kater 1993
Michael H. Kater: Frauen in der NS-Bewegung, in: Vierteljahrshefte für Zeitgeschichte 31, 1993, S. 202–242

Kater 2005
Michael H. Kater: Hitler-Jugend, Darmstadt 2005 [engl. Original 2004]

Kater 2006
Michael H. Kater: Das »Ahnenerbe« der SS 1935–1945, München ⁴2006

Kautter 1938
Eberhard Kautter: Über Volksgemeinschaft zur Wehrgemeinschaft (Nationalpolitische Aufklärungsschriften 12), Berlin 1938

Kautter 1944
Eberhard Kautter: Sozialismus und Wehrwille in deutscher Vergangenheit und Gegenwart (Deutsche Wehrkraft 4), Berlin 1944

KDF-Seebad Prora 2005
Das »Paradies« der »Volksgemeinschaft«. Das KDF-Seebad in Prora und die deutsche »Volksgemeinschaft« (Schriftenreihe des Dokumentationszentrum Prora 2), hg. vom Dokumentationszentrum Prora der Stiftung NEUE KULTUR, Berlin 2005

Kempner 1983
Robert M. W. Kempner (Hg.): Der verpasste Nazi-Stopp. Die NSDAP als staats- und republikfeindliche, hochverräterische Verbindung. Preußische Denkschrift von 1930, Frankfurt a. M. u. a. 1983

Kempowski 1973
Haben Sie Hitler gesehen? Deutsche Antworten. Gesammelt von Walter Kempowski. Nachwort von Sebastian Haffner, München 1973

Kershaw 1992
Ian Kershaw: Hitlers Macht. Das Profil der NS-Herrschaft, München 1992

Kershaw 1994
Ian Kershaw: Der NS-Staat, Reinbek 1994

Kershaw 1998/2000
Ian Kershaw: Hitler. Bd. 1: 1889–1936, Bd. 2: 1936–1945. München 1998, 2000

Kershaw 1999
Ian Kershaw: Der Hitler-Mythos. Führerkult und Volksmeinung, Stuttgart 1999

Kershaw 2008
Ian Kershaw: Hitler, the Germans, and the Final Solution, New Haven 2008

Kilian 2005
Katrin A. Kilian: Kriegsstimmungen. Emotionen einfacher Soldaten in Feldpostbriefen, in: Echternkamp 2005 a, S. 251–288

LITERATURVERZEICHNIS

Killius 2003
Rosemarie Killius: Frauen für die Front. Gespräche mit Wehrmachtshelferinnen, Leipzig 2003

Kippenberg 2009
Winfried Kippenberg: Erntedank und ›Blut und Boden‹: Bückeburg/Hameln und Goslar, Goslar 2009

Kissenkoetter 1978
Udo Kissenkoetter: Gregor Straßer und die NSDAP, Stuttgart 1978

Kittel 2000
Manfred Kittel: Provinz zwischen Reich und Republik. Politische Mentalitäten in Deutschland und Frankreich 1918–1933/36, München 2000

Klaus 1983
Martin Klaus: Mädchen im Dritten Reich. Der Bund deutscher Mädel, Köln 1983

Köhler 2001
Johannes Köhler, Art. ›Vorsehung‹, in: Historisches Wörterbuch der Philosophie, Bd. 11, Basel 2001, Sp. 1206–1218

Kohlhaas 2004
Elisabeth Kohlhaas: Gertrud Slottke – Angestellte im niederländischen Judenreferat der Sicherheitspolizei, in: Klaus-Michael Mallmann/Gerhard Paul (Hg.): Karrieren der Gewalt. Nationalsozialistische Täterbiographien, Darmstadt 2004, S. 207–218

Koll 1998
Frank Lothar Koll: Utopie als Ideologie. Geschichtsdenken und geschichtliches Handeln im Dritten Reich, Paderborn 1998

Kompisch 2008
Kathrin Kompisch: Täterinnen. Frauen im Nationalsozialismus, Köln/Weimar/Wien 2008

König 2004
Wolfgang König: Volkswagen, Volksempfänger, Volksgemeinschaft. »Volksprodukte« im Dritten Reich. Vom Scheitern einer nationalsozialistischen Konsumgesellschaft, Paderborn 2004

Koonz 1987
Claudia Koonz: Mothers in the Fatherland. Women, the Family, and Nazi Policies, New York 1987

Koonz 2003
Claudia Koonz: The Nazi Conscience, Cambridge 2003

Koselleck 1994
Reinhart Koselleck (Hg.): Der politische Totenkult. Kriegerdenkmäler in der Moderne, München 1994

Kosmala/Schoppmann 2002
Beate Kosmala/Claudia Schoppmann (Hg.): Überleben im Untergrund. Hilfe für Juden in Deutschland 1941–1945, Berlin 2002

Kotscha 2010
Florian Kotscha: Der Erste Weltkrieg im nationalsozialistischen Spielfilm: Karl Ritters »Unternehmen Michael« (1937), in: Krumeich 2010, S. 155–174

Kramer 2007
Nicole Kramer: Mobilisierung für die »Heimatfront«: Frauen im zivilen Luftschutz, in: Steinbacher 2007, S. 69–92

Kraus 2008
Marita Kraus: Sie waren dabei. Mitläuferinnen, Nutznießerinnen, Täterinnen im Nationalsozialismus, Göttingen 2008

Krumeich 2001
Gerd Krumeich (Hg.): Versailles 1919: Ziele, Wirkung, Wahrnehmung, Essen 2001

Krumeich 2010
Gerd Krumeich (Hg.): Nationalsozialismus und Erster Weltkrieg, Essen 2010

Krumeich/Beumelburg 2010
Gerd Krumeich/Werner Beumelburg in: Wolfram Pyta (Hg.): Burgfriede und »union sacrée«. Deutungen des Ersten Weltkriegs in Deutschland und Frankreich (Beiheft der Historischen Zeitschrift), München 2010

Kühne 2006
Thomas Kühne: Kameradschaft. Die Soldaten des nationalsozialistischen Krieges und das 20. Jahrhundert, Göttingen 2006

Kulka 2004
Otto Dov Kulka: Die Juden in den geheimen NS-Stimmungsberichten, 1933–1945, Düsseldorf 2004

Kuller/Drecoll 2004
Christiane Kuller/Axel Drecoll: Inszenierter Volkszorn, ausgebliebene Empörung und der Sturz Julius Streichers. Reaktionen auf die wirtschaftliche Ausplünderung der deutschen Juden, in: Martin Sabrow (Hg.): Skandal und Diktatur. Formen öffentlicher Empörung im NS-Staat und in der DDR, Göttingen 2004, S. 77–101

Kundrus 2009
Birthe Kundrus: Regime der Differenz. Volkstumspolitische Inklusionen und Exklusionen im Warthegau und im Generalgouvernement 1939–1944, in: Bajohr/Wildt 2009a, S. 105–123

Kupfer 2006
Torsten Kupfer: Generation und Radikalisierung. Die Mitglieder der NSDAP im Kreis Bernburg 1921–1945, Berlin 2006

L

Lapp 1997
Benjamin Lapp: Revolution from the Right. Politics, Class, and the Rise of Nazism in Saxony, 1919–1933, Boston 1997

Laube 1999
Stefan Laube: Hilfskasse statt Versicherung. Die NSDAP und das »Wagnis Machtergreifung« (1926–1933), in: Zeitschrift für Unternehmensgeschichte 44, 1999, S. 196–217

Leiser 1996
Erwin Leiser: Auf der Suche nach der Wirklichkeit. Meine Filme 1960–1996, Konstanz 1996

Lindner 2003
Burckhardt Lindner: Die Spuren von Auschwitz in der Maske des Komischen, in: Margrit Frölich u. a. (Hg.): Lachen über Hitler – Auschwitz-Gelächter, München 2003, S. 83–106

Linz 1996
Juan Linz: Der religiöse Gebrauch von Politik, in: Hans Maier (Hg.): »Totalitarismus« und »politische Religionen«: Konzepte des Diktaturvergleichs, Bd. 1, Paderborn 1996, S. 129–154

Livi 2004
Massimiliano Livi: Gertrud Scholtz-Klink. Die Reichsfrauenführerin. Politische Handlungsräume und Identitätsprobleme der Frauen im Nationalsozialismus am Beispiel der »Führerin aller Frauen«, Münster 2004

Löffelbein 2010
Nils Löffelbein: Die Kriegsinvaliden des Ersten Weltkriegs in Politik und Propaganda des Nationalsozialismus, in: Krumeich 2010, S. 207–226

Loiperdinger 1987
Martin Loiperdinger: Rituale der Mobilmachung. Der Parteitagsfilm »Triumph des Willens« von Leni Riefenstahl, Opladen 1987

Loiperdinger 2003
Martin Loiperdinger: Riefenstahls Parteitagsfilme zwischen Bergfilm und Kriegswochenschau, in: Filmblatt 8.21, 2003, S. 12–28

Loiperdinger/Herz/Pohlmann 1995
Martin Loiperdinger/Rudolf Herz/Ulrich Pohlmann (Hg.): Führerbilder. Hitler, Mussolini, Roosevelt, Stalin in Fotografie und Film, München 1995

Longerich 1995
Peter Longerich: Deutschland 1918–1933. Die Weimarer Republik. Handbuch zur Geschichte, Hannover 1995

Longerich 2003
Peter Longerich: Die braunen Bataillone. Geschichte der SA, München 22003 [1. Aufl. 1989]

Longerich 2006
Peter Longerich: »Davon haben wir nichts gewusst!« Die Deutschen und die Judenverfolgung 1933–1945, München 2006

Longerich 2008
Peter Longerich: Heinrich Himmler. Biographie, München 2008

Lübbe 1983
Hermann Lübbe: Der Nationalsozialismus im deutschen Nachkriegsbewußtsein, in: Historische Zeitschrift 236, 1983, S. 579–599

Lübbe 2007
Hermann Lübbe: Vom Parteigenossen zum Bundesbürger. Über beschwiegene und historisierte Vergangenheiten. München 2007

Ludendorff 1935
Erich Ludendorff: Der totale Krieg. München 1935

Lüdtke 1998
Alf Lüdtke: Thesen zur Wiederholbarkeit. »Normalität« und Massenhaftigkeit von Tötungsgewalt im 20. Jahrhundert, in: Rolf Peter Sieferle/Helga Breuninger (Hg.): Kulturen der Gewalt. Ritualisierung und Symbolisierung von Gewalt in der Geschichte, Frankfurt a. M./New York 1998, S. 280–289

Ludwigshafen 1999
Ludwigshafen. Ein Jahrhundert in Bildern, hg. v. Stadtarchiv Ludwigshafen, Weinheim 1999

Luhmann 1969
Niklas Luhmann: Legitimation durch Verfahren, Neuwied 1969

M

Madajczyk 1994
Czeslaw Madajczyk (Hg.): Vom Generalplan Ost zum Generalsiedlungsplan. Dokumente, München 1994

Maier 1996
Hans Maier (Hg.): »Totalitarismus« und »Politische Religionen«, Paderborn/München u. a. 1996

Maier 2000
Hans Maier (Hg.): Wege in die Gewalt. Die modernen politischen Religionen, Frankfurt a. M. 2000

Maier 2003
Hans Maier (Hg.): »Totalitarismus« und »Politische Religionen«, Paderborn/München u. a. 2003

Maier/Schäfer 1997
Hans Maier/Michael Schäfer (Hg.): »Totalitarismus« und »Politische Religionen«, Paderborn/München u. a. 1997

Mallmann 1996
Klaus Michael Mallmann: Kommunisten in der Weimarer Republik. Sozialgeschichte einer revolutionären Bewegung, Darmstadt 1996

Mann 1958
Golo Mann: Deutsche Geschichte des 19. und 20. Jahrhunderts. Frankfurt a. M. 1958

Mann 1974a
Thomas Mann: Betrachtungen eines Unpolitischen [1918], in: ders.: Gesammelte Werke in 13 Bdn., Bd. 12, München ²1974, S. 9–589

Mann 1974b
Thomas Mann: Doktor Faustus. Das Leben des deutschen Tonsetzers Adrian Leverkühn erzählt von einem Freunde [1947], Frankfurt a. M. 1974, S. 398–409, 480–492

Mann 1989
Thomas Mann: Bruder Hitler, in: Thomas Koebner (Hg.): »Bruder Hitler«. Autoren des Exils und des Widerstands sehen den »Führer« des Dritten Reiches, München 1989

Mann, K. 1974
Klaus Mann: Der Wendepunkt. Ein Lebensbericht, Berlin u. a. 1974

Marrus 2007
Michael R. Marrus: Holocaust Bystanders and Humanitarian Intervention, in: Holocaust Studies 13.1, 2007, S. 1–18

LITERATURVERZEICHNIS

Marszolek 2003
Inge Marszolek: »Der Führer spricht …«. Hitler und der Rundfunk, in: Josef Kopperschmidt (Hg.): Hitler der Redner, München 2003, S. 205–216

Maschmann 1980
Melita Maschmann: Fazit. Mein Weg in der Hitler-Jugend, München ³1980 [1. Aufl. 1963]

Matthiesen 2000
Helge Matthiesen: Greifswald in Vorpommern. Konservatives Milieu im Kaiserreich, in: Demokratie und Diktatur 1900–1990, Düsseldorf 2000, S. 220–290

Maubach 2007
Franka Maubach: Expansionen weiblicher Hilfe: Zur Erfahrungsgeschichte von Frauen im Kriegsdienst, in: Steinbacher 2007, S. 93–111

Maubach 2009
Franka Maubach: Die Stellung halten: Kriegserfahrung und Lebensgeschichten von Wehrmachthelferinnen, Göttingen 2009

Meindl 2007
Ralph Meindl: Ostpreußens Gauleiter. Erich Koch – eine politische Biographie, Osnabrück 2007

Mergel 2005
Thomas Mergel: Führer, Volksgemeinschaft und Maschine. Politische Erwartungsstrukturen in der Weimarer Republik und dem Nationalsozialismus 1918–1936, in: Wolfgang Hardtwig (Hg.): Politische Kulturgeschichte der Zwischenkriegszeit 1918–1939, Göttingen 2005, S. 91–127

Merkenich 1989
Stephanie Merkenich: Grüne Front gegen Weimar. Reichs-Landbund und agrarischer Lobbyismus 1918–1933, Düsseldorf 1998

Merkl 1975
Peter H. Merkl: Political Violence under the Swastika. 581 Early Nazis, Princeton, NJ 1975

Meyer 2003
Kathrin Meyer: »Die Frau ist der Frieden der Welt«. Von Nutzen und Lasten eines Weiblichkeitsstereotyps in Spruchkammerentscheidungen gegen Frauen, in: Ulrike Weckel/Edgar Wolfrum (Hg.): »Bestien« und »Befehlsempfänger«. Frauen und Männer in NS-Prozessen nach 1945, Göttingen 2003, S. 117–138

Meyer 2004
Kathrin Meyer: Entnazifizierung von Frauen. Die Internierungslager der US-Zone Deutschlands 1945–1952, Berlin 2004

Meyer zu Uptrup 2003
Wolfram Meyer zu Uptrup: Kampf gegen die »jüdische Weltverschwörung«. Propaganda und Antisemitismus der Nationalsozialisten 1919–1945, Berlin 2003

Michel 2007
Anette Michel: »Führerinnen« im Dritten Reich: Die Gaufrauenschaftsleiterinnen der NSDAP, in: Steinbacher 2007, S. 115–137

Misch 2008
Rochus Misch: Der letzte Zeuge. Ich war Hitlers Telefonist, Kurier und Leibwächter. Mit einem Vorwort von Ralph Giordano, Zürich/München 2008

Mitscherlich/Mitscherlich 1967
Alexander Mitscherlich/Margarete Mitscherlich: Die Unfähigkeit zu trauern. Grundlagen kollektiven Verhaltens, München/Zürich 1967

Moeller 2001
Robert G. Moeller: War Stories. The Search for a Usable Past in the Federal Republic of Germany, Berkeley 2001

Mollo 1997
Andrew Mollo: Uniforms of the SS, Collected Edition 1–6, Osceola 1997

Mommsen 1976
Hans Mommsen: Kumulative Radikalisierung und Selbstzerstörung des Regimes, in: Meyers Enzyklopädisches Lexikon, Bd. 16, Mannheim 1976, S. 785–790

Mommsen 1996
Hans Mommsen: Nationalsozialismus als politische Religion, in: Hans Maier/Michael Schäfer (Hg): »Totalitarismus« und »Politische Religionen«: Konzepte des Diktaturvergleichs, Bd. 1, Paderborn 1996, S. 191 ff.

Mommsen 1998
Hans Mommsen: Aufstieg und Untergang der Republik von Weimar 1918–1933, überarb. u. aktual. Ausgabe, Berlin 1998 [1. Aufl. 1989]

Mommsen/Obst 1988
Hans Mommsen/Dieter Obst: Die Reaktion der Deutschen auf die Verfolgung der Juden 1933–1943, in: Hans Mommsen/Susanne Willems (Hg.): Herrschaftsalltag im Dritten Reich. Studien und Texte, Düsseldorf 1988, S. 374–485

Mühlberger 1991
Detlef Mühlberger: Hitler's Followers. Studies in the Sociology of the Nazi Movement, London/New York 1991

Müller 2005
Sven Oliver Müller: Nationalismus in der deutschen Kriegsgesellschaft 1939–1945, in: Echternkamp 2005a, S. 9–92

N

Nerdinger 1979
Winfried Nerdinger: Projekte zum Neubau eines Kunstausstellungsgebäudes im Gelände des Alten Botanischen Gartens, in: Christoph Stölzl (Hg.): Die Zwanziger Jahre in München, München 1979, S. 476 f.

Nerdinger 1993
Winfried Nerdinger (Hg.): Bauen im Nationalsozialismus – Bayern 1933–1945, München 1993

Nerdinger 2004
Winfried Nerdinger: Baustile im Nationalsozialismus: zwischen Internationalem Klassizismus und Regionalismus, in: ders.: Architektur, Macht, Erinnerung, München 2004, S. 119–131

Niekisch 1953
Ernst Niekisch: Das Reich der niederen Dämonen, Hamburg 1953

Noakes 1971
Jeremy Noakes: The Nazi Party in Lower Saxony 1921–1933, Oxford 1971

Noelle-Neumann/Köcher 1997
Elisabeth Noelle-Neumann/Renate Köcher (Hg.): Allensbacher Jahrbuch der Demoskopie 1993–1997, Allensbach/ München 1997

Nolte 2000
Paul Nolte: Die Ordnung der deutschen Gesellschaft. Selbstentwurf und Selbstbeschreibung im 20. Jahrhundert, München 2000

Nolzen 2009
Armin Nolzen: Inklusion und Exklusion im »Dritten Reich«. Das Beispiel der NSDAP, in: Bajohr/Wildt 2009 a, S. 60–77

Nyomarkay 1967
Joseph Nyomarkay: Charisma and Factionalism in the Nazi Party, Minneapolis 1967

O

Oberwinter 2007
Kristina Oberwinter: »Bewegende Bilder«. Repräsentation und Produktion von Emotionen in Leni Riefenstahls »Triumph des Willens«, München/ Berlin 2007

Ohr 1997
Dieter Ohr: Nationalsozialistische Propaganda und Weimarer Wahlen. Empirische Analysen zur Wirkung von NSDAP-Versammlungen, Opladen 1997

Orlow 1969–1973
Dietrich Orlow: The History of the Nazi Party, 2 Bde., Pittsburgh 1969–1973

Overy 1997
Richard Overy: The Penguin Historical Atlas of the Third Reich, London 1997

P

Pätzold/Weißbecker 2009
Kurt Pätzold/Manfred Weißbecker, Geschichte der NSDAP 1920 bis 1945, Köln ³2009

Paul 1990
Gerhard Paul: Aufstand der Bilder. Die NS-Propaganda vor 1933, Bonn 1990

Paul 1992
Gerhard Paul: Aufstand der Bilder. Die NS-Propaganda vor 1933, Bonn ²1992

Peukert 1982
Detlef Peukert: Volksgenossen und Gemeinschaftsfremde. Anpassung, Ausmerze und Aufbegehren unter dem Nationalsozialismus, Köln 1982

Peukert 1987
Detlev Peukert: Die Weimarer Republik. Krisenjahre der klassischen Moderne, Frankfurt a. M. 1987

Pevsner 1967
Nikolaus Pevsner: Europäische Architektur von den Anfängen bis zur Gegenwart, München 1967

Picard 1946
Max Picard: Hitler in uns selbst, Zürich 1946

Plöckinger 1999
Othmar Plöckinger: Reden um die Macht? Wirkung und Strategie der Reden Adolf Hitlers im Wahlkampf zu den Reichstagswahlen am 6. November 1932, Wien 1999

Plöckinger 2006
Othmar Plöckinger: Geschichte eines Buches. Adolf Hitlers »Mein Kampf« 1922–1945, München 2006

Plöckinger 2009
Othmar Plöckinger: Heinrich Himmlers Privatexemplar von »Mein Kampf« als zeitgeschichtliche Quelle, in: Zeitschrift für Religions- und Geistesgeschichte 61.2, 2009, S. 171–178

Plöckinger 2010
Othmar Plöckinger: Frühe biografische Texte zu Hitler. Zur Bewertung der autobiografischen Teile in »Mein Kampf«, in: Vierteljahrshefte für Zeitgeschichte 58.1, 2010, S. 93–114

Poeschel 2010
Sabine Poeschel (Hg.): Ikonographie. Neue Wege der Forschung, Darmstadt 2010

Pohl 2008
Dieter Pohl: Die Herrschaft der Wehrmacht. Deutsche Militärbesatzung und einheimische Bevölkerung in der Sowjetunion 1941–1944, München 2008

Popitz 1992
Heinrich Popitz: Phänomene der Macht, Tübingen ²1992

Popper 1945
Karl R. Popper: Die offene Gesellschaft und ihre Feinde, 2 Bde., Zürich 1945 [u. ö.]

Popper 1957
Karl R. Popper: Das Elend des Historizismus, Tübingen 1957

Pozetto/Fabiani 1983
Marco Pozetto/Max Fabiani: Ein Architekt der Monarchie, Wien 1983

Pridham 1973
Geoffrey Pridham: Hitler's Rise to Power. The Nazi Movement in Bavaria 1923–1933, London 1973

Prozess Nürnberg 1949
Der Prozess gegen die Hauptkriegsverbrecher vor dem Internationalen Militärgerichtshof, Bd. 38, Nürnberg 1949

Prümm 1976
Karl Prümm: Das Erbe der Front. Der antidemokratische Kriegsroman der Weimarer Republik und seine nationalsozialistische Fortsetzung, in: ders./ Horst Denkler (Hg.): Die deutsche Literatur im Dritten Reich, Stuttgart 1976, S. 138–164

LITERATURVERZEICHNIS

Przyrembel 2004
Alexandra Przyrembel: Ilse Koch – »normale« SS-Ehefrau oder »Kommandeuse von Buchenwald«, in: Klaus-Michael Mallmann/Gerhard Paul (Hg.): Karrieren der Gewalt. Nationalsozialistische Täterbiographien, Darmstadt 2004, S. 126–133

Pyta 1996
Wolfram Pyta: Dorfgemeinschaft und Parteipolitik 1918–1933. Die Verschränkung von Milieu und Parteien in den protestantischen Landgemeinden Deutschlands in der Weimarer Republik, Bonn 1996

R

Raschke 1985
Joachim Raschke: Soziale Bewegungen. Ein historisch-systematischer Grundriß, Frankfurt a. M./New York 1985

Reck-Malleczewen 1966
Friedrich P. Reck-Malleczewen: Tagebuch eines Verzweifelten. Zeugnis einer inneren Emigration, Stuttgart 1966 [1. Aufl. 1947]

Reese 1990
Dagmar Reese: Straff, aber nicht stramm – herb, aber nicht derb. Zur Vergesellschaftung von Mädchen durch den Bund Deutscher Mädel im sozialkulturellen Vergleich zweier Milieus, Weinheim 1990

Reichardt 2002
Sven Reichardt: Faschistische Kampfbünde: Gewalt und Gemeinschaft im italienischen Squadrismus und in der deutschen SA, Köln/Weimar/Wien 2002

Reichardt 2004
Sven Reichardt: Selbstorganisation und Zivilgesellschaft. Soziale Assoziationen und politische Mobilisierung in der deutschen und italienischen Zwischenkriegszeit, in: ders./Ralph Jessen/Ansgar Klein (Hg.): Zivilgesellschaft als Geschichte. Studien zum 19. und 20. Jahrhundert, Wiesbaden 2004, S. 219–238

Reichel 1999
Peter Reichel: Politik mit der Erinnerung. Gedächtnisorte im Streit um die nationalsozialistische Vergangenheit, Frankfurt a. M. 1999

Reichel 2004
Peter Reichel: Erfundene Erinnerung. Weltkrieg und Judenmord in Film und Theater, München 2004

Reichel 2005
Peter Reichel: ›Onkel Hitler und Familie Speer‹ – die NS-Führung privat, in: APUZ – Film und Gesellschaft, Heft 44, 2005, S. 15–23

Reichel 2006
Peter Reichel: Der schöne Schein des Dritten Reiches. Faszination und Gewalt des deutschen Faschismus, Hamburg ³2006

Reichel 2009
Peter Reichel: Die »Volksgemeinschaft«. Nationaler Sozialismus als bildliches Versprechen, in: Gerhard Paul (Hg.): Das Jahrhundert der Bilder, Bd. 1: 1900 bis 1949, Göttingen 2009, S. 444–453

Reichel/Schmid/Steinbach 2009
Peter Reichel/Harald Schmid/Peter Steinbach (Hg.): Der Nationalsozialismus. Die zweite Geschichte. Überwindung, Deutung, Erinnerung, München 2009

Reich-Ranicki 1999
Marcel Reich-Ranicki: Mein Leben, Stuttgart 1999

Remy 2007
Maurice Philip Remy: Mythos Rommel, Berlin ²2007

Reuth 1990
Ralf Georg Reuth: Goebbels, München 1990

Rogalla von Bieberstein 2002
Johannes Rogalla von Bieberstein: »Jüdischer Bolschewismus«. Mythos und Realität, Dresden 2002

Römer 2008
Felix Römer: Der Kommissarbefehl. Wehrmacht und NS-Verbrechen an der Ostfront 1941/42, Paderborn 2008

Rösch 2002
Mathias Rösch: Die Münchner NSDAP 1925–1933. Eine Untersuchung zur inneren Struktur der NSDAP in der Weimarer Republik, München 2002

Roth 2009
Markus Roth: Herrenmenschen. Die deutschen Kreishauptleute im besetzten Polen: Karrierewege, Herrschaftspraxis und Nachgeschichte, Göttingen 2009

Rother 2000
Rainer Rother: Leni Riefenstahl. Die Verführung des Talents, Berlin 2000

Rucht 1994
Dieter Rucht: Modernisierung und neue soziale Bewegungen. Deutschland, Frankreich und USA im Vergleich, Frankfurt a. M./New York 1994

Rucht/Roth 2008
Dieter Rucht/Roland Roth (Hg.): Die Sozialen Bewegungen in Deutschland seit 1945. Ein Handbuch. Frankfurt a. M./New York 2008

S

Saehrendt 2004
Christian Saehrendt: Der Stellungskrieg der Denkmäler. Kriegerdenkmäler im Berlin der Zwischenkriegszeit (1919–1939), Bonn 2004

Sandkühler 1996
Thomas Sandkühler: »Endlösung« in Galizien. Der Judenmord in Ostpolen und die Rettungsinitiativen von Berthold Beitz 1941–1944, Bonn 1996

Sandkühler 1998
Thomas Sandkühler: Judenpolitik und Judenmord im Distrikt Galizien 1941–1942, in: Herbert 1998, S. 122–147

Sauer 1968
Wolfgang Sauer: Das Problem des deutschen Nationalstaats, in: Helmut Böhme (Hg.): Probleme der Reichsgründungszeit 1848–1879, Köln 1968

Schellack 1990
Fritz Schellack: Nationalfeiertage in Deutschland von 1871 bis 1945, Frankfurt a. M. 1990

Schildt/Sywottek 1993
Axel Schildt/Arnold Sywottek (Hg.): Modernisierung im Wiederaufbau. Die westdeutsche Gesellschaft der 50er Jahre, Bonn 1993

Schmidt/Dietz 1985
Maruta Schmidt/Gabi Dietz (Hg.): Frauen unterm Hakenkreuz. Eine Dokumentation, München 1985

Schmiechen-Ackermann 1998
Detlef Schmiechen-Ackermann: Nationalsozialismus und Arbeitermilieus. Der nationalsozialistische Angriff auf die proletarischen Wohnquartiere und die Reaktion in den sozialistischen Vereinen, Bonn 1998

Schmitt 1922
Carl Schmitt: Politische Theologie. Vier Kapitel zur Lehre von der Souveränität, Berlin 1922

Schmitt 1963
Carl Schmitt: Der Begriff des Politischen, Berlin 1963

Schmitt 1970
Carl Schmitt: Politische Theologie II. Die Legende von der Erledigung jeder Politischen Theologie, München/Leipzig 1970

Schmitt 1973 a
Carl Schmitt: Legalität und Legitimität, in: ders., Verfassungsrechtliche Aufsätze, Berlin 1973, S. 263 ff.

Schmitt 1973 b
Carl Schmitt: Der Zugang zum Machthaber – ein zentrales verfassungsrechtliches Problem, in: ders., Verfassungsrechtliche Aufsätze, Berlin 1973, S. 430–439

Schmölders 2000
Claudia Schmölders: Hitlers Gesicht. Eine physiognomische Biographie, München 2000

Schneider 1995
Thomas F. Schneider: Die Meute hinter Remarque. Zur Diskussion um Im Westen nichts Neues 1928–1930, in: Jahrbuch zur Literatur der Weimarer Republik 1, 1995, S. 142–169

Schneider 2000
Michael Schneider: Nationalsozialismus in der Region, in: Archiv für Sozialgeschichte 40, 2000, S. 423–437

Schoeps 1998
Julius H. Schoeps: Erlösungswahn und Vernichtungswille. Der Nationalsozialismus als Politische Religion, in: Gerhard Besier: Zwischen »Nationaler Revolution« und militärischer Aggression. Transformationen in Kirche und Gesellschaft während der konsolidierten NS-Gewaltherrschaft (1934–1939), München 1998

Schott 1924
Georg Schott: Das Volksbuch vom Hitler, München 1924

Schrade 1934
Hubert Schrade: Das Deutsche Nationaldenkmal. Idee / Geschichte / Aufgabe, München 1934

Schrader 1992
Bärbel Schrader: Der Fall Remarque. Im Westen Nichts Neues. Eine Dokumentation, Leipzig 1992

Schröder 2008
Joachim Schröder: Internationalismus nach dem Krieg. Die Beziehungen zwischen deutschen und französischen Kommunisten 1918–1923, Essen 2008

Schulte 2009
Jan Erik Schulte (Hrsg.): Die SS, Himmler und die Wewelsburg, Paderborn 2009

Schultz 2008
Sonja M. Schultz: Hitler 2.0. Der Diktator im Internet, in: Rainer Rother/Karin Herbst-Meßlinger (Hg.): Hitler darstellen. Zur Entwicklung und Bedeutung einer filmischen Figur, München 2008, S. 86–100

Schulz 1987–1992
Gerhard Schulz: Zwischen Demokratie und Diktatur. Verfassungspolitik und Reichsreform in der Weimarer Republik, 3 Bde., Berlin/New York 1987–1992

Schwarz 2000
Gudrun Schwarz: Eine Frau an seiner Seite. Ehefrauen in der »SS-Sippengemeinschaft«, Berlin 2000

Schwarz 2009
Birgit Schwarz: Geniewahn. Hitler und die Kunst, Wien 2009

Schweizer 2010
Stefan Schweizer: Der Erste Weltkrieg in der Malerei des »Dritten Reichs«, in: Krumeich 2010, S. 127–144

Semmelroth/von Stieda 1934
Ellen Semmelroth/Renate von Stieda (Hg.): N.S. Frauenbuch, München 1934

Shirer 1991
William L. Shirer: Berliner Tagebuch. Aufzeichnungen 1934–1941, Leipzig/Weimar 1991

Sofsky 1996
Wolfgang Sofsky: Traktat über die Gewalt, Frankfurt a. M. 1996

Sontag 1983
Susan Sontag: Im Zeichen des Saturn. Essays, Frankfurt a. M. 1983

Sontheimer 1962
Kurt Sontheimer: Antidemokratisches Denken in der Weimarer Republik, München ⁴1962

Speer 1969
Albert Speer: Erinnerungen, Berlin 1969

LITERATURVERZEICHNIS

Stadelmann 1968
Rudolf Stadelmann: Deutschland und die westeuropäischen Revolutionen, in: Helmut Böhme (Hg.): Probleme der Reichsgründungszeit 1848–1879, Köln 1968

Stark 1930
Johannes Stark: Adolf Hitlers Ziele und Persönlichkeit, München 1930 [mehrere Aufl.]

Staudinger 1981
Hans Staudinger: The Inner Nazi. A Critical Analysis of »Mein Kampf«, Baton Rouge/London 1981

Stein 1987
Peter Stein: Die NS-Gaupresse 1925–1933. Forschungsbericht – Quellenkritik – neue Bestandsaufnahme, München u. a. 1987

Steinbacher 2000
Sybille Steinbacher: »Musterstadt« Auschwitz. Germanisierungspolitik und Judenmord in Ostoberschlesien, München 2000

Steinbacher 2007
Sybille Steinbacher (Hg.): Volksgenossinnen. Frauen in der NS-Volksgemeinschaft (Beiträge zur Geschichte des Nationalsozialismus 23), Göttingen 2007

Steinbacher 2008
Sybille Steinbacher: Frauen im »Führerstaat«, in: Dietmar Süß/Winfried Süß (Hg.): Das »Dritte Reich«. Eine Einführung, München 2008, S. 103–119

Steinbacher 2009
Sybille Steinbacher: Differenz der Geschlechter? Chancen und Schranken für die »Volksgenossinnen«, in: Bajohr/Wildt 2009a, S. 94–104

Steinert 1970
Marlis G. Steinert: Hitlers Krieg und die Deutschen. Stimmung und Haltung der deutschen Bevölkerung im Zweiten Weltkrieg, Düsseldorf 1970

Stern 1975
J. P. Stern: Hitler. The Führer and the People, London 1975

Stommer 1985
Rainer Stommer: Die inszenierte Volksgemeinschaft. Die »Thing-Bewegung« im Dritten Reich, Marburg a. d. Lahn 1985

Strasser 1932
Gregor Strasser: Kampf um Deutschland, München 1932

Streit 1980
Christian Streit: Keine Kameraden. Die Wehrmacht und die sowjetischen Kriegsgefangenen 1941–1945, Stuttgart 1980

Streit 1991
Christian Streit: Ostkrieg, Antibolschewismus und Endlösung, in: Geschichte und Gesellschaft 17, 1991, S. 242–255

Süß 2007
Dietmar Süß (Hg.): Deutschland im Luftkrieg. Geschichte und Erinnerung, München 2007

Süß/Süß 2008
Dietmar Süß/Winfried Süß, »Volksgemeinschaft« und Vernichtungskrieg. Gesellschaft im nationalsozialistischen Deutschland, in: dies. (Hg.), Das »Dritte Reich«. Eine Einführung, München 2008, S. 79–100

Syberberg 1978
Hans-Jürgen Syberberg: Hitler, ein Film aus Deutschland, Reinbek 1978

Szejnmann 1999
Claus-Christian W. Szejnmann: Nazism in Central Germany: The Brownshirts in ›Red‹ Saxony, New York/Oxford 1999

Szejnmann 2003
Claus-Christian W. Szejnmann: Verwässerung oder Systemstabilisierung? Der Nationalsozialismus in Regionen des Deutschen Reiches, in: Neue Politische Literatur 68, 2003, S. 208–250

Szepansky 1990
Gerda Szepansky (Hg.): »Blitzmädel, Heldenmutter, Kriegerwitwe«. Frauenleben im Zweiten Weltkrieg, Frankfurt a. M. 1990

T

Taake 1998
Claudia Taake: Angeklagt: SS-Frauen vor Gericht, Oldenburg 1998

Tarrow 1991
Sidney Tarrow: Kollektives Handeln und politische Gelegenheitsstruktur in Mobilisierungswellen: Theoretische Perspektiven, in: Kölner Zeitschrift für Soziologie und Sozialpsychologie 43, 1991, S. 647–670

Tarrow 1994
Sidney Tarrow: Power in Movement. Social Movements, Collective Action and Politics, Cambridge 1994

Tavernaro 2004
Thomas Tavernaro: Der Verlag Hitlers und der NSDAP. Die Franz Eher Nachfolger GmbH, Wien 2004

Tennstedt 1987
Florian Tennstedt: Wohltat und Interesse. Das Winterhilfswerk des Deutschen Volkes: Die Weimarer Vorgeschichte und ihre Instrumentalisierung durch das NS-Regime, in: Geschichte und Gesellschaft 13, 1987, S. 157–180

Thamer 1986
Hans-Ulrich Thamer: Verführung und Gewalt: Deutschland 1933–1945, Berlin 1986

Thamer 1990
Hans-Ulrich Thamer: Nation als Volksgemeinschaft. Völkische Vorstellungen, Nationalsozialismus und Gemeinschaftsideologie, in: Jörg-Dieter Gauger/Klaus Weigelt (Hg.): Soziales Denken in Deutschland zwischen Tradition und Innovation, Bonn 1990, S. 112–128

Thamer 1992
Hans-Ulrich Thamer: Von der »Ästhetisierung der Politik«: Die Nürnberger Reichsparteitage der NSDAP, in: Bernd Ogan/Wolfgang W. Weiß (Hg.): Faszination und Gewalt. Zur politischen Ästhetik des Nationalsozialismus, Nürnberg 1992, S. 95–104

Thamer 1994
Hans-Ulrich Thamer: Verführung und Gewalt. Deutschland 1933–1945, Berlin 1994

Thamer 2009
Hans-Ulrich Thamer: Macht und Wirkung nationalsozialistischer Bilder, in: Bilder im Kopf. Ikonen der Zeitgeschichte. Begleitbuch zur Ausstellung im Haus der Geschichte der Bundesrepublik Deutschland, Bonn 2009, Köln 2009, S. 18–29

Thießen 2009
Malte Thießen: »Schöne Zeiten«? Erinnerungen an die »Volksgemeinschaft« nach 1945, in: Bajohr/Wildt 2009a, S. 165–187

Thompson 1988
Dorothy Thompson: I Saw Hitler! Ich sah Hitler, in: Kassandra spricht. Antifaschistische Publizistik 1932–1942, Leipzig/Weimar 1988, S. 41

Trevor-Roper 1947
Hugh R. Trevor-Roper: The Last Days of Hitler, London 1947

Trimborn 2002
Jürgen Trimborn: Riefenstahl. Eine deutsche Karriere, Berlin 2002

Turner 1997
Henry A. Turner: Hitlers Weg zur Macht. Der Januar 1933, München 1997

Tyrell 1969
Albrecht Tyrell (Hg.): Führer befiehl … Selbstzeugnisse aus der »Kampfzeit« der NSDAP. Dokumentation und Analyse, Düsseldorf 1969

U

Ueberschär/Wette 1991
Gerd R. Ueberschär/Wolfram Wette (Hg.): »Unternehmen Barbarossa«. Der deutsche Überfall auf die Sowjetunion 1941, Frankfurt a. M. 1991

Urban 2007
Markus Urban: Die Konsensfabrik. Funktion und Wahrnehmung der NS-Reichsparteitage, 1933–1941, Göttingen 2007

V

van Dyke/Fuhrmeister 2000
James van Dyke/Christian Fuhrmeister: Zeitlose Kunstwerke und Moderne(s) Gestalten im Braunschweiger Dom, in: Deutsche Kunst 1933–1945 in Braunschweig – Kunst im Nationalsozialismus (Ausstellungskatalog Städtisches Museum Braunschweig und Braunschweigisches Landesmuseum), hg. vom Städtischen Museum Braunschweig und der Hochschule für Bildende Künste Braunschweig, Hildesheim/Zürich/New York 2000, S. 48–65

Verhey 2000
Jeffrey Verhey: Der »Geist von 1914« und die Erfindung der Volksgemeinschaft, Hamburg 2000

Voegelin 2006
Eric Voegelin: Hitler und die Deutschen, München 2006

Vogelsang 1962
Thilo Vogelsang: Reichswehr, Staat und NSDAP. Beiträge zur deutschen Geschichte 1930–1932, Stuttgart 1962

Vogt 2006
Stefan Vogt: Nationaler Sozialismus und Soziale Demokratie. Die sozialdemokratische Junge Rechte 1918–1945, Bonn 2006

Volker 2003
Reimar Volker: »Von oben sehr erwünscht«. Die Filmmusik Herbert Windts im NS-Propagandafilm, Trier 2003

W

Wagner 1996
Leonie Wagner: Nationalsozialistische Frauenansichten. Vorstellungen von Weiblichkeit und Politik führender Frauen im Nationalsozialismus, Frankfurt a. M. 1996

Walter 1999
Dirk Walter: Antisemitische Kriminalität und Gewalt. Judenfeindschaft in der Weimarer Republik, Bonn 1999

Waßner 1995
Rainer Waßner: Rudolf Heberle. Soziologie in Deutschland zwischen den Weltkriegen, Hamburg 1995

Weber 1980
Max Weber: Wirtschaft und Gesellschaft. Grundriß der verstehenden Soziologie, Tübingen ^{5}1980

Wehler 2003
Hans-Ulrich Wehler: Deutsche Gesellschaftsgeschichte, Bd. 4: Vom Beginn des Ersten Weltkriegs bis zur Gründung der beiden deutschen Staaten 1914–1949, München 2003

Wehler 2009
Hans-Ulrich Wehler: Der Nationalsozialismus. Bewegung, Führerherrschaft, Verbrechen 1919–1945, München 2009

Weinrich 2010
Arndt Weinrich: Zwischen Kontinuität und Kritik: Die Hitler-Jugend und die Generation der ›Frontkämpfer‹, in: Krumeich 2010, S. 271–284

Weisbrod 1992
Bernd Weisbrod: Gewalt in der Politik. Zur politischen Kultur in Deutschland zwischen den beiden Weltkriegen, in: Geschichte in Wissenschaft und Unterricht 43, 1992, S. 391–404

Weiß 1999
Matthias Weiß: Sinn und Geschichte. Die filmische Selbstvergegenwärtigung der nationalsozialistischen »Volksgemeinschaft« (Regensburger Skripten zur Literaturwissenschaft 15), Regensburg 1999

Welch 2001
David Welch: Propaganda and the German Cinema 1933–1945, überarb. Aufl., London/New York 2001

Welzer 2005
Harald Welzer: Täter. Wie aus ganz normalen Menschen Massenmörder werden, Frankfurt a. M. 2005

LITERATURVERZEICHNIS

Werner 1964
Andreas Werner: SA und NSDAP. Studien zur Geschichte der SA und der NSDAP 1920–1933, Phil. Diss. Erlangen-Nürnberg 1964 [ms.]

Westenrieder 1984
Norbert Westenrieder: »Deutsche Frauen und Mädchen!« Vom Alltagsleben 1933–1945, Düsseldorf 1984

Westphal 1992
Uwe Westphal: Berliner Konfektion und Mode, 1836–1939. Die Zerstörung einer Tradition, Berlin 1992

Wette 2003 a
Wolfram Wette (Hg.): Retter in Uniform. Handlungsspielräume im Vernichtungskrieg der Wehrmacht, Frankfurt a. M. ³2003

Wette 2003 b
Wolfram Wette (Hg.): Zivilcourage. Empörte, Helfer und Retter aus Wehrmacht, Polizei und SS. Frankfurt a. M. 2003

Wildt 2002
Michael Wildt: Generation des Unbedingten. Das Führungskorps des Reichssicherheitshauptamtes, Hamburg 2002

Wildt 2003
Michael Wildt: Generation des Unbedingten. Das Führungskorps des Reichssicherheitshauptamtes, Hamburg 2003

Wildt 2007
Michael Wildt: Volksgemeinschaft als Selbstermächtigung. Gewalt gegen Juden in der deutschen Provinz 1919 bis 1939, Hamburg 2007

Wildt 2008
Michael Wildt: Geschichte des Nationalsozialismus, Göttingen 2008

Wildt 2009
Michael Wildt: Die Ungleichheit des Volks. »Volksgemeinschaft« in der politischen Kommunikation der Weimarer Republik, in: Bajohr/Wildt 2009 a, S. 24–40

Willrich 1937
Wolfgang Willrich: Säuberung des Kunsttempels. Eine kunstpolitische Kampfschrift zur Gesundung deutscher Kunst im Geiste nordischer Art, München 1937

Wilson 1990
Elizabeth Wilson: All the Rage, in: Jane Gaines/Charlotte Herzog (Hg.): Fabrications: Costume and the Female Body, New York 1990, S. 28–38

Winkler 1977
Heinrich August Winkler: Vom Mythos der Volksgemeinschaft, in: Archiv für Sozialgeschichte 17, 1977, S. 484–490

Winkler 2005
Heinrich August Winkler: Weimar 1918–1933. Die Geschichte der ersten deutschen Demokratie, München ⁴2005 [1. Aufl. 1993]

Wirsching 1999
Andreas Wirsching: Vom Weltkrieg zum Bürgerkrieg. Politischer Extremismus in Deutschland und Frankreich 1918–1933/39. Berlin und Paris im Vergleich, München 1999

Wolf 1999
Christiane Wolf: Gauforen. Zentren der Macht, Berlin 1999

Z

Zelnhefer 1991
Siegfried Zelnhefer: Die Reichsparteitage der NSDAP, Nürnberg 1991

Zentner/Bedürftig 1997
Christian Zentner/Friedemann Bedürftig: The Encyclopedia of the Third Reich, übers. v. Amy Hackett, New York 1997

Zetterberg 1992
Hans Zetterberg: Medien. Ideologie und die Schweigespirale. In: Jürgen Wilke (Hg.): Öffentliche Meinung. Theorie, Methoden, Befunde – Beiträge zu Ehren von Elisabeth Noelle-Neumann, Freiburg i. Br. 1992, S. 51–75

Ziemann 1997
Benjamin Ziemann: Front und Heimat. Ländliche Kriegserfahrungen im südlichen Bayern 1914–1923, Essen 1997

Zimmermann 2004
Peter Zimmermann: Theodor Haubach (1896–1945). Eine politische Biographie, Hamburg 2004

Zimmermann 2005
Peter Zimmermann: Die Parteitagsfilme der NSDAP und Leni Riefenstahl, in: Peter Zimmermann/Kay Hoffmann (Hg.): Geschichte des dokumentarischen Films in Deutschland, Bd. 3: »Drittes Reich« (1933–1945), Stuttgart 2005, S. 511–529

PERSONENREGISTER

A

Abeking, Thomas · S. 213 (Kat.-Nr. 212)
Abel, Adolf (1882–1968) · S. 76
Abs, Hermann Josef (1901–1994) · S. 143
Adenauer, Konrad (1876–1967) · S. 144, 293 (mit Kat.-Nr. 555)
Adorno, Theodor W. (1903–1969) · S. 36
Ahrlé, René (1893–1976) · S. 95 (Abb.), 250 (Kat.-Nr. 389)
Albers, Hans (1891–1960) · S. 145
Albrecht, Felix (1884–1967) · S. 192 (Kat.-Nr. 123)
Altenberg, Jakob (1875–1944) · S. 28
Améry, Jean (1912–1978) · S. 152
Angerthal, Max (?–1943) · S. 92
Anufriewa, Marija M. (1888–1955) · S. 260
Arendt, Hannah (1906–1975) · S. 30, 120, 128, 144
Axster, Maria · S. 263 (Kat.-Nr. 417)

B

Bach-Zelewski, Erich von dem (1899–1972) · S. 123 (Abb.)
Baehr, Ulrich (geb. 1938) · S. 294 (mit Kat.-Nr. 563)
Bálasz, Béla (1884–1949) · S. 38
Basedow, Heinrich (1896–1984) · S. 39 (Abb.), 42
Baselitz, Georg (geb. 1938) · S. 294
Bäumer, Gertrud (1873–1954) · S. 40
Beckmann, Max (1884–1950) · S. 30
Below, Nicolaus von (1907–1983) · S. 71 (Abb.)
Berglund, Ruth · S. 234 Kat.-Nr. 323
Bernadotte, Carl Johan Arthur (Prinz von Schweden, geb. 1916) · S. 238 (mit Kat.-Nr. 344)
Bernigau, Jane (1908–?) · S. 206 (Kat.-Nr. 187)
Betzler, Hannes · S. 146 (Abb.)
Beumelburg, Werner (1899–1963) · S. 34
Beuys, Joseph (1921–1986) · S. 294
Bismarck, Otto von (1815–1898) · S. 88, 172, 173
Bleeker, Bernhard (1881–1968) · S. 210 (Kat.-Nr. 201)
Bleibtreu, Renato (1893–?) · S. 29
Bloch, Eduard (1872–1945) · S. 24, 25, 29
Blomberg, Werner von (1878–1946) · S. 56, 250
Blumenfeld, Erwin (1897–1969) · S. 168 (Abb.)
Bondaru, Alexej · S. 269 (Kat.-Nr. 442)
Bonhoeffer, Dietrich (1906–1945) · S. 119
Borgmeyer, O. · S. 269 (Kat.-Nr. 445)
Bormann, Martin (1900–1945) · S. 69 (Abb.), 70, 71 (mit Abb.), 72 (mit Abb.), 207 (mit Kat.-Nr. 189)
Bouhler, Philipp (1899–1945) · S. 244
Brandmayer · S. 174 (Kat.-Nr. 12)
Brandt, Karl (1904–1948) · S. 244
Braun, Eva (1912–1945) · S. 142, 144, 154, 241, 282 (Kat.-Nr. 487–492), 283 (Kat.-Nr. 494), 287
Brecht, Bertolt (1898–1956) · S. 151
Breker, Arno (1900–1991) · S. 208 (Kat.-Nr. 197), 232 (Kat.-Nr. 318), 233 (Kat.-Nr. 321f.)
Breloer, Heinrich (geb. 1942) · S. 151, 152
Brooks, Mel (geb. 1926) · S. 158, 285, 286 (Kat.-Nr. 521)
Bruckmann, Elsa (1865–1946) und Hugo (1863–1941) · S. 74, 76
Brückner, Wilhelm (1884–1954) · S. 175 (Kat.-Nr. 19), 185 (Kat.-Nr. 82)
Brunner, Otto (1898–1982) · S. 240
Bullock, Alan (1914–2004) · S. 50, 145
Burte, Hermann (1879–1960) · S. 182, 183 (Kat.-Nr. 60, 62)
Buttmann, Rudolf (1885–1947) · S. 54

C

Cassirer, Ernst (1874–1945) · S. 38
Cattelan, Maurizio (geb. 1960) · S. 294 (mit Kat.-Nr. 564)
Chamberlain, Houston Stewart (1855–1927) · S. 38, 40
Chaplin, Charles (1889–1977) · S. 17, 40, 145, 148, 149 (Abb.), 158, 159 (Kat.-Nr. 350b), 285 (mit Kat.-Nr. 519)
Chudovekov, Alexander P. (1918–1988) · S. 259, 260 (Kat.-Nr. 410)
Clemenceau, Georges (1841–1929) · S. 29, 30
Cordier, Eugen Max (1903–1974) · S. 215 (Kat.-Nr. 235)
Cramer, Ernst (1913–2010) · S. 229
Cüppers, Walter (geb. 1925) · S. 134 (Abb.), 266 (Kat.-Nr. 431)

D

Darré, Richard Walther (1895–1953) · S. 44, 99
De Concini, Ennio (1923–2008) · S. 286 (Kat.-Nr. 520)
Delacroix, Eugène (1798–1863) · S. 96
Dell, Christian (1893–1974) · S. 215 (Kat.-Nr. 230)
Dietl, Helmut (geb. 1944) · S. 285, 286 (Kat.-Nr. 521), 287
Dietrich, Joseph »Sepp« (1892–1966) · S. 72 (Abb.)
Dietrich, Marlene (1901–1992) · S. 238
Dinter, Artur (1876–1948) · S. 183 (Kat.-Nr. 64)
Dirks, Walter (1901–1991) · S. 143
Dix, Otto (1891–1969) · S. 30
Dmuschewski, Luise (1898–?) · S. 63 (Abb.), 188 (Kat.-Nr. 109g)
Dohme, Heinrich Wilhelm · S. 101
Döring, Volker · S. 289 (Kat.-Nr. 526)
Drexler, Anton (1884–1942) · S. 68, 183 (Kat.-Nr. 65)
Dub, Christian · S. 236 (Kat.-Nr. 332)

E

Eber, Elk (1892–1941) · S. 34 (Abb.), 35
Eckart, Dietrich (1868–1923) · S. 184 (Kat.-Nr. 67), 185 (Kat.-Nr. 79, 83), 197
Eelking, Hermann Marten August Max Freiherr von (1887–1970) · S. 105
Eichmann, Adolf (1906–1962) · S. 147, 150, 284 (mit Kat.-Nr. 500)
Einbeck, Walter (1890–1968) · S. 207 (mit Kat.-Nr. 190)
Eisenmenger, Rudolf Hermann (1902–1994) · S. 272, 274 (Kat.-Nr. 466)
Elser, Georg (1903–1945) · S. 270 (mit Kat.-Nr. 451)
Engel, Gerhard (1906–?) · S. 71 (Abb.)
Engelhardt, G. · S. 184 (Kat.-Nr. 72)
Engelhardt, Viktor (1891–?) · S. 40
Epp, Franz Ritter von (1868–1947) · S. 185, 186 (Kat.-Nr. 84)
Erler, Fritz (1868–1940) · S. 75 (Abb.)
Eschen, Fritz (1900–1964) · S. 85 (Abb.)
Esser, Hermann (1900–1981) · S. 185, 186 (Kat.-Nr. 85)
Exner, Willy (1888–1947) · S. 226 (Kat.-Nr. 284)

PERSONENREGISTER

F
Fabiani, Max (1865–1962) · S. 74
Fanck, Arnold (1889–1974) · S. 86, 88
Farrow, John (1904–1963) · S. 285 (Kat.-Nr. 519)
Feder, Gottfried (1883–1941) · S. 53, 184 (Kat.-Nr. 66), 185 (Kat.-Nr. 76), 186 (Kat.-Nr. 86)
Feingold, Josef (1878–?) · S. 28
Fest, Joachim C. (1926–2006) · S. 38, 50, 145, 146, 150, 152
Fiddickow, Hermann · S. 102 (Abb.)
Flex, Walter (1887–1917) · S. 183 (Kat.-Nr. 63)
Flick, Friedrich (1883–1972) · S. 143
Francé, Walter Bernard · S. 102
Frank, Anne (1929–1945) · S. 147
Frank, Hans (1900–1946) · S. 58, 64
Franke, Heinz (1905–1966) · S. 192 (Kat.-Nr. 125)
Franz Ferdinand Erzherzog von Österreich-Este (1863–1914) · S. 29
Franz von Assisi (1168–1226) · S. 60
Franz, Günther (1902–1992) · S. 240
Frentz, Walter (1907–2004) · S. 79 (Abb.), 88
Freud, Sigmund (1856–1939) · S. 28
Frick, Wilhelm (1877–1946) · S. 69 (Abb.), 175 (Kat.-Nr. 19)
Friedrich II. der Große König von Preußen (1712–1786) · S. 88, 173 (mit Kat.-Nr. 1)
Friedrich, Ernst (1894–1967) · S. 34

G
Gambetta, Léon (1838–1882) · S. 32
Ganzer, Richard (1909–1944) · S. 40
Ganzer Gottschewski, Lydia (1906–1989) · S. 40
Gayk, Franz · S. 272 (Kat.-Nr. 463)
Geiger, Otto · S. 219 (Kat.-Nr. 243)
Gentile, Giovanni (1875–1944) · S. 119
George, Götz (geb. 1938) · S. 151
George, Heinrich (1893–1946) · S. 34
Gerlich, Fritz (1883–1934) · S. 42
Gersdorff, Rudolf-Christoph Freiherr von (1905–1980) · S. 270 (Kat.-Nr. 455)
Gessner, Richard (1894–1989) · S. 272 (Kat.-Nr. 462)
Giesler, Hermann (1898–1987) · S. 74, 75, 79
Giordano, Ralph (geb. 1923) · S. 142
Globocnik, Odilo (1904–1945) · S. 126

Goebbels, Joseph (1897–1945) · S. 34, 44, 46, 54, 58, 71, 73, 84, 88, 102 (Abb.), 104, 112, 115, 128, 131, 143, 148 (Abb.), 154, 155 (Abb.), 156, 186 (Kat.-Nr. 87), 206, 214 (Kat.-Nr. 223), 248, 263, 274, 282 (Kat.-Nr. 490–492), 283 (Kat.-Nr. 494)
Goldstein, Max (»Mago«) (1925–2008) · S. 238
Goller (?) · S. 247 (Kat.-Nr. 378)
Gönnert, Felix (geb. 1975) · S. 292 (Kat.-Nr. 553)
Göring, Hermann (1893–1946) · S. 64, 72 (Abb.), 143, 155 (Abb.), 185 (mit Kat.-Nr. 81), 197 (Kat.-Nr. 143), 220 (mit Kat.-Nr. 246), 232 (Kat.-Nr. 316), 248, 250 (Kat.-Nr. 386, 388), 271 (Kat.-Nr. 457), 274, 283
Gottlieb, Bernward Josef (geb. 1910) · S. 40
Gouffault, Pierre (1924–2009) · S. 275 (Kat.-Nr. 471)
Graefe, Albrecht von (1868–1933) · S. 185 (Kat.-Nr. 78)
Graf, Wilhelm · S. 269 (Kat.-Nr. 447)
Grass, Günter (geb. 1927) · S. 128
Grimm, Hans (1875–1959) · S. 185 (Kat.-Nr. 75)
Grissemann, Christoph (geb. 1966) · S. 158
Grosz, George (1893–1959) · S. 38
Guhr, Richard (1873–1956) · S. 173 (Kat.-Nr. 3)
Günther, Hans F. K. (1891–1968) · S. 38, 42
Gustav VI. Adolf König von Schweden (1882–1973) · S. 238

H
Haas, Hilde · S. 263 (Kat.-Nr. 419)
Hackenberger, Willi · S. 236 (Kat.-Nr. 330)
Hadamovsky, Eugen (1904–1945) · S. 40
Haffner, Sebastian (1907–1999) · S. 147, 151
Hagemeyer, Hans (1899–1993) · S. 240 (Kat.-Nr. 354)
Hanfstaengl, Ernst Franz Sedgwick (»Putzi«) (1887–1975) · S. 53
Hanisch, Reinhold (1884–1937) · S. 26, 28
Harand, Irene (1900–1975) · S. 56
Harlan, Veit (1899–1964) · S. 88
Harless, Hermann (1887–1961) · S. 263
Hauptmann, Gerhard (1862–1946) · S. 54 (Abb.), 55, 177 (mit Kat.-Nr. 35)

Hauschildt, Richard (1876–1934) · S. 192 (Kat.-Nr. 126)
Hausenstein, Wilhelm (1882–1957) · S. 40
Heartfield, John (Helmut Herzfeld, 1891–1968) · S. 17, 144, 187 (Kat.-Nr. 100–101)
Heidegger, Martin (1889–1976) · S. 40
Heine, Thomas Theodor (1867–1948) · S. 41 (Abb.), 42
Heinkel, Ernst (1888–1958) · S. 275
Heisig, Bernhard (geb. 1925) · S. 294
Hellpach, Willy (1877–1955) · S. 42
Heß, Rudolf (1894–1987) · S. 29, 50, 53, 58, 68, 70, 82, 156, 172, 186 (Kat.-Nr. 88), 207 (mit Kat.-Nr. 190), 287 (Kat.-Nr. 524)
Heudtlaß, Werner · S. 263 (Kat.-Nr. 417)
Hewel, Walther (1904–1945) · S. 241 (mit Kat.-Nr. 359)
Heydrich, Reinhard (1904–1942) · S. 143, 207 (mit Kat.-Nr. 191)
Hillmann, Hans (geb. 1925) · S. 150 (Abb.), 285 (Kat.-Nr. 517)
Himmler, Gebhard (1865–1936) · S. 54
Himmler, Heinrich (1900–1945) · S. 54, 65, 70, 106, 125, 126, 128, 143, 175 (Kat.-Nr. 17), 186 (Kat.-Nr. 89), 199 (Kat.-Nr. 148), 207 (Kat.-Nr. 192)
Hindenburg, Paul von (1847–1934) · S. 33, 63, 68, 85, 122, 172, 173 (mit Kat.-Nr. 4), 192 (Kat.-Nr. 125, 127), 194, 195, 220 (Kat.-Nr. 246), 272
Hirschbiegel, Oliver (geb. 1957) · S. 286 (Kat.-Nr. 520 d)
Hirth, Otto Albert (1899–1969) · S. 77 (Abb.), 232 (Kat.-Nr. 319)
Hitler, Alois (1837–1903) · S. 24, 173
Hitler, Klara (1860–1907) · S. 24, 25, 29, 173
Hitler, Paula (1896–1960) · S. 24
Hoffmann, Heinrich (1885–1957) · S. 2–3 (Abb.), 16 (Abb.), 21 (Abb.), 36 (mit Abb.), 37, 42, 45 (Abb.), 46 (Abb.), 47 (Abb.), 75 (Abb.), 88, 116–117 (Abb.), 154, 164 (Abb.), 168–169 (Abb.), 173 (Kat.-Nr. 7), 174 (Kat.-Nr. 15), 175 (Kat.-Nr. 16, 18–19), 176 (Kat.-Nr. 20), 180 (mit Kat.-Nr. 50), 185 (Kat.-Nr. 80–83), 186 (Kat.-Nr. 84–96), 212 (Kat.-Nr. 209), 225, 226 (Kat.-Nr. 291), 232 (Kat.-Nr. 315),

237 (Kat.-Nr. 339), 242 (Kat.-Nr. 362), 250 (Kat.-Nr. 387), 270 (Kat.-Nr. 451, 456), 271 (Kat.-Nr. 457), 272 (Kat.-Nr. 461, 463)
Hofmann, Fritz (1889–1966) · S. 173 (Kat.-Nr. 1)
Hogan, James (1890–1943) · S. 285 (Kat.-Nr. 519)
Hohlwein, Ludwig (1874–1949) · S. 223 (Kat.-Nr. 254)
Hommel, Conrad (1883–1971) · S. 207 (Kat.-Nr. 192)
Höppner, Rolf-Heinz (1910–1951) · S. 132
Hosenfeld, Wilm (1895–1952) · S. 130, 134
Hugenberg, Alfred (1865–1951) · S. 195
Hügenell, Wilhelm · S. 184 (Kat.-Nr. 69)
Hühnlein, Adolf (1881–1942) · S. 212 (Kat.-Nr. 209), 219 (Kat.-Nr. 239)
Hunstein, Stefan (geb. 1957) · S. 294 (mit Kat.-Nr. 562)

J

Jakowina, Lidija · S. 269 (Kat.-Nr. 443)
Janisch, Wolfgang (geb. 1940) · S. 294 (Kat.-Nr. 559)
Jaspers, Hermann · S. 248, 249 (Kat.-Nr. 382)
Jaspers, Karl (1883–1969) · S. 143
Jenninger, Philipp (geb.1932) · S. 156
Jodl, Alfred (1890–1946) · S. 67
Johst, Hanns (1890–1978) · S. 40
Jung, Edgar Julius (1894–1934) · S. 185 (Kat.-Nr. 77)
Junge, Georg · S. 185 (Kat.-Nr. 74)
Justi, Ludwig (1876–1957) · S. 40, 42

K

Kaempfer, Ludwig · S. 53
Karl I. Kaiser von Österreich (1887–1922) · S. 29
Karlstadt, Liesl (1892–1960) · S. 79
Kaspar, Hermann (1904–1986) · S. 232 (Kat.-Nr. 317), 233 (Kat.-Nr. 321d)
Kassner, Rudolf (1873–1959) · S. 38
Kautsky, Karl (1854–1938) · S. 97
Keitel, Wilhelm (1882–1946) · S. 67
Kiefer, Anselm (geb. 1945) · S. 294
Kissljowa, Klawdiia Iwanowa · S. 255 (Kat.-Nr. 396)
Kjeldgaard, Marinus Jacob (1884–1964) · S. 17 (Abb.)

Klages, Ludwig (1872–1956) · S. 38
Klapheck, Konrad (geb. 1935) · S. 294
Klimsch, Fritz (1870–1960) · S. 208 (Kat.-Nr. 195)
Klotz, Clemens (1886–1969) · S. 74
Knirr, Heinrich (1862–1944) · S. 37
Kobbe, Wilhelm (1915–1941) · S. 206 (Kat.-Nr. 186)
Koch, Erich (1896–1986) · S. 45
Koch, Peter · S. 212 (Kat.-Nr. 208)
Koerber, Adolf-Viktor von (1891–1969) · S. 184 (Kat.-Nr. 70)
Kohl, Helmut (geb. 1930) · S. 156
Kollwitz, Käthe (1867–1945) · S. 197 (Kat.-Nr. 140)
Krämer (oder Kremer), Josef (1924–?) · S. 254
Krause, Willy (1901–1990) · S. 148 (Abb.)
Krawczyk, Janina (1919–1999) · S. 276 (Kat.-Nr. 476)
Krebs, Hans (1898–1945) · S. 282 (Kat.-Nr. 490–492), 283 (Kat.-Nr. 494)
Kreis, Wilhelm (1873–1955) · S. 74
Kretschmer, Ernst (1888–1964) · S. 38
Kriebel, Hermann (1878–1941) · S. 175 (Kat.-Nr. 19)
Kubizek, August (1888–1956) · S. 25
Kujau, Konrad Paul (1938–2000) · S. 287 (mit Kat.-Nr. 524)
Kursell, Otto von (1884–1967) · S. 38, 96

L

Lafferentz, Bodo (1897–1974) · S. 212 (Kat.-Nr. 209)
Lammers, Hans Heinrich (1879–1962) · S. 69 (Abb.), 70, 72 (Abb.), 73 (Abb.)
Landmesser, August (1910–?) · S. 230
Landsberger, Josef · S. 28
Landwehrmann, Johannes · S. 265 (Kat.-Nr. 426)
Lang, Fritz (1890–1976) · S. 173 (Kat.-Nr. 6)
Lanzinger, Hubert (1880–1950) · S. 37
Leander, Zarah (1907–1981) · S. 145
Leeb, Wilhelm Ritter von (1876–1956) · S. 250 (mit Kat.-Nr. 383)
Leiser, Erwin (1923–1996) · S. 150
Lendvai-Dircksen, Erna (1883–1962) · S. 40
Ley, Robert (1890–1945) · S. 72, 207 (Kat.-Nr. 193), 211, 212 (Kat.-Nr. 209)
Lichnowsky, Mechtilde (1879–1958) · S. 177 (Kat.-Nr. 36)

Liebknecht, Karl (1871–1919) · S. 30, 32
Littmann, Max (1862–1931) · S. 74
Litzmann, Ursula · S. 270 (Kat.-Nr. 450)
Lobjoie, Charlotte (1898–1951) · S. 287
Löffner, Siegfried (1872–?) · S. 28
Lübbe, Axel (1880–1963) · S. 40
Lübbe, Hermann (geb. 1926) · S. 142
Lubitsch, Ernst (1892–1947) · S. 148, 158
Ludendorff, Erich (1865–1937) · S. 122, 175 (Kat.-Nr. 19), 186 (Kat.-Nr. 90)
Luther, Martin (1483–1546) · S. 115
Lüthgen, Eugen (1882–1946) · S. 97
Lutze, Viktor (1890–1943) · S. 84 (Abb.)
Luxemburg, Rosa (1871–1919) · S. 30, 32

M

Mahler, Gustav (1860–1911) · S. 24
Malin, Richard · S. 269 (Kat.-Nr. 446)
Maltzahn, Günther Freiherr von (1910–1953) · S. 284 (Kat.-Nr. 502)
Mann, Golo (1909–1994) · S. 144
Mann, Klaus (1906–1949) · S. 40
Mann, Thomas (1875–1955) · S. 124, 148, 150
Marcks, Erich (1891–1944) · S. 246 (Kat.-Nr. 372)
Maria Theresia röm.-dt. Kaiserin (1717–1780) · S. 28
Martin, Günther (1896–1944) · S. 101
Martin, Milo (1893–1970) · S. 173 (Kat.-Nr. 5)
Marx, Karl (1818–1883) · S. 97
Masaryk, Tomáš Garrigue (1850–1937) · S. 29
Maschmann, Melita (1918–2010) · S. 139
Maser, Werner (1922–2007) · S. 145, 155
Mästling, Ernst · S. 214 (Kat.-Nr. 224)
Medweg, Heinrich von · S. 265 (Kat.-Nr. 422)
Meinecke, Friedrich (1862–1954) · S. 143
Meller, Willy (1887–1974) · S. 113 (Abb.), 236, 237 (Kat.-Nr. 337–338)
Mendelssohn Bartholdy, Felix (1809–1847) · S. 28
Mercker, Erich (1891–1973) · S. 256, 258 (Kat.-Nr. 405)
Meyer, Hannes · S. 270 (Kat.-Nr. 448)
Meyer, Konrad (1901–1973) · S. 247 (Kat.-Nr. 375)
Misch, Rochus (geb. 1917) · S. 142
Mitford, Unity (1914–1948) · S. 287
Moers, Walter (geb. 1957) · S. 158, 292 (mit Kat.-Nr. 553)

PERSONENREGISTER

Molotow, Wjatscheslaw Michajlowitsch (1890–1986) · S. 246
Montua, Max · S. 123 (Abb.)
Moresmau, Jean (1896–?) · S. 274 (Kat.-Nr. 469)
Morgenroth, Hermine · S. 226 (Kat.-Nr. 290)
Morgenstern, Samuel (1875–1943) · S. 28
Mucha, Stanislaw · S. 156
Mulisch, Harry (geb. 1927) · S. 287
Müller, Karl Alexander von (1882–1964) · S. 240
Mussolini, Benito (1883–1945) · S. 21, 58, 119, 172, 173 (mit Kat.-Nr. 5), 194, 220 (mit Kat.-Nr. 246), 238, 239 (Kat.-Nr. 349–350), 270 (Kat.-Nr. 456), 271 (Kat.-Nr. 457)

N

Napoleon I. franz. Kaiser (1769–1821) · S. 58
Netzband, Georg (1900–1984) · S. 223 (Kat.-Nr. 256)
Neumann, Georg (1898–1976) · S. 214 (Kat.-Nr. 220)
Neumann, Julius Josef (1836–1895) · S. 28
Neuner, Hein (1910–1984) · S. 210 (Kat.-Nr. 203)
Norden, Hans vom · S. 66 (Abb.), 173 (Kat.-Nr. 8 a–c)
Nussbaum, Felix (1904–1944) · S. 251 (Kat.-Nr. 393)
Nyschnyk, Ilwdokia · S. 268 (Kat.-Nr. 440)

O

Oberheuser, Herta (1911–1978) · S. 140
Offenbach, Jacques (1819–1880) · S. 28
Ohlendorf, Otto (1907–1951) · S. 71
Oltmanns, Gerhard (1902–1988) · S. 255 (Kat.-Nr. 397)
Orgel-Köhne, Liselotte (1918–2002) · S. 109 (Abb.), 139 (Abb.), 140 (Abb.), 230 (Kat.-Nr. 312), 247 (Kat.-Nr. 377), 263 (Kat.-Nr. 419)
Oridoroja, Nikolai · S. 269 (Kat.-Nr. 441)
Ossietzky, Carl von (1889–1938) · S. 119
Otto, Hermann (1896–1944) · S. 251 (Kat.-Nr. 392)

P

Pabst, Georg Wilhelm (1885–1967) · S. 148, 154, 285, 286 (Kat.-Nr. 520)
Panofsky, Erwin (1892–1968) · S. 94
Papen, Franz von (1879–1969) · S. 68, 195
Parry, Roger (1905–1977) · S. 247 (Kat.-Nr. 376)
Pernet, Heinz (1896–1973) · S. 175 (Kat.-Nr. 19)
Picard, Max (1888–1965) · S. 38, 151
Pigor, Thomas (geb. 1956) · S. 292 (Kat.-Nr. 553)
Pitthahn, Wilhelm Otto (1896–1967) · S. 207 (mit Kat.-Nr. 189, 191, 193–194)
Pohl, Oswald (1892–1951) · S. 284 (Kat.-Nr. 499)
Polke, Sigmar (1941–2010) · S. 294
Polt, Gerhard (geb. 1942) · S. 292 (Kat.-Nr. 554)
Pommer, Rudolf Robert (1910–?) · S. 62 (Abb.), 188 (Kat.-Nr. 110 e)
Popper, Karl (1902–1994) · S. 112
Porsche, Ferdinand (1875–1951) · S. 212 (mit Kat.-Nr. 208–209)

R

Raeder, Erich (1876–1960) · S. 143 (Abb.), 284 (Kat.-Nr. 497)
Reck-Malleczewen, Friedrich (1884–1945) · S. 40
Reich, Adolf (1887–1963) · S. 102, 262, 263 (Kat.-Nr. 413–414)
Reich, Albert (1881–1942) · S. 185 (Kat.-Nr. 79)
Reich-Ranicki, Marcel (geb. 1920) · S. 132
Reimer, Max (1877–1970) · S. 125 (Abb.), 222 (Kat.-Nr. 252)
Remarque, Erich Maria (1898–1970) · S. 34
Retzbach, Hans (1888–1960) · S. 208 (Kat.-Nr. 196)
Ribbentrop, Joachim von (1893–1946) · S. 155 (Abb.), 246
Richter, Gerhard (geb. 1932) · S. 294
Richter, Klaus (1887–1948) · S. 272 (mit Kat.-Nr. 465)
Richter, Paul (1895–1961) · S. 173 (Kat.-Nr. 6)
Richthofen, Wolfram von (1895–1945) · S. 250 (mit Kat.-Nr. 335)
Riefenstahl, Leni (1902–2003) · S. 82, 83 (Abb.), 84 (mit Abb.), 85, 86, 87 (mit Abb.), 88, 158
Riegraf, Ernst · S. 198
Rimpl, Herbert (1902–1978) · S. 215 (Kat.-Nr. 236)
Ritter, Karl (1888–1977) · S. 34
Robinson, Simon (1864–?) · S. 28
Röhm, Ernst (1887–1934) · S. 68, 85, 175 (Kat.-Nr. 17, 19), 185, 186 (Kat.-Nr. 92, 94)
Röhnert · S. 199 (Kat.-Nr. 146)
Roller, Alfred (1864–1935) · S. 24, 25
Rommel, Erwin (1891–1944) · S. 115, 250 (mit Kat.-Nr. 384, 387)
Rörig, Fritz (1882–1952) · S. 240
Rosenberg, Alfred (1893–1946) · S. 53, 122, 184 (Kat.-Nr. 68), 207 (Kat.-Nr. 194), 240
Rupprecht, Philipp (»Fips«) (1900–1975) · S. 236 (Kat.-Nr. 331)
Rust, Hans · S. 191 (Kat.-Nr. 113)
Ruttmann, Walter (1887–1914) · S. 85

S

Sagebiel, Ernst (1892–1970) · S. 74
Sala, Adolf · S. 226 (Kat.-Nr. 292)
Sander, August (1876–1964) · S. 40
Sander, Fritz · S. 131 (Abb.), 274 (Kat.-Nr. 467)
Sauckel, Fritz (1894–1946) · S. 70
Schaefer, George (1920–1997) · S. 286 (Kat.-Nr. 520b)
Schaub, Julius (1898–1967) · S. 72 (Abb.), 84 (Abb.), 272 (Kat.-Nr. 461)
Schauwecker, Franz (1890–1964) · S. 34
Schenckendorff, Max von (1875–1943) · S. 123 (Abb.)
Schiffers, Franz Oswald (1902–1976) · S. 263 (Kat.-Nr. 418)
Schiller, Friedrich (1759–1805) · S. 88
Schirach, Baldur von (1907–1974) · S. 34, 36, 37, 38, 42, 106, 115, 226 (Kat.-Nr. 291)
Schleicher, Kurt von (1882–1934) · S. 195
Schmeer, Rudolf (1905–1966) · S. 212 (Kat.-Nr. 209)
Schmid-Ehmen, Kurt (1901–1939) · S. 233 (Kat.-Nr. 321b, d), 271 (Kat.-Nr. 459)
Schmidt, Maria · S. 226 (Kat.-Nr. 290)
Schmidt, Reinhold · S. 191 (Kat.-Nr. 113)
Schmitt, Carl (1888–1985) · S. 117, 119
Schmitz-Wiedenbrück, Hans (1907–1944) · S. 98, 245 (mit Kat.-Nr. 368)

PERSONENREGISTER

Schmundt, Rudolf (1896–1944) · S. 71 (Abb.)
Schorer, Joseph (1894–1946) · S. 107 (Abb.), 108 (Abb.)
Schrade, Hubert (1900–1967) · S. 40, 101
Schramm, Percy Ernst (1894–1970) · S. 154
Schubel, Heinz (1906–1997) · S. 265 (Kat.-Nr. 421)
Schuster, Karl M. (1871–1953) · S. 105 (Abb.)
Schweitzer alias Mjölnir, Hans Herbert (1901–1980) · S. 99 (Abb.), 192 (Kat.-Nr. 122, 124)
Seger, Ernst (1868–1939) · S. 208 (Kat.-Nr. 198)
Seldte, Franz (1882–1947) · S. 186 (Kat.-Nr. 93)
Shirer, William (1904–1993) · S. 40
Siebert, Georg (1896–1984) · S. 98, 99
Siedler, Wolf Jobst (geb. 1926) · S. 145
Siegel, Harro (1900–1985) · S. 220 (Kat.-Nr. 245)
Skoda, Albin (1909–1961) · S. 148 (mit Abb.)
Sokolow, Dmitrij Dmitrijewitsch · S. 255 (Kat.-Nr. 398)
Speer, Albert (1905–1981) · S. 25, 74, 77 (Abb.), 78, 85, 145, 150, 151, 152, 157, 232 (mit Kat.-Nr. 317), 263, 272, 283
Spengler, Oswald (1880–1936) · S. 38, 184 (Kat.-Nr. 73)
Spindel, Ferdinand (1913–1980) · S. 215 (Kat.-Nr. 234)
Springer, Axel (1912–1985) · S. 229
Springorum, F. · S. 270 (Kat.-Nr. 450)
Stalin, Josef W. (1879–1953) · S. 125, 157, 280, 281, 294 (Kat.-Nr. 559)
Staudinger, Hans (1889–1980) · S. 56
Stauffenberg, Claus Philipp Maria Graf Schenk von (1907–1944) · S. 157, 270 (mit Kat.-Nr. 453)
Stein, Wolf-Dietrich · S. 217
Steinberg, C. · S. 269 (Kat.-Nr. 444)
Stempfle, Bernhard Rudolf (1882–1934) · S. 53
Stengel, Edmund Ernst (1879–1968) · S. 240
Stermann, Dirk (geb. 1965) · S. 158
Stolzing-Cerny, Josef (1869–1942) · S. 54
Strasser, Gregor (1892–1934) · S. 44, 46, 49, 61, 68, 70, 181, 185, 186 (Kat.-Nr. 94)

Strasser, Otto (1897–1974) · S. 50
Streicher, Julius (1885–1946) · S. 38, 185, 186 (Kat.-Nr. 95), 229 (mit Kat.-Nr. 309), 233
Stuckart, Wilhelm (1902–1953) · S. 69 (Abb.)

T

Tabori, George (1914–2007) · S. 294 (Kat.-Nr. 560–561)
Thälmann, Ernst (1886–1944) · S. 192 (Kat.-Nr. 127)
Thompson, Dorothy (1894–1961) · S. 40
Thorak, Joseph (1889–1952) · S. 114 (Abb.)
Topf, Ernst-Wolfgang (1904–1979) · S. 274
Topf, Ludwig (1903–1945) · S. 274
Tresckow, Henning von (1901–1944) · S. 270 (mit Kat.-Nr. 454)
Troost, Paul Ludwig (1878–1934) · S. 74, 76 (Abb.)
Tübke, Werner (1929–2004) · S. 294

U

Uhde, Fritz von (1848–1911) · S. 98

V

Valentin, Karl (1882–1948) · S. 79, 80–81 (Abb.)
Vostell, Wolf (1932–1998) · S. 294

W

Wagenfeld, Wilhelm (1900–1990) · S. 215 (Kat.-Nr. 231)
Wagner, Adolf (1890–1944) · S. 76 (Abb.)
Wagner, Richard (1813–1883) · S. 24, 25, 38, 151, 272
Wagner, Robert (1895–1946) · S. 175 (Kat.-Nr. 19)
Warlich · S. 99 (Abb.)
Wauer, William (1866–1962) · S. 173 (Kat.-Nr. 4)
Weber, Friedrich (1892–1954) · S. 175 (Kat.-Nr. 19), 186 (Kat.-Nr. 96)
Weber, Max (1864–1920) · S. 20, 48, 59f., 67, 90, 231
Wegener, Adolf (1891–?) · S. 266 (Kat.-Nr. 430)
Weidemann, Hans (1904–1975) · S. 197 (Kat.-Nr. 143)
Weinrother, Friedrich Carl August sen. (1898–1976) · S. 192 (Kat.-Nr. 121)

Weiß, Bernhard (1904–1973) · S. 46
Weiss, Peter (1916–1982) · S. 150
Wendel, Udo (1906–1945) · S. 228 (Kat.-Nr. 308)
Wendland, Winfried (1903–?) · S. 101
Werlin, Jakob (1886–1965) · S. 212 (Kat.-Nr. 209)
Werner, Oskar (1922–1984) · S. 148
Wilhelm Prinz von Preußen (1882–1951) · S. 186 (Kat.-Nr. 91)
Wilhelm II. dt. Kaiser (1851–1941) · S. 272
Wilken, Willi · S. 249 (Kat.-Nr. 381)
Willikens, Werner (1893–1961) · S. 64
Willrich, Wolfgang (1897–1948) · S. 99, 100 (Abb.)
Windt, Herbert (1894–1965) · S. 84
Wissel, Adolf (1894–1973) · S. 99, 101 (Abb.)
Wittmann, Florian (geb. 1980) · S. 292 (Kat.-Nr. 554)
Wolf, Karl Hermann (1862–1941) · S. 26
Wolff, Walther (1887–1966) · S. 210 (Kat.-Nr. 200)
Würbel, Franz (1858–?) · S. 239 (Kat.-Nr. 346)

Z

Zapf · S. 265 (Kat.-Nr. 423)
Zapp, Paul (1904–?) · S. 237 (Kat.-Nr. 341)
Zeller, Magnus (1888–1972) · S. 232 (mit Kat.-Nr. 314)
Zill, Rudolf Gerhard (geb. 1913) · S. 250 (Kat.-Nr. 390)
Zöberlein, Hans (1895–1964) · S. 34

ABBILDUNGSNACHWEIS

Das Deutsche Historische Museum und der Sandstein Verlag danken allen Rechteinhabern für die freundlich gewährte Abdruckgenehmigung. Dort, wo trotz sorgfältiger Recherche kein Nachweis gefunden wurde, bitten wir um Benachrichtigung.

Amsterdam, Dutch Institute for War Documentation · Kat.-Nr. 406

Belleville-en-Caux, Privatsammlung Familie Wolfer · Kat.-Nr. 240 (Foto: REPORTAGE PHOTO LIVRE 2009)

Berlin, AGO Galerie Berlin · Kat.-Nr. 256 (Foto: Indra Desnica, DHM; © VG Bild-Kunst, Bonn 2010)

Berlin, akg-images · S. 83 (akg-images/ Album)

Berlin, Berlinische Galerie, Landesmuseum für Moderne Kunst, Fotografie und Architektur · S. 168 (eingefügte Abb.; © VG Bild-Kunst, Bonn 2010)

Berlin, bpk – Bildagentur für Kunst, Kultur und Geschichte · S. 33, 69, 71 (bpk/Bayerische Staatsbibliothek München/Heinrich Hoffmann), 73 (bpk/Bayerische Staatsbibliothek München/Heinrich Hoffmann), 76 (bpk/Heinrich Hoffmann), 84 (bpk/Bayerische Staatsbibliothek München/ Heinrich Hoffmann), S. 85 (bpk/Fritz Eschen), 87, 100, 328 und Umschlag hinten (bpk/Bayerische Staatsbibliothek München/Heinrich Hoffmann); Kat.-Nr. 148 (bpk/Bayerische Staatsbibliothek München), 363, 500 (bpk/Werner Braun)

Berlin, Bundesarchiv · Kat.-Nr. 23

Berlin, Bundesarchiv/Filmarchiv · S. 55 oben rechts; Kat.-Nr. 109g, 110e, 111b, 113c, 113e, 115h, 116c, 117h, 364

Berlin, Claudia Schmölders · S. 39 (Repro: DHM)

Berlin, Deutsche Kinemathek · S. 148

Berlin, Deutsches Historisches Museum · Umschlag vorn; S. 12, 16, 17, 34, 36, 45, 59, 60, 78 oben links (Foto: Sebastian Ahlers), 97 links (Foto: Indra Desnica), 97 rechts (Foto: Arne Psille), 99 links (Foto: Indra Desnica), 101 (Foto: Arne Psille), 102 (Foto: Sebastian Ahlers), 105, 106 (Foto: Sebastian Ahlers), 107, 108, 109, 114 (Foto: Indra Desnica), 139, 140, 155 (Foto: Indra Desnica), 164–165, 167 (eingefügte Abb.); Kat.-Nr. 4 (© VG Bild-Kunst, Bonn 2010), 5 (Foto: Arne Psille), 10, 15, 16a, 18 (Foto: Arne Psille), 20c, 25 (Foto: Arne Psille), 38 (Foto: Indra Desnica), 40 (Foto: Sebastian Ahlers), 50c (Foto: Sebastian Ahlers), 58, 60 (Foto: Arne Psille), 82, 84–86, 91, 94, 97, 98 (Foto: Sebastian Ahlers), 103 (Foto: Sebastian Ahlers), 122 (Foto: Sebastian Ahlers), 130, 132d (Foto: Arne Psille), 134 (Foto: Arne Psille), 140 (Foto: Sebastian Ahlers; © VG Bild-Kunst, Bonn 2010), 145–146, 149, 200 (Foto: Arne Psille), 201, 209, 216 (Foto: Sebastian Ahlers), 222, 224, 233, 241 (Foto: Arne Psille), 246 (Foto: Arne Psille), 248 (Foto: Arne Psille), 249 (Foto: Arne Psille), 251 (Foto: Arne Psille), 252, 253 (Foto: Indra Desnica), 257b (Foto: Arne Psille), 288 (Foto: Arne Psille), 291, 295a (Foto: A. Anweiler-Sommer), 300 (Foto: Arne Psille), 305 (Foto: Arne Psille), 309, 321h, 323 (Foto: Arne Psille), 344 (Foto: A. Anweiler-Sommer), 331, 339, 345 (Foto: Arne Psille), 352 (Foto: Arne Psille), 353, 355, 357 (Foto: Sebastian Ahlers), 359 (Foto: Sebastian Ahlers), 368, 371, 387, 405 (Foto: Arne Psille; © VG Bild-Kunst, Bonn 2010), 414, 416, 418, 420, 425 (Foto: Arne Psille), 426 (Foto: Arne Psille), 434, 436e, 453, 459 (Foto: Arne Psille), 463, 465, 466 (Foto: Arne Psille; © VG Bild-Kunst, Bonn 2010), 497, 514 (Foto: Indra Desnica), 530a, 531 (Foto: Arne Psille), 556; Sammelfoto Kat.-Nr. 151, 152, 154–157, 159–162, 164–170 (Foto: Sebastian Ahlers), Sammelfoto Kat.-Nr. 171–178, 180, 183–185 (Foto: Sebastian Ahlers), Sammelfoto Kat.-Nr. 258–261 (Foto: Indra Desnica), Sammelfoto Kat.-Nr. 266–267 (Foto: Indra Desnica), Sammelfoto Kat.-Nr. 227, 276b, 281 (Foto: Indra Desnica)

Berlin, Deutsches Technikmuseum Berlin (Fotos: Clemens Kirchner) · Kat.-Nr. 206, 220, 223, 227

Berlin, Peter Ebeling · Sammelfoto Kat.-Nr. 217–218 (Foto: DHM, Indra Desnica)

Berlin, Simone Erpel · Kat.-Nr. 513

Berlin, FV Luftwaffenmuseum der Bundeswehr · Kat.-Nr. 385 (Foto: BGF/BGst)

Berlin, Staatsbibliothek zu Berlin – Preußischer Kulturbesitz · Kat.-Nr. 35, 131

Berlin, Stiftung Neue Synagoge – Centrum Judaicum · Kat.-Nr. 394

Berlin, Stiftung Stadtmuseum Berlin · Kat.-Nr. 314 (Repro: Stiftung Stadtmuseum Berlin; © VG Bild-Kunst, Bonn 2010)

Berlin, ullstein bild · S. 79 (ullstein bild – W. Frentz), S. 166–167 (ullstein bild – SV-Bilderdienst); Kat.-Nr. 6

Bonn, Stiftung Haus der Geschichte der Bundesrepublik Deutschland · Kat.-Nr. 516, 517 (© Hans Hillmann, Frankfurt a.M.), 524, 563 (Foto: Axel Thünker; © VG Bild-Kunst, Bonn 2010)

Bremen, Staatsarchiv Bremen · Kat.-Nr. 431

Dresden, Militärhistorisches Museum der Bundeswehr · Kat.-Nr. 430 (Foto: Ingrid Meier)

Freiburg, Landesarchiv Baden-Württemberg, Staatsarchiv Freiburg · S. 80–81 (W 134 Sammlung Willy Pragher Nr. 9034r), 123

Genf, Internationales Komitee vom Roten Kreuz · Kat.-Nr. 480

Hamburg, Denkmalschutzamt Hamburg, Bildarchiv · Kat.-Nr. 437

Hamburg, Der Spiegel-Verlag · Kat.-Nr. 548a, 548c, 550f, 550g, 551b, 551g, 551h, 551i, 552h

Hamburg, KZ-Gedenkstätte Neuengamme · Kat.-Nr. 343

Heilbronn, Stadtarchiv Heilbronn · Kat.-Nr. 144

Koblenz, Bundesarchiv · S. 18 (Bild 183-41636-0002), 19 (Bild 102-02920A), 95, 98, 99 rechts